고려시대
천문현상
기록집

Acknowledgements

◇ 이기원은 2019년 정부(교육부)의 재원으로 한국연구재단의 지원을 받아서 이 연구를 수행하였습니다(No. 2019R1I1A3A01055211).

◇ 민병희는 2019년 정부(과학기술정보통신부)의 재원으로 한국연구재단의 지원을 받아 이 연구를 수행하였습니다(No. 2019R1F1A1057508).

고려시대 천문현상 기록집

안영숙 · 민병희 · 이기원 · 김상혁 편저

• 머리말 •

삼국시대 이래 우리나라 역대 왕조의 역사 문헌에는 수많은 천문현상 기록이 수록되어 있다. 당시 사람들은 하늘의 특이한 변화가 인간 사회에 영향을 주는 것으로 인식하였다. 이를테면 천상의 이변이 왕조의 흥망과 성쇠를 계시한다고 믿은 것이다. 이러한 이유로 매 왕조는 항상 최선의 천문관측이 가능하도록 제도화하고, 매일의 관측 내용을 왕실에 보고하게 하였다. 이렇게 쌓인 천문기록은 역사서를 통해 지금까지 전해지는 것이다.

과거 한국의 왕조는 유교를 중심으로 한 정치제도가 오랫동안 지속되었다. 흔히 '하늘의 명을 받아 나라를 다스린다'는 천명사상에 입각하여 '천상의 모습을 보고 시간(계절)을 받아본다(觀象授時)'는 이념은 농본사회를 지탱하는 합리적 관념이었다. 다시 말해서 해와 달과 별들의 운행을 살펴 사계절의 변화를 알고 대처한다는 생각이 널리 퍼져 있었다. 이러한 이유로 옛 통지차들은 경외하는 마음으로 하늘을 바라보고 민심에 충실하려고 노력하였다(敬天勤民).

대개 하늘의 변화는 일정한 주기로 반복된다. 하루에 밤낮이 있고, 일 년 동안 계절이 순환한다. 그러나 유성이나 객성처럼 드물게 나타나거나 한 번만 발생하는 천문현상도 있다. 오늘날 천문학의 발달로 이러한 천문현상도 일부는 과학적으로 검증할 수 있으며, 이를 통해 역사 기록의 신뢰성을 높일 수 있다. 한편 과거 천문현상의 기록이 현대의 천문학 문제를 해결하는 열쇠가 되기도 한다.

이 책은 2014년에 편찬된 『삼국시대 천문현상 기록집』에 이어 두 번째로 편찬한 천문현상 기록집이다. 그 책에 이어 이번에는 조선 전기에 편찬된 『고려사』와 『고려사절요』에 실려 있는 천문현상 기록을 연대순으로 정리했다. 이 고려시대 천문기록은 월명(月名)과 함께 일진(日辰)이 기록되어 있고 이를 근거로 음력 날짜를 현대의 양력 날짜로 변환하는 것이 가능하였다. 다만 오늘날 계산으로 추출한 음력 날짜의 일진과 원문에 기록된 일진이 일치하지 않은 경우가 있어, 천문현상이 발생한 당시의 날짜[曆日]를 확정하는 데 어려움이 있었다.

한국 역대 천문현상의 기록은 2001년 초에 한글본 데이터베이스로 편집하여 한국천문연구원 홈페이지에서 제공되고 있다. 이 기록 자료는 처음 재야의 연구자인 곽상식 선생님이 천문기록의 일부분을 정리하였던 것으로, 1999년경 우리가 한국 천문기록의 데이터베이스를 구축한다는 소식을 전해 듣고, 천문도 제작자이신 오길순 선생님을 통해 한국천문연구원에 전해주었다. 이후 우리는 북역 고려사 번역본을 비롯한 여러 문헌을 통해 이들 자료를 보충하고 확장하여, 『증보문헌비고』의 천문현상의 분류를 따라 구분하고 기초적인 과학적 검증을 거친 후 한글본 데이터베이스를 완성하였다. 10여 년이 지나 한글본 자료에 대한 한문 원문 자료에 대한 요구가 증가하였다. 이에 관련 자료를 추가하고, 역일의 내용을 재정비하며, 현대적 관점에서 천문현상을 분류해 본서로 출판하게 되었다.

처음 천문기록을 편집하기 시작하였을 때는, CD가 나오기 전이었으므로 곽상식님의 초본, 원문 사료와 번역본, 이해가 잘 안되는 부분은 우리의 해석 등을 보충하여 일일이 수작업으로 정리하였다. 이때에 이들 자료를 대조하고, 역일을 검증하고, 천문현상별로 분류하는 데 많은 시간이 걸렸다. 초창기에 같이 자료를 찾고, 한문 검증 작업을 도와주었던 박옥례 씨, 이연진 씨에게 감사의 마음을 전한다. 한국의 천문 기록을 가치 있게 하고자 했던 곽상식 선생님과 오길순 선생님의 노력에 대해, 우리 연구자들을 대표해서 존경의 마음을 전한다. 앞으로도 국민들의 관심으로 우리나라의 천문 기록이 더욱 가치가 높아지기를 기대한다.

2020년 5월
북대전 꽃바위 아래
대덕대로 한켠에서
편찬 저자 일동

1. 이 자료는 고려시대(高麗時代)인 AD 918~1392년간의 천문현상을 기록한 책이다. 고려시대에는 천문현상 수가 약 5,300여 개이다.

2. 이 책은 *고려사(高麗史)*와 *고려사절요(高麗史節要)*를 원전(原典)으로 삼아 기록을 추출했다. 이 책에서 *고려사*의 경우는 '세가(世家)'와 '지(志)'로 나누어 나타내었다. 이 책에서 천문현상을 기록하는 형식은 아래와 같다.

   예) 문종 32년(1078) 무오 1. 14. (경신) : {음력기록} 재위왕과 년대, 년도, 세차, 음력 월일 (일진)
   　　/양 1078. 1. 30./　　　　　　　　 : {양력기록} 양력 년도와 월일
   　　正月 庚申 月食　　　　　　　　　 : {원문} 월명, 일진, 천문현상
   　　월식이 있었다.　　　　　　　　　 : {한글} 번역한 천문현상
   　　고려사 권47, 지1 [B]　　　　　　 : {참고문헌} 발췌 원전, [현상 분류기호]

3. 천문현상 중에는 *고려사* 세가, *고려사* 지, *고려사절요*에 모두 기록된 사례도 있다. 이러한 경우는 원전을 모두 표시하였다.

   예) 인종 23년(1145) 을축 6. 1. (을해)
   　　/양 1145. 6. 22./
   　　六月 乙亥朔 日食
   　　일식이 있었다.
   　　고려사 권17, 세가17 ; 고려사 권47, 지1 ; 고려사절요 권10 [A]

4. 천문현상은 *증보문헌비고*의 분류를 따라 구분하였다. 더불어 천문 관련 제도에 대한 기록의 분류를 새로 추가했다. 다음의 <고려시대 천문현상의 분류>에 자세한 내용을 설명했다.

5. 원문의 음력기록은 재위년도·월·일진으로 표시되어 있다. 모든 음력기록은 서력기원(西曆紀元) 연월일(年月日)로 환산하여 표기했다. 다만, 고려시대는 1582년 그레고리력(태양력) 개력 이전이므로, 모든 음력 날짜는 율리우스력(태양력)으로 환산했다.
   (1) 원전의 일진이 현대 계산값과 어긋나는 경우나 오류가 있는 경우는 원문은 원전대로 표기하지만 한글로 표기한 음력 기록은 바로잡았다. 그리고 이 설명은 각주로 설명했다.
   (2) 음력 월에서 마지막 날을 뜻하는 '회(晦)'는 그 달의 크기에 따라 29일, 30일로 표시하였다.
   (3) 일진이 없거나 오류가 확실한 경우는 천체역학적 계산을 하여 추정한 날짜를 표시하였다.

6. 이 책에서는 한글 표기를 원칙으로 하되, 이해를 돕기 위해 원문을 병기하였다. 원문을 표기하는 방법은 다음과 같다.

[ ] : 원문이 한글 표기와 다른 경우
( ) : 원문이 한글 표기와 같은 경우

7. 동일한 날 같은 천문현상에 대해 두 개 이상의 원전 자료가 있는 경우, 두 원문이 서로 일
   치하지 않으면, 각각을 나누어 그대로 다 수록하였다.

   예) 충숙왕(후) 6년(1337) 정축 5. 26. (병인)
       /양 1337. 6. 25./
       夏五月 丙寅 彗見 長丈餘
       혜성이 나타났는데 그 길이가 1장(丈) 남짓 하였다
       고려사 권35 세가35 [H], 고려사절요 권25 [H]

       충숙왕(후) 6년(1337) 정축 5. 26. (병인)
       /양 1337. 6. 25./
       五月 丙寅 彗見 長丈餘 自天船北至王良閣道
       혜성이 나타났는데 그 길이가 1장(丈) 남짓 하였으며 천선(天船) 성좌에서부터 북쪽으로 왕량
       (王良) 성좌 및 각도(角道) 성좌에까지 이르렀다.
       고려사 권49 지3 [H]

8. 한 날짜에 두 개 이상의 다른 천문현상이 같이 기록되어 있는 경우에는 그대로 같은 날짜
   에 기록하되 분류 기호를 각각 다르게 표시하여 구분하였다. 아래의 예는 같은 날짜에 두
   개의 각각 다른 천문현상이 있으므로 모두 기록하고, 천문현상에 따른 분류를 [G], [C] 로
   적어놓았다.

   예) 숙종 10년(1105) 을유 12. 5. (무진)
       /양 1106. 1. 11./
       十二月 戊辰 太白晝見經天 月犯壘
       금성[太白]이 낮에 나타나 남쪽하늘에서 보였다. 달이 누(壘) 성좌를 범하였다.
       고려사 권47, 지1 [G] [C]

9. 원문에 나타난 생략 어구에 대해서는 다음과 같이 통일하였다.
   (1) 원문의 기록에는 재위년도, 계절명, 월명(月名)을 순서대로 기록되는 것이 일반적이다.
       이 책에서는 날짜만 원문대로 인용하고 계절명과 월명을 따로 번역하지 않았다.

       예) 충숙왕 16년(1329) 기사 7. 1. (병진)
           /양 1329. 7. 27./
           七月 丙辰朔 日食
           일식이 있었다.

고려사 권47 지1 [A]

충숙왕 16년(1329) 기사 7. 1. (병진)
/양 1329. 7. 27./
秋七月 丙辰朔 日食
일식이 있었다.
고려사절요 제24권 [A]

(2) 천문현상 기록 중 '亦如之'는 앞의 천문현상의 내용을 의역하여 < >에 나타내었다. 또한 원문해석만으로 의미 파악이 잘 안되는 경우에도 < >안에 보충 설명을 기록하였다.

예) 충숙왕(후) 8년(1339) 기묘 7. 2. (기미)
/양 1339. 8. 7./
七月 己未 熒惑犯南斗
화성[熒惑]이 남두(南斗) 성좌를 범하였다.
고려사 권49 지3 [F]

충숙왕(후) 8년(1339) 기묘 7. 5. (임술)
/양 1339. 8. 10./
七月 壬戌 亦如之
또 <화성[熒惑]이 남두 성좌를 범하였다>.
고려사 권49 지3 [F]

10. 번역문 내에서 다른 사람의 이야기를 인용하는 경우에는 「 」안에 나타냈다.

11. 28수(宿)의 각 수(宿)에 속한 성좌명을 정리하여 부록에 수록하였다. 때로는 성좌명이 28수 내의 성좌명에 없거나 오기로 기록된 것도 있어서 이를 각주로 설명하였다.

12. 같은 이름의 별이지만 소속된 성좌가 다른 경우에는 각주로 표시하고, 부록에 '동명이성 (同名異星)'으로 정리하였다.

예) 오제후(五諸侯) 성좌-1: 태미원
오제후(五諸侯) 성좌-2: 남방칠수-정수

13. 천문현상 기록에 표현된 방위가 8방위인 경우는 현대적인 표현으로 나타내었고, 24방위인 경우에는 원문도 같이 기록하여 이해를 돕도록 하였다. 더불어 8방위와 24방위의 방위도는 부록에 나타냈다.

14. 부록에는 고려왕조의 재위왕과 재위연도를 수록했다. 다음의 "차례"에 표기된 연도는 재위연도가 아니고 천문현상 기록이 수록된 연도이다.

15. 이 책을 편찬하기 위해 사용한 참고문헌과 참고자료는 다음과 같다.
    (1) *고려시대 연력표*, 2009, 안영숙, 심경진, 송두종, 한보식, 양홍진, 한국학술정보㈜, 경기도
    (2) *고려시대 일식도*, 2011, 안영숙, 이용복, 김동빈, 심경진, 이우백, 한국학술정보㈜, 경기도
    (3) *디지털 천상열차분야지도*, 양홍진, 2014, 경북대학교출판부, 대구
    (4) *北譯 高麗史*, 1991, 사회과학원 고전연구실 편찬, 신서원 편집, 도서출판 신서원, 서울
    (5) *新編高麗史節要 (上, 中, 下)*, 2004, 민족문화추진회편, 신서원 편집, 도서출판 신서원, 서울
    (6) *우리가 정말 알아야 할 우리 별자리*, 2000, 안상현, 현암사, 서울
    (7) *中國古代 天象記錄總集*, 1988, 북경천문대 편찬, 江苏新华인쇄소, 북경
    (8) *(국역) 증보문헌비고:상위고*, 1980, 세종대왕기념사업회, 서울
    (9) *天文類抄*, 1998, 김수길, 윤상철 공역, 대유학당, 서울
    (10) *천상열차분야지도의 복원을 위한 기초연구*, 2002, 안영숙, 송두종, 오길순, 강미주, 한국과학문화재단, 서울
    (11) *한국고전용어사전*, 2001, 한국고전용어사전 편찬위원회, 세종대왕기념사업회, 서울
    (12) *한국연력대전*, 1987, 한보식, 영남대학교 출판부, 대구
    (13) *Analysis of the Lunar Eclipse Records From the Goryeosa*, 2016, Ki-Won Lee, Byeong-Hee Mihn, Young Sook Ahn and Sang-Hyeon Ahn, Journal of the Korean Astronomical Society (JKAS) 49, pp.163~173
    (14) 천상열차분야지도, 규장각한국학연구원 소장, 서울
    (15) 국사편찬위원회 한국사데이터베이스 고려사 & 고려사절요 (http://db.history.go.kr/)
    (16) 조선왕조실록사전 (http://encysillok.aks.ac.kr/)
    (17) TheSky X (S/W), Professional Edition, 2013, Software Bisque Inc, Colorado, USA

• 차례 •

I

고 려 시 대

천문현상의 분류

고려시대 천문현상의 분류

기호	분류 (증보문헌비고에 따른 분류)	현대 분류	기록 개수	현상 설명
A	일식	일식	139	일식
B	월식	월식	232	월식
C	월엄범오위	월성식(달의엄범)	1,791	달이 오행성이나 항성을 가리거나 근접한 현상
D	오위엄범	행성접근현상	90	행성과 행성이 서로 근접한 현상
E	오위합취		149	2개 이상의 행성이 한 위치나 같은 수(宿)에 모이는 현상
F	오위엄범항성		924	행성이 항성에 근접하거나 가리는 현상
G	성주현	낮에 보인 금성	212	금성이 낮에 보임
H	혜폐	혜성	122	혜성, 초신성, 신성 등
	객성	초신성(신성), 혜성		
L	천변	황도광과 오로라	16	황도광, 오로라, 기타 현상
M	일변	해의 특이현상	63	양일(兩日), 중일(重日), 흑자(黑子), 변색(變色), 무광(無光) 등
N	월변	달의 특이현상	8	달의 변색(變色), 무광(無光) 등
O	일운	해 주변의 특이현상	292	햇무리 등
P	월운	달 주변의 특이현상	172	달무리 등
Q	성변	별의 특이현상	9	별빛이 약하거나 흔들리는 현상
R	유운	유성과 운석	698	유성, 성운(星隕), 천구(天狗) 등
S	운기	대기의 광학현상	353	백기(白氣), 적기(赤氣), 흑기(黑氣), 자기(紫氣) 등
T	―	천문관련제도	86	별에게 드리는 제사, 이상한 천변(天變)이 생겼을 때의 임금의 처신, 연호(年號)의 변화, 역서(曆書), 역법(曆法), 천문도, 천문의기 관련 등
총 계			5,356	

천문현상의 분류별과 시대별 기록 수

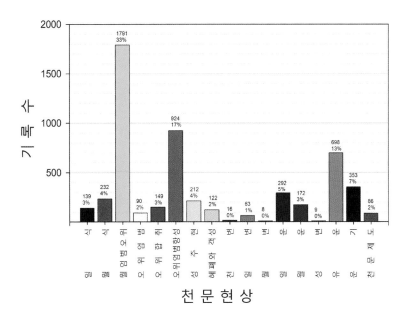

그림 1. 천문현상 분류별 기록 수

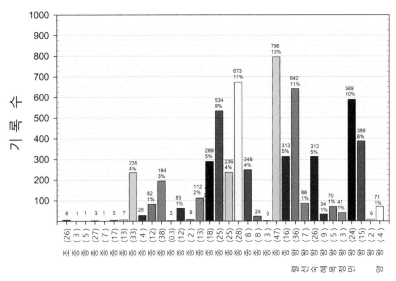

그림 2. 각 시대별로 나타낸 천문현상 기록 수

II

고려시대의

천문현상 기록

1. 태조(932 ~ 938)

태조 15년(932) 임진 9. 1. (경진)

/양 932. 10. 3./

九月 庚辰 大星見東方 俄變爲白氣
큰 별이 동쪽에 나타났는데 갑자기 흰 기운으로 변하였다.
고려사 권47, 지1 [H]

태조 16년(933) 계사 3. 5 (신사)

/양 933. 4. 2 /

春三月 又賜曆日 是除天授年號 行後唐年號
당나라에서 또한 자기들의 역서(曆書)를 보내왔다. 이때부터 고려의 천수(天授) 연호 대신 후당(後唐, 923~936) 연호를 사용하였다.
고려사 권2, 세가2 [U]

태조 17년(934) 갑오 9. 20. (정사)

/양 934. 10. 30./

九月 丁巳 老人星見
노인성(老人星)이 나타났다.
고려사 권47, 지1 [H]

태조 17년(934) 갑오 9. 20. (정사)

/양 934. 10. 30./

秋九月 丁巳 老人星見
노인성(老人星)이 나타났다.
고려사절요 권1 [H]

태조 21년(938) 무술 7. - (-)

/양 938. 8. - /

是月 始行後晉年號
이달에 처음으로 후진(後晉, 936~ 947)의 연호(年號)를 사용하였다.
고려사 권2, 세가2 [U]

태조 21년(938) 무술 7. - (-)

/양 938. 10. - /

秋七月 始行後晉年號
처음으로 후진(後晉, 936~947)의 연호(年號)를 사용하였다.
고려사절요 권1 [U]

2. 혜종(945)

혜종 2년(945) 을사 - - (-)

/양 945. - - /

司天供奉崔知夢奏 流星犯紫微 國必有賊
사천공봉(司天供奉) 최지몽(崔知夢)이 아뢰기를 「유성(流星)이 자미원(紫微垣)을 범했으니 나라에 반드시 역적이 있을 것입니다」 라고 하였다.
고려사 권127, 열전40 [R]

3. 정종(948)

정종 3년(948) 무신 9. - (-)

/양 948. 10. - /

始行後漢年號
처음으로 후한(後漢, 947~ 951)의 연호(年號)를 사용하였다.
고려사 권2, 세가2 [U]

4. 광종(950 ~ 963)

광종 1년(950) 경술 1. - (-)

/양 950. 2. - /

春正月 建元光德
광덕(光德)이라는 연호(年號)를 사용하였다.
고려사 권2, 세가2 [U]

광종 2년(951) 신해 12. - (-)

/양 952. 1. - /

冬十二月 始行後周年號
처음으로 후주(後周, 951~960)의 연호(年號)를 사용하였다.
고려사 권2, 세가2 [U]

광종 14년(963) 계해 12. - (-)

/양 964. 1. - /

冬十二月 行宋年號
송(宋, 960~1179)의 연호(年號)를 사용하였다.
고려사 권2, 세가2 [U]

5. 경종(980)

경종 5년(980) 경진 5. - (-)

/양 980. 6. - /

知夢奏曰 客星犯帝座[1] 願王申戒宿衛
어느 날 지몽(崔知夢)이 왕에게 아뢰기를 「객성(客星)이 제좌성(帝座星)을 범했사오니 왕께서는 숙위(宿衛)를 거듭 경계하시어 뜻밖의 변고에 대비하옵소서」라고 하였다.
고려사절요 권2 [H]

6. 성종(983 ～ 992)

성종 2년(983) 계미 11. 13. (갑자)

/양 983. 12. 19./

十一月 甲子 日南至 王御元和殿受朝賀宴 群臣
於思賢殿
동지날이었다. 왕이 원화전(元和殿)에 나아가서 문무백관들에게 하례를 받고 여러 신하들을 위하여 사현전(思賢殿)에서 연회를 베풀었다.
고려사 권3, 세가3 [U]

성종 6년(987) 정해 3. - (-)

/양 987. 4. - /

三月 內史令崔知夢卒 知夢南海靈巖郡人 幼名聰進
性淸儉慈和 聰敏嗜學 博涉經史 尤精於天文卜筮
내사령(內史令) 최지몽이 죽었다. 지몽(知夢)은 남해(南海) 영암군(靈巖郡) 사람이다. 어릴 때 이름은 총진(聰進)이다. 성품이 청렴하고 검소하며 인자하고 온화하며 총명하고 민첩하여 학문을 좋아하고 경서와 사서를 널리 섭렵하였으며 더욱 천문(天文)과 복서(卜筮)에 정통하였다.
고려사절요 권2 [T]

성종 8년(989) 기축 9. 16. (갑오)

/양 989. 10. 18./

九月 甲午 彗星見赦
혜성이 나타났으므로 <죄수들을> 사면하였다.
고려사 권3, 세가3 [H]

성종 8년(989) 기축 9. 16. (갑오)

/양 989. 10. 18./

九月 甲午 彗星見赦 王責己修行 養老弱恤孤寒 進用
勳舊 褒賞孝子節婦 放逋縣蠲欠負 彗不爲灾
혜성이 나타나자 <죄수들을> 사면하였고, 왕이 자기를 반성하고 행동을 조심하였다. 노약자를 돌보고 외롭고 헐벗은 사람을 구제하였으며 공훈이 있는 신하들을 등용하고, 효자와 절개가 있는 부인(節婦)을 포상하였으며 세금 밀린 것(逋縣)을 면제해주고, 빚[欠負]을 덜어주니 혜성이 재앙이 되지 않았다.
고려사 권47, 지1 [H]

성종 11년(992) 임진 12. - (-)

/양 993. 1. - /

十二月 夜天門開
밤에 천문(天門)이 열렸다.
고려사 권47, 지1 [L]

7. 목종(1003 ～ 1009)

목종 6년(1003) 계묘 2. - (정사)

/양 1003. 3. - /

二月[2] 丁巳 有流星 光燭于地
유성(流星)이 나타났는데 그 빛이 땅을 비쳤다.
고려사 권47, 지1 [R]

목종 9년(1006) 병오 - - (-)

/양 1006. - - /

是歲 彗星見
이 해에 혜성이 나타났다.
고려사 권3, 세가3 ; 고려사절요 권2 [H]

목종 9년(1006) 병오 - - (-)

/양 1006. - - /

彗星見
혜성이 나타났다.
고려사 권47, 지1 [H]

목종 12년(1009) 기유 2. 3. (기축)

/양 1009. 3. 2./

二月 己丑 日色如張紅幕

---

1) 帝座(제좌): 제좌성-1로 추론됨.

2) 2월에는 정사일이 없음.

태양 빛이 붉은 막을 드리운 것처럼 되었다
고려사 권3, 세가3 ; 고려사 권47, 지1 [M]

목종 12년(1009) 기유 3. 15. (경오)

/양 1009. 4. 12./

三月 庚午 月食
월식이 있었다.
고려사 권47, 지1 [B]

8. 현종(1010 ~ 1031)

현종 1년(1010) 경술 윤2. 14. (갑자)

/양 1010. 4. 1./

閏二月 甲子 月食
월식이 있었다.
고려사 권47, 지1 [B]

현종 1년(1010) 경술 11. 23. (무술)

/양 1010. 12. 31./

十一月 戊戌 日暈如虹 傍有珥 色靑赤
햇무리가 무지개와 같았으며 곁에 귀고리가 그
빛이 푸르고 붉었다.
고려사 권47, 지1 [O]

현종 1년(1010) 경술 12. 16. (경신)

/양 1011. 1. 22./

<十二月>3) 庚申 大流星隕于郭州
큰 유성(流星)이 곽주(郭州)에 떨어졌다.
고려사 권4, 세가4 [R]

현종 1년(1010) 경술 12. 16. (경신)

/양 1011. 1. 22./

十二月 庚申 大流星隕于郭州
큰 유성(流星)이 곽주에 떨어졌다.
고려사 권47, 지1 [R]

현종 2년(1011) 신해 4. 10. (계축)

/양 1011. 5. 15./

四月 癸丑 月犯鎭星 熒惑無光
달이 토성[鎭星]을 범하였다. 화성[熒惑]의 광채
가 없어졌다.

---

3) 11월부터 계속 일진 순서로만 기록됨. 12월이 빠짐.

고려사 권47, 지1 [C] [Q]

현종 2년(1011) 신해 7. 15. (병술)

/양 1011. 8. 16./

七月 丙戌 月食
월식이 있었다.
고려사 권47, 지1 [B]

현종 2년(1011) 신해 11. 3. (임신)

/양 1011. 11. 30./

十一月 壬申 太白犯鎭星
금성[太白]이 토성[鎭星]을 범하였다.
고려사 권47, 지1 [D]

현종 2년(1011) 신해 12. 23. (임술)

/양 1012. 1. 19./

十二月 壬戌 月入氐星
달이 저(氐) 성좌로 들어갔다.
고려사 권47, 지1 [C]

현종 3년(1012) 임자 1. 16. (갑신)

/양 1012. 2. 10./

正月 甲申 月食
월식이 있었다.
고려사 권47, 지1 [B]

현종 3년(1012) 임자 5. 20. (정해)

/양 1012. 6. 12./

五月 丁亥 赤氣如火見于南方
불같은 이상한 붉은 기운(赤氣)이 남방에 나타
났다.
고려사 권53, 지7 [S]

현종 3년(1012) 임자 7. 14. (경진)

/양 1012. 8. 4./

七月 庚辰 月食
월식이 있었다.
고려사 권47, 지1 [B]

현종 3년(1012) 임자 8. 1. (병신)

/양 1012. 8. 20./

八月 丙申朔 日食
일식이 있었다.
고려사 권4, 세가4 ; 고려사 권47, 지1 ;
고려사절요 권3 [A]

현종 3년(1012) 임자 10. 16. (경술)

/양 1012. 11. 2./

十月 庚戌 月食
월식이 있었다.
고려사 권47, 지1 [B]

현종 3년(1012) 임자 11. 4. (정유)

/양 1012. 12. 19./

十一月 丁酉 月犯太白
달이 금성[太白]을 범하였다.
고려사 권47, 지1 [C]

현종 3년(1012) 임자 12. 16. (기묘)

/양 1013. 1. 30./

十二月 己卯 月食
월식이 있었다.
고려사 권47, 지1 [B]

현종 4년(1013) 계축 1. 28. (경신)

/양 1013. 3. 12./

正月 庚申 黃霧四塞
황색 안개가 사방에 자욱하였다.
고려사 권55, 지9 [S]

현종 4년(1013) 계축 2. 13. (을해)

/양 1013. 3. 27./

二月 乙亥 熒惑犯東井
화성[熒惑]이 동정(東井) 성좌를 범하였다.
고려사 권47, 지1 [F]

현종 4년(1013) 계축 3. 12. (계묘)

/양 1013. 4. 24./

三月 癸卯 有大流星自東而西 聲如雷
큰 유성(流星)이 동쪽에서 서쪽으로 지나갔는
데 그 소리가 뇌성과 같았다.
고려사 권47, 지1 [R]

현종 4년(1013) 계축 4. 6. (정묘)

/양 1013. 5. 18./

四月 丁卯 熒惑掩積尸4)
화성[熒惑]이 적시성(積尸星)을 가렸다.
고려사 권47, 지1 [F]

현종 4년(1013) 계축 7. 13. (계묘)

/양 1013. 8. 22./

七月 癸卯 月犯歲星
달이 목성[歲星]을 범하였다.
고려사 권47, 지1 [C]

현종 4년(1013) 계축 8. 26. (을유)

/양 1013. 10. 3./

七月 乙酉 又犯軒轅
또 <달이> 헌원(軒轅) 성좌를 범하였다.
고려사 권47, 지1 [C]

현종 4년(1013) 계축 9. 4. (계사)

/양 1013. 10. 11./

九月 癸巳 大流星入于張翼閒
큰 유성(流星)이 장(張) 성좌와 익(翼) 성좌 사
이로 들어갔다.
고려사 권47, 지1 [R]

현종 4년(1013) 계축 9. 16. (을사)

/양 1013. 10. 23./

九月 乙巳 月犯畢大星
달이 필대성(畢大星)을 범하였다.
고려사 권47, 지1 [C]

현종 4년(1013) 계축 12. 1. (무오)

/양 1014. 1. 4./

十二月 戊午朔 日食
일식이 있었다.
고려사 권4 세가4 ; 고려사 권47, 지1 [A]

현종 4년(1013) 계축 12. 1. (무오)

/양 1014. 1. 4./

冬十二月 戊午朔 日食
일식이 있었다.
고려사절요 권3 [A]

현종 5년(1014) 갑인 1. 6. (계사)

/양 1014. 2. 8./

正月 癸巳 流星入翼
유성(流星)이 익(翼) 성좌에 들어갔다.
고려사 권47, 지1 [R]

---

4) 積尸(적시): 적시성-2임.

현종 5년(1014) 갑인 1. 7. (갑오)

/양 1014. 2. 9./

正月 甲午 月掩畢星
달이 필(畢) 성좌를 가렸다.
고려사 권47, 지1 [C]

현종 5년(1014) 갑인 1. 25. (임자)

/양 1014. 2. 27./

春正月 壬子 彗見于五車
혜성이 오거(五車) 성좌에 나타났다.
고려사 권4, 세가4 ; 고려사절요 권3 [H]

현종 5년(1014) 갑인 1. 25. (임자)

/양 1014. 2. 27./

正月 壬子 彗見于五車
혜성이 오거(五車) 성좌에 나타났다.
고려사 권47, 지1 [H]

현종 5년(1014) 갑인 2. 4. (경신)

/양 1014. 3. 7./

二月 庚申 彗入大陵
혜성이 대릉(大陵) 성좌에 들어갔다.
고려사 권47, 지1 ; 고려사절요 권3 [H]

현종 5년(1014) 갑인 3. 5. (경인)

/양 1014. 4. 6./

三月 庚寅 白虹貫日
흰 무지개가 태양을 가로질렀다.
고려사 권4, 세가4 ; 고려사 권47, 지1 [O]

현종 5년(1014) 갑인 3. 5. (경인)

/양 1014. 4. 6./

三月 庚寅 夜四方赤祲
밤에 사방에서 이상한 붉은 기운이 나타났다.
고려사 권53, 지7 [S]

현종 5년(1014) 갑인 3. 16. (신축)

/양 1014. 4. 17./

三月 辛丑 白氣貫日
흰 기운이 태양을 가로질렀다
고려사 권4, 세가4 ; 고려사 권47, 지1 [O]

현종 5년(1014) 갑인 3. 17. (임인)

/양 1014. 4. 18./

三月 壬寅 日旁赤氣相盪
태양 곁에 붉은 기운이 있어 서로 밀치며 움직
였다.
고려사 권47, 지1 [O]

현종 5년(1014) 갑인 4. 15. (경오)

/양 1014. 5. 16./

四月 庚午 白氣界天 如匹布
흰 기운이 하늘을 경계지었는데, 베를 펼쳐놓
은 것과 같았다.
고려사 권54, 지8 [S]

현종 5년(1014) 갑인 5. 6. (신묘)

/양 1014. 6. 6./

五月 辛卯 太白晝見
금성[太白]이 낮에 나타났다.
고려사 권4, 세가4 [G]

현종 5년(1014) 갑인 5. 6. (신묘)

/양 1014. 6. 6./

五月 辛卯 太白晝見 鎭星犯鍵閉
금성[太白]이 낮에 나타났고, 토성[鎭星]이 건폐
성(鍵閉星)을 범하였다.
고려사 권47, 지1 [G] [F]

현종 5년(1014) 갑인 7. 27. (신해)

/양 1014. 8. 25./

七月 辛亥 鎭星犯鍵閉
토성[鎭星]이 건폐성(鍵閉星)을 범하였다.
고려사 권47, 지1 [F]

현종 5년(1014) 갑인 8. 27. (경진)

/양 1014. 9. 23./

八月 庚辰 鎭星犯鍵閉
토성[鎭星]이 건폐성(鍵閉星)을 범하였다.
고려사 권47, 지1 [F]

현종 5년(1014) 갑인 11. 12. (갑오)

/양 1014. 12. 6./

十一月 甲午 太白入氐
금성[太白]이 저(氐) 성좌에 들어갔다.
고려사 권47, 지1 [F]

현종 5년(1014) 갑인 11. 29. (신해)

/양 1014. 12. 23./

十一月 辛亥 流星入氏
유성(流星)이 저(氐) 성좌에 들어갔다.
고려사 권47, 지1 [R]

현종 6년(1015) 을묘 1. 15. (병신)

/양 1015. 2. 6./

正月 丙申 日旁有靑赤氣
태양 곁에 푸르고 붉은 기운이 있었다.
고려사 권47, 지1 [O]

현종 6년(1015) 을묘 5. 22. (신축)

/양 1015. 6. 11./

五月 辛丑 大流星隕于西南
큰 유성(流星)이 서남쪽에 떨어졌다.
고려사 권4, 세가4 ; 고려사 권47, 지1 [R]

현종 6년(1015) 을묘 6. 1. (기유)

/양 1015. 6. 19./

六月 己酉朔 日食
일식이 있었다.
고려사 권4, 세가4 [A]

현종 6년(1015) 을묘 6. 1. (기유)

/양 1015. 6. 19./

六月 己酉朔 日食 上有白氣如虹 良久乃滅
일식이 있었고, 그 위에 무지개와 같은 흰 기
운이 있었는데 오래 있다가 사라졌다.
고려사 권47, 지1 [A] [O]

현종 6년(1015) 을묘 6. 1. (기유)

/양 1015. 6. 19./

六月 己酉朔 日食
일식이 있었다.
고려사절요 권3 [A]

현종 6년(1015) 을묘 6. 8. (병진)

/양 1015. 6. 26./

六月 丙辰 月入氐星
달이 저(氐) 성좌에 들어갔다.
고려사 권47, 지1 [C]

현종 6년(1015) 을묘 8. 6. (계미)

/양 1015. 9. 21./

八月 癸未 月犯鎭星
달이 토성[鎭星]을 범하였다.

고려사 권47, 지1 [C]

현종 6년(1015) 을묘 8. 25. (임인)

/양 1015. 10. 10./

八月 壬寅 流星入氏
유성(流星)이 저(氐) 성좌를 범하였다.
고려사 권47, 지1 [R]

현종 6년(1015) 을묘 10. 14. (신묘)

/양 1015. 11. 28./

十月 辛卯 月食
월식이 있었다.
고려사 권47, 지1 [B]

현종 6년(1015) 을묘 10. 17. (갑오)

/양 1015. 12. 1./

十月 甲午 日旁有氣相背
태양 곁에 그 모양이 일(一)자형의 햇무리[背]
와 같은 기운이 있었다.
고려사 권47, 지1 [O]

현종 6년(1015) 을묘 11. 19. (을축)

/양 1016. 1. 1./

十一月 乙丑 月入大微
달이 태미원[大微]에 들어갔다.
고려사 권47, 지1 [C]

현종 7년(1016) 병진 2. 3. (무인)

/양 1016. 3. 14./

二月 戊寅 太白犯昴星 又流星出軒轅入三台
금성[太白]이 묘(昴) 성좌를 범하였다. 또 유성
(流星)이 헌원(軒轅) 성좌에서 나와 삼태(三台)
성좌에 들어갔다.
고려사 권47, 지1 [F] [R]

현종 7년(1016) 병진 2. 26. (신축)

/양 1016. 4. 6./

二月 辛丑 太白經天
금성[太白]이 낮에 남쪽하늘에서 보였다.
고려사 권4, 세가4 ; 고려사 권47, 지1 ;
고려사절요 권3 [G]

현종 7년(1016) 병진 2. 27. (임인)

/양 1016. 4. 7./

二月 壬寅 月犯歲星

달이 목성[歲星]을 범하였다.
고려사 권47, 지1 [C]

현종 7년(1016) 병진 4. 16. (기축)

/양 1016. 5. 24./

四月 己丑 月食既 大流星自東抵西
개기 월식이 있었다. 큰 유성(流星)이 동쪽에서
서쪽으로 갔다.
고려사 권47, 지1 [B] [R]

현종 7년(1016) 병진 8. 14. (을유)

/양 1016. 9. 17./

八月 乙酉 太白犯軒轅大星
금성[太白]이 헌원대성(軒轅大星)을 범하였다.
고려사 권47, 지1 [F]

현종 7년(1016) 병진 8. 30. (신축)

/양 1016. 10. 3./

八月 辛丑 流星如雷 其光照地 見者驚譟
유성(流星)이 천둥과 같이 번쩍거리고, 그 빛이
땅에 비치니 이것을 본 사람들이 놀라서 떠들
었다.
고려사 권47, 지1 [R]

현종 7년(1016) 병진 9. 11. (임자)

/양 1016. 10. 14./

九月 壬子 流星大如月 出張星入明堂靈臺
유성(流星)의 크기가 달만 했고, 장(張) 성좌에서
나와 명당(明堂) 성좌와 영대(靈臺) 성좌에 들어
갔다.
고려사 권47, 지1 [R]

현종 7년(1016) 병진 10. 1. (임신)

/양 1016. 11. 3./

十月 壬申朔 太白犯上將5)
금성[太白]이 상장성(上將星)을 범하였다.
고려사 권47, 지1 [F]

현종 7년(1016) 병진 10. 29. (경자)

/양 1016. 12. 1./

十月 庚子 月犯太白
달이 금성[太白]을 범하였다.
고려사 권47, 지1 [C]

---

5) 上將(상장): 상장성-3임.

24

현종 7년(1016) 병진 12. - (-)

/양 1017. 1. - /

是歲 復行宋大中祥符年號
이 해에 다시 송나라의 대중상부(大中祥符) 연호
(年號)를 사용하였다.
고려사 권4, 세가4 [U]

현종 7년(1016) 병진 12. 17. (정해)

/양 1017. 1. 17./

十二月 丁亥 月犯熒惑
달이 화성[熒惑]을 범하였다.
고려사 권47, 지1 [C]

현종 7년(1016) 병진 12. 27. (정유)

/양 1017. 1. 27./

十二月 丁酉 四方赤祲
사방에 이상한 붉은 기운[赤祲]이 나타났다.
고려사 권53, 지7 [S]

현종 7년(1016) 병진 12. 29. (기해)

/양 1017. 1. 29./

十二月 己亥 熒惑犯軒轅大星
화성[熒惑]이 헌원대성(軒轅大星)을 범하였다.
고려사 권47, 지1 [F]

현종 8년(1017) 정사 2. 4. (계유)

/양 1017. 3. 4./

二月 癸酉 赤祲如火彌天
불같은 이상한 붉은 기운이 하늘에 가득 찼다.
고려사 권53, 지7 [S]

현종 8년(1017) 정사 3. 7. (병오)

/양 1017. 4. 6./

三月 丙午 白氣貫日
흰 기운이 태양을 가로질렀다
고려사 권4, 세가4 ; 고려사 권47, 지1 [O]

현종 8년(1017) 정사 5. 23. (경신)

/양 1017. 6. 19./

五月 庚申 飛星出河鼓南行 聲如雷
유성[飛星]이 하고(河鼓) 성좌에서 나와 남쪽으
로 지나갔는데 그 소리가 뇌성과 같았다.
고려사 권47, 지1 [R]

현종 8년(1017) 정사 7. 4. (경자)

/양 1017. 7. 29./

七月 庚子 月入大微犯上相6)
달이 태미원[大微]의 상상성(上相星)을 범하였다.
고려사 권47, 지1 [C]

현종 8년(1017) 정사 10. 7. (임신)

/양 1017. 10. 29./

十月 壬申 太白入南斗
금성[太白]이 남두(南斗) 성좌에 들어갔다.
고려사 권47, 지1 [F]

현종 8년(1017) 정사 11. 5. (기해)

/양 1017. 11. 25./

十一月 己亥 太白經天
금성[太白]이 낮에 남쪽하늘에서 보였다.
고려사 권4, 세가4 ; 고려사 권47, 지1 [G]

현종 8년(1017) 정사 11. 5. (기해)

/양 1017. 11. 25./

冬十一月 己亥 太白經天
금성[太白]이 낮에 남쪽하늘에서 보였다.
고려사절요 권3 [G]

현종 8년(1017) 정사 11. 25. (기미)

/양 1017. 12. 15./

十一月 己未 夜白氣如練竟天 俄變爲赤祲
밤에 비단 같은 흰 기운이 하늘을 가로질렀는데,
갑자기 변하여 이상한 붉은 기운으로 되었다.
고려사 권54, 지8 [S]

현종 9년(1018) 무오 1. 29. (계해)

/양 1018. 2. 17./

正月 癸亥 白氣如帶亘天
띠와 같은 흰 기운이 하늘에 뻗쳤다.
고려사 권54, 지8 [S]

현종 9년(1018) 무오 3. 27. (경신)

/양 1018. 4. 15./

三月 庚申 白氣貫日
흰 기운이 태양을 가로질렀다
고려사 권4, 세가4 ; 고려사 권47, 지1 [O]

───────────────

6) 上相(상상): 상상성-1임.

현종 9년(1018) 무오 4. 7. (경오)

/양 1018. 4. 25./

四月 庚午 黃霧四塞凡四日
황색 안개가 무릇 4일간이나 사방에 자욱하였다.
고려사 권55, 지9 [S]

현종 9년(1018) 무오 6. 6. (정유)

/양 1018. 7. 21./

六月 丁酉 流星出天市入北斗
유성(流星)이 천시원(天市垣)에서 나와 북두
(北斗) 성좌에 들어갔다.
고려사 권47, 지1 [R]

현종 9년(1018) 무오 6. 19. (경술)

/양 1018. 8. 3./

六月 庚戌 彗見 長四丈餘
혜성이 나타났는데, 그 길이가 4장(丈)정도 되
었다.
고려사 권4, 세가4 [H]

현종 9년(1018) 무오 6. 19. (경술)

/양 1018. 8. 3./

六月 庚戌 彗出北斗第二星 光射文昌天牢 長四丈餘
혜성이 북두(北斗) 성좌의 제2성에서 나와 그
광채가 문창(文昌) 성좌와 천뢰(天牢)성좌에 뻗쳤으
며 길이는 4장(丈) 정도 되었다.
고려사 권47, 지1 [H]

현종 9년(1018) 무오 6. 19. (경술)

/양 1018. 8. 3./

六月 庚戌 彗出北斗 長四丈餘
혜성이 북두(北斗) 성좌에 나타나니 길이가 4
장(丈) 정도 되었다.
고려사절요 권3 [H]

현종 9년(1018) 무오 7. 7. (정묘)

/양 1018. 8. 20./

七月 丁卯 月犯心後星
달이 심(心) 성좌의 뒷별을 범하였다.
고려사 권47, 지1 [C]

현종 9년(1018) 무오 7. 11. (신미)

/양 1018. 8. 24./

七月 辛未 飛星出王良過壁 聲如雷 群犬驚吠

유성[飛星]이 왕량(王良) 성좌에서 나와 벽(璧) 성좌를 지나갔는데, 소리가 뇌성과 같아서 개들이 놀라 짖었다.
고려사 권47, 지1 [R]

현종 9년(1018) 무오 10. 1. (경인)

/양 1018. 11. 11./

十月 庚寅朔 熒惑入大微犯上將7)
화성[熒惑]이 태미원[大微]의 상장성(上將星)을 범하였다.
고려사 권47, 지1 [F]

현종 9년(1018) 무오 10. - (-)

/양 1018. 11. - /

十月 行宋天禧年號
송(宋)나라의 천희(天禧) 연호(年號)를 사용하였다.
고려사 권4, 세가4 [U]

현종 9년(1018) 무오 11. 15 (계해)

/양 1018. 12. 14 /

十一月 癸亥8) 輔臣以彗星己滅 表請御正殿 復常膳 從之
대신(大臣)이 혜성이 이미 소멸되었으므로 표문을 올려 왕께서 정전(正殿)에 거처하고 상선(常膳, 평상시에 먹는 음식)을 회복하기를 청하니 그 말에 따랐다.
고려사 권4, 세가4 : 고려사절요 권3 [H]

현종 9년(1018) 무오 11. 19. (정축)

/양 1018. 12. 28./

十一月 丁丑 月犯軒轅
달이 헌원(軒轅) 성좌를 범하였다.
고려사 권47, 지1 [C]

현종 9년(1018) 무오 12. 29. (정사)

/양 1019. 2. 6./

十二月 丁巳 彗見
혜성이 나타났다.
고려사 권4, 세가4 [H]

현종 9년(1018) 무오 12. 29. (정사)

/양 1019. 2. 6./

十二月 丁巳 彗見于天市垣宗正宗人市樓閒 指西
혜성이 천시원(天市垣)의 종정(宗正) 성좌, 종인(宗人) 성좌와 시루(市樓) 성좌들 사이에서 나타나 서쪽으로 갔다.
고려사 권47, 지1 [H]

현종 9년(1018) 무오 12. 29. (정사)

/양 1019. 2. 6./

十二月 丁巳 彗見于天市垣
혜성이 천시원(天市垣)에 나타났다.
고려사절요 권3 [H]

현종 10년(1019) 기미 1. 20. (무인)

/양 1019. 2. 27./

正月 戊寅 月犯心星
달이 심(心) 성좌를 범하였다.
고려사 권47, 지1 [C]

현종 10년(1019) 기미 1. 27. (을유)

/양 1019. 3. 6./

正月 乙酉 赤氣竟天
붉은 기운이 하늘을 가로질렀다.
고려사 권53, 지7 [S]

현종 10년(1019) 기미 3. 1. (무오)

/양 1019. 4. 8./

三月 戊午朔 日食
일식이 있었다.
고려사 권4, 세가4 ; 고려사절요 권3 [A]

현종 10년(1019) 기미 3. 1. (무오)

/양 1019. 4. 8./

三月 壬午朔9) 日食
일식이 있었다
고려사 권47, 지1 [A]

현종 10년(1019) 기미 5. 10. (병인)

/양 1019. 6. 15./

五月 丙寅 太白晝見
금성[太白]이 낮에 나타났다.
고려사 권4, 세가4 [G]

---

7) 上將(상장): 상장성-1임.
8) 고려사절요 권3에는 11월 미상으로 기록되었으나, 고려사 권4의 기록을 따라 11/5로 정함.

9) 고려사 권4와 고려사절요 권3에는 무오삭으로 나오고, 역일 검증에 따르면 무오삭임.

현종 10년(1019) 기미 5. 10. (병인)

/양 1019. 6. 15./

五月 丙寅 太白晝見 自正月以來月行陽道 至是
犯左服次將星
금성[太白]이 낮에 나타났다. 정월부터 달이 양도
(陽道)로 지나가다가 이때에 이르러 좌복(左服)
성좌의 차장성(次將星)을 범하였다
고려사 권 47, 지1 [G] [C]

현종 10년(1019) 기미 9. 1. (갑인)

/양 1019. 10. 1./

九月 甲寅朔 太史[10]奏日食 陰雲不見
태사(太史)가 일식이 있다고 보고하였으나, 검은
구름에 가려 보이지 않았다.
고려사 권4, 세가4 ; 고려사 권 47, 지1 ;
고려사절요 권3 [A]

현종 10년(1019) 기미 9. 26. (기묘)

/양 1019. 10. 26./

九月 己卯 月犯歲星
달이 목성[歲星]을 범하였다.
고려사 권47, 지1 [C]

현종 10년(1019) 기미 9. - (-)

/양 1019. 10. - /

是月 歲星入大微犯右執法
이달(9월)에 목성[歲星]이 태미원[大微]으로 들어
가 우집법성(右執法星)을 범하였다.
고려사 권47, 지1 [F]

현종 10년(1019) 기미 11. 10. (임술)

/양 1019. 12. 8./

十一月 壬戌 太白入氐
금성[太白]이 저(氐) 성좌에 들어갔다.
고려사 권47, 지1 [F]

현종 10년(1019) 기미 11. 14. (병인)

/양 1019. 12. 12./

十一月 丙寅 歲星犯左執法
목성[歲星]이 좌집법성(左執法星)을 범하였다.
고려사 권47, 지1 [F]

현종 10년(1019) 기미 12. 29. (신해)

/양 1020. 1. 26./

十二月 辛亥 彗見
혜성이 나타났다.
고려사 권4, 세가4 ; 고려사절요 권3 [H]

현종 10년(1019) 기미 12. 29. (신해)

/양 1020. 1. 26./

十二月 辛亥 彗見宗正宗人市樓閒
혜성이 종정(宗正) 성좌, 종인(宗人) 성좌와 시루
(市樓) 성좌들 사이에 나타났다.
고려사 권47, 지1 [H]

현종 11년(1020) 경신 1. 18. (경오)

/양 1020. 2. 14./

正月 庚午 月犯左角
달이 좌각성(左角星)을 범하였다.
고려사 권47, 지1 [C]

현종 11년(1020) 경신 3. 14. (을축)

/양 1020. 4. 9./

三月 乙丑 月貫右角[11]
달이 각(角) 성좌의 우각성(右角星)을 가리고
지나갔다.
고려사 권47, 지1 [C]

현종 11년(1020) 경신 6. 7. (정해)

/양 1020. 6. 30./

六月 丁亥 月犯左角
달이 좌각성(左角星)을 범하였다.
고려사 권47, 지1 [C]

현종 11년(1020) 경신 10. 5. (임오)

/양 1020. 10. 23./

十月 壬午 貫南斗魁
<달이> 남두괴(南斗魁)을 가로질렀다.
고려사 권47, 지1 [C]

현종 11년(1020) 경신 11. 15. (임술)

/양 1020. 12. 2./

十一月 壬戌 卿雲見

---

10) 太史(태사): 천문과 측후를 담당하던 관청의 수장(首將)격인
관직.

11) 현대 천문학적으로 달의 위치를 계산해보면 우각(右角)은 좌
각(左角)의 오기임.

상서로운 1구름[卿雲]이 나타났다.
고려사 권54, 지8 [S]

현종 11년(1020) 경신 12. 22. (무술)

/양 1021. 1. 7./

十二月 戊戌 熒惑犯歲星
화성[熒惑]이 목성[歲星]을 범하였다.
고려사 권47, 지1 [D]

현종 11년(1020) 경신 윤12. 2. (무신)

/양 1021. 1. 17./

閏十二月 戊申 日重暈
태양에 이중 햇무리가 있었다.
고려사 권47, 지1 [O]

현종 11년(1020) 경신 윤12. 23. (기사)

/양 1021. 2. 7./

閏月 己巳 月犯房左服
달이 방(房) 성좌의 좌복성[左服]을 범하였다.
고려사 권47, 지1 [C]

현종 12년(1021) 신유 1. 4. (경진)

/양 1021. 2. 18./

春正月 庚辰 白氣貫日
흰 기운이 태양을 가로질렀다
고려사 권4, 세가4 [O]

현종 12년(1021) 신유 1. 4. (경진)

/양 1021. 2. 18./

正月 庚辰 白氣貫日
흰 기운이 태양을 가로질렀다
고려사 권47, 지1 [O]

현종 12년(1021) 신유 3. 9. (갑신)

/양 1021. 4. 23./

三月 甲申 月犯軒轅大星
달이 헌원대성(軒轅大星)을 범하였다.
고려사 권47, 지1 [C]

현종 12년(1021) 신유 4. 17. (임술)

/양 1021. 5. 31./

四月 壬戌 妖星[12]見於大微

요성(妖星)이 태미원[大微]에 나타났다.
고려사 권47, 지1 [H]

현종 12년(1021) 신유 7. 1. (갑술)

/양 1021. 8. 11./

七月 甲戌朔 日食
일식이 있었다.
고려사 권4, 세가4 ; 고려사 권47, 지1 [A]

현종 12년(1021) 신유 7. 1. (갑술)

/양 1021. 8. 11./

秋七月 甲戌朔 日食
일식이 있었다.
고려사절요 권3 [A]

현종 12년(1021) 신유 9. 8. (경진)

/양 1021. 10. 16./

九月 庚辰 月貫哭泣
달이 곡(哭) 성좌와 읍(泣) 성좌를 가로질렀다.
고려사 권47, 지1 [C]

현종 12년(1021) 신유 10. 17. (기미)

/양 1021. 11. 24./

九月 己未 又犯軒轅大星
<달이> 헌원대성(軒轅大星)을 범하였다.
고려사 권47, 지1 [C]

현종 12년(1021) 신유 11. 27. (무술)

/양 1022. 1. 2./

十一月 戊戌 月貫心後星
달이 심(心) 성좌의 뒷별을 가리고 지나갔다.
고려사 권47, 지1 [C]

현종 13년(1022) 임술 1. 23. (계사)

/양 1022. 2. 26./

正月 癸巳 月犯心後星
달이 심(心) 성좌의 뒷별을 가리고 지나갔다.
고려사 권47, 지1 [C]

현종 13년(1022) 임술 3. 19. (무자)

/양 1022. 4. 22./

三月 戊子 歲星犯房右驂

---

12) 妖星(요성): 재해(災害)의 징조(徵兆)로 나타난다고 하는 별.

혜성이나 큰 유성(遊星)을 말함.

목성[歲星]이 방(房) 성좌의 우참성[右驂]을 범하였다.
고려사 권47, 지1 [F]

현종 13년(1022) 임술 4. 17. (병진)

/양 1022. 5. 20./

四月 丙辰 月犯庶子[13]
달이 서자성(庶子星)을 범하였다.
고려사 권47, 지1 [C]

현종 13년(1022) 임술 4. - (-)

/양 1022. 5. - /

夏四月 自是復行契丹年號
이때부터 거란(契丹)의 연호(年號)를 다시 사용하였다.
고려사 권4, 세가4 [U]

현종 13년(1022) 임술 5. 8. (병자)

/양 1022. 6. 9./

五月 丙子 韓祚還自宋, 帝賜 『聖惠方』·『陰陽二宅書』·『乾興曆』·釋典一藏.
한조(韓祚)가 송(宋)에서 돌아왔는데, 이때 송 황제가 『성혜방(聖惠方)』, 『음양이택서(陰陽二宅書)』, 『건흥력(乾興曆)』, 불교 경전 1장(藏)을 보냈다.
고려사 권4, 세가4 [U]

현종 13년(1022) 임술 6. 12. (경술)

/양 1022. 7. 13./

六月 庚戌 月犯心後星
달이 심(心) 성좌의 뒷별을 범하였다.
고려사 권47, 지1 [C]

현종 13년(1022) 임술 7. 8. (병자)

/양 1022. 8. 8./

七月 丙子 月犯心後星
달이 심(心) 성좌의 뒷별을 범하였다.
고려사 권47, 지1 [C]

현종 13년(1022) 임술 8. 21. (무오)

/양 1022. 9. 19./

八月 戊午 歲星鉤己於房
목성[歲星]이 방(房) 성좌에 갈고리 모양으로 있었다.

고려사 권47, 지1 [F]

현종 13년(1022) 임술 9. 23. (경인)

/양 1022. 10. 21./

九月 庚寅 熒惑犯左執法
화성[熒惑]이 좌집법성(左執法星)을 범하였다.
고려사 권47, 지1 [F]

현종 13년(1022) 임술 12. 4. (기해)

/양 1022. 12. 29./

十二月 己亥 夜白氣漫天
밤에 흰 기운이 하늘에 펼쳐졌다.
고려사 권54, 지8 [S]

현종 13년(1022) 임술 12. 19. (갑인)

/양 1023. 1. 13./

十二月 甲寅 歲星犯房左驂上相[14]
목성[歲星]이 방(房) 성좌의 좌참성[左驂]인 상상성(上相星)을 범하였다.
고려사 권47, 지1 [F]

현종 14년(1023) 계해 1. 2. (정묘)

/양 1023. 1. 26./

正月 丁卯 熒惑犯右驂上相
화성[熒惑]이 방(房) 성좌의 우참성[右驂]인 상상성(上相星)을 범하였다.
고려사 권47, 지1 [F]

현종 14년(1023) 계해 1. 23. (무자)

/양 1023. 2. 16./

正月 戊子 月貫心星
달이 심(心) 성좌를 가로질렀다.
고려사 권47, 지1 [C]

현종 14년(1023) 계해 5. 6. (무진)

/양 1023. 5. 27./

五月 戊辰 熒惑退舍南斗魁中
화성[熒惑]이 남두괴(南斗魁) 가운데로 물러나 머물렀다.
고려사 권47, 지1 [F]

현종 14년(1023) 계해 6. 12. (갑진)

---

13) 庶子(서자): 서자성-2임.

14) 左驂上相(좌참상상): 좌참성(左驂星)은 상장성(上將星)이고, 우참성(右驂星)이 상상성(上相星)임. 두 표현중 하나가 오기임.

/양 1023. 7. 2./

六月 甲辰 月犯心後星
달이 심(心) 성좌의 뒷별을 범하였다.
고려사 권47, 지1 [C]

현종 14년(1023) 계해 9. 16. (정축)

/양 1023. 10. 3./

九月 丁丑 熒惑犯哭星
화성[熒惑]이 곡(哭) 성좌의 별을 범하였다.
고려사 권47, 지1 [F]

현종 14년(1023) 계해 9. 28. (기축)

/양 1023. 10. 15./

九月 己丑 流星大如月 入王良天策閒
달 만큼 큰 유성(流星)이 왕량(王良) 성좌와 천책
성(天策星) 사이로 들어갔다.
고려사 권47, 지1 [R]

현종 14년(1023) 계해 윤9. 12. (계묘)

/양 1023. 10. 29./

十月 癸卯15) 流星入天倉
유성(流星)이 천창(天倉) 성좌로 들어갔다.
고려사 권47, 지1 [R]

현종 14년(1023) 계해 11. 9. (기해)

/양 1023. 12. 24./

十一月 己亥 流星入攝提閒
유성(流星)이 <좌우> 섭제(攝提) 성좌 사이로
들어갔다.
고려사 권47, 지1 [R]

현종 14년(1023) 계해 11. 14. (갑진)

/양 1023. 12. 29./

十一月 甲辰 月食
월식이 있었다.
고려사 권47, 지1 [B]

현종 14년(1023) 계해 12. 24. (계미)

/양 1024. 2. 6./

十二月 癸未 月犯心前星
달이 심(心) 성좌의 앞별을 범하였다.

현종 15년(1024) 갑자 1. 9. (무술)

/양 1024. 2. 21./

春正月 戊戌 太白晝見
금성[太白]이 낮에 나타났다.
고려사 권5, 세가5 [G]

현종 15년(1024) 갑자 1. 9. (무술)

/양 1024. 2. 21./

正月 戊戌 太白晝見
금성[太白]이 낮에 나타났다.
고려사 권47, 지1 [G]

현종 15년(1024) 갑자 2. 4. (임술)

/양 1024. 3. 16./

二月 壬戌 月犯太白
달이 금성[太白]을 범하였다.
고려사 권47, 지1 [C]

현종 15년(1024) 갑자 4. 6. (계해)

/양 1024. 5. 16./

四月 癸亥 月犯心前星
달이 심(心) 성좌의 앞별을 범하였다.
고려사 권47, 지1 [C]

현종 15년(1024) 갑자 5. 1. (정해)

/양 1024. 6. 9./

五月 丁亥 太史局16)奏 日當食不食
태사국(太史局)에서 「이 날 있어야 할 일식이
일어나지 않았다」고 보고하였다.
고려사 권5, 세가5 [A]

현종 15년(1024) 갑자 5. 1. (정해)

/양 1024. 6. 9./

五月 丁亥朔 日當食不食
일식이 있어야 하는데, 일어나지 않았다.
고려사 권47, 지1 ; 고려사절요 권3 [A]

현종 15년(1024) 갑자 5. 16. (임인)

/양 1024. 6. 24./

五月 壬寅 月食

---

15) 10월에 계묘일 없음. 계묘일은 윤 9/12, 11/13인데, 11/9의 다
    른 기록 자료가 있으므로 윤9/12로 정함. 10월에는 10/7, 정
    묘일이 있음.

16) 太史局(태사국): 천문과 측후를 담당하던 천문관청.

월식이 있었다.
고려사 권47, 지1 [B]

현종 15년(1024) 갑자 11. 1. (을유)

/양 1024. 12. 4./

十一月 乙酉朔 太史局奏 日當食不食
태사국에서 「이 날 있어야 할 일식이 보이지
않았다」고 보고하였다.
고려사 권5, 세가5 [A]

현종 15년(1024) 갑자 11. 1. (을유)

/양 1024. 12. 4./

十一月 乙酉朔 日當食不食
일식이 있어야 하는데, 일어나지 않았다.
고려사 권47, 지1 ; 고려사절요 권3 [A]

현종 15년(1024) 갑자 12. 24. (정축)

/양 1025. 1. 25./

十一月17) 丁丑 月犯心前星
달이 심(心) 성좌의 앞 별을 범하였다.
고려사 권47, 지1 [C]

현종 16년(1025) 을축 1. 25. (무신)

/양 1025. 2. 25./

正月 戊申 月犯熒惑
달이 화성[熒惑]을 범하였다.
고려사 권47, 지1 [C]

현종 16년(1025) 을축 3. 7. (기축)

/양 1025. 4. 7./

三月 己丑 白氣貫日
흰 기운이 태양을 가로질렀다
고려사 권5, 세가5 ; 고려사 권47, 지1 [O]

현종 16년(1025) 을축 3. 28. (경술)

/양 1025. 4. 28./

三月 庚戌 熒惑犯哭星
화성[熒惑]이 곡(哭) 성좌를 범하였다.
고려사 권47, 지1 [F]

현종 16년(1025) 을축 7. 24. (갑진)

/양 1025. 8. 20./

六月18) 甲辰 大流星出角西行
큰 유성(流星)이 각(角) 성좌에서 나와서 서쪽으로
갔다.
고려사 권47, 지1 [R]

현종 16년(1025) 을축 10. 6. (갑인)

/양 1025. 10. 29./

十月 甲寅 太白犯南斗魁第三星
금성[太白]이 남두괴(南斗魁)의 제3성을 범하
였다.
고려사 권47, 지1 [F]

현종 16년(1025) 을축 11. 1. (기묘)

/양 1025. 11. 23./

冬十一月 己卯朔 太史奏 日當食不食 群臣表賀
태사(太史)가 「이 날 있어야 할 일식이 보이지
않았다」고 보고하였다. 여러 신하들이 글을 올
려 축하하였다.
고려사 권5, 세가5 ; 고려사절요 권3 [A]

현종 16년(1025) 을축 11. 1. (기묘)

/양 1025. 11. 23./

十一月 己卯朔 太史奏 日當食不食
태사(太史)가 「이 날 있어야 할 일식이 보이지
않았다」고 보고하였다.
고려사 권47, 지1 [A]

현종 17년(1026) 병인 1. 24. (임인)

/양 1026. 2. 14./

正月 壬寅 流星出大微入紫微
유성(流星)이 태미원[大微]에서 나와 자미원(紫
微垣)으로 들어갔다.
고려사 권47, 지1 [R]

현종 17년(1026) 병인 2. 18. (을축)

/양 1026. 3. 9./

二月 乙丑 白氣貫日
흰 기운이 태양을 가로질렀다
고려사 권5, 세가5 ; 고려사 권47, 지1 [O]

현종 17년(1026) 병인 3. 29. (병오)

/양 1026. 4. 19./

---

17) 일진의 배열로 볼때 12월임.

18) 6월에 갑진일이 없음. 5/23, 7/24가 갑진일임, 6월 이후에 기
록된 것으로 미루어 7/24로 정함.

三月 丙午 飛星大如缶色白 出攝提入尾 聲如雷
유성[飛星]이 두레박[缶] 만큼 크고, 백색이며,
섭제(攝提) 성좌에서 나와 미(尾) 성좌로 들어갔
는데 그 소리가 뇌성과 같았다.
고려사 권47, 지1 [R]

현종 17년(1026) 병인 4. 15. (신유)

/양 1026. 5. 4./

四月 辛酉 月食 太史不告 命御史臺鞫之
월식이 있었다. 태사(太史)가 그것을 알리지 않았
으므로 <왕이> 어사대(御史臺)에 명령하여 이것을
추궁하였다.
고려사 권47, 지1 [B]

현종 17년(1026) 병인 6. 9. (계미)

/양 1026. 7. 25./

六月 癸未 大飛星入心尾閒
큰 유성[飛星]이 심(心) 성좌와 미(尾) 성좌사이
로 들어갔다.
고려사 권47, 지1 [R]

현종 17년(1026) 병인 9. 16. (무오)

/양 1026. 10. 28./

九月 戊午 月食
월식이 있었다.
고려사 권47, 지1 [B]

현종 17년(1026) 병인 10. 1. (계유)

/양 1026. 11. 12./

冬十月 癸酉朔 日食
일식이 있었다.
고려사 권5, 세가5 ; 고려사절요 권3 [A]

현종 17년(1026) 병인 10. 1. (계유)

/양 1026. 11. 12./

十月 癸酉朔 日食
일식이 있었다.
고려사 권47, 지1 [A]

현종 17년(1026) 병인 11. 16. (무오)

/양 1026. 12. 27./

十一月 戊午 夜白氣分五道亘天東西
밤에 흰 기운이 다섯 갈래로 나뉘어 하늘 동서
(東西)로 뻗쳤다.
고려사 권54, 지8 [S]

현종 18년(1027) 정묘 3. 14. (을묘)

/양 1027. 4. 23./

三月 乙卯 月食
월식이 있었다.
고려사 권47, 지1 [B]

현종 18년(1027) 정묘 6. 21. (경인)

/양 1027. 7. 27./

六月 庚寅 大星飛出牽牛入箕氐閒
큰 유성[星飛]이 견우(牽牛) 성좌에서 나와 기(箕)
성좌와 저(氐) 성좌 사이로 들어갔다.
고려사 권47, 지1 [R]

현종 18년(1027) 정묘 6. 22. (신묘)

/양 1027. 7. 28./

六月 辛卯 熒惑犯胃星
화성[熒惑]이 위(胃) 성좌를 범하였다.
고려사 권47, 지1 [F]

현종 18년(1027) 정묘 11. 12. (무신)

/양 1027. 12. 12./

十一月 戊申 月呑歲星
달이 목성[歲星]을 삼켰다.
고려사 권47, 지1 [C]

현종 19년(1028) 무진 1. 21. (정사)

/양 1028. 2. 19./

正月 丁巳 月犯鉤鈐
달이 구검(鉤鈐) 성좌를 범하였다.
고려사 권47, 지1 [C]

현종 19년(1028) 무진 6. 9. (임신)

/양 1028. 7. 3./

六月 壬申 白氣貫紫微北斗
흰 기운이 자미원(紫微垣)의 북두(北斗) 성좌를
가로질렀다.
고려사 권47, 지1 [S]

현종 19년(1028) 무진 6. 24. (정해)

/양 1028. 7. 18./

六月 丁亥 飛星出大角入氐
유성[飛星]이 대각성(大角星)에서 나와 저(氐)
성좌로 들어갔다.
고려사 권47, 지1 [R]

현종 19년(1028) 무진 7. 6. (기해)

/양 1028. 7. 30./

七月 己亥 月入氐 大流星自北而南 其光照地
달이 저(氐) 성좌로 들어갔다. 큰 유성(流星)이 북쪽에서 남쪽으로 지나갔는데 그 광채가 지면에 비추었다.
고려사 권47, 지1 [C] [R]

현종 19년(1028) 무진 7. 26. (기미)

/양 1028. 8. 19./

七月 己未 月入畢星
달이 필(畢) 성좌로 들어갔다.
고려사 권47, 지1 [C]

현종 19년(1028) 무진 8. 16. (무인)

/양 1028. 9. 7./

八月 戊寅 歲星犯井鉞
목성[歲]이 정(井) 성좌의 월성(鉞星)을 범하였다.
고려사 권47, 지1 [F]

현종 19년(1028) 무진 9. 5. (병신)

/양 1028. 9. 25./

九月 丙申 夜赤氣竟天
밤에 붉은 기운이 하늘을 가로질렀다.
고려사 권53, 지7 [S]

현종 20년(1029) 기사 3. 4. (계해)

/양 1029. 4. 20./

三月 癸亥 白氣亘天東西
흰 기운이 하늘 동서로 뻗쳤다.
고려사 권54, 지8 [S]

현종 20년(1029) 기사 4. 13. (신축)

/양 1029. 5. 28./

四月 辛丑 白氣彌天
흰 기운이 하늘에 가득 찼다.
고려사 권54, 지8 [S]

현종 20년(1029) 기사 5. 18. (병자)

/양 1029. 7. 2./

五月 丙子 白氣貫北斗 射室壁
흰 기운이 북두(北斗) 성좌를 가로 지났는데, 실(室) 성좌와 벽(壁) 성좌까지 비추었다.
고려사 권47, 지1 [S]

현종 20년(1029) 기사 6. 5. (임진)

/양 1029. 7. 18./

六月 壬辰 有飛星大如燈籠 自外屏入土司空
유성[飛星]이 등롱(燈籠)만 하였는데, 외병(外屏) 성좌에서 나와 토사공성(土司空星)으로 들어갔다.
고려사 권47, 지1 [R]

현종 20년(1029) 기사 6. 8. (을미)

/양 1029. 7. 21./

六月 乙未 月入氐星
달이 저(氐) 성좌로 들어갔다.
고려사 권47, 지1 [C]

현종 20년(1029) 기사 6. 11. (무술)

/양 1029. 7. 24./

六月 戊戌 飛星出紫微宮 入天市垣 色赤
유성[飛星]이 자미궁(紫微宮)에서 나와 천시원(天市垣)으로 들어갔는데 색깔은 붉었다.
고려사 권47, 지1 [R]

현종 20년(1029) 기사 7. 7. (갑자)

/양 1029. 8. 19./

七月 甲子 月犯鉤鈐
달이 구검(鉤鈐) 성좌를 범하였다.
고려사 권47, 지1 [C]

현종 20년(1029) 기사 8. 1. (정해)

/양 1029. 9. 11./

八月 丁亥朔 日食
일식이 있었다.
고려사 권5, 세가5 ; 고려사 권47, 지1 ; 고려사절요 권3 [A]

현종 20년(1029) 기사 8. 1. (정해)

/양 1029. 9. 11./

八月 丁亥 晡時19)大流星指西南行
포시(晡時)에 큰 유성(流星)이 서남쪽을 향해 지나갔다.
고려사 권47, 지1 [R]

현종 21년(1030) 경오 1. 15. (무진)

/양 1030. 2. 19./

---

19) 晡時(포시): 신시(申時)의 다른 말로 오후 세시부터 다섯시까지임.

二 月[20] 戊辰 月當食不食
월식이 일어났어야 하나 월식이 없었다
고려사 권47, 지1 [B]

현종 21년(1030) 경오 4. 3. (을유)

/양 1030. 5. 7./

四月 乙酉 教曰 上年十二月 宋曆以謂大盡而 我
國太史所進曆以爲小盡 又今正月十五日 奏大陰食
而卒不食 此必術家未精也 御史臺推鞫以聞
왕이 명령하기를 「지난 해 12월이 송 나라 책력에
는 대진(大盡, 큰달/30일)으로 되어있는데 우리나라
태사가 올린 역(曆)에는 소진(小盡, 작은달/29일)으
로 되어있으며, 또 금년 정월 15일에 월식이 있을
것이라고 보고를 받았는데 월식이 없었다. 이것은
모두 <천문을> 계산하는 사람[術家]이 정확히 하지
못하였기 때문이다. 어사대는 이것을 추궁한 후 보
고하라」고 하였다.
고려사 권47, 지1 [B] [U]

현종 21년(1030) 경오 4. 3. (을유)

/양 1030. 5. 7./

夏四月 教曰 上年十二月 宋曆以爲大盡而 我國太
史所進曆以爲小盡 又今正月十五日 奏大陰食而卒
不食 此必術家未精也 御史臺推鞫以聞
왕이 명령하기를 「지난 해 12월이 송 나라 책력에
는 대진(大盡, 큰달/30일)으로 되어있는데 우리
나라 태사가 올린 역(曆)에는 소진(小盡, 작은달
/29일)으로 되어있으며, 또 금년 정월 15일에는 월
식이 있을 것이라고 보고받았으나 월식이 없었다.
이것은 반드시 <천문을> 계산하는 사람[術家]이
정밀하지 못하기 때문이니 어사대는 이것을 추궁
한 후 보고하라」고 하였다.
고려사절요 권3 [U]

현종 21년(1030) 경오 4. 17. (기해)

/양 1030. 5. 21./

夏四月 己亥 鐵利國[21]主那沙遣女眞 計陀漢等來
獻貂鼠皮[22] 請曆日許之
철리국(鐵利國主)의 왕인 나사(那沙)가 여진의 계타
한(計陀漢)등을 보내어 초서피(貂鼠皮)를 바치고 책
력(冊曆)을 달라고 하였다. 왕이 이를 승인하였다.
고려사 권5, 세가5 [U]

---

20) 같은 해 4월 자료에 정월 월식 언급됨. 정월이 2월로 오기됨.
    현대 계산으로 월식일 확인함(양:2/19).
21) 鐵利國(철리국): 발해(渤海)가 멸망한 뒤에 발해의 한 행정구
    역이었던 지역에 살던 철리족들이 세운 나라.
22) 貂鼠皮(초서피): 노랑가슴담비의 모피(毛皮). 매우 좋은 모피
    의 하나로 알려짐.

현종 21년(1030) 경오 7. 6. (정사)

/양 1030. 8. 7./

七月 丁巳 白氣如布 自北而南
베를 펼쳐 놓은듯한 같은 흰 기운이 북쪽에서
남쪽으로 퍼졌다.
고려사 권54, 지8 [S]

현종 22년(1031) 신미 2. 4. (신사)

/양 1031. 2. 27./

二月 辛巳 歲星犯軒轅大星 鎭星犯天關
목성[歲星]이 헌원대성(軒轅大星)을 범하였고
토성[鎭星]은 천관성(天關星)을 범하였다.
고려사 권47, 지1 [F]

현종 22년(1031) 신미 4. 26. (계묘)

/양 1031. 5. 20./

四月 癸卯 大流星入天市垣
큰 유성(流星)이 천시원(天市垣)에 들어갔다.
고려사 권47, 지1 [R]

현종 22년(1031) 신미 6. 5. (신사)

/양 1031. 6. 27./

六月 辛巳 乾方有流星 大如月
서북쪽에 유성(流星)이 있었는데 그 크기는 달만
하였다.
고려사 권47, 지1 [R]

현종 22년(1031) 신미 7. 15. (경신)

/양 1031. 8. 5./

七月 庚申 月食
월식이 있었다.
고려사 권47, 지1 [B]

현종 22년(1031) 신미 8. 26. (신축)

/양 1031. 9. 15./

八月 辛丑 月犯軒轅大夫人[23]
달이 헌원(軒轅) 성좌의 대부인성(軒轅大夫人
星)을 범하였다.
고려사 권47, 지1 [C]

현종 22년(1031) 신미 8. - (-)

/양 1031. 9. - /

---

23) 여주인 자리로 헌원대성으로 추론됨.

世傳有一使臣 夜入始興郡 見大星隕于人家 遣吏
往視之 適其家婦生男 使臣心異之 取歸以養 是
爲邯贊
세상에서 전하기를 한 사신이 밤에 시흥군(始
興郡)에 들어갔는데 큰 별이 인가(人家)에 떨어
진 것을 보고 아전(吏)을 보내어 가서 보게 했
더니 마침 그 집 부녀가 사내아이를 낳았기에
사신이 마음속으로 이상히 여겨 아이를 데리고
돌아와서 길렀는데 이가 <강>감찬이었다.
고려사절요 권3 [R]

현종 22년(1031) 신미 9. 15. (경신)

/양 1031. 10. 4./

九月 庚申 大星入輿鬼
큰 별이 여귀(輿鬼) 성좌에 들어갔다.
고려사 권47, 지1 [H]

현종 22년(1031) 신미 10. 25. (기해)

/양 1031. 11. 12./

十月 己亥 月及歲星入大微
달과 목성[歲星]이 태미원[大微]에 들어갔다.
고려사 권47, 지1 [C] [F]

현종 22년(1031) 신미 12. 15. (무오)

/양 1032. 1. 30./

十二月 戊午 月食
월식이 있었다.
고려사 권47, 지1 [B]

9. 덕종(1032 ～ 1034)

덕종 1년(1032) 임신 1. 13. (을유)

/양 1032. 2. 26./

正月 乙酉 月犯軒轅大星
달이 헌원대성(軒轅大星)을 범하였다.
고려사 권47, 지1 [C]

덕종 1년(1032) 임신 2. 6. (정미)

/양 1032. 3. 19./

二月 丁未 太白晝見
금성[太白]이 낮에 나타났다.
고려사 권5, 세가5 [G]

덕종 1년(1032) 임신 2. 6. (정미)

/양 1032. 3. 19./

二月 丁未 太白晝見 夜犯昴星
금성[太白]이 낮에 나타났으며, 밤에는 묘(昴)
성좌를 범하였다.
고려사 권47, 지1 [G] [F]

덕종 1년(1032) 임신 3. 26. (정유)

/양 1032. 5. 8./

三月 丁酉 流星出大微入軒轅
유성(流星)이 태미원[大微]에서 나와 헌원(軒轅)
성좌로 들어갔다.
고려사 권47, 지1 [R]

덕종 1년(1032) 임신 4. 20 (신유)

/양 1032. 6. 1 /

五月 辛酉[24) 歲星入大微
목성[歲星]이 태미원[大微]에 들어갔다.
고려사 권47, 지1 [F]

덕종 1년(1032) 임신 6. 26. (을축)

/양 1032. 8. 4./

六月 乙丑 月犯太白
달이 금성[太白]을 범하였다.
고려사 권47, 지1 [C]

덕종 1년(1032) 임신 8. 8. (정미)

/양 1032. 9. 15./

八月 丁未 月犯建星 太白犯軒轅
달이 건(建) 성좌를 범하였다. 금성[太白]이 헌
원(軒轅) 성좌를 범하였다.
고려사 권47, 지1 [C] [F]

덕종 1년(1032) 임신 8. 18. (정사)

/양 1032. 9. 25./

八月 丁巳 月犯畢大星
달이 필대성((畢大星)을 범하였다.
고려사 권47, 지1 [C]

덕종 1년(1032) 임신 8. 25. (갑자)

/양 1032. 10. 2./

---

24) 5월에 신유일 없음. 신유일인 4/20, 6/22 중에서 택해야 하는
    데, 현대 계산으로 맞추어보면 4/20이 맞음.

八月 甲子 流星出王良入天紀 乙丑出軒轅
유성(流星)이 왕량(王良) 성좌에서 나와 천기(天紀) 성좌로 들어갔다가 을축(26일)에 헌원(軒轅) 성좌에서 나왔다.
고려사 권47, 지1 [R]

덕종 1년(1032) 임신 9. 1. (계해)

/양 1032. 10. 7./

九月 癸亥朔[25] 日色如彗
태양빛이 혜성과 같았다.
고려사 권47, 지1 [M]

덕종 1년(1032) 임신 9. 8. (병자)

/양 1032. 10. 14./

九月 丙子 流星出北斗入紫微宮 太白犯太微右執法
유성(流星)이 북두(北斗) 성좌에서 나와 자미궁(紫微宮)에 들어갔다. 금성[太白]이 태미원[大微]의 우집법성(右執法星)을 범하였다.
고려사 권47, 지1 [F] [R]

덕종 1년(1032) 임신 9. 13. (신사)

/양 1032. 10. 19./

九月 辛巳 月犯坐星[26]
달이 좌성(坐星)을 범하였다.
고려사 권47, 지1 [C]

덕종 1년(1032) 임신 9. 20. (무자)

/양 1032. 10. 26./

九月 戊子 月犯鎭星
달이 토성[鎭星]을 범하였다.
고려사 권47, 지1 [C]

덕종 1년(1032) 임신 10. 15. (계축)

/양 1032. 11. 20./

十月 癸丑 天狗墮西方
천구(天狗, 유성(流星)의 일종)가 서쪽에 떨어졌다.
고려사 권47, 지1 [R]

덕종 2년(1033) 계유 5. 16. (경진)

/양 1033. 6. 15./

五月 庚辰 月食
월식이 있었다.
고려사 권47, 지1 [B]

덕종 2년(1033) 계유 9. 1. (계해)

/양 1033. 9. 26./

九月 癸亥朔 日色如彗
태양빛이 혜성과 같았다.
고려사 권5, 세가5 [M]

덕종 3년(1034) 갑술 3. 7. (정묘)

/양 1034. 3. 29./

三月 丁卯 鎭星入輿鬼 凡二十三日
토성[鎭星]이 여귀(輿鬼) 성좌에 들어가 23일간 있었다.
고려사 권47, 지1 [F]

덕종 3년(1034) 갑술 4. 23. (임자)

/양 1034. 5. 13./

四月 壬子 歲星犯房右驂
목성[歲星]이 방(房) 성좌의 우참성(右驂星)을 범하였다.
고려사 권47, 지1 [F]

덕종 3년(1034) 갑술 5. 23. (임오)

/양 1034. 6. 12./

五月 壬午 隕石于松岳
운석(隕石)이 송악산에 떨어졌다.
고려사 권55, 지9 [R]

덕종 3년(1034) 갑술 윤6. 16. (계유)

/양 1034. 8. 2./

七月[27] 癸酉 月入氐 流星出五車入諸王
달이 저(氐) 성좌에 들어갔다. 유성(流星)이 오거(五車) 성좌에서 나와 제왕(諸王) 성좌로 들어갔다.
고려사 권47, 지1 [C] [R]

덕종 3년(1034) 갑술 7. 7. (갑오)

/양 1034. 8. 23./

七月 甲午 月犯房上相
달이 방(房) 성좌의 상상성(上相星)을 범하였다.
고려사 권47, 지1 [C]

---

25) 9월에 계해일이 없으며, 초하루는 기사일임. 9월과 삭일이 맞다고 생각하면 원문의 계해를 기사로 고쳐야 함. 또는 10/1이 기해삭이므로 그 고려도 해야함. 그러나 9/8 자료가 있으므로 10월은 아니고 일진 오류로 보임.
26) 坐星(좌성): 천시원의 제좌성으로 추론함.

27) 7월에 계유일 없음. 기록된 글의 순서로 볼때 윤6/16이 맞음.

덕종 3년(1034) 갑술 7. 17. (갑진)

/양 1034. 9. 2./

七月 甲辰 歲星犯鉤鈐
목성[歲星]이 구검(鉤鈐) 성좌를 범하였다.
고려사 권47, 지1 [F]

덕종 3년(1034) 갑술 8. 6. (계해)

/양 1034. 9. 21./

八月 癸亥 白氣如彗從軫 西指翼張 長二丈餘 二十
七日而滅
혜성과 같은 흰 기운이 진(軫) 성좌에서 나와
서쪽의 익(翼) 성좌, 장(張) 성좌를 향하였는
데, 그 길이가 2장(丈) 정도였고 27일만에 없
어졌다.
고려사 권54, 지8 [S]

덕종 3년(1034) 갑술 10. 19. (을해)

/양 1034. 12. 2./

十月 乙亥 月犯軒轅次夫人[28]
달이 헌원차부인성(軒轅次夫人星)을 범하였다.
고려사 권47, 지1 [C]

10. 정종(1035 ～ 1046)

정종 1년(1035) 을해 4. 4. (정사)

/양 1035. 5. 13./

四月 丁巳 月犯太白
달이 금성[太白]을 범하였다.
고려사 권47, 지1 [C]

정종 1년(1035) 을해 6. 4. (병진)

/양 1035. 7. 11./

六月 丙辰 太白晝見
금성[太白]이 낮에 나타났다.
고려사 권6, 세가6 ; 고려사 권47, 지1 [G]

정종 1년(1035) 을해 7. 9. (경인)

/양 1035. 8. 14./

七月 庚寅 三角山積石頂有隕石
삼각산(三角山) 적석정(積石頂)에 운석이 떨어

져 있었다.
고려사 권55, 지9 [R]

정종 1년(1035) 을해 8. 12. (계해)

/양 1035. 9. 16./

八月 癸亥 太白晝見
금성[太白]이 낮에 나타났다.
고려사 권6, 세가6 ; 고려사 권47, 지1 [G]

정종 1년(1035) 을해 9. 1. (신사)

/양 1035. 10. 4./

九月 辛巳朔 熒惑犯鎭星
화성[熒惑]이 토성[鎭星]을 범하였다.
고려사 권47, 지1 [D]

정종 1년(1035) 을해 9. 2. (임오)

/양 1035. 10. 5./

九月 壬午 流星出天倉
유성(流星)이 천창(天倉) 성좌에서 나왔다.
고려사 권47, 지1 [R]

정종 1년(1035) 을해 9. 25. (을사)

/양 1035. 10. 28./

九月 乙巳 月入大微
달이 태미원[大微]에 들어갔다.
고려사 권47, 지1 [C]

정종 1년(1035) 을해 9. 26. (병오)

/양 1035. 10. 29./

九月 丙午 又犯上相[29]
또 <달이> 상상성(上相星)을 범하였다.
고려사 권47, 지1 [C]

정종 1년(1035) 을해 10. 17. (정묘)

/양 1035. 11. 19./

十月 丁卯 月暈三重
3중의 달무리가 있었다.
고려사 권47, 지1 [P]

정종 1년(1035) 을해 10. 18. (무진)

/양 1035. 11. 20./

十月 戊辰 流星自坤至艮而行

---

28) 軒轅次夫人(헌원차부인): 헌원대성의 바로 위의 별.

29) 上相(상상): 전날의 기사로 미루어 상상성-1을 말함.

유성(流星)이 서남쪽에서 동북쪽으로 지나갔다.
고려사 권47, 지1 [R]

정종 1년(1035) 을해 10. 26. (병자)

/양 1035. 11. 28./

十月 丙子 月犯太白
달이 금성[太白]을 범하였다.
고려사 권47, 지1 [C]

정종 2년(1036) 병자 1. 18. (정유)

/양 1036. 2. 17./

正月 丁酉 流星出大微入軫
유성(流星)이 태미원[大微]에서 나와 진(軫) 성좌로
들어갔다.
고려사 권47, 지1 [R]

정종 2년(1036) 병자 8. 23. (무진)

/양 1036. 9. 15./

八月 戊辰 流星出五車入諸王
유성(流星)이 오거(五車) 성좌에서 나와 제왕
(諸王) 성좌로 들어갔다.
고려사 권47, 지1 [R]

정종 2년(1036) 병자 9. 6. (신사)

/양 1036. 9. 28./

九月 辛巳 流星出天苑入羽林
유성(流星)이 천원(天苑) 성좌에서 나와 우림
(羽林) 성좌로 들어갔다.
고려사 권47, 지1 [R]

정종 2년(1036) 병자 10. 3. (정미)

/양 1036. 10. 24./

十月 丁未 流星出五車入內階
유성(流星)이 오거(五車) 성좌에서 나와 내계(內階)
성좌로 들어갔다.
고려사 권47, 지1 [R]

정종 2년(1036) 병자 10. 4. (무신)

/양 1036. 10. 25./

十月 戊申 日傍有靑赤氣環繞
태양 곁을 청적색의 기운이 둘러싸고 있었다.
고려사 권47, 지1 [O]

정종 2년(1036) 병자 10. 9. (계축)

/양 1036. 10. 30./

十月 癸丑 太白犯南斗
금성[太白]이 남두(南斗) 성좌를 범하였다.
고려사 권47, 지1 [F]

정종 2년(1036) 병자 10. 26. (경오)

/양 1036. 11. 16./

十月 庚午 太白犯氐星
금성[太白]이 저(氐) 성좌를 범하였다.
고려사 권47, 지1 [F]

정종 2년(1036) 병자 11. 6. (경진)

/양 1036. 11. 26./

十一月 庚辰 熒惑歲星同舍
화성[熒惑]과 목성[歲星]이 같은 성좌에 있었다.
고려사 권47, 지1 [E]

정종 2년(1036) 병자 11. 30. (갑진)

/양 1036. 12. 20./

十一月 甲辰 流星出大角入女林30)
유성(流星)이 대각성(大角星)에서 나와 여림(女林)
성좌로 들어갔다.
고려사 권47, 지1 [R]

정종 3년(1037) 정축 2. 22. (을축)

/양 1037. 3. 11./

二月 乙丑 月入南斗
달이 남두(南斗) 성좌에 들어갔다.
고려사 권47, 지1 [C]

정종 3년(1037) 정축 2. 30. (계유)

/양 1037. 3. 19./

二月 癸酉 彗星五出 長各五六尺
혜성이 5번 나타났는데 그 길이가 각각 5~6척
이 되었다.
고려사 권6, 세가6 ; 고려사 권47, 지1 ;
고려사절요 권4 [H]

정종 3년(1037) 정축 3. 15. (무자)

/양 1037. 4. 3./

三月 戊子 月食
월식이 있었다.
고려사 권47, 지1 [B]

---

30) 女林(여림): 천시원의 여상(女牀)성좌의 오류인 듯함.

38

정종 3년(1037) 정축 4. 15. (정사)

/양 1037. 5. 2./

四月 丁巳 流星出氐入大微
유성(流星)이 저(氐) 성좌에서 나와 태미원[大微]으로 들어갔다.
고려사 권47, 지1 [R]

정종 3년(1037) 정축 4. 30. (임신)

/양 1037. 5. 17./

四月 壬申 大流星出角入南門 色赤
큰 유성(流星)이 각(角) 성좌에서 나와 남문(南門) 성좌로 들어갔는데 그 빛이 붉었다.
고려사 권47, 지1 [R]

정종 3년(1037) 정축 7. 5. (을사)

/양 1037. 8. 18./

七月 乙巳 月貫心星
달이 심(心) 성좌를 가로질렀다.
고려사 권47, 지1 [C]

정종 3년(1037) 정축 7. 20. (경신)

/양 1037. 9. 2./

七月 庚申 辰星 熒惑 太白聚于張
수성[辰星], 화성[熒惑], 금성[太白]이 장(張) 성좌에 모였다.
고려사 권47, 지1 [E]

정종 3년(1037) 정축 7. 27. (정묘)

/양 1037. 9. 9./

七月 丁卯 有三流星大如杯 一出卷舌入五車 一出天船入勾陳 皆色赤 一出八穀入勾陳 色白
세 개의 유성(流星)이 있는데 그 크기는 술잔만 하였다. 그 하나는 권설(卷舌) 성좌에서 나와 오거(五車) 성좌로 들어갔으며, 다른 하나는 천선(天船) 성좌에서 나와 구진(鉤陳) 성좌로 들어갔는데 둘 다 빛이 붉었다. 마지막 하나는 팔곡(八穀) 성좌에서 나와 구진(鉤陳) 성좌로 들어갔는데 그 빛이 백색이었다.
고려사 권47, 지1 [R]

정종 3년(1037) 정축 10. 8. (병자)

/양 1037. 11. 17./

十月 丙子 流星大如半月 出翼入斗魁31) 色赤

유성(流星)이 반달만하고, 익(翼) 성에서 나와 두괴(斗魁)로 들어갔는데 그 빛이 붉었다.
고려사 권47, 지1 [R]

정종 3년(1037) 정축 10. 10. (무인)

/양 1037. 11. 19./

十月 戊寅 熒惑犯進賢
화성[熒惑]이 진현성(進賢星)을 범하였다.
고려사 권47, 지1 [F]

정종 4년(1038) 무인 2. 18. (을유)

/양 1038. 3. 26./

二月 乙酉 月犯心星
달이 심(心) 성좌를 범하였다.
고려사 권47, 지1 [C]

정종 4년(1038) 무인 3. 4. (신축)

/양 1038. 4. 11./

三月 辛丑 小星犯月
작은 별[小星]이 달을 범하였다.
고려사 권47, 지1 [C]

정종 4년(1038) 무인 7. 6. (신축)

/양 1038. 8. 9./

秋七月 辛丑 太白晝見
금성[太白]이 낮에 나타났다.
고려사 권6, 세가6 [G]

정종 4년(1038) 무인 7. 6. (신축)

/양 1038. 8. 9./

七月 辛丑 太白晝見
금성[太白]이 낮에 나타났다.
고려사 권47, 지1 [G]

정종 4년(1038) 무인 8. 9. (계유)

/양 1038. 9. 10./

八月 癸酉 流星大如半月 出天苑
반달만한 유성(流星)이 천원(天苑) 성좌에서 나왔다.
고려사 권47, 지1 [R]

정종 4년(1038) 무인 8. 28. (임진)

/양 1038. 9. 29./

八月 壬辰 流星大如杯 出五諸侯32) 入軒轅
술잔(杯)만한 유성(流星)이 오제후(五諸侯) 성좌

---

31) 斗魁(두괴): 북두괴임.

에서 나와 헌원(軒轅) 성좌로 들어갔다.
고려사 권47, 지1 [R]

정종 6년(1040) 경진 1. 1. (병진)

/양 1040. 2. 15./

春正月 丙辰朔 日食
일식이 있었다.
고려사 권6, 세가6 ; 고려사절요 권4 [A]

정종 6년(1040) 경진 1. 1. (병진)

/양 1040. 2. 15./

正月 丙辰朔 日食
일식이 있었다.
고려사 권47, 지1 [A]

정종 6년(1040) 경진 2. 27. (임자)

/양 1040. 4. 11./

二月 壬子 日暈白虹貫暈
햇무리가 있었으며 흰 무지개가 햇무리를 가로
질렀다.
고려사 권47, 지1 [O]

정종 6년(1040) 경진 3. 21. (을해)

/양 1040. 5. 4./

三月 乙亥 月犯熒惑
달이 화성[熒惑]을 범하였다.
고려사 권47, 지1 [C]

정종 6년(1040) 경진 3. 23. (정축)

/양 1040. 5. 6./

三月 丁丑 白氣經天
흰 기운이 하늘을 가로질렀다
고려사 권54, 지8 [S]

정종 6년(1040) 경진 3. 28. (임오)

/양 1040. 5. 11./

三月 壬午 太白犯五車
금성[太白]이 오거(五車) 성좌를 범하였다.
고려사 권47, 지1 [F]

정종 6년(1040) 경진 4. 24. (무신)

/양 1040. 6. 6./

四月 戊申 熒惑犯哭星
화성[熒惑]이 곡(哭) 성좌를 범하였다.
고려사 권47, 지1 [F]

정종 6년(1040) 경진 6. 15. (무술)

/양 1040. 7. 26./

六月 戊戌 月食
월식이 있었다.
고려사 권47, 지1 [B]

정종 6년(1040) 경진 7. 5. (무오)

/양 1040. 8. 15./

七月 戊午 歲星臨東井
목성[歲星]이 동정(東井) 성좌에 다가왔다.
고려사 권47, 지1 [F]

정종 6년(1040) 경진 7. 10. (계해)

/양 1040. 8. 20./

七月 癸亥 月犯南斗
달이 남두(南斗) 성좌를 범하였다.
고려사 권47, 지1 [C]

정종 6년(1040) 경진 8. 26. (무신)

/양 1040. 10. 4./

八月 戊申 月犯軒轅夫人
달이 헌원부인성(軒轅夫人星)을 범하였다.
고려사 권47, 지1 [C]

정종 6년(1040) 경진 10. 4. (병술)

/양 1040. 11. 11./

十月 丙戌 歲星留東井十三日 又犯西轅北端
목성[歲星]이 동정(東井) 성좌에 13일간 머물러
있었고, 또 서원(西轅, 헌원(軒轅) 성좌의 서쪽)
의 북쪽끝을 범하였다
고려사 권47, 지1 [F]

정종 6년(1040) 경진 11. 2. (계축)

/양 1040. 12. 8./

十一月 癸丑 歲星犯鉞
목성[歲星]이 월성(鉞星)을 범하였다.
고려사 권47, 지1 [F]

정종 6년(1040) 경진 11. 3. (갑인)

/양 1040. 12. 9./

---

32) 五諸侯(오제후): 오제후 성좌-2임.

十一月 甲寅 流星大如升尾長一丈餘 出東井入軒轅
유성(流星)이 크기는 됫박(升)만큼 되고 꼬리는 한 장(丈)쯤 되는데, 동정(東井) 성좌에서 나와 헌원(軒轅) 성좌로 들어갔다.
고려사 권47, 지1 [R]

정종 6년(1040) 경진 11. 9. (경신)

/양 1040. 12. 15./

十一月 庚申 流星大如升尾長一丈 出叅星入闕丘
유성(流星)이 크기는 됫박(升)만큼 되고 꼬리는 한 장(丈)쯤 되는데, 삼(叅) 성좌에서 나와 궐구(闕丘) 성좌로 들어갔다.
고려사 권47, 지1 [R]

정종 6년(1040) 경진 11. 13. (갑자)

/양 1040. 12. 19./

十一月 甲子 日暈有兩珥
햇무리가 있었으며 양쪽에 해 귀고리가 달렸다.
고려사 권47, 지1 [O]

정종 6년(1040) 경진 12. 23. (계묘)

/양 1041. 1. 27./

十二月 癸卯 流星大如杯 長十五尺許 出織女入天市垣
유성(流星)이 크기가 술잔만하고 길이가 15척쯤 되는데, 직녀(織女) 성좌에서 나와 천시원(天市垣)으로 들어갔다.
고려사 권47, 지1 [R]

정종 7년(1041) 신사 8. - (-)

/양 1041. 9. - /

八月 是月彗星見東方 長三十尺許二十餘日乃滅
이 달에 혜성이 동쪽에 나타났는데, 그 길이가 30척쯤 되었고 20여일 있다가 사라졌다.
고려사 권6, 세가6 [H]

정종 7년(1041) 신사 8. - (-)

/양 1041. 9. - /

八月 彗星見東方 長三十尺許二十餘日乃滅
혜성이 동쪽에 나타났는데, 그 길이가 30척쯤 되었고 20일 이상 있다가 사라졌다.
고려사 권47, 지1 [H]

정종 7년(1041) 신사 8. - (-)

/양 1041. 9. - /

八月 彗星見東方 二十餘日乃滅
혜성이 동쪽에 나타났다가 20여 일만에 없어졌다.
고려사절요 권4 [H]

정종 7년(1041) 신사 10. - (-)

/양 1041. 11. - /

冬十月 彗星長三十尺許 出東方十餘日
길이가 30척 쯤 되는 혜성이 동쪽에 나타나 10여 일간 계속되었다.
고려사 권6, 세가6 [H]

정종 7년(1041) 신사 10. - (-)

/양 1041. 11. - /

十月 彗星長三十尺許 出東方十餘日
그 길이가 30척이나 되는 혜성이 동쪽에 나타나 10여 일간 계속되었다.
고려사 권47, 지1 [H]

정종 7년(1041) 신사 10. - (-)

/양 1041. 11. - /

冬十月 彗星又見東方十餘日
혜성이 또 동쪽에 10여 일 동안 나타났다.
고려사절요 권4 [H]

정종 8년(1042) 임오 7. 6. (정미)

/양 1042. 7. 25./

七月 丁未 衆星流轉
많은 유성들[衆星]이 흘렀다.
고려사 권47, 지1 [R]

정종 8년(1042) 임오 11. 15. (갑신)

/양 1042. 12. 29./

十一月 甲申 月食
월식이 있었다.
고려사 권47, 지1 [B]

정종 8년(1042) 임오 12. 6. (을사)

/양 1043. 1. 19./

十二月 乙巳 日有四抱 白虹貫日
태양에 네개의 반원 형태의 햇무리[抱]가 있었으며 흰무지개가 태양을 가로질렀다.
고려사 권47, 지1 [O]

정종 9년(1043) 계미 2. 17. (을묘)

/양 1043. 3. 30./

二月 乙卯 熒惑太白竝失度
화성[熒惑]과 금성[太白]이 모두 그 정상적인
길에서 벗어났다.
고려사 권47, 지1 [T]

정종 9년(1043) 계미 5. 1. (정묘)

/양 1043. 6. 10./

五月 丁卯朔 日食
일식이 있었다.
고려사 권6, 세가6 ; 고려사 권47, 지1 ;
고려사절요 권4 [A]

정종 9년(1043) 계미 9. 19. (계미)

/양 1043. 10. 24./

九月 癸未 月犯昴星
달이 묘(昴) 성좌를 범하였다.
고려사 권47, 지1 [C]

정종 11년(1045) 을유 3. 12. (무진)

/양 1045. 4. 1./

三月 戊辰 日有背氣
태양에 일(一)자형의 햇무리[背氣]가 있었다.
고려사 권47, 지1 [O]

정종 11년(1045) 을유 4. 1. (정해)

/양 1045. 4. 20./

夏四月 丁亥朔 太史奏 日當食陰雲不見 群臣表賀
태사가 보고하기를 「일식이 있을 날인데 구름이
가려서 보이지 않았다」고 하였다. 여러 신하들이
글을 올려 축하하였다.
고려사 권6, 세가6 ; 고려사절요 권4 [A]

정종 11년(1045) 을유 4. 1. (정해)

/양 1045. 4. 20./

四月 丁亥朔 太史奏 日當食陰雲不見
태사가 보고하기를 「일식이 있을 날인데 구름
이 가려서 보이지 않았다」고 하였다.
고려사 권47, 지1 [A]

정종 11년(1045) 을유 4. 15. (신축)

/양 1045. 5. 4./

四月 辛丑 月食

월식이 있었다.
고려사 권47, 지1 [B]

정종 12년(1046) 병술 3. 1. (신사)

/양 1046. 4. 9./

三月 辛巳朔 日食 王避殿素欄救食
일식이 있었다. 왕은 정전(政殿)에 있기를 피하
고 흰 예복을 입고 일식에 대한 구식((救食) 행
사를 하였다.
고려사 권6, 세가6 ; 고려사 권47, 지1 [A]

정종 12년(1046) 병술 3. 1. (신사)

/양 1046. 4. 9./

三月 辛巳朔 日食
일식이 있었다.
고려사절요 권4 [A]

11. 문종(1047 ～ 1082)

문종 1년(1047) 정해 3. 1. (을해)

/양 1047. 3. 29./

三月 乙亥朔 日食 御史臺奏 春官正柳彭 太史丞
柳得韶等 昏迷天象 不預聞奏 請罷其職 制原之
復駁曰 日月食者 陰陽常度也 曆算不愆 則其變可
驗 而官非其人 人失其職 豈宜便從寬典 請依前秦
科罪 從之
일식이 있었다. 어사대(御史臺)에서 왕에게 아뢰기
를 「춘관정(春官正) 류팽(柳彭)과 태사승(太史丞)
유득소(得韶) 등이 천문을 옳게 관찰하지 못하
여 일식이 있을 것을 미리 보고하지 않았사오니
그들의 관직을 파면 하시기 바랍니다」라고 하였으
나 왕은 그들의 죄를 용서하라는 명령을 내렸다.
어사대에서 다시 논박하기를 「일식, 월식은 음양
원리에 일정한 도수가 있어서 역산에 틀림이 없으
면 그 변화를 미리 짐작할 수 있습니다. 그런데
담당 관리는 적임자가 아니므로 그 직책을 충실히
수행하지 못하였는데 어찌 쉽사리 관대 정책을 적
용해서 되겠습니까. 청컨대 이미 아뢴바와 같이
의하여 죄를 주시기 바랍니다」 라고 하니 <왕이>
이 제의를 좇았다.
고려사 권7, 세가7 [A]

문종 1년(1047) 정해 3. 1. (을해)

/양 1047. 3. 29./

三月 乙亥朔 日食
일식이 있었다.
고려사 권47, 지1 [A]

문종 1년(1047) 정해 3. 1. (을해)

/양 1047. 3. 29 /

二月33) 乙亥朔 日食 御史臺奏 舊制日月食 太史局預奏 告諭中外伐鼓於社 上素襴避殿 百官素服 各守本局向日拱立 以待明復 今太史官昏迷天象 不預聞奏 請科罪 從之.
일식이 있었다. 어사대(御史臺)에서 건의하기를, 「옛 제도에는 일식이나 월식이 일어나게 되면, 태사국(太史局)에서 미리 임금에게 아뢰어 전국 각지에 널리 알리게 합니다. 사직단[社]에서 북을 치면, 국왕은 흰 예복[素襴]을 입고 대전(大殿)을 피하고, 백관은 소복을 입고 각자 자신의 관서를 지키면서 태양을 향해 두 손을 맞잡고 서서 다시 밝아지기를 기다립니다. <그러나> 이번에 태사관은 천상(天象)을 미처 알아차리지 못하고 미리 국왕께 보고하지 않았으니, 벌을 내릴 것을 청합니다」라고 하니, <국왕이> 따랐다.
고려사 권64, 지18 [A]

문종 1년(1047) 정해 3. 1. (을해)

/양 1047. 3. 29./

三月 乙亥朔 日食 御史臺奏 舊例日月薄食 太史局預先聞奏 告諭中外伐鼓於社 上素襴避殿 百官素服 各守本局 向日拱立以待明復 今春官正柳彭太史丞柳得韶等 昏迷天象 不預聞奏 請罷其職 制原之 復駁曰 日月食者 陰陽常度也 曆算不愆 則其變可驗 而官非其人 人失其職 豈合便從寬典 請依前奏科罪 從之
일식이 있었다. 어사대(御史臺)에서 아뢰기를 「전례에 일월식(日月食)이 있게 되면 태사국(太史局)에서 미리 위에 아뢰어 나라 전체[中外]에 널리 알리고, 사직단[社]에서 북(鼓)을 울리면, 왕은 흰 예복을 입고 정전(正殿)을 피하며, 백관들은 흰옷을 입고 각각 자기 관서를 지키며 태양을 향하여 두 손을 잡고 서서 다시 밝아지기를 기다렸는데, 이제 춘정관 류팽(柳彭)과 태사승 류득소(柳得韶) 등이 천상(天象) 즉 하늘의 모습에 어두워 미리 아뢰지 않았으니 그 직을 파하소서」 하였다. 제서를 내리기를 원래대로 하라 하였다. 다시 논박하여 아뢰기를 「일식과 월식은 음양(陰陽)의 상도(常度), 자주 다루는

<hr>

33) 3/1에 일식이 있었으므로 2월은 오기임. '乙亥朔'은 3월 1일임.

항목)입니다. 역법 계산이 잘못되지 않으면 그 변화를 알 수 있습니다. 그 관리가 마땅하지 않아 그 사람의 일을 하지 못했습니다. 어찌 편의에 맞추어 관대한 은전을 따르게 합니까. 먼저 상주한 것에 따라 죄를 주시기를 청합니다」하니 그대로 따랐다.
고려사절요 권4 [A]

문종 1년(1047) 정해 12. 1. (신축)

/양 1047. 12. 20./

十一月34) 辛丑 乾方有聲如風水相搏 亦如雷吼
서북쪽에서 소리가 났는데 그 소리는 바람과 물이 서로 부닥치는 소리와 같았으며 또 우레 소리와 같이 크게 울렸다.
고려사 권53, 지7 [L]

문종 2년(1048) 무자 2. 5. (계유)

/양 1048. 3. 21./

二月 癸酉 流星出郎將東 入大角攝提間 大如木瓜光芒照地
유성(流星)이 낭장성(郎將星) 동쪽에서 나와 대각(大角)성과 섭제(攝提) 성좌 사이로 들어갔는데 그 크기는 모과(木瓜)만큼하고 그 빛이 지면을 비추었다.
고려사 권47, 지1 [R]

문종 2년(1048) 무자 12. 30. (갑오)

/양 1049. 2. 5./

十二月 甲午晦 日食
일식이 있었다.
고려사 권7, 세가7 ; 고려사 권47, 지1 ; 고려사절요 권4 [A]

문종 3년(1049) 기축 1. 15. (기유)

/양 1049. 2. 20./

正月 己酉 月食
월식이 있었다.
고려사 권47, 지1 [B]

문종 3년(1049) 기축 7. 15. (병오)

/양 1049. 8. 16./

七月 丙午 月食
월식이 있었다.
고려사 권47, 지1 [B]

<hr>

34) 11월에 신축일이 없음, 신축일은 12/1임. 11월이 오기로 보임.

문종 4년(1050) 경인 6. 27. (임오)

/양 1050. 7. 18./

六月 壬午 流星出牛入鷄35) 大如木瓜色赤
유성(流星)이 우(牛) 성좌에서 나와 계(鷄) 성좌
로 들어갔는데 그 크기는 모과(木瓜)만큼 하였
으며 빛은 붉었다.
고려사 권47, 지1 [R]

문종 4년(1050) 경인 9. 1. (을유)

/양 1050. 9. 19./

九月 乙酉 黑氣經天 衝乾巽方 貫虛危歲星
검은 기운이 하늘을 가로질렀는데, 서북쪽을 거
쳐 동남쪽으로 향하고, 허(虛) 성좌와 위(危) 성
좌, 목성[歲星]을 가로질렀다.
고려사 권47, 지1 [S]

문종 4년(1050) 경인 9. 10. (갑오)

/양 1050. 9. 28./

九月 甲午 月犯鎭星
달이 토성[鎭星]을 범하였다.
고려사 권47, 지1 [C]

문종 4년(1050) 경인 9. 25. (기유)

/양 1050. 10. 13./

九月 己酉 月犯熒惑
달이 화성[熒惑]을 범하였다.
고려사 권47, 지1 [C]

문종 4년(1050) 경인 10. 16. (경오)

/양 1050. 11. 3./

十月 庚午 熒惑入大微
화성[熒惑]이 태미원[大微]에 들어갔다.
고려사 권47, 지1 [F]

문종 4년(1050) 경인 11. 5. (무자)

/양 1050. 11. 21./

十一月 戊子 熒惑犯大微上相36)
화성[熒惑]이 태미원[大微]의 상상성(上相星)을
범하였다.
고려사 권47, 지1 [F]

문종 4년(1050) 경인 11. 7. (경인)

/양 1050. 11. 23./

十一月 庚寅 月犯鎭星 熒惑守端門37)
달이 토성[鎭星]을 범하였다. 화성[熒惑]이 단문
(端門)을 지켰다
고려사 권47, 지1 [C] [F]

문종 4년(1050) 경인 11. 20. (계묘)

/양 1050. 12. 6./

十一月 癸卯 月入大微犯謁者
달이 태미원[大微]에 들어가 알자성(謁者星)을
범하였다.
고려사 권47, 지1 [C]

문종 4년(1050) 경인 12. 8. (신묘)

/양 1051. 1. 23./

十二月 辛卯 月犯畢
달이 필(畢) 성좌를 범하였다.
고려사 권47, 지1 [C]

문종 5년(1051) 신묘 5. 16. (을축)

/양 1051. 6. 26./

五月 乙丑 月食
월식이 있었다.
고려사 권47, 지1 [B]

문종 5년(1051) 신묘 11. 15. (임술)

/양 1051. 12. 20./

十一月 壬戌 月食
월식이 있었다.
고려사 권47, 지1 [B]

문종 6년(1052) 임진 2. 5. (신사)

/양 1052. 3. 8./

二月 辛巳 月犯畢
달이 필(畢) 성좌를 범하였다.
고려사 권47, 지1 [C]

문종 6년(1052) 임진 3. 11. (병진)

/양 1052. 4. 12./

三月 丙辰 月入大微天庭38) 又犯屛星

---

35) 鷄(계): 두(斗)수의 천계(天鷄) 성좌를 말함.
36) 大微上相(태미상상): 상상성-1임.

37) 端門(단문): 태미원의 담장부분인 동원(東垣, 동쪽 담)부분의
별자리와 서원(西垣, 서쪽 담)부분의 별자리가 서로 가까이 있
는 좁은 지역을 말하며 성좌 이름이 아님.
38) 天庭(천정): 태미원(太微垣)의 동원(東垣) 성좌와 서원(西垣)

달이 태미원[大微]의 천정에 들어갔으며 또 병(屛)성좌를 범하였다.
고려사 권47, 지1 [C]

문종 6년(1052) 임진 3. 13. (무오)

/양 1052. 4. 14./

三月 戊午 命太史 金成澤撰十精曆 李仁顯㴑七曜曆 韓爲行撰見行曆 梁元虎撰遁甲曆 金正撰太一曆 以禳來歲灾祥
왕이 명령을 내려 태사(太史) 김성택은 십정력(十精曆)을, 이인현은 칠요력(七曜曆)을, 한위행은 현행력(見行曆)을, 양원호는 둔갑력(遁甲曆)을, 김정은 태일력(太一曆)을 각각 편찬하여 오는 해의 재변과 경사를 예견함으로서 대책을 강구하게 하였다.
고려사 권7, 세가7 [U]

문종 6년(1052) 임진 5. 10. (갑인)

/양 1052. 6. 9./

五月 甲寅 月犯亢上星
달이 항(亢) 성좌의 상성(上星)을 범하였다.
고려사 권47, 지1 [C]

문종 6년(1052) 임진 6. 18. (신묘)

/양 1052. 7. 16./

六月 辛卯 月入哭星
달이 곡(哭) 성좌로 들어갔다.
고려사 권47, 지1 [C]

문종 6년(1052) 임진 6. 20. (계사)

/양 1052. 7. 18./

六月 癸巳 白氣竟天 狀如魚鼈 有靑紫氣貫於其閒良久乃散
흰 기운이 하늘을 가로질렀는데, 그 형상이 물의 자라[魚鼈]와 같았으며 또 청자색(靑紫色) 기운이 그 사이를 관통하고 있더니 얼마 후에 흩어졌다.
고려사 권54, 지8 [S]

문종 6년(1052) 임진 6. 26. (기해)

/양 1052. 7. 24./

六月 己亥 流星大如木瓜 出大微入天市色赤
모과(木瓜)만큼 큰 유성(流星)이 태미원[大微]에서 나와 천시원(天市垣)으로 들어갔는데 그 빛이 붉었다.

성좌에 의하여 둘러싸인 내부 구역을 말하며 성좌 이름이 아님.

고려사 권47, 지1 [R]

문종 6년(1052) 임진 10. 24. (병신)

/양 1052. 11. 18./

十月 丙申 月入大微天庭39)犯謁者星
달이 태미원[大微]의 천정(天庭)에 들어가 알자성(謁者星)을 범하였다.
고려사 권47, 지1 [C]

문종 6년(1052) 임진 11. 16. (정사)

/양 1052. 12. 9./

十一月 丁巳 月食
월식이 있었다.
고려사 권47, 지1 [B]

문종 7년(1053) 계사 1. 2. (계묘)

/양 1053. 1. 24./

正月 癸卯 熒惑入氐
화성[熒惑]이 저(氐) 성좌로 들어갔다.
고려사 권47, 지1 [F]

문종 7년(1053) 계사 1. 5. (병오)

/양 1053. 1. 27./

春正月 丙午 白氣貫日竟天
흰 기운이 태양을 통과하면서 하늘을 가로질렀다
고려사 권7, 세가7 [O]

문종 7년(1053) 계사 1. 5. (병오)

/양 1053. 1. 27./

正月 丙午 有白氣二條 從西北起 貫日 其一竟天
흰 기운 두 줄기가 서북쪽에서 일어나 태양을 지나갔는데 그 중 하나는 하늘을 가로질렀다.
고려사 권54, 지8 [O]

문종 7년(1053) 계사 1. 10. (신해)

/양 1053. 2. 1./

正月 辛亥 歲星入月
목성[歲星]이 달을 가렸다.
고려사 권47, 지1 [C]

문종 7년(1053) 계사 1. 15. (병진)

/양 1053. 2. 6./

---

39) 天庭(천정): 앞의 '天庭(천정)'과 같음.

春正月 丙辰 太白晝見
금성[太白]이 낮에 나타났다.
고려사 권7, 세가7 [G]

문종 7년(1053) 계사 1. 15. (병진)

/양 1053. 2. 6./

正月 丙辰 太白晝見
금성[太白]이 낮에 나타났다.
고려사 권47, 지1 [G]

문종 7년(1053) 계사 1. 18. (기미)

/양 1053. 2. 9./

正月 己未 月犯角星
달이 각(角) 성좌를 범하였다.
고려사 권47, 지1 [C]

문종 7년(1053) 계사 2. 5. (을해)

/양 1053. 2. 25./

二月 乙亥 彗出庫樓入翼 長丈餘
혜성이 고루(庫樓) 성좌에서 나와 익(翼) 성좌로
들어갔는데 그 길이는 한 장(丈)남짓 되었다.
고려사 권7, 세가7 ; 고려사 권47, 지1 [H]

문종 7년(1053) 계사 2. 5. (을해)

/양 1053. 2. 25./

春二月 乙亥 彗出庫樓入翼 長丈餘
혜성이 고루(庫樓) 성좌에서 나와 익(翼) 성좌로
들어갔는데, 길이가 한 장(丈)정도 되었다.
고려사절요 권4 [H]

문종 7년(1053) 계사 4. 9. (무인)

/양 1053. 4. 29./

四月 戊寅 月犯太微西垣次相
달이 태미서원(太微西垣)의 차상성(次相星)을
범하였다.
고려사 권47, 지1 [C]

문종 7년(1053) 계사 4. 14. (계미)

/양 1053. 5. 4./

四月 癸未 又入氐星
또 <달이> 저(氐) 성좌에 들어갔다.
고려사 권47, 지1 [C]

문종 7년(1053) 계사 5. 27. (병인)

/양 1053. 6. 16./

五月 丙寅 月犯太白
달이 금성[太白]을 범하였다.
고려사 권47, 지1 [C]

문종 7년(1053) 계사 7. 15. (임자)

/양 1053. 8. 1./

七月 壬子 熒惑犯房
화성[熒惑]이 방(房) 성좌를 범하였다.
고려사 권47, 지1 [F]

문종 7년(1053) 계사 7. 17. (갑인)

/양 1053. 8. 3./

七月 甲寅 流星出牽牛入天田 色赤長丈餘
유성(流星)이 우(牛) 성좌에 있는 견우(牽牛) 성좌에
서 나와 천전(天田) 성좌로 들어갔는데 그 빛은 붉
었고 길이는 한 장(丈)남짓 하였다.
고려사 권47, 지1 [R]

문종 7년(1053) 계사 8. 9. (을사)

/양 1053. 9. 23./

八月 乙巳 熒惑犯南斗
화성[熒惑]이 남두(南斗) 성좌를 범하였다.
고려사 권47, 지1 [F]

문종 7년(1053) 계사 10. 1. (병신)

/양 1053. 11. 13./

冬十月 丙申朔 日食
일식이 있었다.
고려사 권7, 세가7 ; 고려사절요 권4 [A]

문종 7년(1053) 계사 10. 1. (병신)

/양 1053. 11. 13./

十月 丙申朔 日食
일식이 있었다.
고려사 권47, 지1 [A]

문종 7년(1053) 계사 12. 12. (정미)

/양 1054. 1. 23./

十二月 丁未 月犯北轅
달이 북원(北轅)을 범하였다.
고려사 권47, 지1 [C]

문종 7년(1053) 계사 12. 20. (을묘)

/양 1054. 1. 31./

十二月 乙卯 歲星犯鬼宿
목성[歲星]이 귀(鬼) 성좌에 들어갔다.
고려사 권47, 지1 [F]

문종 7년(1053) 계사 12. 27. (임술)

/양 1054. 2. 7./

十二月 壬戌 歲星犯中鎭
목성[歲星]이 중질성(中鎭星)을 범하였다.
고려사 권47, 지1 [F]

문종 9년(1055) 을미 9. 15. (경오)

/양 1055. 10. 8./

九月 庚午 月食
월식이 있었다.
고려사 권47, 지1 [B]

문종 10년(1056) 병신 1. 18. (신미)

/양 1056. 2. 6./

春正月 辛未 隕石于黃州 聲如雷
황주에 운석(隕石)이 떨어졌는데 그 소리가 우레
소리와 같았다.
고려사 권7, 세가7 [R]

문종 10년(1056) 병신 1. 18. (신미)

/양 1056. 2. 6./

正月 辛未 隕石于黃州 聲如雷
황주에 운석(隕石)이 떨어졌는데 그 소리가 우레
소리와 같았다.
고려사 권54, 지8 [R]

문종 10년(1056) 병신 8. 15. (갑자)

/양 1056. 9. 26./

八月 甲子 月食
월식이 있었다.
고려사 권47, 지1 [B]

문종 10년(1056) 병신 9. 10. (기축)

/양 1056. 10. 21./

九月 己丑 祀太一於壽春宮 以禳火灾
수춘궁(壽春宮)에서 태일성[太一]에 제사를 지냄으
로서 화재를 예방하였다.
고려사 권7, 세가7 [T]

문종 10년(1056) 병신 9. 14. (계사)

/양 1056. 10. 25./

九月 癸巳 制曰 近覽日官所奏 數有天變此盖寡人
德薄 政今不一所致也 鰓鰓以懼夙夜未遑 自今月
避正殿 減常膳 庶答天譴 凡百卿士各愼爾位 直言
予過無有所隱
왕이 다음과 같은 조서를 내렸다.「근자에 일관
(日官)의 보고를 보건대 천변(天變)이 자주 일
어난다고 하니 이것은 아마 나의 덕이 박하고
정령(政令: 정치적 명령)이 일정하지 못한 결과
인 듯 하다. 나는 두려운 생각으로 밤낮 마음을
펼 수가 없다. 이 달부터 정전에서 옮겨 앉고
일상 식사의 반찬 수를 줄임으로써 하늘이 주
는 견책에 대처하려 하노니 모든 대소 관원들
은 각각 자기 직책에 충실하며 나의 결함에 대
하여 조금도 은폐함이 없이 바른대로 말하라」.
고려사 권7, 세가7 [T]

문종 11년(1057) 정유 1. 18. (을미)

/양 1057. 2. 24./

春正月 乙未 隕石于黃州 聲如雷
황주에 운석(隕石)이 떨어졌는데 그 소리가 우
레와 같았다.
고려사 권8, 세가8 [R]

문종 11년(1057) 정유 1. 18. (을미)

/양 1057. 2. 24./

正月 乙未 隕石于黃州 聲如雷
황주에 운석(隕石)이 떨어졌는데 그 소리가 우
레와 같았다.
고려사 권47, 지1 [R]

문종 11년(1057) 정유 1. 18. (을미)

/양 1057. 2. 24./

春正月 乙未 隕石于黃州 聲如雷 州上其石
황주에 운석(隕石)이 우레같은 소리를 내면서
떨어졌는데, 고을에서 그 운석을 바쳤다.
고려사절요 권5 [R]

문종 12년(1058) 무술 1. 16. (정해)

/양 1058. 2. 11./

正月 丁亥 月食
월식이 있었다.
고려사 권47, 지1 [B]

문종 12년(1058) 무술 6. 9. (무신)

/양 1058. 7. 2./

六月 戊申 中書門下省奏 伏審制旨 太史監候李神貺
察風雲水旱之候 罔有差違勿拘考績 擢授八品 神貺
未知世系 初入朝行再被論 奏且候察乃其職也 不宜
超授 制曰精於其術未有如神貺者 可依前制
중서문하성에서 아뢰기를 「내리신 명령에는 태
사감후 이신황(李神貺)이 바람과 구름, 장마와
가뭄<풍운수한(風雲水旱)>에 관한 기후를 관측
함에 있어서 틀림이 없으니 성적에는 관계없이
8품 관직으로 발탁하라고 하셨사오나 신황은 그
의 가계를 알 수 없고 처음으로 등용하였을 때
에 두 번이나 탄핵을 받았을 뿐 아니라 기후를
관측하는 것이 바로 자기 직책이오니 그를 발탁
하는 것은 마땅치 않습니다.」 라고 하니 왕이
명령하기를 「기술에 정통하기를 신황만 한 자가
없으니 전일 명령대로 시행할 것이다」 라고 하
였다.
고려사 권8, 세가8 [U]

문종 12년(1058) 무술 윤12. 15. (신사)

/양 1059. 1. 31./

閏十二月 辛巳 月食
월식이 있었다.
고려사 권47, 지1 [B]

문종 12년(1058) 무술 윤12. 30. (병신)

/양 1059. 2. 15./

閏十二月 丙申晦 日食
그믐날인 병신(丙申)에 일식이 있었다
고려사 권8, 세가8 ; 고려사 권47, 지1 [A]

문종 12년(1058) 무술 윤12. 30. (병신)

/양 1059. 2. 15./

閏月 丙申晦 日食
그믐날인 병신에 일식이 있었다.
고려사절요 권5 [A]

문종 13년(1059) 기해 6. 16. (무인)

/양 1059. 7. 27./

六月 戊寅 月食
월식이 있었다.
고려사 권47, 지1 [B]

문종 13년(1059) 기해 12. 1. (신유)

/양 1060. 1. 6./

十二月 辛酉朔 日食
일식이 있었다.
고려사 권8, 세가8 ; 고려사 권47, 지1 ;
고려사절요 권5 [A]

문종 13년(1059) 기해 12. 15. (을해)

/양 1060. 1. 20./

十二月 乙亥 月食
월식이 있었다.
고려사 권47, 지1 [B]

문종 14년(1060) 경자 12. 15. (경오)

/양 1061. 1. 9./

十二月 庚午 月食
월식이 있었다.
고려사 권47, 지1 [B]

문종 15년(1061) 신축 1. 4. (무자)

/양 1061. 1. 27./

春正月 戊子 太白晝見
금성[太白]이 낮에 나타났다.
고려사 권8, 세가8 [G]

문종 15년(1061) 신축 1. 4. (무자)

/양 1061. 1. 27./

正月 戊子 太白晝見
금성[太白]이 낮에 나타났다.
고려사 권47, 지1 [G]

문종 15년(1061) 신축 1. 17. (신축)

/양 1061. 2. 9./

正月 辛丑 晡時[40] 有流星大如木瓜 向乾而滅
포시(晡時)에 유성(流星)이 나타났는데 그 크기
는 모과(木瓜)만 하였고 서북쪽으로 가다가 사
라졌다.
고려사 권47, 지1 [R]

문종 17년(1063) 계묘 4. 1. (임신)

/양 1063. 5. 1./

四月 壬申 乾巽方白氣相衝亘天
서북쪽과 동남쪽에서 발생한 흰 기운이 서로
마주쳐서 하늘에 퍼졌다.

---

40) 晡時(포시): 申時의 다른 말로 오후 3시부터 5시까지임.

문종 17년(1063) 계묘 5. 9. (경술)

/양 1063. 6. 8./

五月 庚戌 有星出大角孛于氐
어떤 별이 대각성(大角星)이 있는 곳에서 나와 저(氐) 성좌에서 밝게 빛났다.
고려사 권47, 지1 [H]

문종 17년(1063) 계묘 7. 26. (을축)

/양 1063. 8. 22./

七月 乙丑 有星尾長數尺 出坎孛于氐 大如斗
어떤 별의 꼬리가 수 척이 되었는데, 북쪽에서 나와 저(氐) 성좌에서 밝게 빛났는데, 그 크기는 말[斗]만 하였다.
고려사 권47, 지1 [H]

문종 17년(1063) 계묘 9. 1. (기해)

/양 1063. 9. 25./

九月 己亥朔 熒惑躔鬼西行而沒
화성(熒惑)이 귀(鬼) 성좌를 돌아서 서쪽으로 가다가 사라졌다.
고려사 권47, 지1 [F]

문종 17년(1063) 계묘 10. 2. (기사)

/양 1063. 10. 25./

十月 己巳 有星出天市 抵尾箕 大如斗
어떤 별이 천시원(天市垣)에서 나와 미(尾) 성좌, 기(箕) 성좌로 향하고 있었는데 그 크기는 말[斗]만 하였다.
고려사 권47, 지1 [H]

문종 17년(1063) 계묘 10. 17. (갑신)

/양 1063. 11. 9./

十月 甲申 月食
월식이 있었다.
고려사 권47, 지1 [B]

문종 19년(1065) 을사 6. 27. (을묘)

/양 1065. 8. 1./

六月 乙卯 有客星大如燈
한 객성(客星)이 나타났는데 크기가 등(燈)만 하였다.
고려사 권47, 지1 [H]

문종 19년(1065) 을사 8. 1. (무자)

/양 1065. 9. 3./

八月 戊子朔 歲星熒惑失度 設醮毬庭41)以禳之
목성[歲星]과 화성[熒惑]이 정상적인 도수에서 벗어나므로 구정(毬庭)에서 초제(醮祭)를 지내서 재양을 물리치려 하였다.
고려사 권47, 지1 [T]

문종 19년(1065) 을사 10. 3. (기축)

/양 1065. 11. 3./

十月 己丑 流星出營室入天將軍 大如木瓜
유성(流星)이 영실(營室) 성좌에서 나와 천장군(天將軍) 성좌로 들어갔는데 그 크기는 모과(木瓜)만 하였다.
고려사 권47, 지1 [R]

문종 19년(1065) 을사 10. 19. (을사)

/양 1065. 11. 19./

十月 乙巳 日重暈 赤氣貫日 又有兩珥
2중의 햇무리가 있었다. 적색 기운이 태양을 가로 지나갔으며 또 양쪽에 귀고리가 있었다.
고려사 권47, 지1 [O]

문종 19년(1065) 을사 12. 19. (갑진)

/양 1066. 1. 17./

十二月 甲辰 有星出奎過東壁入羽林 大如木瓜 色白
한 별이 규(奎) 성좌에서 나와 동벽(東壁) 성좌(=벽(壁) 성좌)를 지나서 우림(羽林) 성좌로 들어갔는데 그 크기는 모과(木瓜)만 하였고 빛은 희었다.
고려사 권47, 지1 [R]

문종 20년(1066) 병오 2. 16. (경자)

/양 1066. 3. 14./

二月 庚子 月食
월식이 있었다.
고려사 권47, 지1 [B]

문종 20년(1066) 병오 3. 23. (정축)

/양 1066. 4. 20./

三月 丁丑 有星出乾方 大如月 俄變爲彗孛
별이 서북쪽에서 나타났는데, 크기가 달만하였고, 갑자기 혜성[彗孛]으로 변하였다.

---

41) 毬庭(구정): 지위가 높은 사람의 집안에 격구를 하기 위하여 설치한 크고 넓은 마당을 이르던 말.

고려사 권8, 세가8 ; 고려사 권47, 지1 ;
고려사절요 권5 [H]

문종 20년(1066) 병오 4. 6. (기축)

/양 1066. 5. 2./

四月 己丑 日旁有氣如虹
태양 곁에 무지개와 같은 기운이 있었다.
고려사 권47, 지1 [O]

문종 21년(1067) 정미 7. 5. (신사윗)

/양 1067. 8. 17./

七月 辛巳 流星出墓歷危疾行入織女 分爲六七 如紅
纓貫白玉 其前者大如木瓜 後者如鷄卵 有聲雷良久
乃止
유성(流星)이 묘(墓) 성좌에서 나와 위(危) 성좌
를 지나 빠른 속도로 직녀(織女) 성좌로 들어가
서 6-7개로 분열되었는데 마치 붉은 끈에 흰
옥을 꿰어 놓은 것 같았다. 그 앞 별은 모과(木
瓜)만큼 컸고 뒷 별은 계란만 하였는데 뇌성(雷
聲)과 같은 소리를 내더니 오래 있다가 멎었다.
고려사 권47, 지1 [R]

문종 21년(1067) 정미 7. 17. (계사)

/양 1067. 8. 29./

秋七月 癸巳 太白晝見
금성[太白]이 낮에 나타났다.
고려사 권8, 세가8 [G]

문종 21년(1067) 정미 7. 17. (계사)

/양 1067. 8. 29./

七月 癸巳 太白晝見
금성[太白]이 낮에 나타났다.
고려사 권47, 지1 [G]

문종 21년(1067) 정미 9. 25. (경자)

/양 1067. 11. 4./

九月 庚子 月犯熒惑 及大微扉星42)
달이 화성[熒惑]을 범하였으며, 태미원[大微]의
비성(扉星)을 범하였다.
고려사 권47, 지1 [C]

문종 21년(1067) 정미 12. 9. (계축)

/양 1068. 1. 16./

---

42) 扉星(비성): 자료없음.

十二月 癸丑 月犯畢奕星
달이 필(畢) 성좌의 큰 별을 범하였다.
고려사 권47, 지1 [C]

문종 22년(1068) 무신 1. 1. (갑술)

/양 1068. 2. 6./

春正月 甲戌朔 日食
일식이 있었다.
고려사 권8, 세가8 ; 고려사절요 권5 [A]

문종 22년(1068) 무신 1. 1. (갑술)

/양 1068. 2. 6./

正月 甲戌朔 日食
일식이 있었다.
고려사 권47, 지1 [A]

문종 22년(1068) 무신 4. 14. (을묘)

/양 1068. 5. 17./

四月 乙卯 月行陰道43) 左執法又犯軫星
달이 음도(陰道)를 지나서 좌집법성(左執法星)
에 있었으며 또 진(軫) 성좌를 범하였다.
고려사 권47, 지1 [C]

문종 22년(1068) 무신 9. 23. (임진)

/양 1068. 10. 21./

九月 壬辰 月犯軒轅
달이 헌원(軒轅) 성좌를 범하였다.
고려사 권47, 지1 [C]

문종 23년(1069) 기유 7. 1. (을축)

/양 1069. 7. 21./

秋七月 乙丑朔 日食
일식이 있었다.
고려사 권8, 세가8 ; 고려사절요 권5 [A]

문종 23년(1069) 기유 7. 1. (을축)

/양 1069. 7. 21./

七月 乙丑朔 日食
일식이 있었다.
고려사 권47, 지1 [A]

문종 23년(1069) 기유 윤11. 15. (무신)

/양 1069. 12. 31./

---

43) 陰道(음도): 황도의 북쪽 길.

閏十一月 戊申 月食
월식이 있었다.
고려사 권47, 지1 [B]

문종 24년(1070) 경술 1. 5. (정유)

/양 1070. 2. 18./

正月 丁酉 月入天庭犯左執法 熒惑犯房北右弼44),
歲星行陰道守天江
달이 천정(天庭)에 들어가 좌집법성(左執法星)을
범하였다. 화성[熒惑]이 방(房) 성좌 북쪽의 우필
성(右弼星)을 범하였고, 목성[歲星]이 음도를 지
나 천강(天江) 성좌에서 떠나지 않았다.
고려사 권47, 지1 [C] [F] [F]

문종 24년(1070) 경술 1. 8. (경자)

/양 1070. 2. 21./

春正月 庚子 星隕于大丘縣化爲石
별이 대구현(大丘縣)에 떨어져 돌로 변하였다.
고려사 권8, 세가8 [R]

문종 25년(1071) 신해 11. 15. (병신)

/양 1071. 12. 9./

十一月 丙申 月食不見
월식이 있을 예정이었으나 보이지 않았다.
고려사 권47, 지1 [B]

문종 26년(1072) 임자 2. 4. (갑인)

/양 1072. 2. 25./

二月 甲寅 流星出亢入房 大如月
유성(流星)이 항(亢) 성좌에서 나와 방(房) 성좌
로 들어갔는데 크기는 달 만 하였다.
고려사 권47, 지1 [R]

문종 26년(1072) 임자 7. 11. (무자)

/양 1072. 7. 28./

七月 戊子 熒惑入羽林
화성[熒惑]이 우림(羽林) 성좌로 들어갔다.
고려사 권47, 지1 [F]

문종 26년(1072) 임자 윤7. 13. (경신)

/양 1072. 8. 29./

閏七月 庚申 月犯熒惑
달이 화성[熒惑]을 범하였다.

---

44) 右弼(우필): 우필성 자료 없음. 우참성이 아닐까 추론해봄.

고려사 권47, 지1 [C]

문종 26년(1072) 임자 9. 1. (병오)

/양 1072. 10. 14./

九月 丙午 有星如火犯營室
불같은 별이 영실(營室)성좌 (=실(室) 성좌)를
범하였다.
고려사 권47, 지1 [R]

문종 26년(1072) 임자 9. 11. (병진)

/양 1072. 10. 24./

九月 丙辰 羽林入月
달이 우림(羽林) 성좌에 들어갔다.
고려사 권47, 지1 [C]

문종 26년(1072) 임자 12. 2. (병자)

/양 1073. 1. 12./

十二月 丙子 白氣自乾抵巽連坤變爲赤氣
흰 기운이 서북쪽으로부터 동남쪽을 거쳐서 서
남쪽에 이르러서 붉은 기운으로 변하였다.
고려사 권54, 지8 [S]

문종 27년(1073) 계축 1. 5. (기유)

/양 1073. 2. 14./

正月 己酉 流星出大角入北斗魁
유성(流星)이 대각성(大角星)에서 나와 북두괴
(北斗魁)쪽으로 들어갔다.
고려사 권47, 지1 [R]

문종 27년(1073) 계축 1. 29. (계유)

/양 1073. 3. 10./

正月 癸酉 流星出大陵入婁胃南
유성(流星)이 대릉(大陵) 성좌에서 나와 루(婁)
성좌와 위(胃) 성좌의 남쪽으로 들어갔다.
고려사 권47, 지1 [R]

문종 27년(1073) 계축 2. 20. (갑오)

/양 1073. 3. 31./

二月 甲午 月犯南斗
달이 남두(南斗) 성좌를 범하였다.
고려사 권47, 지1 [C]

문종 27년(1073) 계축 2. 21. (을미)

/양 1073. 4. 1./

二月 乙未 夜白氣竟天 若道路 南流而滅
밤에 흰 기운이 하늘을 가로질렀는데, 마치 길
(도로)과 같았고, 남쪽으로 흐르다가 없어졌다.
고려사 권54, 지8 [S]

문종 27년(1073) 계축 3. 15. (무오)

/양 1073. 4. 24./

三月 戊午 月食
월식이 있었다.
고려사 권47, 지1 [B]

문종 27년(1073) 계축 4. 1. (갑술)

/양 1073. 5. 10./

夏四月 甲戌朔 日食
일식이 있었다.
고려사 권9, 세가9 ; 고려사절요 권5 [A]

문종 27년(1073) 계축 4. 1. (갑술)

/양 1073. 5. 10./

四月 甲戌朔 日食
일식이 있었다.
고려사 권47, 지1 [A]

문종 27년(1073) 계축 4. 3. (병자)

/양 1073. 5. 12./

四月 丙子 有氣如烟生 于廣化門左右鴟尾 長丈餘
연기와 같은 기운이 광화문(光化門) 좌우측 치
미(鴟尾)에서 발생하였는데 그 길이가 1장(丈)
정도 되었다.
고려사 권54, 지8 [S]

문종 27년(1073) 계축 7. 5. (병오)

/양 1073. 8. 10./

七月 丙午 流星出王良入河鼓
유성(流星)이 왕량(王良) 성좌에서 나와 하고
(河鼓) 성좌로 들어갔다.
고려사 권47, 지1 [R]

문종 27년(1073) 계축 7. 10. (신해)

/양 1073. 8. 15./

七月 辛亥 月犯南斗魁
달이 남두괴(南斗魁)를 범하였다.
고려사 권47, 지1 [C]

문종 27년(1073) 계축 7. 16. (정사)

/양 1073. 8. 21./

七月 丁巳 月入羽林
달이 우림(羽林) 성좌로 들어갔다.
고려사 권47, 지1 [C]

문종 27년(1073) 계축 8. 6. (정축)

/양 1073. 9. 10./

八月 丁丑 太白晝見
금성[太白]이 낮에 나타났다.
고려사 권9, 세가9 [G]

문종 27년(1073) 계축 8. 6. (정축)

/양 1073. 9. 10./

八月 丁丑 太白晝見 客星見于東壁星南
금성[太白]이 낮에 나타났다. 객성(客星)이 동벽
(東壁) 성좌의 남쪽에 나타났다.
고려사 권47, 지1 [G] [H]

문종 27년(1073) 계축 9. 10. (경술)

/양 1073. 10. 13./

九月 庚戌 夜天苑星南天裂 廣可五六寸 中有赤色
밤에 천원(天苑) 성좌의 남쪽의 하늘이 쪼개졌
는데 그 넓이는 5-6촌쯤 되었으며 그 속에 붉
은 기운이 있었다.
고려사 권47, 지1 [L]

문종 27년(1073) 계축 9. 11. (신해)

/양 1073. 10. 14./

九月 辛亥 月入羽林
달이 우림(羽林) 성좌로 들어갔다.
고려사 권47, 지1 [C]

문종 27년(1073) 계축 9. 15. (을묘)

/양 1073. 10. 18./

九月 乙卯 月食密雲不見
월식이 있었는데 짙은 구름 때문에 보이지 않
았다.
고려사 권47, 지1 [B]

문종 27년(1073) 계축 9. 29. (기사)

/양 1073. 11. 1./

九月 己巳 太白犯南斗魁第三星
금성[太白]이 남두괴(南斗魁)의 제3성을 범하였다.
고려사 권47, 지1 [F]

문종 27년(1073) 계축 10. 4. (계유)

/양 1073. 11. 5./

十月 癸酉 月入南斗魁
달이 남두괴(南斗魁)를 범하였다.
고려사 권47, 지1 [C]

문종 27년(1073) 계축 10. 5. (갑술)

/양 1073. 11. 6./

十月 甲戌 有流星出柳入軒轅 大如鉢
유성(流星)이 류(柳) 성좌에서 나와 헌원(軒轅) 성좌
로 들어갔는데 그 크기가 사발[鉢]만 하였다.
고려사 권47, 지1 [R]

문종 27년(1073) 계축 11. 27. (병인)

/양 1073. 12. 28./

十一月 丙寅 夜文昌西天裂 長十五尺 廣三尺色靑赤
밤에 문창(文昌) 성좌의 서쪽 하늘이 찢어졌는
데, 그 길이는 15척이고 넓이는 3척이며 빛깔
은 청적색(靑赤色)이였다.
고려사 권47, 지1 [L]

문종 28년(1074) 갑인 1. 24. (임술)

/양 1074. 2. 22./

正月 壬戌 月入南斗魁
달이 남두괴(南斗魁)를 범하였다.
고려사 권47, 지1 [C]

문종 28년(1074) 갑인 1. 25. (계해)

/양 1074. 2. 23./

正月 癸亥 又犯第二星
<달이 남두괴(南斗魁)의> 제2성을 범하였다.
고려사 권47, 지1 [C]

문종 28년(1074) 갑인 2. 10. (무인)

/양 1074. 3. 10./

二月 戊寅 流星出叄西行 大如木瓜
유성(流星)이 삼(叄) 성좌에서 나와 서쪽으로
지나갔는데 그 크기는 모과(木瓜)만 하였다.
고려사 권47, 지1 [R]

문종 28년(1074) 갑인 2. 17. (을유)

/양 1074. 3. 17./

二月 乙酉 月暈光芒如彗 長三十如尺
달무리가 있었는데 그 광채는 혜성과 같았으며

길이는 30여 척이나 되었다.
고려사 권47, 지1 [P]

문종 28년(1074) 갑인 7. 24. (경신)

/양 1074. 8. 19./

七月 庚申 客星見東壁星南 大如木瓜
객성(客星)이 동벽(東壁) 성좌의 남쪽에 나타났
는데 그 크기는 모과(木瓜)만 하였다.
고려사 권47, 지1 [H]

문종 28년(1074) 갑인 9. 6. (신축)

/양 1074. 9. 29./

九月 辛丑 月犯南斗魁中第一星
달이 남두괴(南斗魁)중 제1성을 범하였다.
고려사 권47, 지1 [C]

문종 28년(1074) 갑인 9. 14. (기유)

/양 1074. 10. 7./

九月 己酉 月食
월식이 있었다.
고려사 권 47, 지1 [B]

문종 28년(1074) 갑인 11. 5. (기해)

/양 1074. 11. 26./

十一月 己亥 流星出文昌 抵西北而沒 大如鉢
유성(流星)이 문창(文昌) 성좌에서 나와 서북쪽
으로 사라졌는데 그 크기는 사발[鉢]만 하였다.
고려사 권47, 지1 [R]

문종 28년(1074) 갑인 12. 24. (정해)

/양 1075. 1. 13./

十二月 丁亥 月入氐星
달이 저(氐) 성좌로 들어갔다.
고려사 권47, 지1 [C]

문종 29년(1075) 을묘 4. 17. (무인)

/양 1075. 5. 4./

四月 戊寅 流星出角 入井鬼間
유성(流星)이 각(角) 성좌에서 나와 정(井) 성
좌, 귀(鬼) 성좌 사이로 들어갔다.
고려사 권47, 지1 [R]

문종 29년(1075) 을묘 7. 13. (계유)

/양 1075. 8. 27./

七月 癸酉 流星出南斗 疾行至尾 而散長丈餘
유성(流星)이 남두(南斗) 성좌에서 나와 빠른 속도로 미(尾) 성좌에 이르러 흩어졌는데 그 길이는 한 장(丈) 남짓하였다.
고려사 권47, 지1 [R]

문종 29년(1075) 을묘 7. 20. (경진)

/양 1075. 9. 3./

七月 庚辰 月犯昴
달이 묘(昴) 성좌를 범하였다.
고려사 권47, 지1 [C]

문종 29년(1075) 을묘 8. 1. (경인)

/양 1075. 9. 13./

八月 庚寅朔 日食
일식이 있었다.
고려사 권9, 세가9 ; 고려사 권47, 지1 ;
고려사절요 권5 [A]

문종 29년(1075) 을묘 9. 22. (신사)

/양 1075. 11. 3./

九月 辛巳 流星入天樞 大如木瓜
유성(流星)이 천추성(天樞星) 있는 곳으로 들어 갔는데 크기는 모과만 하였다.
고려사 권47, 지1 [R]

문종 29년(1075) 을묘 9. 23. (임오)

/양 1075. 11. 4./

九月 壬午 流星出天津入河鼓 大如杯
유성(流星)이 천진(天津) 성좌에서 나와 하고(河鼓) 성좌로 들어갔는데 크기는 술잔만 하였다.
고려사 권47, 지1 [R]

문종 29년(1075) 을묘 9. 28. (정해)

/양 1075. 11. 9./

九月 丁亥 流星出下台東北入軒轅
유성(流星)이 하태(下台) 성좌의 동북쪽에서 나와 헌원(軒轅) 성좌로 들어갔다.
고려사 권47, 지1 [R]

문종 29년(1075) 을묘 9. 29. (무자)

/양 1075. 11. 10./

九月 戊子 流星入華盖 大如燈
유성(流星)이 화개(華盖) 성좌로 들어갔는데 그 크기는 등불(火燈)만 하였다.

고려사 권47, 지1 [R]

문종 29년(1075) 을묘 10. 5. (계사)

/양 1075. 11. 15./

十月 癸巳 流星出天南入軫 大如木瓜
유성(流星)이 하늘의 남쪽(天南)에서 나와 진(軫) 성좌로 들어갔는데 크기는 모과만 하였다.
고려사 권47, 지1 [R]

문종 29년(1075) 을묘 10. 8. (병신)

/양 1075. 11. 18./

冬十月 丙申 彗見于軫星 長七尺餘
혜성이 진(軫) 성좌에 나타났는데 그 길이가 7 척정도 되었다.
고려사 권9, 세가9 [H]

문종 29년(1075) 을묘 10. 8. (병신)

/양 1075. 11. 18./

十月 丙申 彗見于軫星 長七尺餘
혜성이 진(軫) 성좌에 나타났는데 그 길이가 7 척정도 되었다.
고려사 권47, 지1 [H]

문종 29년(1075) 을묘 10. 8. (병신)

/양 1075. 11. 18./

冬十月 丙申 彗見
혜성이 나타났다.
고려사절요 권5 [H]

문종 30년(1076) 병진 2. 1. (정해)

/양 1076. 3. 8./

二月 丁亥朔 日食
일식이 있었다.
고려사 권9, 세가9 ; 고려사 권47, 지1 ;
고려사절요 권5 [A]

문종 30년(1076) 병진 11. 18. (경오)

/양 1076. 12. 16./

十一月 庚午 日長至制略曰 一陽布氣 萬物懷生 宜加舍養 期致遂性 其令州府郡縣 禁人漁獵 違者 罪之
이 날은 동지 날이므로 간단히 다음과 같은 명령을 내렸다. 「이 날부터 한 줄기의 양이 처음으로 동하고 만물이 생기를 품게 되나니 마땅히 만물을 보호하여 생명을 유지할 것이다. 주(州),

부(府), 군현(郡縣)들로 하여금 백성들이 천렵하고 사냥하는 것을 금지하도록 하되 위반하는 자는 처벌하라」.
고려사 권9, 세가9 [U]

문종 31년(1077) 정사 1. 15. (병인)

/양 1077. 2. 10./

正月 丙寅 月食
월식이 있었다.
고려사 권47, 지1 [B]

문종 32년(1078) 무오 1. 14. (경신)

/양 1078. 1. 30./

正月 庚申 月食
월식이 있었다.
고려사 권47, 지1 [B]

문종 32년(1078) 무오 6. 12. (갑인)

/양 1078. 7. 23./

六月 甲寅 月食 宋使救之國人不之 覺以日官挈壺
正崔士謙撰曆 失於推步 不以聞奏有司 請論如法
宥之
월식이 있었다. 송나라 사신이 월식에 대한 액막이를 하였는데 국내사람들은 모르고 있었다. 일관 설호정(정 8품의 벼슬이름) 최사겸이 역서를 편찬할때 계산을 잘못하여 월식이 있을 것을 보고하지 않았으므로 책임관리가 법에 의하여 처벌할 것을 제의하였으나 이를 용서하였다.
고려사 권47, 지1 [B]

문종 32년(1078) 무오 9. 1. (계유)

/양 1078. 10. 10./

九月 癸酉朔 熒惑犯鬼
화성[熒惑]이 귀(鬼) 성좌를 범하였다.
고려사 권47, 지1 [F]

문종 32년(1078) 무오 10. 11. (임자)

/양 1078. 11. 18./

十月 壬子 流星出大陵入天苑 大如木瓜
유성(流星)이 대릉(大陵) 성좌에서 나와 천원(天苑) 성좌로 들어갔는데 그 크기는 모과(木瓜)만 하였다.
고려사 권47, 지1 [R]

문종 33년(1079) 기미 6. 1. (정유)

/양 1079. 7. 1./

六月 丁酉朔 日食
일식이 있었다.
고려사 권9, 세가9 ; 고려사 권47, 지1 ;
고려사절요 권5 [A]

문종 33년(1079) 기미 8. 7. (임인)

/양 1079. 9. 4./

八月 壬寅 月犯心星
달이 심(心) 성좌를 범하였다.
고려사 권47, 지1 [C]

문종 34년(1080) 경신 1. 12. (병자)

/양 1080. 2. 5./

正月 丙子 夜有白氣自昴貫於翼軫
밤에 흰 기운이 묘(昴) 성좌에서 나와 익(翼) 성좌와 진(軫) 성좌를 지나갔다.
고려사 권54, 지8 [S]

문종 34년(1080) 경신 1. 22. (병술)

/양 1080. 2. 15./

正月 丙戌 月犯心前星
달이 심(心) 성좌의 앞에 있는 별(前星)을 범하였다.
고려사 권47, 지1 [C]

문종 34년(1080) 경신 2. 8. (임인)

/양 1080. 3. 2./

二月 壬寅 太白晝見
금성[太白]이 낮에 나타났다.
고려사 권9, 세가9 ; 고려사 권47, 지1 [G]

문종 34년(1080) 경신 8. 28. (무오)

/양 1080. 9. 14./

八月 戊午 太白犯軒轅
금성[太白]이 헌원(軒轅) 성좌에 들어갔다.
고려사 권47, 지1 [F]

문종 34년(1080) 경신 11. 1. (기축)

/양 1080. 12. 14./

冬十一月 己丑朔 日食
일식이 있었다.
고려사 권9, 세가9 ; 고려사절요 권5 [A]

문종 34년(1080) 경신 11. 1. (기축)

/양 1080. 12. 14./

十一月 己丑朔 日食
일식이 있었다.
고려사 권47, 지1 [A]

문종 34년(1080) 경신 11. 29. (정사)

/양 1081. 1. 11./

十一月 丁巳 歲星入氐
목성[歲星]이 저(氐) 성좌로 들어갔다.
고려사 권47, 지1 [F]

문종 35년(1081) 신유 4. 14. (신미)

/양 1081. 5. 25./

四月 辛未 月食
월식이 있었다.
고려사 권47, 지1 [B]

문종 35년(1081) 신유 9. 17. (경자)

/양 1081. 10. 21./

九月 庚子 太白食南斗第四星
금성[太白]이 남두(南斗) 성좌의 4번째 별을 가렸다.
고려사 권47, 지1 [F]

문종 35년(1081) 신유 9. 19. (임인)

/양 1081. 10. 23./

九月 壬寅 又入南斗魁中
<금성[太白]이> 또 남두괴(南斗魁) 속으로 들어갔다.
고려사 권47, 지1 [F]

문종 36년(1082) 임술 4. 15. (병인)

/양 1082. 5. 15./

四月 丙寅 月食密雲不見
월식이 있었으나 짙은 구름 때문에 보이지 않았다.
고려사 권47, 지1 [B]

문종 36년(1082) 임술 4. 28. (기묘)

/양 1082. 5. 28./

夏四月 己卯 醮太一九宮于會慶殿
회경전(會慶殿)에서 태일구궁(太一九宮, 별을 맡은 신)에게 초제(醮祭)를 지냈다.
고려사 권9, 세가9 [T]

문종 36년(1082) 임술 7. 8. (정해)

/양 1082. 8. 4./

七月 丁亥 有星出紫微犯北辰
한 별이 자미원(紫微垣)에서 나와 북진(北辰, =北極星)을 범하였다.
고려사 권47, 지1 [H]

문종 36년(1082) 임술 10. 13. (경신)

/양 1082. 11. 5./

十月 庚申 月食
월식이 있었다.
고려사 권47, 지1 [B]

12. 순종(1083)

순종 1년(1083) 계해 3. 15. (경인)

/양 1083. 4. 4./

三月 庚寅 月犯左角
달이 좌각성(左角星)을 범하였다.
고려사 권47, 지1 [C]

순종 1년(1083) 계해 5. 28. (계묘)

/양 1083. 6. 16./

五月 癸卯 太白晝見
금성[太白]이 낮에 나타났다.
고려사 권9, 세가9 ; 고려사 권47, 지1 [G]

13. 선종(1085 ～ 1094)

선종 2년(1085) 을축 2. 9. (계유)

/양 1085. 3. 7./

春二月 癸酉 遼報改元大安王命 有司告于大廟六陵
요(遼) 나라에서 연호(年號)를 대안(大安)으로 고쳤다고 알려와 왕이 해당 관청(官廳)에 명령하여 이를 종묘(宗廟)와 6릉(陵)에 고하게 하였다.
고려사 권10, 세가10 [U]

선종 2년(1085) 을축 2. 9. (계유)

/양 1085. 3. 7./

春二月 遼報改元
요(遼)에서 연호(年號)를 고쳤다고 알려왔다.
고려사절요 권6 [U]

선종 2년(1085) 을축 8. 15. (병자)

/양 1085. 9. 6./

八月 丙子 月食密雲不見
월식이 있었는데 짙은 구름 때문에 보이지 않았다.
고려사 권47, 지1 [B]

선종 3년(1086) 병인 5. 20. (병자)

/양 1086. 7. 3./

五月 丙子 太白晝見
금성[太白]이 낮에 나타났다.
고려사 권10, 세가10; 고려사 권47, 지1 [G]

선종 3년(1086) 병인 6. 5. (신묘)

/양 1086. 7. 18./

六月 辛卯 流星出文昌 貫危哭 長十餘尺 曲如環東缺 色赤俄變爲白良久乃滅
유성(流星)이 문창(文昌) 성좌에서 나와 위(危)성좌와 곡(哭) 성좌를 가로질렀다. 그 길이는 10여 척이 되었으며 고리와 같이 구부러졌는데 동쪽 부분은 비었다. 그 빛은 붉었다가 갑자기 흰빛으로 변하였으며 오래동안 있다가 사라졌다.
고려사 권47, 지1 [R]

선종 3년(1086) 병인 8. 19. (갑진)

/양 1086. 9. 29./

八月 甲辰 流星出婁抵王良 大如木瓜
유성(流星)이 루(婁) 성좌에서 나와 왕량(王良)성좌를 향하여 흘러갔는데 그 크기는 모과만 하였다.
고려사 권47, 지1 [R]

선종 4년(1087) 정묘 2. 20. (계묘)

/양 1087. 3. 27./

二月 癸卯 太白晝見
금성[太白]이 낮에 나타났다.
고려사 권10, 세가10; 고려사 권47, 지1 [G]

선종 4년(1087) 정묘 3. 24. (병자)

/양 1087. 4. 29./

三月 丙子 親醮太一於文德殿以祈 風雨調順
왕이 문덕전에서 태일성[太一]에게 초제(醮祭)를 지내고, 바람과 비[風雨]가 순조롭기를 빌었다.
고려사 권10, 세가10 [T]

선종 4년(1087) 정묘 6. 15. (을미)

/양 1087. 7. 17./

六月 乙未 月食
월식이 있었다.
고려사 권47, 지1 [B]

선종 4년(1087) 정묘 7. 12. (신유)

/양 1087. 8. 12./

七月 辛酉 流星出天囷抵天苑 大如木瓜
유성(流星)이 천균(天囷) 성좌에서 나와 천원(天苑)성좌로 들어갔는데 그 크기는 모과만 하였다.
고려사 권47, 지1 [R]

선종 4년(1087) 정묘 8. 19. (무술)

/양 1087. 9. 18./

八月 戊戌 流星出婁 抵王良 大如木瓜
유성(流星)이 루(婁) 성좌에서 나와 왕량(王良)성좌를 향하여 흘러갔는데 그 크기는 모과만 하였다.
고려사 권47, 지1 [R]

선종 5년(1088) 무진 2. 21. (무술)

/양 1088. 3. 16./

二月 戊戌 太白犯昴星 금성[太白]이 묘(昴) 성좌를 범하였다.
고려사 권47, 지1 [F]

선종 5년(1088) 무진 6. 15. (경인)

/양 1088. 7. 6./

六月 庚寅 月食
월식이 있었다.
고려사 권47, 지1 [B]

선종 5년(1088) 무진 7. 25. (기사)

/양 1088. 8. 14./

七月 己巳 流星出天津抵東壁 大如木瓜
유성(流星)이 천진(天津) 성좌에서 나와 동벽(東壁) 성좌로 들어갔는데 그 크기는 모과(木瓜)만 하였다.
고려사 권47, 지1 [R]

선종 5년(1088) 무진 7. 25. (기사)

/양 1088. 8. 14./

七月 己巳 赤氣如火

붉은 기운이 불과 같았다.
고려사 권53, 지7 [S]

선종 5년(1088) 무진 8. 26. (기해)

/양 1088. 9. 13./

八月 己亥 太白犯軒轅
금성[太白]이 헌원(軒轅) 성좌에 들어갔다.
고려사 권47, 지1 [F]

선종 5년(1088) 무진 12. 15. (정해)

/양 1088. 12. 30./

十二月 丁亥 月食
월식이 있었다.
고려사 권47, 지1 [B]

선종 6년(1089) 기사 5. 16. (을유)

/양 1089. 6. 26./

五月 乙酉 月隱食
월식이 있었으나 보이지 않았다.
고려사 권47, 지1 [B]

선종 6년(1089) 기사 11. 1. (정묘)

/양 1089. 12. 5./

十一月 丁卯朔 日食
일식이 있었다.
고려사 권10, 세가10 ; 고려사절요 권6 [A]

선종 7년(1090) 경오 1. - (을축)

/양 1090. 2. - /

正月45) 乙丑 有紫氣散如火焰 至曉乃滅
자색 기운이 불꽃같이 흩어졌는데 새벽에 이르러서야 없어졌다.
고려사 권53, 지7 [S]

선종 7년(1090) 경오 9. 13. (갑술)

/양 1090. 10. 8./

九月 甲戌 流星如火 出鬼入大微
불같은 유성(流星)이 귀(鬼) 성좌에서 나와 태미원[大微]으로 들어갔다.
고려사 권47, 지1 [R]

선종 7년(1090) 경오 9. 29. (경인)

---

45) 정월에 을축일이 없음. 을축일은 전년도인 1089/12/29과 1090/2/30임.

/양 1090. 10. 24./

九月 庚寅 流星出上台 犯中台下星 大如日
유성(流星)이 상태(上台) 성좌에서 나왔고, 중태(中台) 성좌의 아래쪽 별을 범하였는데 그 크기는 태양만 하였다.
고려사 권47, 지1 [R]

선종 7년(1090) 경오 10. 1. (임진)

/양 1090. 10. 26./

十月 壬辰朔 流星出軒轅 入大微 大如木瓜
유성(流星)이 헌원(軒轅) 성좌에서 나와 태미원[大微]으로 들어갔는데 그 크기는 모과(木瓜)만 하였다.
고려사 권47, 지1 [R]

선종 8년(1091) 신미 3. 23. (임오)

/양 1091. 4. 14./

三月 壬午 流星出織女抵天津
유성(流星)이 직녀(織女) 성좌에서 나와 천진(天津) 성좌로 향하여 들어갔다.
고려사 권47, 지1 [R]

선종 8년(1091) 신미 4. 1. (경인)

/양 1091. 4. 22./

四月 庚寅 熒惑入羽林
화성[熒惑]이 우림(羽林) 성좌로 들어갔다.
고려사 권47, 지1 [F]

선종 8년(1091) 신미 4. 2. (신묘)

/양 1091. 4. 23./

四月 辛卯 亦如之
또 <화성[熒惑]이 우림(羽林) 성좌로 들어갔다>.
고려사 권47, 지1 [F]

선종 8년(1091) 신미 4. 28. (정사)

/양 1091. 5. 19./

四月 丁巳 流星或靑惑赤 尾長十餘尺出房星 入軒轅 有聲如雷
유성(流星)이 그 빛이 푸르고 붉으며 길이가 10여 척이나 되는데, 방(房) 성좌에서 나와 헌원(軒轅) 성좌로 들어갔는데 뇌성(雷聲) 같은 소리가 났다.
고려사 권47, 지1 [R]

선종 8년(1091) 신미 5. 1. (기미)

/양 1091. 5. 21./

五月 己未朔 日食
일식이 있었다.
고려사 권10, 세가10 ; 고려사 권47, 지1 [A]

선종 8년(1091) 신미 5. 1. (기미)

/양 1091. 5. 21./

五月 己未朔 太白晝見經天七十日
금성[太白]이 낮에 나타나 70일간 남쪽하늘에서
보였다.
고려사 권10, 세가10 [G]

선종 8년(1091) 신미 5. 1. (기미)

/양 1091. 5. 21./

五月 己未朔 太白赤色搖光晝見 經天 至十七日46) 乃滅
금성[太白]이 붉은 빛으로 깜박거리면서 낮에 나타
나 남쪽하늘에서 보였는데, 17일만에야 사라졌다.
고려사 권47, 지1 [G]

선종 8년(1091) 신미 5. 1. (기미)

/양 1091. 5. 21./

五月 己未朔 日食 太白晝見經天 至七十日 乃滅
일식이 있었다. 금성[太白]이 낮에 나타나 남쪽
하늘에서 보였고 70일만에 없어졌다.
고려사절요 권6 [A] [G]

선종 9년(1092) 임신 1. 8. (신묘)

/양 1092. 2. 17./

正月 辛卯 有氣如煙生 于奉恩寺太祖眞殿
연기와 같은 흰 기운이 봉은사(奉恩寺)의 태조
진전(太祖眞殿)에서 발생하였다.
고려사 권54, 지8 [S]

선종 9년(1092) 임신 2. 5. (무오)

/양 1092. 3. 15./

二月 戊午 流星出大微北抵七星南
유성(流星)이 태미원[大微]의 북쪽에서 나와 칠
성(七星) 성좌의 남쪽으로 향하였다.
고려사 권47, 지1 [R]

선종 9년(1092) 임신 3. 13 (병신)

/양 1092. 4. 22./

三月 丙辰47) 月犯歲星
달이 목성[歲星]을 범하였다.
고려사 권47, 지1 [C]

선종 9년(1092) 임신 5. 13. (을미)

/양 1092. 6. 20./

五月 乙未 熒惑無光芒
화성[熒惑]이 광채가 없었다.
고려사 권47, 지1 [Q]

선종 9년(1092) 임신 6. 6. (무오)

/양 1092. 7. 13./

六月 戊午 月犯歲星
달이 목성[歲星]을 범하였다.
고려사 권47, 지1 [C]

선종 9년(1092) 임신 11. 21. (경자)

/양 1092. 12. 22./

十一月 庚子 太白晝見經天
금성[太白]이 낮에 나타나 남쪽하늘에서 보였다.
고려사 권10, 세가10 ; 고려사절요 권6 [G]

선종 9년(1092) 임신 11. 21. (경자)

/양 1092. 12. 22./

十一月 庚子 太白晝見經天 犯疊壁陣 太史奏曰
太白晝見三年 必有大喪
금성[太白]이 낮에 나타나 남쪽하늘에서 보였고, 누벽
진(疊壁陣) 성좌를 범하였다. 태사(太史)가 보고하기를
「금성[太白]이 3년간 낮에 나타났으니 반드시 큰 상
(大喪)이 있을 것입니다」라고 하였다.
고려사 권47, 지1 [G] [F]

선종 9년(1092) 임신 12. 4. (임자)

/양 1093. 1. 3./

十二月 壬子 月入羽林
달이 우림(羽林) 성좌에 들어갔다.
고려사 권47, 지1 [C]

선종 10년(1093) 계유 2. 21. (무진)

/양 1093. 3. 20./

二月 戊辰 月犯心大星
달이 심대성(心大星)을 범하였다.

---

46) 十七日: 고려사 권47에는 17일, 고려사 권10과 고려사절요 권
6에는 70일로 기록되어 있음.

47) 3월에 병진일이 없음. 본문 내용을 참고하여 천체역학적 계산
으로 위치를 맞추어보면 3/13, 병신으로 추정됨. 일진오류임.

고려사 권47, 지1 [C]

선종 10년(1093) 계유 3. 13. (경인)

/양 1093. 4. 11./

三月 庚寅 流星出造父抵王良 色赤 大如木瓜尾長七尺許

유성(流星)이 조부(造父) 성좌에서 나와 왕량(王良) 성좌로 들어갔는데 색이 붉었으며 크기는 모과(木瓜)만 하였고 꼬리의 길이는 7척정도였다.
고려사 권47, 지1 [R]

선종 11년(1094) 갑술 1. 4. (병자)

/양 1094. 1. 22./

正月 丙子 日冠左右珥

태양에 관(冠)모양의 햇무리가 있었으며 좌우에 해 귀고리가 있었다.
고려사 권47, 지1 [O]

선종 11년(1094) 갑술 1. 20. (임진)

/양 1094. 2. 7./

正月 壬辰 日傍有彗

태양옆에 혜성이 나타났다.
고려사 권10, 세가10 [H]

선종 11년(1094) 갑술 1. 20. (임진)

/양 1094. 2. 7./

正月 壬辰 日傍 有彗 白虹衝日

태양옆에 혜성이 있었으며, 흰 무지개가 태양을 가로질렀다.
고려사 권47, 지1 [H]

선종 11년(1094) 갑술 1. 20. (임진)

/양 1094. 2. 7./

春正月 壬辰 日傍 東西有彗 白虹衝日

태양곁의 동쪽과 서쪽에 혜성이 있고 흰 무지개가 태양을 가로질렀다.
고려사절요 권6 [H]

선종 11년(1094) 갑술 1. 26. (무술)

/양 1094. 2. 13./

正月 戊戌 亦如之

역시 <태양 옆에 혜성이 있었으며, 흰 무지개가 태양을 가로질렀다>.
고려사 권47, 지1 ; 고려사절요 권6 [H]

선종 11년(1094) 갑술 2. 4. (병오)

/양 1094. 2. 21./

二月 丙午 以屢有天變赦

천변(天變)이 빈번하다 하여 사면[赦]를 실시하였다.
고려사 권10, 세가10 [U]

선종 11년(1094) 갑술 3. 19. (경인)

/양 1094. 4. 6./

三月 庚寅 月犯心前星

달이 심(心) 성좌의 앞 별을 범하였다.
고려사 권47, 지1 [C]

선종 11년(1094) 갑술 3. 27. (무술)

/양 1094. 4. 14./

三月 戊戌 熒惑犯鬼質[48]

화성[熒惑]이 귀질(鬼質) 성좌를 범하였다.
고려사 권47, 지1 [F]

선종 11년(1094) 갑술 5. - (-)

/양 1094. 6. - /

六月 大赦

<천변(天變)으로> 죄인들의 죄를 감면하여 주었다[赦].
고려사절요 권6 [L]

선종 11년(1094) 갑술 9. 24. (임술)

/양 1094. 11. 4./

九月 壬戌 月犯鎭星

달이 토성[鎭星]을 범하였다.
고려사 권47, 지1 [C]

선종 11년(1094) 갑술 10. 8. (병자)

/양 1094. 11. 18./

十月 丙子 有靑赤氣去日二十餘尺

청적색(靑赤色) 기운이 태양에서 20여척쯤 떨어져 있었다.
고려사 권54, 지8 [S]

선종 11년(1094) 갑술 11. 10. (무신)

/양 1094. 12. 20./

十一月 戊申 月犯昴星

---

48) **鬼質**(귀질): 남방칠수의 귀수에 있는 별중의 하나일 것으로 추론됨.

달이 묘(昴) 성좌를 범하였다.
고려사 권47, 지1 [C]

선종 11년(1094) 갑술 11. 18. (병진)

/양 1094. 12. 28./

十一月 丙辰 犯鎭星
<달이> 토성[鎭星]을 범하였다.
고려사 권47, 지1 [C]

선종 11년(1094) 갑술 11. 23. (신유)

/양 1095. 1. 2./

十一月 辛酉 又犯心星
또 <달이> 심(心) 성좌를 범하였다.
고려사 권47, 지1 [C]

14. 헌종(1095 ～ 1095)

헌종 1년(1095) 을해 1. 1. (무술)

/양 1095. 2. 8./

春正月 戊戌朔 日傍有彗 王幼冲不只修省 只引
內醫三四人討問方書或習書畫
태양 주위에 혜성이 나타났는데 왕은 나이가 어려
서 자신을 반성할 줄 모르고 다만 내의(內醫) 3～4
명을 불러들여 술서(術書)에 대하여 물어보기도
하고 서화를 배우기도 하였다.
고려사 권10, 세가10 [H]

헌종 1년(1095) 을해 1. 1. (무술)

/양 1095. 2. 8./

正月 戊戌 日有暈兩傍有彗 太史奏 日有彗 近臣
亂 諸侯有欲反者
태양에 햇무리가 있었으며 양쪽에 혜성이 있었
다. 태사가 보고하기를 「태양에 혜성이 있는 것
은 측근의 신하가 반란하고 제후중에 반항할 자
가 있을 징조입니다」라고 하였다.
고려사 권47, 지1 [O]

헌종 1년(1095) 을해 1. 1. (무술)

/양 1095. 2. 8./

春正月 戊戌朔 風從乾來 日有暈兩傍有彗 太史奏 元日
風從乾來 當有憂 日有彗 近臣亂 諸侯有欲反者
북풍이 서북쪽에서 불어오고 햇무리(日暈)가 있었
으며, 태양의 양쪽 곁에 혜성이 있었다. 태사가 보

고하기를 「태양에 혜성이 있는 것은 측근의 신하가
반란하고 제후중에 반항할 자가 있을 징조입니다」
라고 하였다.
고려사절요 권6 [O]

헌종 1년(1095) 을해 2. 4. (경오)

/양 1095. 3. 12./

二月 庚午 月入昴星
달이 묘(昴) 성좌를 가렸다.
고려사 권47, 지1 [C]

헌종 1년(1095) 을해 3. 23. (무오)

/양 1095. 4. 29./

三月 戊午 歲星犯牛
목성[歲星]이 우(牛) 성좌를 범하였다.
고려사 권47, 지1 [F]

헌종 1년(1095) 을해 4. 7. (임신)

/양 1095. 5. 13./

四月 壬申月犯鎭星
달이 토성[鎭星]을 범하였다.
고려사 권47, 지1 [C]

헌종 1년(1095) 을해 6. 21. (을유)

/양 1095. 7. 25./

六月 乙酉 流星大如木瓜 色赤尾長九尺許 出室西入
南斗魁 亦有衆小星南流
유성(流星)이 있었는데 그 크기는 모과(木瓜)만 하
였고 빛은 붉었고 꼬리의 길이는 9척쯤 되었다. 이
유성은 실(室) 성좌의 서쪽에서 나와 남두괴(南斗
魁)로 들어갔으며 또 많은 작은 별들이 남쪽으로
향하였다.
고려사 권47, 지1 [R]

헌종 1년(1095) 을해 6. 25. (기축)

/양 1095. 7. 29./

六月 己丑 月犯五車
달이 오거(五車) 성좌에 들어갔다.
고려사 권47, 지1 [C]

헌종 1년(1095) 을해 7. 5. (무술)

/양 1095. 8. 7./

秋七月 戊戌 行遼壽昌年號
이날부터 요(遼)나라의 수창(壽昌)이라는 연호
(年號)를 사용하였다.

15. 숙종(1096 ～ 1105)

숙종 1년(1096) 병자 2. 7. (무진)

/양 1096. 3. 4./

二月 戊辰 月犯五車
달이 오거(五車) 성좌에 들어갔다.
고려사 권47, 지1 [C]

숙종 1년(1096) 병자 2. 12. (계유)

/양 1096. 3. 9./

二月 癸酉 又犯與鬼
<달이> 여귀(與鬼) 성좌를 범하였다.
고려사 권47, 지1 [C]

숙종 1년(1096) 병자 2. 20. (신사)

/양 1096. 3. 17./

二月 辛巳 太白入昴星
금성[太白]이 묘(昴) 성좌에 들어갔다.
고려사 권47, 지1 [F]

숙종 1년(1096) 병자 2. 24. (을유)

/양 1096. 3. 21./

二月 乙酉 又入昴光芒甚大
또 <금성[太白]이> 묘(昴) 성좌에 들어갔는데
그 광채가 대단히 밝았다.
고려사 권47, 지1 [F]

숙종 1년(1096) 병자 3. 8. (기해)

/양 1096. 4. 4./

三月 己亥 太白晝見
금성[太白]이 낮에 나타났다.
고려사 권47, 지1 [G]

숙종 1년(1096) 병자 3. 12. (계묘)

/양 1096. 4. 8./

三月 癸卯 又晝見 夜入昴星 月犯心大星
또 <금성[太白]이> 낮에 나타났다. 밤에는 <금성
이> 묘(昴) 성좌로 들어갔다. 달이 심대성(心大
星)을 범하였다.
고려사 권47, 지1 [G] [F] [C]

숙종 1년(1096) 병자 5. 1. (신묘)

/양 1096. 5. 26./

五月 辛卯朔 日彙三重
3중 햇무리가 있었다
고려사 권47, 지1 [O]

숙종 1년(1096) 병자 5. 9. (기해)

/양 1096. 6. 3./

五月 己亥 太白晝見
금성[太白]이 낮에 나타났다.
고려사 권11, 세가10 [G]

숙종 1년(1096) 병자 5. 13. (계묘)

/양 1096. 6. 7./

五月 癸卯 又晝見
또 <금성[太白]이> 낮에 나타났다.
고려사 권11, 세가10 [G]\

숙종 1년(1096) 병자 9. 10. (무술)

/양 1096. 9. 30./

九月 戊戌 月犯歲星
달이 목성[歲星]을 범하였다.
고려사 권47, 지1 [C]

숙종 1년(1096) 병자 9. 16. (갑진)

/양 1096. 10. 6./

九月. 甲辰 犯昴星
<달이> 묘(昴) 성좌를 범하였다.
고려사 권47, 지1 [C]

숙종 1년(1096) 병자 9. 19. (정미)

/양 1096. 10. 9./

九月 丁未 太白犯鎭星
금성[太白]이 토성[鎭星]을 범하였다.
고려사 권47, 지1 [D]

숙종 1년(1096) 병자 9. 20. (무신)

/양 1096. 10. 10./

九月 戊申 月犯鬼星
달이 귀(鬼) 성좌를 범하였다.
고려사 권47, 지1 [C]

숙종 2년(1097) 정축 1. 8. (계사)

/양 1097. 1. 23./

正月 癸巳 飛星大如燭 出鬼柳閒抵軒轅
촛불만큼 큰 유성(飛星)이 귀(鬼) 성좌, 류(柳) 성좌
사이에서 나와 헌원(軒轅) 성좌를 향하여 갔다.
고려사 권47, 지1 [R]

숙종 2년(1097) 정축 7. 19. (경오)

/양 1097. 8. 28./

七月 庚午 熒惑 犯與鬼
화성[熒惑]이 여귀(與鬼) 성좌를 범하였다.
고려사 권47, 지1 [F]

숙종 2년(1097) 정축 7. 21. (임신)

/양 1097. 8. 30./

七月 壬申 月犯昴星
달이 묘(昴) 성좌를 범하였다.
고려사 권47, 지1 [C]

숙종 2년(1097) 정축 8. 2. (계미)

/양 1097. 9. 10./

八月 癸未 流星出織女抵王良
유성(流星)이 직녀(織女) 성좌에서 나와 왕량
(王良) 성좌에 이르렀다.
고려사 권47, 지1 [R]

숙종 2년(1097) 정축 8. 26. (정미)

/양 1097. 10. 4./

八月 丁未 彗見氐房閒 光芒射天市垣
혜성이 저(氐) 성좌와 방(房) 성좌 사이에서 나타났는데
그 광채가 천시원(天市垣)까지 비치었다.
고려사 권11, 세가10 ; 고려사 권47, 지1 [H]

숙종 2년(1097) 정축 8. 26. (정미)

/양 1097. 10. 4./

八月 丁未 彗星見氐房閒
혜성이 저(氐) 성좌와 방(房) 성좌 사이에 나타났다.
고려사절요 권6 [H]

숙종 2년(1097) 정축 9. 17. (정묘)

/양 1097. 10. 24./

九月 丁卯 月犯昴星
달이 묘(昴) 성좌를 범하였다.
고려사 권47, 지1 [C]

숙종 3년(1098) 무인 6. 28. (을사)

/양 1098. 7. 29./

六月 乙巳 流星色赤 前大後小 出騰蛇抵營室
유성(流星)의 빛은 붉으며 앞부분은 크고 뒷부
분은 작은데, 등사(騰蛇) 성좌에서 나와 영실
(營室) 성좌에 이르렀다.
고려사 권47, 지1 [R]

숙종 3년(1098) 무인 11. 4. (무신)

/양 1098. 11. 29./

十一月 戊申 流星色赤 前大後小 出南河抵天囷
유성(流星)의 빛은 붉으며 앞부분은 크고 뒷부
분은 작은데, 남하(南河) 성좌에서 나와 천균
(天囷) 성좌에 이르렀다.
고려사 권47, 지1 [R]

숙종 3년(1098) 무인 12. 3. (정축)

/양 1098. 12. 28./

十二月 丁丑 太白熒惑會于危
금성[太白]과 화성[熒惑]이 위(危) 성좌에서 만났다.
고려사 권47, 지1 [E]

숙종 4년(1099) 기묘 4. 10. (임오)

/양 1099. 5. 2./

四月 壬午 白氣貫心星
흰 기운이 심(心) 성좌를 지나갔다.
고려사 권54, 지8 [S]

숙종 4년(1099) 기묘 4. 11. (계미)

/양 1099. 5. 3./

四月 癸未 經天
<흰 기운이> 남쪽하늘에서 보였다.
고려사 권54, 지8 [S]

숙종 4년(1099) 기묘 4. 15. (정해)

/양 1099. 5. 7./

四月 丁亥 月犯心大星
달이 심대성(心大星)을 범하였다.
고려사 권47, 지1 [C]

숙종 4년(1099) 기묘 8. 22. (임진)

/양 1099. 9. 9./

八月 壬辰 太白歲星晝見
금성[太白]과 목성[歲星]이 낮에 나타났다.
고려사 권47, 지1 [G]

숙종 4년(1099) 기묘 10. 17. (을묘)

/양 1099. 12. 1./

十月 乙卯 日有暈兩珥
햇무리가 있었으며 양쪽에 귀고리가 있었다.
고려사 권47, 지1 [O]

숙종 4년(1099) 기묘 11. 15. (계미)

/양 1099. 12. 29./

十一月 癸未 流星色白 前小後大 出張星抵天廟 大如桄
유성(流星)의 색이 희며 앞부분이 작고 뒷부분
이 큰데, 장(張) 성좌에서 나와 천묘(天廟) 성좌
에 이르렀고 크기는 도마(桄)만 하였다.
고려사 권47, 지1 [R]

숙종 4년(1099) 기묘 11. 27. (을미)

/양 1100. 1. 10./

十一月 乙未 熒惑守氐
화성[熒惑]이 저(氐) 성좌에서 떠나지 않았다.
고려사 권47, 지1 [F]

숙종 4년(1099) 기묘 12. 26. (계해)

/양 1100. 2. 7./

十二月 癸亥 夜白氣自西射昴
밤에 흰 기운이 서쪽에서부터 묘(昴) 성좌에
뻗쳤다.
고려사 권54, 지8 [S]

숙종 5년(1100) 경진 1. 10. (정축)

/양 1100. 2. 21./

正月 丁丑 熒惑入氐
화성[熒惑]이 저(氐) 성좌에 들어갔다.
고려사 권47, 지1 [F]

숙종 5년(1100) 경진 1. 10. (정축)

/양 1100. 2. 21./

正月 丁丑 日旁有珥色白
태양 곁에 귀고리가 있었는데 하얀 색이었다.
고려사 권47, 지1 [O]

숙종 5년(1100) 경진 4. 1. (정유)

/양 1100. 5. 11./

夏四月 丁酉朔 日食
일식이 있었다.
고려사 권11, 세가10 ; 고려사절요 권6 [A]

숙종 5년(1100) 경진 4. 1. (정유)

/양 1100. 5. 11./

四月 丁酉朔 日食
일식이 있었다.
고려사 권47, 지1 [A]

숙종 5년(1100) 경진 4. 24. (경신)

/양 1100. 6. 3./

四月 庚申 流星出翼長三尺許 隕于西南方
길이 3척쯤 되는 유성(流星)이 익(翼) 성좌에서
나와 서남쪽에 떨어졌다.
고려사 권47, 지1 [R]

숙종 5년(1100) 경진 7. 29. (갑오)

/양 1100. 9. 5./

七月 甲午 夜天狗墮乾方 聲如雷
밤에 천구(天狗)가 서북쪽에 떨어졌는데 소리가
우레와 같았다.
고려사 권47, 지1 [R]

숙종 5년(1100) 경진 10. 24. (정사)

/양 1100. 11. 27./

十月 丁巳 熒惑入壘壁陣
화성[熒惑]이 누벽진(壘壁陣) 성좌로 들어갔다.
고려사 권47, 지1 [F]

숙종 5년(1100) 경진 10. 29. (임술)

/양 1100. 12. 2./

十月 壬戌 流星出羽林入虛星 長五尺許色青赤
甚有光芒聲如雷
유성(流星)이 우림(羽林) 성좌에서 나와 허(虛) 성좌
로 들어갔는데 길이는 5척쯤 되었으며 빛은 청적색
(青赤色)이면서 매우 밝았고 소리는 뇌성과 같았다
고려사 권47, 지1 [R]

숙종 5년(1100) 경진 11. 7. (기사)

/양 1100. 12. 9./

十一月 己巳 太白入羽林
금성[太白]이 우림(羽林) 성좌로 들어갔다.
고려사 권47, 지1 [F]

숙종 6년(1101) 신사 1. 1. (임술)

/양 1101. 1. 31./

正月 壬戌朔 夜赤氣自北指西紛布漫天 白氣間作

良久乃散 占者曰遼宋有兵喪之災
밤에 붉은 기운이 북쪽으로부터 서쪽을 향하여 흩어져서 하늘에 퍼지고 흰 기운이 그 사이에서 뒤섞여 일어나 오래 있다가 흩어졌는데, 이에 점쟁이가 말하기를「요(遼), 송(宋) 두 나라 사이에 전쟁의 재앙이 있을 것이다」하였다.
고려사 권53, 지7 [S]

숙종 6년(1101) 신사 1. 28. (기축)

/양 1101. 2. 27./

正月 己丑 日暈
햇무리가 있었다.
고려사 권47, 지1 [O]

숙종 6년(1101) 신사 4. 1. (신묘)

/양 1101. 4. 30./

夏四月 辛卯朔 日食
일식이 있었다.
고려사 권11, 세가10 ; 고려사절요 권6 [A]

숙종 6년(1101) 신사 4. 1. (신묘)

/양 1101. 4. 30./

四月 辛卯朔 日食
일식이 있었다.
고려사 권47, 지1 [A]

숙종 6년(1101) 신사 4. 3. (계사)

/양 1101. 5. 2./

夏四月 癸巳 <御史臺>49)...又奏 司天卜正柳綠春
誤奏日食分刻 請論如法 從之
어사대에서 ... 또 아뢰기를「사천복정(司天卜正-司天臺의 종9품직) 유녹춘(柳綠春)이 일식의 시간을 잘못 아뢰었사오니 법대로 논죄(論罪)하기를 청합니다」라고 하니 왕이 이 제의를 좇았다.
고려사 권11, 세가10 [T]

숙종 6년(1101) 신사 4. 14. (갑진)

/양 1101. 5. 13./

四月 甲辰 月貫氐星
달이 저(氐) 성좌를 가로질렀다.
고려사 권47, 지1 [C]

숙종 6년(1101) 신사 5. 25. (을유)

---

49) 앞부분은 천문과 관련없는 문장이 있어서 생략함.

/양 1101. 6. 23./

五月 乙酉 太白歲星同舍
금성[太白]과 목성[歲星]이 같은 성좌에 있었다.
고려사 권47, 지1 [E]

숙종 6년(1101) 신사 7. 25. (갑신)

/양 1101. 8. 21./

七月 甲申 太白歲星同舍
금성[太白]과 목성[歲星]이 같은 성좌에 있었다.
고려사 권47, 지1 [E]

숙종 6년(1101) 신사 8. 3. (임진)

/양 1101. 8. 29./

八月 壬辰 太白犯軒轅
금성[太白]이 헌원(軒轅) 성좌를 범하였다.
고려사 권47, 지1 [F]

숙종 6년(1101) 신사 12. 8. (갑오)

/양 1101. 12. 29./

十二月 甲午 熒惑入氐星
화성[熒惑]이 저(氐) 성좌에 들어갔다.
고려사 권47, 지1 [F]

숙종 6년(1101) 신사 12. 14. (경자)

/양 1102. 1. 4./

十二月 庚子 鎭星犯鍵關
토성[鎭星]이 건관성(鍵關星)을 범하였다.
고려사 권47, 지1 [F]

숙종 6년(1101) 신사 12. 19. (을사)

/양 1102. 1. 9./

十二月 乙巳 歲星犯軒轅大星
목성[歲星]이 헌원대성(軒轅大星)을 범하였다.
고려사 권47, 지1 [F]

숙종 7년(1102) 임오 6. 4. (무자)

/양 1102. 6. 21./

六月 戊子 太白犯歲星
금성[太白]이 목성[歲星]을 범하였다.
고려사 권47, 지1 [D]

숙종 7년(1102) 임오 6. 11. (을미)

/양 1102. 6. 28./

六月 乙未 月入房上相

달이 방(房) 성좌의 상상성(上相星, 제일 위쪽에 있는 별)에 들어갔다.
고려사 권47, 지1 [C]

숙종 7년(1102) 임오 6. - (-)

/양 1102. 7. - /

是月 熒惑留守箕
이달(6월)에 화성[熒惑]이 기(箕) 성좌에 머물러서 떠나지 않았다.
고려사 권47, 지1 [F]

숙종 7년(1102) 임오 9. 9. (신묘)

/양 1102. 10. 22./

九月 辛卯 歲星入大微
목성[歲星]이 태미원[大微]에 들어갔다.
고려사 권47, 지1 [F]

숙종 7년(1102) 임오 9. 15. (정유)

/양 1102. 10. 28./

九月 丁酉 熒惑犯疊壁陣西星
화성[熒惑]이 누벽진(疊壁陣) 성좌의 서쪽 별을 범하였다.
고려사 권47, 지1 [F]

숙종 7년(1102) 임오 10. - (-)

/양 1102. 11. - /

十月 熒惑犯疊壁陣 行羽林三十餘日
화성[熒惑]이 누벽진(疊壁陣) 성좌를 범하고 우림(羽林) 성좌로 가는데 30여일이 걸렸다.
고려사 권47, 지1 [F]

숙종 7년(1102) 임오 10. 24. (을해)

/양 1102. 12. 5./

十月 乙亥 日東北有靑赤虹
태양 동북북에 청적색의 무지개가 있었다.
고려사 권47, 지1 [O]

숙종 7년(1102) 임오 10. 29. (경진)

/양 1102. 12. 10./

十月 庚辰 日有兩珥
태양의 양쪽에 귀고리가 있었다.
고려사 권47, 지1 [O]

숙종 7년(1102) 임오 12. 17. (정묘)

/양 1103. 1. 26./

十二月 丁卯 月暈素氣如輪 貫北斗
달무리가 있었는데, 그 흰 기운이 수레바퀴 모양으로 되었으며 이것이 북두(北斗) 성좌를 가로질러 갔다.
고려사 권47, 지1 [P]

숙종 7년(1102) 임오 12. 25. (을해)

/양 1103. 2. 3./

十二月 乙亥 赤虹貫日
붉은 무지개가 태양을 가로질렀다.
고려사 권11, 세가11 ; 고려사 권47, 지1 [O]

숙종 8년(1103) 계미 4. 9. (정사)

/양 1103. 5. 16./

夏四月 丁巳 赤虹犯日
붉은 무지개가 태양을 범하였다.
고려사 권12, 세가12 [O]

숙종 8년(1103) 계미 4. 9. (정사)

/양 1103. 5. 16./

四月 丁巳 赤虹犯日
붉은 무지개가 태양을 범하였다.
고려사 권47, 지1 [O]

숙종 8년(1103) 계미 8. 5. (신해)

/양 1103. 9. 7./

八月 辛亥 流星一出北極入天津 大如炬尾長三丈許 一出內諸侯入上台大如梡尾長一丈許 一出王良入文昌大如木瓜 又小星百餘流行
유성(流星)들이 있었는데 그 하나는 북극(北極) 성좌에서 나와 천진(天津) 성좌로 들어갔으며 크기는 횃불[炬]과 같았고 꼬리의 길이는 세 장(丈)쯤 되었다. 하나는 내제후(內諸侯) 성좌에서 나와 상태(上台) 성좌로 들어갔는데, 크기는 주발[梡]만 하였으며 꼬리의 길이는 한 장(丈)쯤 되었다. 다른 하나의 <유성은> 왕량(汪良) 성좌에서 나와 문창(文昌) 성좌로 들어갔는데, 크기는 모과(木瓜)만 하였다. 또 작은 별 100여개가 흘러 갔다.
고려사 권47, 지1 [R]

숙종 8년(1103) 계미 10. 29. (을해)

/양 1103. 11. 30./

十月 乙亥 熒惑犯氐西南星
화성[熒惑]이 저(氐) 성좌의 서남쪽에 있는 별을

범하였다.
고려사 권47, 지1 [F]

숙종 8년(1103) 계미 11. 6. (임오)

/양 1103. 12. 7./

十一月 壬午 月犯壘壁陣
달이 누벽진(壘壁陣) 성좌를 범하였다.
고려사 권47, 지1 [C]

숙종 8년(1103) 계미 11. 19. (을미)

/양 1103. 12. 20./

十一月 乙未 太白犯羽林
금성[太白]이 우림(羽林) 성좌를 범하였다.
고려사 권47, 지1 [F]

숙종 8년(1103) 계미 11. 29. (을사)

/양 1103. 12. 30./

十一月 乙巳 熒惑犯鉤鈐
화성[熒惑]이 구검(鉤鈐) 성좌를 범하였다.
고려사 권47, 지1 [F]

숙종 8년(1103) 계미 12. 5. (경술)

/양 1104. 1. 4./

十二月 庚戌 月犯壘壁陣
달이 누벽진(壘壁陣) 성좌를 범하였다.
고려사 권47, 지1 [C]

숙종 8년(1103) 계미 12. 21. (병인)

/양 1104. 1. 20./

十二月 丙寅 月犯歲星
달이 목성[歲星]을 범하였다.
고려사 권47, 지1 [C]

숙종 9년(1104) 갑신 1. 9. (갑신)

/양 1104. 2. 7./

正月 甲申 夜赤氣見于東南 長十餘丈
밤에 붉은 기운이 동남쪽에 나타났는데, 그 길이가 10여 장(丈)이었다.
고려사 권53, 지7 [S]

숙종 9년(1104) 갑신 1. 23. (무술)

/양 1104. 2. 21./

正月 戊戌 赤氣見東方
붉은 기운이 동쪽에 나타났다.

고려사 권53, 지7 [S]

숙종 9년(1104) 갑신 2. 2. (병오)

/양 1104. 2. 29./

二月 丙午 日有暈
햇무리가 있었다.
고려사 권47, 지1 [O]

숙종 9년(1104) 갑신 2. 19. (계해)

/양 1104. 3. 17./

二月 癸亥 太白犯昴星
금성[太白]이 묘(昴) 성좌를 범하였다.
고려사 권47, 지1 [F]

숙종 9년(1104) 갑신 3. 3. (병자)

/양 1104. 3. 30./

三月 丙子 西北方有聲如雷
서북쪽에서 소리가 났는데 우레 소리와 같았다.
고려사 권53, 지7 [L]

숙종 9년(1104) 갑신 10. 25. (을축)

/양 1104. 11. 14./

十月 乙丑 太白歲星同舍于氐
금성[太白]과 목성[歲星]이 저(氐) 성좌에 함께 있었다.
고려사 권47, 지1 [E]

숙종 9년(1104) 갑신 11. 22. (임진)

/양 1104. 12. 11./

十一月 壬辰 太白歲星同舍于尾
금성[太白]과 목성[歲星]이 미(尾) 성좌에 함께 있었다.
고려사 권47, 지1 [E]

숙종 10년(1105) 을유 1. 2. (신미)

/양 1105. 1. 19./

正月 辛未 夜赤白氣見于東南 至曉乃滅
밤에 적백색(赤白色) 기운이 동남쪽에 나타났다가 새벽에 이르러서야 없어졌다.
고려사 권53, 지7 [S]

숙종 10년(1105) 을유 1. 21. (경인)

/양 1105. 2. 7./

正月 庚寅 日正中無光 而重暈有珥

태양의 한가운데가 광채가 없고 2중의 햇무리와 귀고리가 있었다.
고려사 권47, 지1 [O] [M]

숙종 10년(1105) 을유 1. 23. (임진)

/양 1105. 2. 9./

正月 壬辰 歲星犯房上相
목성[歲星]이 방(房) 성좌의 상상성(上相星)을 범하였다.
고려사 권47, 지1 [F]

숙종 10년(1105) 을유 2. 1. (경자)

/양 1105. 2. 17./

二月 庚子朔 夜有光發于乾巽方 如月始出
밤에 빛이 서북쪽과 동남쪽에서 나타났는데 달이 떠오르는 것 같았다.
고려사 권53, 지7 [S]

숙종 10년(1105) 을유 2. 8. (정미)

/양 1105. 2. 24./

二月 丁未 黃赤氣發自東咸貫帝座50)南 長三丈許
황적색(黃赤色) 기운이 동함(東咸) 성좌에서 나타나 제좌성(帝座星) 남쪽까지 뻗었는데 그 길이가 3장(丈)가량 되었다.
고려사 권55, 지9 [S]

숙종 10년(1105) 을유 6. 5. (경오)

/양 1105. 7. 17./

六月 庚午 初夜 流星出紫微垣中入郎位 色赤圓 徑五寸許 尾長一丈 二更出天津入天市色白 尾長二丈 五更出河鼓入南斗魁 色赤大如雞子
초저녁에 유성(流星)이 자미원(紫微垣)안에서 나와 낭위(郎位) 성좌로 들어갔는데 빛은 붉었고 직경이 5촌쯤 되었으며 꼬리의 길이는 한 장(丈)이 되었다. 밤 2경(更)에는 천진(天津) 성좌에서 나와 천시원(天市垣)으로 들어갔는데 흰 빛이었으며 꼬리의 길이는 두 장(丈)쯤 되었다. 5경(밤시간대의 하나)에는 <유성이> 하고(河鼓)성좌에서 나와 남두괴(南斗魁)로 들어갔는데 빛은 붉었고 크기는 계란만 하였다.
고려사 권47, 지1 [R]

숙종 10년(1105) 을유 9. 6. (경자)

/양 1105. 10. 15./

九月 庚子 流星出五車入騰蛇 大如桄長一丈許
유성(流星)이 오거(五車) 성좌에서 나와 등사(騰蛇) 성좌로 들어갔는데 크기는 도마[桄]만 하였고 길이는 한 장(丈)쯤 되었다.
고려사 권47, 지1 [R]

숙종 10년(1105) 을유 9. 7. (신축)

/양 1105. 10. 16./

九月 辛丑 一出北斗魁入郎將 色靑徑五寸許尾長一丈許 一出中台入郎將 色赤大如炬尾長一丈許 一出北河入北極 色赤大如炬尾長一丈半
유성(流星)이 나타났다. 그 중 하나는 북두괴(北斗魁)에서 나와 낭장성(郎將星)으로 들어갔는데 빛은 청색(靑色)이었고 직경은 5촌쯤 되었으며 꼬리의 길이는 한 장(丈)쯤 되었다. 하나는 중태(中台) 성좌에서 나와 낭장성(郎將星)으로 들어갔는데 붉은 빛이었고 크기는 횃불[炬]과 같았으며 꼬리의 길이는 한 장(丈)쯤 되였다. 또 다른 하나는 북하(北河) 성좌에서 나와 북극(北極) 성좌로 들어갔는데 붉은 빛이었고 크기는 횃불[炬]만 하였으며 꼬리의 길이는 한 장(丈) 반 쯤 되었다.
고려사 권47, 지1 [R]

숙종 10년(1105) 을유 9. 21. (을묘)

/양 1105. 10. 30./

九月 乙卯 白氣漫天
흰 기운이 하늘에 가득 찼다.
고려사 권54, 지8 [S]

숙종 10년(1105) 을유 9. 24. (무오)

/양 1105. 11. 2./

九月 戊午 夜 太白下陽道51)行南斗度
밤에 금성[太白]이 양도(陽道) 아래에있으며 남두(南斗) 성좌에서 운행하였다.
고려사 권47, 지1 [F]

숙종 10년(1105) 을유 9. 27. (신유)

/양 1105. 11. 5./

九月 辛酉 食南斗魁第四星
<금성[太白]이> 남두괴(南頭魁)의 제4성을 가렸다.
고려사 권47, 지1 [F]

숙종 10년(1105) 을유 9. 28. (임술)

/양 1105. 11. 6./

---

50) 帝座(제좌): 제좌성-1임.

51) 陽道(양도): 황도의 남쪽 길.

九月 壬戌 入魁中
<금성[太白]이 남두의> 괴(魁)로 들어갔다.
고려사 권47, 지1 [R]

숙종 10년(1105) 을유 11. 11. (을사)

/양 1105. 12. 19./

十二年52) 十一月 乙巳 太白光芒大而赤 至十餘日
금성[太白]이 광채가 크고 붉었는데 10여 일이
나 계속되었다.
고려사 권47, 지1 [Q]

숙종 10년(1105) 을유 11. 20. (갑인)

/양 1105. 12. 28./

十一月 甲寅 流星出上台入北極 大如炬尾 長一丈許
유성(流星)이 상태(上台) 성좌에서 나와 북극 성좌
로 들어갔는데 크기는 횃불[炬]만 하였으며 길이
는 한 장(丈)쯤 되었다.
고려사 권47, 지1 [R]

숙종 10년(1105) 을유 12. 1. (갑자)

/양 1106. 1. 7./

十二月 甲子 歲星犯熒惑
목성[歲星]이 화성[熒惑]을 범하였다.
고려사 권47, 지1 [D]

숙종 10년(1105) 을유 12. 4. (정묘)

/양 1106. 1. 10./

十二月 丁卯 流星出翼東入大陵狀 如雞子
유성(流星)이 익(翼) 성좌 동쪽에서 나와 대릉(大陵)
성좌로 들어갔는데 그 형태는 계란과 같았다.
고려사 권47, 지1 [R]

숙종 10년(1105) 을유 12. 5. (무진)

/양 1106. 1. 11./

十二月 戊辰 太白晝見經天
금성[太白]이 낮에 나타나 남쪽하늘에서 보였다.
고려사 권12, 세가12 ; 고려사절요 권7 [G]

숙종 10년(1105) 을유 12. 5. (무진)

/양 1106. 1. 11./

十二月 戊辰 太白晝見經天 月犯疊

---

52) 원문 오류. 숙종은 10년 재위하였으므로, 고려사 권47의 숙종
12년은 10년의 오류임. 고려사 권47에는 숙종 10년 11월과
12월 자료가 모두 12년 자료로 되어있음.

금성[太白]이 낮에 나타나 남쪽하늘에서 보였다.
달이 누(疊) 성좌를 범하였다
고려사 권47, 지1 [G] [C]

숙종 10년(1105) 을유 12. 8. (신미)

/양 1106. 1. 14./

十二月 辛未 月犯天囷
달이 천균(天囷) 성좌에 들어갔다.
고려사 권47, 지1 [C]

숙종 10년(1105) 을유 12. 10. (계유)

/양 1106. 1. 16./

十二月 癸酉 月食畢大星
달이 필대성(畢大星)을 가렸다.
고려사 권47, 지1 [C]

숙종 10년(1105) 을유 12. 12. (을해)

/양 1106. 1. 18./

十二月 乙亥 月重暈青赤 無光
청적색(青赤色)의 2중 달무리가 있었고, 달빛이
없었다.
고려사 권47, 지1 [N] [P]

숙종 10년(1105) 을유 12. 15. (무인)

/양 1106. 1. 21./

十二月 戊寅 月食 月犯輿鬼 鎭星犯氏
월식이 있었다. 달이 여귀(輿鬼) 성좌를 범하였다.
토성[鎭星]이 저(氏) 성좌를 범하였다.
고려사 권47, 지1 [B] [C] [F]

16. 예종(1106 ～ 1122)

예종 1년(1106) 병술 1. 4. (정유)

/양 1106. 2. 9./

春正月 丁酉 彗見于西南月餘乃滅
혜성이 서남쪽에 나타났다가 한 달이 넘어서야
사라졌다.
고려사 권12, 세가12 [H]

예종 1년(1106) 병술 1. 4. (정유)

/양 1106. 2. 9./

正月 丁酉 彗見于西南長十尺許 月餘乃滅

혜성이 서남쪽에 나타났는데 길이는 10척정도
되었으며 한달여를 있다가 사라졌다.
고려사 권47, 지1 ; 고려사절요 권7 [H]

예종 1년(1106) 병술 3. 3. (을미)

/양 1106. 4. 8./

三月 乙未 月入畢星
달이 필(畢) 성좌로 들어갔다.
고려사 권47, 지1 [C]

예종 1년(1106) 병술 3. 4. (병신)

/양 1106. 4. 9./

三月 丙申 白虹貫日
흰 무지개가 태양을 가로질렀다
고려사 권12, 세가12 [O]

예종 1년(1106) 병술 3. 4. (병신)

/양 1106. 4. 9./

三月 丙申 日有重暈 白虹貫之
태양에 2중의 햇무리가 있었으며 흰무지개가
그것을 가로질렀다.
고려사 권47, 지1 [O]

예종 1년(1106) 병술 3. 8. (경자)

/양 1106. 4. 13./

三月 庚子 月食
월식이 있었다.
고려사 권47, 지1 [B]

예종 1년(1106) 병술 3. 15. (정미)

/양 1106. 4. 20./

三月 丁未 熒惑入羽林
화성[熒惑]이 우림(羽林) 성좌로 들어갔다.
고려사 권47, 지1 [F]

예종 1년(1106) 병술 6. 24. (갑신)

/양 1106. 7. 26./

六月 甲申 流星出王良入營室 長二丈許
유성(流星)이 왕량(王良) 성좌에서 나와 영실
(營室) 성좌로 들어갔는데 길이는 두 장(丈) 정
도 되었다.
고려사 권47, 지1 [R]

예종 1년(1106) 병술 6. 25. (을유)

/양 1106. 7. 27./

六月 乙酉 枉矢53)飛行 見者皆驚譟 流星出天津入
宗人 大如杯尾長二丈許 又二流星出虛 入九坎 大
如雞子 又自昏至曉 衆星流四方
유성[枉矢]이 날아갔는데 이것을 본 사람들이 모두
놀래어 떠들었다. 같은 날에 유성(流星)이 천진(天
津) 성좌에서 나와 종인(宗人) 성좌로 들어갔는데
크기는 술잔만 하였고 꼬리의 길이는 두 장(丈)이
나 되었다. 또 두 개의 유성(流星)이 허(虛) 성좌에
서 나와 구감(九坎) 성좌로 들어갔는데 크기가 계
란[雞子]만 하였다. 또 저녁부터 새벽까지 여러 별
(衆星)이 사방으로 흘러 갔다.
고려사 권47, 지1 [R]

예종 1년(1106) 병술 7. 8. (정유)

/양 1106. 8. 8./

六月54) 丁酉 熒惑入天廩
화성[熒惑]이 천름(天廩) 성좌로 들어갔다.
고려사 권47, 지1 [F]

예종 1년(1106) 병술 7. 24. (계축)

/양 1106. 8. 24./

六月55) 癸丑 流星出王良入營室 大如雞子 長二丈許
유성(流星)이 왕량(王良) 성좌에서 나와 영실(營
室) 성좌 (=실(室) 성좌)로 들어갔는데 크기는 계
란[雞子]만 하였으며 길이는 두 장(丈)쯤 되었다.
고려사 권47, 지1 [R]

예종 1년(1106) 병술 9. 7. (을미)

/양 1106. 10. 5./

九月 乙未 月犯畢 又有流星出上台入郞將 大如雞
子 長二丈許
달이 필(畢) 성좌를 범하였다. 유성(流星)이 상태
(上台) 성좌에서 나와 낭장(郞將) 성좌로 들어갔는
데 크기는 계란[雞子]만 하였으며 길이는 두 장
(丈)쯤 되었다.
고려사 권47, 지1 [C] [R]

예종 1년(1106) 병술 9. 11. (기해)

/양 1106. 10. 9./

九月 己亥 流星出豺狼56)入天苑

---

53) 枉矢(왕시): 유성의 일종
54) 일진의 흐름으로 볼 때 7월임.
55) 일진의 흐름으로 볼 때 7월임.
56) 豺狼(시랑): 어느 별인지 확실하지가 않음. 랑(狼)성으로 보기
　　도 함.

유성(流星)이 시랑성(豺狼星)에서 나와 천원(天苑)
성좌로 들어갔다.
고려사 권47, 지1 [R]

예종 1년(1106) 병술 9. 18. (병오)

/양 1106. 10. 16./

九月 丙午 月入畢星
달이 필(畢) 성좌로 들어갔다.
고려사 권47, 지1 [C]

예종 1년(1106) 병술 11. 7. (갑오)

/양 1106. 12. 3./

十一月 甲午 有暈
햇무리가 있었다.
고려사 권47, 지1 [O]

예종 1년(1106) 병술 12. 1. (무오)

/양 1106. 12. 27./

十二月 戊午朔 日食
일식이 있었다.
고려사 권12, 세가12 ; 고려사 권47, 지1 ;
고려사절요 권7 [A]

예종 1년(1106) 병술 12. 12. (기사)

/양 1107. 1. 7./

十二月 己巳 彗星見
혜성이 나타났다.
고려사 권12, 세가12 ; 고려사절요 권7 [H]

예종 1년(1106) 병술 12. 12. (기사)

/양 1107. 1. 7./

十一月57) 己巳 彗星見
혜성이 나타났다
고려사 권47, 지1 [H]

예종 1년(1106) 병술 12. 23. (경진)

/양 1107. 1. 18./

十二月 庚辰 有氣如烟生 于神鳳門上鴟吻數日
연기와 같은 기운이 생겨서 신봉문(神鳳門) 위
의 망새[鴟吻]58)에서 수일간 있었다.
고려사 권54, 지8 [S]

예종 1년(1106) 병술 12. 26. (계미)

/양 1107. 1. 21./

十一月59)…癸未 月入輿鬼
달이 여귀(輿鬼) 성좌에 들어갔다.
고려사 권47, 지1 [C]

예종 1년(1106) 병술 12. 30. (정해)

/양 1107. 1. 25./

十一月60) 丁亥 流星出危入壘璧羽林 大如椀
유성(流星)이 위(危) 성좌에서 나와 누벽진[壘璧]
성좌와 우림(羽林) 성좌로 들어갔는데 크기는 주발
[椀]만 하였다.
고려사 권47, 지1 [R]

예종 2년(1107) 정해 1. 10. (정유)

/양 1107. 2. 4./

正月 丁酉 流星出宦者歷大微東入屛星 大如雞子
長二尺許
유성(流星)이 환자(宦者) 성좌에서 나와 태미원
[大微]의 동쪽을 지나 병(屛) 성좌로 들어갔는데
크기는 계란만 하였고 길이는 두 척쯤 되었다.
고려사 권47, 지1 [R]

예종 2년(1107) 정해 1. 14. (신축)

/양 1107. 2. 8./

正月 辛丑 歲星鎭星聚于南斗
목성[歲星]과 토성[鎭星]이 남두(南斗) 성좌를
범하였다.
고려사 권47, 지1 [E]

예종 2년(1107) 정해 5. 20. (을사)

/양 1107. 6. 12./

五月 乙巳 月入羽林
달이 우림(羽林) 성좌에 들어갔다.
고려사 권47, 지1 [C]

예종 2년(1107) 정해 10. 21. (계유)

/양 1107. 11. 7./

十月 癸酉 月犯輿鬼北星
달이 여귀(輿鬼) 성좌의 북쪽 별을 범하였다.
고려사 권47, 지1 [C]

---

57) 고려사 권12와 고려사절요 권7에는 12월 기사로 되어있으며,
    11월에 기사일이 없으므로, 12월 기사일이 맞음.
58) 鴟吻(치문): 망새. 전각(殿閣), 문루(門樓) 따위 전통 건물의 용
    마루 양쪽 끝머리에 얹는 장식 기와.

---

59) 일진의 배열로 볼 때 12월이 맞음. 11월이 오류임.
60) 일진의 배열로 볼 때 12월이 맞음. 11월이 오류임.

예종 2년(1107) 정해 10. 24. (병자)

/양 1107. 11. 10./

十月 丙子 犯大微內屛西南星
<달이> 태미원[大微]내에 있는 병(屛) 성좌의
서남쪽별을 범하였다.
고려사 권47, 지1 [C]

예종 2년(1107) 정해 10. 25. (정축)

/양 1107. 11. 11./

十月 丁丑 入天庭出東華門[61]貫大微
<달이> 천정(天庭)으로 들어가서 동화문(東華門)으
로 나와서 태미원[大微]을 가로질렀다.
고려사 권47, 지1 [C]

예종 2년(1107) 정해 10. 28. (경진)

/양 1107. 11. 14./

十月 庚辰 又入氐星
또 <달이> 저(氐) 성좌로 들어갔다.
고려사 권47, 지1 [C]

예종 2년(1107) 정해 윤10. 7. (기축)

/양 1107. 11. 23./

閏月[62] 己丑 月行羽林中 又流星出井入軍市 大如
椀尾長五尺許
달이 우림(羽林) 성좌를 지나갔다. 유성(流星)이 정(井)
성좌에서 군시(軍市) 성좌에 들어갔는데 크기는 주발[椀]
만 하였고 꼬리의 길이는 5척쯤 되었다.
고려사 권47, 지1 [C] [R]

예종 2년(1107) 정해 윤10 10. (임진)

/양 1107. 11. 26./

閏月[63] 壬辰 太白守氐
금성[太白]이 저(氐) 성좌에서 떠나지 않았다.
고려사 권47, 지1 [F]

예종 2년(1107) 정해 11. 1. (임자)

/양 1107. 12. 16./

十一月 壬子朔 冬至日食
동짓날에 일식이 있었다.
고려사 권12, 세가12 ; 고려사절요 권7 [A]

---

61) 東華門(동화문): 태미원의 한 구역의 이름이며 성좌의 명칭은
   아님.
62) 윤10월임.
63) 윤10월임.

예종 2년(1107) 정해 11. 15. (병인)

/양 1107. 12. 30./

十一月 丙寅 月食
월식이 있었다.
고려사 권47, 지1 [B]

예종 2년(1107) 정해 12. 14. (을미)

/양 1108. 1. 28./

十二月 乙未 月犯輿鬼
달이 여귀(輿鬼) 성좌를 범하였다.
고려사 권47, 지1 [C]

예종 2년(1107) 정해 12. 20. (신축)

/양 1108. 2. 3./

十二月 辛丑 南北有靑白氣 西方有赤氣
남쪽과 북쪽에 청백색(靑白色) 기운이 있었고
서쪽에는 적색 기운이 있었다.
고려사 권54, 지8 [S]

예종 2년(1107) 정해 12. 21. (임인)

/양 1108. 2. 4./

十二月 壬寅 流星出軒轅道中台入文昌 大如雞子
유성(流星)이 헌원(軒轅) 성좌에서 나와 중태(中台)
성좌를 지나 문창(文昌) 성좌로 들어갔는데 그 크
기는 계란만 하였다.
고려사 권47, 지1 [R]

예종 2년(1107) 정해 12. 22. (계묘)

/양 1108. 2. 5./

十二月 癸卯 月入氐星
달이 저(氐) 성좌로 들어갔다.
고려사 권47, 지1 [C]

예종 2년(1107) 정해 12. 25. (병오)

/양 1108. 2. 8./

十二月 丙午 流星出華盖入天一 大如雞子尾長一
丈許
유성(流星)이 화개(華盖) 성좌에서 나와 천일성
(天一星)으로 들어갔는데 크기는 계란만 하였고
꼬리의 길이는 한 장(丈)쯤 되었다.
고려사 권47, 지1 [R]

예종 3년(1108) 무자 4. 21. (신축)

/양 1108. 6. 2./

四月 辛丑 月入羽林
달이 우림(羽林) 성좌로 들어갔다.
고려사 권47, 지1 [C]

예종 3년(1108) 무자 4. 29. (기유)

/양 1108. 6. 10./

四月 己酉 太史奏自三月以來 歲星入行羽林內
熒惑鎭星越舍乍在南行陽道
태사가 보고하기를 「3월부터 현재까지 목성[歲星]이
우림(羽林) 성좌내에서 운행하였으며 화성[熒惑]과 토
성[鎭星]이 남쪽에서 다른 성좌로 넘어 가면서 잠시
양도(陽道)를 운행합니다」 라고 하였다.
고려사 권47, 지1 [F]

예종 3년(1108) 무자 10. 2. (무인)

/양 1108. 11. 6./

十月 戊寅 月犯羽林
달이 우림(羽林) 성좌를 범하였다.
고려사 권47, 지1 [C]

예종 3년(1108) 무자 10. 9. (을유)

/양 1108. 11. 13./

十月 乙酉 月入羽林
달이 우림(羽林) 성좌로 들어갔다.
고려사 권47, 지1 [C]

예종 4년(1109) 기축 3. 22. (병인)

/양 1109. 4. 23./

三月 丙寅 月犯軒轅
달이 헌원(軒轅) 성좌를 범하였다.
고려사 권47, 지1 [C]

예종 4년(1109) 기축 4. 5. (기묘)

/양 1109. 5. 6./

四月 己卯 日色赤 而無光動搖
태양의 색이 붉으면서 빛이 없고 흔들렸다.
고려사 권13, 세가13 ; 고려사 권47, 지1 [M]

예종 4년(1109) 기축 4. 6. (경진)

/양 1109. 5. 7./

四月 庚辰 月入輿鬼
달이 여귀(輿鬼) 성좌로 들어갔다.
고려사 권47, 지1 [C]

예종 4년(1109) 기축 4. 7. (신사)

/양 1109. 5. 8./

四月 辛巳 衆星無光
여러 별들의 빛이 약하였다.
고려사 권47, 지1 [Q]

예종 4년(1109) 기축 4. 12. (병술)

/양 1109. 5. 13./

四月 丙戌 彌勒寺功臣堂屋上 赤氣衝天久 而變黃黑
向東而滅
미륵사(彌勒寺) 공신당(功臣堂) 지붕 위에 붉은
기운이 나타나 오랫동안 닿았다가 황흑색으로
변하여 동쪽으로 향해 가면서 없어졌다.
고려사 권53, 지7 [S]

예종 4년(1109) 기축 5. 4. (무신)

/양 1109. 6. 4./

五月 戊申 月犯軒轅
달이 헌원(軒轅) 성좌를 범하였다.
고려사 권47, 지1 [C]

예종 4년(1109) 기축 5. 5. (기유)

/양 1109. 6. 5./

五月 己酉 流星出貫索入亢 大如盃
유성(流星)이 관색(貫索) 성좌에서 나와 항(亢)
성좌로 들어갔는데 크기는 술잔(盃)만 하였다.
고려사 권47, 지1 [R]

예종 4년(1109) 기축 5. 11. (을묘)

/양 1109. 6. 11./

五月 乙卯 夜白氣如匹練 橫亘坤艮良久指巽 而滅
밤에 비단필 같은 흰 기운이 동북쪽과 서남쪽
사이에 가로 펴졌더니 오래 동안 동남쪽을 향
하여 가다가 없어졌다.
고려사 권54, 지8 [S]

예종 4년(1109) 기축 7. 13. (병진)

/양 1109. 8. 11./

七月 丙辰 月入羽林
달이 우림(羽林) 성좌에 들어갔다.
고려사 권47, 지1 [C]

예종 4년(1109) 기축 10. 14. (병술)

/양 1109. 11. 8./

十月 丙戌 月食

월식이 있었다.
고려사 권47, 지1 [B]

예종 4년(1109) 기축 11. 5. (을사)

/양 1109. 11. 28./

十一月 乙巳 月入羽林
달이 우림(羽林) 성좌에 들어갔다.
고려사 권47, 지1 [C]

예종 4년(1109) 기축 11. 20. (경신)

/양 1109. 12. 13./

十一月 庚申 犯軒轅夫人
<달이> 헌원부인성(軒轅夫人星)을 범하였다.
고려사 권47, 지1 [C]

예종 4년(1109) 기축 12. 18. (무자)

/양 1110. 1. 10./

十二月 戊子 月犯軒轅夫人
달이 헌원부인성(軒轅夫人星)을 범하였다.
고려사 권47, 지1 [C]

예종 4년(1109) 기축 12. 23. (계사)

/양 1110. 1. 15./

十二月 癸巳 月入氐星
달이 저(氐) 성좌로 들어갔다.
고려사 권47, 지1 [C]

예종 5년(1110) 경인 1. 10. (기유)

/양 1110. 1. 31./

正月 己酉 流星出貫索入天市內宗人 狀如雞子
유성(流星)이 관색(貫索) 성좌에서 나와 천시원(天市垣)의 종인(宗人) 성좌로 들어갔는데 그 형태는 계란과 같았다.
고려사 권47, 지1 [R]

예종 5년(1110) 경인 3. 3. (신축)

/양 1110. 3. 24./

三月 辛丑 流星出梗河入天倉 大如雞子
유성(流星)이 경하(梗河) 성좌에서 나와 천창(天倉) 성좌로 들어갔는데 크기는 계란만 하였다.
고려사 권47, 지1 [R]

예종 5년(1110) 경인 3. 11. (기유)

/양 1110. 4. 1./

三月 己酉 夜素氣坤艮相衝經天 如布匹 至夜央乃滅
밤에 흰 기운이 서남쪽과 동북쪽에서 서로 마주쳐서 하늘을 가로질렀는데, 마치 베를 펼쳐놓은 것과 같았고, 한밤이 되어서야 없어졌다.
고려사 권54, 지8 [S]

예종 5년(1110) 경인 3. 17. (을묘)

/양 1110. 4. 7./

三月 乙卯 日色如血無光
태양빛이 핏빛 같았고 광채가 없었다.
고려사 권12, 세가13 ; 고려사 권47, 지1 [M]

예종 5년(1110) 경인 3. 29. (정묘)

/양 1110. 4. 19./

三月 丁卯 流星犯天市垣內車肆入列肆 大如杯長九尺許
유성(流星)이 천시원(天市垣) 안에 있는 거사(車肆) 성좌를 범하였다가 열사(列肆) 성좌에 들어갔는데 크기는 술잔만 하였고 길이는 9척쯤 되었다.
고려사 권47, 지1 [R]

예종 5년(1110) 경인 5. 6. (갑진)

/양 1110. 5. 26./

五月 甲辰 鎭星入守壘壁陣羽林
토성[鎭星]이 누벽진(壘壁陣) 성좌와 우림(羽林) 성좌에 들어가 그 자리를 떠나지 않았다.
고려사 권47, 지1 [F]

예종 5년(1110) 경인 5. 11. (기유)

/양 1110. 5. 31./

五月 己酉 彗星入紫微
혜성이 자미원(紫微垣)에 들어갔다.
고려사 권13, 세가13 ; 고려사 권47, 지1 [H]

예종 5년(1110) 경인 5. 17. (을묘)

/양 1110. 6. 6./

五月 乙卯 彗星見凡九日
혜성이 나타나서 9일 동안이나 계속되었다.
고려사 권13, 세가13 [H]

예종 5년(1110) 경인 5. 17. (을묘)

/양 1110. 6. 6./

五月 乙卯 夜二更彗星發天將軍閣道星閒 至曉乃滅
밤 2경(更)에 혜성이 천장군(天將軍) 성좌와 각

도(閣道) 성좌 사이에서 나타났는데 새벽에 이르러 사라졌다.
고려사 권47, 지1 [H]

예종 5년(1110) 경인 5. 19. (정사)

/양 1110. 6. 8./

五月 丁巳 夜彗星發路策星
밤에 혜성이 책성(策星)의 곁에 나타났다.
고려사 권47, 지1 [H]

예종 5년(1110) 경인 5. 20. (무오)

/양 1110. 6. 9./

五月 戊午 夜發于王良星西北
밤에는 <혜성이> 왕량(王良) 성좌 서북쪽에 나타났다.
고려사 권47, 지1 [H]

예종 5년(1110) 경인 5. 21. (기미)

/양 1110. 6. 10./

五月 己未 夜發盖傳舍間
밤에 <혜성이> 화개(華盖) 성좌와 전사(傳舍) 성좌 사이에 나타났다.
고려사 권47, 지1 [H]

예종 5년(1110) 경인 5. 22. (경신)

/양 1110. 6. 11./

五月 庚申 夜發華盖中
밤에 <혜성이> 화개(華盖) 성좌 안에 나타났다.
고려사 권47, 지1 [H]

예종 5년(1110) 경인 5. 23. (신유)

/양 1110. 6. 12./

五月 辛酉 發華盖下六甲星北
밤에 <혜성이> 화개(華盖) 성좌 아래 육갑(六甲) 성좌 북쪽에 나타났다.
고려사 권47, 지1 [H]

예종 5년(1110) 경인 5. 25. (계해)

/양 1110. 6. 14./

五月 癸亥 夜行女御宮星內
밤에 <혜성이> 여어궁(女御宮) 성좌 안으로 갔다.
고려사 권47, 지1 [H]

예종 5년(1110) 경인 5. 29. (정묘)

/양 1110. 6. 18./

五月 丁卯 太白犯軒轅夫人
금성[太白]이 헌원부인(軒轅夫人)성을 범하였다.
고려사 권47, 지1 [F]

예종 5년(1110) 경인 6. 6. (계유)

/양 1110. 6. 24./

六月 癸酉 鎭星入壘壁陣羽林
토성[鎭星]이 누벽진(壘壁陣) 성좌와 우림(羽林) 성좌에 들어갔다.
고려사 권47, 지1 [F]

예종 5년(1110) 경인 7. 21. (무오)

/양 1110. 8. 8./

七月 戊午 月犯歲星
달이 목성[歲星]을 범하였다.
고려사 권47, 지1 [C]

예종 5년(1110) 경인 8. 9. (을해)

/양 1110. 8. 25./

八月 乙亥 天動初如衆鼓之音 或如車馬之聲發自西北之于東南
천둥소리가 났는데, 처음에는 북 여러개를 치는 소리와 같았고, 또 마차(車馬) 소리와 같았으며, 서북쪽에서 동남쪽까지 울려왔다.
고려사 권53, 지7 [L]

예종 5년(1110) 경인 윤8. 17. (계축)

/양 1110. 10. 2./

閏八月 癸丑 月犯歲星熒惑 又犯輿鬼
달이 목성[歲星]과 화성[熒惑]을 범하였고 또 여귀(輿鬼) 성좌를 범하였다.
고려사 권47, 지1 [C]

예종 5년(1110) 경인 윤8. 29. (을축)

/양 1110. 10. 14./

閏八月 乙丑 流星出東井入輿鬼 大如杯
유성(流星)이 동정(東井) 성좌에서 나와 여귀(輿鬼) 성좌로 들어갔는데 그 크기는 술잔만 하였다.
고려사 권47, 지1 [R]

예종 5년(1110) 경인 9. 5. (경오)

/양 1110. 10. 19./

九月 庚午 流星出文昌入天槍 長二丈許 大如雞子

유성(流星)이 문창(文昌) 성좌에서 나와 천창 (天槍) 성좌로 들어갔는데 그 길이는 두 장(丈) 쯤 되었으며 크기는 계란만 하였다.
고려사 권47, 지1 [R]

예종 5년(1110) 경인 9. 6. (신미)

/양 1110. 10. 20./

九月 辛未 月犯南斗魁第四星 漸入魁星
달이 남두괴(南斗魁)의 제4성을 범하였으며 점차 괴(魁)안으로 들어갔다.
고려사 권47, 지1 [C]

예종 5년(1110) 경인 9. 7. (임신)

/양 1110. 10. 21./

九月 壬申 流星出傳舍入天棓 大如炬 長四丈許 光射于地
유성(流星)이 전사(傳舍) 성좌에서 나와 천봉(天棓) 성 좌로 들어갔는데 크기는 횃불[炬]과 같았으며 길이는 4장(丈)쯤 되었으며 그 광채는 지면을 비쳤다.
고려사 권47, 지1 [R]

예종 5년(1110) 경인 9. 15. (경진)

/양 1110. 10. 29./

九月 庚辰 月食
월식이 있었다.
고려사 권47, 지1 [B]

예종 5년(1110) 경인 9. 21. (병술)

/양 1110. 11. 4./

九月 丙戌 月犯輿鬼
달이 여귀(輿鬼) 성좌를 범하였다.
고려사 권47, 지1 [C]

예종 5년(1110) 경인 9. 22. (정해)

/양 1110. 11. 5./

九月 丁亥 犯熒惑
<달이> 화성[熒惑]을 범하였다.
고려사 권47, 지1 [C]

예종 5년(1110) 경인 10. 9. (갑진)

/양 1110. 11. 22./

冬十月 甲辰 太白晝見經天
금성[太白]이 낮에 나타나 남쪽하늘에서 보였다.
고려사 권13, 세가13 ; 고려사절요 권7 [G]

예종 5년(1110) 경인 10. 9. (갑진)

/양 1110. 11. 22./

十月 甲辰 太白晝見經天
금성[太白]이 낮에 나타나 남쪽하늘에서 보였다.
고려사 권47, 지1 [G]

예종 5년(1110) 경인 10. 10. (을사)

/양 1110. 11. 23./

十月 乙巳 犯亢西南星
<금성[太白]이> 항(亢) 성좌의 서남쪽 별을 범 하였다.
고려사 권47, 지1 [F]

예종 5년(1110) 경인 10. 12. (정미)

/양 1110. 11. 25./

十月 丁未 月食歲星
달이 목성[歲星]을 가렸다.
고려사 권47, 지1 [C]

예종 5년(1110) 경인 10. 20. (을묘)

/양 1110. 12. 3./

十月 乙卯 月犯軒轅后妃[64]
달이 헌원(軒轅) 성좌의 후비성(后妃星)을 범하 였다.
고려사 권47, 지1 [C]

예종 5년(1110) 경인 10. 21. (병진)

/양 1110. 12. 4./

十月 丙辰 犯大微西將星
<달이> 태미원[大微]의 서쪽의 장성(將星)을 범 하였다.
고려사 권47, 지1 [C]

예종 5년(1110) 경인 10. 22. (정사)

/양 1110. 12. 5./

十月 丁巳 入大微庭[65] 犯行屛星 太白入行氐嫡星[66]閒
<달이> 태미원[大微]의 천정(天庭)에 들어가 병

---

64) 軒轅后妃(헌원후비): 황제의 부인이므로 헌원대성을 가리키는 것으로 보임.

65) 大微庭(태미정): 태미원(太微垣)의 동원(東垣, 좌태미)성좌와 서원(西垣, 우태미)성좌에 의하여 둘러싸인 내부 구역을 말하 며 성좌 이름이 아님. 하늘의 궁정뜰이라는 의미임.

66) 氐嫡星(저적성): 저(氐) 성좌의 위쪽의 두 별을 적성(嫡星, 정 실부인별)이라 하고, 아래쪽의 두 별은 첩성(妾星)이라 부르기 도 함.

(屛) 성좌를 범하였다. 금성[太白]이 저(氐) 성좌의 적성(嫡星, 정실부인별) 사이를 지나갔다.
고려사 권47, 지1 [C] [F]

예종 5년(1110) 경인 10. 24. (기미)

/양 1110. 12. 7./

十月 己未 月犯軒轅后妃
달이 헌원(軒轅) 성좌의 후비성(后妃星)을 범하였다.
고려사 권47, 지1 [C]

예종 5년(1110) 경인 11. 10. (갑술)

/양 1110. 12. 22./

十一月 甲戌 月犯歲星
달이 목성[歲星]을 범하였다.
고려사 권47, 지1 [C]

예종 5년(1110) 경인 11. 18. (임오)

/양 1110. 12. 30./

十一月 壬午 月犯熒惑 又軒轅夫人
달이 화성[熒惑]을 범하였으며 또 헌원부인성(軒轅夫人星)을 범하였다.
고려사 권47, 지1 [C]

예종 6년(1111) 신묘 1. 1. (갑자)

/양 1111. 2. 10./

正月 甲子朔 熒惑守輿鬼
화성[熒惑]이 여귀(輿鬼) 성좌에서 그 자리를 떠나지 않았다.
고려사 권47, 지1 [F]

예종 6년(1111) 신묘 1. 12. (을해)

/양 1111. 2. 21./

正月 乙亥 月犯熒惑
달이 화성[熒惑]을 범하였다.
고려사 권47, 지1 [C]

예종 6년(1111) 신묘 2. 4. (정유)

/양 1111. 3. 15./

二月 丁酉 熒惑流行自角入騎官
화성[熒惑]이 각(角) 성좌에서 기관(騎官) 성좌를 향하여 들어갔다.
고려사 권47, 지1 [F]

예종 6년(1111) 신묘 3. 20. (임오)

/양 1111. 4. 29./

三月 壬午 熒惑犯軒轅 鎭星入羽林 至四月 乃退
화성[熒惑]이 헌원(軒轅) 성좌를 범하였으며 토성[鎭星]이 우림(羽林) 성좌에 들어가 4월까지 있었으며, 그 후에 물러갔다.
고려사 권47, 지1 [F]

예종 6년(1111) 신묘 3. 22. (갑신)

/양 1111. 5. 1./

三月 甲申 日赤無光
태양 빛이 붉고 광채가 없었다.
고려사 권13, 세가13 ; 고려사 권47, 지1 [M]

예종 6년(1111) 신묘 4. 7. (기해)

/양 1111. 5. 16./

四月 己亥 流星自北極西行 入宗人宗正閒 月犯軒轅后妃
유성(流星)이 북극(北極) 성좌에서 나와 서쪽으로 운행하여 종인(宗人) 성좌와 종정(宗正) 성좌 사이로 들어갔다. 달이 헌원(軒轅) 성좌의 후비성(后妃星)을 범하였다.
고려사 권47, 지1 [R] [C]

예종 6년(1111) 신묘 4. 9. (신축)

/양 1111. 5. 18./

四月 辛丑 入大微犯屛星
<달이> 태미원[大微]에 들어가 병성(屛星)을 범하였다.
고려사 권47, 지1 [C]

예종 6년(1111) 신묘 5. 20. (신사)

/양 1111. 6. 27./

五月 辛巳 月入羽林
달이 우림(羽林) 성좌로 들어갔다.
고려사 권47, 지1 [C]

예종 6년(1111) 신묘 5. - (-)

/양 1111. 7. - /

是月 熒惑守大微至
이달에 화성[熒惑]이 태미원[大微]을 떠나지 않았다
고려사 권47, 지1 [F]

예종 6년(1111) 신묘 5. 24. (을유)

/양 1111. 7. 1./

五月 乙酉 犯右執法
<달이> 우집법성(右執法星)을 범하였다.
고려사 권47, 지1 [F]

예종 6년(1111) 신묘 6. 6. (정유)

/양 1111. 7. 13./

六月 丁酉 月犯心星
달이 심(心) 성좌를 범하였다.
고려사 권47, 지1 [C]

예종 6년(1111) 신묘 8. 28. (무오)

/양 1111. 10. 2./

八月 戊午 衆小星分流四方
여러 작은 별들이(衆小星) 사방으로 흘렀다.
고려사 권47, 지1 [R]

예종 6년(1111) 신묘 11. 6. (을축)

/양 1111. 12. 8./

十一月 乙丑 月入羽林
달이 우림(羽林) 성좌로 들어갔다.
고려사 권47, 지1 [C]

예종 6년(1111) 신묘 12. 5. (계사)

/양 1112. 1. 5./

十二月 癸巳 日有兩珥 白氣貫于東西 北有暈
태양의 양쪽에 귀고리가 달렸고 흰 기운이 동서로
가로 지나갔으며 북쪽에 햇무리가 있었다.
고려사 권47, 지1 [O]

예종 6년(1111) 신묘 12. 8. (병신)

/양 1112. 1. 8./

十一月⁶⁷⁾ 丙申 流星出軒轅入張星 大如梡 尾長六
尺許
유성(流星)이 헌원(軒轅) 성좌에서 나와 장(張) 성좌
로 들어갔는데 크기는 주발[梡]만 하고 꼬리의 길
이는 6척쯤 되었다.
고려사 권47, 지1 [R]

예종 7년(1112) 임진 2. 12. (기해)

/양 1112. 3. 11./

二月 己亥 月犯軒轅夫人
달이 헌원(軒轅) 성좌의 부인성(夫人星)를 범하였다.
고려사 권47, 지1 [C]

---

67) 일진의 흐름으로 볼때 12월임.

예종 7년(1112) 임진 2. 19. (병오)

/양 1112. 3. 18./

二月 丙午 太白犯昴星
금성[太白]이 묘(昴) 성좌를 범하였다.
고려사 권47, 지1 [F]

예종 7년(1112) 임진 2. 20. (정미)

/양 1112. 3. 19./

二月 丁未 月犯心大星
달이 심대성(心大星)을 범하였다.
고려사 권47, 지1 [C]

예종 7년(1112) 임진 3. 16. (계유)

/양 1112. 4. 14./

三月 癸酉 月入氐星
달이 저(氐) 성좌로 들어갔다.
고려사 권47, 지1 [C]

예종 7년(1112) 임진 3. 17. (갑술)

/양 1112. 4. 15./

三月 甲戌 日有珥
태양에 귀고리가 있었다.
고려사 권47, 지1 [O]

예종 7년(1112) 임진 5. 4. (경신)

/양 1112. 5. 31./

五月 庚申 昏 有白氣 一條如匹練 坤艮相衝 良久乃滅
초저녁에 비단필 같은 한 줄기의 흰 기운이 서
남쪽과 동북쪽에서 서로 마주쳤다가 얼마 후에
없어졌다.
고려사 권54, 지8 [S]

예종 7년(1112) 임진 5. 8. (갑자)

/양 1112. 6. 4./

五月 甲子 太白晝見
금성[太白]이 낮에 나타났다.
고려사 권13, 세가13 [G]

예종 7년(1112) 임진 6. 28. (계축)

/양 1112. 7. 23./

六月 癸丑 流星出王良入危 尾長一丈許
유성(流星)이 왕량(王良) 성좌에서 나와 위(危)
성좌로 들어갔는데 꼬리의 길이는 한 장(丈)쯤
되었다.

고려사 권47, 지1 [R]

예종 7년(1112) 임진 7. 9. (갑자)

/양 1112. 8. 3./

七月 甲子 太白食東井北轅第二星 月犯心大星
금성[太白]이 동정(東井) 성좌의 북쪽 열을 이루는
별들[北轅]중 제2성을 가렸다. 달이 심대성(心大
星)을 범하였다.
고려사 권47, 지1 [F] [C]

예종 7년(1112) 임진 7. 29. (갑신)

/양 1112. 8. 23./

七月 甲申 太白犯輿鬼
금성[太白]이 여귀(輿鬼) 성좌를 범하였다.
고려사 권47, 지1 [F]

예종 7년(1112) 임진 7. - (-)

/양 1112. 8. - /

是月 太白歲星熒惑同舍
이달(7월)에 금성[太白]과 목성[歲星]이 같은 성
좌에 있었다.
고려사 권47, 지1 [E]

예종 7년(1112) 임진 8. 10. (갑오)

/양 1112. 9. 2./

八月 甲午 月入南斗口
달이 남두(南斗) 성좌의 입구쪽으로 들어갔다.
고려사 권47, 지1 [C]

예종 7년(1112) 임진 8. 11. (을미)

/양 1112. 9. 3./

八月 乙未 熒惑犯輿鬼西北
화성[熒惑]이 여귀(輿鬼) 성좌의 서북쪽을 범하였다.
고려사 권47, 지1 [F]

예종 7년(1112) 임진 8. 30. (갑인)

/양 1112. 9. 22./

八月 甲寅 太白犯軒轅
금성[太白]이 헌원(軒轅) 성좌를 범하였다.
고려사 권47, 지1 [F]

예종 7년(1112) 임진 9. 1. (을묘)

/양 1112. 9. 23./

九月 乙卯朔 流星出五車西北入北河 大如盂 尾長七

尺許
유성(流星)이 오거(五車) 성좌의 서북쪽에서 나와
북하(北河) 성좌로 들어갔는데 크기는 바리(盂-
밥그릇)만 하고 꼬리의 길이는 7척쯤 되었다.
고려사 권47, 지1 [R]

예종 7년(1112) 임진 9. 2. (병진)

/양 1112. 9. 24./

九月 丙辰 流星出卷舌 大如杯 尾長五尺許
유성(流星)이 권설(卷舌) 성좌에서 나왔는데 그 크기
는 술잔만 하고 꼬리의 길이는 5척쯤 되었다.
고려사 권47, 지1 [R]

예종 7년(1112) 임진 9. 3. (정사)

/양 1112. 9. 25./

九月 丁巳 流星出天船星房入五車西北 大如盂
尾長七尺許
유성(流星)이 천선(天船) 성좌에서 나와 오거(五車)
성좌의 서북쪽으로 들어갔는데 크기는 밥그릇(盂)만
하고 꼬리의 길이는 7척쯤 되었다.
고려사 권47, 지1 [R]

예종 7년(1112) 임진 9. 12. (병인)

/양 1112. 10. 4./

九月 丙寅 歲星守輿鬼西南星 十餘日
목성[歲星]이 여귀(輿鬼) 성좌의 서남쪽 별 곁에서
10여일 간 떠나지 않았다.
고려사 권47, 지1 [F]

예종 7년(1112) 임진 9. 17. (신미)

/양 1112. 10. 9./

九月 辛未 又犯積屍[68]
<목성[歲星]이> 또 적시성(積屍星)을 범하였다.
고려사 권47, 지1 [F]

예종 7년(1112) 임진 9. 20. (갑술)

/양 1112. 10. 12./

九月 甲戌 熒惑犯軒轅女主[69]
화성[熒惑]이 헌원(軒轅) 성좌의 여주성(女主星)을
범하였다.
고려사 권47, 지1 [F]

예종 7년(1112) 임진 9. 23. (정축)

---

68) 積屍(적시): 적시성-2임.
69) 軒轅女主(헌원여주): 헌원대성을 말함.

/양 1112. 10. 15./

九月 丁丑 流星出畢東入天苑 大如盂 月犯軒轅女主
유성(流星)이 필(畢) 성좌 동쪽에서 나와 천원(天苑)
성좌로 들어갔는데 크기는 바리(盂)만 하였다. 달이
헌원(軒轅) 성좌의 여주성(女主星)을 범하였다.
고려사 권47, 지1 [R] [C]

예종 7년(1112) 임진 9. 25. (기묘)

/양 1112. 10. 17./

九月 己卯 流星出河鼓近天紀 而滅大如杯
유성(流星)이 하고(河鼓) 성좌에서 나와 천기(天紀)
성좌 근처에서 사라졌는데 크기는 술잔만 하였다.
고려사 권47, 지1 [R]

예종 7년(1112) 임진 9. 28. (임오)

/양 1112. 10. 20./

九月 壬午 流星出軒轅入紫微 大如盂 尾長三尺許
유성(流星)이 헌원(軒轅) 성좌에서 나와 자미원
(紫微垣)으로 들어갔는데 크기는 바리(盂-밥그릇)
만 하고 꼬리의 길이는 3척쯤 되었다.
고려사 권47, 지1 [R]

예종 7년(1112) 임진 10. 8. (임진)

/양 1112. 10. 30./

十月 壬辰 辰星見氐星度 歲星守輿鬼 三十日
수성[辰星]이 저(氐) 성좌 곁에 나타났으며 목성[歲
星]이 여귀(輿鬼) 성좌에서 30일간 떠나지 않았다.
고려사 권47, 지1 [F]

예종 7년(1112) 임진 10. 9. (계사)

/양 1112. 10. 31./

十月 癸巳 流星出中台入紫微西 大如杯 尾長十尺許
유성(流星)이 중태(中台) 성좌에서 나와 자미원(紫
微垣)의 서쪽으로 들어갔는데 크기는 술잔만 하였
으며 꼬리의 길이는 10척쯤 되었다.
고려사 권47, 지1 [R]

예종 7년(1112) 임진 10. 12. (병신)

/양 1112. 11. 3./

十月 丙申 流星出昴入畢 大如盂
유성(流星)이 묘(昴) 성좌에서 나와 필(畢) 성좌로
들어갔는데 크기는 바리(盂)만 하였다.
고려사 권47, 지1 [R]

예종 7년(1112) 임진 11. 7. (경신)

/양 1112. 11. 27./

十一月 庚申 熒惑入大微 月食鎭星
화성[熒惑]이 태미원[大微]에 들어갔다. 달이 토
성[鎭星]을 가렸다.
고려사 권47, 지1 [F] [C]

예종 7년(1112) 임진 11. 25. (무인)

/양 1112. 12. 15./

十一月 戊寅 流星出壘壁陣入羽林 大如杯 尾長五
尺許 光照于地 又流星出攝提東入亢 大如盂 長十
尺許
유성(流星)이 루벽진(壘壁陣) 성좌에서 나와 우림
(羽林) 성좌로 들어갔는데 크기는 술잔만 하였으며
꼬리의 길이는 5척쯤 되었고 그 광채가 지면을 비
추었다. 또 유성(流星)이 섭제(攝提) 성좌의 동쪽에
서 나와 항(亢) 성좌로 들어갔는데 크기는 쟁반(盂)
만 하였고 길이는 10척쯤 되었다.
고려사 권47, 지1 [R]

예종 8년(1113) 계사 2. 15. (정유)

/양 1113. 3. 4./

二月 丁酉 太史奏 月食蜜雲不見
태사가 보고하기를 「월식이 있었는데 짙은 구름
때문에 보이지 않았습니다」라고 하였다.
고려사 권47, 지1 [B]

예종 8년(1113) 계사 2. 22. (갑진)

/양 1113. 3. 11./

二月 甲辰 南北方有赤氣經天
남쪽과 북쪽에서 붉은 기운이 하늘을 가로질렀다
고려사 권53, 지7 [S]

예종 8년(1113) 계사 3. 1. (임자)

/양 1113. 3. 19./

三月 壬子朔 太史奏大陽當虧密雲不見 門下侍中
金景庸率百僚表賀
태사가 보고하기를 「태양[大陽]이 이지러질것인데, 짙은
구름 때문에 보이지 않았다」고 하니, 문하시중 김경용이
백관들과 함께 글을 올려 치하하였다.
고려사 권13, 세가13 [A]

예종 8년(1113) 계사 3. 1. (임자)

/양 1113. 3. 19./

三月 壬子朔 太史奏 日當食密雲不見
태사가 보고하기를 「일식이 있을 날인데 짙은

구름 때문에 보이지 않았다고」하였다.
고려사 권47, 지1 [A]

예종 8년(1113) 계사 3. 1. (임자)

/양 1113. 3. 19./

三月 壬子朔 太史奏 日食密雲不見 百僚表賀[70]
태사(太史)가 「일식이 있어야 하는데 구름이
덮여 보이지 않는다」고 아뢰니 백관(百官)들이
표문(表文)을 올려 축하하였다.
고려사절요 권8 [A]

예종 8년(1113) 계사 윤4. 14. (갑자)

/양 1113. 5. 30./

四月[71] 甲子 月薄 心星南 相距二尺
달의 광채가 약하였고 심(心) 성좌 남쪽으로
가까워졌는데 그 거리가 2척쯤 되었다.
고려사 권47, 지1 [P] [C]

예종 8년(1113) 계사 7. 3. (신사)

/양 1113. 8. 15./

七月 辛巳 有星孛于營室
혜성[星孛]이 영실(營室) 성좌에 나타났다.
고려사 권47, 지1 [H]

예종 8년(1113) 계사 8. 6. (갑인)

/양 1113. 9. 17./

八月 甲寅 流星出軒轅入小微 大如杯 長六尺許
又流星出天囷入軍井 長三尺許
유성(流星)이 헌원(軒轅) 성좌에서 나와 소미
(小微) 성좌로 들어갔는데 크기는 술잔(杯)만
하였고 길이는 6척(尺)쯤 되었다. 또 유성(流星)
이 천균(天囷) 성좌에서 나와 군정(軍井) 성좌
로 들어갔는데 길이가 3척쯤 되었다.
고려사 권47, 지1 [R]

예종 8년(1113) 계사 8. 21. (기사)

/양 1113. 10. 2./

八月 己巳 流星出婁入營室 大如杯
유성(流星)이 루(婁) 성좌에서 나와 영실(營室)
성좌로 들어갔는데 크기는 술잔(杯)만 하였다.
고려사 권47, 지1 [R]

예종 8년(1113) 계사 8. 25. (계유)

/양 1113. 10. 6./

八月 癸酉 月犯軒轅
달이 헌원(軒轅) 성좌에 들어갔다.
고려사 권47, 지1 [C]

예종 8년(1113) 계사 9. 22. (경자)

/양 1113. 11. 2./

九月 庚子 月犯歲星
달이 목성[歲星]을 범하였다.
고려사 권47, 지1 [C]

예종 8년(1113) 계사 9. 28. (병오)

/양 1113. 11. 8./

九月 丙午 太白掩行南斗魁第四星 又流星出天囷
入天倉 大如椀 長十五尺
금성[太白]이 남두괴(南斗魁)의 제4성을 가렸다.
또 유성(流星)이 천균(天囷) 성좌에서 나와 천창
(天倉) 성좌로 들어갔는데 크기는 주발[椀]만 하고
길이는 15척쯤 되었다.
고려사 권47, 지1 [F] [R]

예종 8년(1113) 계사 10. 2. (기유)

/양 1113. 11. 11./

十月 己酉 流星出北落師門入八魁 大如杯 長二十尺許
유성(流星)이 북락사문성(北落師門星)으로부터 나와
팔괴(八魁) 성좌로 들어갔는데 크기는 술잔(杯)만 하
고 길이는 20척쯤 되었다.
고려사 권47, 지1 [R]

예종 8년(1113) 계사 10. 17. (갑자)

/양 1113. 11. 26./

十月 甲子 月掩行軒轅
달이 헌원(軒轅) 성좌의 별을 가리며 지나갔다.
고려사 권47, 지1 [C]

예종 8년(1113) 계사 11. 7. (갑신)

/양 1113. 12. 16./

十一月 甲申 流星出中台入大微 大如杯 長十五尺許
유성(流星)이 중태(中台) 성좌에서 나와 태미원
[大微]으로 들어갔는데 크기는 술잔(杯)만 하였
고 길이는 15척쯤 되었다.
고려사 권47, 지1 [R]

예종 8년(1113) 계사 12. 10. (정사)

---

70) 表(표): 임금에게 자신의 생각을 적어 올리는 글.
71) 갑자일이 3/13, 윤4/14임, 4월이므로 원문에서 '윤'이 빠진 것
　　으로 보임.

/양 1114. 1. 18./

十二月 丁巳 月犯五車
달이 오거(五車) 성좌를 범하였다.
고려사 권47, 지1 [C]

예종 8년(1113) 계사 12. 13. (경신)

/양 1114. 1. 21./

十二月 庚申 日有左右珥
태양의 좌우쪽에 귀고리가 달렸다.
고려사 권47, 지1 [O]

예종 8년(1113) 계사 12. 15. (임술)

/양 1114. 1. 23./

十二月 壬戌 犯軒轅又犯歲星
<달이> 헌원(軒轅) 성좌를 범하였으며 또 목성[歲星]을 범하였다.
고려사 권47, 지1 [C]

예종 9년(1114) 갑오 1. 12. (기축)

/양 1114. 2. 19./

正月 己丑 月犯軒轅歲星
달이 헌원(軒轅) 성좌와 목성[歲星]을 범하였다.
고려사 권47, 지1 [C]

예종 9년(1114) 갑오 2. 10. (병진)

/양 1114. 3. 18./

二月 丙辰 流星出北斗紫微入王良 大如椀
유성(流星)이 북두(北斗) 성좌와 자미(紫微) 성좌에서 나와 왕량(王良) 성좌로 들어갔는데 크기는 주발[椀]만 하였다.
고려사 권47, 지1 [R]

예종 9년(1114) 갑오 2. 25. (신미)

/양 1114. 4. 2./

二月 辛未 夜赤氣如火 光散射乾艮離方 至曉乃滅
밤에 불같은 붉은 기운이 나타나 그 광채가 서북쪽, 동북쪽, 남쪽에 흩어져 비치다가 새벽에 이르러서야 없어졌다.
고려사 권53, 지7 [S]

예종 9년(1114) 갑오 3. 24. (경자)

/양 1114. 5. 1./

三月 庚子 流星出鼓旗72)入天鷄狗國

유성(流星)이 고기(鼓旗) 성좌에서 나와 천계(天鷄) 성좌와 구국(狗國) 성좌로 들어갔다.
고려사 권47, 지1 [R]

예종 9년(1114) 갑오 4. 6. (신해)

/양 1114. 5. 12./

三月73) 辛亥 月犯歲星入軒轅女主
달이 목성[歲星]을 범하였으며 헌원(軒轅) 성좌의 여주성(女主星) 곁으로 들어갔다.
고려사 권47, 지1 [C]

예종 9년(1114) 갑오 7. 21. (갑오)

/양 1114. 8. 23./

七月 甲午 月犯昴星
달이 묘(昴) 성좌를 범하였다.
고려사 권47, 지1 [C]

예종 9년(1114) 갑오 9. 18. (경인)

/양 1114. 10. 18./

九月 庚寅 月犯五車東南星
달이 오거(五車) 성좌의 동남쪽 별을 범하였다.
고려사 권47, 지1 [C]

예종 9년(1114) 갑오 9. 21. (계사)

/양 1114. 10. 21./

九月 癸巳 犯輿鬼
<달이> 여귀(輿鬼) 성좌를 범하였다.
고려사 권47, 지1 [C]

예종 9년(1114) 갑오 10. 5. (병오)

/양 1114. 11. 3./

十月 丙午 月犯南斗魁中
달이 남두괴(南斗魁)를 범하였다.
고려사 권47, 지1 [C]

예종 9년(1114) 갑오 10. 15. (병진)

/양 1114. 11. 13./

十月 丙辰 犯昴
<달이> 묘(昴) 성좌를 범하였다.
고려사 권47, 지1 [C]

고(河鼓)와 우기(右旗) 성좌로 추론됨.

73) 4월의 오기. 원문에 3월 경자일(24)에 이어 신해일이 나오고 7월 갑오일(21)이 있으므로, 이 사이의 2번의 신해일인때의 천문현상을 계산해보면 4/6, 신해일에 일어나는 현상임. 따라서 4/6 신해일이 맞음.

---

72) 鼓旗(고기): 고기 성좌는 없음. 위치상으로 볼때 우수(牛宿)의 하

예종 9년(1114) 갑오 10. 21. (임술)

/양 1114. 11. 19./

十月 壬戌 月乘軒轅 歲星熒惑 近大微左執法
달이 헌원(軒轅) 성좌에 있었다. 목성[歲星]과 화성[熒惑]이 태미원[大微]의 좌집법성(左執法星)에 가까이 있었다.
고려사 권47, 지1 [C] [E]

예종 10년(1115) 을미 1. 21. (임진)

/양 1115. 2. 17./

正月 壬辰 月犯心前星
달이 심(心) 성좌의 앞별을 범하였다.
고려사 권47, 지1 [C]

예종 10년(1115) 을미 2. 7. (정미)

/양 1115. 3. 4./

二月 丁未 日暈三重有珥 白虹貫之
3중의 햇무리가 있었으며, 귀고리가 달렸고, 흰 무지개가 그것을 가로질러 갔다.
고려사 권47, 지1 [O]

예종 10년(1115) 을미 2. 24. (갑자)

/양 1115. 3. 21./

二月 甲子 艮方有赤氣如火
동북쪽에 불같은 붉은 기운이 나타났다.
고려사 권53, 지7 [S]

예종 10년(1115) 을미 3. 19. (기축)

/양 1115. 4. 15./

三月 己丑 夜素氣如匹布 見乾巽方
밤에 베를 펼쳐놓은 것과 같은 흰 기운이 서북쪽과 동남쪽에 나타났다.
고려사 권54, 지8 [S]

예종 10년(1115) 을미 7. 1. (무진)

/양 1115. 7. 23./

秋七月 戊辰朔 日食
일식이 있었다.
고려사 권14, 세가14 ; 고려사절요 권8 [A]

예종 10년(1115) 을미 7. 1. (무진)

/양 1115. 7. 23./

七月 戊辰朔 日食
일식이 있었다.

예종 10년(1115) 을미 8. 16. (계축)

/양 1115. 9. 6./

八月 癸丑 太白晝見
금성[太白]이 낮에 나타났다.
고려사 권14, 세가14 ; 고려사 권47, 지1 [G]

예종 11년(1116) 병신 윤1. 19. (갑인)

/양 1116. 3. 5./

正月 甲寅[74] 月犯心左星
달이 심(心) 성좌의 왼쪽 별을 범하였다.
고려사 권47, 지1 [C]

예종 11년(1116) 병신 윤1. 24. (기미)

/양 1116. 3. 10./

正月 己未[75] 流星出大微中入軫東北星
유성(流星)이 태미원[大微] 안에서 나와 진(軫) 성좌의 동북쪽별 곁으로 들어갔다.
고려사 권47, 지1 [R]

예종 11년(1116) 병신 3. 16. (경술)

/양 1116. 4. 30./

三月 庚戌 流星出七公貫索星入天市 大如鷄子 長三尺許
유성(流星)이 칠공(七公) 성좌와 관색(貫索) 성좌에서 나와 천시원(天市垣)으로 들어갔는데 크기는 계란만 하였고 길이는 3척쯤 되었다.
고려사 권47, 지1 [R]

예종 11년(1116) 병신 4. 8. (신미)

/양 1116. 5. 21./

四月 辛未 中書門下 奏遼爲女眞所侵有危亡之勢 所稟正朔不可行 自今公私文字 宜除去天慶年號 但用甲子從之
중서문하성에서 아뢰기를 「요나라가 여진의 침공을 받아 멸망하게 될 상태에 놓였으므로 그들의 정삭(正朔, 즉 달력)을 쓸 수가 없으니 지금부터는 공사(公私) 문건에 천경(天慶)이라는 연호를 제거하고 간지[甲子]만을 써야 되겠습니다.」 라고 하니 왕이 이 제의를 좇았다.
고려사 권14, 세가14 [U]

---

74) 갑인일은 윤1/19 임.
75) 기미일은 윤1/24 임.

예종 11년(1116) 병신 9. 3. (계사)

/양 1116. 10. 10./

九月 癸巳 夜赤氣見于乾兌方
밤에 붉은 기운이 서북쪽과 서쪽에 나타났다.
고려사 권53, 지7 [S]

예종 11년(1116) 병신 9. 8. (무술)

/양 1116. 10. 15./

九月 戊戌 流星出中台入大陽76) 大如鷄子
유성(流星)이 중태(中台) 성좌에서 나와 대양성(大陽星)으로 들어갔는데 크기는 계란만 하였다.
고려사 권47, 지1 [R]

예종 11년(1116) 병신 9. 10. (경자)

/양 1116. 10. 17./

九月 庚子 夜庚方有赤氣
밤에는 서서남방향[庚方]에 붉은 기운이 나타났다.
고려사 권53, 지7 [S]

예종 11년(1116) 병신 12. 1. (경신)

/양 1117. 1. 5./

十二月 庚申 歲星犯房上星77)
목성[歲星]이 방(房) 성좌의 상성(上星)을 범하였다.
고려사 권47, 지1 [F]

예종 11년(1116) 병신 12. 9. (무진)

/양 1117. 1. 13./

十二月 戊辰 熒惑守氐
화성[熒惑]이 저(氐) 성좌에 머물러 있었다.
고려사 권47, 지1 [F]

예종 11년(1116) 병신 12. 21. (경진)

/양 1117. 1. 25./

十二月 庚辰 流星出亢入氐 大如鷄子
유성(流星)이 항(亢) 성좌에서 나와 저(氐) 성좌로 들어갔는데 크기가 계란만 하였다.
고려사 권47, 지1 [R]

예종 12년(1117) 정유 1. 5. (갑오)

/양 1117. 2. 8./

正月 甲午 熒惑入守房上星及鉤鈐

화성[熒惑]이 방(房) 성좌의 상성(上星)과 구검(鉤鈐) 성좌쪽으로 가서 머물러 있었다.
고려사 권47, 지1 [F]

예종 12년(1117) 정유 1. 15. (갑진)

/양 1117. 2. 18./

正月 甲辰 熒惑犯歲星
화성[熒惑]이 목성[歲星]을 범하였다.
고려사 권47, 지1 [F]

예종 12년(1117) 정유 4. 6. (갑자)

/양 1117. 5. 9./

四月 甲子 流星出招搖北入北斗魁中 大如鷄子 長七尺許
유성(流星)이 초요성(招搖星) 북쪽에서 나와 북두괴(北斗魁) 안으로 들어갔는데 크기는 계란만 하고 길이는 7척쯤 되었다.
고려사 권47, 지1 [R]

예종 12년(1117) 정유 4. 18. (병자)

/양 1117. 5. 21./

四月 丙子 熒惑守行心星度
화성[熒惑]이 심(心) 성좌에 머물렀다.
고려사 권47, 지1 [F]

예종 12년(1117) 정유 4. 19. (정축)

/양 1117. 5. 22./

四月 丁丑 流星出爟入外廚 大如椀 長五尺許
유성(流星)이 관(爟) 성좌에서 나와 외주(外廚) 성좌로 들어갔는데 크기는 주발[椀]만 하였으며 길이는 5척쯤 되었다.
고려사 권47, 지1 [R]

예종 12년(1117) 정유 4. 23. (신사)

/양 1117. 5. 26./

四月 辛巳 流星出角星東北入器府 大如雞子 長十五尺許 又流星出天市門入傅說魚星閒 長七尺許
유성(流星)이 각(角) 성좌의 동북쪽에서 나와 기부(器府) 성좌로 들어갔는데 크기는 계란만 하였고 길이는 15척쯤 되었다. 또 유성(流星)이 천시원(天市垣)의 문(門)에서 나와 부열(傅說) 성좌와 어(魚) 성좌사이로 들어갔는데 길이는 7척쯤 되었다.
고려사 권47, 지1 [R]

예종 12년(1117) 정유 5. 6. (계사)

---

76) 大陽(대양): 자미원의 대양수 성을 말하는 것 같음.
77) 上星(상성): 상상성-2과 상장성-2가 있음.

/양 1117. 6. 7./

五月 癸巳 流星出招搖入北斗魁中 犯第四星
유성(流星)이 초요성(招搖星)에서 나와 북두괴
(北斗魁)안의 제4성을 범하였다.
고려사 권47, 지1 [R]

예종 12년(1117) 정유 7. 21. (정미)

/양 1117. 8. 20./

七月 丁未 月犯昴星
달이 묘(昴) 성좌를 범하였다.
고려사 권47, 지1 [C]

예종 12년(1117) 정유 8. 3. (무오)

/양 1117. 8. 31./

八月 戊午 黃昏流星如月 落於巽方
황혼에 달과 같은 유성(流星)이 동남쪽에 떨어졌다.
고려사 권47, 지1 [R]

예종 12년(1117) 정유 10. 6. (경신)

/양 1117. 11. 1./

十月 庚申 流星出五車入天囷 大如椀 長十尺許
유성(流星)이 오거(五車) 성좌에서 나와 천균(天
囷) 성좌로 들어갔는데 크기는 주발[椀]만 하였
으며 길이는 10척쯤 되었다.
고려사 권47, 지1 [R]

예종 12년(1117) 정유 10. 15. (기사)

/양 1117. 11. 10./

十月 己巳 熒惑守壘壁陣
화성[熒惑]이 누벽진(壘壁陣) 성좌에 머물러 있었다.
고려사 권47, 지1 [F]

예종 12년(1117) 정유 11. 21. (을사)

/양 1117. 12. 16./

十一月 乙巳 夜北方有赤氣發紫微宮 指乾艮方如
布滿天而分散 又赤氣發艮方
밤에 붉은 기운이 북쪽에서 나타나 자미궁(紫微
宮)을 떠나서 서북쪽과 동북쪽을 향하여 온 하
늘에 베를 편 것처럼 퍼졌다가 흩어졌으며, 또
붉은 기운이 동북쪽에 나타났다.
고려사 권53, 지7 [S]

예종 13년(1118) 무술 2. 22. (갑술)

/양 1118. 3. 15./

二月 甲戌 月犯歲星
달이 목성[歲星]을 범하였다.
고려사 권47, 지1 [C]

예종 13년(1118) 무술 3. 4. (병술)

/양 1118. 3. 27./

三月 丙戌 東方有赤氣
붉은 기운이 동쪽에 나타났다.
고려사 권53, 지7 [S]

예종 13년(1118) 무술 4. 13. (을축)

/양 1118. 5. 5./

四月 乙丑 枉矢78)出西北向東南行
유성[枉矢]이 서북쪽에서 나와 동남쪽을 향하여
이동하였다.
고려사 권47, 지1 [R]

예종 13년(1118) 무술 5. 1. (계미)

/양 1118. 5. 23./

五月 癸未朔 日食
일식이 있었다.
고려사 권14, 세가14 ; 고려사 권47, 지1 ;
고려사절요 권8 [A]

예종 13년(1118) 무술 5. 14. (병신)

/양 1118. 6. 5./

五月 丙申 月食
월식이 있었다.
고려사 권47, 지1 [B]

예종 13년(1118) 무술 9. 7. (병술)

/양 1118. 9. 23./

九月 丙戌 天狗墜坤方 流星出左旗北入天市東 長
十尺許
천구(天狗)가 동남쪽으로 떨어졌으며 유성(流
星)이 좌기(左旗) 성좌의 북쪽에서 나와 천시원
(天市垣)의 동쪽으로 들어갔는데 길이는 10척
쯤 되었다.
고려사 권47, 지1 [R]

예종 13년(1118) 무술 9. 21. (경자)

/양 1118. 10. 7./

九月 庚子 流星出奎星入天倉

---

78) 枉矢(왕시): 유성의 일종.

유성(流星)이 규(奎) 성좌에서 나와 천창(天倉) 성좌로 들어갔다.
고려사 권47, 지1 [R]

예종 13년(1118) 무술 9. 23. (임인)

/양 1118. 10. 9./

九月 壬寅 月犯輿鬼
달이 여귀(輿鬼) 성좌를 범하였다.
고려사 권47, 지1 [C]

예종 13년(1118) 무술 9. 25. (갑진)

/양 1118. 10. 11./

九月 甲辰 流星出北河入軒轅
유성(流星)이 북하(北河) 성좌에서 나와 헌원(軒轅) 성좌로 들어갔다.
고려사 권47, 지1 [R]

예종 13년(1118) 무술 9. 27. (병오)

/양 1118. 10. 13./

九月 丙午 鎭星犯天關
토성[鎭星]이 천관성(天關星)을 범하였다.
고려사 권47, 지1 [F]

예종 13년(1118) 무술 11. 4. (임자)

/양 1118. 12. 18./

十一月 壬子 太白犯西咸
금성[太白]이 서함(西咸) 성좌에 들어갔다.
고려사 권47, 지1 [F]

예종 13년(1118) 무술 11. 14. (임술)

/양 1118. 12. 28./

十一月 壬戌 太白犯東咸
금성[太白]이 동함(東咸) 성좌에 들어갔다.
고려사 권47, 지1 [F]

예종 13년(1118) 무술 11. 23. (신미)

/양 1119. 1. 6./

十一月 辛未 熒惑犯房上相
화성[熒惑]이 방(房) 성좌의 상상성(上相星)을 범하였다.
고려사 권47, 지1 [F]

예종 13년(1118) 무술 12. 2. (기묘)

/양 1119. 1. 14./

十二月 己卯 流星出軒轅入大微 長五尺許
유성(流星)이 헌원(軒轅) 성좌에서 나와 태미원[大微]으로 들어갔는데 길이는 5척쯤 되었다.
고려사 권47, 지1 [R]

예종 13년(1118) 무술 12. 9. (병술)

/양 1119. 1. 21./

十二月 丙戌 流星出紫微入索女林79) 尾長三十尺許
유성(流星)이 자미원(紫微宮)에서 나와 삭(索) 성좌(=관삭성좌)와 여림(女林) 성좌 사이로 들어갔는데 길이는 30척쯤 되었다.
고려사 권47, 지1 [O]

예종 13년(1118) 기해 12. 11. (무자)

/양 1119. 1. 23./

十二月 戊子 日珥
태양에 귀고리가 있었다.
고려사 권47, 지1 [O]

예종 13년(1118) 기해 12. 12. (기축)

/양 1119. 1. 24./

十二月 己丑 亦如之
역시 <태양에 귀고리가 있었다>.
고려사 권47, 지1 [O]

예종 14년(1119) 기해 3. 4. (경술)

/양 1119. 4. 15./

三月 庚戌 月犯鎭星
달이 토성[鎭星]을 범하였다.
고려사 권47, 지1 [C]

예종 14년(1119) 기해 5. 1. (병오)

/양 1119. 6. 10./

五月 丙午朔 熒惑犯壘壁陣
화성[熒惑]이 누벽진(壘壁陣) 성좌를 범하였다.
고려사 권47, 지1 [F]

예종 14년(1119) 기해 7. 18. (임술)

/양 1119. 8. 25./

七月 壬戌 月犯天關
달이 천관성(天關星)을 범하였다.
고려사 권47, 지1 [C]

---

79) 위치적으로 볼때 천시원의 여상(女牀) 성좌의 오류인 듯함.

예종 14년(1119) 기해 9. 1. (갑진)

/양 1119. 10. 6./

九月 甲辰朔 鎭星守井
토성[鎭星]이 정(井) 성좌에 머물러 있었다.
고려사 권47, 지1 [F]

예종 14년(1119) 기해 9. 14. (정사)

/양 1119. 10. 19./

九月 丁巳 熒惑犯羽林
화성[熒惑]이 우림(羽林) 성좌를 범하였다.
고려사 권47, 지1 [F]

예종 14년(1119) 기해 11. 17. (기미)

/양 1119. 12. 20./

十一月 己未 鎭星犯東井
토성[鎭星]이 동정(東井) 성좌를 범하였다.
고려사 권47, 지1 [F]

예종 14년(1119) 기해 12. 2. (갑술)

/양 1120. 1. 4./

十二月 甲戌 辰星犯歲星
수성[辰星]이 목성[歲星]을 범하였다.
고려사 권47, 지1 [D]

예종 15년(1120) 경자 7. 9. (정미)

/양 1120. 8. 4./

七月 丁未 月犯氐星
달이 저(氐) 성좌에 들어갔다.
고려사 권47, 지1 [C]

예종 15년(1120) 경자 7. 24. (임술)

/양 1120. 8. 19./

七月 壬戌 犯東井
<달이> 동정(東井) 성좌를 범하였다.
고려사 권47, 지1 [C]

예종 15년(1120) 경자 7. 28. (병인)

/양 1120. 8. 23./

七月 丙寅 歲星犯羽林
목성[歲星]이 우림(羽林) 성좌를 범하였다.
고려사 권47, 지1 [F]

예종 15년(1120) 경자 8. 14. (임오)

/양 1120. 9. 8./

八月 壬午 月食
월식이 있었다.
고려사 권47, 지1 [B]

예종 15년(1120) 경자 8. 20. (무자)

/양 1120. 9. 14./

八月 戊子 壽星見
노인성[壽星]이 나타났다.
고려사 권14, 세가14 ; 고려사 권47, 지1 ;
고려사절요 권8 [T]

예종 15년(1120) 경자 9. 14. (임자)

/양 1120. 10. 8./

九月 壬子 月食
월식이 있었다.
고려사 권47, 지1 [B]

예종 15년(1120) 경자 10. 1. (무진)

/양 1120. 10. 24./

冬十月 戊辰朔 日食
일식이 있었다.
고려사 권14, 세가14 ; 고려사절요 권8 [A]

예종 15년(1120) 경자 10. 1. (무진)

/양 1120. 10. 24./

十月 戊辰朔 日食
일식이 있었다.
고려사 권47, 지1 [A]

예종 16년(1121) 신축 1. 12. (무신)

/양 1121. 2. 1./

正月 戊申 夜白氣亘天
밤에 흰 기운이 하늘에 퍼졌다.
고려사 권54, 지8 [S]

예종 16년(1121) 신축 1. 22. (무오)

/양 1121. 2. 11./

正月 戊午 日有暈
햇무리가 있었다.
고려사 권47, 지1 [O]

예종 16년(1121) 신축 2. 5. (경오)

/양 1121. 2. 23./

二月 庚午 夜赤氣從乾至巽 長三尺許 素氣從房心至

坎 長七尺許

밤에 붉은 기운이 서북쪽에서 나타나 동남쪽으로 갔는데 그 길이는 3척쯤 되었고 또 흰 기운이 방(房) 성좌와 심(心) 성좌에서 북쪽까지 갔는데 그 길이가 7척쯤 되었다.
고려사 권53, 지7 [S]

예종 16년(1121) 신축 3. 25. (경신)

/양 1121. 4. 14./

三月 庚申 赤氣起於張翼間

붉은 기운이 장(張) 성좌와 익(翼) 성좌 사이에서 일어났다.
고려사 권53, 지7 [S]

예종 16년(1121) 신축 6. 7. (기해)

/양 1121. 7. 22./

六月 己亥 流星一出織女北入紫微 一出紫微入鉤陣 一出奎星入雷電

유성(流星)이 나타났는데 하나는 직녀(織女) 성좌의 북쪽에서 나와 자미(紫微) 성좌로 들어갔으며 다른 하나는 자미(紫微) 성좌에서 나와 구진(鉤陣) 성좌로 들어갔으며 또 하나는 규(奎) 성좌에서 나와 뇌전(雷電) 성좌로 들어갔다.
고려사 권47, 지1 [R]

예종 16년(1121) 신축 6. 9. (신축)

/양 1121. 7. 24./

六月 辛丑 流星出天津入天弁

유성(流星)이 천진(天津) 성좌에서 나와 천변(天弁) 성좌로 들어갔다.
고려사 권47, 지1 [R]

예종 16년(1121) 신축 6. 12. (갑진)

/양 1121. 7. 27./

七月[80] 甲辰 流星出河鼓入南斗

유성(流星)이 하고(河鼓) 성좌에서 나와 남두(南斗) 성좌로 들어갔다.
고려사 권47, 지1 [R]

예종 16년(1121) 신축 8. 2. (갑오)

/양 1121. 9. 15./

八月 甲午 鎭星入輿鬼

토성[鎭星]이 여귀(輿鬼) 성좌로 들어갔다.

고려사 권47, 지1 [F]

예종 16년(1121) 신축 10. 21. (임자)

/양 1121. 12. 2./

十月 壬子 太白晝見 經天三十餘日

금성[太白]이 낮에 나타나서 30여일간 남쪽하늘에서 보였다.
고려사 권14, 세가14 [G]

예종 16년(1121) 신축 10. 21. (임자)

/양 1121. 12. 2./

十月[81] 太白晝見 經天三十餘日

금성[太白]이 낮에 나타나서 30여일간 남쪽하늘에서 보였다.
고려사 권47, 지1 [G]

예종 16년(1121) 신축 10. 21. (임자)

/양 1121. 12. 2./

十月 壬子 太白晝見 經天月餘

금성[太白]이 낮에 나타나서 한달 남짓 남쪽하늘에서 보였다.
고려사절요 권8 [G]

예종 16년(1121) 신축 10. 26. (정사)

/양 1121. 12. 7./

十月 丁巳 月入氐星

달이 저(氐) 성좌로 들어갔다.
고려사 권47, 지1 [C]

예종 16년(1121) 신축 11. 11. (임신)

/양 1121. 12. 22./

十一月 壬申 月有暈

달무리가 있었다.
고려사 권47, 지1 [P]

예종 16년(1121) 신축 12. 6. (병신)

/양 1122. 1. 15./

十二月 丙申 月犯歲星

달이 목성[歲星]을 범하였다.
고려사 권47, 지1 [C]

예종 16년(1121) 신축 12. 18. (무신)

---

80) 7월이 오류임. 갑진일은 6/12, 8/12임. 8/2일 자료가 있으므로 6/12로 추론함.

81) 일진 기록이 없음. 고려사 권14와 고려사절요 권8의 기록을 참조하여 임자일로 추론함.

/양 1122. 1. 27./

十二月 戊申 流星出閣道入天將 長七尺許
유성(流星)이 각도(閣道) 성좌에서 나와 천장(天將)
성좌로 들어갔는데 길이는 7척쯤 되었다.
고려사 권47, 지1 [R]

예종 17년(1122) 임인 1. 24. (갑신)

/양 1122. 3. 4./

正月 甲申 日暈有珥
귀고리를 가진 햇무리가 있었다.
고려사 권47, 지1 [O]

예종 17년(1122) 임인 2. 1. (경인)

/양 1122. 3. 10./

二月 庚寅朔 日食
일식이 있었다.
고려사 권14, 세가14 ; 고려사 권47, 지1 ;
고려사절요 권8 [A]

예종 17년(1122) 임인 2. 7. (병신)

/양 1122. 3. 16./

二月 丙申 流星出北斗中入天廚傳舍閒 又出北斗
第一星 分爲二乃滅
유성(流星)이 북두(北斗) 성좌에서 나와 천주
(天廚) 성좌와 전사(傳舍) 성좌사이로 들어갔다.
또 하나는 북두(北斗) 성좌의 제1성에서 나와
두 개로 갈라진 후 사라졌다.
고려사 권47, 지1 [R]

예종 17년(1122) 임인 2. 15. (갑진)

/양 1122. 3. 24./

二月 甲辰 月食
월식이 있었다.
고려사 권47, 지1 [B]

예종 17년(1122) 임인 3. 8. (정묘)

/양 1122. 4. 16./

三月 丁卯 日有暈
햇무리가 있었다.
고려사 권47, 지1 [O]

예종 17년(1122) 임인 3. 10. (기사)

/양 1122. 4. 18./

三月 己巳 日有珥

태양에 귀고리가 있었다.
고려사 권47, 지1 [O]

예종 17년(1122) 임인 4. 8. (병신)

/양 1122. 5. 15./

四月 丙申 日有重輪
태양에 2중의 바퀴같은 륜(輪)이 있었다.
고려사 권47, 지1 [O]

예종 17년(1122) 임인 4. 8. (병신)

/양 1122. 5. 15./

四月 丙申 南方有異氣 五色鮮明良久 而散 遣使
行天祥祭
남쪽에 이상한 기운이 나타나서 오색(五色)이 선
명하더니 한참 있다가 흩어졌다. 관헌(官憲)을
보내서 천상제(天祥祭)를 지내게 하였다.
고려사 권53, 지7 [S]

예종 17년(1122) 임인 4. - (임신)

/양 1122. 5. - /

四月 壬申[82] 昏時有黑雲發於乾方 或有靑氣出於
雲閒 或有赤氣挾於左右並向巽方至初更自滅
해질 무렵에 검은 구름이 서북쪽에서 일어났는
데, 푸른 기운이 구름 사이에 나타나기도 하고
어떤 것은 붉은 기운이 구름 좌우편에서 나와 함
께 동남쪽으로 향하다가 초경(初更, 오후 7시～
9시)에 이르러서야 저절로 없어졌다.
고려사 권53, 지7 [S]

예종 17년(1122) 임인 5. 16. (계유)

/양 1122. 6. 21./

五月 癸酉 初更月有兩珥 靑黃交色 二更末變白而滅
밤 초경(初更, 오후 9시 ~ 10.4시)에 달의 양쪽
에 귀고리가 있었는데 청색과 황색이 섞였으
며, 2경(二更, 오후 10.4시 ~ 11.8시)이 끝날 무
렵에 흰 빛으로 변하며 사라졌다.
고려사 권47, 지1 [P]

예종 17년(1122) 임인 7. 19. (을해)

/양 1122. 8. 22./

七月 乙亥 天狗出艮方抵坤方
천구(天狗: 유성의 다른 이름)가 동북쪽에서 나
와 서남쪽으로 흘러갔다.
고려사 권47, 지1 [R]

---

82) 4월에 임신일이 없음, 3/13, 5/15가 임신일임.

예종 17년(1122) 임인 8. 1. (정해)

/양 1122. 9. 3./

八月 丁亥朔 流星出天市東垣 入尾前大後小尾長
二尺許
유성(流星)이 천시동원(天市東垣)에서 나와 미
(尾) 성좌로 들어갔는데 앞부분은 크고 뒷부분
은 작은데 꼬리의 길이는 2척쯤 되었다.
고려사 권47, 지1 [R]

예종 17년(1122) 임인 8. 6. (임진)

/양 1122. 9. 8./

八月 壬辰 月食
월식이 있었다.
고려사 권47, 지1 [B]

예종 17년(1122) 임인 11. 24. (기묘)

/양 1122. 12. 24./

十一月 己卯 月入氐星
달이 저(氐) 성좌로 들어갔다.
고려사 권47, 지1 [C]

예종 17년(1122) 임인 12. 3. (무자)

/양 1123. 1. 2./

十二月 戊子 流星出軒轅入輿鬼 尾長四尺許
유성(流星)이 헌원(軒轅) 성좌에서 나와 여귀(輿鬼)
성좌로 들어갔는데 꼬리의 길이는 4척쯤 되었다.
고려사 권47, 지1 [R]

예종 17년(1122) 임인 12. 10. (을미)

/양 1123. 1. 9./

十二月 乙未 月犯畢大星
달이 필대성(畢大星)을 범하였다.
고려사 권47, 지1 [C]

예종 17년(1122) 임인 12. 23. (무신)

/양 1123. 1. 22./

十二月 戊申 犯罰星及東咸 太白入羽林
<달이> 벌(罰) 성좌와 동함(東咸) 성좌를 범하였
다. 금성[太白]이 우림(羽林) 성좌로 들어갔다.
고려사 권47, 지1 [C] [F]

예종 17년(1122) 임인 12. 24. (기유)

/양 1123. 1. 23./

十二月 己酉 日有兩珥

태양의 양쪽에 귀고리가 있었다.
고려사 권47, 지1 [O]

17. 인종(1123 ~ 1146)

인종 1년(1123) 계묘 2. 18. (임인)

/양 1123. 3. 17./

二月 壬寅 西京留守奏老人星見
서경유수(西京留守)가 보고하기를 노인성(老人
星)이 나타났다고 하였다.
고려사 권47, 지1 [H]

인종 1년(1123) 계묘 2. 22. (병오)

/양 1123. 3. 21./

二月 丙午 夜西方有白氣 中央有赤氣
밤에 서쪽에는 흰 기운이 있었고 중앙에는 붉은
기운이 있었다.
고려사 권54, 지8 [S]

인종 1년(1123) 계묘 6. 27. (무신)

/양 1123. 7. 21./

六月 戊申 太白晝見
금성[太白]이 낮에 나타났다.
고려사 권15, 세가15 ; 고려사 권47, 지1 [G]

인종 1년(1123) 계묘 7. 11. (임술)

/양 1123. 8. 4./

七月 壬戌 太白晝見
금성[太白]이 낮에 나타났다.
고려사 권15, 세가15 [G]

인종 1년(1123) 계묘 7. 11. (임술)

/양 1123. 8. 4./

七月 壬戌 亦如之
또 <금성[太白]이 낮에 나타났다>.
고려사 권47, 지1 [G]

인종 1년(1123) 계묘 7. 18. (기사)

/양 1123. 8. 11./

七月 己巳 有星孛于北斗
혜성[星孛]이 북두(北斗) 성좌에 있었다.
고려사 권47, 지1 [H]

인종 1년(1123) 계묘 7. 18. (기사)

/양 1123. 8. 11./

秋七月 己巳 有星孛于北斗 設消災道場於乾德殿
五日
혜성[星孛]이 북두(北斗) 성좌에 나타났으므로,
건덕전(乾德殿)에서 5일간 소재도량(消災道場)을
베풀었다.
고려사절요 권9 [H]

인종 1년(1123) 계묘 8. 1. (신사)

/양 1123. 8. 23./

八月 辛巳朔 日食
일식이 있었다.
고려사 권15, 세가15 ; 고려사 권47, 지1 ;
고려사절요 권9 [A]

인종 1년(1123) 계묘 11. 21. (경오)

/양 1123. 12. 10./

十一月 庚午 月犯軒轅前大星
달이 헌원(軒轅) 성좌의 앞 큰 별을 범하였다.
고려사 권47, 지1 [C]

인종 1년(1123) 계묘 12. 13. (임진)

/양 1124. 1. 1./

十二月 壬辰 日有兩珥
태양의 양쪽에 귀고리가 달렸다.
고려사 권47, 지1 [O]

인종 2년(1124) 갑진 1. 5. (갑인)

/양 1124. 1. 23./

正月 甲寅 日有兩珥
태양의 양쪽에 귀고리가 달렸다.
고려사 권47, 지1 [O]

인종 2년(1124) 갑진 1. 7. (병진)

/양 1124. 1. 25./

春正月 丙辰 晝晦
낮이 어두었다.
고려사 권15, 세가15 [B]

인종 2년(1124) 갑진 1. 14. (계해)

/양 1124. 2. 1./

正月 癸亥 月食
월식이 있었다.
고려사 권47, 지1 [B]

인종 2년(1124) 갑진 1. 17. (병인)

/양 1124. 2. 4./

正月 丙寅 日有三珥
태양에 세 개의 귀고리가 달렸다.
고려사 권47, 지1 [O]

인종 2년(1124) 갑진 3. 2. (경술)

/양 1124. 3. 19./

三月 庚戌 熒惑食東井
화성[熒惑]이 동정(東井) 성좌를 가렸다.
고려사 권47, 지1 [F]

인종 2년(1124) 갑진 윤3. 7. (갑신)

/양 1124. 4. 22./

閏月 甲申 日赤無光
태양빛이 붉고 광채가 없어졌다.
고려사 권15, 세가15 [M]

인종 2년(1124) 갑진 윤3. 7. (갑신)

/양 1124. 4. 22./

閏三月 甲申 日赤無光
태양빛이 붉고 광채가 없어졌다.
고려사 권47, 지1 [M]

인종 2년(1124) 갑진 윤3. 9. (병술)

/양 1124. 4. 24./

閏月 丙戌 日色黃赤
태양빛이 황적색(黃赤色)이었다.
고려사 권15, 세가15 [M]

인종 2년(1124) 갑진 윤3. 9. (병술)

/양 1124. 4. 24./

閏三月 丙戌 日色黃赤
태양빛이 황적색(黃赤色)이었다.
고려사 권47, 지1 [M]

인종 2년(1124) 갑진 4. 14. (신유)

/양 1124. 5. 29./

四月 辛酉 月暈有珥
달무리가 있었고 귀고리가 있었다.
고려사 권47, 지1 [P]

인종 2년(1124) 갑진 6. 13. (무오)

/양 1124. 7. 25./

六月 戊午 流星出紫微入攝提 尾長三十尺許
유성(流星)이 자미원(紫微垣)에서 나와 섭제(攝提) 성좌로 들어갔는데 그 꼬리의 길이는 30척쯤 되었다.
고려사 권47, 지1 [R]

인종 2년(1124) 갑진 8. 2. (병오)

/양 1124. 9. 11./

八月 丙午 歲星犯輿鬼 流星出文昌入北斗
목성[歲星]이 여귀(輿鬼) 성좌를 범하였다. 유성(流星)이 문창(文昌) 성좌에서 나와 북두(北斗) 성좌로 들어갔다.
고려사 권47, 지1 [F] [R]

인종 2년(1124) 갑진 8. 17. (신유)

/양 1124. 9. 26./

八月 辛酉 天狗自東北發回翔都城內外 所過人皆鼓譟 無幾向西南墜地 聲如雷
천구(天狗, 유성의 일종)가 동북쪽에서 나와 도성 내외 상공을 돌았는데 지나가는 사람들이 모두 놀래어 웅성거렸다. <유성은> 얼마 안 가서 서남쪽으로 향하여 가다가 땅에 떨어졌는데 그 소리가 우레 소리 같았다.
고려사 권47, 지1 [R]

인종 2년(1124) 갑진 8. 21. (을축)

/양 1124. 9. 30./

八月 乙丑 流星出大陵入紫微
유성(流星)이 대릉(大陵) 성좌에서 나와 자미원(紫微垣)으로 들어갔다.
고려사 권47, 지1 [R]

인종 2년(1124) 갑진 9. 21. (갑오)

/양 1124. 10. 29./

九月 甲午 太白晝見 經天六日
금성[太白]이 낮에 나타나 6일동안 남쪽하늘에서 보였다.
고려사 권15, 세가15 ; 고려사 권47, 지1 ; 고려사절요 권9 [G]

인종 2년(1124) 갑진 9. 22. (을미)

/양 1124. 10. 30./

九月 乙未 月犯軒轅 又有流星 大如炬
달이 헌원(軒轅) 성좌를 범하였다. 횃불[炬]과 같은 큰 유성(流星)이 있었다.
고려사 권47, 지1 [C] [R]

인종 2년(1124) 갑진 9. 26. (기해)

/양 1124. 11. 3./

九月 己亥 月犯大微
달이 태미원[大微]을 범하였다.
고려사 권47, 지1 [C]

인종 2년(1124) 갑진 9. 29. (임인)

/양 1124. 11. 6./

九月 壬寅 流星出東北 大如炬
유성(流星)이 동북쪽에서 나왔는데 크기는 횃불[炬]과 같았다.
고려사 권47, 지1 [R]

인종 2년(1124) 갑진 10. 11. (갑인)

/양 1124. 11. 18./

十月 甲寅 月南北有角
달의 남쪽과 북쪽에 뿔이 있었다.
고려사 권47, 지1 [P]

인종 2년(1124) 갑진 10. 12. (을묘)

/양 1124. 11. 19./

十月 乙卯 流星出文昌入紫微[83] 貫北極 滅于大微東藩
유성(流星)이 문창(文昌) 성좌에서 나와 자미(紫微) 성좌로 들어가서 북극(北極) 성좌를 가로 지나간 다음 태미동번[大微東藩] 성좌에서 사라졌다.
고려사 권47, 지1 [R]

인종 2년(1124) 갑진 10. 30. (계유)

/양 1124. 12. 7./

十月 癸酉 流星出叅右脚入軍印[84]
유성(流星)이 삼(叅) 성좌의 우각성(右脚星)에서 나와 군인(軍印) 성좌로 들어갔다.
고려사 권47, 지1 [R]

인종 2년(1124) 갑진 11. 2. (을해)

/양 1124. 12. 9./

十一月 乙亥 流星出五車 入天苑 又出北斗魁中

---

83) 紫微(자미): 문장의 별자리 배치로 보아 여기서 자미는 우자미 성좌를 말함.
84) 軍印(군인): 없음. 군정(軍井) 성좌로 추론됨.

入紫微
유성(流星)이 오거(五車) 성좌에서 나와 천원
(天苑) 성좌로 들어갔으며 또 북두괴(北斗魁)에
서 나와 자미원(紫微垣)으로 들어갔다.
고려사 권47, 지1 [R]

인종 2년(1124) 갑진 11. 19. (임진)

/양 1124. 12. 26./

十一月 壬辰 月食大微
달이 태미원[大微]을 가렸다.
고려사 권47, 지1 [C]

인종 2년(1124) 갑진 12. 14. (정사)

/양 1125. 1. 20./

十二月 丁巳 日暈有兩珥
햇무리의 양쪽에 귀고리가 있었다.
고려사 권47, 지1 [O]

인종 2년(1124) 갑진 12. 15. (무오)

/양 1125. 1. 21./

十二月 戊午 月食旣 王素服出殿庭 救食
개기 월식이 있었는데 왕이 흰 옷을 입고 궁전
뜰에 나와 월식에 대한 액막이를 하였다.
고려사 권47, 지1 [B]

인종 2년(1124) 갑진 12. 17. (경신)

/양 1125. 1. 23./

十二月 庚申 月犯大微右執法 流星出庫樓 入鉤陳
달이 태미원[大微]의 우집법성(右執法星)을 범
하였다. 유성(流星)이 고루(庫樓) 성좌에서 나와
구진(鉤陳) 성좌로 들어갔다.
고려사 권47, 지1 [C] [R]

인종 2년(1124) 갑진 12. 18. (신유)

/양 1125. 1. 24./

十二月 辛酉 月犯大微東藩上相85)
달이 태미동원(太微東藩) 성좌의 상상성(上相
星)을 범하였다.
고려사 권47, 지1 [C]

인종 3년(1125) 을사 4. 26. (정묘)

/양 1125. 5. 30./

四月 丁卯 日月同出東西相距五丈許
태양과 달이 동시에 떠올랐는데 동서로 서로의
거리가 5장(丈)쯤 되었다.
고려사 권47, 지1 [T]

인종 4년(1126) 병오 1. 2. (무진)

/양 1126. 1. 26./

正月 戊辰 日有兩珥
태양의 양쪽에 귀고리가 달려 있었다.
고려사 권47, 지1 [O]

인종 4년(1126) 병오 1. 3. (기사)

/양 1126. 1. 27./

正月 <戊辰> 翼日亦如之
다음날도 이와 같았다. <태양의 양쪽에 귀고리
가 달려있었다>.
고려사 권47, 지1 [O]

인종 4년(1126) 병오 1. 28. (갑오)

/양 1126. 2. 21./

春正月 甲午 白虹貫日
흰 무지개가 태양을 가로질러 갔다
고려사 권15, 세가15 [O]

인종 4년(1126) 병오 1. 28. (갑오)

/양 1126. 2. 21./

正月 甲午 白虹貫日 重暈
흰 무지개가 태양을 가로질렀으며 2중의 햇무
리가 있었다.
고려사 권47, 지1 [O]

인종 4년(1126) 병오 3. 10. (병자)

/양 1126. 4. 4./

三月 丙子 月犯軒轅大星 又犯歲星
달이 헌원대성(軒轅大星)을 범하였으며 또 목성
[歲星]을 범하였다.
고려사 권47, 지1 [C]

인종 4년(1126) 병오 3. 12. (무인)

/양 1126. 4. 6./

三月 戊寅 入大微 犯內諸侯86)
<달이> 태미원[大微]에 들어가 내제후(內諸侯)
성좌를 범하였다.

---

85) 大微東藩上相星(태미동번상상): 태미원의 좌태미 성좌의 아래
에서부터 2번째 별.

86) 內諸侯(내제후): 태미원, 오제후 성좌를 의미하는 듯함.

고려사 권47, 지1 [C]

인종 4년(1126) 병오 3. 16. (임오)

/양 1126. 4. 10./

三月 壬午 熒惑犯輿鬼入積尸
화성[熒惑]이 여귀(輿鬼) 성좌를 범하였다가 적시성
(積尸星)으로 들어갔다.
고려사 권47, 지1 [F]

인종 4년(1126) 병오 3. 26. (임진)

/양 1126. 4. 20./

三月 壬辰 流星出天市入心星
유성(流星)이 천시원(天市垣)에서 나와 심(心)
성좌로 들어갔다.
고려사 권47, 지1 [R]

인종 4년(1126) 병오 3. 27. (계사)

/양 1126. 4. 21./

三月 癸巳 黃霧四塞
황색 안개가 사방에 자욱하였다.
고려사 권55, 지9 [S]

인종 4년(1126) 병오 3. 28. (갑오)

/양 1126. 4. 22./

三月 甲午 日色如血
태양의 색이 피빛과 같았다.
고려사 권15, 세가15 ; 고려사 권47, 지1 [M]

인종 4년(1126) 병오 4. 20. (병진)

/양 1126. 5. 14./

四月 丙辰 天狗墮地 有聲人駭譟
천구(天狗)가 땅에 떨어지자 소리가 났는데 사
람들이 놀래어 떠들었다.
고려사 권47, 지1 [R]

인종 4년(1126) 병오 6. 7. (임인)

/양 1126. 6. 29./

六月 壬寅 太白歲星並行 犯右執法入大微
금성[太白]과 목성[歲星]이 함께 나란히 가면서
우집법성(右執法星)을 범하였다가 태미원[大微]
으로 들어갔다.
고려사 권47, 지1 [E]

인종 4년(1126) 병오 6. 8. (계묘)

/양 1126. 6. 30./

六月 癸卯 乾方有赤氣
붉은 기운이 서북쪽에 나타났다.
고려사 권53, 지7 [S]

인종 4년(1126) 병오 7. 14. (무인)

/양 1126. 8. 4./

七月 戊寅 乾方有赤氣
붉은 기운이 서북쪽에 나타났다.
고려사 권53, 지7 [S]

인종 4년(1126) 병오 9. 8. (신미)

/양 1126. 9. 26./

九月 辛未 兌方天鳴 如雷
서쪽 하늘이 울었는데 우레 소리와 같았다.
고려사 권53, 지7 [L]

인종 4년(1126) 병오 9. 20. (계미)

/양 1126. 10. 8./

九月 癸未 月犯井星
달이 정(井) 성좌를 범하였다.
고려사 권47, 지1 [C]

인종 4년(1126) 병오 9. 21. (갑신)

/양 1126. 10. 9./

九月 甲申 流星出營室 入紫微 長七尺許
유성(流星)이 영실(營室) 성좌에서 나와 자미원(紫
微垣)으로 들어갔는데 길이는 7척쯤 되었다.
고려사 권47, 지1 [R]

인종 4년(1126) 병오 9. 23. (병술)

/양 1126. 10. 11./

九月 丙戌 流星出紫微 入東藩
유성(流星)이 자미원(紫微垣)에서 나와 동번(東
藩) 성좌로 들어갔다.
고려사 권47, 지1 [R]

인종 4년(1126) 병오 9. 27. (경인)

/양 1126. 10. 15./

九月 庚寅 月入大微犯屛星 太白歲星鎭星合行翼
度 歲星入大微犯謁者 太白晝見 經天
달이 태미원[大微]에 들어가 병(屛) 성좌를 범하였
다. 금성[太白], 목성[歲星], 토성[鎭星]들이 함께
익(翼) 성좌에서 운행하였다. 목성이 태미원[大微]

94

에 들어가 알자성(謁者星)을 범하였다. 금성[太白]이 낮에 나타나 남쪽하늘에서 보였다.
고려사 권47, 지1 [C] [E] [F] [G]

인종 4년(1126) 병오 9. 27. (경인)

/양 1126. 10. 15./

九月 庚寅 太白晝見經天
금성[太白]이 낮에 나타나 남쪽하늘에서 보였다.
고려사절요 권9 [G]

인종 4년(1126) 병오 10. 2. (갑오)

/양 1126. 10. 19./

十月 甲午 流星出天將軍入句陳 大如木瓜 長十尺許
유성(流星)이 천장군(天將軍) 성좌에서 나와 구진(句陳) 성좌로 들어갔는데 크기는 모과(木瓜)만 하였으며 길이는 10척쯤 되었다.
고려사 권47, 지1 [R]

인종 4년(1126) 병오 10. 8. (경자)

/양 1126. 10. 25./

十月 庚子 流星出天將軍入紫微 又流星入大微五帝座
유성(流星)이 천장군(天將軍) 성좌에서 나와 자미원(紫微垣)으로 들어갔으며 또 다른 하나의 유성은 태미원[大微]의 오제좌(五帝座) 성좌로 들어갔다.
고려사 권47, 지1 [R]

인종 4년(1126) 병오 10. 9. (신축)

/양 1126. 10. 26./

十月 辛丑 歲星犯大微 鎭星犯上相87)
목성[歲星]이 태미원[大微]을 범하였으며 토성[鎭星]이 상상성(上相星)을 범하였다.
고려사 권47, 지1 [F]

인종 4년(1126) 병오 10. 10. (임인)

/양 1126. 10. 27./

十月 壬寅 月犯羽林
달이 우림(羽林) 성좌를 범하였다.
고려사 권47, 지1 [C]

인종 4년(1126) 병오 11. 26. (정해)

/양 1126. 12. 11./

十一月 丁亥 流星出水位入張 聲如雷 大如椀 長一

丈許
유성(流星)이 수위(水位) 성좌에서 나와 장(張) 성좌로 들어갔는데 그 소리는 뇌성(雷聲)과 같았고 크기는 주발[椀]만 하였으며 길이는 한 장(丈)쯤 되었다.
고려사 권47, 지1 [R]

인종 4년(1126) 병오 11. 27. (무자)

/양 1126. 12. 12./

十一月 戊子 日珥
태양에 귀고리가 있었다.
고려사 권47, 지1 [O]

인종 4년(1126) 병오 11. 30. (신묘)

/양 1126. 12. 15./

十一月 辛卯 歲星犯大微
목성[歲星]이 태미원[大微]을 범하였다.
고려사 권47, 지1 [F]

인종 4년(1126) 병오 윤11. 2. (계사)

/양 1126. 12. 17./

閏月 癸巳 流星出大微88)入帝座89) 大如燈
유성(流星)이 태미[大微]성좌에서 나와 제좌성(帝座星)로 들어갔는데 크기는 등불만 하였다.
고려사 권47, 지1 [R]

인종 4년(1126) 병오 윤11. 6. (정유)

/양 1126. 12. 21./

十一月 丁酉 流星出北斗中台 大如木瓜
유성(流星)이 북두(北斗) 성좌와 중태(中台) 성좌에서 나왔는데 크기는 모과(木瓜)만 하였다.
고려사 권47, 지1 [R]

인종 4년(1126) 병오 윤11. 18. (기유)

/양 1127. 1. 2./

閏月 己酉 月犯軒轅
달이 헌원(軒轅) 성좌를 범하였다.
고려사 권47, 지1 [C]

인종 4년(1126) 병오 윤11. 18. (기유)

/양 1127. 1. 2./

---

87) 上相(상상): 상상성-1임.

88) 太微(태미): 여기서는 태미원이 아니라 좌태미나 우태미 성좌를 지칭하는 것으로 보임.
89) 帝座(제좌): 앞의 태미의 기록이 있는 것으로 보아 제좌성-3으로 추론함.

閏月 己酉 日珥
태양에 귀고리가 있었다.
고려사 권47, 지1 [O]

인종 4년(1126) 병오 윤11 19. (경술)

/양 1127. 1. 3./

閏月 庚戌 犯小微
<달이> 소미(小微) 성좌를 범하였다.
고려사 권47, 지1 [C]

인종 4년(1126) 병오 윤11. 21. (임자)

/양 1127. 1. 5./

閏月 壬子 犯大微
<달이> 태미원[大微]을 범하였다.
고려사 권47, 지1 [C]

인종 4년(1126) 병오 12. 18. (기묘)

/양 1127. 2. 1./

十二月 己卯 月入大微
달이 태미원[大微]으로 들어갔다.
고려사 권47, 지1 [C]

인종 4년(1126) 병오 12. 21. (임오)

/양 1127. 2. 4./

十二月 壬午 入氐星
<달이> 저(氐) 성좌로 들어갔다.
고려사 권47, 지1 [C]

인종 4년(1126) 병오 12. 25. (병술)

/양 1127. 2. 8./

十二月 丙戌 流星出庫樓 入大微
유성(流星)이 고루(庫樓) 성좌에서 나와 태미원
[大微]으로 들어갔다.
고려사 권47, 지1 [R]

인종 5년(1127) 정미 1. 20. (경술)

/양 1127. 3. 4./

正月 庚戌 歲星入大微左掖90) 鎮星犯大微東藩上相
목성[歲星]이 태미원[大微]의 좌액문(左掖門)으로
들어갔으며 토성[鎮星]이 태미동번[大微東藩] 성좌
의 상상성(上相星)을 범하였다.
고려사 권47, 지1 [F]

---

90) 左掖(좌액): 좌액문(左掖門), '액문'이 궁궐정문의 좌우로 나있
는 작은 문을 의미하는데, 여기서는 단문(端門)에서 좌집법성
쪽으로 치우쳐있는 공간(길)을 의미함.

인종 5년(1127) 정미 2. 4. (갑자)

/양 1127. 3. 18./

二月 甲子 流星出建入房 大如木瓜
유성(流星)이 건(建) 성좌에서 나와 방(房) 성좌
로 들어갔는데 크기는 모과(木瓜)만 하였다.
고려사 권47, 지1 [R]

인종 5년(1127) 정미 2. 8. (무진)

/양 1127. 3. 22./

二月 戊辰 歲星犯大微左執法
목성[歲星]이 태미원[大微]의 좌집법성(左執法星)
을 범하였다.
고려사 권47, 지1 [F]

인종 5년(1127) 정미 2. 28. (무자)

/양 1127. 4. 11./

二月 戊子 流星出大角 入市垣中宦者
유성(流星)이 대각성(大角星)에서 나와 천시원
(天市垣)의 환자(宦者) 성좌로 들어갔다.
고려사 권47, 지1 [R]

인종 5년(1127) 정미 3. 4. (갑오)

/양 1127. 4. 17./

三月 甲午 流星出建入房 大如木瓜 長十五尺許
유성(流星)이 건(建) 성좌에서 나와 방(房) 성좌
로 들어갔는데 크기는 모과(木瓜)만 하였고 길
이는 15척쯤 되었다.
고려사 권47, 지1 [R]

인종 5년(1127) 정미 4. 15. (갑술)

/양 1127. 5. 27./

四月 甲戌 月食密雲不見
월식이 짙은 구름에 가리워 보이지 않았다.
고려사 권47, 지1 [B]

인종 5년(1127) 정미 5. 6. (을미)

/양 1127. 6. 17./

五月 乙未 月犯大微內屏四星
달이 태미원[大微]내에 있는 병(屏) 성좌의 네
번째 별을 범하였다.
고려사 권47, 지1 [C]

인종 5년(1127) 정미 6. 2. (경신)

/양 1127. 7. 12./

六月 庚申 流星出營室入危 大如木瓜
유성(流星)이 영실(營室) 성좌에서 나와 위(危) 성좌로 들어갔는데 크기는 모과(木瓜)만 하였다.
고려사 권47, 지1 [R]

인종 5년(1127) 정미 7. 2. (경인)

/양 1127. 8. 11./

七月 庚寅 流星出婁入五車 色黃 大如木瓜
유성(流星)이 루(婁) 성좌에서 나와 오거(五車) 성좌로 들어갔는데 황색이었고 크기는 모과(木瓜)만 하였다.
고려사 권47, 지1 [R]

인종 5년(1127) 정미 8. 1. (무오)

/양 1127. 9. 8./

八月 戊午朔 熒惑犯輿鬼 又犯積尸 終月乃沒
화성[熒惑]이 여귀(輿鬼) 성좌를 범하였고 또 적시성(積尸星)을 범한 후에 이달 말에 없어졌다.
고려사 권47, 지1 [F]

인종 5년(1127) 정미 9. 10. (정유)

/양 1127. 10. 17./

九月 丁酉 夜赤氣發東南至庚子滅
밤에 동남쪽에서 일어난 붉은색 기운이 경자일(9/13)에 이르러서야 없어졌다.
고려사 권53, 지7 [S]

인종 5년(1127) 정미 9. 16. (계묘)

/양 1127. 10. 23./

九月 癸卯 流星出東壁入羽林 大如椀
유성(流星)이 동벽(東壁) 성좌에서 나와 우림(羽林) 성좌로 들어갔는데 크기는 주발[椀]만 하였다.
고려사 권47, 지1 [R]

인종 5년(1127) 정미 9. 24. (신해)

/양 1127. 10. 31./

九月 辛亥 月犯大微
달이 태미원[大微]을 범하였다.
고려사 권47, 지1 [E]

인종 5년(1127) 정미 9. 25. (임자)

/양 1127. 11. 1./

九月 壬子 流星出五車入北斗
유성(流星)이 오거(五車) 성좌에서 나와 북두(北斗) 성좌로 들어갔다.
고려사 권47, 지1 [F]

인종 5년(1127) 정미 10. 2. (무오)

/양 1127. 11. 7./

十月 戊午 流星出東壁入羽林
유성(流星)이 동벽(東壁) 성좌에서 나와 우림(羽林) 성좌로 들어갔다.
고려사 권47, 지1 [G]

인종 5년(1127) 정미 10. 3. (기미)

/양 1127. 11. 8./

十月 己未 月犯太白
달이 금성[太白]을 범하였다.
고려사 권47, 지1 [C]

인종 5년(1127) 정미 11. 24. (경술)

/양 1127. 12. 29./

十一月 庚戌 熒惑入大微
화성[熒惑]이 태미원[大微]에 들어갔다.
고려사 권47, 지1 [F]

인종 5년(1127) 정미 12. 3. (무오)

/양 1128. 1. 6./

十二月 戊午 流星出庫樓入大微 大如雞子
유성(流星)이 고루(庫樓) 성좌에서 나와 태미원[大微]으로 들어갔는데 크기는 계란만 하였다.
고려사 권47, 지1 [R]

인종 5년(1127) 정미 12. 16. (신미)

/양 1128. 1. 19./

十二月 辛未 月入輿鬼
달이 여귀(輿鬼) 성좌에 들어갔다.
고려사 권47, 지1 [C]

인종 5년(1127) 정미 12. - (-)

/양 1128. 1. - /

是月 太白晝見經天
이달(12월)에 금성[太白]이 낮에 나타나 남쪽하늘에서 보였다.
고려사 권15, 세가15 [G]

인종 6년(1128) 무신 1. 2. (정해)

/양 1128. 2. 4./

正月 丁亥 熒惑犯軒轅
화성[熒惑]이 헌원(軒轅) 성좌를 범하였다.
고려사 권47, 지1 [F]

인종 6년(1128) 무신 1. 26. (신해)

/양 1128. 2. 28./

正月 辛亥 夜北方有赤白氣入紫微宮
밤에 적백색 기운이 북쪽에서 나타나 자미원
(紫微垣)으로 들어갔다.
고려사 권53, 지7 [S]

인종 6년(1128) 무신 1. 2 (정해)

/양 1128. 2. 4 /

自丁未年十二月 太白晝見經天 光芒日大 熒惑犯
小微星 至于是月
정미년(1127) 12월부터 이달(1128년1월)까지 금성
[太白]이 낮에 나타나 남쪽하늘에서 보였는데, 그
광채가 날로 커졌다. 그리고 화성[熒惑]이 이달까지
소미(小微) 성좌를 범하였다.
고려사 권47, 지1 [G] [F]

인종 6년(1128) 무신 1. - (-)

/양 1128. 2. - /

是月 太白晝見經天
금성[太白]이 낮에 나타나 남쪽하늘에서 보였다.
고려사 권15, 세가15 [G]

인종 6년(1128) 무신 2. 2. (병진)

/양 1128. 3. 4./

二月 丙辰 熒惑 犯軒轅夫人
화성[熒惑]이 헌원(軒轅) 성좌의 부인성(夫人星)을 범
하였다.
고려사 권47, 지1 [F]

인종 6년(1128) 무신 2. 21. (을해)

/양 1128. 3. 23./

二月 乙亥 月入羽林
달이 우림(羽林) 성좌에 들어갔다.
고려사 권47, 지1 [C]

인종 6년(1128) 무신 3. 24. (무신)

/양 1128. 4. 25./

三月 戊申 日色無光赤黃

태양이 광채가 없고 적황색이었다.
고려사 권47, 지1 [M] [N]

인종 6년(1128) 무신 3. 25. (기유)

/양 1128. 4. 26./

三月 己酉 日色無光而赤黃
태양이 광채가 없고 적황색이었다.
고려사 권47, 지1 [M]

인종 6년(1128) 무신 4. 8. (신유)

/양 1128. 5. 8./

四月 辛酉 月犯大微西藩 次相星91) 又犯屛星
달이 태미서번[大微西藩] 성좌의 차상성(次相星)을 범하였
으며 또 병(屛) 성좌를 범하였다.
고려사 권47, 지1 [C]

인종 6년(1128) 무신 4. 12. (을축)

/양 1128. 5. 12./

四月 乙丑 月犯鎭星
달이 토성[鎭星]을 범하였다.
고려사 권47, 지1 [C]

인종 6년(1128) 무신 4. 21. (갑술)

/양 1128. 5. 21./

夏四月 甲戌 太白晝見經天
금성[太白]이 낮에 나타나 남쪽하늘에서 보였다.
고려사 권15, 세가15 [G]

인종 6년(1128) 무신 4. 21. (갑술)

/양 1128. 5. 21./

四月 甲戌 太白晝見經天 月入羽林中
금성[太白]이 낮에 나타나 남쪽하늘에서 보였다.
달이 우림(羽林) 성좌로 들어갔다.
고려사 권47, 지1 [G] [C]

인종 6년(1128) 무신 4. 21. (갑술)

/양 1128. 5. 21./

四月 甲戌 太白晝見經天
금성[太白]이 낮에 나타나 남쪽하늘에서 보였다.
고려사절요 권9 [G]

인종 6년(1128) 무신 4. 28. (신사)

/양 1128. 5. 28./

---

91) 次相星(차상성): 차상성-1임.

98

四月 辛巳 流星出牽牛入天田 大如木瓜
유성(流星)이 견우(牽牛) 성좌에서 나와 천전(天田) 성좌로 들어갔는데 크기는 모과(木瓜)만 하였다.
고려사 권47, 지1 [R]

인종 6년(1128) 무신 5. 1. (갑신)

/양 1128. 5. 31./

五月 甲申朔 自四月下旬至今月 太白晝見經天
4월 하순부터 이달(5월)에 이르기까지 금성[太白]이 낮에 나타나 남쪽하늘에서 보였다.
고려사 권47, 지1 [G]

인종 6년(1128) 무신 5. 4. (정해)

/양 1128. 6. 3./

五月 丁亥 流星出天津入營室 大如木瓜 色赤
유성(流星)이 천진(天津) 성좌에서 나와 영실(營室) 성좌로 들어갔는데 크기는 모과(木瓜)만 하였고 빛은 붉었다.
고려사 권47, 지1 [R]

인종 6년(1128) 무신 5. 28. (신해)

/양 1128. 6. 27./

五月 辛亥 流星出天津入營室
유성(流星)이 천진(天津) 성좌에서 나와 영실(營室) 성좌로 들어갔다.
고려사 권47, 지1 [R]

인종 6년(1128) 무신 6. 24. (정축)

/양 1128. 7. 23./

六月 丁丑 流星大如缶 色白有光 出紫微宮 長十尺許 疾行入離室星92) 又流星大如鉢 出天市星 色赤 長五尺許 疾行入氐星 又流星大如燈盞 出軫星 色赤 長七尺許 疾行入左角星 四更 流星大如鉢 出天津星 色如火 長三尺許 疾行入河鼓星 五更 流星大如燈盞 出壘壁陣 色白 入羽林 又流星 大如燈盞 長十尺許 入昴星
유성(流星)이 두레박[缶]만큼 크고 흰 빛의 광채(光彩)를 내면서 자미궁(紫微宮)에서 나왔는데 길이는 10척쯤 되었고 빠른 속도로 이궁(離宮) 성좌와 실(室) 성좌[離室]로 들어갔다. 또 사발[鉢]만큼 큰 유성(流星)이 천시원(天市垣)에서 나왔는데 빛은 붉고 길이는 5척쯤 되었으며 빠른 속도로 저(氐) 성좌에 들어갔다. 또 한 유성이 진(軫) 성좌에서 나왔는데 크기는 등잔만 하고

붉은 빛이였으며 길이는 7척쯤 되었고 빠른 속도로 좌각성(左角星)을 향하여 들어갔다. 4경에 사발[鉢]만큼 큰 유성이 천진(天津) 성좌에서 나왔는데 불빛과 같았고 길이는 3척쯤 되었으며 빠른 속도로 하고(河鼓) 성좌로 들어갔다. 5경에는 등잔만한 유성이 누벽진(壘壁陣) 성좌에서 나왔는데 백색이였으며 우림(羽林) 성좌로 들어갔다. 또 크기가 등잔만 하고 길이는 10척쯤 되는 유성이 묘(昴) 성좌로 들어갔다.
고려사 권47, 지1 [R]

인종 6년(1128) 무신 6. 25. (무인)

/양 1128. 7. 24./

六月 戊寅 黃赤氣東西竟天
황적색 기운이 동쪽에서 서쪽으로 하늘을 가로질렀다
고려사 권55, 지9 [S]

인종 6년(1128) 무신 8. - (-)

/양 1128. 9. - /

八月 自六月至是月 太白晝見經天
6월부터 이달(8월)까지 금성[太白]이 낮에 나타나서 남쪽하늘에서 보였다.
고려사 권47, 지1 [G]

인종 6년(1128) 무신 8. 14. (병인)

/양 1128. 9. 10./

八月 丙寅 太白犯軒轅大星
금성[太白]이 헌원대성(軒轅大星)을 범하였다.
고려사 권47, 지1 [F]

인종 6년(1128) 무신 8. - (-)

/양 1128. 9. - /

八月 自四月至是月93) 太白晝見經天
4월에서 이달(8월)까지 금성[太白]이 낮에 나타나서 남쪽하늘에서 보였다.
고려사 권15, 세가15 [G]

인종 6년(1128) 무신 9. 2. (계미)

/양 1128. 9. 27./

九月 癸未 流星出畢入王良移入營室
유성(流星)이 필(畢) 성좌에서 나와 왕량(王良) 성좌로 들어갔다가 영실(營室) 성좌로 이동하였다.
고려사 권47, 지1 [R]

---

92) 離室星(이실성): 이실 성좌는 없음. 이궁(離宮) 성좌와 실(室) 성좌로 추론함.

93) 8/23, 을해일 이후에 기록이 되어있음. 따라서 8월 말로 추론됨.

인종 6년(1128) 무신 9. 3. (갑신)

/양 1128. 9. 28./

九月 甲申 太白犯大微西藩上將星
금성[太白]이 태미서번[大微西藩] 성좌의 상장
성(上將星)을 범하였다.
고려사 권47, 지1 [F]

인종 6년(1128) 무신 9. 8. (기축)

/양 1128. 10. 3./

九月 己丑 犯右執法
<금성[太白]이> 우집법성(右執法星)을 범하였다.
고려사 권47, 지1 [F]

인종 6년(1128) 무신 9. 8. (기축)

/양 1128. 10. 3./

九月 己丑 乾方有聲 如雷
서북쪽에서 소리가 났는데 우레 소리와 같았다.
고려사 권53, 지7 [L]

인종 6년(1128) 무신 9. 10. (신묘)

/양 1128. 10. 5./

九月 辛卯 犯大微端門
<금성[太白]이> 태미원[大微]의 단문(端門)을 범하였다.
고려사 권47, 지1 [F]

인종 6년(1128) 무신 9. 25. (병오)

/양 1128. 10. 20./

九月 丙午 月犯大微次將星 流星出奎入營室
달이 태미원[大微]의 차장성(次將星)을 범하였다.
유성(流星)이 규(奎) 성좌에서 나와 영실(營室) 성
좌로 들어갔다.
고려사 권47, 지1 [C] [R]

인종 6년(1128) 무신 9. 26. (정미)

/양 1128. 10. 21./

九月 丁未 月犯大微庭
달이 태미원[大微]의 정원(庭園)을 범하였다.
고려사 권47, 지1 [C]

인종 6년(1128) 무신 10. 8. (기미)

/양 1128. 11. 2./

十月 己未 流星大如炬 色赤 出翼入角星
크기가 햇불[炬]과 같고 빛이 붉은 유성(流星)이 익
(翼) 성좌에서 나와 각(角) 성좌로 들어갔다.

고려사 권47, 지1 [R]

인종 6년(1128) 무신 10. 13. (갑자)

/양 1128. 11. 7./

十月 甲子 黑氣如布匹竟天 犯天津 天船 五車
文昌 三台星中
검은 기운이 베를 펴놓은 것과 같이 하늘을 가
로질렀고, 그것이 천진(天津) 성좌, 천선(天船)
성좌, 오거(五車) 성좌, 문창(文昌) 성좌, 삼태
(三台) 성좌의 가운데을 범하였다.
고려사 권47, 지1 [S]

인종 6년(1128) 무신 10. 14. (을축)

/양 1128. 11. 8./

十月 乙丑 月食旣
개기 월식이 있었다.
고려사 권47, 지1 [B]

인종 6년(1128) 무신 10. 17. (무진)

/양 1128. 11. 11./

十月 戊辰 流星出翼入左角 大如炬
유성(流星)이 익(翼) 성좌에서 나와 좌각성(左角星)으
로 들어갔는데 크기는 햇불[炬]과 같았다.
고려사 권47, 지1 [R]

인종 6년(1128) 무신 10. 19. (경오)

/양 1128. 11. 13./

十月 庚午 流星出星大星入翼星中
유성(流星)이 성(星) 성좌의 큰 별에서 나와 익(翼)
성좌로 들어갔다.
고려사 권47, 지1 [R]

인종 6년(1128) 무신 10. 28. (기묘)

/양 1128. 11. 22./

十月 己卯 太白犯歲星
금성[太白]이 목성[歲星]을 범하였다.
고려사 권47, 지1 [D]

인종 6년(1128) 무신 11. 19. (기해)

/양 1128. 12. 12./

十一月 己亥 歲星犯房
목성[歲星]이 방(房) 성좌를 범하였다.
고려사 권47, 지1 [F]

인종 6년(1128) 무신 11. 20. (경자)

/양 1128. 12. 13./

十一月 庚子 自戌地至未赤氣衝滿
서북남방향[戌方]에서부터 서남남방향[未方]에 이르
기까지 붉은 기운이 충만되어 있었다.
고려사 권53, 지7 [S]

인종 6년(1128) 무신 11. 21. (신축)

/양 1128. 12. 14./

十一月 辛丑 月犯大微屛星
달이 태미원[大微]의 병(屛) 성좌를 범하였다.
고려사 권47, 지1 [C]

인종 6년(1128) 무신 11. 22. (임인)

/양 1128. 12. 15./

十一月 壬寅 入大微三公星 歲星犯房星
<달이> 태미원[大微]의 삼공(三公) 성좌에 들어갔다.
목성[歲星]이 방(房) 성좌를 범하였다.
고려사 권47, 지1 [C] [F]

인종 6년(1128) 무신 11. 24. (갑진)

/양 1128. 12. 17./

十一月 甲辰 流星出天市垣入翼
유성(流星)이 천시원(天市垣)에서 나와 익(翼) 성
좌로 들어갔다.
고려사 권47, 지1 [R]

인종 6년(1128) 무신 11. 25. (을사)

/양 1128. 12. 18./

十一月 乙巳 歲星犯鉤鈐
목성[歲星]이 구검(鉤鈐) 성좌를 범하였다.
고려사 권47, 지1 [F]

인종 6년(1128) 무신 11. 27. (정미)

/양 1128. 12. 20./

十一月 丁未 流星出天囷入參 大如炬
유성(流星)이 천균(天囷) 성좌에서 나와 삼(參)
성좌로 들어갔는데 크기가 횃불[炬]만 하였다.
고려사 권47, 지1 [R]

인종 6년(1128) 무신 11. 29. (기유)

/양 1128. 12. 22./

十一月 己酉 流星出五車入參 大如木瓜
유성(流星)이 오거(五車) 성좌에서 나와 삼(參) 성
좌로 들어갔는데 크기는 모과(木瓜)만 하였다.

고려사 권47, 지1 [R]

인종 6년(1128) 무신 12. 18. (무진)

/양 1129. 1. 10./

十二月 戊辰夜 赤氣起自艮方 經斗杓[94]入紫微宮
밤에 붉은 기운이 동북쪽에서 일어나 두표(斗杓-
북두칠성의 5,6,7星)를 지나 자미궁(紫微宮)으로 들
어갔다.
고려사 권47, 지1 ; 고려사 권53, 지7 [S]

인종 7년(1129) 기유 1. 8. (정해)

/양 1129. 1. 29./

正月 丁亥 三日並出相連 如虹
세개의 태양이 함께 떠올랐는데 서로 연결되어
무지개와 같았다.
고려사 권47, 지1 [M]

인종 7년(1129) 기유 3. 3. (신사)

/양 1129. 3. 24./

三月 辛巳 白虹貫日
흰 무지개가 태양을 가로질렀다.
고려사 권47, 지1 [O]

인종 7년(1129) 기유 3. 16. (갑오)

/양 1129. 4. 6./

三月 甲午 月犯亢星
달이 항(亢) 성좌를 범하였다.
고려사 권47, 지1 [C]

인종 7년(1129) 기유 3. 21. (기해)

/양 1129. 4. 11./

三月 己亥 鎭星犯亢
토성[鎭星]이 항(亢) 성좌를 범하였다.
고려사 권47, 지1 [F]

인종 7년(1129) 기유 5. 22. (기해)

/양 1129. 6. 10./

五月 己亥 歲成犯房
목성[歲星]이 방(房) 성좌를 범하였다.
고려사 권47, 지1 [F]

인종 7년(1129) 기유 5. 27. (갑진)

/양 1129. 6. 15./

---

94) 斗杓(두표): 북두칠성의 5, 6, 7번째 별.

五月 甲辰 歲星犯鉤鈐
목성[歲星]이 구검(鉤鈐) 성좌를 범하였다.
고려사 권47, 지1 [F]

인종 7년(1129) 기유 5. 28. (을사)

/양 1129. 6. 16./

五月 乙巳 亦如之
또 <목성[歲星]이 구검(鉤鈐) 성좌를 범하였다>.
고려사 권47, 지1 [F]

인종 7년(1129) 기유 6. - (-)

/양 1129. 7. - /

六月 五月 己亥 歲星犯房右驂星 至是月守而不出
5월 기해일(5/22)부터 목성[歲星]이 방(房) 성좌의
우참성(右驂星)을 범하여, 이달(6월)까지도 그 성좌
를 떠나지 않았다.
고려사 권47, 지1 [F]

인종 7년(1129) 기유 7. 1. (정축)

/양 1129. 7. 18./

秋七月 丁丑朔 太白晝見經天 凡十五日
금성[太白]이 낮에 나타나서 15일간이나 남쪽하
늘에서 보였다.
고려사 권16, 세가16 [G]

인종 7년(1129) 기유 7. 1. (정축)

/양 1129. 7. 18./

七月 丁丑朔 太白晝見經天 凡十五日乃滅
금성[太白]이 낮에 나타나 남쪽하늘에서 보였
는데, 15일만에 사라졌다.
고려사 권47, 지1 [G]

인종 7년(1129) 기유 7. 1. (정축)

/양 1129. 7. 18./

秋七月 丁丑朔 太白晝見經天 凡十五日乃滅.
금성[太白]이 낮에 나타나 남쪽하늘에서 보였
는데, 15일만에 사라졌다.
고려사절요 권9 [G]

인종 7년(1129) 기유 8. 10. (병진)

/양 1129. 8. 26./

八月 丙辰 月犯南斗 熒惑犯輿鬼
달이 남두(南斗) 성좌를 범하였다. 화성[熒惑]이
여귀(輿鬼) 성좌를 범하였다.
고려사 권47, 지1 [C] [F]

인종 7년(1129) 기유 8. 22. (무진)

/양 1129. 9. 7./

八月 戊辰 流星出奎 大如椀 尾長五尺許 閭巷驚
譟 又流星出胃入天廩 大如炬
유성(流星)이 규(奎) 성좌에서 나왔는데 크기는
주발[椀]만 하였고 꼬리의 길이는 5척쯤 되었
다. 사람들이 놀라 떠들었다. 또 유성(流星)이
위(胃) 성좌에서 나와 천름(天廩) 성좌로 들어
갔는데 크기는 횃불[炬]만 하였다.
고려사 권47, 지1 [R]

인종 7년(1129) 기유 윤8. 2. (무인)

/양 1129. 9. 17./

閏月 戊寅 流星出婁入天倉 大如椀
유성(流星)이 루(婁) 성좌에서 나와 천창(天倉)
성좌로 들어갔는데 크기는 주발[椀]만 하였다.
고려사 권47, 지1 [R]

인종 7년(1129) 기유 윤8. 29. (을사)

/양 1129. 10. 14./

閏月 乙巳 流星大如木瓜 出畢星入天囷 又流星
大如燈盞 出畢星入叄星
모과(木瓜)만한 유성(流星)이 필(畢) 성좌에서 나
와 천균(天囷) 성좌로 들어갔다. 또 등잔(燈盞)만
한 유성(流星)이 필(畢) 성좌에서 나와 삼(叄) 성
좌로 들어갔다.
고려사 권47, 지1 [R]

인종 7년(1129) 기유 9. 1. (병오)

/양 1129. 10. 15./

九月 丙午朔 日食
일식이 있었다.
고려사 권16, 세가16 ; 고려사 권47, 지1 ;
고려사절요 권9 [A]

인종 7년(1129) 기유 9. 2. (정미)

/양 1129. 10. 16./

九月 丁未 流星大如木瓜 出畢入天囷
모과(木瓜)만한 유성(流星)이 필(畢) 성좌에서
나와 천균(天囷) 성좌로 들어갔다.
고려사 권47, 지1 [R]

인종 7년(1129) 기유 9. 6. (신해)

/양 1129. 10. 20./

九月 辛亥 流星大如木瓜 出室入危 尾長八尺許

又有流星大如雞子 出蔘箕入狗星
모과(木瓜)만한 유성(流星)이 실(室) 성좌에서 나와
위(危) 성좌로 들어갔는데 그 꼬리의 길이는 8척쯤
되었다. 또 계란만한 유성(流星)이 삼(蔘) 성좌, 기
(箕) 성좌에서 나와 구(狗) 성좌로 들어갔다.
고려사 권47, 지1 [R]

인종 7년(1129) 기유 9. 11. (병진)

/양 1129. 10. 25./

九月 丙辰 赤氣自乾艮方交發 衝射紫微宮
붉은 기운이 서북쪽과 동북쪽에서 마주 일어나
자미궁(紫微宮)으로 뻗쳐 나갔다.
고려사 권47, 지1 ; 고려사 권53, 지7 [S]

인종 7년(1129) 기유 9. - (-)

/양 1129. 10. - /

是月熒惑入大微四旬乃滅.
이달(9월)에 화성[熒惑]이 태미원[大微]에 들어
가서 40일만에 사라졌다.
고려사 권47, 지1 [F]

인종 7년(1129) 기유 10. 1. (병자)

/양 1129. 11. 14./

十月 丙子朔 流星出大微入天狗 大如椀 長十尺許
유성(流星)이 태미원[大微]에서 나와 천구(天狗) 성
좌로 들어갔는데 크기는 주발[椀]만 하고 길이는
10척쯤 되었다.
고려사 권47, 지1 [R]

인종 7년(1129) 기유 10. 14. (기축)

/양 1129. 11. 27./

十月 己丑 月犯諸王
달이 제왕(諸王) 성좌를 범하였다.
고려사 권47, 지1 [C]

인종 7년(1129) 기유 10. 16. (신묘)

/양 1129. 11. 29./

十月 辛卯 犯五諸侯星95)
<달이> 오제후(五諸侯) 성좌를 범하였다.
고려사 권47, 지1 [C]

인종 7년(1129) 기유 10. 17. (임진)

/양 1129. 11. 30./

十月 壬辰 犯輿鬼
<달이> 여귀(輿鬼) 성좌를 범하였다.
고려사 권47, 지1 [C]

인종 7년(1129) 기유 11. 7. (신해)

/양 1129. 12. 19./

十一月 辛亥 熒惑犯大微
화성[熒惑]이 태미원[大微]을 범하였다.
고려사 권47, 지1 [F]

인종 7년(1129) 기유 11. 15. (기미)

/양 1129. 12. 27./

十一月 己未 赤氣自丑亥96)入紫微宮
붉은 기운이 나타났는데, 동북방향[丑]과 서북
방향[亥]에서 자미궁(紫微宮)으로 들어갔다.
고려사 권53, 지7 [S]

인종 7년(1129) 기유 11. 28. (임신)

/양 1130. 1. 9./

十一月 壬申 流星出翼入中台 尾長七尺許
유성(流星)이 익(翼) 성좌에서 나와 중태(中台) 성좌
로 들어갔는데 꼬리의 길이는 7척쯤 되었다.
고려사 권47, 지1 [R]

인종 7년(1129) 기유 12. 3. (정축)

/양 1130. 1. 14./

十二月 丁丑 流星自坤方指東北墜地 聲如雷 大
如盆 長六尺許
유성(流星)이 서남쪽에서 동북쪽으로 향하여 땅에
떨어졌는데 소리는 뇌성(雷聲)과 같았고 크기는 동
이[盆]만 하였으며 길이는 6척쯤 되었다.
고려사 권47, 지1 [R]

인종 7년(1129) 기유 12. 11. (을유)

/양 1130. 1. 22./

十二月 乙酉 日東西有背氣 外有環暈
태양의 동쪽과 서쪽에 일(一)자형의 햇무리[背氣]가
있었으며 밖에는 환(環)모양의 햇무리가 있었다.
고려사 권47, 지1 [P]

인종 7년(1129) 기유 12. 11. (을유)

---

95) 五諸侯(오제후): 오제후 성좌-2임.

96) 丑亥(축해): 축해방향. 丑(축) 방향은 [부록]1에서 보는 바와
같이 북동방향에 속함. 정북(正北)에서 동쪽으로 30도 되는
지점을 중심으로 좌우 15도되는 방위임. 亥(해) 방향은 북서
방향에 속하며, 정북(正北)에서 서쪽으로 30도 되는 지점을
중심으로 좌우 15도되는 방위임.

/양 1130. 1. 22./

十二月 乙酉 月暈
달무리가 있었다.
고려사 권47, 지1 [O]

인종 7년(1129) 기유 12. 14. (무자)

/양 1130. 1. 25./

十二月 戊子 日有兩珥 東有背氣 上有半暈中貫靑赤色
태양의 양쪽에 귀고리가 있었으며 동쪽에는 일(一)자형의 햇무리[背氣]가 있었고 위쪽에는 반원형태의 햇무리가 있었으며 그 중앙에는 청적색의 기운이 지나갔다.
고려사 권47, 지1 [O]

인종 7년(1129) 기유 12. 15. (기축)

/양 1130. 1. 26./

十二月 己丑 黃赤氣貫月 長六尺許 月犯軒轅星
황적색의 기운이 달을 가로지르고 길이는 6척쯤 되었다. 달은 헌원(軒轅) 성좌를 범하였다.
고려사 권47, 지1 [P] [C]

인종 8년(1130) 경술 1. 15. (무오)

/양 1130. 2. 24./

正月 戊午 月暈大微
달무리가 태미원[大微]에 있었다.
고려사 권47, 지1 [P]

인종 8년(1130) 경술 2. 10. (계미)

/양 1130. 3. 21./

二月 癸未 熒惑犯大微
화성[熒惑]이 태미원[大微]을 범하였다.
고려사 권47, 지1 [F]

인종 8년(1130) 경술 2. 13. (병술)

/양 1130. 3. 24./

二月 丙戌 月入大微
달이 태미원[大微]에 들어갔다.
고려사 권47, 지1 [C]

인종 8년(1130) 경술 2. 20. (계사)

/양 1130. 3. 31./

二月 癸巳 夜赤氣如匹布 自東而北
밤에 베를 펼쳐놓은 것과 같은 붉은 기운이 동쪽에서 북쪽으로 갔다.
고려사 권53, 지7 [S]

인종 8년(1130) 경술 2. 21. (갑오)

/양 1130. 4. 1./

二月 甲午 入南斗
<달이> 남두(南斗) 성좌에 들어갔다.
고려사 권47, 지1 [C]

인종 8년(1130) 경술 2. 28. (신축)

/양 1130. 4. 8./

二月 辛丑 熒惑犯大微
화성[熒惑]이 태미원[大微]을 범하였다.
고려사 권47, 지1 [F]

인종 8년(1130) 경술 3. 11. (계축)

/양 1130. 4. 20./

三月 癸丑 月入大微
달이 태미원[大微]에 들어갔다.
고려사 권47, 지1 [C]

인종 8년(1130) 경술 4. 8. (기묘)

/양 1130. 5. 16./

四月 己卯 流星出宗星 入市樓
유성(流星)이 종성(宗星)에서 나와 시루(市樓) 성좌로 들어갔다.
고려사 권47, 지1 [R]

인종 8년(1130) 경술 4. 17. (무자)

/양 1130. 5. 25./

四月 戊子 月犯箕北星
달이 기(箕) 성좌의 북쪽의 별을 범하였다.
고려사 권47, 지1 [C]

인종 8년(1130) 경술 5. 12. (계축)

/양 1130. 6. 19./

五月 癸丑 赤黑氣見於艮方 方圓二十尺許屯 結不解 奮發光曜 如鳥拂翼乃散
붉고 검은 기운이 동북쪽에 나타났는데, 그 둥근 테두리가 20척쯤 되었고, 뭉치고 엉키어 풀리지 않다가 거기서 광채가 나왔는데, 마치 새가 날개를 터는 것과 같이 하다가 흩어졌다.
고려사 권53, 지7 [S]

인종 8년(1130) 경술 6. 8. (무인)

/양 1130. 7. 14./

六月 戊寅 月犯熒惑
달이 화성[熒惑]을 범하였다.
고려사 권47, 지1 [C]

인종 8년(1130) 경술 6. 11. (신사)

/양 1130. 7. 17./

六月 辛巳 犯心星 流星出紫微西藩 入河鼓 長五
尺許 有聲如雷
<달이> 심(心) 성좌를 범하였다. 유성(流星)이
자미서번(紫微西藩) 성좌에서 나와 하고(河鼓)
성좌로 들어갔는데 길이는 5척쯤 되었으며 소리
는 뇌성(雷聲)과 같았다.
고려사 권47, 지1 [C] [R]

인종 8년(1130) 경술 6. 16. (병술)

/양 1130. 7. 22./

六月 丙戌 流星出天市垣入河鼓
유성(流星)이 천시원(天市垣)에서 나와 하고(河
鼓) 성좌로 들어갔다.
고려사 권47, 지1 [R]

인종 8년(1130) 경술 6. 19. (기축)

/양 1130. 7. 25./

六月 己丑 流星出危入牛
유성(流星)이 위(危) 성좌에서 나와 우(牛) 성좌
로 들어갔다.
고려사 권47, 지1 [R]

인종 8년(1130) 경술 7. 7. (정미)

/양 1130. 8. 12./

七月 丁未 流星大如雞子 出天廩入羽林
계란만한 유성(流星)이 천름(天廩) 성좌에서 나
와 우림(羽林) 성좌로 들어갔다.
고려사 권47, 지1 [R]

인종 8년(1130) 경술 8. 7. (정축)

/양 1130. 9. 11./

八月 丁丑 流星大如杯 出五車入東井
술잔(杯)만한 유성(流星)이 오거(五車) 성좌에서
나와 동정(東井) 성좌로 들어갔다.
고려사 권47, 지1 [R]

인종 8년(1130) 경술 8. 8. (무인)

/양 1130. 9. 12./

八月 戊寅 日三珥色靑赤
태양에 세개의 귀고리가 있었는데 그 빛이 청적색
이었다.
고려사 권47, 지1 [O]

인종 8년(1130) 경술 8. 25. (을미)

/양 1130. 9. 29./

八月 乙未 初更赤氣如火影 發自坎方覆入北斗魁
中起滅無常 至三更乃滅 日者奏天地瑞祥誌云 赤
氣如火影見者臣叛 其君伏望修德消變
초경(初更-오후 8시경)에 불그림자 같은 붉은
기운이 북쪽에서 일어나 북두괴(北斗魁)안으로
들어가 불규칙하게 일어났다 꺼졌다 하다가 3
경(三更-오후 12시경)에 이르러서야 없어졌다.
일관(日官)이 보고하기를 「천지서상지(天地瑞祥
志)에 의하면 붉은 기운이 불그림자와 같이 나
타나는 것은 신하가 그 임금을 배반할 징조이
니 덕을 닦아 재앙을 물리치도록 하기 바랍니
다」라고 하였다.
고려사 권53, 지7 [S]

인종 8년(1130) 경술 8. 26. (병신)

/양 1130. 9. 30./

八月 丙申 白虹起自西方向北行滅 日者奏 開元
占云 白虹露奸臣謀君宜反 身修德以答天譴
흰 무지개가 서쪽에서 일어나 북쪽을 향하여
가다가 없어졌다. 일관(日官)이 보고하기를 「
개원점(開元占, 당나라 현종때 비결문)에 이르
기를 「흰 무지개가 나타나는 것은 간신(奸臣)
이 임금을 해하려는 것이다」라고 하였으니 전
하(殿下)께서는 자기를 반성하며 덕을 닦아서
하늘의 경고에 보답해야 할 것입니다」라고 하
였다.
고려사 권54, 지8 [S]

인종 8년(1130) 경술 9. 6. (을사)

/양 1130. 10. 9./

九月 乙巳 流星出奎入危 大如雞子 尾長九尺許
유성(流星)이 규(奎) 성좌에서 나와 위(危) 성좌
로 들어갔는데 크기는 계란만 하고 꼬리의 길
이는 9척쯤 되었다.
고려사 권47, 지1 [R]

인종 8년(1130) 경술 9. 8. (정미)

/양 1130. 10. 11./

九月 丁未 流星出觜入水位 大如雞子 尾長五尺許
유성(流星)이 자(觜) 성좌에서 나와 수위(水位)

성좌로 들어갔는데 크기는 계란만 하고 꼬리의
길이는 5척쯤 되었다.
고려사 권47, 지1 [R]

인종 8년(1130) 경술 10. 6. (을해)

/양 1130. 11. 8./

十月 乙亥 流星出畢入天囷 大如椀 長十尺許
유성(流星)이 필(畢) 성좌에서 나와 천균(天囷)
성좌로 들어갔는데 크기는 주발[椀]만 하였고
길이는 10척쯤 되었다.
고려사 권47, 지1 [R]

인종 8년(1130) 경술 10. 7. (병자)

/양 1130. 11. 9./

十月 丙子 月有背氣 左右有珥色白
달에 일(一)자형의 달무리[背氣]가 있었고 좌우
에 백색의 귀고리가 있었다.
고려사 권47, 지1 [P]

인종 8년(1130) 경술 10. 11. (경진)

/양 1130. 11. 13./

十月 庚辰 流星大如雞子 出北斗入大微帝座[97]
계란만한 유성(流星)이 북두(北斗) 성좌에서 나와
태미원[大微]의 제좌성(帝座星)으로 들어갔다.
고려사 권47, 지1 [R]

인종 8년(1130) 경술 10. 19. (무자)

/양 1130. 11. 21./

十月 戊子 二更 白虹相衝乾坤方至地發見 三更乃滅 太
史奏曰 白虹出其下有血 白虹始百殃之本衆亂所基固當修
省以答天意 故重華殿置度厄道場 一七日
밤 2경(二更, 밤10시경)에 흰 무지개가 서북쪽과
서남쪽에서 서로 마주쳐서 땅에 이르러서야 발견
되었다가 밤 3경(三更, 밤12시경)에 없어졌다. 태
사(太史)가 보고하기를 「흰 무지개가 나타나면 그
아래서는 흉한 일이 발생한다고 합니다. 흰 무지
개라는 것은 백가지 덕을 닦아서 천의(天意)에 보
답해야 할 것입니다」라고 하므로 중화전(重華殿)
에 재앙을 물리치기 위한 도액도량(度厄道場)을
열고 17일간 기도를 하였다.
고려사 권54, 지8 [S]

인종 8년(1130) 경술 10. 20. (기축)

/양 1130. 11. 22./

十月 己丑 月入軒轅
달이 헌원(軒轅) 성좌에 들어갔다.
고려사 권47, 지1 [C]

인종 8년(1130) 경술 10. 22. (신묘)

/양 1130. 11. 24./

十月 辛卯 犯小微
<달이> 소미(小微) 성좌를 범하였다.
고려사 권47, 지1 [C]

인종 8년(1130) 경술 10. 24. (계사)

/양 1130. 11. 26./

十月 癸巳 犯大微執法
<달이> 태미원[大微]의 집법성(執法星)을 범하
였다.
고려사 권47, 지1 [C]

인종 8년(1130) 경술 11. 4. (계묘)

/양 1130. 12. 6./

十一月 癸卯 白氣如匹練 發普濟寺塔上至天
비단필같은 흰 기운이 보제사(普濟寺) 탑 위에서
발생하여 하늘에 닿았다.
고려사 권54, 지8 [S]

인종 8년(1130) 경술 11. 13. (임자)

/양 1130. 12. 15./

十一月 壬子 日南至 日珥
동짓날[日南至] 해 귀고리가 있었다.
고려사 권47, 지1 [O]

인종 8년(1130) 경술 11. 23. (임술)

/양 1130. 12. 25./

十一月 壬戌 流星大如雞子 出內階入鉤陳
계란만한 유성(流星)이 내계(內階) 성좌에서 나와
구진(鉤陳) 성좌로 들어갔다.
고려사 권47, 지1 [R]

인종 8년(1130) 경술 11. 28. (정묘)

/양 1130. 12. 30./

十一月 丁卯 五車八穀星間 有氣如彗 長六尺許
오거(五車) 성좌와 팔곡(八穀) 성좌 사이에 혜성과
비슷한 기운이 있었는데 길이가 6척쯤 되었다.
고려사 권47, 지1 [S]

---

97) 帝座(제좌): 제좌성-3임.

인종 8년(1130) 경술 12. 17. (을유)

/양 1131. 1. 17./

十二月 乙酉 月犯小微
달이 소미(小微) 성좌를 범하였다.
고려사 권47, 지1 [C]

인종 9년(1131) 신해 1. 1. (기해)

/양 1131. 1. 31./

正月 己亥 西方有赤氣
붉은색 기운이 서쪽에 나타났다.
고려사 권53, 지7 [S]

인종 9년(1131) 신해 1. 6. (갑진)

/양 1131. 2. 5./

正月 甲辰 有赤氣
붉은 기운이 나타났다.
고려사 권53, 지7 [S]

인종 9년(1131) 신해 1. 13. (신해)

/양 1131. 2. 12./

正月 辛亥 月犯軒轅
달이 헌원(軒轅) 성좌를 범하였다.
고려사 권47, 지1 [C]

인종 9년(1131) 신해 2. 14. (신사)

/양 1131. 3. 14./

二月 辛巳 白虹貫日
흰 무지개가 태양을 가로질렀다.
고려사 권47, 지1 [O]

인종 9년(1131) 신해 3. 4. (신축)

/양 1131. 4. 3./

三月 辛丑 夜白氣二條 一在北方衝東西貫紫微宮
一在南方衝東西徑天
밤에 두 줄기의 흰 기운이 나타났는데 하나는 북쪽
에서 동서를 거쳐 자미궁(紫微宮)에 닿았고 하나는
남쪽에서 동서를 거쳐 하늘을 가로질렀다
고려사 권54, 지8 [S]

인종 9년(1131) 신해 3. 9. (병오)

/양 1131. 4. 8./

三月 丙午 月犯軒轅夫人
달이 헌원(軒轅) 성좌의 부인(夫人)성을 범하였다.
고려사 권47, 지1 [C]

인종 9년(1131) 신해 5. 30. (을축)

/양 1131. 6. 26./

五月 乙丑 太白晝見 經天百餘日
금성[太白]이 낮에 나타나 100여 일 동안 남쪽하
늘에서 보였다.
고려사 권16, 세가16 ; 고려사 권47, 지1 ;
고려사절요 권9 [G]

인종 9년(1131) 신해 6. 26. (신묘)

/양 1131. 7. 22./

六月 辛卯 流星出河鼓入南斗 大如炬 長十尺許
유성(流星)이 하고(河鼓) 성좌에서 나와 남두
(南斗) 성좌로 들어갔는데 크기는 횃불[炬]만
하고 길이는 10척쯤 되었다.
고려사 권47, 지1 [R]

인종 9년(1131) 신해 6. 29. (갑오)

/양 1131. 7. 25./

六月 甲午 流星出天紀入箕 又流星出室離宮入河鼓
유성(流星)이 천기(天紀) 성좌에서 나와 기(箕) 성
좌로 들어갔으며 또 다른 유성(流星)이 실(室) 성
좌와 이궁(離宮) 성좌에서 나와 하고(河鼓) 성좌로
들어갔다.
고려사 권47, 지1 [R]

인종 9년(1131) 신해 7. 1. (을미)

/양 1131. 7. 26./

七月 乙未 流星大如雞子 出天紀入箕 又流星大
如杯 出室離宮入箕
계란만한 유성(流星)이 천기(天紀) 성좌에서 나와
기(箕) 성좌로 들어갔으며 또 술잔(杯)만한 유성(流
星)이 실(室) 성좌와 이궁(離宮) 성좌에서 나와 기
(箕) 성좌로 들어갔다.
고려사 권47, 지1 [R]

인종 9년(1131) 신해 7. 25. (기미)

/양 1131. 8. 19./

七月 己未 太白經天
금성[太白]이 낮에 남쪽하늘에서 보였다.
고려사 권16, 세가16 [G]

인종 9년(1131) 신해 7. 25. (기미)

/양 1131. 8. 19./

七月 己未 流星出危入牛 大如炬 長十尺許 太白
經天

유성(流星)이 위(危) 성좌에서 나와 우(牛) 성좌로 들어갔는데 크기는 횃불[炬]만 하였고 길이는 10척쯤 되었다. 금성[太白]이 낮에 남쪽하늘에서 보였다.
고려사 권47, 지1 [R] [G]

인종 9년(1131) 신해 8. 7. (신미)

/양 1131. 8. 31./

八月 辛未 月犯心庶子星98)
달이 심(心) 성좌의 서자성(庶子星)을 범하였다.
고려사 권47, 지1 [C]

인종 9년(1131) 신해 8. 15. (기묘)

/양 1131. 9. 8./

八月 己卯 月食 密雲不見
월식이 있었으나 짙은 구름 때문에 보이지 않았다.
고려사 권47, 지1 [B]

인종 9년(1131) 신해 8. 19. (계미)

/양 1131. 9. 12./

八月 癸未 月食行昴星
달이 묘(昴) 성좌를 가리며 운행하였다.
고려사 권47, 지1 [C]

인종 9년(1131) 신해 8. 22. (병술)

/양 1131. 9. 15./

八月 丙戌 流星出畢入觜 大如椀 長十尺許
유성(流星)이 필(畢) 성좌에서 나와 자(觜) 성좌로 들어갔는데 크기는 주발[椀]만 하고 길이는 10척쯤 되었다.
고려사 권47, 지1 [R]

인종 9년(1131) 신해 8. 24. (무자)

/양 1131. 9. 17./

八月 戊子 月犯輿鬼
달이 여귀(輿鬼) 성좌를 범하였다.
고려사 권47, 지1 [C]

인종 9년(1131) 신해 9. 5. (무술)

/양 1131. 9. 27./

九月 戊戌 太白晝見
금성[太白]이 낮에 나타났다.
고려사 권16, 세가16 [G]

인종 9년(1131) 신해 9. 5. (무술)

/양 1131. 9. 27./

九月 戊戌 太白晝見 月犯心前星一尺許 太白犯軒轅小民 流星出北極入郞將 大如杯
금성[太白]이 낮에 나타났다. 달이 심(心) 성좌의 앞별에 1척쯤 되는 거리로 범하였다. 금성[太白]이 헌원(軒轅) 성좌의 소민성(小民星)을 범하였다. 술잔[杯]만한 유성(流星)이 북극(北極) 성좌에서 나와 낭장성(郞將星)으로 들어갔다.
고려사 권47, 지1 [G] [C] [F] [R]

인종 9년(1131) 신해 9. 8. (신축)

/양 1131. 9. 30./

九月 辛丑 月犯南斗
달이 남두(南斗) 성좌를 범하였다.
고려사 권47, 지1 [C]

인종 9년(1131) 신해 9. 15. (무신)

/양 1131. 10. 7./

九月 戊申 太白隔熒惑星南
금성[太白]이 화성[熒惑]의 남쪽에 떨어져 있었다.
고려사 권47, 지1 [D]

인종 9년(1131) 신해 9. 18. (신해)

/양 1131. 10. 10./

九月 辛亥 熒惑犯大微上將星
화성[熒惑]이 태미원[大微]의 상장성(上將星)을 범하였다.
고려사 권47, 지1 [F]

인종 9년(1131) 신해 9. 19. (임자)

/양 1131. 10. 11./

九月 壬子 月犯五車
달이 오거(五車) 성좌를 범하였다.
고려사 권47, 지1 [C]

인종 9년(1131) 신해 9. 22. (을묘)

/양 1131. 10. 14./

九月 乙卯 犯輿鬼
<달이> 여귀(輿鬼) 성좌를 범하였다.
고려사 권47, 지1 [C]

---

98) 庶子星(서자성): 서자성-2임.

인종 9년(1131) 신해 9. 26. (기미)

/양 1131. 10. 18./

九月 己未 犯太白 太白入大微右掖門
<달이> 금성[太白]을 범하였다. 금성은 태미원
[大微]의 우액문(右掖門)으로 들어갔다.
고려사 권47, 지1 [C] [F]

인종 9년(1131) 신해 9. 28. (신유)

/양 1131. 10. 20./

九月 辛酉 月犯左角
달이 좌각성(左角星)을 범하였다.
고려사 권47, 지1 [C]

인종 9년(1131) 신해 9. 30. (계해)

/양 1131. 10. 22./

九月 癸亥 太白犯大微左執法
금성[太白]이 태미원[大微]의 좌집법성(左執法
星)을 범하였다.
고려사 권47, 지1 [F]

인종 9년(1131) 신해 10. 21. (갑신)

/양 1131. 11. 12./

十月 甲申 月犯軒轅夫人星
달이 헌원(軒轅) 성좌의 부인성(夫人星)을 범하
였다.
고려사 권47, 지1 [C]

인종 9년(1131) 신해 10. 22. (을유)

/양 1131. 11. 13./

十月 乙酉 流星大如雞子 出天囷入天倉
계란만한 유성(流星)이 천균(天囷) 성좌에서 나
와 천창(天倉) 성좌로 들어갔다.
고려사 권47, 지1 [R]

인종 9년(1131) 신해 11. 3. (병신)

/양 1131. 11. 24./

十一月 丙申 天鳴如雷
하늘이 울었는데 우레 소리와 같았다.
고려사 권53, 지7 [L]

인종 9년(1131) 신해 11. 4. (정유)

/양 1131. 11. 25./

十一月 丁酉 太白入氐
금성[太白]이 저(氐) 성좌로 들어갔다.

고려사 권47, 지1 [F]

인종 9년(1131) 신해 11. 19. (임자)

/양 1131. 12. 10./

十一月 壬子 行陰道犯房上相北 隔七寸許
<금성[太白]이> 음도(陰道)를 지나 방(房) 성좌의
상상성(上相星) 북쪽을 범하였는데 그 간격이 7촌
쯤 되었다.
고려사 권47, 지1 [F]

인종 9년(1131) 신해 11. 22. (을묘)

/양 1131. 12. 13./

十一月 乙卯 犯鎭星
<금성[太白]이> 토성[鎭星]을 범하였다.
고려사 권47, 지1 [D]

인종 9년(1131) 신해 12. 20. (계미)

/양 1132. 1. 10./

十二月 癸未 月犯左角
달이 좌각성(左角星)을 범하였다.
고려사 권47, 지1 [C]

인종 9년(1131) 신해 12. 21. (갑신)

/양 1132. 1. 11./

十二月 甲申 天狗隆坤方 聲如雷
천구(天狗)가 서남쪽에 떨어졌는데 소리가 뇌성
(雷聲)과 같았다.
고려사 권47, 지1 [R]

인종 10년(1132) 임자 1. 3. (을미)

/양 1132. 1. 22./

正月 乙未 熒惑入氐星
화성[熒惑]이 저(氐) 성좌로 들어갔다.
고려사 권47, 지1 [F]

인종 10년(1132) 임자 1. 8. (경자)

/양 1132. 1. 27./

正月 庚子 月食昴星
달이 묘(昴) 성좌를 가렸다.
고려사 권47, 지1 [C]

인종 10년(1132) 임자 1. 9. (신축)

/양 1132. 1. 28./

正月 辛丑 月暈

달무리가 있었다.
고려사 권47, 지1 [P]

인종 10년(1132) 임자 1. 16. (무신)

/양 1132. 2. 4./

正月 戊申 月犯大微右執法
달이 태미원[大微]의 우집법성(右執法星)을 범하
였다.
고려사 권47, 지1 [C]

인종 10년(1132) 임자 1. 18. (경술)

/양 1132. 2. 6./

正月 庚戌 月暈有珥 流星出七公入亢 又熒惑自
是月三日入亢星
달무리에 귀고리가 있었다. 유성(流星)이 칠공
(七公) 성좌에서 나와 항(亢) 성좌로 들어갔다.
화성[熒惑]이 이달 초 3일(양 1. 22)에 항(亢)
성좌 안에 들어가 있었다.
고려사 권47, 지1 [P] [P] [R] [F]

인종 10년(1132) 임자 1. 24. (병진)

/양 1132. 2. 12./

正月 丙辰 流星出大微入軫 長十尺許 月犯箕星
유성(流星)이 태미원[大微]에서 나와 진(軫) 성좌로
들어갔는데 길이는 10척쯤 되었다. 달이 기(箕) 성좌
를 범하였다.
고려사 권47, 지1 [R] [C]

인종 10년(1132) 임자 1. 25. (정사)

/양 1132. 2. 13./

正月 丁巳 流星出太微入北斗 尾長十尺許 月入
南斗
유성(流星)이 태미원[大微]에서 나와 북두(北斗)
성좌로 들어갔는데 길이는 10척쯤 되었다. 달이
남두(南斗) 성좌로 들어갔다.
고려사 권47, 지1 [R] [C]

인종 10년(1132) 임자 2. 14. (병자)

/양 1132. 3. 3./

二月 丙子 月食旣
개기 월식이 있었다.
고려사 권47, 지1 [B]

인종 10년(1132) 임자 4. 16. (정축)

/양 1132. 5. 3./

四月 丁丑 月珥 自是月初 熒惑逆行 至入氐中
달에 귀고리가 달렸다. 이달 초부터 화성[熒惑]
이 역행(逆行)하여 저(氐) 성좌 안으로 들어가
기에 이르렀다.
고려사 권47, 지1 [P] [F]

인종 10년(1132) 임자 윤4. 16. (병오)

/양 1132. 6. 1./

閏月 丙午 月犯南斗
달이 남두(南斗) 성좌를 범하였다.
고려사 권47, 지1 [C]

인종 10년(1132) 임자 5. 12. (신미)

/양 1132. 6. 26./

五月 辛未 月犯心星
달이 심(心) 성좌를 범하였다.
고려사 권47, 지1 [C]

인종 10년(1132) 임자 8. 6. (계사)

/양 1132. 9. 16./

八月 癸巳 月犯心星 又流星出天將軍入五車
달이 심(心) 성좌를 범하였다. 유성(流星)이 천장군(天將
軍) 성좌에서 나와 오거(五車) 성좌로 들어갔다.
고려사 권47, 지1 [C] [R]

인종 10년(1132) 임자 8. 9. (병신)

/양 1132. 9. 19./

八月 丙申 月犯南斗
달이 남두(南斗) 성좌를 범하였다.
고려사 권47, 지1 [C]

인종 10년(1132) 임자 8. 25. (임자)

/양 1132. 10. 5./

八月 壬子 彗見長三尺
혜성이 나타났는데, 3척의 길이였다.
고려사 권16, 세가16 [H]

인종 10년(1132) 임자 8. 25. (임자)

/양 1132. 10. 5./

八月 壬子 彗星見八穀 指東南
혜성이 팔곡(八穀) 성좌에 나타났는데 동남쪽을
가리켰다.
고려사 권47, 지1 [H]

인종 10년(1132) 임자 8. 25. (임자)

/양 1132. 10. 5./

八月 壬子 彗見
혜성이 나타났다.
고려사절요 권10 [H]

인종 10년(1132) 임자 8. 27. (갑인)

/양 1132. 10. 7./

八月 甲寅 指西北 長三尺
<혜성이> 서북쪽으로 갔는데 길이는 3척쯤 되었다.
고려사 권47, 지1 [H]

인종 10년(1132) 임자 9. 21. (무인)

/양 1132. 10. 31./

九月 戊寅 太白犯南斗
금성[太白]이 남두(南斗) 성좌를 범하였다.
고려사 권47, 지1 [F]

인종 10년(1132) 임자 10. 15. (임인)

/양 1132. 11. 24./

十月 壬寅 流星出郞位入攝提 大如椀 長三十尺許
유성(流星)이 낭위(郞位) 성좌에서 나와 섭제(攝提) 성좌로 들어갔는데 크기는 주발[椀]만 하였으며 길이는 30척쯤 되었다.
고려사 권47, 지1 [R]

인종 10년(1132) 임자 10. 30. (정사)

/양 1132. 12. 9./

十月 丁巳 流星出北斗入鉤陳
유성(流星)이 북두(北斗) 성좌에서 나와 구진(鉤陳) 성좌로 들어갔다.
고려사 권47, 지1 [R]

인종 10년(1132) 임자 11. 22. (기묘)

/양 1132. 12. 31./

十一月 己卯 制曰「...訓有之曰 積數萬歲 必得冬
至甲子 日月五星 皆會于子 謂之上元 以爲曆始
開闢以來聖人之道從此而行 今遇十一月初六日冬
至 其夜半 値甲子 爲三元之始 可以革舊鼎新 爰
命有司擧古賢遺訓創西京大華闕...」
<왕이> 제서(制書)를 내려 「...옛 사람의 교훈에
『수 만년을 쌓으면 반드시 동지(冬至)에 갑자(甲
子)일을 만나 일월(日月)과 오성(五星)이 모두 자
(子)에 모이므로 ≪상원(上元)≫이라 일컬어 역(曆)
의 시초가 된다. <천지>개벽이래 성인(聖人)의 도

는 이를 따라 행하여졌다』 하였는데 이제 11월 6
일 동지인 그날 한밤중은 갑자에 해당하여 삼원
(三元)의 시초가 되므로 묵은 것을 고쳐서 새것으
로 개혁할 것이다. 이에 유사에게 명하여 옛 성현
의 유훈에 따라 서경 대화궐(大華闕)을 창건할 것
이다 ... 」라고 하였다.
고려사 권16, 세가16 ; 고려사절요 권10 [U]

인종 10년(1132) 임자 11. 25. (임오)

/양 1133. 1. 3./

十一月 壬午 熒惑犯大歲
화성[熒惑]이 태세[大歲, 歲星]을 범하였다.
고려사 권47, 지1 [D]

인종 10년(1132) 임자 12. 23. (기유)

/양 1133. 1. 30./

十二月 己酉 月食心後星
달이 심(心) 성좌의 뒷별을 가렸다.
고려사 권47, 지1 [C]

인종 11년(1133) 계축 1. 23. (기묘)

/양 1133. 3. 1./

正月 己卯 月犯南斗
달이 남두(南斗) 성좌를 범하였다.
고려사 권47, 지1 [C]

인종 11년(1133) 계축 3. 16. (신미)

/양 1133. 4. 22./

三月 辛未 月犯心星
달이 심(心) 성좌를 범하였다.
고려사 권47, 지1 [C]

인종 11년(1133) 계축 3. 19. (갑술)

/양 1133. 4. 25./

三月 甲戌 食南斗
<달이> 남두(南斗) 성좌를 가렸다.
고려사 권47, 지1 [C]

인종 11년(1133) 계축 3. 26. (신사)

/양 1133. 5. 2./

三月 辛巳 流星出氐亢閒入騎官星 長五尺許
유성(流星)이 저(氐) 성좌와 항(亢) 성좌 사이에
서 나와 기관(騎官) 성좌로 들어갔는데 길이는
5척쯤 되었다.
고려사 권47, 지1 [R]

인종 11년(1133) 계축 4. 6. (신묘)

/양 1133. 5. 12./

四月 辛卯 月犯軒轅
달이 헌원(軒轅) 성좌를 범하였다.
고려사 권47, 지1 [C]

인종 11년(1133) 계축 5. 12. (병인)

/양 1133. 6. 16./

五月 丙寅 月食心星
달이 심(心) 성좌를 가렸다.
고려사 권47, 지1 [C]

인종 11년(1133) 계축 5. 23. (정축)

/양 1133. 6. 27./

五月 丁丑 流星大如木瓜 出營室抵天市帝座 尾長二
十尺許
모과(木瓜)만한 유성(流星)이 영실(營室) 성좌에서
나와 천시원(天市垣)의 제좌성(帝座星)에 이르렀는
데 꼬리의 길이가 20척쯤 되었다.
고려사 권47, 지1 [R]

인종 11년(1133) 계축 6. 13. (병신)

/양 1133. 7. 16./

六月 丙申 月入南斗
달이 남두(南斗) 성좌로 들어갔다.
고려사 권47, 지1 [C]

인종 11년(1133) 계축 6. 19. (임인)

/양 1133. 7. 22./

六月 壬寅 天狗星流下
천구(天狗)가 떨어져 내려왔다.
고려사 권47, 지1 [R]

인종 11년(1133) 계축 6. 21. (갑진)

/양 1133. 7. 24./

六月 甲辰 流星出天津入天市垣 尾長七尺許
유성(流星)이 천진(天津) 성좌에서 나와 천시원
(天市垣)으로 들어갔는데 꼬리의 길이는 7척쯤
되었다.
고려사 권47, 지1 [R]

인종 11년(1133) 계축 6. 24. (정미)

/양 1133. 7. 27./

六月 丁未 流星出轉舍入織女

유성(流星)이 전사(轉舍) 성좌에서 나와 직녀
(織女) 성좌로 들어갔다.
고려사 권47, 지1 [R]

인종 11년(1133) 계축 7. 10. (계해)

/양 1133. 8. 12./

七月 癸亥 月入南斗 流星出天紀入天市
달이 남두(南斗) 성좌로 들어갔다. 유성(流星)이 천기(天
紀) 성좌에서 나와 천시원(天市垣)으로 들어갔다.
고려사 권47, 지1 [C] [R]

인종 11년(1133) 계축 7. 15. (무진)

/양 1133. 8. 17./

七月 戊辰 月食
월식이 있었다.
고려사 권47, 지1 [B]

인종 11년(1133) 계축 7. 21. (갑술)

/양 1133. 8. 23./

七月 甲戌 月入昴星
달이 묘(昴) 성좌로 들어갔다.
고려사 권47, 지1 [C]

인종 11년(1133) 계축 7. 24. (정축)

/양 1133. 8. 26./

七月 丁丑 亦如之
<달이 묘(昴) 성좌로 들어갔다>.
고려사 권47, 지1 [C]

인종 11년(1133) 계축 8. 4. (병술)

/양 1133. 9. 4./

八月 丙戌 月犯熒惑
달이 화성[熒惑]을 범하였다.
고려사 권47, 지1 [C]

인종 11년(1133) 계축 8. 6. (무자)

/양 1133. 9. 6./

八月 戊子 食心星
<달이> 심(心) 성좌를 가렸다.
고려사 권47, 지1 [C]

인종 11년(1133) 계축 8. 23. (을사)

/양 1133. 9. 23./

八月 乙巳 犯五諸侯[99]

<달이> 오제후(五諸侯) 성좌를 범하였다.
고려사 권47, 지1 [C]

인종 11년(1133) 계축 8. 24. (병오)

/양 1133. 9. 24./

八月 丙午 犯輿鬼
<달이> 여귀(輿鬼) 성좌를 범하였다.
고려사 권47, 지1 [C]

인종 11년(1133) 계축 8. 27. (기유)

/양 1133. 9. 27./

八月 己酉 流星出五車入營室
유성(流星)이 오거(五車) 성좌에서 나와 영실(營室) 성좌로 들어갔다.
고려사 권47, 지1 [R]

인종 11년(1133) 계축 9. 4. (을묘)

/양 1133. 10. 3./

九月 乙卯 熒惑犯大微
화성[熒惑]이 태미원[大微]을 범하였다.
고려사 권47, 지1 [F]

인종 11년(1133) 계축 9. 5. (병진)

/양 1133. 10. 4./

九月 丙辰 月犯尾星
달이 미(尾) 성좌를 범하였다.
고려사 권47, 지1 [C]

인종 11년(1133) 계축 9. 19. (경오)

/양 1133. 10. 18./

九月 庚午 犯五車
<달이> 오거(五車) 성좌를 범하였다.
고려사 권47, 지1 [C]

인종 11년(1133) 계축 9. 21. (임신)

/양 1133. 10. 20./

九月 壬申 又犯五諸侯[100]
<달이> 오제후(五諸侯) 성좌를 범하였다.
고려사 권47, 지1 [C]

인종 11년(1133) 계축 9. 22. (계유)

/양 1133. 10. 21./

九月 癸酉 犯輿鬼
<달이> 여귀(輿鬼) 성좌를 범하였다.
고려사 권47, 지1 [C]

인종 11년(1133) 계축 10. 18. (기해)

/양 1133. 11. 16./

十月 己亥 日有珥
태양에 귀고리가 있었다.
고려사 권47, 지1 [O]

인종 11년(1133) 계축 10. 21. (임인)

/양 1133. 11. 19./

十月 壬寅 月犯軒轅女御星
달이 헌원(軒轅) 성좌의 여어성(女御星)을 범하였다.
고려사 권47, 지1 [C]

인종 11년(1133) 계축 10. 27. (무신)

/양 1133. 11. 25./

十月 戊申 黑氣一條廣五尺餘 發自大微五帝座中 指奎南外屏天溷 不行而滅
너비가 5척 이상되는 검은 기운 한 줄기가 태미원[大微]의 오제좌(五帝座) 성좌 중에서 나타나 규(奎) 성좌 남쪽의 외병(外屏) 성좌와 천혼(天溷) 성좌쪽으로 갔으나 더 이상 나아가지 않고 사라졌다
고려사 권53, 지7 [S]

인종 11년(1133) 계축 11. 27. (무인)

/양 1133. 12. 25./

十一月 戊寅 兩日竝出
두 개의 태양이 함께 떴다.
고려사 권16, 세가16 ; 고려사 권47, 지1 [M]

인종 11년(1133) 계축 11. 27. (무인)

/양 1133. 12. 25./

十一月 戊寅 月入氐星
달이 저(氐) 성좌로 들어갔다.
고려사 권47, 지1 [C]

인종 11년(1133) 계축 12. 11. (신묘)

/양 1134. 1. 7./

十二月 辛卯 月食昴星
달이 묘(昴) 성좌를 가렸다.
고려사 권47, 지1 [C]

---

99) 五諸侯(오제후): 오제후 성좌-2임.
100) 五諸侯(오제후): 오제후 성좌-2임.

인종 11년(1133) 계축 12. 19. (기해)

/양 1134. 1. 15./

十二月 己亥 月暈大微 流星出南北河中 犯叅左肩 大如木瓜 尾長五尺 又流星出南河中入狼星 如中物破碎 狼星搖動

달무리가 태미원[大微]에서 나타났다. 유성(流星)이 남하(南河)와 북하(北河) 성좌에서 나와 삼(叅) 성좌의 좌견성(左肩星)을 범하였는데 크기는 모과(木瓜)만 하고 꼬리의 길이는 5척쯤 되었다. 유성(流星)이 남하(南河) 성좌에서 나와 낭성(狼星)으로 들어갔는데 마치 그 안의 물건이 깨어져 부서진듯이 낭성이 동요하였다.

고려사 권47, 지1 [P] [R]

인종 11년(1133) 계축 12. 20. (경자)

/양 1134. 1. 16./

十二月 庚子 熒惑犯房第一星

화성[熒惑]이 방(房) 성좌의 제1성을 범하였다.

고려사 권47, 지1 [F]

인종 11년(1133) 계축 12. 21. (신축)

/양 1134. 1. 17./

十二月 辛丑 流星出東井入弧星 尾長十尺許 月行角亢南犯折威星

유성(流星)이 동정(東井) 성좌에서 나와 호(弧) 성좌로 들어갔는데 꼬리의 길이는 10척쯤 되었다. 달이 각(角) 성좌와 항(亢) 성좌의 남쪽을 지나 절위(折威) 성좌를 범하였다.

고려사 권47, 지1 [R] [C]

인종 11년(1133) 계축 12. 22. (임인)

/양 1134. 1. 18./

十二月 壬寅 熒惑犯鉤鈐

화성[熒惑]이 구검(鉤鈐) 성좌를 범하였다.

고려사 권47, 지1 [F]

인종 11년(1133) 계축 12. 24. (갑진)

/양 1134. 1. 20./

十二月 甲辰 月食心星

달이 심(心) 성좌를 가렸다.

고려사 권47, 지1 [C]

인종 12년(1134) 갑인 1. 6. (병진)

/양 1134. 2. 1./

正月 丙辰 月暈 白氣從暈中發竟天

달무리가 있었으며 달무리 속에서 흰 기운이 나와 하늘을 가로질렀다.

고려사 권47, 지1 [P]

인종 12년(1134) 갑인 1. 6. (병진)

/양 1134. 2. 1./

正月 丙辰 白氣見西方 經北極 貫北斗 又白氣向東行滅

흰 기운이 서쪽에서 나타나 북극(北極)을 지나 북두(北斗) 성좌를 통과하였고, 또 흰 기운이 동쪽을 향하여 가다가 없어졌다.

고려사 권54, 지8 [S]

인종 12년(1134) 갑인 1. 7. (정사)

/양 1134. 2. 2./

正月 丁巳 白氣見西南 貫天苑 入北斗

흰 기운이 서남쪽에서 나타나 천원(天苑) 성좌를 가로질러 북두(北斗) 성좌에 들어갔다.

고려사 권54, 지8 [S]

인종 12년(1134) 갑인 1. 10. (경신)

/양 1134. 2. 5./

正月 庚申 月暈 昴畢觜叅

달무리가 있었는데 묘(昴) 성좌, 필(畢) 성좌, 자(觜) 성좌, 삼(叅) 성좌를 지나 갔다.

고려사 권47, 지1 [P]

인종 12년(1134) 갑인 1. 11. (신유)

/양 1134. 2. 6./

正月 辛酉 月暈五車井星北河東西 白氣指月衝射

달무리가 오거(五車) 성좌, 정(井) 성좌와 북하(北河) 성좌의 동쪽과 서쪽에 있었는데, 흰 기운이 달을 향해 뻗쳤다.

고려사 권47, 지1 [P] [S]

인종 12년(1134) 갑인 1. 12. (임술)

/양 1134. 2. 7./

正月 壬戌 月食五諸侯[101]

달이 오제후(五諸侯) 성좌를 가렸다.

고려사 권47, 지1 [B]

인종 12년(1134) 갑인 1. 28. (무인)

/양 1134. 2. 23./

---

101) 五諸侯(오제후): 오제후 성좌-2임.

春正月 戊寅 白虹貫日
흰 무지개가 태양을 가로질러 갔다
고려사 권16, 세가16 ; 고려사절요 권10 [O]

인종 12년(1134) 갑인 1. 28. (무인)

/양 1134. 2. 23./

正月 戊寅 白虹貫日
흰 무지개가 태양을 가로질러 갔다
고려사 권47, 지1 [O]

인종 12년(1134) 갑인 2. 5. (을유)

/양 1134. 3. 2./

二月 乙酉 白氣貫日
흰 기운이 태양을 가로질러 갔다
고려사 권16, 세가16 ; 고려사 권47, 지1 [O]

인종 12년(1134) 갑인 2. 12. (임진)

/양 1134. 3. 9./

二月 壬辰 月食軒轅
달이 헌원(軒轅) 성좌를 가렸다.
고려사 권47, 지1 [B]

인종 12년(1134) 갑인 2. 16. (병신)

/양 1134. 3. 13./

二月 丙申 歲興太白隔一尺許 行婁星度 熒惑興
鎭星隔一尺許 行箕星度 月失度行角亢之南
목성(歲星)과 금성(太白)이 1척의 간격을 두고
루(婁) 성좌로 운행하였고 화성(熒惑)과 토성(鎭
星)이 1척쯤의 간격을 두고 기(箕) 성좌로 운행
하였다. 달이 궤도를 잃고 각(角) 성좌와 항(亢)
성좌의 남쪽으로 운행하였다.
고려사 권47, 지1 [D] [C]

인종 12년(1134) 갑인 2. 18. (무술)

/양 1134. 3. 15./

二月 戊戌 月食房
달이 방(房) 성좌를 가렸다.
고려사 권47, 지1 [B]

인종 12년(1134) 갑인 3. 9. (기미)

/양 1134. 4. 5./

三月 己未 流星墜地 大如斗 是月 星再晝隕於太初門營
造處 其時 上在西京駕幸永明寺 次晝隕亦一時也
유성(流星)이 땅에 떨어졌는데 크기가 말[斗]만
하였다. 이달에 별이 다시 낮에 태초문(太初門)

을 만드는 곳[營造處]에 떨어졌다. 이때에 왕은
서경(西京)의 영명사(永明寺)에 가 있었는데 여
기서도 역시 동일한 시간에 운석이 떨어졌다.
고려사 권47, 지1 [R]

인종 12년(1134) 갑인 4. 5. (갑신)

/양 1134. 4. 30./

四月 甲申 流星出王良入南斗
유성(流星)이 왕량(王良) 성좌에서 나와 남두
(南斗) 성좌로 들어갔다.
고려사 권47, 지1 [R]

인종 12년(1134) 갑인 5. 5. (갑인)

/양 1134. 5. 30./

五月 甲寅 流星出王良入南斗 大如炬 尾長五尺許
유성(流星)이 왕량(王良) 성좌에서 나와 남두
(南斗) 성좌로 들어갔는데 크기가 햇불[炬]만
하였고, 꼬리의 길이는 5척쯤 되었다.
고려사 권47, 지1 [R]

인종 12년(1134) 갑인 5. 12. (신유)

/양 1134. 6. 6./

五月 辛酉 月犯心大星
달이 심대성(心大星)을 범하였다.
고려사 권47, 지1 [C]

인종 12년(1134) 갑인 5. 13. (임술)

/양 1134. 6. 7./

五月 壬戌 月暈房心尾箕
달무리가 방(房) 성좌, 심(心) 성좌, 미(尾) 성
좌, 기(箕)성좌에 있었다.
고려사 권47, 지1 [P]

인종 12년(1134) 갑인 6. 3. (신사)

/양 1134. 6. 26./

六月 辛巳 太白晝見經天
금성[太白]이 낮에 나타나 남쪽하늘에서 보였다.
고려사 권16, 세가16 ; 고려사절요 권10 [G]

인종 12년(1134) 갑인 6. 3. (신사)

/양 1134. 6. 26./

六月 辛巳 太白晝見經天 營星[102] 犯狗國
금성[太白]이 낮에 나타나 남쪽하늘에서 보였

---

102) 營星(영성): 어떤 별인지 확실히 밝혀지지 않음.

다. 영성(營星)이 구국(狗國) 성좌를 범하였다.
고려사 권47, 지1 [G] [F]

인종 12년(1134) 갑인 6. 23. (신축)

/양 1134. 7. 16./

六月 辛丑 流星出騰蛇入河鼓 大如木瓜 長十尺許
유성(流星)이 등사(騰蛇) 성좌에서 나와 하고
(河鼓) 성좌로 들어갔는데 크기는 모과(木瓜)만
하였고 길이는 10척 쯤 되었다.
고려사 권47, 지1 [R]

인종 12년(1134) 갑인 6. 24. (임인)

/양 1134. 7. 17./

六月 壬寅 流星出王良入閣道 大如燈
유성(流星)이 왕량(王良) 성좌에서 나와 각도(閣道)
성좌로 들어갔는데 크기는 등불만 하였다.
고려사 권47, 지1 [R]

인종 12년(1134) 갑인 6. 26. (갑진)

/양 1134. 7. 19./

六月 甲辰 流星出營室入北斗 大如缶
유성(流星)이 영실(營室) 성좌에서 나와 북두(北
斗) 성좌로 들어갔는데 크기는 두레박[缶]만 하
였다.
고려사 권47, 지1 [R]

인종 12년(1134) 갑인 7. 5. (임자)

/양 1134. 7. 27./

七月 壬子 流星出北斗柄入攝提 又流星出危入牛
又流星出營室入壘壁
유성(流星)이 북두(北斗) 성좌의 자루(柄)에서 나와
섭제(攝提) 성좌로 들어갔다. 또 다른 유성(流星)이
위(危) 성좌에서 나와 우(牛) 성좌로 들어갔으며,
또 다른 유성(流星)이 영실(營室) 성좌에서 나와
누벽(壘壁) 성좌로 들어갔다.
고려사 권47, 지1 [R]

인종 12년(1134) 갑인 8. 6. (계미)

/양 1134. 8. 27./

八月 癸未 月犯心星
달이 심(心) 성좌를 범하였다.
고려사 권47, 지1 [C]

인종 12년(1134) 갑인 9. 3. (기유)

/양 1134. 9. 22./

九月 己酉 天狗墜于京城東北
천구(天狗)가 경성(京城)의 동북쪽에 떨어졌다.
고려사 권47, 지1 [R]

인종 12년(1134) 갑인 9. 4. (경술)

/양 1134. 9. 23./

九月 庚戌 月犯心星
달이 심(心) 성좌를 범하였다.
고려사 권47, 지1 [C]

인종 12년(1134) 갑인 9. 9. (을묘)

/양 1134. 9. 28./

九月 乙卯 流星出婁貫天倉 南隕
유성(流星)이 루(婁) 성좌에서 나와 천창(天倉)
성좌를 가로 지나서 남쪽에 떨어졌다.
고려사 권47, 지1 [R]

인종 12년(1134) 갑인 9. 11. (정사)

/양 1134. 9. 30./

九月 丁巳 流星出軒轅入下台星
유성(流星)이 헌원(軒轅) 성좌에서 나와 하태
(下台) 성좌로 들어갔다.
고려사 권47, 지1 [R]

인종 12년(1134) 갑인 10. 13. (무자)

/양 1134. 10. 31./

冬十月 戊子 白虹貫日
흰 무지개가 태양을 가로질렀다
고려사 권16, 세가16 ; 고려사절요 권10 [O]

인종 12년(1134) 갑인 10. 13. (무자)

/양 1134. 10. 31./

十月 戊子 白虹貫日 日暈有珥
흰 무지개가 태양을 가로질러 갔으며 햇무리에
귀고리가 있었다.
고려사 권47, 지1 [O]

인종 12년(1134) 갑인 10. 25. (경자)

/양 1134. 11. 12./

十月 庚子 流星出叄箕南隕
유성(流星)이 삼(叄) 성좌와 기(箕) 성좌에서 나와
남쪽으로 떨어졌다.
고려사 권47, 지1 [R]

인종 12년(1134) 갑인 11. - (-)

/양 1134. 11. 13./

自十月 至是月 太白晝見經天
10월달부터 이달까지 태백성이 낮에 나타나 남쪽하늘에서 보였다.
고려사 권16, 세가16 [G]

인종 12년(1134) 갑인 11. - (-)

/양 1134. 11. 13./

十一月自十月至是月 太白晝見經天
10월부터 이달까지 금성[太白]이 낮에 나타나 남쪽하늘에서 보였다.
고려사 권47, 지1 [G]

인종 13년(1135) 을묘 1. 1. (을사)

/양 1135. 1. 16./

春正月 乙巳朔 日食密雲不見
일식이 있었는데, 짙은 구름 때문에 보이지 않았다.
고려사 권16, 세가16 ; 고려사절요 권10

인종 13년(1135) 을묘 1. 1. (을사)

/양 1135. 1. 16./

正月 乙巳朔 日食密雲不見
일식이 있었는데, 짙은 구름 때문에 보이지 않았다.
고려사 권47, 지1 [A]

인종 13년(1135) 을묘 2. 8. (임오)

/양 1135. 2. 22./

二月 壬午 白虹貫日
흰 무지개가 태양을 가로질렀다
고려사 권16, 세가16 [O]

인종 13년(1135) 을묘 2. 8. (임오)

/양 1135. 2. 22./

二月 壬午 日有暈 白虹貫之
햇무리가 있었는데, 흰 무지개가 태양을 가로질렀다.
고려사 권47, 지1 ; 고려사절요 권10 [O]

인종 13년(1135) 을묘 윤2. 3. (정미)

/양 1135. 3. 19./

閏二月 丁未 流星出天市西垣 入攝提
유성(流星)이 천시서원(天市西垣)에서 나와 섭제(攝提) 성좌로 들어갔다.
고려사 권47, 지1 [R]

인종 13년(1135) 을묘 윤2. 26. (경오)

/양 1135. 4. 11./

閏二月 庚午 流星出角入軫
유성(流星)이 각(角) 성좌에서 나와 진(軫) 성좌로 들어갔다.
고려사 권47, 지1 [R]

인종 13년(1135) 을묘 윤2. 29. (계유)

/양 1135. 4. 14./

閏二月 癸酉 流星出南斗越房心入左角 大如木瓜 長四十尺許
유성(流星)이 남두(南斗) 성좌에서 나와 방(房) 성좌, 심(心) 성좌를 지나서 좌각성(左角星)으로 들어갔는데 크기는 모과(木瓜)만 하였고 길이는 40척쯤 되었다.
고려사 권47, 지1 [R]

인종 13년(1135) 을묘 3. 4. (정축)

/양 1135. 4. 18./

三月 丁丑 天狗墜西京
천구(天狗)가 서경(西京)에 떨어졌다.
고려사 권47, 지1 [R]

인종 13년(1135) 을묘 4. 10. (계축)

/양 1135. 5. 24./

四月 癸丑 月行左角南 隔三尺許軫星 犯西建[103]隔一寸許
달이 좌각성(左角星) 남쪽을 향하여 갔는데, 간격이 3척쯤 떨어진 곳에 진(軫) 성좌가 있었고, 간격이 1촌쯤 떨어진 서쪽의 건(建) 성좌를 범하였다.
고려사 권47, 지1 [C] [F]

인종 13년(1135) 을묘 4. 13. (병진)

/양 1135. 5. 27./

四月 丙辰 月行心西星隔一寸五尺許
달이 심(心) 성좌의 서쪽별과 1척 5촌쯤의 간격을 두고 지나갔다.
고려사 권47, 지1 [C]

인종 13년(1135) 을묘 5. 5. (무인)

/양 1135. 6. 18./

五月 戊寅 流星出壁入危

---

103) 건성(建星): 거리적으로 너무 떨어져 있어서 두수(斗宿)의 건(建) 성좌는 아니고 바로 근처의 어떤 별일것으로 추론함.

유성(流星)이 벽(壁) 성좌에서 나와 위(危) 성좌로
들어갔다.
고려사 권47, 지1 [R]

인종 13년(1135) 을묘 6. 6. (무신)

/양 1135. 7. 18./

六月 戊申 流星出河鼓入牽牛
유성(流星)이 하고(河鼓) 성좌에서 나와 견우
(牽牛) 성좌로 들어갔다.
고려사 권47, 지1 [R]

인종 13년(1135) 을묘 6. 21. (계해)

/양 1135. 8. 2./

六月 癸亥 流星出天弁入南斗
유성(流星)이 천변(天弁) 성좌에서 나와 남두
(南斗) 성좌로 들어갔다.
고려사 권47, 지1 [R]

인종 13년(1135) 을묘 7. 27. (무술)

/양 1135. 9. 6./

七月 戊戌 流星出天關入五車東北星 月犯軒轅太
后宗星104)隔五寸許   月犯軒轅太后宗星隔五寸
許行
유성(流星)이 천관(天關) 성좌에서 나와 오거(五車)
성좌의 동쪽별로 들어갔다. 달이 헌원(軒轅) 성좌
의 태후종성(太后宗星)과 5촌쯤의 간격으로 지나
갔다.
고려사 권47, 지1 [R] [C]

인종 13년(1135) 을묘 11. 16. (을유)

/양 1135. 12. 22./

十一月 乙酉 月食
월식이 있었다.
고려사 권47, 지1 [B]

인종 13년(1135) 을묘 12. 12. (경술)

/양 1136. 1. 16./

十二月 庚戌 太白晝見經天
금성[太白]이 낮에 나타나 남쪽하늘에서 보였다.
고려사 권16, 세가16 [G]

인종 13년(1135) 을묘 12. 12. (경술)

/양 1136. 1. 16./

十二月 庚戌 月犯昴星
달이 묘(昴) 성좌를 범하였다.
고려사 권47, 지1 [C]

인종 13년(1135) 을묘 12. 18. (병진)

/양 1136. 1. 22./

十二月 丙辰 熒惑犯房星 太白晝見經天
화성[熒惑]이 방(房) 성좌를 범하였다. 금성[太
白]이 낮에 나타나 남쪽하늘에서 보였다.
고려사 권47, 지1 [F] [G]

인종 13년(1135) 을묘 12. 18. (병진)

/양 1136. 1. 22./

十二月 丙辰 太白晝見經天
금성[太白]이 낮에 나타나 남쪽하늘에서 보였다.
고려사절요 권10 [G]

인종 14년(1136) 병진 3. 1. (무진)

/양 1136. 4. 3./

三月 戊辰朔 衆星自東北流西南
많은 별들[衆星]이 동북쪽에서 서남쪽으로 향하여 갔다.
고려사 권47, 지1 [R]

인종 14년(1136) 병진 3. 19. (병술)

/양 1136. 4. 21./

三月 丙戌 月犯南斗
달이 남두(南斗) 성좌를 범하였다.
고려사 권47, 지1 [C]

인종 14년(1136) 병진 5. 15. (임오)

/양 1136. 6. 16./

五月 壬午 月食
월식이 있었다.
고려사 권47, 지1 [B]

인종 14년(1136) 병진 6. 23. (기미)

/양 1136. 7. 23./

六月 己未 太白晝見經天
금성[太白]이 낮에 나타나 남쪽하늘에서 보였다.
고려사 권16, 세가16 ; 고려사 권47, 지1 ;
고려사절요 권10 [G]

---

104) 太后宗星(태후종성): 헌원대성 밑의 세별중 오른쪽에 있는
    태민성(太民星)을 말하는 듯함.

인종 14년(1136) 병진 7. 24. (경인)

/양 1136. 8. 23./

七月 庚寅 流星出華盖入文昌
유성(流星)이 화개(華盖) 성좌에서 나와 문창(文昌) 성좌로 들어갔다.
고려사 권47, 지1 [R]

인종 14년(1136) 병진 7. 25. (신묘)

/양 1136. 8. 24./

七月 辛卯 流星出津星入箕 大如椀 長七尺 又流星出河鼓入南斗 大如椀 長二十尺許
유성(流星)이 진(津) 성좌에서 나와 기(箕) 성좌로 들어갔는데 크기는 주발[椀]만 하였고 길이는 7척쯤 되었다. 또 유성(流星)이 하고(河鼓) 성좌에서 나와 남두(南斗) 성좌로 들어갔는데 크기는 주발[椀]만 하였고 길이는 20척쯤 되었다.
고려사 권47, 지1 [R]

인종 14년(1136) 병진 8. 6. (신축)

/양 1136. 9. 3./

八月 辛丑 歲星入輿鬼
목성[歲星]이 여귀(輿鬼) 성좌로 들어갔다.
고려사 권47, 지1 [F]

인종 14년(1136) 병진 8. 8. (계묘)

/양 1136. 9. 5./

八月 癸卯 月犯鎭星
달이 토성[鎭星]을 범하였다.
고려사 권47, 지1 [C]

인종 14년(1136) 병진 9. 5. (경오)

/양 1136. 10. 2./

九月 庚午 太白犯大微
금성[太白]이 태미원[大微]을 범하였다.
고려사 권47, 지1 [F]

인종 14년(1136) 병진 11. 15. (기묘)

/양 1136. 12. 10./

十一月 己卯 月食
월식이 있었다.
고려사 권47, 지1 [B]

인종 14년(1136) 병진 11. 24. (무자)

/양 1136. 12. 19./

十一月 戊子 歲星守輿鬼
목성[歲星]이 여귀(輿鬼) 성좌에서 떠나지 않고 있었다.
고려사 권47, 지1 [F]

인종 14년(1136) 병진 12. 24. (정사)

/양 1137. 1. 17./

十二月 丁巳 歲星食輿鬼 流星出攝提入氐 大如炬 長二丈許
목성[歲星]이 여귀(輿鬼) 성좌의 별을 가렸다. 유성(流星)이 섭제(攝提) 성좌에서 나와 저(氐) 성좌로 들어갔는데 크기는 횃불[炬]만 하였고 길이는 2장(丈)쯤 되었다.
고려사 권47, 지1 [F] [R]

인종 15년(1137) 정사 1. 8. (경오)

/양 1137. 1. 30./

正月 庚午 天狗墜北方
천구(天狗)가 북쪽으로 떨어졌다.
고려사 권47, 지1 [R]

인종 15년(1137) 정사 1. 23. (을유)

/양 1137. 2. 14./

正月 乙酉 流星出張入天廟
유성(流星)이 장(張) 성좌에서 나와 천묘(天廟) 성좌로 들어갔다.
고려사 권47, 지1 [R]

인종 15년(1137) 정사 1. 26. (무자)

/양 1137. 2. 17./

正月 戊子 赤氣發西北方
붉은 기운이 서북쪽에서 일어났다.
고려사 권53, 지7 [S]

인종 15년(1137) 정사 2. 12. (갑진)

/양 1137. 3. 5./

二月 甲辰 熒惑犯天街
화성[熒惑]이 천가(天街) 성좌를 범하였다.
고려사 권47, 지1 [F]

인종 15년(1137) 정사 3. 15. (정축)

/양 1137. 4. 7./

三月 丁丑 月犯左角
달이 좌각성(左角星)을 범하였다.
고려사 권47, 지1 [C]

인종 15년(1137) 정사 7. 13. (계유)

/양 1137. 8. 1./

七月 癸酉 月犯牽牛
달이 견우(牽牛) 성좌를 범하였다.
고려사 권47, 지1 [C]

인종 15년(1137) 정사 7. 27. (정해)

/양 1137. 8. 15./

七月 丁亥 流星出天囷抵婁 長十五尺許
유성(流星)이 천균(天囷) 성좌에서 나와 루(婁)
성좌에 이르렀는데 길이는 15척쯤 되었다.
고려사 권47, 지1 [R]

인종 15년(1137) 정사 8. 6. (병신)

/양 1137. 8. 24./

八月 丙申 月犯房星
달이 방(房) 성좌를 범하였다.
고려사 권47, 지1 [C]

인종 15년(1137) 정사 8. 6. (병신)

/양 1137. 8. 24./

八月 丙申 日有暈赤黃色
햇무리가 있었는데 적황색이었다.
고려사 권47, 지1 [O]

인종 15년(1137) 정사 11. 19. (정미)

/양 1138. 1. 2./

十一月 丁未 流星出軫抵庫樓
유성(流星)이 진(軫) 성좌에서 나와 고루(庫樓)
성좌에 이르렀다.
고려사 권47, 지1 [R]

인종 15년(1137) 정사 11. 26. (갑인)

/양 1138. 1. 9./

十一月 甲寅 流星出天將軍入羽林
유성(流星)이 천장군(天將軍) 성좌에서 나와 우
림(羽林) 성좌로 들어갔다.
고려사 권47, 지1 [R]

인종 15년(1137) 정사 11. 29. (정사)

/양 1138. 1. 12./

十一月 丁巳 靑赤暈貫日
청적색의 햇무리가 태양을 가로질렀다.
고려사 권47, 지1 [O]

인종 15년(1137) 정사 11. 29. (정사)

/양 1138. 1. 12./

十一月 丁巳 太白晝見經天
금성[太白]이 낮에 나타나 남쪽하늘에서 보였다.
고려사 권47, 지1 ; 고려사절요 권10 [G]

인종 16년(1138) 무오 1. 6. (계사)

/양 1138. 2. 17./

正月 癸巳 日暈有珥
귀고리가 있는 햇무리가 있었다.
고려사 권47, 지1 [O]

인종 16년(1138) 무오 2. 7. (계해)

/양 1138. 3. 19./

二月 癸亥 日有暈
햇무리가 있었다.
고려사 권47, 지1 [O]

인종 16년(1138) 무오 2. 8. (갑자)

/양 1138. 3. 20./

二月 甲子 日有暈
햇무리가 있었다.
고려사 권47, 지1 [O]

인종 16년(1138) 무오 2. 28. (갑신)

/양 1138. 4. 9./

二月 甲申 歲星犯軒轅 流星出氐入軫
목성[歲星]이 헌원(軒轅) 성좌를 범하였다. 유성(流星)
이 저(氐) 성좌에서 나와 진(軫) 성좌로 들어갔다.
고려사 권47, 지1 [F] [R]

인종 16년(1138) 무오 7. 21. (을사)

/양 1138. 8. 28./

七月 乙巳 夜乾方有赤氣 如火
밤에 서북쪽에서 붉은 기운이 나타났는데 불빛
과 같았다.
고려사 권53, 지7 [S]

인종 16년(1138) 무오 7. 27. (신해)

/양 1138. 9. 3./

七月 辛亥 夜亦如之
밤에 또 <서북쪽에서 붉은 기운이 나타났는데
불빛과 같았다.>
고려사 권53, 지7 [S]

인종 16년(1138) 무오 8. 1. (갑인)

/양 1138. 9. 6./

八月 甲寅朔 流星一出婁入天倉 一出參入天狗
한 유성(流星)이 루(婁) 성좌에서 나와 천창(天
倉) 성좌로 들어갔으며 다른 하나는 삼(參) 성좌
에서 나와 천구(天狗) 성좌로 들어갔다.
고려사 권47, 지1 [R]

인종 16년(1138) 무오 9. 1. (갑신)

/양 1138. 10. 6./

九月 甲申 夜赤氣發艮方
밤에 붉은 기운이 동북쪽에서 일어났다.
고려사 권53, 지7 [S]

인종 16년(1138) 무오 10. 6. (기미)

/양 1138. 11. 10./

十月 己未 流星出軍市入參 又角星搖動
유성(流星)이 군시(軍市) 성좌에서 나와 삼(參) 성
좌로 들어갔다. 각(角) 성좌가 동요하였다.
고려사 권47, 지1 [R] [Q]

인종 16년(1138) 무오 10. 22. (을해)

/양 1138. 11. 26./

十月 乙亥 日有暈 內黑外赤
햇무리가 있었는데 안쪽은 검고 바깥쪽은 붉었다.
고려사 권47, 지1 [O]

인종 16년(1138) 무오 10. 28. (신사)

/양 1138. 12. 2./

十月 辛巳 赤氣發于艮方
붉은 기운이 동북쪽에서 일어났다.
고려사 권53, 지7 [S]

인종 16년(1138) 무오 12. 14. (병인)

/양 1139. 1. 16./

十二月 丙寅 月犯左角 流星一出王良入婁 一出
天市入南斗
달이 좌각성(左角星)을 범하였다. 유성(流星) 하나
는 왕량(王良) 성좌에서 나와 루(婁) 성좌로 들어갔
으며 다른 하나는 천시원(天市垣)에서 나와 남두
(南斗) 성좌로 들어갔다.
고려사 권47, 지1 [C] [R]

인종 16년(1138) 무오 12. 14. (병인)

/양 1139. 1. 16./

十二月 丙寅 月犯左角 流星一出王良入婁 一出
天市入南斗
달이 좌각성(左角星)을 범하였다. 유성(流星) 하나
는 왕량(王良) 성좌에서 나와 루(婁) 성좌로 들어
갔으며 다른 하나는 천시원(天市垣)에서 나와 남
두(南斗) 성좌로 들어갔다.
고려사 권47, 지1

인종 17년(1139) 기미 1. 9. (경인)

/양 1139. 2. 9./

正月 庚寅 日有暈 色靑白
햇무리가 있었는데 청백색이었다.
고려사 권47, 지1 [O]

인종 17년(1139) 기미 2. 11. (임술)

/양 1139. 3. 13./

二月 壬戌 日有暈 色靑白
햇무리가 있었는데 청백색 이었다.
고려사 권47, 지1 [O]

인종 17년(1139) 기미 3. 1. (신사)

/양 1139. 4. 1./

三月 辛巳朔 熒惑犯東井
화성[熒惑]이 동정(東井) 성좌를 범하였다.
고려사 권47, 지1 [F]

인종 18년(1140) 경신 7. 6. (무신)

/양 1140. 8. 20./

七月 戊申 鎭星守天軍[105] 十七日
토성[鎭星]이 천군(天軍) 성좌에서 17일간 자리
를 지켰다.
고려사 권47, 지1 [F]

인종 18년(1140) 경신 7. 20. (임술)

/양 1140. 9. 3./

七月 壬戌 月犯畢
달이 필(畢) 성좌를 범하였다.
고려사 권47, 지1 [C]

인종 18년(1140) 경신 7. 28. (경오)

/양 1140. 9. 11./

七月 庚午 心星[106]動搖

---

105) 天軍(천군): 성좌 자료 없음.

심성(心星)이 동요하였다.
고려사 권47, 지1 [Q]

인종 18년(1140) 경신 8. 10. (신사)

/양 1140. 9. 22./

八月 辛巳 月犯牽牛
달이 견우(牽牛) 성좌를 범하였다.
고려사 권47, 지1 [C]

인종 18년(1140) 경신 9. 7. (무신)

/양 1140. 10. 19./

九月 戊申 流星出五車入北斗
유성(流星)이 오거(五車) 성좌에서 나와 북두
(北斗) 성좌로 들어갔다.
고려사 권47, 지1 [R]

인종 18년(1140) 경신 9. 22. (계해)

/양 1140. 11. 3./

九月 癸亥 月犯軒轅
달이 헌원(軒轅) 성좌를 범하였다.
고려사 권47, 지1 [C]

인종 19년(1141) 신유 3. 7. (병오)

/양 1141. 4. 15./

三月 丙午 熒惑入輿鬼
화성[熒惑]이 여귀(輿鬼) 성좌로 들어갔다.
고려사 권47, 지1 [F]

인종 19년(1141) 신유 4. 18. (병술)

/양 1141. 5. 25./

夏四月 丙戌 白暈貫日
흰 햇무리가 태양을 가로질렀다.
고려사 권17, 세가17 [O]

인종 19년(1141) 신유 4. 18. (병술)

/양 1141. 5. 25./

四月 丙戌 白暈貫日
흰 햇무리가 태양을 가로질렀다.
고려사 권47, 지1 [O]

인종 19년(1141) 신유 5. 13. (경술)

/양 1141. 6. 18./

五月 庚戌 流星出河鼓入南斗
유성(流星)이 하고(河鼓) 성좌에서 나와 남두
(南斗) 성좌로 들어갔다.
고려사 권47, 지1 [R]

인종 19년(1141) 신유 7. 20. (병진)

/양 1141. 8. 23./

七月 丙辰 夜赤氣發北斗
밤에 붉은 기운이 북두(北斗) 성좌에서 일어났다.
고려사 권53, 지7 [S]

인종 19년(1141) 신유 10. 5. (경오)

/양 1141. 11. 5./

十月 庚午 流星出南河入軍市 大如木瓜 尾長三尺
유성(流星)이 남하(南河) 성좌에서 나와 군시
(軍市) 성좌로 들어갔는데 크기는 모과(木瓜)만
하고 꼬리의 길이는 3척쯤 되었다.
고려사 권47, 지1 [R]

인종 19년(1141) 신유 10. 6. (신미)

/양 1141. 11. 6./

十月 辛未 流星出星入翼 大如木瓜 尾長二丈
유성(流星)이 성(星) 성좌에서 나와 익(翼) 성좌
로 들어갔는데 크기는 모과(木瓜)만 하였으며
꼬리의 길이는 2장(丈)쯤 되었다.
고려사 권47, 지1 [R]

인종 19년(1141) 신유 10. 22. (정해)

/양 1141. 11. 22./

十月 丁亥 夜有赤氣衝天至勾陳紫微 又素氣十餘
條交錯起息 又黑氣長四丈許 東西衝貫于北斗 又
電光發于天末
밤에 붉은 기운이 나타나 하늘을 향하여 뻗쳤고
그것이 구진(勾陳) 성좌와 자미원(紫微垣)까지
닿았고, 또 흰 기운이 10여 줄로 서로 뒤섞여서
일어나기도 하고 멈추기도 하였다. 또한 길이가
4장(丈)쯤 되는 검은 기운이 나타났는데 그것이
동(東)으로 서(西)로 마주 부딪히면서 북두 성좌
에 닿았다. 또 번개빛이 하늘 끝에서 일어났다.
고려사 권53, 지7 [S]

인종 19년(1141) 신유 11. 24. (무오)

/양 1141. 12. 23./

十一月 戊午 夜赤氣發於坎 又有素氣二條交發
貫北極勾陳滅而復發
밤에 붉은 기운이 북쪽에서 일어났으며 또 흰

기운 두 줄이 나타나 북극(北極)과 구진(勾陳) 성
좌에 닿아서 없어졌다가 다시 일어났다.
고려사 권53, 지7 [S]

인종 19년(1141) 신유 12. 3. (정묘)

/양 1142. 1. 1./

十二月 丁卯 日有暈 兩旁有珥 白氣發珥東西衝貫
長十數丈
햇무리가 있었고 양쪽에 귀고리가 있었으며 흰
기운이 해 귀고리에서 나와서 동서로 가로 지나
갔는데, 그 길이는 수십 장(丈)이었다.
고려사 권47, 지1 [O]

인종 20년(1142) 임술 1. 1. (을미)

/양 1142. 1. 29./

正月 乙未朔 東南有黑氣
검은 기운이 동남쪽에 나타났다.
고려사 권53, 지7 [S]

인종 20년(1142) 임술 4. 25. (무자)

/양 1142. 5. 22./

四月 戊子 太白動搖
금성[太白]이 동요하였다.
고려사 권47, 지1 [Q]

인종 20년(1142) 임술 6. 25. (병술)

/양 1142. 7. 19./

六月 丙戌 月犯畢星
달이 필(畢) 성좌를 범하였다.
고려사 권47, 지1 [C]

인종 20년(1142) 임술 7. 1. (임진)

/양 1142. 7. 25./

七月 壬辰朔 流星出天街入畢
유성(流星)이 천가(天街) 성좌에서 나와 필(畢)
성좌로 들어갔다.
고려사 권47, 지1 [R]

인종 20년(1142) 임술 7. 15. (병오)

/양 1142. 8. 8./

七月 丙午 月食
월식이 있었다.
고려사 권47, 지1 [B]

인종 20년(1142) 임술 8. 17. (정축)

/양 1142. 9. 8./

八月 丁丑 月犯鎭星
달이 토성[鎭星]을 범하였다.
고려사 권47, 지1 [C]

인종 20년(1142) 임술 9. 7. (병신)

/양 1142. 9. 27./

九月 丙申 熒惑入輿鬼犯積尸
화성[熒惑]이 여귀(輿鬼) 성좌에 들어가서 적시
성(積尸星)을 범하였다.
고려사 권47, 지1 [F]

인종 20년(1142) 임술 9. 19. (무신)

/양 1142. 10. 9./

九月 戊申 月犯畢星
달이 필(畢) 성좌를 범하였다.
고려사 권47, 지1 [C]

인종 20년(1142) 임술 12. 5. (계해)

/양 1142. 12. 23./

十二月 癸亥 流星入攝提 長十尺許
유성(流星)이 섭제(攝提) 성좌로 들어갔는데 길
이는 10척쯤 되었다.
고려사 권47, 지1 [R]

인종 21년(1143) 계해 1. 1. (기축)

/양 1143. 1. 18./

春正月 己丑朔 日食
일식이 있었다.
고려사 권17, 세가17 [A]

인종 21년(1143) 계해 1. 1. (기축)

/양 1143. 1. 18./

正月 己丑朔 日食
일식이 있었다.
고려사 권47, 지1 [A]

인종 21년(1143) 계해 1. 15. (계묘)

/양 1143. 2. 1./

正月 癸卯 月食旣
개기 월식이 있었다.
고려사 권47, 지1 [B]

인종 21년(1143) 계해 윤4. 20. (정미)

/양 1143. 6. 5./

閏四月 丁未 流星出勾陳 入帝座[107] 又出招搖入
北斗
유성(流星)이 구진(勾陳) 성좌에서 나와 제좌성(帝
座星)으로 들어갔으며 또 하나의 유성(流星)이
초요성(招搖星)에서 나와 북두(北斗) 성좌로 들어
갔다.
고려사 권47, 지1 [R]

인종 21년(1143) 계해 6. 15. (경자)

/양 1143. 7. 28./

六月 庚子 月食旣
개기 월식이 있었다.
고려사 권47, 지1 [B]

인종 21년(1143) 계해 7. 25. (경진)

/양 1143. 9. 6./

七月 庚辰 流星出南斗入天田 又出奎入天船
유성(流星)이 남두(南斗) 성좌에서 나와 천전(天
田) 성좌로 들어갔으며 또 하나의 유성(流星)이
규(奎) 성좌에서 나와 천선(天船) 성좌로 들어
갔다.
고려사 권47, 지1 [R]

인종 21년(1143) 계해 8. 23. (정미)

/양 1143. 10. 3./

八月 丁未 月犯歲星
달이 목성[歲星]을 범하였다.
고려사 권47, 지1 [C]

인종 21년(1143) 계해 8. 25. (기유)

/양 1143. 10. 5./

八月 己酉 食軒轅
<달이> 헌원(軒轅) 성좌를 가렸다.
고려사 권47, 지1 [C]

인종 21년(1143) 계해 9. 9. (임술)

/양 1143. 10. 18./

九月 壬戌 月犯哭星
달이 곡(哭) 성좌를 범하였다.
고려사 권47, 지1 [C]

인종 21년(1143) 계해 9. 17. (경오)

/양 1143. 10. 26./

九月 庚午 天狗墜地 聲如雷
천구(天狗)가 땅에 떨어졌는데 소리가 뇌성 같았다.
고려사 권47, 지1 [R]

인종 21년(1143) 계해 9. 25. (무인)

/양 1143. 11. 3./

九月 戊寅 月食建星
달이 건(建) 성좌를 가렸다.
고려사 권47, 지1 [C]

인종 21년(1143) 계해 9. 26. (기묘)

/양 1143. 11. 4./

九月 己卯 流星出參入軍市
유성(流星)이 삼(參) 성좌에서 나와 군시(軍市)
성좌로 들어갔다.
고려사 권47, 지1 [R]

인종 21년(1143) 계해 10. 6. (기축)

/양 1143. 11. 14./

十月 己丑 月犯歲星
달이 목성[歲星]을 범하였다.
고려사 권47, 지1 [C]

인종 21년(1143) 계해 12. 1. (계미)

/양 1144. 1. 7./

十二月 癸未 太史奏 日當食不食
태사(太史)가 아뢰기를 일식이 당연히 있어야
하는데 일식이 없었다고 하였다.
고려사 권17, 세가17 ; 고려사 권47, 지1 [A]

인종 21년(1143) 계해 12. 1. (계미)

/양 1144. 1. 7./

十二月 癸未 太史奏 太陽當食不虧
태사(太史)가 아뢰기를 일식이 당연히 있어야
하는데 일식이 없었다고 하였다.
고려사절요 권10 [A]

인종 21년(1143) 계해 12. 22. (갑진)

/양 1144. 1. 28./

十二月 甲辰 月食氐星
달이 저(氐) 성좌를 가렸다.
고려사 권47, 지1 [C]

---

107) 帝座(제좌): 제좌성-2임.

인종 22년(1144) 갑자 3. 10. (신유)

/양 1144. 4. 14./

三月 辛酉 月犯軒轅次妃星108)
달이 헌원(軒轅) 성좌의 차비성(次妃星)을 범하였다.
고려사 권47, 지1 [C]

인종 22년(1144) 갑자 3. 11. (임술)

/양 1144. 4. 15./

三月 壬戌 犯大微西藩上將星
<달이> 태미서번[大微西藩] 성좌의 상장성(上將星)을 범하였다.
고려사 권47, 지1 [C]

인종 22년(1144) 갑자 4. 29. (경술)

/양 1144. 6. 2./

四月 庚戌 流星出天市入東咸 大如木瓜 尾長五尺許
유성(流星)이 천시원(天市垣)에서 나와 동함(東咸) 성좌로 들어갔는데 크기는 모과(木瓜)만 하였고 꼬리의 길이는 5척쯤 되었다.
고려사 권47, 지1 [R]

인종 22년(1144) 갑자 5. 15. (을축)

/양 1144. 6. 17./

五月 乙丑 流星出大角入天棓 大如木瓜 長十尺許
유성(流星)이 대각성(大角星)에서 나와 천봉(天棓) 성좌로 들어갔는데 크기는 모과(木瓜)만 하였고 길이는 10척쯤 되었다.
고려사 권47, 지1 [R]

인종 22년(1144) 갑자 6. 14. (갑오)

/양 1144. 7. 16./

六月 甲午 月食
월식이 있었다.
고려사 권47, 지1 [B]

인종 22년(1144) 갑자 6. 21. (신축)

/양 1144. 7. 23./

六月 辛丑 流星出箕入尾 大如木瓜 長五尺許
유성(流星)이 기(箕) 성좌에서 나와 미(尾) 성좌로 들어갔는데 크기는 모과(木瓜)만 하였고 길이는 5척쯤 되었다.

고려사 권47, 지1 [R]

인종 22년(1144) 갑자 6. 26. (병오)

/양 1144. 7. 28./

六月 丙午 月犯太白
달이 금성[太白]을 범하였다.
고려사 권47, 지1 [C]

인종 22년(1144) 갑자 7. 12. (신유)

/양 1144. 8. 12./

七月 辛酉 流星出東壁向北行 大如鉢 長五尺許
유성(流星)이 동벽(東壁) 성좌에서 나와 북쪽을 향하여 지나갔는데 크기는 사발[鉢]만 하고 길이는 5척쯤 되었다.
고려사 권47, 지1 [R]

인종 22년(1144) 갑자 8. 1. (경진)

/양 1144. 8. 31./

八月 庚辰朔 熒惑犯輿鬼積尸 流星出天將
화성[熒惑]이 여귀(輿鬼) 성좌의 적시성(積尸星)을 범하였다. 유성(流星)이 천장(天將) 성좌에서 나왔다.
고려사 권47, 지1 [F] [R]

인종 22년(1144) 갑자 8. 14. (계사)

/양 1144. 9. 13./

八月 癸巳 月犯羽林 流星出王良入天船
달이 우림(羽林) 성좌를 범하였다. 유성(流星)이 왕량(王良) 성좌에서 나와 천선(天船) 성좌로 들어갔다.
고려사 권47, 지1 [C] [R]

인종 22년(1144) 갑자 8. 20. (기해)

/양 1144. 9. 19./

八月 己亥 月犯畢
달이 필(畢) 성좌를 범하였다.
고려사 권47, 지1 [C]

인종 22년(1144) 갑자 10. 9. (병술)

/양 1144. 11. 5./

十月 丙戌 月犯羽林
달이 우림(羽林) 성좌를 범하였다.
고려사 권47, 지1 [C]

고려사 권47, 지1 [R]

---

108) 轅次次妃星(헌원차비성): 헌원대성의 바로 위의 별은 부인성, 그 위의 별은 왕비성이므로 이 둘 중 하나일 것으로 추론됨.

인종 22년(1144) 갑자 11. 3. (경술)

/양 1144. 11. 29./

十一月 庚戌 日暈有珥
햇무리가 있었고, 귀고리가 있었다.
고려사 권47, 지1 [O]

인종 22년(1144) 갑자 11. 5. (임자)

/양 1144. 12. 1./

十一月 壬子 辰星犯太白
수성[辰星]이 금성[太白]을 범하였다.
고려사 권47, 지1 [D]

인종 23년(1145) 을축 2. 22. (무술)

/양 1145. 3. 17./

二月 戊戌 流星出大角入氐 大如木瓜 長五尺許
유성(流星)이 대각성(大角星)에서 나와 저(氐)
성좌로 들어갔는데 크기는 모과(木瓜)만 하였
고 길이는 5척쯤 되었다.
고려사 권47, 지1 [R]

인종 23년(1145) 을축 3. 24. (기사)

/양 1145. 4. 17./

三月 己巳 熒惑犯大微
화성[熒惑]이 태미원[大微]을 범하였다.
고려사 권47, 지1 [F]

인종 23년(1145) 을축 4. 17. (임진)

/양 1145. 5. 10./

四月 壬辰 流星出翼入天廟 長十五尺許
유성(流星)이 익(翼) 성좌에서 나와 천묘(天廟)
성좌로 들어갔는데 길이는 15척쯤 되었다.
고려사 권47, 지1 [R]

인종 23년(1145) 을축 4. 21. (병신)

/양 1145. 5. 14./

四月 丙申 彗星見乾方十五日 長丈餘
혜성이 서북쪽에서 15일 동안 나타났는데 길이
는 한 장(丈) 남짓하였다.
고려사 권47, 지1 [H]

인종 23년(1145) 을축 4. 21. (병신)

/양 1145. 5. 14./

夏四月 丙申 彗星見乾方十五日 長丈餘
혜성이 서북쪽에 15일 동안 나타났는데, 길이

는 한 장(丈) 남짓하였다.
고려사절요 권10 [H]

인종 23년(1145) 을축 4. 28. (계묘)

/양 1145. 5. 21./

四月 癸卯 熒惑犯大微
화성[熒惑]이 태미원[大微]을 범하였다.
고려사 권47, 지1 [F]

인종 23년(1145) 을축 5. 14. (기미)

/양 1145. 6. 6./

五月 己未 月食
월식이 있었다.
고려사 권47, 지1 [B]

인종 23년(1145) 을축 5. 24. (기사)

/양 1145. 6. 16./

五月 己巳 流星出攝提入軫
유성(流星)이 섭제(攝提) 성좌에서 나와 진(軫)
성좌로 들어갔다.
고려사 권47, 지1 [R]

인종 23년(1145) 을축 6. 1. (을해)

/양 1145. 6. 22./

六月 乙亥朔 日食
일식이 있었다.
고려사 권17, 세가17 ; 고려사 권47, 지1 ;
고려사절요 권10 [A]

인종 23년(1145) 을축 6. 24. (무술)

/양 1145. 7. 15./

六月 戊戌 流星出攝提入軫 大如木瓜
유성(流星)이 섭제(攝提) 성좌에서 나와 진(軫) 성좌로
들어갔는데 크기는 모과(木瓜)만 하였다.
고려사 권47, 지1 [R]

인종 23년(1145) 을축 7. 15. (기미)

/양 1145. 8. 5./

七月 己未 日暈
햇무리가 있었다.
고려사 권47, 지1 [O]

인종 23년(1145) 을축 9. 8. (신해)

/양 1145. 9. 26./

九月 辛亥 太白犯心星
금성[太白]이 심(心) 성좌를 범하였다.
고려사 권47, 지1 [F]

인종 23년(1145) 을축 11. 7. (무신)

/양 1145. 11. 22./

十一月 戊申 日暈
햇무리가 있었다.
고려사 권47, 지1 [O]

인종 23년(1145) 을축 12. 17. (정사)

/양 1146. 1. 30./

十二月 丁巳 立春夜 天有聲 如雷
입춘(立春)일 밤에 하늘에서 소리가 있었는데
우레 소리와 같았다.
고려사 권53, 지7 [L]

인종 24년(1146) 병인 4. 15. (갑인)

/양 1146. 5. 27./

四月 甲寅 月食旣
개기 월식이 있었다.
고려사 권47 지1 [B]

인종 24년(1146) 병인 11. 11. (정축)

/양 1146. 12. 16./

十一月 丁丑 月犯歲星
달이 목성[歲星]을 범하였다.
고려사 권47 지1 [C]

인종 24년(1146) 병인 12. 9. (갑진)

/양 1147. 1. 12./

十二月 甲辰 月犯歲星
달이 목성[歲星]을 범하였다.
고려사 권47 지1 [C]

인종 24년(1146) 병인 12. 14. (기유)

/양 1147. 1. 17./

十二月 己酉 白氣貫月 及天市垣紫微宮
흰 기운이 달과 천시원(天市垣), 자미궁(紫微宮)
을 가로질렀다.
고려사 권47 지1 [P]

18. 의종(1147 ~ 1170)

의종 1년(1147) 정묘 5. 14. (병자)

/양 1147. 6. 13./

五月 丙子 有素氣從北方指巽如布
흰 기운이 북쪽으로부터 동남쪽으로 갔는데,
마치 베를 펼쳐놓은 것과 같았다.
고려사 권 54 지8 [S]

의종 1년(1147) 정묘 6. 24. (병진)

/양 1147. 7. 23./

六月 丙辰 流星出河鼓入須女
유성(流星)이 하고(河鼓) 성좌에서 나와 수녀
(須女) 성좌로 들어갔다.
고려사 권48 지2 [R]

의종 1년(1147) 정묘 7. - (-)

/양 1147. 7. - /

七月 太史奏 太白自六月望後晨見經天 今又連日
晝見
태사(太史)[109]가 보고하기를 「금성[太白]이 6월
보름이후로 새벽에 나타나 하늘을 가로지르더니
지금은 또한 계속해서 낮에 나타납니다」 라고
하였다.
고려사 권48 지2 ; 고려사 권17 세가17 [G]

의종 1년(1147) 정묘 8. 7. (무술)

/양 1147. 9. 3./

八月 戊戌 太白晝見
금성[太白]이 낮에 나타났다.
고려사 권17 세가17 ; 고려사 권48 지2 [G]

의종 1년(1147) 정묘 8. 28. (기미)

/양 1147. 9. 24./

八月 己未 歲星犯東井
목성[歲星]이 동정(東井) 성좌를 범하였다.
고려사 권48 지2 [F]

의종 1년(1147) 정묘 9. 17. (무인)

/양 1147. 10. 13./

九月 戊寅 月暈昴畢鎭星

---

109) 太使(태사): 천문과 측후를 담당하던 관청의 수장(首將)격인
관직.

달무리가 묘(昴) 성좌와 필(畢) 성좌 그리고 토성[鎭星]까지 이르렀다.
고려사 권48 지2 [P]

의종 1년(1147) 정묘 9. 19. (경진)

/양 1147. 10. 15./

九月 庚辰 太白犯大微右執法
금성[太白]이 태미원[大微]의 우집법성(右執法星)을 범하였다.
고려사 권48 지2 [F]

의종 1년(1147) 정묘 9. 23. (갑신)

/양 1147. 10. 19./

九月 甲申 太白經天 二日
2일간 금성[太白]이 낮에 남쪽하늘에서 보였다.
고려사 권17 세가17 ; 고려사 권48 지2 ; 고려사절요 권11 [G]

의종 1년(1147) 정묘 9. 28. (기축)

/양 1147. 10. 24./

九月 己丑 流星出抵弧矢
유성(流星)이 나타나 호시(弧矢) 성좌로 들어갔다.
고려사 권48 지2 [R]

의종 1년(1147) 정묘 11. 19. (기묘)

/양 1147. 12. 13./

十一月 己卯 日珥
태양에 귀고리가 있었다.
고려사 권47 지1 [O]

의종 2년(1148) 무진 2. 11. (경자)

/양 1148. 3. 3./

二月 庚子 流星出虛入危
유성(流星)이 허(虛) 성좌에서 나와 위(危) 성좌로 들어갔다.
고려사 권48 지2 [R]

의종 2년(1148) 무진 3. 10. (무진)

/양 1148. 3. 31./

三月 戊辰 日無光
태양의 광채가 없어졌다.
고려사 권47 지1 [M]

의종 2년(1148) 무진 7. 3. (기미)

/양 1148. 7. 20./

七月 己未 流星出奎入羽林
유성(流星)이 규(奎) 성좌에서 나와 우림(羽林) 성좌로 들어갔다.
고려사 권48 지2 [R]

의종 2년(1148) 무진 8. 6. (신묘)

/양 1148. 8. 21./

八月 辛卯 軫星犯東井
토성[鎭星]이 동정(東井) 성좌를 범하였다.
고려사 권48 지2 [F]

의종 2년(1148) 무진 윤8. 26. (신사)

/양 1148. 10. 10./

閏月 辛巳 流星出八穀入閣道
유성(流星)이 팔곡(八穀) 성좌에서 나와 각도(閣道) 성좌로 들어갔다.
고려사 권48 지2 [R]

의종 2년(1148) 무진 11. 20. (갑진)

/양 1149. 1. 1./

十一月 甲辰 白氣貫月 長丈餘
흰 기운이 달을 가로질렀는데 그 길이가 1 장(丈) 남짓하였다.
고려사 권48 지2 [P]

의종 2년(1148) 무진 11.20 (갑진)

/양 1148. 1. 1 /

<十一月> 是月 熒惑入氐星十餘日
화성[熒惑]이 저(氐) 성좌에 들어가서 10여일 동안 머물렀다.
고려사 권48 지2 [F]

의종 2년(1148) 무진 12. 16. (경오)

/양 1149. 1. 27./

十二月 庚午 天鳴
하늘이 울었다.
고려사 권 53 지7 [L]

의종 2년(1148) 무진 12. 19. (계유)

/양 1149. 1. 30./

十二月 癸酉 熒惑犯房上相
화성[熒惑]이 방(房) 성좌의 상상성(上相星)을 범하였다.
고려사 권48 지2 [F]

의종 2년(1148) 무진 12. 21. (을해)

/양 1149. 2. 1./

十二月 乙亥 月食氐東南星
달이 저(氐) 성좌의 동남쪽 별을 가렸다.
고려사 권48 지2 [C]

의종 2년(1148) 무진 12. 25. (기묘)

/양 1149. 2. 5./

十二月 己卯 日暈色青黑
햇무리가 있었는데 그 색깔이 청흑색(青黑色)
이었다.
고려사 권47 지1 [O]

의종 3년(1149) 기사 1. 7. (경인)

/양 1149. 2. 16./

正月 庚寅 流星似天狗 自東指西
천구(天狗)와 비슷한 유성(流星)이 동쪽에서 서
쪽으로 흘러갔다.
고려사 권48 지2 [R]

의종 3년(1149) 기사 1. 27. (경술)

/양 1149. 3. 8./

正月 庚戌 飛星出天一大一入大微中五帝座北 大
如鉢 尾長二尺許
비성(飛星)이 천일성(天一星, =天乙星), 태일성
(太一星, =太乙星) 으로부터 나와 태미원[大微]
의 오제좌(五帝座) 성좌의 북쪽으로 들어갔는
데 그 크기가 사발[鉢]만 하였고 꼬리의 길이
는 2척쯤 되었다.
고려사 권48 지2 [R]

의종 3년(1149) 기사 2. 6. (기미)

/양 1149. 3. 17./

二月 己未 流星出紫微入尾
유성(流星)이 자미원(紫微垣)에서 나와 미(尾)
성좌로 들어갔다.
고려사 권48 지2 [R]

의종 3년(1149) 기사 2. 18. (신미)

/양 1149. 3. 29./

二月 辛未 月犯心星
달이 심(心) 성좌를 범하였다.
고려사 권48 지2 [C]

의종 3년(1149) 기사 3. 1. (계미)

/양 1149. 4. 10./

三月 癸未朔 日食
일식이 있었다.
고려사 권17 세가17 ; 고려사 권47 지1 ;
고려사절요 권11 [A]

의종 3년(1149) 기사 3. 25. (정미)

/양 1149. 5. 4./

三月 丁未 流星出軒轅入北河 尾長七尺許
유성(流星)이 헌원(軒轅) 성좌에서 나와 북하
(北河) 성좌로 들어갔는데 꼬리의 길이는 7척
쯤 되었다.
고려사 권48 지2 [R]

의종 3년(1149) 기사 4. 19. (경오)

/양 1149. 5. 27./

四月 庚午 流星出張入庫樓 大如杯 太史奏 邇來熒
惑失度 守箕光芒盛大
유성(流星)이 장(張) 성좌에서 나와 고루(庫樓) 성
좌로 들어갔는데 그 크기는 술잔[杯]만 하였다. 태
사가 보고하기를 「근래에 화성[熒惑]이 제 길에서
벗어나 기(箕) 성좌를 떠나지 않고 있는데 그 빛
이 굉장히 밝습니다」라고 하였다.
고려사 권48 지2 [R]

의종 3년(1149) 기사 6. 24. (갑술)

/양 1149. 7. 30./

六月 甲戌 流星自西而東 大如缶 有二小星隨之
滅後有聲如雷
유성(流星)이 서쪽으로부터 동쪽으로 흘러갔는
데 그 크기가 두레박[缶]만 하였으며 두 개의
작은 별이 뒤따랐는데, 사라진 뒤에는 천둥소
리와 같은 소리가 났다.
고려사 권48 지2 [R]

의종 3년(1149) 기사 9. 2. (신사)

/양 1149. 10. 5./

九月 辛巳 流星出五車入天倉 又有流星出畢入天囷
大如杯尾長丈許
유성(流星)이 오거(五車) 성좌에서 나와 천창
(天倉) 성좌로 들어갔으며 또 다른 유성(流星)
이 필(畢) 성좌에서 나와 천균(天囷) 성좌로 들
어갔는데 그 크기가 술잔[杯]만 하였고 꼬리의
길이는 한 장(丈)쯤 되었다.
고려사 권48 지2 [R]

의종 3년(1149) 기사 9. 6. (을유)

/양 1149. 10. 9./

九月 乙酉 流星出狼入弧星
유성(流星)이 낭성(狼星)에서 나와 호(弧) 성좌로 들어갔다.
고려사 권48 지2 [R]

의종 3년(1149) 기사 9. 22. (신축)

/양 1149. 10. 25./

九月 辛丑 流星出弧入軍市 大如木瓜 尾長六尺許
유성(流星)이 호(弧) 성좌에서 나와 군시(軍市) 성좌로 들어갔는데 그 크기는 모과(木瓜)만 하였고 꼬리의 길이는 6척쯤 되었다.
고려사 권48 지2 [R]

의종 3년(1149) 기사 10. 17. (을축)

/양 1149. 11. 18./

十月 乙丑 歲星守大微西蕃上將五日
목성[歲星]이 태미서번[大微西蕃] 성좌의 상장성(上將星)을 5일간 떠나지 않았다.
고려사 권48 지2 [F]

의종 3년(1149) 기사 10. 18. (병인)

/양 1149. 11. 19./

十月 丙寅 白虹貫月
흰무지개가 달을 가로질러 갔다.
고려사 권48 지2 [P]

의종 3년(1149) 기사 10. 22. (경오)

/양 1149. 11. 23./

十月 庚午 月犯大微
달이 태미원[大微]을 범하였다.
고려사 권48 지2 [C]

의종 3년(1149) 기사 10. 24. (임신)

/양 1149. 11. 25./

十月 壬申 流星出婁入天棓 大如鉢 尾長丈許 聲如雷
유성(流星)이 루(婁) 성좌에서 나와 천봉(天棓) 성좌로 들어갔는데 그 크기는 사발[鉢]만 하였으며 꼬리의 길이는 1장(丈)쯤 되었고 그 소리는 천둥소리와 같았다.
고려사 권48 지2 [R]

의종 3년(1149) 기사 10. 28. (병자)

/양 1149. 11. 29./

十月 丙子 流星出觜入天苑 又流星出北斗入紫微東蕃
유성(流星)이 자(觜) 성좌에서 나와 천원(天苑) 성좌로 들어갔으며 또 유성(流星)이 북두(北斗) 성좌에서 나와 자미동번(紫微東蕃) 성좌로 들어갔다.
고려사 권48 지2 [R]

의종 3년(1149) 기사 12. 8. (병진)

/양 1150. 1. 8./

十二月 丙辰 歲星犯大微西蕃上將五日
5일간 목성[歲星]이 태미서번[大微西蕃] 성좌의 상장성(上將星)을 범하였다.
고려사 권48 지2 [F]

의종 3년(1149) 기사 12. 13. (신유)

/양 1150. 1. 13./

十二月 辛酉 日珥
태양에 귀고리가 있었다.
고려사 권47 지1 [O]

의종 3년(1149) 기사 12. 24. (임신)

/양 1150. 1. 24./

十二月 壬申 月犯心星
달이 심(心) 성좌를 범하였다.
고려사 권48 지2 [C]

의종 3년(1149) 기사 12. - (-)

/양 1150. 1. - /

十二月 是月 鎭星蝕東井
이 달에 토성[鎭星]이 동정(東井) 성좌를 가렸다.
고려사 권48 지2 [F]

의종 4년(1150) 경오 1. 14. (임진)

/양 1150. 2. 13./

正月 壬辰 月犯歲星
달이 목성[歲星]을 범하였다.
고려사 권48 지2 [C]

의종 4년(1150) 경오 1. 26. (갑진)

/양 1150. 2. 25./

正月 甲辰 流星出天市入南斗
유성(流星)이 천시원(天市垣)에서 나와 남두(南

斗) 성좌로 들어갔다.
고려사 권48 지2 [R]

의종 4년(1150) 경오 9. 4. (정축)

/양 1150. 9. 26./

九月 丁丑 太白晝見經天 二日
금성[太白]이 낮에 나타나 2일간 남쪽하늘에서
보였다
고려사 권17 세가 17; 고려사 권48 지2 [G]

의종 4년(1150) 경오 9. 22. (을미)

/양 1150. 10. 14./

九月 乙未 月犯北河南星
달이 북하(北河) 성좌의 남쪽 별을 범하였다.
고려사 권48 지2 [C]

의종 4년(1150) 경오 9. - (-)

/양 1150. 10. - /

九月 太白晝見經天
금성[太白]이 낮에 나타나 남쪽하늘에서 보였다
고려사절요 권11 [G]

의종 4년(1150) 경오 10. 11. (계축)

/양 1150. 11. 1./

十月 癸丑 太白犯歲星 熒惑失次縮行
금성[太白]이 목성[歲星]을 범하였다. 화성[熒
惑]이 제 위치에서 벗어나 적게 이동하였다.
고려사 권48 지2 [D] [T]

의종 4년(1150) 경오 11. 14. (병술)

/양 1150. 12. 4./

十一月 丙戌 熒惑太白入氐
화성[熒惑]과 금성[太白]이 저(氐) 성좌에 들어
갔다.
고려사 권48 지2 [E]

의종 4년(1150) 경오 12. 11. (계축)

/양 1150. 12. 31./

十二月 癸丑 月食昴星
달이 묘(昴) 성좌를 가렸다.
고려사 권48 지2 [C]

의종 4년(1150) 경오 12. 12. (갑인)

/양 1151. 1. 1./

十二月 甲寅 熒惑犯房上相
화성[熒惑]이 방(房) 성좌의 상상성(上相星)을 범
하였다.
고려사 권48 지2 [F]

의종 5년(1151) 신미 1. 24. (병신)

/양 1151. 2. 12./

正月 丙申 歲星犯進賢
목성[歲星]이 진현성(進賢星)을 범하였다.
고려사 권48 지2 [F]

의종 5년(1151) 신미 1. 26. (무술)

/양 1151. 2. 14./

正月 戊戌 歲星蝕進賢二日
이틀간 목성[歲星]이 진현성(進賢星)를 가렸다.
고려사 권48 지2 [F]

의종 5년(1151) 신미 2. 4. (을사)

/양 1151. 2. 21./

二月 乙巳 有流星都人驚譟
유성(流星)이 나타나므로 수도(首都) 사람들이
놀라 떠들었다.
고려사 권48 지2 [R]

의종 5년(1151) 신미 3. 2. (계유)

/양 1151. 3. 21./

三月 癸酉 日有黑子 大如雞卵
태양에 흑점[黑子]이 있었는데 크기가 계란만
하였다.
고려사 권47 지1 ; 고려사절요 권11 [M]

의종 5년(1151) 신미 3. 12. (계미)

/양 1151. 3. 31./

三月 癸未 日中有黑子 大如雞卵
태양에 흑점[黑子]이 있었는데, 크기가 계란만
하였다.
고려사 권47 지1 ; 고려사절요 권11 [M]

의종 5년(1151) 신미 3. 13. (갑신)

/양 1151. 4. 1./

三月 <癸未> 翌日 亦如之
다음날에도 <태양 흑점이 계란만 하였다>.
고려사 권47 지1 ; 고려사절요 권11 [M]

의종 5년(1151) 신미 4. 3. (갑진)

/양 1151. 4. 21./

四月 甲辰 流星出虛危入室壁
유성(流星)이 허(虛) 성좌와 위(危) 성좌에서 나
와 실(室) 성좌 및 벽(壁) 성좌로 들어갔다.
고려사 권48 지2 [R]

의종 5년(1151) 신미 4. 19. (경신)

/양 1151. 5. 7./

四月 庚申 熒惑犯哭星
화성[熒惑]이 곡(哭) 성좌를 범하였다.
고려사 권48 지2 [F]

의종 5년(1151) 신미 5. 14. (계축)

/양 1151. 6. 29./

五月 癸丑 流星出亢入房 大如木瓜
유성(流星)이 항(亢) 성좌에서 나와 방(房) 성좌로
들어갔는데 그 크기는 모과(木瓜)만 하였다.
고려사 권48 지2 [R]

의종 5년(1151) 신미 5. 15. (갑인)

/양 1151. 6. 30./

五月 甲寅 熒惑犯羽林 二十日
화성[熒惑]이 우림(羽林) 성좌를 20일간 범하였다.
고려사 권48 지2 [F]

의종 5년(1151) 신미 6. 8. (정축)

/양 1151. 7. 23./

六月 丁丑 月犯房星
달이 방(房) 성좌를 범하였다.
고려사 권48 지2 [C]

의종 5년(1151) 신미 7. 7. (을사)

/양 1151. 8. 20./

七月 乙巳 月犯心星
달이 심(心) 성좌를 범하였다.
고려사 권48 지2 [C]

의종 5년(1151) 신미 8. 1. (무진)

/양 1151. 9. 12./

八月 戊辰朔 流星出紫微東蕃入勾陳
유성(流星)이 자미동번(紫微東蕃) 성좌에서 나와
구진(鉤陳) 성좌로 들어갔다.
고려사 권48 지2 [R]

의종 5년(1151) 신미 8. 26. (계사)

/양 1151. 10. 7./

八月 癸巳 流星出角亢閒 經大微中下台文昌天船大
陵八穀天將軍 抵奎婁閒 大如杯 尾長七尺許
유성(流星)이 각(角) 성좌 및 항(亢) 성좌 사이에
서 나와 태미원[大微]안의 하태(下台) 성좌와 문
창(文昌), 천선(天船), 대릉(大陵), 팔곡(八穀), 천장
군(天將軍) 성좌 등을 지나 규(奎) 성좌와 루(婁)
성좌 사이에 이르렀는데 그 크기는 술잔만 하였
고 꼬리의 길이가 7척쯤 되었다.
고려사 권48 지2 [R]

의종 5년(1151) 신미 11. 18. (갑인)

/양 1151. 12. 27./

十一月 甲寅 月食軒轅
달이 헌원(軒轅) 성좌를 가렸다.
고려사 권48 지2 [C]

의종 6년(1152) 임신 4. 8. (임신)

/양 1152. 5. 13./

四月 壬申 醮北斗於內殿
내전(內殿)에서 북두성(北斗星)에게 초제(醮祭)를
지냈다.
고려사 권17 세가 제17 [T]

의종 6년(1152) 임신 8. 5. (정묘)

/양 1152. 9. 5./

八月 丁卯 太白鎭星同舍
금성[太白]과 토성[鎭星]이 같은 성좌에 모였다.
고려사 권48 지2 [E]

의종 6년(1152) 임신 11. 24. (갑인)

/양 1152. 12. 21./

十一月 甲寅 熒惑犯歲星
화성[熒惑]이 목성[歲星]을 범하였다.
고려사 권48 지2 [D]

의종 6년(1152) 임신 11. 26. (병진)

/양 1152. 12. 23./

十一月 丙辰 月犯房星
달이 방(房) 성좌를 범하였다.
고려사 권48 지2 [C]

의종 7년(1153) 계유 12. 16. (경오)

/양 1154. 1. 1./

十二月 庚午 月食
월식이 있었다.
고려사 권48 지2 [B]

의종 8년(1154) 갑술 5. 1. (계축)

/양 1154. 6. 13./

五月 癸丑朔 日食
일식이 있었다.
고려사 권18 세가18 ; 고려사 권47 지1 ; 고려사절요
권11 [A]

의종 9년(1155) 을해 5. 1. (정미)

/양 1155. 6. 2./

五月 丁未朔 日食
일식이 있었다.
고려사 권18 세가18 ; 고려사 권47 지1 [A]

의종 9년(1155) 을해 5. 1. (정미)

/양 1155. 6. 2./

夏五月 丁未朔 日食
일식이 있었다.
고려사절요 권11 [A]

의종 10년(1156) 병자 3. 17. (무오)

/양 1156. 4. 8./

三月 戊午 月犯房星
달이 방(房) 성좌를 범하였다.
고려사 권48 지2 [C]

의종 10년(1156) 병자 4. 4. (을해)

/양 1156. 4. 25./

四月 乙亥 夜赤氣如火 長三十尺許 廣一尺
밤에 붉은 기운이 불 같았는데 그 길이가 30척
쯤 되고 그 너비는 1척이었다.
고려사 권 53 지7 [S]

의종 10년(1156) 병자 4. 6. (정축)

/양 1156. 4. 27./

四月 丁丑 月犯房星
달이 방(房) 성좌를 범하였다.
고려사 권48 지2 [C]

의종 10년(1156) 병자 5. 26. (병인)

/양 1156. 6. 15./

五月 丙寅 流星出下台入中台 大如鉢
유성(流星)이 하태(下台) 성좌에서 나와 중태(中台) 성
좌로 들어갔는데 그 크기는 사발[鉢]만 하였다.
고려사 권48 지2 [R]

의종 10년(1156) 병자 7. 4. (계묘)

/양 1156. 7. 22./

七月 癸卯 流星出紫微入七公 大如木瓜
유성(流星)이 자미원(紫微垣)에서 나와 칠공(七
公) 성좌로 들어갔는데 그 크기가 모과(木瓜)만
하였다.
고려사 권48 지2 [R]

의종 10년(1156) 병자 7. 22. (신유)

/양 1156. 8. 9./

七月 辛酉 流星自南入尾 大如木瓜 長三尺許
유성(流星)이 남쪽으로부터 미(尾) 성좌에 들어
갔는데 역시 크기가 모과(木瓜)만 하였으며 길
이는 3척쯤 되었다.
고려사 권48 지2 [R]

의종 10년(1156) 병자 7. 27. (병인)

/양 1156. 8. 14./

秋七月 丙寅 彗見東方
혜성이 동쪽에 나타났다.
고려사 권18 세가18 ; 고려사절요 권11 [H]

의종 10년(1156) 병자 7. 27. (병인)

/양 1156. 8. 14./

七月 丙寅 彗見東方
혜성이 동쪽에 나타났다.
고려사 권48 지2 [H]

의종 10년(1156) 병자 8. 8. (정축)

/양 1156. 8. 25./

八月 丁丑 以彗星未滅 赦二罪以下110) 流者量移
혜성이 사라지지 않는다 하여 이죄[二罪]를 받
은 그 이하의 죄수들을 사면하고, 유배자의 형
량을 감하여 가까이 옮기게 하였다.
고려사 권18 세가18 ; 고려사 권48 지2 [H]

---

110) 二罪以下(이죄이하): 사형(死刑) 다음 가는 유형(流刑) 이하의
      도형(徒刑), 장형(杖刑), 태형(笞刑)을 말함

의종 10년(1156) 병자 8. 8. (정축)

/양 1156. 8. 25./

八月111) 以彗見 赦二罪以下112)
혜성이 나타났으므로, 이죄(二罪) 이하의 죄수를 사면하였다.
고려사절요 권11 [H]

의종 10년(1156) 병자 8. 22. (신묘)

/양 1156. 9. 8./

八月 辛卯 流星出五諸侯113) 大如木瓜
유성(流星)이 오제후(五諸侯) 성좌에서 나왔는데 그 크기가 모과(木瓜)만 하였다.
고려사 권18 세가18 [R]

의종 10년(1156) 병자 10. 16. (갑신)

/양 1156. 10. 31./

十月 甲申 月食 日官不報 春州道114)按察使朴育和驛聞 有司請論日官 從之
월식이 있었으나 일관(日官)이 보고하지 않았는데 춘주도(春州道) 안찰사(按察使) 박육화(朴育和)가 급보[驛聞]로 이를 보고 하였다. 유사(有司)가 일관을 논죄하기를 청하니 그대로 따랐다.
고려사 권18 세가18 [B]

의종 11년(1157) 정축 3. 16. (신사)

/양 1157. 4. 26./

三月 辛巳 月食 王素服 率近臣 救之
월식이 있었다. 왕은 흰옷을 입은 후 측근들을 거느리고 구식례를 하였다.
고려사 권48 지2 [B]

의종 11년(1157) 정축 5. 21. (을유)

/양 1157. 6. 29./

五月 乙酉 流星犯帝座115)北 大如木瓜 長十尺許
유성(流星)이 제좌성(帝座星)의 북쪽을 범하였으며 그 크기는 모과(木瓜)만 하였고 길이는 10척 가량 되었다.
고려사 권48 지2 [R]

의종 11년(1157) 정축 9. 16. (무인)

/양 1157. 10. 20./

九月 戊寅 月食
월식이 있었다.
고려사 권48 지2 [B]

의종 12년(1158) 무인 2. 25. (병진)

/양 1158. 3. 27./

二月 丙辰 歲星入月穿道
목성[歲星]이 달의 궤도에 들어갔다.
고려사 권48 지2 [C]

의종 12년(1158) 무인 3. 1. (신유)

/양 1158. 4. 1./

三月 辛酉朔 日食
일식이 있었다.
고려사 권18 세가18 ; 고려사 권47 지1 ; 고려사절요 권11 [A]

의종 12년(1158) 무인 3. 13. (계유)

/양 1158. 4. 13./

三月 癸酉 日無光
태양의 광채가 없어졌다.
고려사 권47 지1 [M]

의종 12년(1158) 무인 3. 15. (을해)

/양 1158. 4. 15./

三月 乙亥 月食
월식이 있었다.
고려사 권48 지2 [B]

의종 12년(1158) 무인 5. 10. (기사)

/양 1158. 6. 8./

五月 己巳 白虹貫日
흰 무지개가 태양을 가로질렀다.
고려사 권18 세가18 ; 고려사 권47 지1 [O]

의종 12년(1158) 무인 6. 22. (경술)

/양 1158. 7. 19./

六月 庚戌 日無光
태양의 광채가 없어졌다.
고려사 권47 지1 [M]

---

111) 이 곳에는 일진 자료가 없으나 고려사 권18과 권48에는 8월 정축으로 기록됨.
112) 앞의 '二罪以下'와 같음.
113) 오제후-1인지 오제후-2인지 구별안됨.
114) 춘주도(春州道): 고려시대의 강원도 춘천과 철원지역.
115) 帝座(제좌): 제좌성 3개중 어느 것인지 알 수 없음.

의종 12년(1158) 무인 7. 2. (기미)

/양 1158. 7. 28./

秋七月 己未 太白晝見
금성[太白]이 낮에 나타났다.
고려사 권18 세가18 [G]

의종 12년(1158) 무인 7. 2. (기미)

/양 1158. 7. 28./

七月 己未 太白晝見
금성[太白]이 낮에 나타났다.
고려사 권48 지2 [G]

의종 12년(1158) 무인 7. 4. (신유)

/양 1158. 7. 30./

七月 辛酉 亦如之
또 <금성[太白]이 낮에 나타났다>.
고려사 권18 세가18 ; 고려사 권48 지2 [G]

의종 12년(1158) 무인 9. 16. (임신)

/양 1158. 10. 9./

九月 壬申 月食
월식이 있었다.
고려사 권48 지2 [B]

의종 13년(1159) 기묘 1. 1. (병진)

/양 1159. 1. 21./

春正月 丙辰 日暈有珥 色靑赤白 人皆謂三日竝出
햇무리에 귀고리가 있는데 청색, 적색, 백색이었고, 사람들은 모두 태양 세 개가 한꺼번에 떴다고 하였다.
고려사 권18 세가18 [O]

의종 13년(1159) 기묘 1. 1. (병진)

/양 1159. 1. 21./

正月 丙辰 日暈有珥 色靑赤白 西北方有二背氣
三重 皆去日輪 不數尺閒 人望之皆謂三日竝出
햇무리와 해 귀고리가 있는데, 청색과 적색, 백색이었으며, 서북방쪽에 두 개의 일(一)자형의 햇무리[背氣]가 있었는데, 3중이었고, 모두 태양으로부터 몇 척 떨어지지 않았다. 사람들이 이것을 바라보고 세 개의 태양이 같이 떴다고 말하였다.
고려사 권47 지1 [O]

의종 13년(1159) 기묘 1. 1. (병진)

/양 1159. 1. 21./

春正月 丙辰 日珥人望之皆謂三日竝出
태양에 귀고리가 있어, 사람들이 바라보고 모두 세 개의 태양이 함께 나왔다고 하였다.
고려사절요 권11 [O]

의종 13년(1159) 기묘 1. 21. (병자)

/양 1159. 2. 10./

正月 丙子 鎭星犯月
토성[鎭星]이 달을 범하였다.
고려사 권48 지2 [C]

의종 13년(1159) 기묘 2. 4. (기축)

/양 1159. 2. 23./

二月 己丑 流星出中台 入紫微東蕃 大如鉢 尾長
三尺許
유성(流星)이 중태(中台) 성좌에서 나와 자미동번(紫微東蕃) 성좌로 들어갔는데 그 크기가 사발[鉢]만 하였고 꼬리의 길이는 3척쯤 되었다.
고려사 권48 지2 [R]

의종 13년(1159) 기묘 11. 15. (을미)

/양 1159. 12. 26./

十一月 乙未 天狗星流行
천구(天狗: 유성의 일종)가 흘러갔다.
고려사 권48 지2 [R]

의종 14년(1160) 경진 1. 15. (갑오)

/양 1160. 2. 23./

正月 甲午 月食
월식이 있었다.
고려사 권48 지2 [B]

의종 14년(1160) 경진 1. 20. (기해)

/양 1160. 2. 28./

正月 己亥 日中有怪氣三日
태양 가운데 괴상한 기운[怪氣]이 보였는데 그것이 3일 간 계속되었다.
고려사 권18 세가18 [O]

의종 14년(1160) 경진 1. 20. (기해)

/양 1160. 2. 28./

春正月 己亥 日中有怪氣三日
태양 가운데 괴상한 기운[怪氣]이 보였는데 그것이 3

일 간 계속되었다.
고려사 권47 지1 [O]

의종 14년(1160) 경진 7. 15. (신묘)

/양 1160. 8. 18./

七月 辛卯 月食
월식이 있었다.
고려사 권48 지2 [B]

의종 14년(1160) 경진 8. 1. (병오)

/양 1160. 9. 2./

八月 丙午朔 日食
일식이 있었다.
고려사 권18 세가18 ; 고려사 권47 지1 ;
고려사절요 권11 [A]

의종 14년(1160) 경진 8. 28. (계유)

/양 1160. 9. 29./

八月 癸酉 日中有黑子
태양에 흑점[黑子]이 있었다.
고려사 권18 세가18 ; 고려사 권47 지1 ;
고려사절요 권11 [M]

의종 15년(1161) 신사 4. 2. (갑진)

/양 1161. 4. 28./

四月 甲辰 鎭星犯鍵閉
토성[鎭星]이 건폐성(鍵閉星)을 범하였다.
고려사 권48 지2 [F]

의종 15년(1161) 신사 7. 1. (임신)

/양 1161. 7. 25./

七月 壬申 流星出勾陳入北斗 又出營室入牛
유성(流星)이 구진(鉤陳) 성좌에서 나와 북두
(北斗) 성좌로 들어갔으며 또 영실(營室) 성좌
에서 나와 우(牛) 성좌로 들어갔다.
고려사 권48 지2 [R]

의종 15년(1161) 신사 7. 22. (계사)

/양 1161. 8. 15./

七月 癸巳 月犯畢星
달이 필(畢) 성좌를 범하였다.
고려사 권48 지2 [C]

의종 15년(1161) 신사 8. 28. (무진)

/양 1161. 9. 19./

八月 戊辰 太白經天
금성[太白]이 낮에 남쪽하늘에서 보였다.
고려사 권48 지2 [G]

의종 15년(1161) 신사 9. 3. (임신)

/양 1161. 9. 23./

九月 壬申 鎭星犯鍵閉
토성[鎭星]이 건폐성(鍵閉星)을 범하였다.
고려사 권48 지2 [F]

의종 15년(1161) 신사 9. 5. (갑술)

/양 1161. 9. 25./

九月 甲戌 熒惑犯軒轅大星
토성[鎭星]이 헌원대성(軒轅大星)을 범하였다.
고려사 권48 지2 [F]

의종 15년(1161) 신사 9. 7. (병자)

/양 1161. 9. 27./

九月 丙子 太白犯心前星
금성[太白]이 심(心) 성좌의 앞 별을 범하였다.
고려사 권48 지2 [F]

의종 15년(1161) 신사 9. 10. (기묘)

/양 1161. 9. 30./

九月 己卯 犯心大星
<금성[太白]이> 심대성(心大星)을 범하였다.
고려사 권48 지2 [F]

의종 15년(1161) 신사 9. 25. (갑오)

/양 1161. 10. 15./

九月 甲午 月犯軒轅左角
달이 헌원(軒轅) 성좌의 왼쪽 뿔[左角]을 범하였다.
고려사 권48 지2 [C]

의종 15년(1161) 신사 9. 26. (을미)

/양 1161. 10. 16./

九月 乙未 犯大微上將
<달이> 태미원[大微]의 상장성(上將星)을 범하
였다.
고려사 권48 지2 [C]

의종 15년(1161) 신사 9. 27. (병신)

/양 1161. 10. 17./

九月 丙申 又食大微執法
<달이> 또 태미원[大微]의 집법성(執法星)을 가렸다.
고려사 권48 지2 [C]

의종 15년(1161) 신사 9. 30. (기해)

/양 1161. 10. 20./

九月 己亥 歲星犯大微西蕃上將
목성[歲星]이 태미서번[大微西藩] 성좌의 상장
성(上將星)을 범하였다.
고려사 권48 지2 [F]

의종 15년(1161) 신사 10. 8. (정미)

/양 1161. 10. 28./

十月 丁未 熒惑食大微西垣上將
화성[熒惑]이 태미서원(大微西垣)의 상장성(上將星)을
가렸다.
고려사 권48 지2 [F]

의종 15년(1161) 신사 10. 10. (기유)

/양 1161. 10. 30./

十月 己酉 又犯歲星
<화성[熒惑]이> 또 목성[歲星]을 범하였다.
고려사 권48 지2 [D]

의종 15년(1161) 신사 10. 20. (기미)

/양 1161. 11. 9./

十月 己未 入天庭[116]
<화성[熒惑]이> 천정(天庭)으로 들어갔다.
고려사 권48 지2 [F]

의종 15년(1161) 신사 10. 22. (신유)

/양 1161. 11. 11./

十月 辛酉 月犯軒轅大星
달이 헌원대성(軒轅大星)을 범하였다.
고려사 권48 지2 [C]

의종 15년(1161) 신사 11. 5. (계유)

/양 1161. 11. 23./

十一月 癸酉 太白鎮星聚尾

---

116) 天庭(천정): 태미원(太微垣)의 동원(東垣) 성좌와 서원(西垣)
   성좌에 의하여 둘러싸인 내부 구역을 말하며 성좌 이름이 아
   님.

금성[太白]과 토성[鎮星]이 미(尾) 성좌에 모였다.
고려사 권48 지2 [E]

의종 15년(1161) 신사 11. 6. (갑술)

/양 1161. 11. 24./

十一月 甲戌 太白晝見經天
금성[太白]이 낮에 나타나 남쪽하늘에서 보였다.
고려사 권18 세가18 ; 고려사 권48 지2 ; 고려사절요
권11 [G]

의종 15년(1161) 신사 11. 28. (병신)

/양 1161. 12. 16./

十一月 丙申 流星出天廩入羽林
유성(流星)이 천름(天廩) 성좌에서 나와 우림
(羽林) 성좌로 들어갔다.
고려사 권48 지2 [R]

의종 15년(1161) 신사 12. 10. (무신)

/양 1161. 12. 28./

十二月 戊申 熒惑犯大微左執法
화성[熒惑]이 태미원[大微]의 좌집법성(左執法星)을
범하였다.
고려사 권48 지2 [F]

의종 15년(1161) 신사 12. 19. (정사)

/양 1162. 1. 6./

十二月 丁巳 月犯歲星
달이 목성[歲星]을 범하였다.
고려사 권48 지2 [C]

의종 16년(1162) 임오 1. 1. (무진)

/양 1162. 1. 17./

春正月 戊辰朔 日食
일식이 있었다.
고려사 권18 세가18 ; 고려사절요 권11 [A]

의종 16년(1162) 임오 1. 1. (무진)

/양 1162. 1. 17./

正月 戊辰朔 日食
일식이 있었다.
고려사 권47 지1 [A]

의종 16년(1162) 임오 1. 10. (정축)

/양 1162. 1. 26./

正月 丁丑 月犯畢星
달이 필(畢) 성좌를 범하였다.
고려사 권48 지2 [C]

의종 16년(1162) 임오 1. 16. (계미)

/양 1162. 2. 1./

正月 癸未 月犯軒轅大星
달이 헌원대성(軒轅大星)을 범하였다.
고려사 권48 지2 [C]

의종 16년(1162) 임오 2. 1. (무술)

/양 1162. 2. 16./

二月 戊戌朔 歲星犯大微上將
목성[歲星]이 태미원[大微]의 상장성(上將星)을 범하였다.
고려사 권48 지2 [F]

의종 16년(1162) 임오 2. 8. (을사)

/양 1162. 2. 23./

二月 乙巳 又犯西垣上將
또 <목성[歲星]이 태미원[大微]의> 서원(西垣) 성좌의 상장성(上將星)을 범하였다.
고려사 권48 지2 [F]

의종 16년(1162) 임오 윤2. 5. (임신)

/양 1162. 3. 22./

閏月 壬申 畢星犯月
필(畢) 성좌의 별이 달을 범하였다.
고려사 권48 지2 [C]

의종 16년(1162) 임오 윤2. 12. (기묘)

/양 1162. 3. 29./

閏月 己卯 月食歲星
달이 목성[歲星]을 가렸다.
고려사 권48 지2 [C]

의종 16년(1162) 임오 7. 18. (계축)

/양 1162. 8. 30./

七月 癸丑 熒惑犯房三星
화성[熒惑]이 방(房) 성좌의 셋째 별(三星)을 범하였다.
고려사 권48 지2 [F]

의종 16년(1162) 임오 9. 5. (무술)

/양 1162. 10. 14./

九月 戊戌 熒惑入南斗
화성[熒惑]이 남두(南斗) 성좌에 들어갔다.
고려사 권48 지2 [F]

의종 16년(1162) 임오 9. 8. (신축)

/양 1162. 10. 17./

九月 辛丑 流星出王良入天苑
유성(流星)이 왕량(王良) 성좌에서 나와 천원(天苑) 성좌로 들어갔다.
고려사 권48 지2 [R]

의종 16년(1162) 임오 11. 4. (병신)

/양 1162. 12. 11./

十一月 丙申 熒惑犯月
화성[熒惑]이 달을 범하였다.
고려사 권48 지2 [C]

의종 16년(1162) 임오 11. 24. (병진)

/양 1162. 12. 31./

十一月 丙辰 流星出五車入大陵
유성(流星)이 오거(五車) 성좌에서 나와 대릉(大陵) 성좌로 들어갔다.
고려사 권48 지2 [R]

의종 16년(1162) 임오 11. 29. (신유)

/양 1163. 1. 5./

十一月 辛酉 又出危歷軒轅 大微帝座117) 入紫微東蕃
<유성(流星)이> 또 위(危) 성좌에서 나와 헌원(軒轅) 성좌 및 태미원[大微]의 제좌성(帝座星)을 지나 자미동번(紫微東蕃) 성좌로 들어갔다.
고려사 권48 지2 [R]

의종 16년(1162) 임오 12. 1. (계해)

/양 1163. 1. 7./

十二月 癸亥朔 太白經天 四日
금성[太白]이 4일 동안 낮에 남쪽하늘에서 보였다.
고려사 권18 세가18 ; 고려사 권48 지2 ;
고려사절요 권11 [G]

의종 16년(1162) 임오 12. 19. (신사)

/양 1163. 1. 25./

---

117) 帝座星(제좌성): 제좌성-3임.

十二月 辛巳 熒惑太白並入羽林
화성[熒惑]과 금성[太白]이 나란히 우림(羽林) 성좌로 들어갔다.
고려사 권48 지2 [E]

의종 17년(1163) 계미 1. 11. (임인)

/양 1163. 2. 15./

正月 壬寅 熒惑守東壁
화성[熒惑]이 동벽(東壁) 성좌에서 떠나지 않았다.
고려사 권48 지2 [F]

의종 17년(1163) 계미 4. 18. (무인)

/양 1163. 5. 22./

四月 戊寅 流星自西北向東南行
유성(流星)이 서북쪽으로부터 동남쪽으로 향하여갔다.
고려사 권48 지2 [R]

의종 17년(1163) 계미 6. 1. (경신)

/양 1163. 7. 3./

六月 庚申朔 日食
일식이 있었다.
고려사 권18 세가18 ; 고려사 권47 지1 ; 고려사절요 권11 [A]

의종 17년(1163) 계미 7. 9. (무술)

/양 1163. 8. 10./

七月 戊戌 客星犯月
객성(客星)이 달을 범하였다.
고려사 권48 지2 [H]

의종 17년(1163) 계미 10. 3. (경신)

/양 1163. 10. 31./

十月 庚申 熒惑犯大微左執法
화성[熒惑]이 태미원[大微]의 좌집법성(左執法星)을 범하였다.
고려사 권48 지2 [F]

의종 17년(1163) 계미 10. 26. (계미)

/양 1163. 11. 23./

十月 癸未 太白與歲星同度
금성[太白]과 목성[歲星]이 같은 도수(자리)에 있었다.
고려사 권48 지2 [D]

의종 17년(1163) 계미 11. 15. (임인)

/양 1163. 12. 12./

十一月 壬寅 月食
월식이 있었다.
고려사 권48 지2 [B]

의종 17년(1163) 계미 12. 17. (계유)

/양 1164. 1. 12./

十二月 癸酉 星隕聲如雷
운석(隕石)이 떨어지면서 우레와 같은 소리를 내었다.
고려사 권48 지2 [R]

의종 18년(1164) 갑신 1. 14. (경자)

/양 1164. 2. 8./

春正月 庚子 白虹貫日
흰 무지개가 태양을 가로질렀다.
고려사 권18 세가18 [O]

의종 18년(1164) 갑신 1. 14. (경자)

/양 1164. 2. 8./

正月 庚子 白虹貫日
흰 무지개가 태양을 가로질렀다.
고려사 권47 지1 [O]

의종 18년(1164) 갑신 1. 27. (계축)

/양 1164. 2. 21./

正月 癸丑 熒惑犯房上相
화성[熒惑]이 방(房) 성좌의 상상성(上相星)을 범하였다.
고려사 권48 지2 [F]

의종 18년(1164) 갑신 4. 25. (기묘)

/양 1164. 5. 17./

四月 己卯 熒惑犯房第二星
화성[熒惑]이 방(房) 성좌의 둘째별을 범하였다.
고려사 권48 지2 [F]

의종 18년(1164) 갑신 6. 1. (갑인)

/양 1164. 6. 21./

六月 甲寅朔 日食 太史[118]不奏

---

118) 太使(태사): 천문과 측후를 담당하던 관청의 수장(首將)격인 관직.

일식이 있었는데 태사(太使)가 이를 아뢰지 않았다.
고려사 권18 세가18 ; 고려사절요 권11 [A]

의종 18년(1164) 갑신 6. 1. (갑인)

/양 1164. 6. 21./

六月 甲寅朔 日食
일식이 있었다.
고려사 권47 지1 [A]

의종 18년(1164) 갑신 8. 1. (갑인)

/양 1164. 8. 20./

八月 甲寅朔 熒惑犯天江
화성[熒惑]이 천강(天江) 성좌를 범하였다.
고려사 권48 지2 [F]

의종 18년(1164) 갑신 10. 5. (정사)

/양 1164. 10. 22./

冬十月 丁巳 太白晝見
금성[太白]이 낮에 나타났다.
고려사 권18 세가18 [G]

의종 18년(1164) 갑신 10. 5. (정사)

/양 1164. 10. 22./

十月 丁巳 太白晝見
금성[太白]이 낮에 나타났다.
고려사 권48 지2 [G]

의종 18년(1164) 갑신 11. 13. (갑오)

/양 1164. 11. 28./

十一月 甲午 白虹圍日 南西北各有珥 如日相貫
흰 무지개가 태양을 둘러싸고 있었으며 남쪽,
서쪽, 북쪽에 각각 해귀고리가 있어서 마치 태
양을 서로 꿰어놓은 것 같았다.
고려사 권18 세가18 ; 고려사 권47 지1 ;
고려사절요 권11 [O]

의종 18년(1164) 갑신 11. 15. (병신)

/양 1164. 11. 30./

十一月 丙辰[119) 月食旣
개기 월식이 있었다.
고려사 권48 지2 [B]

의종 18년(1164) 갑신 12. 3. (계미)

/양 1165. 1. 16./

十二月 癸未 太白守羽林
금성[太白]이 우림(羽林) 성좌를 떠나지 않았다.
고려사 권48 지2 [F]

의종 18년(1164) 갑신 12. 22. (임인)

/양 1165. 2. 4./

十二月 壬寅 流星出東井入軍市
유성(流星)이 동정(東井) 성좌에서 나와 군시
(軍市) 성좌로 들어갔다.
고려사 권48 지2 [R]

의종 19년(1165) 을유 4. 16. (갑오)

/양 1165. 5. 27./

四月 甲午 月食
월식이 있었다.
고려사 권48 지2 [B]

의종 19년(1165) 을유 8. 22. (무술)

/양 1165. 9. 28./

八月 戊戌 月犯諸侯南第一星[120)
달이 제후(=오제후) 성좌의 남쪽 첫별을 범하
였다.
고려사 권48 지2 [C]

의종 21년(1167) 정해 1. 19. (무오)

/양 1167. 2. 10./

正月 戊午 日暈有珥 上有戴氣
햇무리와 해귀고리가 있었으며 윗쪽에 대기(戴
氣, 태양 상부를 가로 지나가는 기운)가 있었다.
고려사 권47 지1 [O]

의종 21년(1167) 정해 1. 21. (경신)

/양 1167. 2. 12./

正月 庚申 又日暈有珥 東北有背氣
또 햇무리와 해귀고리가 있었으며 동북쪽에 일
(一)자형의 햇무리[背氣]가 있었다.
고려사 권47 지1 [O]

---

119) 일진오류: 11월엔 병진일 없음, 병진일은 10/4, 윤11/5임. 현
　　대의 천체역학적 방법으로 월식을 계산해 11/15 (양 11/30)
　　병신일로 수정함.

120) 諸侯(제후): 제후 성좌는 없음. 제후는 오제후의 오기로 추론
　　되고, 오제후 성좌1을 나타내는 듯함.

의종 21년(1167) 정해 3. 25. (계해)

/양 1167. 4. 16./

三月 癸亥 白氣貫日
흰 기운이 태양을 가로질러 갔다
고려사 권18 세가18 ; 고려사 권47 지1 [O]

의종 21년(1167) 정해 4. 1. (무진)

/양 1167. 4. 21./

夏四月 戊辰朔 日食
일식이 있었다.
고려사 권18 세가18 ; 고려사절요 권11 [A]

의종 21년(1167) 정해 4. 1. (무진)

/양 1167. 4. 21./

四月 戊辰朔 日食
일식이 있었다.
고려사 권47 지1 [A]

의종 21년(1167) 정해 8. 16. (경술)

/양 1167. 9. 30./

八月 庚戌 月食
월식이 있었다.
고려사 권48 지2 [B]

의종 22년(1168) 무자 2. 14. (정미)

/양 1168. 3. 25./

二月 丁未 月食密雲不見
월식이 예견되었으나 짙은 구름이 가리워서 보이지 않았다.
고려사 권48 지2 [B]

의종 22년(1168) 무자 12. 20. (정미)

/양 1169. 1. 19./

十二月 丁未 月犯角星
달이 각(角) 성좌를 범하였다.
고려사 권48 지2 [C]

의종 23년(1169) 기축 1. 20. (정축)

/양 1169. 2. 18./

正月 丁丑 月食角大星
달이 각(角) 성좌의 큰 별을 가렸다.
고려사 권48 지2 [C]

의종 23년(1169) 기축 1. 22. (기묘)

/양 1169. 2. 20./

春正月 己卯 醮二十八宿[121] 又醮北斗
28수(宿)에 초제(醮祭)를 지내고 또 북두(北斗) 성좌에도 초제(醮祭)를 드렸다.
고려사 권19 세가19 [T]

의종 23년(1169) 기축 2. 8. (을미)

/양 1169. 3. 8./

二月 乙未 醮十一曜[122]二十八數於內殿
내전(內殿)에서 11요(曜)와 28수(宿)에 초제(醮祭)를 드렸다.
고려사 권19 세가19 [T]

의종 23년(1169) 기축 2. 14. (신축)

/양 1169. 3. 14./

二月 辛丑 月食
월식이 있었다.
고려사 권48 지2 [B]

의종 23년(1169) 기축 2. 22. (기유)

/양 1169. 3. 22./

二月 己酉 醮十一曜南北斗二十八宿十二宮神於修文殿
<왕이> 수문전(修文殿)에서 11요(曜), 남두(南斗), 북두(北斗), 28수(宿), 12궁(宮)의 신(神)들에게 초제(醮祭)를 드렸다.
고려사 권19 세가19 [T]

의종 23년(1169) 기축 3. 5. (신유)

/양 1169. 4. 3./

三月 辛酉 醮太一十一曜南北斗十二宮神於內殿
내전(內殿)에서 태일(太一), 11요(曜), 남두(南斗), 북두(北斗), 12궁(宮)의 신(神)에게 초제(醮祭)를 드렸다.
고려사 권19 세가19 [T]

의종 23년(1169) 기축 5. 7. (임술)

/양 1169. 6. 3./

五月 壬戌 流星出翼入河鼓大星 大如炬 尾長五尺許
유성(流星)이 익(翼) 성좌에서 나와 하고(河鼓) 성좌의 큰 별로 들어갔는데 그 크기가 횃불[炬]만 하였고 꼬리의 길이는 5척쯤 되었다.

---

121) 二十八宿(28수) : 28개의 별자리.
122) 十一曜(십일요) : 태양, 달, 5개의 행성(일월오성)과 사여성(계도(計都), 라후(羅睺), 자기(紫氣), 월패(月孛)) 임.

고려사 권48 지2 [R]

의종 23년(1169) 기축 8. 1. (갑신)

/양 1169. 8. 24./

八月 甲申朔[123] 日食
일식이 있었다.
고려사 권19 세가19 ; 고려사 권47 지1 ;
고려사절요 권11 [A]

의종 24년(1170) 경인 2. 3. (갑신)

/양 1170. 2. 20./

二月 甲申 狼星見于南極 西海道按察使朴純嘏
以爲老人星 馳驛以聞
낭성(狼星)이 남극(南極)에 나타났는데 서해도
(西海道, 黃海道) 안찰사 박순하(朴純嘏)는 이것
을 노인성(老人星)으로 보고 급보로[驛馬] 보
고하였다.
고려사 권19 세가19 ; 고려사 권48 지2 [H]

의종 24년(1170) 경인 2. 3. (갑신)

/양 1170. 2. 20./

二月 甲申 狼星見于南極 西海道按察使朴純嘏
以爲老人星 馳奏之
낭성(狼星)이 남극(南極)에 나타났는데 서해도(西海道,
黃海道) 안찰사 박순하(朴純嘏)는 이것을 노인성(老人
星)으로 보고 말을 달려와 보고하였다.
고려사절요 권11 [H]

의종 24년(1170) 경인 3. 18. (기사)

/양 1170. 4. 6./

三月 己巳 遣知門下省事崔溫祭西京老人堂 右副
承宣林宗植祭老人星于海州床山 凡內外有老人堂
皆遣使祭之
지문하성사(知門下省事) 최온(崔溫)을 시켜 서경
(西京)에 있는 노인당(老人堂)에 제사를 지내게
하고 우부승선(右副承宣) 임종식(林宗植)은 해주
(海州) 상산(床山)에 보내서 노인성(老人星)에게
제사를 지내게 하였다. 무릇 서울이나 지방의 노
인당이 있는 곳에 모두 사신을 보내 제사를 지
내도록 하였다.
고려사 권19 세가19 [T]

의종 24년(1170) 경인 4. 1. (신사)

/양 1170. 4. 18./

夏四月 辛巳朔 親醮老人星于內殿
내전에서 <왕이> 친히 노인성(老人星)에 초제
(醮祭)를 드렸다.
고려사 권19 세가19 [T]

의종 24년(1170) 경인 4. 1. (신사)

/양 1170. 4. 18./

夏四月[124] 親醮老人星于內殿
내전에서 <왕이> 친히 노인성(老人星)에 초제
(醮祭)를 드렸다.
고려사절요 권11 [T]

의종 24년(1170) 경인 4. 4. (갑신)

/양 1170. 4. 21./

夏四月 甲申 忠州牧副使崔光鈞奏 前月二十八日
祭老人星于竹杖寺 其夕 壽星見 至三獻乃沒 王
大喜百官稱賀
충주목(忠州牧) 부사(副使) 최광균(崔光鈞)이 아뢰
기를「지난달 28일에 죽장사(竹杖寺)에서 노인성
(老人星)에게 제사를 지냈더니 그 날 저녁에 노
인성[壽星, 南極老人星]이 나타났다가 술잔을 세
번 올린 뒤에야 없어졌습니다」라고 하니 왕이 크
게 기뻐하고 백관이 축하를 올렸다.
고려사 권19 세가19 ; 고려사 권48 지2 ;
고려사절요 권11 [T]

의종 24년(1170) 경인 4. 25. (을사)

/양 1170. 5. 12./

夏四月 乙巳 以壽星再見 命太子醮于福源宮 平章事許
洪材醮于賞春亭 左承宣金敦中祭于忠州竹杖寺
노인성[壽星]이 재차(再次) 나타난 것과 관련하
여 명령을 내려 태자는 복원궁(福源宮)에서, 평
장사 허홍재(許洪材)는 상충정(賞忠亭)에서, 좌
승선 김돈중(金敦中)은 충주 죽장사(竹杖寺)에서
각각 초제(醮祭)를 드리게 하였다.
고려사 권19 세가19 [H]

의종 24년(1170) 경인 7. 1. (기묘)

/양 1170. 8. 14./

秋七月 己卯朔 日食
일식이 있었다.
고려사 권19 세가19 ; 고려사절요 권11 [A]

---

123) 고려사 권19에는 갑인삭으로 잘못 기록됨.
'갑인'은 9/1로 그날은 일식이 일어나지 않았음. 갑신삭이 맞음.

124) 고려사절요에는 일진 기록이 없으나 고려사 권19의 기록과
같으므로 신사일로 정함.

의종 24년(1170) 경인 7. 1. (기묘)

/양 1170. 8. 14./

七月 己卯朔 日食
일식이 있었다.
고려사 권47 지1 [A]

19. 명종(1171 ~ 1197)

명종 1년(1171) 신묘 9. 20. (신묘)

/양 1171. 10. 20./

九月 辛卯 日有黑子 大如桃
태양에 흑점[黑子]이 있었는데 크기가 복숭아만
하였다.
고려사 권19 세가19 ; 고려사 권47 지1 ;
고려사절요 권12 [M]

명종 1년(1171) 신묘 10. 15. (병진)

/양 1171. 11. 14./

十月 丙辰 歲星犯天樽
목성[歲星]이 천준(天樽) 성좌를 범하였다.
고려사 권48 지2 [F]

명종 1년(1171) 신묘 10. 17. (무오)

/양 1171. 11. 16./

冬十月 戊午 日有黑子 大如桃
태양에 흑점[黑子]이 있었는데 크기가 복숭아만
하였다.
고려사 권19 세가19 ; 고려사절요 권12 [M]

명종 1년(1171) 신묘 10. 17. (무오)

/양 1171. 11. 16./

十月 戊午 日有黑子 大如桃
태양에 흑점[黑子]이 있었는데 크기가 복숭아
만 하였다.
고려사 권47 지1 [M]

명종 2년(1172) 임진 6. 16. (계축)

/양 1172. 7. 8./

六月 癸丑 月食
월식이 있었다.
고려사 권48 지2 [B]

명종 2년(1172) 임진 10. 22. (정사)

/양 1172. 11. 9./

十月 丁巳 太白經天
금성[太白]이 낮에 남쪽하늘에서 보였다.
고려사 권48 지2 [G]

명종 2년(1172) 임진 10. 22. (정사)

/양 1172. 11. 9./

冬十月 丁巳 太白經天
금성[太白]이 낮에 남쪽하늘에서 보였다.
고려사절요 권12 [G]

명종 2년(1172) 임진 10. 25. (경신)

/양 1172. 11. 12./

十月 庚申 亦如之
또 <금성[太白]이 낮에 남쪽하늘에서 보였다>.
고려사 권48 지2 [G]

명종 2년(1172) 임진 10. 25. (경신)

/양 1172. 11. 12./

冬十月 庚申 亦如之
또 <금성[太白]이 낮에 남쪽하늘에서 보였다>.
고려사절요 권12 [G]

명종 3년(1173) 계사 5. 1. (임진)

/양 1173. 6. 12./

五月 壬辰朔 日食
일식이 있었다.
고려사 권19 세가19 ; 고려사 권47 지1 ;
고려사절요 권12 [A]

명종 3년(1173) 계사 7. 10. (신축)

/양 1173. 8. 20./

七月 辛丑 月犯建南第二星 流星出河鼓入天棓
달이 건(建) 성좌의 남쪽 둘째 별을 범하였다.
유성(流星)이 하고(河鼓) 성좌에서 나와 천봉(天
棓) 성좌로 들어갔다.
고려사 권48 지2 [C] [R]

명종 3년(1173) 계사 8. 16. (병자)

/양 1173. 9. 24./

八月 丙子 月暈
달무리가 있었다.
고려사 권48 지2 [P]

명종 3년(1173) 계사 9. 13. (계묘)

/양 1173. 10. 21./

九月 癸卯 歲星入大微右掖門
목성[歲星]이 태미원[大微]의 우액문(右掖門)으로
들어갔다.
고려사 권48 지2 [F]

명종 3년(1173) 계사 9. 15. (을사)

/양 1173. 10. 23./

九月 乙巳 月犯昴
달이 묘(昴) 성좌를 범하였다.
고려사 권48 지2 [C]

명종 3년(1173) 계사 9. 20. (경술)

/양 1173. 10. 28./

九月 庚戌 鎭星逆行入天溷
토성[鎭星]이 역행(逆行)하여 천혼(天溷) 성좌로
들어갔다.
고려사 권48 지2 [F]

명종 3년(1173) 계사 9. 27. (정사)

/양 1173. 11. 4./

九月 丁巳 流星出河125)入柳
유성(流星)이 하(河) 성좌에서 나와 류(柳) 성좌
로 들어갔다.
고려사 권48 지2 [R]

명종 3년(1173) 계사 12. 22. (경진)

/양 1174. 1. 26./

十二月 庚辰 赤禩見于東方 日官奏 赤氣移時下
有叛民
이상한 붉은 기운이 동쪽에 나타났는데 일관(日
官)이 보고하기를「이상한 붉은 기운이 이동할 때
에는 아래에 배반(背叛)하는 백성이 있을 징조입
니다」라고 하였다.
고려사 권 53 지7 [S]

명종 4년(1174) 갑오 4. 16. (임신)

/양 1174. 5. 18./

四月 壬申 月食
월식이 있었다.
고려사 권48 지2 [B]

명종 4년(1174) 갑오 10. 14. (무진)

/양 1174. 11. 10./

十月 戊辰 月食
월식이 있었다.
고려사 권48 지2 [B]

명종 4년(1174) 갑오 11. 1. (갑신)

/양 1174. 11. 26./

十一月 甲申朔 日食
일식이 있었다.
고려사 권19 세가19 ; 고려사 권47 지1 ; 고려사절요
권12 [A]

명종 5년(1175) 을미 4. 15. (병인)

/양 1175. 5. 7./

四月 丙寅 月食
월식이 있었다.
고려사 권48 지2 [B]

명종 5년(1175) 을미 7. 7. (병술)

/양 1175. 7. 26./

七月 丙戌 流星出虛入建
유성(流星)이 허(虛) 성좌에서 나와 건(建) 성좌로
들어갔다.
고려사 권48 지2 [R]

명종 5년(1175) 을미 9. 21. (기해)

/양 1175. 10. 7./

九月 己亥 月犯東井
달이 동정(東井) 성좌를 범하였다.
고려사 권48 지2 [C]

명종 5년(1175) 을미 윤9. 2. (경술)

/양 1175. 10. 18./

閏月 庚戌 流星出天苑入羽林
유성(流星)이 천원(天苑) 성좌에서 나와 우림(羽林)
성좌로 들어갔다.
고려사 권48 지2 [R]

명종 5년(1175) 을미 윤9. 21. (기사)

/양 1175. 11. 6./

閏月 己巳 太白犯南斗第五星
금성[太白]이 남두(南斗) 성좌의 다섯째 별을
범하였다.

---

125) 河(하): 북하 성좌인지 남하 성좌인지 확실하지 않음.

고려사 권48 지2 [F]

명종 5년(1175) 을미 윤9. 24. (임신)

/양 1175. 11. 9./

閏月 壬申 流星出奎入離宮
유성(流星)이 규(奎) 성좌에서 나와 이궁(離宮)
성좌로 들어갔다.
고려사 권48 지2 [R]

명종 5년(1175) 을미 윤9. 25. (계유)

/양 1175. 11. 10./

閏月 癸酉 流星出狼入奎
유성(流星)이 낭성(狼星)에서 나와 규(奎) 성좌
로 들어갔다.
고려사 권48 지2 [R]

명종 5년(1175) 을미 윤9. 28. (병자)

/양 1175. 11. 13./

閏九月 丙子 赤氣如火見于東南方 變黑而滅
불같은 붉은 기운이 동남쪽에 나타나서 흑색
(黑色)으로 변하였다가 없어졌다.
고려사 권53 지7 [S]

명종 5년(1175) 을미 10. 14. (신묘)

/양 1175. 11. 28./

十月 辛卯 月掩畢赤星
달이 필(畢) 성좌의 붉은 별을 가렸다.
고려사 권48 지2 [C]

명종 5년(1175) 을미 10. 19. (병신)

/양 1175. 12. 3./

十月 丙申 流星出軒轅大星入大微五帝
유성(流星)이 헌원대성(軒轅大星)에서 나와 태
미원[大微]의 오제(五帝) 성좌로 들어갔다.
고려사 권48 지2 [R]

명종 5년(1175) 을미 12. 6. (계미)

/양 1176. 1. 19./

十二月 癸未 太白晝見經天
금성[太白]이 낮에 나타나 남쪽하늘에서 보였다.
고려사 권19 세가19 ; 고려사 권48 지2 ;
고려사절요 권12 [G]

명종 5년(1175) 을미 12. 6. (계미)

/양 1176. 1. 19./

十二月 癸未 日有左右珥 南北暈
태양 좌우 쪽에 귀고리가 있었으며, 남쪽과 북
쪽에 햇무리가 있었다.
고려사 권47 지1 [O]

명종 5년(1175) 을미 12. 18. (을미)

/양 1176. 1. 31./

十二月 乙未 流星出稷五星南入天際
유성(流星)이 직(稷) 성좌의 다섯째 별의 남쪽
에서 나와 하늘가로 들어갔다.
고려사 권48 지2 [R]

명종 6년(1176) 병신 1. 17. (계해)

/양 1176. 2. 28./

正月 癸亥 月犯角星
달이 각(角) 성좌를 범하였다.
고려사 권48 지2 [C]

명종 6년(1176) 병신 1. 23. (기사)

/양 1176. 3. 5./

正月 己巳 流星出亢池入西咸 大如木瓜 長三尺許
유성(流星)이 항지(亢池) 성좌에서 나와 서함
(西咸) 성좌로 들어갔으며 그 크기는 모과(木
瓜)만 하였고 길이는 3척쯤 되었다.
고려사 권48 지2 [R]

명종 6년(1176) 병신 2. 1. (정축)

/양 1176. 3. 13./

二月 丁丑 夜赤祲見于西北方 如烟焰 南方亦如之
밤에 붉은 기운이 서북쪽에 나타났는데 연기불
꽃(烟焰) 같았다. 남쪽에도 역시 그러하였다.
고려사 권48 지2 [S]

명종 6년(1176) 병신 2. 2. (무인)

/양 1176. 3. 14./

二月 戊寅 晡時赤氣如烟焰 自西北彌亘四方
포시(晡時, 오후4시경)에 붉은 기운이 연기불꽃(烟
焰) 같고 서북쪽으로부터 사방에 널리 퍼졌다.
고려사 권53 지7 [S]

명종 6년(1176) 병신 2. 7. (계미)

/양 1176. 3. 19./

二月 癸未 夜赤氣又見西方 狀如干楯 長十五尺許

145

밤에도 또 붉은 기운이 나타났는데 그 모양이 방패와 같았고 그 길이는 15척쯤 되었다.
고려사 권53 지7 [S]

명종 6년(1176) 병신 2. 17. (계사)

/양 1176. 3. 29./

二月 癸巳 月犯歲星
달이 목성[歲星]을 범하였다.
고려사 권48 지2 [C]

명종 6년(1176) 병신 2. 19. (을미)

/양 1176. 3. 31./

二月 乙未 流星出大微入明堂
유성(流星)이 태미원[大微]에서 나와 명당(明堂) 성좌로 들어갔다.
고려사 권48 지2 [R]

명종 6년(1176) 병신 3. 1. (병오)

/양 1176. 4. 11./

三月 丙午朔 日食
일식이 있었다.
고려사 권19 세가19 ; 고려사 권47 지1 ;
고려사절요 권12 [A]

명종 6년(1176) 병신 3. 1. (병오)

/양 1176. 4. 11./

三月 丙午 夜有星見于東方 色如血
밤에 어떤 별이 동쪽에서 보였는데. 피[血]같은 색이었다.
고려사 권48 지2 [H]

명종 6년(1176) 병신 4. 12. (정해)

/양 1176. 5. 22./

四月 丁亥 月犯氐星
달이 저(氐) 성좌를 범하였다.
고려사 권48 지2 [C]

명종 6년(1176) 병신 4. 14. (기축)

/양 1176. 5. 24./

四月 己丑 流星出天津入天倉
유성(流星)이 천진(天津) 성좌에서 나와 천창(天倉) 성좌로 들어갔다.
고려사 권48 지2 [R]

명종 6년(1176) 병신 4. 26. (신축)

/양 1176. 6. 5./

夏四月 辛丑 黑氣從西北橫亘東南 廣如布 太史奏云 不出三月西京必敗
검은 기운이 서북쪽으로부터 동남쪽을 향하여 가로 퍼졌는데, 그 너비가 베의 폭만하였다. 태사가 보고하기를 「석달이 못가서 서경이 기필코 패할 것이다」라고 하였다.
고려사절요 권12 [S]

명종 6년(1176) 병신 6. 2. (을해)

/양 1176. 7. 9./

六月 乙亥 流星出帝座126)入宦者
유성(流星)이 제좌성(帝座)에서 나와 환자(宦者) 성좌로 들어갔다.
고려사 권48 지2 [R]

명종 6년(1176) 병신 6. 3. (병자)

/양 1176. 7. 10./

六月 丙子 流星出須女入泣 大如木瓜
유성(流星)이 수녀(須女) 성좌에서 나와 읍(泣) 성좌로 들어갔으며 그 크기는 모과(木瓜)만 하였다.
고려사 권48 지2 [R]

명종 6년(1176) 병신 6. 27. (경자)

/양 1176. 8. 3./

六月 庚子 流星出壘壁入蒭藁 大如缶 尾長十尺許
유성(流星)이 누벽(壘壁) 성좌에서 나와 추고(蒭藁) 성좌로 들어갔는데 그 크기가 두레박[缶]만 하였고 꼬리의 길이는 10척쯤 되었다.
고려사 권48 지2 [R]

명종 6년(1176) 병신 7. 6. (기유)

/양 1176. 8. 12./

七月 己酉 月犯氐左星 太白熒惑同舍東井
달이 저(氐) 성좌의 왼쪽 별을 범하였다. 금성[太白]이 화성[熒惑]과 함께 동정(東井) 성좌에 있었다.
고려사 권48 지2 [C] [E]

명종 6년(1176) 병신 7. 22. (을축)

/양 1176. 8. 28./

七月 乙丑 流星出騰蛇入虛南星

---

126) 帝座(제좌): 제좌성-1임.

유성(流星)이 등사(騰蛇) 성좌에서 나와 허(虛) 성좌의 남쪽 별로 들어갔다.
고려사 권48 지2 [R]

명종 6년(1176) 병신 7. 23. (병인)

/양 1176. 8. 29./

七月 丙寅 日無光
태양이 광채가 없어졌다.
고려사 권47 지1 [M]

명종 6년(1176) 병신 8. 1. (계유)

/양 1176. 9. 5./

八月 癸酉 流星一出壘壁入羽林 大如木瓜 一出天囷入大陰127) 尾長三尺許
유성(流星)이 한 개는 누벽(壘壁) 성좌에서 나와 우림(羽林) 성좌로 들어갔는데 그 크기는 모과(木瓜)만 하였고 또 한 개는 천균(天囷) 성좌에서 나와 대음(大陰) 성좌로 들어갔는데 꼬리의 길이가 3척쯤 되었다.
고려사 권48 지2 [R]

명종 6년(1176) 병신 8. 4. (병자)

/양 1176. 9. 8./

八月 丙子 太白犯軒轅
금성[太白]이 헌원(軒轅) 성좌를 범하였다.
고려사 권48 지2 [F]

명종 6년(1176) 병신 8. 9. (신사)

/양 1176. 9. 13./

八月 辛巳 太白犯軒轅
금성[太白]이 헌원(軒轅) 성좌를 범하였다.
고려사 권48 지2 [F]

명종 6년(1176) 병신 8. 9. (신사)

/양 1176. 9. 13./

八月 辛巳 赤氣如火 見于西南方 至夜變黑而滅
불같은 붉은 기운이 서남쪽에 나타났는데 밤에 흑색으로 변하였다가 없어졌다.
고려사 권 53 지7 [S]

명종 6년(1176) 병신 8. 10. (임오)

/양 1176. 9. 14./

八月 壬午 歲星守氐
목성[歲星]이 저(氐) 성좌에서 떠나지 않았다.
고려사 권48 지2 [F]

명종 6년(1176) 병신 9. 1. (계묘)

/양 1176. 10. 5./

九月 癸卯 熒惑犯軒轅
화성[熒惑]이 헌원(軒轅) 성좌를 범하였다.
고려사 권48 지2 [F]

명종 6년(1176) 병신 9. 6. (무신)

/양 1176. 10. 10./

九月 戊申 四方赤祲
사방에서 이상한 붉은 기운이 나타났다.
고려사 권 53 지7 [S]

명종 6년(1176) 병신 9. 26. (무진)

/양 1176. 10. 30./

九月 戊辰 流星出畢入天囷 尾長四尺許
유성(流星)이 필(畢) 성좌에서 나와 천균(天囷) 성좌로 들어갔는데 꼬리의 길이는 4척쯤 되었다.
고려사 권48 지2 [R]

명종 6년(1176) 병신 10. 5. (병자)

/양 1176. 11. 7./

十月 丙子 熒惑犯大微西蕃上將
화성[熒惑]이 태미서번[大微西蕃] 성좌의 상장성(上將星)을 범하였다.
고려사 권48 지2 [F]

명종 6년(1176) 병신 10. 22. (계사)

/양 1176. 11. 24./

十月 癸巳 鎭星犯畢右股
토성[鎭星]이 필(畢) 성좌의 오른쪽 끝을 범하였다.
고려사 권48 지2 [F]

명종 6년(1176) 병신 11. 9. (경술)

/양 1176. 12. 11./

十一月 庚戌 歲與熒惑同舍于尾
목성[歲星]과 화성[熒惑]이 미(尾) 성좌에 모였다.
고려사 권48 지2 [E]

---

127) 大陰(대음): 기록 없음, 아마도 서방칠수 위수의 천음(天陰) 성좌 또는 대릉(大陵) 성좌의 오기인듯함.

명종 6년(1176) 병신 11. 13. (갑인)

/양 1176. 12. 15./

十一月 甲寅 月犯畢星
달이 필(畢) 성좌를 범하였다.
고려사 권48 지2 [C]

명종 6년(1176) 병신 11. 23. (갑자)

/양 1176. 12. 25./

十一月 甲子 月犯亢星
달이 항(亢) 성좌를 범하였다.
고려사 권48 지2 [C]

명종 6년(1176) 병신 11. 25. (병인)

/양 1176. 12. 27./

十一月 丙寅 熒惑犯大微東蕃上將
화성[熒惑]이 태미동번[大微東蕃] 성좌의 상장성
(上將星)을 범하였다.
고려사 권48 지2 [F]

명종 6년(1176) 병신 12. 3. (갑술)

/양 1177. 1. 4./

十二月 甲戌 日有兩珥
태양의 양쪽에 귀고리가 있었다.
고려사 권47 지1 [O]

명종 6년(1176) 병신 12. 26. (정유)

/양 1177. 1. 27./

十二月 丁酉 流星出三公入紫微 大如缶 尾長十
五尺許
유성(流星)이 삼공(三公) 성좌에서 나와 자미
(紫微) 성좌로 들어갔는데 그 크기가 두레박
[缶]만 하였고 꼬리의 길이는 15척쯤 되었다.
고려사 권48 지2 [R]

명종 7년(1177) 정유 1. 19. (경신)

/양 1177. 2. 19./

正月 庚申 赤氣如火 見於東方 又見於乾坤二方
불같은 붉은 기운이 동쪽에 나타나고 또 서북
쪽과 서남쪽의 양 방향에 나타났다.
고려사 권 53 지7 [S]

명종 7년(1177) 정유 1. 22. (계해)

/양 1177. 2. 22./

正月 癸亥 流星出三公入七公 大如缶 尾長十尺許

유성(流星)이 삼공(三公) 성좌에서 나와 칠공
(七公) 성좌로 들어갔는데 그 크기가 두레박
[缶]만 하였고 꼬리의 길이는 10척쯤 되었다.
고려사 권48 지2 [R]

명종 7년(1177) 정유 1. 25. (병인)

/양 1177. 2. 25./

正月 丙寅 熒惑逆行入大微
화성[熒惑]이 역행하여 태미원[大微]으로 들어갔다.
고려사 권48 지2 [F]

명종 7년(1177) 정유 1. 29. (경오)

/양 1177. 3. 1./

正月 庚午 流星出軒轅入張 大如梨 長三尺許
유성(流星)이 헌원(軒轅) 성좌에서 나와 장(張)
성좌로 들어갔는데 그 크기가 배[梨]만 하였으
며 길이는 3척쯤 되었다.
고려사 권48 지2 [R]

명종 7년(1177) 정유 2. 6. (병자)

/양 1177. 3. 7./

二月 丙子 月入畢左右股閒 又流星出房入天門
尾長二尺許
달이 필(畢) 성좌를 왼쪽과 오른쪽 끝(左右股)
사이로 들어갔다. 또 유성(流星)이 방(房) 성좌
에서 나와 천문(天門) 성좌로 들어갔는데 그
꼬리의 길이가 2척쯤 되었다.
고려사 권48 지2 [C] [R]

명종 7년(1177) 정유 2. 22. (임진)

/양 1177. 3. 23./

二月 壬辰 赤氣見于四方
붉은 기운이 사방에 나타났다.
고려사 권 53 지7 [S]

명종 7년(1177) 정유 3. 1. (신축)

/양 1177. 4. 1./

三月 辛丑朔 日無光
태양의 광채가 없어졌다.
고려사 권47 지1 [M]

명종 7년(1177) 정유 3. 8. (무신)

/양 1177. 4. 8./

三月 戊申 流星出右角入北斗杓 危星 大如梨
유성(流星)이 (헌원) 우각성(右角星)에서 나와 북두

148

성좌의 자루쪽(北斗杓)과 위(危) 성좌쪽으로 들어갔
는데, 그 크기는 배[梨]만 하였다.
고려사 권48 지2 [R]

명종 7년(1177) 정유 3. 9. (기유)

/양 1177. 4. 9./

三月 己酉 日月無光
태양과 달의 광채가 없어졌다.
고려사 권47 지1 [M] [N]

명종 7년(1177) 정유 3. 8. (무신)

/양 1177. 4. 8./

是月 太史奏 熒惑自正月二十五日 從大微東大陽門入
逆行於屏星南右執法 臣等以爲 熒惑常以十月十一月
朝大微天庭 受制而出行列宿 司無道之國罰失禮之臣
又其常度當行於翼軫北 丈三尺許 今失度入大微留四
十五日 又從二月十二日 至三月九日 霧氣昏燭日月無
光 考諸舊占 譴告不細 固非祈禳小數所能消去 當遵
聖祖遺訓側身修德 然後 災變可弭
이달(3월)에 태사(太史)가 보고하기를 「화성[熒
惑]이 정월25일부터 태미원[大微]의 동쪽 대양
문(大陽門)으로 들어와서 병(屏) 성좌의 남쪽
우집법성(右執法星)으로 역행(逆行)하여 갔습니
다. 저희들은 생각하기를 화성은 늘 10월과 11
월에 태미원의 천정(天庭)에 조회하여 명령을
받고 나와서는 모든 성좌들을 순행하면서 무도
한 나라가 있는지 살피고, 무례한 신하들을 처
벌하는 것입니다. 또 화성의 정상적인 도수는
당연히 익(翼)성좌와 진(軫)성좌의 북쪽의 3척
정도 되는 곳에서 운행을 해야합니다. 그런데
지금 그 화성이 제 궤도에서 벗어나 태미원에
들어가서 45일 동안이나 머물러 있습니다. 게
다가 2월 12일부터 3월 9일까지 컴컴한 안개가
끼고 태양과 달의 빛이 없었습니다. 이제 옛날
의 점괘 경험들을 상고해 볼때 이것은 작은 견
책이 아닙니다. 적은 수의 기도로써는 이 액운
을 제거해 버릴 수 없는 것인즉 마땅히 거룩한
조상들의 유훈을 준수하여 경계하고 반성함으
로써 덕을 닦은 다음에야 재변을 가히 막을 수
있을 것이라고 봅니다」 라고 하였다.
고려사 권48 지2 [F]

명종 7년(1177) 정유 4. 11. (경진)

/양 1177. 5. 10./

四月 庚辰 月犯左角
달이 좌각성(左角星)을 범하였다
고려사 권48 지2 [C]

명종 7년(1177) 정유 4. 18. (정해)

/양 1177. 5. 17./

四月 丁亥 流星出東咸入天江
유성(流星)이 동함(東咸) 성좌에서 나와 천강
(天江) 성좌로 들어갔다.
고려사 권48 지2 [R]

명종 7년(1177) 정유 4. 22. (신묘)

/양 1177. 5. 21./

四月 辛卯 流星出大微入軫 大如梨 尾長三尺許
유성(流星)이 태미원[大微]에서 나와 진(軫) 성좌
로 들어갔는데 그 크기는 배[梨]만 하였고 꼬리
의 길이는 3척쯤 되었다.
고려사 권48 지2 [R]

명종 7년(1177) 정유 5. 1. (경자)

/양 1177. 5. 30./

五月 庚子朔 熒惑入大微出端門
화성[熒惑]이 태미원[大微]으로 들어가서 단문
(端門)으로 나왔다.
고려사 권48 지2 [F]

명종 7년(1177) 정유 6. - (-)

/양 1177. 7. - /

六月 鎭星守天關
토성[鎭星]이 천관(天關) 성좌를 떠나지 않았다.
고려사 권48 지2 [F]

명종 7년(1177) 정유 7. 7. (갑진)

/양 1177. 8. 2./

七月 甲辰 赤氣見于東南方
붉은 기운이 동남쪽에 나타났다.
고려사 권 53 지7 [S]

명종 7년(1177) 정유 7. 11. (무신)

/양 1177. 8. 6./

七月 戊申 流星出八穀入紫微 大如梨 尾長五尺許
유성(流星)이 팔곡(八穀) 성좌에서 나와 자미원
(紫微垣)으로 들어갔는데 그 크기는 배[梨]만
하였고 꼬리의 길이는 5척쯤 되었다.
고려사 권48 지2 [R]

명종 7년(1177) 정유 7. 21. (무오)

/양 1177. 8. 16./

七月 戊午 流星出羽林入危 大如梨 尾長六尺許
유성(流星)이 우림(羽林) 성좌에서 나와 위(危)
성좌로 들어갔는데 그 크기는 배[梨]만 하였고
꼬리의 길이는 6척쯤 되었다.
고려사 권48 지2 [R]

명종 7년(1177) 정유 8. 10. (정축)

/양 1177. 9. 4./

八月 丁丑 太史奏 太白自七月五日至是常見
태사가 보고 하기를 「금성[太白]이 7월 5일부터
지금까지 늘 나타납니다」라고 하였다.
고려사 권48 지2 [G]

명종 7년(1177) 정유 8. 15. (임오)

/양 1177. 9. 9./

八月 壬午 歲與熒惑同舍于尾累旬
목성[歲星]과 화성[熒惑]이 함께 미(尾) 성좌에
수십 일간 머물렀다.
고려사 권48 지2 [E]

명종 7년(1177) 정유 9. 5. (신축)

/양 1177. 9. 28./

九月 辛丑 太白失度 行心星南
금성[太白]이 길을 잃고 심(心) 성좌의 남쪽으로
갔다.
고려사 권48 지2 [F]

명종 7년(1177) 정유 9. 8. (갑진)

/양 1177. 10. 1./

九月 甲辰 太白犯尾
금성[太白]이 미(尾) 성좌를 범하였다.
고려사 권48 지2 [F]

명종 7년(1177) 정유 9. 9. (을사)

/양 1177. 10. 2./

九月 乙巳 月犯牽牛大星
달이 견우(牽牛) 성좌의 큰 별을 범하였다.
고려사 권48 지2 [C]

명종 7년(1177) 정유 9. 10. (병오)

/양 1177. 10. 3./

九月 丙午 熒惑犯天江

화성[熒惑]이 천강(天江) 성좌를 범하였다.
고려사 권48 지2 [F]

명종 7년(1177) 정유 9. 11. (정미)

/양 1177. 10. 4./

九月 丁未 移入箕度
<화성[熒惑]이> 기(箕) 성좌 안으로 옮겨갔다.
고려사 권48 지2 [F]

명종 7년(1177) 정유 9. 18. (갑인)

/양 1177. 10. 11./

九月 甲寅 歲與熒惑同舍于尾 月犯畢西星
목성[歲星]과 화성[熒惑]이 미(尾) 성좌로 들어갔고
또 달이 필(畢) 성좌의 서쪽 별을 범하였다.
고려사 권48 지2 [E] [C]

명종 7년(1177) 정유 9. 27. (계해)

/양 1177. 10. 20./

九月 癸亥 流星出天廩入天苑 尾長三尺許
유성(流星)이 천름(天廩) 성좌에서 나와 천원
(天苑) 성좌로 들어갔는데 그 꼬리의 길이는 3
척쯤 되었다.
고려사 권48 지2 [R]

명종 7년(1177) 정유 10. 15. (신사)

/양 1177. 11. 7./

十月 辛巳 鎭星犯天關
토성[鎭星]이 천관성(天關星)을 범하였다.
고려사 권48 지2 [F]

명종 7년(1177) 정유 11. 4. (기해)

/양 1177. 11. 25./

十一月 己亥 流星出畢入羽林 大如缶 尾長一丈許
유성(流星)이 필(畢) 성좌에서 나와 우림(羽林)
성좌로 들어갔는데 그 크기가 두레박[缶]만 하
였고 꼬리의 길이는 한 장(一丈)쯤 되었다.
고려사 권48 지2 [R]

명종 7년(1177) 정유 11. 19. (갑인)

/양 1177. 12. 10./

十一月 甲寅 流星出天倉入羽林 大如梨 尾長三
尺許 一出柱入北極 大如木瓜
한 유성(流星)이 천창(天倉) 성좌에서 나와 우림
(羽林) 성좌로 들어갔는데 그 크기는 배[梨]만 하
였고 꼬리의 길이는 3척쯤 되었으며 또 한 유성

(流星)은 주(柱) 성좌에서 나와 북극(北極) 성좌로 들어갔는데 그 크기는 모과(木瓜)만 하였다.
고려사 권48 지2 [R]

명종 7년(1177) 정유 12. 7. (임신)

/양 1177. 12. 28./

十二月 壬申 赤氣見南方 太史奏 下有伏兵
붉은 기운이 남쪽에 나타났는데 태사(太史)가 보고하기를 「신하(臣下) 가운데에 복병(伏兵)이 있는 것입니다」라고 하였다.
고려사 권 53 지7 [S]

명종 8년(1178) 무술 1. 21. (병진)

/양 1178. 2. 10./

正月 丙辰 太白歲星聚斗
금성[太白]과 목성[歲星]이 두(斗) 성좌에 모였다.
고려사 권48 지2 [E]

명종 8년(1178) 무술 1. 25. (경신)

/양 1178. 2. 14./

正月 庚申 日有南北珥
태양의 남쪽과 북쪽에 귀고리가 있었다.
고려사 권47 지1 [O]

명종 8년(1178) 무술 2. 14. (기묘)

/양 1178. 3. 5./

二月 己卯 月食
월식이 있었다.
고려사 권48 지2 [B]

명종 8년(1178) 무술 2. 16. (신사)

/양 1178. 3. 7./

二月 辛巳 親醮魁剛[128]
<왕이> 친히 괴강성(魁剛星)에 초제(醮祭)를 지냈다.
고려사 권19 세가19 [T]

명종 8년(1178) 무술 3. 18. (임자)

/양 1178. 4. 7./

三月 壬子 四方赤氣如火
사방에 불같은 붉은 기운이 나타났다.
고려사 권 53 지7 [S]

명종 8년(1178) 무술 7. 1. (임술)

/양 1178. 8. 15./

七月 壬戌朔 鎭星入東井
토성[鎭星]이 동정(東井) 성좌로 들어갔다.
고려사 권48 지2 [F]

명종 8년(1178) 무술 7. 23. (갑신)

/양 1178. 9. 6./

七月 甲申 流星出五車入叄 大如梨 尾長三尺許
유성(流星)이 오거(五車) 성좌에서 나와 삼(叄) 성좌로 들어갔는데 그 크기가 배[梨]만 하였고 꼬리의 길이는 3척쯤 되었다.
고려사 권48 지2 [R]

명종 8년(1178) 무술 8. 2. (계사)

/양 1178. 9. 15./

八月 癸巳 熒惑入軒轅
화성[熒惑]이 헌원(軒轅) 성좌에 들어갔다.
고려사 권48 지2 [F]

명종 8년(1178) 무술 8. 4. (을미)

/양 1178. 9. 17./

八月 乙未 流星一出奎星入土司空 大如木瓜 一出內平入軒轅 尾長一丈許 一出星七星入張 大如木瓜 尾長七尺許 一出關五星[129]入弧 尾長五尺許 一出相入常陳 大如木瓜 尾長十五尺許 一出東井入五諸侯[130] 大如木瓜 尾長五丈許 一出翼指南入天際尾長一丈許 又衆星流于四方 不可勝數
하나의 유성(流星)이 규(奎) 성좌에서 나와 토사공성(土司空星)으로 들어갔는데 그 크기는 목과(木瓜)만 하였고 또 하나는 내평(內平) 성좌에서 나와 헌원(軒轅) 성좌로 들어갔는데 그 꼬리의 길이가 한 장(一丈)쯤 되었다. 다른 하나의 <유성(流星)은> 성(星) 성좌의 일곱째 별에서 나와 장(張) 성좌로 들어갔는데 그 크기가 모과만 하였고 꼬리의 길이는 7척쯤 되었다. <또> 하나는 궐구(關丘) 성좌에서 나와 호(弧) 성좌로 들어갔는데 그 꼬리의 길이는 5척쯤 되었으며 다음 하나는 상성(相星)에서 나와 상진(常陳) 성좌로 들어갔는데 그 크기가 모과만 하였고 꼬리의 길이는 15척쯤 되었다. 또 하나는 동정(東井) 성좌에서 나와 오제후(五諸侯) 성좌로 들어갔는데 그 크기가 모과만 하였고 꼬리의 길이는 5장(丈)쯤 되었다. 또 하나의 유성(流星)은 익(翼) 성좌에서 나와 남쪽 하늘 끝으로 들어갔는데 그 꼬리의 길이는 1장(丈)쯤 되

---

128) 魁剛星(괴강성): 북두칠성의 첫 번째 별로 추론됨.

129) 關五(궐오): 關丘(궐구) 성좌의 오류로 추정.
130) 五諸侯(오제후): 오제후 성좌-2임.

었다. 그 외에도 뭇별들이 사방으로 흘러간 것은 이루 다 헤아릴 수 없었다.
고려사 권48 지2 [R]

명종 8년(1178) 무술 9. 7. (정묘)

/양 1178. 10. 19./

九月 丁卯 月犯牽牛中星
달이 견우(牽牛) 성좌의 중간 별을 범하였다.
고려사 권48 지2 [C]

명종 8년(1178) 무술 9. 13. (계유)

/양 1178. 10. 25./

九月 癸酉 熒惑入大微
화성[熒惑]이 태미원[大微]에 들어갔다.
고려사 권48 지2 [F]

명종 8년(1178) 무술 9. 28. (무자)

/양 1178. 11. 9./

九月 戊子 熒惑犯大微左執法
화성[熒惑]이 태미원[大微]의 좌집법성(左執法星)을 범하였다.
고려사 권48 지2 [F]

명종 8년(1178) 무술 10. - (-)

/양 1178. 11. - /

十月 流星出卷舌入叄 尾長一丈
유성(流星)이 권설(卷舌) 성좌에서 나와 삼(叄) 성좌로 들어갔는데 그 꼬리의 길이가 1장(丈)쯤 되었다.
고려사 권48 지2 [R]

명종 8년(1178) 무술 10. 1. (신묘)

/양 1178. 11. 12./

十月 辛卯 夜半密雲昏黑 西北方隱隱光明燭地 有人影竟夜滅
한밤(자정 전후)에 짙은 구름이 끼어 캄캄하였고 서북쪽에는 은은히 밝은 빛이 땅을 밝히었는데 사람 그림자였고, 밤이 끝날 무렵에 사라졌다.
고려사 권 53 지7 [S]

명종 8년(1178) 무술 10. 2. (임진)

/양 1178. 11. 13./

十月壬辰 日珥
태양에 귀고리가 있었다.

고려사 권47 지1 [O]

명종 8년(1178) 무술 10. 4. (갑오)

/양 1178. 11. 15./

十月 甲午 北方有氣如日
북쪽에 어떤 기운이 나타났는데 그 빛이 햇빛과 같았다.
고려사 권 53 지7 [S]

명종 8년(1178) 무술 11. 1. (경신)

/양 1178. 12. 11./

十一月 庚申朔 南方天明 有氣如火
남쪽 하늘이 밝아지면서 불같은 기운이 있었다.
고려사 권 53 지7 [S]

명종 8년(1178) 무술 11. 4. (계해)

/양 1178. 12. 14./

十一月 癸亥 夜又見于西南
밤에 또 서남쪽에 <불과 같은 기운이> 나타났다.
고려사 권 53 지7 [S]

명종 8년(1178) 무술 11. 5. (갑자)

/양 1178. 12. 15./

十一月 甲子 太白與歲星行牛星度 太史奏云 金木合於一舍 有蝗明年東西北面 果蝗
금성[太白]과 목성[歲星]이 우(牛) 성좌의 도수(度數, 범위) 안으로 들어갔는데 태사(太史)가 보고하기를 「금성[太白]과 목성[歲星]이 한 성좌에 모였으니 황충(蝗蟲, 누리 및 메뚜기과의 곤충)이 발생할 것입니다」 라고 하더니 다음 해에 동쪽과 서쪽, 북쪽면에 과연 황충이 발생하였다.
고려사 권48 지2 [E]

명종 8년(1178) 무술 11. 13. (임신)

/양 1178. 12. 23./

十一月 壬申 月食畢星
달이 필(畢) 성좌를 가렸다.
고려사 권48 지2 [C]

명종 8년(1178) 무술 11. 18. (정축)

/양 1178. 12. 28./

十一月 丁丑 流星出胃入天囷 大如木瓜 月犯軒轅右角
유성(流星)이 위(胃) 성좌에서 나와 천균(天囷) 성좌로 들어갔는데 그 크기가 모과(木瓜)만 하였다. 달이 헌원(軒轅) 성좌의 오른쪽 뿔[右角]

을 범하였다.
고려사 권48 지2 [R] [C]

명종 8년(1178) 무술 11. 24. (계미)

/양 1179. 1. 3./

十一月 癸未 流星出 天矢西南 入天際 大如缶 鎭星失道 自七月入東井 至丙戌 犯南轅西第一星
유성(流星)이 천시성(天矢星)의 서남쪽에서 나와 하늘 가로 들어갔는데 그 크기가 두레박[缶]만 하였다. 토성[鎭星]이 길을 잃고 7월부터 동정(東井) 성좌에 들어가 있었는데 그것이 병술일(11/27)에 이르러서 동정 성좌의 남쪽 열을 이루는 별들[南轅]중 서쪽 제1성을 범하였다.
고려사 권48 지2 [R] [F]

명종 8년(1178) 무술 12. 10. (기해)

/양 1179. 1. 19./

十二月 己亥 月犯畢星
달이 필성(畢星)을 범하였다.
고려사 권48 지2 [C]

명종 8년(1178) 무술 12. 21. (경술)

/양 1179. 1. 30./

十二月 庚戌 太史奏 太白失度火星入氐 鎭星自十一月掩行東井南轅漸至越 星占云火入氐臣子乱 又云火失度有兵喪宣修德消變
태사가 보고하기를 「금성[太白]이 제 도수를 잃고 화성[熒惑]은 저(氐) 성좌로 들어갔으며 또 토성[鎭星]이 11월부터 동정 성좌의 남쪽 열을 이루는 별들[南轅]을 가리고 다니다가 점차 멀리 가버렸습니다. 별 점에 이르기를 "화성[熒惑]이 저(氐) 성좌에 들어가면 신하가 문란해 진다"고 하였고 또 이르기를 "화성[熒惑]이 궤도를 잃으면 전쟁과 국상이 있다"고 하였으니 마땅히 덕을 닦아 변괴를 제거해야 할 것입니다」 라고 하였다.
고려사 권48 지2 [T]

명종 9년(1179) 기해 1. 8. (정묘)

/양 1179. 2. 16./

正月 丁卯 流星出翼入器府 大如栖 尾長四尺許
유성(流星)이 익(翼) 성좌에서 나와 기부(器府) 성좌로 들어갔는데 그 크기가 술잔[栖]만 하였고 꼬리의 길이가 4척쯤 되었다.
고려사 권48 지2 [R]

명종 9년(1179) 기해 1. 15. (갑술)

/양 1179. 2. 23./

正月 甲戌 月食旣
개기 월식이 있었다.
고려사 권48 지2 [B]

명종 9년(1179) 기해 1. 24. (계미)

/양 1179. 3. 4./

正月 癸未 日抱三珥 色靑白 又赤
태양에 반원형태의 햇무리[抱]가 있었으며 세 개의 해 귀고리가 있는데 색깔은 청백색이면서 붉었다.
고려사 권47 지1 [O]

명종 9년(1179) 기해 2. 3. (신묘)

/양 1179. 3. 12./

二月 辛卯 鎭星犯東井
토성[鎭星]이 동정(東井) 성좌를 범하였다.
고려사 권48 지2 [F]

명종 9년(1179) 기해 2. 3. (신묘)

/양 1179. 3. 12./

二月 辛卯 赤氣如火 見于南方
불같은 붉은 기운이 남쪽에 나타났다.
고려사 권 53 지7 [S]

명종 9년(1179) 기해 2. 6. (갑오)

/양 1179. 3. 15./

二月 甲午 月食畢大星
달이 필대성(畢大星)을 가렸다.
고려사 권48 지2 [C]

명종 9년(1179) 기해 2. 8. (병신)

/양 1179. 3. 17./

二月 丙申 流星出尾入龜 大如梨
유성(流星)이 미(尾) 성좌에서 나와 귀(龜) 성좌로 들어갔는데 그 크기는 배[梨]만 하였다.
고려사 권48 지2 [R]

명종 9년(1179) 기해 2. 9. (정유)

/양 1179. 3. 18./

二月 丁酉 月犯井
달이 정(井) 성좌를 범하였다.
고려사 권48 지2 [C]

명종 9년(1179) 기해 2. 28. (병진)

/양 1179. 4. 6./

二月 丙辰 日暈東有背氣 內赤外黃

햇무리가 있었으며 동쪽에 일(一)자형의 햇무리[背氣]가 있었는데 그 안쪽은 붉고 바깥쪽은 황색이었다.

고려사 권47 지1 [O]

명종 9년(1179) 기해 3. 9. (정묘)

/양 1179. 4. 17./

三月 丁卯 小星百餘自東流西

작은 별 100여 개가 동쪽으로부터 서쪽으로 흘러갔다.

고려사 권48 지2 [R]

명종 9년(1179) 기해 4. 5. (계사)

/양 1179. 5. 13./

四月 癸巳 日有珥 又有抱氣 長一丈 內赤外黃

태양에 귀고리가 있었으며 또 반원 형태의 햇무리[抱氣]가 있었는데 그 길이가 1장(丈)쯤 되고 그 색깔은 안이 붉고 밖이 황색이었다.

고려사 권47 지1 [O]

명종 9년(1179) 기해 4. 11. (기해)

/양 1179. 5. 19./

四月 己亥 太白犯五諸侯[131]

금성[太白]이 오제후(五諸侯) 성좌를 범하였다.

고려사 권48 지2 [F]

명종 9년(1179) 기해 4. 29. (정사)

/양 1179. 6. 6./

四月 丁巳 流星出尾入積卒 大如桮

유성(流星)이 미(尾) 성좌에서 나와 적졸(積卒) 성좌로 들어갔으며 그 크기는 술잔[桮]만 하였다.

고려사 권48 지2 [R]

명종 9년(1179) 기해 5. 8. (을축)

/양 1179. 6. 14./

五月 乙丑 流星出天市西垣入尾 大如桮 尾長十尺許

유성(流星)이 천시서원(天市西垣)에서 나와 미(尾) 성좌로 들어갔는데 그 크기가 술잔[桮]만 하였고 꼬리의 길이가 10척쯤 되었다.

고려사 권48 지2 [R]

명종 9년(1179) 기해 5. 9. (병인)

/양 1179. 6. 15./

五月 丙寅 日有三珥 南北赤黑西方白 又南西北有抱氣色白

태양에 세 개의 귀고리가 있었는데 남쪽과 북쪽이 붉은 흑색이고 서쪽은 백색이었다. 또 남쪽과 서쪽, 북쪽에 반원 형태의 햇무리[抱氣]가 있었는데 백색이었다.

고려사 권47 지1 [O]

명종 9년(1179) 기해 5. 26. (계미)

/양 1179. 7. 2./

五月 癸未 流星出天倉入八魁 大如桮 尾長七尺許

유성(流星)이 천창(天倉) 성좌에서 나와 팔괴(八魁) 성좌로 들어갔는데 그 크기가 술잔[桮]만 하였고 꼬리의 길이가 7척쯤 되었다.

고려사 권48 지2 [R]

명종 9년(1179) 기해 5. 28. (을유)

/양 1179. 7. 4./

五月 乙酉 流星出天將軍入胃 大如木瓜 尾長三尺許

유성(流星)이 천장군(天將軍) 성좌에서 나와 위(胃) 성좌로 들어갔는데 그 크기가 모과(木瓜)만 하였고 꼬리의 길이가 3척쯤 되었다.

고려사 권48 지2 [R]

명종 9년(1179) 기해 6. 11. (무술)

/양 1179. 7. 17./

六月 戊戌 熒惑犯氐

화성[熒惑]이 저(氐) 성좌를 범하였다.

고려사 권48 지2 [F]

명종 9년(1179) 기해 6. 23. (경술)

/양 1179. 7. 29./

六月 庚戌 歲星犯壘碧陣 月犯畢左股 太白入行東井

목성[歲星]이 누벽진(壘壁陣) 성좌를 범하였으며, 달이 필(畢) 성좌의 왼쪽 별들을 범하였다. 금성[太白]이 동정(東井) 성좌에 들어갔다.

고려사 권48 지2 [F] [C] [F]

명종 9년(1179) 기해 6. 25. (임자)

/양 1179. 7. 31./

六月 壬子 流星出天囷入天廩 大如木瓜

유성(流星)이 천균(天囷) 성좌에서 나와 천름(天廩)

131) 五諸侯(오제후): 오제후 성좌-2임.

성좌로 들어갔는데 그 크기가 모과(木瓜)만 하였다.
고려사 권48 지2 [R]

명종 9년(1179) 기해 6. 26. (계축)

/양 1179. 8. 1./

六月 癸丑 月隔太白三尺許
달이 금성[太白]에서 3척쯤 떨어져 있었다.
고려사 권48 지2 [C]

명종 9년(1179) 기해 7. 8. (갑자)

/양 1179. 8. 12./

七月 甲子 流星出羽林入敗臼 大如梨
유성(流星)이 우림(羽林) 성좌에서 나와 패구
(敗臼) 성좌로 들어갔는데 그 크기가 배[梨]만
하였다.
고려사 권48 지2 [R]

명종 9년(1179) 기해 7. 18. (갑술)

/양 1179. 8. 22./

秋七月 甲戌 太白經天 六日
금성[太白]이 6일동안 낮에 남쪽하늘에서 보였다.
고려사 권20 세가20 ; 고려사절요 권12 [G]

명종 9년(1179) 기해 7. 18. (갑술)

/양 1179. 8. 22./

七月 甲戌 太白經天 六日
금성[太白]이 6일 동안 낮에 남쪽하늘에서 보였다.
고려사 권48 지2 [G]

명종 9년(1179) 기해 7. 21. (정축)

/양 1179. 8. 25./

七月 丁丑 有氣如煙生 廣化門左鴟尾132)
연기와 같은 기운이 광화문(光化門) 좌측 치미
(鴟尾)에서 발생하였다.
고려사 권 54 지8 [S]

명종 9년(1179) 기해 7. 23. (기묘)

/양 1179. 8. 27./

七月 己卯 流星出天紀入紫微東蕃 大如栢
유성(流星)이 천기(天紀) 성좌에서 나와 자미동
번(紫微東蕃) 성좌로 들어갔는데 그 크기가 술
잔[栢]만 하였다.

고려사 권48 지2 [R]

명종 9년(1179) 기해 7. 26. (임오)

/양 1179. 8. 30./

七月 壬午 月犯太白 太史奏 避正殿設仁王道場
于明仁殿十日 以禳灾變
달이 금성[太白]을 범하였다. 태사가 보고하는
대로 정전을 피하고 명인전에 10일간 인왕도량
(仁王道場)을 열어 재앙을 피하였다.
고려사 권48 지2 [C]

명종 9년(1179) 기해 8. 5. (경인)

/양 1179. 9. 7./

八月 庚寅 熒惑犯天江
화성[熒惑]이 천강(天江) 성좌를 범하였다.
고려사 권48 지2 [F]

명종 9년(1179) 기해 9. 1. (병진)

/양 1179. 10. 3./

九月 丙辰朔 流星出天倉入天庾 大如木瓜 尾長九
尺許
유성(流星)이 천창(天倉) 성좌에서 나와 천유
(天庾) 성좌로 들어갔는데 그 크기가 모과(木
瓜)만 하였고 꼬리의 길이는 9척쯤 되었다.
고려사 권48 지2 [R]

명종 9년(1179) 기해 9. 7. (임술)

/양 1179. 10. 9./

九月 壬戌 流星出叁旗 入叁左肩133) 大如栢 尾
長五尺許
유성(流星)이 삼기(叁旗) 성좌에서 나와 삼(叁)
성좌의 왼편으로 들어갔으며 그 크기가 술잔
[栢]만 하였고 꼬리의 길이는 5척쯤 되었다.
고려사 권48 지2 [R]

명종 9년(1179) 기해 9. 11. (병인)

/양 1179. 10. 13./

九月 丙寅 流星出五車入文昌 大如栢 色赤 尾長
六尺許
유성(流星)이 오거(五車) 성좌에서 나와 문창(文昌)
성좌로 들어갔는데 그 크기가 술잔[栢]만 하였으며
색은 붉고 꼬리의 길이는 6척쯤 되었다.
고려사 권48 지2 [R]

---

132) 鴟尾(치미): =망새. 전각(殿閣), 문루(門樓) 등의 전통 건물의 용
　　마루 양쪽 끝머리에 얹는 장식 기와.

133) 叁左肩(삼좌견): 삼(叁) 성좌에 속한 별 중, 왼쪽 어깨에 해당
　　하는 좌장(左將)이라 불리는 별.

명종 9년(1179) 기해 9. 12. (정묘)

/양 1179. 10. 14./

九月 丁卯 太白犯大微左執法
금성[太白]이 태미원[大微]의 좌집법성(左執法
星)을 범하였다.
고려사 권48 지2 [F]

명종 9년(1179) 기해 9. 13. (무진)

/양 1179. 10. 15./

九月 戊辰 有氣如煙生 廣化門鴟尾
연기와 같은 기운이 광화문(光化門) 좌측 치미
(鴟尾)에서 발생하였다.
고려사 권 54 지8 [S]

명종 9년(1179) 기해 9. 21. (병자)

/양 1179. 10. 23./

九月 丙子 流星出羽林入北落 大如栖 尾長三尺
유성(流星)이 우림(羽林) 성좌에서 나와 북락(北落)
성좌(=북락사문 성좌)로 들어갔는데 그 크기가 술잔
[栖]만 하였고 꼬리의 길이는 3척쯤 되었다.
고려사 권48 지2 [R]

명종 9년(1179) 기해 9. 23. (무인)

/양 1179. 10. 25./

九月 戊寅 月犯軒轅左角
달이 헌원(軒轅) 성좌의 왼쪽 뿔[左角]을 범하였다.
고려사 권48 지2 [C]

명종 9년(1179) 기해 9. 24. (기묘)

/양 1179. 10. 26./

九月 己卯 流星出相 入大角
유성(流星)이 상성(相星)에서 나와 대각성(大角
星)으로 들어갔다.
고려사 권48 지2 [R]

명종 9년(1179) 기해 9. 25. (경진)

/양 1179. 10. 27./

九月 庚辰 月入大微犯右執法
달이 태미원[大微]으로 들어가서 우집법성(右執
法星)을 범하였다.
고려사 권48 지2 [C]

명종 9년(1179) 기해 9. 26. (신사)

/양 1179. 10. 28./

九月 辛巳 犯大微東蕃上相 太史請光岩寺大觀殿
內殿三處 設消災道場 以禳之
<달아> 태미동번(太微東蕃) 성좌의 상상성(上相星)을
범하였으므로 태사가 청하기를 「광암사(光岩寺, 대관전
(大觀殿), 내전(內殿) 등 3개소에 소재도량(消災道場)을
열어 이를 물리치십시요」 라고 하였다.
고려사 권48 지2 [C]

명종 9년(1179) 기해 10. 13. (정유)

/양 1179. 11. 13./

十月 丁酉 月食畢大星
달이 필대성(畢大星)을 가렸다.
고려사 권48 지2 [C]

명종 9년(1179) 기해 11. 17. (신미)

/양 1179. 12. 17./

十一月 辛未 熒惑犯歲星
화성[熒惑]이 목성[歲星]을 범하였다.
고려사 권48 지2 [D]

명종 9년(1179) 기해 11. 17. (신미)

/양 1179. 12. 17./

十一月 辛未 熒惑犯歲星 宰相李光挺崔忠烈 以星
變乞解職 不允
화성[熒惑]이 목성[歲星]을 침범하니, 재상인 이광
정. 최충렬이 별의 이변(異變)이 있다고 하여 해직
(解職) 되기를 빌었으나 윤허되지 않았다.
고려사절요 권12 [D]

명종 9년(1179) 기해 12. 4. (정해)

/양 1180. 1. 2./

十二月 丁亥 月食歲星
달이 목성[歲星]을 가렸다.
고려사 권48 지2 [C]

명종 9년(1179) 기해 12. 21. (갑진)

/양 1180. 1. 19./

十二月 甲辰 日有兩珥
태양의 양쪽에 귀고리가 있었다.
고려사 권47 지1 [O]

명종 10년(1180) 경자 1. 10. (계해)

/양 1180. 2. 7./

正月 癸亥 日珥
태양에 귀고리가 있었다.

고려사 권47 지1 [O]

명종 10년(1180) 경자 1. 11. (갑자)

/양 1180. 2. 8./

正月 甲子 有氣如煙生 廣化門左右鴟尾
연기 같은 기운이 광화문(光化門) 좌우의 치미
(鴟尾)에 생겼다.
고려사 권 54 지8 [S]

명종 10년(1180) 경자 3. 1. (계축)

/양 1180. 3. 28./

三月 癸丑 乾方有赤氣如火 設大佛頂讀經於內殿
設金光明經法席於大安寺 以禳之
서북쪽에 불같은 붉은 기운이 있어, 내전(內殿)
에는 대불정독경(大佛頂讀經)을 베풀고 대안사(大
安寺)에 금광명경(金光明經) 법석(法席)을 베풀어
액막이를 하였다.
고려사 권 54 지8 [S]

명종 10년(1180) 경자 3. 8. (경신)

/양 1180. 4. 4./

三月 庚申 有氣如煙生 廣化門鴟尾三日
연기와 같은 기운이 광화문(光化門) 치미(鴟尾)
에서 발생하여 3일간 계속되었다.
고려사 권 54 지8 [S]

명종 10년(1180) 경자 4. 4. (병술)

/양 1180. 4. 30./

四月 丙戌 日暈
햇무리가 있었다.
고려사 권47 지1 [O]

명종 10년(1180) 경자 4. 10. (임진)

/양 1180. 5. 6./

四月 壬辰 月入大微右掖門
달이 태미원[大微]의 우액문(右掖門)으로 들어갔다.
고려사 권48 지2 [C]

명종 10년(1180) 경자 4. 27. (기유)

/양 1180. 5. 23./

四月 己酉 流星出氏入翼 大如木瓜 尾長七尺
유성(流星)이 저(氏) 성좌에서 나와 익(翼) 성좌로
들어갔으며 그 크기가 모과(木瓜)만 하였고 꼬리의
길이가 7척이었다.
고려사 권48 지2 [R]

명종 10년(1180) 경자 4. 28. (경술)

/양 1180. 5. 24./

四月 庚戌 有氣如煙生 廣化門左右鴟尾
연기 같은 기운이 광화문(光化門) 좌우의 치미
(鴟尾)에 생겼다.
고려사 권 54 지8 [S]

명종 10년(1180) 경자 5. 9. (경신)

/양 1180. 6. 3./

五月 庚申 月入大微
달이 태미원[大微]으로 들어갔다.
고려사 권48 지2 [C]

명종 10년(1180) 경자 7. 23. (계유)

/양 1180. 8. 15./

七月 癸酉 月犯畢大星
달이 필대성(畢大星)을 범하였다.
고려사 권48 지2 [C]

명종 10년(1180) 경자 8. 1. (신사)

/양 1180. 8. 23./

八月 辛巳 西北方有赤氣如火
서북쪽에서 불같은 붉은 기운이 있었다.
고려사 권 53 지7 [S]

명종 10년(1180) 경자 8. 22. (임인)

/양 1180. 9. 13./

八月 壬寅 月食東井西轅第二星
달이 동정(東井) 성좌의 서쪽에 있는 두번째
별을 가렸다.
고려사 권48 지2 [C]

명종 10년(1180) 경자 8. 26. (병오)

/양 1180. 9. 17./

八月 丙午 又犯軒轅大星 鎭星犯鬼
또 <달이> 헌원대성(軒轅大星)을 범하였다. 토
성[鎭星]이 귀(鬼) 성좌를 범하였다.
고려사 권48 지2 [C] [F]

명종 10년(1180) 경자 9. 4. (계축)

/양 1180. 9. 24./

九月 癸丑 熒惑犯大微
화성[熒惑]이 태미원[大微]을 범하였다.
고려사 권48 지2 [F]

명종 10년(1180) 경자 9. 6. (을묘)

/양 1180. 9. 26./

九月 乙卯 太白犯房第二星 月犯南斗第六星
금성[太白]이 방(房) 성좌의 둘째 별을 범하였
다. 달이 남두(南斗) 성좌의 여섯째 별을 범하
였다.
고려사 권48 지2 [F] [C]

명종 10년(1180) 경자 9. 14. (계해)

/양 1180. 10. 4./

九月 癸亥 熒惑入太微 流星出九遊入天狗 大如
栖 尾長七尺許
화성[熒惑]이 태미원[大微]으로 들어갔다. 또 유
성(流星)이 구유(九遊) 성좌에서 나와 천구(天
狗) 성좌로 들어갔는데 그 크기가 술잔[栖]만
하였고 꼬리의 길이는 7척쯤 되었다.
고려사 권48 지2 [F] [R]

명종 10년(1180) 경자 9. 24. (계유)

/양 1180. 10. 14./

九月 癸酉 又生光化普定二門鴟尾
또 <연기 같은 기운이> 광화문(光化門)과 보정문
(普定門)의 두 문의 치미(鴟尾)에서 발생하였다.
고려사 권 54 지8 [S]

명종 10년(1180) 경자 9. 24. (계유)

/양 1180. 10. 14./

九月 癸酉 又生 光化普定二門鴟尾
또 <연기 같은 기운이> 광화문(光化門)과 보정문
(普定門)의 두 문의 치미(鴟尾)에서 발생하였다.
고려사 권 54 지8 [S]

명종 10년(1180) 경자 10. 16. (을미)

/양 1180. 11. 5./

十月 乙未 月犯畢星 流星出營室 入壘壁陣
달이 필(畢) 성좌를 범하였다. 유성(流星)이 영실
(營室) 성좌에서 나와 누벽진(壘壁陣) 성좌로 들어
갔다.
고려사 권48 지2 [C] [R]

명종 10년(1180) 경자 11. 8. (병진)

/양 1180. 11. 26./

十一月 丙辰 鎮星犯輿鬼
토성[鎮星]이 여귀(輿鬼) 성좌를 범하였다.
고려사 권48 지2 [F]

명종 10년(1180) 경자 11. 16. (갑자)

/양 1180. 12. 4./

十一月 甲子 月犯東井
달이 동정(東井) 성좌를 범하였다.
고려사 권48 지2 [C]

명종 10년(1180) 경자 11. 18. (병인)

/양 1180. 12. 6./

十一月 丙寅 流星一出天狗入軍市 大如缶 尾長
十尺許 一出天囷入天倉 大如栖 尾長十五尺
한 개의 유성(流星)이 천구(天狗) 성좌에서 나와
군시(軍市) 성좌로 들어갔는데 그 크기가 두레박
[缶]만 하였고 꼬리의 길이가 10척쯤 되었으며
또 한개는 천균(天囷) 성좌에서 나와 천창(天倉)
성좌로 들어갔는데 그 크기가 술잔[栖]만 하였다.
고려사 권48 지2 [R]

명종 10년(1180) 경자 11. 26. (갑술)

/양 1180. 12. 14./

十一月 甲戌 太白晝見
금성[太白]이 낮에 나타났다.
고려사 권20 세가20 : 고려사 권48 지2 [G]

명종 10년(1180) 경자 12. 5. (계미)

/양 1180. 12. 23./

十二月 癸未 又晝見經天
또 <금성[太白]이> 낮에 나타나 남쪽하늘에서
보였다.
고려사 권20 세가20 ; 고려사 권48 지2 [G]

명종 10년(1180) 경자 12. 5. (계미)

/양 1180. 12. 23./

十二月 癸未 太白晝見經天
금성[太白]이 낮에 나타나 남쪽하늘에서 보였다.
고려사절요 권12 [G]

명종 10년(1180) 경자 12. 6. (갑신)

/양 1180. 12. 24./

十二月 甲申 熒惑入氐星
화성[熒惑]이 저(氐) 성좌에 들어갔다.
고려사 권48 지2 [F]

명종 10년(1180) 경자 12. 11. (기축)

/양 1180. 12. 29./

十二月 己丑 月犯畢大星
달이 필(畢) 성좌의 큰 별을 범하였다.
고려사 권48 지2 [C]

명종 10년(1180) 경자 12. 14. (임진)

/양 1181. 1. 1./

十二月 壬辰 犯東井北轅東二星
<달이> 동정(東井) 성좌의 북쪽 열에 있는 별
들중[北轅]의 동쪽의 둘째 별을 범하였다.
고려사 권48 지2 [C]

명종 10년(1180) 경자 12. 19. (정유)

/양 1181. 1. 6./

十二月 丁酉 入大微
<달이> 태미원[大微]으로 들어갔다.
고려사 권48 지2 [C]

명종 11년(1181) 신축 1. 6. (계축)

/양 1181. 1. 22./

正月 癸丑 熒惑犯房星
화성[熒惑]이 방(房) 성좌를 범하였다.
고려사 권48 지2 [F]

명종 11년(1181) 신축 1. 28. (을해)

/양 1181. 2. 13./

春正月 乙亥 白虹逼日
흰 무지개가 태양을 범하였다.
고려사 권20 세가20 [O]

명종 11년(1181) 신축 1. 28. (을해)

/양 1181. 2. 13./

正月 乙亥 白虹逼日
흰 무지개가 태양을 범하였다.
고려사 권47 지1 [O]

명종 11년(1181) 신축 2. 14. (신묘)

/양 1181. 3. 1./

二月 辛卯 月犯軒轅大星
달이 헌원대성(軒轅大星)을 범하였다.
고려사 권48 지2 [C]

명종 11년(1181) 신축 2. 15. (임진)

/양 1181. 3. 2./

二月 壬辰 又犯大微右執法
<달이> 또 태미원[大微]의 우집법성(右執法星)
을 범하였다.
고려사 권48 지2 [C]

명종 11년(1181) 신축 2. 18. (을미)

/양 1181. 3. 5./

二月 乙未 流星出大微西蕃入翼 大如木瓜 尾長
一尺許
유성(流星)이 태미서번[大微西藩] 성좌에서 나와
익(翼) 성좌로 들어갔는데 그 크기가 모과(木瓜)
만 하였고 꼬리의 길이는 1척쯤 되었다.
고려사 권48 지2 [R]

명종 11년(1181) 신축 2. 26. (계묘)

/양 1181. 3. 13./

二月 癸卯 乾艮方有白氣 變爲赤氣
서북쪽과 동북쪽에 흰 기운이 일어나더니 다시
붉은 기운으로 변하였다.
고려사 권 54 지8 [S]

명종 11년(1181) 신축 4. 11. (병진)

/양 1181. 5. 25./

四月 丙辰 太白與歲星同舍
금성[太白]과 목성[歲星]이 같은 성좌에 모였다.
고려사 권48 지2 [E]

명종 11년(1181) 신축 4. 24. (기사)

/양 1181. 6. 7./

四月 己巳 鎭星入輿鬼
토성[鎭星]이 여귀(輿鬼) 성좌에 들어갔다.
고려사 권48 지2 [F]

명종 11년(1181) 신축 4. 27. (임신)

/양 1181. 6. 10./

四月 壬申 熒惑犯南斗
화성[熒惑]이 남두(南斗) 성좌를 범하였다.
고려사 권48 지2 [F]

명종 11년(1181) 신축 4. 30. (을해)

/양 1181. 6. 13./

四月 乙亥 亦如之
또 <화성[熒惑]이 남두(南斗) 성좌를 범하였다>.
고려사 권48 지2 [F]

명종 11년(1181) 신축 6. 3. (무신)

/양 1181. 7. 16./

六月 戊申 流星出天倉入羽林 大如桮 尾長七尺許
유성(流星)이 천창(天倉) 성좌에서 나와 우림(羽林)
성좌로 들어갔는데 그 크기가 술잔[桮]만 하였고 꼬
리의 길이는 7척쯤 되었다.
고려사 권48 지2 [R]

명종 11년(1181) 신축 6. 23. (무진)

/양 1181. 8. 5./

六月 戊辰 月入畢星犯左股
달이 필(畢) 성좌에 들어가서 그의 왼쪽 부분을
범하였다.
고려사 권48 지2 [C]

명종 11년(1181) 신축 7. 3. (정축)

/양 1181. 8. 14./

七月 丁丑 熒惑入南斗
화성[熒惑]이 남두(南斗) 성좌에 들어갔다.
고려사 권48 지2 [F]

명종 11년(1181) 신축 7. 5. (기묘)

/양 1181. 8. 16./

七月 己卯 熒惑鎮二星同舍
화성[熒惑]과 토성[鎮]이 같은 성좌에 모였다.
고려사 권48 지2 [E]

명종 11년(1181) 신축 7. 24. (무술)

/양 1181. 9. 4./

七月 戊戌 赤氣衝天
붉은 기운이 하늘에 닿았다.
고려사 권 53 지7 [S]

명종 11년(1181) 신축 7. 25. (기해)

/양 1181. 9. 5./

七月 己亥 太白犯辰星
금성[太白]이 수성[辰星]을 범하였다.
고려사 권48 지2 [D]

명종 11년(1181) 신축 7. 30. (갑진)

/양 1181. 9. 10./

七月 甲辰 又同舍
또 <금성[太白]과 수성[辰星]이> 같은 성좌 안에
있었다.

고려사 권48 지2 [E]

명종 11년(1181) 신축 8. 1. (을사)

/양 1181. 9. 11./

八月 乙巳朔 流星出天田入南斗 大如梨 尾長三
尺許
유성(流星)이 천전(天田) 성좌에서 나와 남두
(南斗) 성좌로 들어갔는데 그 크기가 배[梨]만
하였고 꼬리의 길이가 3척쯤 되었다.
고려사 권48 지2 [R]

명종 11년(1181) 신축 8. 2. (병오)

/양 1181. 9. 12./

八月 丙午 流星出河鼓入東壁 大如梨 尾長七尺許
유성(流星)이 하고(河鼓) 성좌에서 나와 동벽
(東壁) 성좌로 들어갔는데 그 크기가 배[梨]만
하였으며 꼬리의 길이가 7척쯤 되었다.
고려사 권48 지2 [R]

명종 11년(1181) 신축 9. 3. (병자)

/양 1181. 10. 12./

九月 丙子 流星一出天船入紫微 大如缶 尾長二尺
許 一出王良入天津 大如木瓜 尾長十五尺許
한 개의 유성(流星)이 천선(天航) 성좌에서 나와
자미원(紫微垣)으로 들어갔는데 그 크기가 두레
박[缶]만 하였고 꼬리의 길이가 2척쯤 되었으며,
다른 하나는 왕량(王良) 성좌에서 나와 천진(天
津) 성좌로 들어갔는데 그 크기가 모과(木瓜)만
하였고 꼬리의 길이가 15척쯤 되었다.
고려사 권48 지2 [R]

명종 11년(1181) 신축 9. 17. (경인)

/양 1181. 10. 26./

九月 庚寅 月入畢星
달이 필(畢) 성좌로 들어갔다.
고려사 권48 지2 [C]

명종 11년(1181) 신축 9. 22. (을미)

/양 1181. 10. 31./

九月 乙未 流星出天囷入天倉 大如桮 熒惑犯壘
壁陣西端星
유성(流星)이 천균(天囷) 성좌에서 나와 천창(天倉)
성좌로 들어갔는데 그 크기가 술잔[桮]만 하였다.
이날 화성[熒惑]이 누벽진(壘壁陣) 성좌의 서쪽 끝
별을 범하였다.
고려사 권48 지2 [R] [F]

명종 11년(1181) 신축 10. 3. (병오)

/양 1181. 11. 11./

十月 丙午 流星出軒轅入大微 大如木瓜 尾長七
尺許
유성(流星)이 헌원(軒轅) 성좌에서 나와 태미원
[大微]으로 들어갔는데 그 크기가 모과(木瓜)만
하였고 꼬리의 길이가 7척쯤 되었다.
고려사 권48 지2 [R]

명종 11년(1181) 신축 10. 4. (정미)

/양 1181. 11. 12./

十月 丁未 流星出危入天津 大如木瓜 長六尺許
유성(流星)이 위(危) 성좌에서 나와 천진(天津)
성좌로 들어갔는데 그 크기가 모과(木瓜)만 하
였고 길이는 6척쯤 되었다.
고려사 권48 지2 [R]

명종 11년(1181) 신축 10. 5. (무신)

/양 1181. 11. 13./

十月 戊申 流星出大微西垣上將入五諸侯[134]
유성(流星)이 태미서원(太微西垣) 성좌의 상장성(上將
星)에서 나와 오제후(五諸侯) 성좌로 들어갔다.
고려사 권48 지2 [R]

명종 11년(1181) 신축 11. 15. (정해)

/양 1181. 12. 22./

十一月 丁亥 月食
월식이 있었다.
고려사 권48 지2 [B]

명종 11년(1181) 신축 11. 21. (계사)

/양 1181. 12. 28./

十一月 癸巳 月入大微 流星出亢入氐 大如木瓜
尾長三尺許
달이 태미원[大微]으로 들어갔다. 유성(流星)이
항(亢) 성좌에서 나와 저(氐) 성좌로 들어갔는데
그 크기가 모과(木瓜)만 하였고 꼬리의 길이는
3척쯤 되었다.
고려사 권48 지2 [C] [R]

명종 11년(1181) 신축 11. 29. (신축)

/양 1182. 1. 5./

十一月 辛丑 月犯辰星

---

134) 五諸侯(오제후): 오제후 성좌-1임.

달이 수성[辰星]을 범하였다.
고려사 권48 지2 [C]

명종 11년(1181) 신축 12. 15. (정사)

/양 1182. 1. 21./

十二月 丁巳 月犯鎭星
달이 토성[鎭星]을 범하였다.
고려사 권48 지2 [C]

명종 11년(1181) 신축 12. 19. (신유)

/양 1182. 1. 25./

十二月 辛酉 又入大微
<달이> 또 태미원[大微]으로 들어갔다.
고려사 권48 지2 [C]

명종 12년(1182) 임인 1. 28. (기해)

/양 1182. 3. 4./

正月 己亥 歲星與熒惑入胃
목성[歲星]과 화성[熒惑]이 위(胃) 성좌에 들어갔다.
고려사 권48 지2 [E]

명종 12년(1182) 임인 2. 19. (경신)

/양 1182. 3. 25./

二月 庚申 太白與歲星同舍于胃
금성[太白]과 목성[歲星]이 위(胃) 성좌에 모였다.
고려사 권48 지2 [E]

명종 12년(1182) 임인 3. 8. (무인)

/양 1182. 4. 12./

三月 戊寅 太白歲星相犯
금성[太白]과 목성[歲星]이 서로 범하였다.
고려사 권48 지2 [D]

명종 12년(1182) 임인 5. 7. (병자)

/양 1182. 6. 9./

五月 丙子 太白鎭星同舍于柳
금성[太白]과 토성[鎭星]이 함께 류(柳) 성좌에 모였다.
고려사 권48 지2 [E]

명종 12년(1182) 임인 5. 18. (정해)

/양 1182. 6. 20./

五月 丁亥 太白晝見
금성[太白]이 낮에 나타났다.
고려사 권20 세가20 ; 고려사 권48 지2 [G]

명종 12년(1182) 임인 6. 23. (임술)

/양 1182. 7. 25./

六月 壬戌 流星出南斗入尾 大如梨 尾長五尺許
유성(流星)이 남두(南斗) 성좌에서 나와 미(尾)
성좌로 들어갔는데 그 크기가 배(梨)만 하였고
꼬리의 길이가 5척쯤 되었다.
고려사 권48 지2 [R]

명종 12년(1182) 임인 6. 26. (을축)

/양 1182. 7. 28./

六月 乙丑 流星出天津入河鼓 大如梨
유성(流星)이 천진(天津) 성좌에서 나와 하고
(河鼓) 성좌로 들어갔는데 그 크기가 배(梨)만
하였다.
고려사 권48 지2 [R]

명종 12년(1182) 임인 8. 6. (갑진)

/양 1182. 9. 5./

八月 甲辰 月犯房上相
달이 방(房) 성좌의 상상성(上相星)을 범하였다.
고려사 권48 지2 [C]

명종 12년(1182) 임인 9. 23. (신묘)

/양 1182. 10. 22./

九月 辛卯 流星出軒轅入張 大如梨 尾長五尺許 占
曰 女主有害 有使來 癸卯太后崩 甲辰年大金使來
유성(流星)이 헌원(軒轅) 성좌에서 나와 장(張)
성좌로 들어갔는데 그 크기가 배[梨]만 하였고
꼬리의 길이는 5척쯤 되었다. 이상과 같은 천문
현상과 관련하여 점(占)을 쳐 보았는데, 그 점
(占)에 「여주(女主)에게 해롭고 외국 사신이 올
것입니다」라고 하더니 과연 다음 해인 계묘년
(1183)에 태후(太后, 恭睿 太后 任氏)가 죽었고
또 그 다음 해인 갑진년(1184)에 금나라의 사신
이 왔었다.
고려사 권48 지2 [R]

명종 12년(1182) 임인 10. 11. (무신)

/양 1182. 11. 8./

十月 戊申 流星從北向南行 大如缶 尾長五尺許
유성(流星)이 북에서 남으로 향하여 갔는데 그
크기가 두레박[缶]만 하였고 꼬리의 길이가 5
척쯤 되었다.
고려사 권48 지2 [R]

명종 12년(1182) 임인 10. 14. (신해)

/양 1182. 11. 11./

十月 辛亥 月入大微
달이 태미원[大微]으로 들어갔다.
고려사 권48 지2 [C]

명종 12년(1182) 임인 10. 24. (신유)

/양 1182. 11. 21./

十月 辛酉 入大微中
<달이> 태미원[大微]으로 들어갔다.
고려사 권48 지2 [C]

명종 12년(1182) 임인 10. 27. (갑자)

/양 1182. 11. 24./

十月 甲子 太白疾行犯亢星
금성[太白]이 빨리 흘러가서 항(亢) 성좌를 범하였다.
고려사 권48 지2 [F]

명종 12년(1182) 임인 11. 2. (기사)

/양 1182. 11. 29./

十一月 己巳 熒惑犯氐星
화성[熒惑]이 저(氐) 성좌를 범하였다.
고려사 권48 지2 [F]

명종 12년(1182) 임인 11. 15. (임오)

/양 1182. 12. 12./

十一月 壬午 月食
월식이 있었다.
고려사 권48 지2 [B]

명종 12년(1182) 임인 11. 21. (무자)

/양 1182. 12. 18./

十一月 戊子 月入大微屛星
달이 태미원[大微]의 병(屛) 성좌에 들어갔다.
고려사 권48 지2 [C]

명종 12년(1182) 임인 11. 25. (임진)

/양 1182. 12. 22./

十一月 壬辰 又入氐
또 <달이> 저(氐) 성좌에 들어갔다.
고려사 권48 지2 [C]

명종 12년(1182) 임인 12. 2. (무술)

/양 1182. 12. 28./

十二月 戊戌 熒惑犯房上相

화성[熒惑]이 방(房) 성좌의 상상성(上相星)을 범하였다.
고려사 권48 지2 [F]

명종 12년(1182) 임인 12. 5. (신축)

/양 1182. 12. 31./

十二月 辛丑 月入羽林
달이 우림(羽林) 성좌에 들어갔다.
고려사 권48 지2 [C]

명종 13년(1183) 계묘 2. 12. (정미)

/양 1183. 3. 7./

二月 丁未 月入大微
달이 태미원[大微]으로 들어갔다.
고려사 권48 지2 [C]

명종 13년(1183) 계묘 3. 12. (정축)

/양 1183. 4. 6./

三月 丁丑 月入大微
달이 태미원[大微]으로 들어갔다.
고려사 권48 지2 [C]

명종 13년(1183) 계묘 4. 1. (을미)

/양 1183. 4. 24./

四月 乙未 流星入王良向南行 大如缶 尾長十尺許
유성(流星)이 왕량(王良) 성좌에 들어갔다가 남(南)으로 향했는데 그 크기가 두레박[缶]만 하였고 꼬리의 길이가 10척쯤 되었다.
고려사 권48 지2 [R]

명종 13년(1183) 계묘 5. 12. (을해)

/양 1183. 6. 3./

五月 乙亥 熒惑入壘壁陣
화성[熒惑]이 누벽진(壘壁陣) 성좌에 들어갔다.
고려사 권48 지2 [F]

명종 13년(1183) 계묘 5. 16. (기묘)

/양 1183. 6. 7./

五月 己卯月食 流星出壘壁 入羽林 大如木瓜
월식이 있었다. 유성(流星)이 누벽(壘壁) 성좌에서 나와 우림(羽林) 성좌로 들어갔는데 그 크기가 모과(木瓜)만 하였다.
고려사 권48 지2 [B] [R]

명종 13년(1183) 계묘 7. 6. (무진)

/양 1183. 7. 26./

七月 戊辰 流星出天棓入天津 大如栖
유성(流星)이 천봉(天棓) 성좌에서 나와 천진(天津) 성좌로 들어갔는데 그 크기가 술잔(栖)만 하였다.
고려사 권48 지2

명종 13년(1183) 계묘 7. 25. (정해)

/양 1183. 8. 14./

七月 丁亥 流星出騰蛇入河鼓 大如木瓜 尾長十尺許
유성(流星)이 등사(騰蛇) 성좌에서 나와 하고(河鼓) 성좌로 들어갔는데 그 크기가 모과(木瓜)만 하였으며 꼬리의 길이는 10척쯤 되었다.
고려사 권48 지2 [R]

명종 13년(1183) 계묘 8. 7. (기해)

/양 1183. 8. 26./

八月 己亥 流星出河鼓入天壘 大如梨 尾長七尺許
유성(流星)이 하고(河鼓) 성좌에서 나와 천루(天壘) 성좌로 들어갔는데 그 크기가 배(梨)만 하였고 꼬리의 길이는 7척쯤 되었다.
고려사 권48 지2 [R]

명종 13년(1183) 계묘 8. 23. (을묘)

/양 1183. 9. 11./

八月 乙卯 熒惑入壘壁陣東端門
화성[熒惑]이 누벽진(壘壁陣) 성좌의 동쪽의 문[東端門]으로 들어갔다.
고려사 권48 지2 [F]

명종 13년(1183) 계묘 9. 7. (기사)

/양 1183. 9. 25./

九月 己巳 月犯南斗
달이 남두(南斗) 성좌를 범하였다.
고려사 권48 지2 [C]

명종 13년(1183) 계묘 9. 26. (무자)

/양 1183. 10. 14./

九月 戊子 又入大微
<달이> 또 태미원[大微]으로 들어갔다.
고려사 권48 지2 [C]

명종 13년(1183) 계묘 9. 28. (경인)

/양 1183. 10. 16./

九月 庚寅 流星出天津入河鼓 大如栖 尾長十尺許
유성(流星)이 천진(天津) 성좌에서 나와 하고(河鼓) 성좌로 들어갔는데 그 크기가 술잔[栖]만 하였고 꼬리의 길이가 10척쯤 되었다.
고려사 권48 지2 [R]

명종 13년(1183) 계묘 10. 20. (신해)

/양 1183. 11. 6./

十月 辛亥 太白犯南斗
금성[太白]이 남두(南斗) 성좌를 범하였다.
고려사 권48 지2 [F]

명종 13년(1183) 계묘 10. 25. (병진)

/양 1183. 11. 11./

十月 丙辰 月入大微
달이 태미원[大微]으로 들어갔다.
고려사 권48 지2 [C]

명종 13년(1183) 계묘 11. 1. (임술)

/양 1183. 11. 17./

十一月 壬戌朔 日食
일식이 있었다.
고려사 권20 세가20 ; 고려사 권47 지1 [A]

명종 13년(1183) 계묘 11. 10. (신미)

/양 1183. 11. 26./

十一月 辛未 流星出星七星入軒轅 大如缶 尾長
十尺許 又流星入天市 大如木瓜 尾長六尺許
유성(流星)이 성(星) 성좌의 일곱째 별에서 나와 헌원(軒轅) 성좌로 들어갔는데 그 크기가 두레박[缶]만 하였고 꼬리의 길이는 10척쯤 되었으며 또 유성(流星)이 천시원(天市垣)으로 들어갔는데 그 크기가 모과(木瓜)만 하였고 꼬리의 길이는 6척쯤 되었다.
고려사 권48 지2 [R]

명종 13년(1183) 계묘 11. 18. (기유)

/양 1184. 1. 3./

十一月 己酉 月入大微
달이 태미원[大微]으로 들어갔다.
고려사 권48 지2 [C]

명종 13년(1183) 계묘 11. 18. (기묘)

/양 1183. 12. 4./

十一月 己卯 日有黑子二日

태양에 흑점[黑子]이 있었는데, 2일간 계속 되었다.
고려사 권47 지1 ; 고려사절요 권12 [M]

명종 13년(1183) 계묘 윤11. 21. (임자)

/양 1184. 1. 6./

十一月 壬子 太白入羽林
금성[太白]이 우림(羽林) 성좌로 들어갔다.
고려사 권48 지2 [F]

명종 13년(1183) 계묘 윤11. 23. (갑인)

/양 1184. 1. 8./

十一月 甲寅 月入氐
달이 저(氐) 성좌로 들어갔다.
고려사 권48 지2 [C]

명종 13년(1183) 계묘 윤11. 25. (병진)

/양 1184. 1. 10./

十一月 丙辰 入大微
<달이> 또 태미원[大微]으로 들어갔다.
고려사 권48 지2 [C]

명종 13년(1183) 계묘 윤11. 26. (정사)

/양 1184. 1. 11./

十一月 丁巳 太白經天 鎭星犯紫微西蕃上將
금성[太白]이 낮에 남쪽하늘에서 보였다. 토성[鎭星]이 자미서번(紫微西蕃) 성좌의 상장성(上將星)을 범하였다.
고려사 권48 지2 [G] [F]

명종 13년(1183) 계묘 윤11. 26. (정사)

/양 1184. 1. 11./

閏月 丁巳 太白經天
금성[太白]이 낮에 남쪽하늘에서 보였다.
고려사절요 권12 [G]

명종 13년(1183) 계묘 12. 2. (임술)

/양 1184. 1. 16./

十二月 壬戌 流星出星入張 大如缶 長七尺許
유성(流星)이 성(星) 성좌에서 나와 장(張) 성좌로 들어갔는데 그 크기는 두레박[缶]만 하였고 길이가 7척쯤 되었다.
고려사 권48 지2 [R]

명종 13년(1183) 계묘 12. 22. (임오)

/양 1184. 2. 5./

十二月 壬午 日暈有珥
햇무리에 귀고리가 있었다.
고려사 권47 지1 [O]

명종 14년(1184) 갑진 1. 4. (갑오)

/양 1184. 2. 17./

春正月 甲午 太白經天
금성[太白]이 낮에 남쪽하늘에서 보였다.
고려사 권20 세가20 ; 고려사절요 권13 [G]

명종 14년(1184) 갑진 1. 4. (갑오)

/양 1184. 2. 17./

正月 甲午 太白經天
금성[太白]이 낮에 남쪽하늘에서 보였다.
고려사 권48 지2 [G]

명종 14년(1184) 갑진 1. 14. (갑진)

/양 1184. 2. 27./

正月 甲辰 月入大微
달이 태미원[大微]으로 들어갔다.
고려사 권48 지2 [C]

명종 14년(1184) 갑진 1. 19. (기유)

/양 1184. 3. 3./

正月 己酉 入氐星
<달이> 저(氐) 성좌로 들어갔다.
고려사 권48 지2 [C]

명종 14년(1184) 갑진 2. 2. (신유)

/양 1184. 3. 15./

二月 辛酉 夜有白氣起自坤 一向艮 一向北 橫天
俄而滅
밤에 흰 기운이 서남쪽에서 일어나 한쪽은 동북
을 향하고 한쪽은 북을 향하여 하늘을 가로지르
더니 잠시 있다가 없어졌다.
고려사 권 54 지8 [S]

명종 14년(1184) 갑진 2. 12. (신미)

/양 1184. 3. 25./

二月 辛未 月入大微西藩 太白自去年十月 常晝見
달이 태미서번[大微西藩] 성좌로 들어갔다. 금성
[太白]은 작년10월부터 늘 낮에 나타났다.
고려사 권48 지2 [C] [G]

명종 14년(1184) 갑진 2. 12. (신미)

/양 1184. 3. 25./

二月 辛未 太白自去年十月 常晝見
금성[太白]은 작년10월부터 늘 낮에 나타났다.
고려사 권20 세가20 [G]

명종 14년(1184) 갑진 3. 3. (임진)

/양 1184. 4. 15./

三月 壬辰 流星出危入羽林 大如木瓜 尾長七尺許
色白 疾行
유성(流星)이 위(危) 성좌에서 나와 우림(羽林)
성좌로 들어갔는데 그 크기가 모과(木瓜)만 하
였고 꼬리의 길이는 7척쯤 되었으며 색은 희고
운행이 빨랐다.
고려사 권48 지2 [R]

명종 14년(1184) 갑진 3. 5. (갑오)

/양 1184. 4. 17./

三月 甲午 流星出大微入庫樓 大如缶 尾長七尺許
유성(流星)이 태미원[大微]에서 나와 고루(庫樓)
성좌로 들어갔는데 그 크기가 두레박[缶]만 하
였고 꼬리의 길이는 7척쯤 되었다.
고려사 권48 지2 [R]

명종 14년(1184) 갑진 3. 17. (병오)

/양 1184. 4. 29./

三月 丙午 熒惑入東井北垣
화성[熒惑]이 동정(東井) 성좌의 북쪽 경계[北
垣]쪽으로 들어갔다.
고려사 권48 지2 [F]

명종 14년(1184) 갑진 4. 1. (기미)

/양 1184. 5. 12./

夏四月 己未朔 日食
일식이 있었다.
고려사 권20 세가20 ; 고려사절요 권13 [A]

명종 14년(1184) 갑진 4. 1. (기미)

/양 1184. 5. 12./

四月 己未朔 日食
일식이 있었다.
고려사 권47 지1 [A]

명종 14년(1184) 갑진 4. 9. (정묘)

/양 1184. 5. 20./

四月 丁卯 月入大微

달이 태미원[大微]으로 들어갔다.

고려사 권48 지2 [C]

명종 14년(1184) 갑진 5. 4. (신묘)

/양 1184. 6. 13./

五月 辛卯朔 流星從壘壁入羽林 大如木瓜

유성(流星)이 누벽(壘壁) 성좌에서 우림(羽林) 성좌로 들어갔는데 그 크기가 모과(木瓜)만 하였다.

고려사 권48 지2 [R]

명종 14년(1184) 갑진 6. 4. (신유)

/양 1184. 7. 13./

六月 辛酉 太白犯天關

금성[太白]이 천관(天關) 성좌를 범하였다.

고려사 권48 지2 [F]

명종 14년(1184) 갑진 6. 16. (계유)

/양 1184. 7. 25./

六月 癸酉 流星出天津入天市垣

유성(流星)이 천진(天津) 성좌에서 나와 천시원(天市垣)으로 들어갔다.

고려사 권48 지2 [R]

명종 14년(1184) 갑진 7. 24. (경술)

/양 1184. 8. 31./

七月 庚戌 太白歲星相犯

금성[太白]과 목성[歲星]이 서로 범하였다.

고려사 권48 지2 [D]

명종 14년(1184) 갑진 8. 2. (무오)

/양 1184. 9. 8./

八月 戊午 太白犯軒轅

금성[太白]이 헌원(軒轅) 성좌를 범하였다.

고려사 권48 지2 [F]

명종 14년(1184) 갑진 8. 17. (계유)

/양 1184. 9. 23./

八月 癸酉 太白犯大微西藩上將

금성[太白]이 태미서번[大微西藩] 성좌의 상장성(上將星)을 범하였다.

고려사 권48 지2 [F]

명종 14년(1184) 갑진 8. 23. (기묘)

/양 1184. 9. 29./

八月 己卯 流星出五車入叄 大如梨 又太白入大微右掖門

유성(流星)이 오거(五車) 성좌에서 나와 삼(叄) 성좌로 들어갔는데 그 크기가 배[梨]만 하였다. 이날 금성[太白]이 태미원[大微]의 우액문(右掖門)으로 들어갔다.

고려사 권48 지2 [R] [F]

명종 14년(1184) 갑진 8. 24. (경진)

/양 1184. 9. 30./

八月 庚辰 犯右執法 又犯鎭星

<유성(流星)이> 우집법성(右執法星)을 범하였다. <유성(流星)이> 토성[鎭星]을 범하였다.

고려사 권48 지2 [F] [D]

명종 14년(1184) 갑진 8. - (-)

/양 1184. 9. - /

秋八月 門下侍郎李光挺 御史大夫文章弼 屢以太白上將執法[135] 詐上表辭職

문하시랑(門下侍郎) 이광정(李光挺)과 어사대부(御史大夫) 문장필(文章弼)이 금성[太白]이 여러 번 상장성(上將星)과 집법성(執法星)을 범하였다고 거짓으로 표(表)를 올려 사직(辭職)하였다.

고려사절요 권13 [T]

명종 14년(1184) 갑진 9. 14. (기해)

/양 1184. 10. 19./

九月 己亥 流星犯軒轅

유성(流星)이 헌원(軒轅) 성좌를 범하였다.

고려사 권48 지2 [R]

명종 14년(1184) 갑진 9. 23. (무신)

/양 1184. 10. 28./

九月 戊申 流星出大陵入王良

유성(流星)이 대릉(大陵) 성좌에서 나와 왕량(王良) 성좌로 들어갔다.

고려사 권48 지2 [R]

명종 14년(1184) 갑진 9. 28. (계축)

/양 1184. 11. 2./

---

135) 上將執法(상장집법): 위치적으로 볼때 상장성(上將星)과 집법성(執法星)이 가까이 있는 곳은 태미서번 성좌임.

九月 癸丑 流星出天節入天苑
유성(流星)이 천절(天節) 성좌에서 나와 천원
(天苑) 성좌로 들어갔다.
고려사 권48 지2 [R]

명종 14년(1184) 갑진 9. 30. (을묘)

/양 1184. 11. 4./

九月 乙卯 熒惑與太白同舍
화성[熒惑]과 금성[太白]이 함께 같은 성좌에 모였다.
고려사 권48 지2 [E]

명종 14년(1184) 갑진 9. - (-)

/양 1184. 10. - /

九月 李光挺以太白退舍 復就職
이광정(李光挺)이 금성[太白]이 물러갔으므로
다시 관직(官職)에 나아갔다.
고려사절요 권13 [T]

명종 14년(1184) 갑진 9. - (-)

/양 1184. 10. - /

九月 時術人言 太白犯上將136) 武官必有厄
이때 술인이 말하기를「금성(太白)이 상장(上將)을
범하니 무관(武官)이 반드시 액운(厄運)이 있을 것
이다」라고 하였다.
고려사절요 권13 [T]

명종 14년(1184) 갑진 10. 9. (갑자)

/양 1184. 11. 13./

十月 甲子 流星出文昌入北斗魁 大如梨
유성(流星)이 문창(文昌) 성좌에서 나와 북두괴
(北斗魁)로 들어갔는데 그 크기가 배[梨]만 하
였다.
고려사 권48 지2 [R]

명종 14년(1184) 갑진 10. 12. (정묘)

/양 1184. 11. 16./

十月 丁卯 流星出狼入張
유성(流星)이 낭성(狼星)에서 나와 장(張) 성좌
로 들어갔다.
고려사 권48 지2 [R]

명종 14년(1184) 갑진 10. 13. (무진)

/양 1184. 11. 17./

136) 上將(상장): 상장성-3임.

十月 戊辰 流星一出天津入河鼓 一出王良入閣道
한 개의 유성(流星)이 천진(天津) 성좌에서 나와 하
고(河鼓) 성좌로 들어갔으며, 하나는 왕량(王良) 성
좌에서 나와 각도(閣道) 성좌로 들어갔다.
고려사 권48 지2 [R]

명종 14년(1184) 갑진 10. 17. (임신)

/양 1184. 11. 21./

十月 壬申 熒惑犯太白
화성[熒惑]이 금성[太白]을 범하였다.
고려사 권48 지2 [D]

명종 14년(1184) 갑진 10. 23. (무인)

/양 1184. 11. 27./

十月 戊寅 月入大微
달이 태미원[大微]으로 들어갔다.
고려사 권48 지2 [C]

명종 14년(1184) 갑진 11. 4. (기축)

/양 1184. 12. 8./

十一月 己丑 流星出婁入天倉 大如木瓜 尾長三尺許
유성(流星)이 루(婁) 성좌에서 나와 천창(天倉)
성좌로 들어갔는데 그 크기가 모과(木瓜)만 하
였고 꼬리의 길이는 3척쯤 되었다.
고려사 권48 지2 [R]

명종 14년(1184) 갑진 11. 20. (을사)

/양 1184. 12. 24./

十一月 乙巳 月與鎮星入大微
토성[鎮星]이 태미원[大微]으로 들어갔다.
고려사 권48 지2 [C] [F]

명종 14년(1184) 갑진 11. 26. (신해)

/양 1184. 12. 30./

十一月 辛亥 歲星犯軒轅
목성[歲星]이 헌원(軒轅) 성좌를 범하였다.
고려사 권48 지2 [F]

명종 14년(1184) 갑진 12. 7. (임술)

/양 1185. 1. 10./

十二月 壬戌 流星出左角入庫樓
유성(流星)이 좌각성(左角星)에서 나와 고루(庫
樓) 성좌로 들어갔다.
고려사 권48 지2 [R]

명종 14년(1184) 갑진 12. 18. (계유)

/양 1185. 1. 21./

十二月 癸酉 月入大微
달이 태미원[大微]으로 들어갔다.
고려사 권48 지2 [C]

명종 14년(1184) 갑진 12. 21. (병자)

/양 1185. 1. 24./

十二月 丙子...犯氏星
<달이> 저(氏) 성좌를 범하였다.
고려사 권48 지2 [C]

명종 15년(1185) 을사 1. 10. (갑오)

/양 1185. 2. 11./

正月 甲午 日有黑子 大如梨
태양에 흑점[黑子]이 있었는데, 그 크기가 배
(梨)만 하였다.
고려사 권47 지1 [M]

명종 15년(1185) 을사 1. 10. (갑오)

/양 1185. 2. 11./

春正月 甲午 日有黑子 大如梨
태양에 흑점[黑子]이 있었는데, 그 크기가 배
(梨)만 하였다.
고려사절요 권13 [M]

명종 15년(1185) 을사 1. 16. (경자)

/양 1185. 2. 17./

正月 庚子 月入大微
달이 태미원[大微]으로 들어갔다.
고려사 권48 지2 [C]

명종 15년(1185) 을사 1. 20. (갑진)

/양 1185. 2. 21./

正月 甲辰 流星出翼入叅
유성(流星)이 익(翼) 성좌에서 나와 삼(叅) 성좌
로 들어갔다.
고려사 권48 지2 [R]

명종 15년(1185) 을사 2. 23. (정축)

/양 1185. 3. 26./

二月 丁丑 夜東西方天際 有赤色 如火影
밤에 동쪽과 서쪽 하늘끝에서 붉은 빛이 나타
났는데, 불그림자와 같았다.
고려사 권 53 지7 [S]

명종 15년(1185) 을사 2. 24. (무인)

/양 1185. 3. 27./

二月 戊寅 日有黑子 大如梨
태양에 흑점[黑子]이 있었는데, 그 크기가 배
(梨)만 하였다.
고려사 권47 지1 ; 고려사절요 권13 [M]

명종 15년(1185) 을사 2. 27. (신사)

/양 1185. 3. 30./

二月 辛巳 日無光
태양의 광채가 없어졌다.
고려사 권47 지1 ; 고려사절요 권13 [M]

명종 15년(1185) 을사 3. 2. (을유)

/양 1185. 4. 3./

三月 乙酉 太白犯月
금성[太白]이 달을 범하였다.
고려사 권48 지2 [C]

명종 15년(1185) 을사 3. 17. (경자)

/양 1185. 4. 18./

三月 庚子 日有黑子
태양에 흑점[黑子]이 있었다.
고려사 권47 지1 ; 고려사절요 권13 [M]

명종 15년(1185) 을사 3. 18. (신축)

/양 1185. 4. 19./

三月 辛丑 亦如之
또 <태양에 흑점[黑子]이 있었다>.
고려사 권47 지1 ; 고려사절요 권13 [M]

명종 15년(1185) 을사 5. 10. (임진)

/양 1185. 6. 9./

五月 壬辰 歲星犯軒轅
목성[歲星]이 헌원(軒轅) 성좌를 범하였다.
고려사 권48 지2 [F]

명종 15년(1185) 을사 6. 22. (계유)

/양 1185. 7. 20./

六月 癸酉 太白入大微右掖門 流星出胃入畢 大如梨
금성[太白]이 태미원[大微]의 우액문(右掖門)으
로 들어갔다. 유성(流星)이 위(胃) 성좌에서 나

와 필(畢) 성좌로 들어갔는데 그 크기가 배[梨]만 하였다.
고려사 권48 지2 [F] [R]

명종 15년(1185) 을사 7. 5. (병술)

/양 1185. 8. 2./

七月 丙戌 月入大微
달이 태미원[大微]으로 들어갔다.
고려사 권48 지2 [C]

명종 15년(1185) 을사 8. 6. (병진)

/양 1185. 9. 1./

八月 丙辰 太白經天
금성[太白]이 낮에 남쪽하늘에서 보였다.
고려사 권20 세가20 ; 고려사 권48 지2 ;
고려사절요 권13 [G]

명종 15년(1185) 을사 8. 8. (무오)

/양 1185. 9. 3./

八月 戊午 熒惑犯天街
화성[熒惑]이 천가(天街) 성좌를 범하였다.
고려사 권48 지2 [F]

명종 15년(1185) 을사 8. 26. (병자)

/양 1185. 9. 21./

八月 丙子 太白犯房星
금성[太白]이 방(房) 성좌를 범하였다.
고려사 권48 지2 [F]

명종 15년(1185) 을사 9. 15. (을미)

/양 1185. 10. 10./

九月 乙未 月食
월식이 있었다.
고려사 권48 지2 [B]

명종 15년(1185) 을사 9. 24. (갑진)

/양 1185. 10. 19./

九月 甲辰 月食軒轅第一星 鎭星犯大微東藩
달이 헌원(軒轅) 성좌의 첫째 별을 가렸다. 토성[鎭星]이 태미동번[大微東藩] 성좌를 범하였다.
고려사 권48 지2 [C] [F]

명종 15년(1185) 을사 9. 26. (병오)

/양 1185. 10. 21./

九月 丙午 月犯大微東藩 又與鎭星同舍 歲星入大微西藩右掖門
달이 태미동번[大微東藩] 성좌를 범하였다. 또한 달이 토성[鎭星]과 함께 같은 성좌에 모였고, 목성[歲星]이 태미서번[大微西藩] 성좌의 우액문(右掖門)으로 들어갔다.
고려사 권48 지2 [C] [C] [F]

명종 15년(1185) 을사 10. 1. (경술)

/양 1185. 10. 25./

冬十月 庚戌朔 日食
일식이 있었다.
고려사 권20 세가20 ; 고려사절요 권13 [A]

명종 15년(1185) 을사 10. 1. (경술)

/양 1185. 10. 25./

十月 庚戌朔 日食
일식이 있었다.
고려사 권47 지1 [A]

명종 15년(1185) 을사 10. 2. (신해)

/양 1185. 10. 26./

十月 辛亥 歲星犯大微右執法
목성[歲星]이 태미원[大微]의 우집법성(右執法星)을 범하였다.
고려사 권48 지2 [F]

명종 15년(1185) 을사 10. 21. (경오)

/양 1185. 11. 14./

十月 庚午 日有黑子
태양에 흑점[黑子]이 있었다.
고려사 권47 지1 [M]

명종 15년(1185) 을사 10. 21. (경오)

/양 1185. 11. 14./

冬十月 庚午 日有黑子
태양에 흑점[黑子]이 있었다.
고려사절요 권13 [M]

명종 15년(1185) 을사 10. 23. (임신)

/양 1185. 11. 16./

十月 壬申 月入大微犯屛星
달이 태미원[大微]으로 들어가서 병(屛) 성좌를 범하였다.
고려사 권48 지2 [C]

명종 15년(1185) 을사 11. 15. (갑오)

/양 1185. 12. 8./

十一月 甲午 日珥
태양에 귀고리가 있었다.
고려사 권47 지1 [O]

명종 15년(1185) 을사 11. 22. (신축)

/양 1185. 12. 15./

十一月 辛丑 月犯鎭星
달이 토성[鎭星]을 범하였다.
고려사 권48 지2 [C]

명종 15년(1185) 을사 11. 24. (계묘)

/양 1185. 12. 17./

十一月 癸卯 亦如之
또 <달이 토성을 범하였다>.
고려사 권47 지1 [O]

명종 15년(1185) 을사 12. 13. (임술)

/양 1186. 1. 5./

十二月 壬戌 日暈左右珥 東有背氣
햇무리가 있었으며 좌우 쪽에 귀고리가 있었고
동쪽에 일(一)자형의 햇무리[背氣]가 있었다.
고려사 권47 지1 [O]

명종 16년(1186) 병오 1. 9. (무자)

/양 1186. 1. 31./

正月 戊子 歲星犯右執法
목성[歲星]이 우집법성(右執法星)을 범하였다.
고려사 권48 지2 [F]

명종 16년(1186) 병오 1. 20. (기해)

/양 1186. 2. 11./

正月 己亥 月有冠兩耳
달에 관(冠)모양의 달무리와 양쪽에 귀고리가
있었다.
고려사 권48 지2 [P]

명종 16년(1186) 병오 2. 29. (정축)

/양 1186. 3. 21./

二月 丁丑 太史奏歲星 自乙巳十月守大微 至十
二月十五日退行 至今年二月丁巳 犯右執法 實爲
咎徵 請修德銷變
태사(太史)가 보고하기를 「목성[歲星]이 을사년

(1185) 10월부터 태미원[大微]을 떠나지 않다가
그 해 12월15일에 이르러서야 물러갔으며 또 금
년(1186) 2월 정사일(2/9)에도 목성[歲星]이 우집
법성(右執法星)을 범하였으니 이러한 현상은 실
로 재앙의 징조이니, 덕을 닦아 이 재변을 제거
하기를 청합니다」라고 하였다.
고려사 권48 지2 [T]

명종 16년(1186) 병오 3. 9. (정해)

/양 1186. 3. 31./

三月 丁亥 鎭星犯大微東藩上相
토성[鎭星]이 태미동번(太微東蕃) 성좌의 상상
성(上相星)을 범하였다.
고려사 권48 지2 [F]

명종 16년(1186) 병오 4. 12. (기미)

/양 1186. 5. 2./

四月 己未 月赤如血
달이 피와 같이 붉었다.
고려사 권48 지2 [N]

명종 16년(1186) 병오 4. 20. (정묘)

/양 1186. 5. 10./

四月 丁卯 流星出郞位入大微
유성(流星)이 낭위(郞位) 성좌에서 나와 태미원
[大微]으로 들어갔다.
고려사 권48 지2 [R]

명종 16년(1186) 병오 5. 2. (기묘)

/양 1186. 5. 22./

五月 己卯 熒惑入輿鬼
화성[熒惑]이 여귀(輿鬼) 성좌로 들어갔다.
고려사 권48 지2 [F]

명종 16년(1186) 병오 6. 5. (신해)

/양 1186. 6. 23./

六月 辛亥 月入大微
달이 태미원[大微]으로 들어갔다.
고려사 권48 지2 [C]

명종 16년(1186) 병오 7. 4. (기묘)

/양 1186. 7. 21./

七月 己卯 月入歲星
달이 목성[歲星]을 범하였다.
고려사 권48 지2 [C]

명종 16년(1186) 병오 7. 9. (갑신)

/양 1186. 7. 26./

七月 甲申 又犯心前星
<달이> 또 심(心) 성좌의 앞 별을 범하였다.
고려사 권48 지2 [C]

명종 16년(1186) 병오 윤7. 1. (병오)

/양 1186. 8. 17./

閏月 丙午朔 流星出昴入叄
유성(流星)이 묘(昴) 성좌에서 나와 삼(叄) 성좌
로 들어갔다.
고려사 권48 지2 [R]

명종 16년(1186) 병오 8. 7. (신사)

/양 1186. 9. 21./

八月 辛巳 月犯 箕東北星
달이 기(箕) 성좌의 동북쪽 별을 범하였다.
고려사 권48 지2 [C]

명종 16년(1186) 병오 9. 18. (신유)

/양 1186. 10. 31./

九月 辛酉 鎭星犯歲
토성[鎭星]이 목성[歲星]을 범하였다.
고려사 권48 지2 [D]

명종 16년(1186) 병오 9. 18. (신유)

/양 1186. 10. 31./

九月 辛酉 鎭星犯歲 太史奏恐有內亂 請於光嵓惣
持兩寺 設佛頂消災道場 又明仁殿講仁王經以禳之
史臣曰 人事失於下 天變應於上 故日月薄食 彗敗
飛流 莫不有所爲而然也
토성[鎭星]이 목성[歲星]을 범하였다. 태사가 보
고하기를 「내란이 있을까 염려되니 청컨대 광
암사와 총지사 두 절에 불정소재도량(佛頂消災
道場)을 설치하고 또 명인전(明仁殿)에서 인왕
경(仁王經)을 읽어 액막이를 하기 바랍니다」라
고 하였다. 사신이 말하길 「사람의 일(人事)은
아래에서 실수하면 위에서 천변(天變)으로 응한
다. 그러므로 일식과 월식이 생기고 혜성이 나
타나는 것은 어떤 이유없이 자연스럽게 되는
것이 아니다...」 라고 하였다
고려사절요 권13 [D]

명종 16년(1186) 병오 10. 22. (을미)

/양 1186. 12. 4./

十月 乙未 月犯大微端門
달이 태미원[大微]의 단문(端門, 좌집법성과 우
집법성 사이)을 범하였다.
고려사 권48 지2 [C]

명종 16년(1186) 병오 10. 29. (임인)

/양 1186. 12. 11./

十月 壬寅 流星出天囷入天倉
유성(流星)이 천균(天囷) 성좌에서 나와 천창
(天倉) 성좌로 들어갔다.
고려사 권48 지2 [R]

명종 16년(1186) 병오 11. 12. (을묘)

/양 1186. 12. 24./

十一月 乙卯 月犯昴星
달이 묘(昴) 성좌를 범하였다.
고려사 권48 지2 [C]

명종 16년(1186) 병오 11. 29. (임신)

/양 1187. 1. 10./

十一月 壬申 流星一出大陵入胃 一出西咸入房
한 유성(流星)이 대릉(大陵) 성좌에서 나와 위
(胃) 성좌로 들어갔으며 다른 하나는 서함(西咸)
성좌에서 나와 방(房) 성좌로 들어갔다.
고려사 권48 지2 [R]

명종 16년(1186) 병오 12. 12. (을유)

/양 1187. 1. 23./

十二月 乙酉 月犯昴星
달이 묘(昴) 성좌를 범하였다.
고려사 권48 지2 [C]

명종 16년(1186) 병오 12. 22. (을미)

/양 1187. 2. 2./

十二月 乙未 又食心大星
<달이> 또 심대성(心大星)을 가렸다.
고려사 권48 지2 [C]

명종 17년(1187) 정미 3. 11. (계축)

/양 1187. 4. 21./

三月 癸丑 月食角左星
달이 좌각성(左角星)을 가렸다.
고려사 권48 지2 [C]

명종 17년(1187) 정미 3. 13. (을묘)

/양 1187. 4. 23./

三月 乙卯 日赤薄無光
태양 빛이 붉고 약하였으며 광채가 없어졌다.
고려사 권47 지1 [M]

명종 17년(1187) 정미 5. 14. (을묘)

/양 1187. 6. 22./

五月 乙卯 流星出大陵入胃
유성(流星)이 대릉(大陵) 성좌에서 나와 위(胃)
성좌로 들어갔다.
고려사 권48 지2 [R]

명종 17년(1187) 정미 5. 27. (무진)

/양 1187. 7. 5./

五月 戊辰 流星犯大微入端門
유성(流星)이 태미원[大微]을 범하면서 단문(端
門)으로 들어갔다.
고려사 권48 지2 [R]

명종 17년(1187) 정미 6. 6. (병자)

/양 1187. 7. 13./

六月 丙子 日旁有背氣 外赤內黃
태양곁에 일(一)자형의 햇무리[背氣]가 있었는
데 그 바깥쪽은 적색(赤色)이고 안쪽은 황색이
었다.
고려사 권47 지1 [O]

명종 17년(1187) 정미 6. 23. (계사)

/양 1187. 7. 30./

六月 癸巳 月食昴星
달이 묘(昴) 성좌를 가렸다.
고려사 권48 지2 [C]

명종 17년(1187) 정미 6. 26. (병신)

/양 1187. 8. 2./

六月 丙申 流星出騰蛇入營室
유성(流星)이 등사(騰蛇) 성좌에서 나와 영실
(營室) 성좌로 들어갔다.
고려사 권48 지2 [R]

명종 17년(1187) 정미 7. 23. (임술)

/양 1187. 8. 28./

七月 壬戌 月犯五車西南星
달이 오거(五車) 성좌의 서남쪽 별을 범하였다.
고려사 권48 지2 [C]

명종 17년(1187) 정미 7. 25. (갑자)

/양 1187. 8. 30./

七月 甲子 熒惑犯司怪南第二星
화성[熒惑]이 사괴(司怪) 성좌의 남쪽 둘째 별을
범하였다.
고려사 권48 지2 [F]

명종 17년(1187) 정미 7. 28. (정묘)

/양 1187. 9. 2./

秋七月 丁卯 太白晝見經天
금성[太白]이 낮에 나타나 남쪽하늘에서 보였다.
고려사 권20 세가20 ; 고려사절요 권13 [G]

명종 17년(1187) 정미 7. 28. (정묘)

/양 1187. 9. 2./

七月 丁卯 太白晝見經天
금성[太白]이 낮에 나타나 남쪽하늘에서 보였다.
고려사 권48 지2 [G]

명종 17년(1187) 정미 7. 30. (기사)

/양 1187. 9. 4./

七月 己巳晦 日食
일식이 있었다.
고려사 권20 세가20 [A]

명종 17년(1187) 정미 7. 30. (기사)

/양 1187. 9. 4./

七月 己巳晦 日食 太史奏 此退食非災 不足憂
唯局救之
그믐에 일식이 있었다. 태사가 보고하기를 「이 일
식은 물러가는 일식이므로 재난을 일으키지 않을
것이니 크게 걱정할 것이 없으며 오직 조심해서
제사를 지내면 될 것이다」라고 하였다.
고려사 권47 지1 [A]

명종 17년(1187) 정미 7. 30. (기사)

/양 1187. 9. 4./

七月 己巳晦 日食 太史奏 此退食非災 不足憂
그믐에 일식이 있었는데, 태사(太史)가 아뢰기를
「이것은 일식이 끝나가는 퇴식(退食)이니 재앙이 아
니므로 근심할 것이 못됩니다」하였다.
고려사절요 권13 [A]

명종 17년(1187) 정미 8. 5. (갑술)

/양 1187. 9. 9./

八月 甲戌 流星出參入東井
유성(流星)이 삼(參) 성좌에서 나와 동정(東井)
성좌로 들어갔다.
고려사 권48 지2 [R]

명종 17년(1187) 정미 8. 6. (을해)

/양 1187. 9. 10./

八月 乙亥 熒惑入東井
화성[熒惑]이 동정(東井) 성좌로 들어갔다.
고려사 권48 지2 [F]

명종 17년(1187) 정미 8. 24. (계사)

/양 1187. 9. 28./

八月 癸巳 月珥
달에 귀고리가 있었다.
고려사 권48 지2 [P]

명종 17년(1187) 정미 8. 27. (병신)

/양 1187. 10. 1./

八月 丙申 赤氣東西竟天 又五色虹南北相衝
붉은 기운이 동서방향으로 하늘을 가로질렀으
며, 또 오색 무지개가 남북방향으로 서로 어긋
나 있었다.
고려사 권 53 지7 [S]

명종 17년(1187) 정미 9. 5. (계묘)

/양 1187. 10. 8./

九月 癸卯 月犯箕西北星
달이 기(箕) 성좌의 서북쪽 별을 범하였다.
고려사 권48 지2 [C]

명종 17년(1187) 정미 9. 6. (갑진)

/양 1187. 10. 9./

九月 甲辰 入南斗魁中 又犯箕星 流星自乾向巽疾行
尾長二十尺許 俄而無雲而雷 國人皆謂天狗墮
<달이> 남두괴(南斗魁) 안으로 들어갔으며 또
기(箕) 성좌를 범하였다. 유성(流星)이 서북쪽에
서 동남쪽을 향하여 빨리 지나 갔는데 그 꼬리
의 길이가 20척쯤 되었으며 조금 있다가 구름
도 없는데 뇌성이 울렸으므로 나라 사람들이
모두 이르기를 「이것은 천구(天狗)가 떨어진 것
이다」라고 말하였다.
고려사 권48 지2 [C] [R]

명종 17년(1187) 정미 9. 11. (기유)

/양 1187. 10. 14./

九月 己酉 太白犯大微
금성[太白]이 태미원[大微]을 범하였다.
고려사 권48 지2 [F]

명종 17년(1187) 정미 9. 17. (을묘)

/양 1187. 10. 20./

九月 乙卯 月食昴星
달이 묘(昴) 성좌를 가렸다.
고려사 권48 지2 [C]

명종 17년(1187) 정미 9. 25. (계해)

/양 1187. 10. 28./

九月 癸亥 流星出羽林入鈇鑕
유성(流星)이 우림(羽林) 성좌에서 나와 부질
(鈇鑕) 성좌로 들어갔다.
고려사 권48 지2 [R]

명종 17년(1187) 정미 9. 27. (을축)

/양 1187. 10. 30./

九月 乙丑 月犯左角
달이 좌각성(左角星)을 범하였다.
고려사 권48 지2 [C]

명종 17년(1187) 정미 10. 4. (신미)

/양 1187. 11. 5./

十月 辛未 流星出東井入參
유성(流星)이 동정(東井) 성좌에서 나와 삼(參)
성좌로 들어갔다.
고려사 권48 지2 [R]

명종 17년(1187) 정미 10. 11. (무인)

/양 1187. 11. 12./

十月 戊寅 流星出軒轅星入北河星
유성(流星)이 헌원(軒轅) 성좌에서 나와 북하
(北河) 성좌로 들어갔다.
고려사 권48 지2 [R]

명종 17년(1187) 정미 10. 17. (갑신)

/양 1187. 11. 18./

十月 甲申 坤方有赤氣
서남쪽에서 붉은 기운이 나타났다.
고려사 권 53 지7 [S]

명종 17년(1187) 정미 10. 21. (무자)

/양 1187. 11. 22./

十月 戊子 亦如之
또 <서남쪽에서 붉은 기운이 나타났다>.
고려사 권 53 지7 [S]

명종 17년(1187) 정미 10. 23. (경인)

/양 1187. 11. 24./

十月 庚寅 月入大微 太白入氐
달이 태미원[大微]으로 들어갔다. 금성[太白]이
저(氐) 성좌로 들어갔다.
고려사 권48 지2 [C] [F]

명종 17년(1187) 정미 10. 26. (계사)

/양 1187. 11. 27./

十月 癸巳 太白與歲星同舍
금성[太白]과 목성[歲星]이 함께 같은 성좌에
모였다.
고려사 권48 지2 [E]

명종 17년(1187) 정미 11. 22. (기미)

/양 1187. 12. 23./

十一月 己未 流星出紫微入北極
유성(流星)이 자미원(紫微垣)에서 나와 북극(北極)
성좌로 들어갔다.
고려사 권48 지2 [R]

명종 17년(1187) 정미 11. 25. (임술)

/양 1187. 12. 26./

十一月 壬戌 月犯心星
달이 심(心) 성좌를 범하였다.
고려사 권48 지2 [C]

명종 17년(1187) 정미 11. 26. (계해)

/양 1187. 12. 27./

十一月 癸亥 貫心而行
<달이> 심(心) 성좌를 거쳐 지나갔다.
고려사 권48 지2 [C]

명종 17년(1187) 정미 12. 3. (경오)

/양 1188. 1. 3./

十二月 庚午 太白與辰星合
금성[太白]과 수성(辰星)이 함께 모였다.
고려사 권48 지2 [D]

명종 17년(1187) 정미 12. 6. (계유)

/양 1188. 1. 6./

十二月 癸酉 月犯角左星
달이 좌각성(左角星)을 범하였다.
고려사 권48 지2 [C]

명종 17년(1187) 정미 12. 12. (기묘)

/양 1188. 1. 12./

十二月 己卯 犯五車 又犯箕東北星
<달이> 오거(五車) 성좌를 범하였고 또 기(箕)
성좌의 동북쪽 별을 범하였다.
고려사 권48 지2 [C]

명종 17년(1187) 정미 12. 13. (경진)

/양 1188. 1. 13./

十二月 庚辰 又犯五車
<달이> 또 오거(五車) 성좌를 범하였다.
고려사 권48 지2 [C]

명종 17년(1187) 정미 12. 20. (정해)

/양 1188. 1. 20./

十二月 丁亥 犯角左星
<달이> 좌각성(左角星)을 범하였다.
고려사 권48 지2 [C]

명종 18년(1188) 무신 1. 20. (병진)

/양 1188. 2. 18./

正月 丙辰 木星犯房上相
목성[歲星]이 방(房) 성좌의 상상성(上相星)을
범하였다.
고려사 권48 지2 [F]

명종 18년(1188) 무신 1. 21. (정사)

/양 1188. 2. 19./

正月 丁巳 月食房星
달이 방(房) 성좌를 가렸다.
고려사 권48 지2 [C]

명종 18년(1188) 무신 2. 7. (계유)

/양 1188. 3. 6./

二月 癸酉 流星出庫樓入騎官
유성(流星)이 고루(庫樓) 성좌에서 나와 기관
(騎官) 성좌로 들어갔다.
고려사 권48 지2 [R]

명종 18년(1188) 무신 2. 22. (무자)

/양 1188. 3. 21./

二月 戊子 流星出尾入南斗
유성(流星)이 미(尾) 성좌에서 나와 남두(南斗)
성좌로 들어갔다.
고려사 권48 지2 [R]

명종 18년(1188) 무신 3. 5. (신축)

/양 1188. 4. 3./

三月 辛丑 月犯五車
달이 오거(五車) 성좌를 범하였다.
고려사 권48 지2 [C]

명종 18년(1188) 무신 3. 16. (임자)

/양 1188. 4. 14./

三月 壬子 犯房南第二星
<달이> 방(房) 성좌의 남쪽 둘째 별을 범하였다.
고려사 권48 지2 [C]

명종 18년(1188) 무신 3. 21. (정사)

/양 1188. 4. 19./

三月 丁巳 鎭星犯亢西南
토성[鎭星]이 항(亢) 성좌의 서남쪽을 범하였다.
고려사 권48 지2 [F]

명종 18년(1188) 무신 3. 29. (을축)

/양 1188. 4. 27./

三月 乙丑 熒惑犯輿鬼積尸137)
화성[熒惑]이 여귀(輿鬼) 성좌의 적시성(積尸星)을
범하였다.
고려사 권48 지2 [F]

명종 18년(1188) 무신 4. 14. (경진)

/양 1188. 5. 12./

四月 庚辰 月犯心星
달이 심(心) 성좌를 범하였다.
고려사 권48 지2 [C]

명종 18년(1188) 무신 4. 15. (신사)

/양 1188. 5. 13./

四月 辛巳 又食心後星
<달이> 또 심(心) 성좌의 뒷별을 가렸다.

---

137) 積尸(적시): 적시성-2임.

고려사 권48 지2 [C]

명종 18년(1188) 무신 5. 18. (계축)

/양 1188. 6. 14./

五月 癸丑 白虹見于西北方
흰 무지개가 서북쪽에 나타났다.
고려사 권 54 지8 [S]

명종 18년(1188) 무신 7. 1. (을미)

/양 1188. 7. 26./

七月 乙未 流星自東抵西行 尾長十五尺許
유성(流星)이 동에서 서로 흘러갔는데 그 꼬리
의 길이가 15척쯤 되었다.
고려사 권48 지2 [R]

명종 18년(1188) 무신 7. 8. (임인)

/양 1188. 8. 2./

七月 壬寅 月食心後星
달이 심(心) 성좌의 뒷별을 가렸다.
고려사 권48 지2 [C]

명종 18년(1188) 무신 7. 19. (계축)

/양 1188. 8. 13./

七月 癸丑 太白犯熒惑
금성[太白]이 화성[熒惑]을 범하였다.
고려사 권48 지2 [D]

명종 18년(1188) 무신 7. 20. (갑인)

/양 1188. 8. 14./

七月 甲寅 亦如之
또 <금성[太白]이 화성[熒惑]을 범하였다>.
고려사 권48 지2 [D]

명종 18년(1188) 무신 8. 8. (신미)

/양 1188. 8. 31./

八月 辛未 月犯箕星
달이 기(箕) 성좌를 범하였다.
고려사 권48 지2 [C]

명종 18년(1188) 무신 9. 6. (기해)

/양 1188. 9. 28./

九月 己亥 月犯南斗魁
달이 남두괴(南斗魁)를 범하였다.
고려사 권48 지2 [C]

명종 18년(1188) 무신 9. 7. (경자)

/양 1188. 9. 29./

九月 庚子 歲星犯房上相

목성[歲星]이 방(房) 성좌의 상상성(上相星)을 범하였다.

고려사 권48 지2 [F]

명종 18년(1188) 무신 9. 12. (을사)

/양 1188. 10. 4./

九月 乙巳 月入羽林

달이 우림(羽林) 성좌로 들어갔다.

고려사 권48 지2 [C]

명종 18년(1188) 무신 9. 17. (경술)

/양 1188. 10. 9./

九月 庚戌 流星出危入河鼓左旗

유성(流星)이 위(危) 성좌에서 나와 하고(河鼓) 성좌와 좌기(左旗) 성좌로 들어갔다.

고려사 권48 지2 [R]

명종 18년(1188) 무신 10. 8. (경오)

/양 1188. 10. 29./

十月 庚午 坤方赤氣如火 三日

서남쪽에서 불과 같은 붉은 기운이 3일 간이나 나타났다.

고려사 권 53 지7 [S]

명종 18년(1188) 무신 10. 9. (신미)

/양 1188. 10. 30./

十月 辛未 太白犯南斗

금성[太白]이 남두(南斗) 성좌를 범하였다.

고려사 권48 지2 [F]

명종 18년(1188) 무신 10. 29. (신묘)

/양 1188. 11. 19./

冬十月 辛卯 太白晝見

금성[太白]이 낮에 나타났다.

고려사 권20 세가20 [G]

명종 18년(1188) 무신 10. 29. (신묘)

/양 1188. 11. 19./

十月 辛卯 太白晝見

금성[太白]이 낮에 나타났다.

고려사 권48 지2 [G]

명종 18년(1188) 무신 11. 9. (경자)

/양 1188. 11. 28./

十一月 庚子 太白晝見

금성[太白]이 낮에 나타났다.

고려사 권20 세가20 ; 고려사 권48 지2 [G]

명종 18년(1188) 무신 12. 7. (무진)

/양 1188. 12. 26./

十二月 戊辰 流星入北斗第六星

유성(流星)이 북두(北斗) 성좌의 여섯째 별로 들어갔다.

고려사 권48 지2 [R]

명종 18년(1188) 무신 12. 11. (임신)

/양 1188. 12. 30./

十二月 壬申 月犯昴 又食昴 鎭星守氐凡四十餘日

달이 묘(昴) 성좌를 범하였으며 또 가렸다. 한 40여일 동안 토성[鎭星]이 저(氐) 성좌를 떠나지 않았다.

고려사 권48 지2 [C] [F]

명종 19년(1189) 기유 2. 1. (신유)

/양 1189. 2. 17./

二月 辛酉朔 日食

일식이 있었다.

고려사 권20 세가20 ; 고려사 권47 지1 ; 고려사절요 권13 [A]

명종 19년(1189) 기유 5. 16. (을사)

/양 1189. 6. 1./

五月 乙巳 太白犯熒惑

금성[太白]이 화성[熒惑]을 범하였다.

고려사 권48 지2 [D]

명종 19년(1189) 기유 7. 9. (정묘)

/양 1189. 8. 22./

七月 丁卯 月入南斗魁

달이 남두괴(南斗魁)로 들어갔다.

고려사 권48 지2 [C]

명종 19년(1189) 기유 8. 16. (계묘)

/양 1189. 9. 27./

七月[138] 癸卯 又犯昴星

---

138) 원문 기록에는 7월 표시이후에 '월' 표시없이 일진만 기록하

176

<달이> 또 묘(昴) 성좌를 범하였다.
고려사 권48 지2 [C]

명종 19년(1189) 기유 8. 17. (갑진)

/양 1189. 9. 28./

八月 甲辰 熒惑入輿鬼
화성[熒惑]이 여귀(輿鬼) 성좌로 들어갔다.
고려사 권48 지2 [F]

명종 19년(1189) 기유 8. 18. (을사)

/양 1189. 9. 29./

八月 乙巳 月犯昴
달이 묘(昴) 성좌를 범하였다.
고려사 권48 지2 [C]

명종 19년(1189) 기유 8. 25. (임자)

/양 1189. 10. 6./

八月 壬子 犯積尸139)
<달이> 적시성(積尸星)을 범하였다.
고려사 권48 지2 [C]

명종 19년(1189) 기유 8. 27. (갑인)

/양 1189. 10. 8./

八月 甲寅 流星大如甕 自乾向巽 光芒照地
독[甕, 항아리]만큼 큰 유성(流星)이 서북쪽에서 동남쪽으로 향하여 갔는데 그 광채가 땅을 비쳤다.
고려사 권48 지2 [R]

명종 19년(1189) 기유 8. 30. (정사)

/양 1189. 10. 11./

八月 丁巳 流星出羽林
유성(流星)이 우림(羽林) 성좌에서 나타났다.
고려사 권48 지2 [R]

명종 19년(1189) 기유 9. 3. (경신)

/양 1189. 10. 14./

九月 庚申 流星出南斗魁入箕星
유성(流星)이 남두괴(南斗魁)에서 나와 기(箕) 성좌로 들어갔다.
고려사 권48 지2 [R]

명종 19년(1189) 기유 10. 1. (정해)

/양 1189. 11. 10./

十月 丁亥朔 流星出北斗入北極
유성(流星)이 북두(北斗) 성좌에서 나와 북극(北極) 성좌로 들어갔다.
고려사 권48 지2 [R]

명종 19년(1189) 기유 10. 5. (신묘)

/양 1189. 11. 14./

十月 辛卯 流星出軍市
유성(流星)이 군시(軍市) 성좌에 나타났다.
고려사 권48 지2 [R]

명종 19년(1189) 기유 10. 21. (정미)

/양 1189. 11. 30./

十月 丁未 熒惑入軒轅
화성[熒惑]이 헌원(軒轅) 성좌로 들어갔다.
고려사 권48 지2 [F]

명종 19년(1189) 기유 10. 22. (무신)

/양 1189. 12. 1./

十月 戊申 辰星出房東北
수성[辰星]이 방(房) 성좌의 동북쪽에 나타났다.
고려사 권48 지2 [F]

명종 19년(1189) 기유 12. 4. (기축)

/양 1190. 1. 11./

十二月 己丑 月入羽林
달이 우림(羽林) 성좌로 들어갔다.
고려사 권48 지2 [C]

명종 12년(1189) 기유 12. 20. (을사)

/양 1190. 1. 27./

十二月 乙巳 日有東西珥
태양의 동쪽과 서쪽에 귀고리가 있었다.
고려사 권47 지1 [O]

명종 20년(1190) 경술 1. 6. (신유)

/양 1190. 2. 12./

正月 辛酉 流星出天苑
유성(流星)이 천원(天苑) 성좌에서 나타났다.
고려사 권48 지2 [R]

고 있음.
139) 積尸(적시): 적시성-2임.

명종 20년(1190) 경술 1. 12. (정묘)

/양 1190. 2. 18./

正月 丁卯 月犯輿鬼

달이 여귀(輿鬼) 성좌를 범하였다.

고려사 권48 지2 [C]

명종 20년(1190) 경술 1. 15. (경오)

/양 1190. 2. 21./

正月 庚午 白虹竟天 狀如練

흰 무지개가 하늘을 가로질렀는데, 그 형상이 비단결 같았다.

고려사 권 54 지8 [S]

명종 20년(1190) 경술 2. 11. (을미)

/양 1190. 3. 18./

二月 乙未 流星出天津入瓠瓜 大如缶

유성(流星)이 천진(天津) 성좌에서 나와 포과(瓠瓜) 성좌로 들어갔는데 그 크기가 두레박[缶]만 하였다.

고려사 권48 지2 [R]

명종 20년(1190) 경술 8. 1. (계미)

/양 1190. 9. 2./

八月 癸未 流星大如梨出奎入天將軍

배[梨]만 큰 유성(流星)이 규(奎) 성좌에서 나와 천장군(天將軍) 성좌로 들어갔다.

고려사 권48 지2 [R]

명종 20년(1190) 경술 8. 21. (계묘)

/양 1190. 9 . 22./

八月 癸卯月犯東井

달이 동정(東井) 성좌를 범하였다.

고려사 권48 지2 [C]

명종 20년(1190) 경술 9. 6. (정사)

/양 1190. 10. 6./

九月 丁巳 月犯南斗魁第四星

달이 남두괴(南斗魁)의 네째 별을 범하였다.

고려사 권48 지2 [C]

명종 20년(1190) 경술 9. 16. (정묘)

/양 1190. 10. 16./

九月 丁卯 月食昴星

달이 묘(昴) 성좌를 가렸다.

명종 20년(1190) 경술 9. 27. (무인)

/양 1190. 10. 27./

九月 戊寅 太白晝見二日

금성[太白]이 2 일간 낮에 나타났다.

고려사 권20 세가20 ; 고려사 권48 지2 [G]

명종 20년(1190) 경술 10. 5. (병술)

/양 1190. 11. 4./

九月 丙戌 月犯歲星

달이 목성[歲星]을 범하였다.

고려사 권48 지2 [C]

명종 20년(1190) 경술 11. 2. (임자)

/양 1190. 11. 30./

十一月 壬子 流星出王良入騰蛇

유성(流星)이 왕량(王良) 성좌에서 나와 등사(騰蛇) 성좌로 들어갔다.

고려사 권48 지2 [R]

명종 20년(1190) 경술 11. 12. (임술)

/양 1190. 12. 10./

十一月 壬戌 月犯昴東北星

달이 묘(昴) 성좌의 동북쪽 별을 범하였다.

고려사 권48 지2 [C]

명종 20년(1190) 경술 12. 9. (기축)

/양 1191. 1. 6./

十二月 己丑 月犯昴星

달이 묘(昴) 성좌를 범하였다.

고려사 권48 지2 [C]

명종 20년(1190) 경술 12. 24. (갑진)

/양 1191. 1. 21./

十二月 甲辰 犯心大星

<달이> 심대성(心大星)을 범하였다.

고려사 권48 지2 [C]

명종 20년(1190) 경술 12. 25. (을사)

/양 1191. 1. 22./

十二月 乙巳 太白犯鎭星

금성[太白]이 토성[鎭星]을 범하였다.

고려사 권48 지2 [D]

명종 21년(1191) 신해 6. 8. (2)

/양 1191. 7. 1./

六月 乙酉 鎭星犯罰

토성[鎭星]이 벌(罰) 성좌를 범하였다.

고려사 권48 지2 [F]

명종 21년(1191) 신해 6. 15. (임진)

/양 1191. 7. 8./

六月 壬辰 月食

월식이 있었다.

고려사 권48 지2 [B]

명종 21년(1191) 신해 7. 3. (기유)

/양 1191. 7. 25./

六月 己酉 流星出王良入騰蛇

유성(流星)이 왕량(王良) 성좌에서 나와 등사(騰蛇) 성좌로 들어갔다.

고려사 권48 지2 [R]

명종 21년(1191) 신해 7. 4. (경술)

/양 1191. 7. 26./

六月 庚戌 歲星犯壘壁

목성[歲星]이 누벽(壘壁) 성좌를 범하였다.

고려사 권48 지2 [F]

명종 21년(1191) 신해 7. 5. (신해)

/양 1191. 7. 27./

六月 辛亥 流星出東壁入壘壁

유성(流星)이 동벽(東壁) 성좌에서 나타나 누벽(壘壁) 성좌로 들어갔다.

고려사 권48 지2 [R]

명종 21년(1191) 신해 8. 9. (을유)

/양 1191. 8. 30./

八月 乙酉 月犯南斗

달이 남두(南斗) 성좌를 범하였다.

고려사 권48 지2 [C]

명종 21년(1191) 신해 8. 12. (무자)

/양 1191. 9. 2./

八月 戊子 熒惑犯輿鬼

화성[熒惑]이 여귀(輿鬼) 성좌를 범하였다.

고려사 권48 지2 [F]

명종 21년(1191) 신해 9. 14. (경신)

/양 1191. 10. 4./

九月 庚申 月犯昴星

달이 묘(昴) 성좌를 범하였다.

고려사 권48 지2 [C]

명종 21년(1191) 신해 9. 23. (기사)

/양 1191. 10. 13./

九月 己巳 熒惑犯軒轅

화성[熒惑]이 헌원(軒轅) 성좌를 범하였다.

고려사 권48 지2 [F]

명종 21년(1191) 신해 10. 3. (무인)

/양 1191. 10. 22./

十月 戊寅 流星出叄入軍市 大如木瓜 又出闕丘入外廚 大如栖

한 개의 유성(流星)이 삼(叄) 성좌에서 나와 군시(軍市) 성좌로 들어갔는데, 그 크기가 모과(木瓜)만 하였고, 또 궐구(闕丘) 성좌에서 나와 외주(外廚) 성좌로 들어갔는데, 그 크기가 술잔[栖]만 하였다.

고려사 권48 지2 [R]

명종 21년(1191) 신해 10. 5. (경진)

/양 1191. 10. 24./

十月 庚辰 流星出軍市入丈人 大如缶

유성(流星)이 군시(軍市) 성좌에서 나와 장인(丈人) 성좌로 들어갔는데 그 크기가 두레박[缶]만 하였다.

고려사 권48 지2 [R]

명종 21년(1191) 신해 10. 30. (을사)

/양 1191. 11. 18./

十月 乙巳 流星出星入翼

유성(流星)이 성(星) 성좌에서 나와 익(翼) 성좌로 들어갔다.

고려사 권48 지2 [R]

명종 21년(1191) 신해 11. 4. (기유)

/양 1191. 11. 22./

十一月 己酉 熒惑入大微西藩上相

화성[熒惑]이 태미서번[大微西藩] 성좌의 상상성(上相星)으로 들어갔다.

고려사 권48 지2 [F]

명종 21년(1191) 신해 11. 12. (정사)

/양 1191. 11. 30./

十一月 丁巳 月食昴星
달이 묘(昴) 성좌를 가렸다.
고려사 권48 지2 [C]

명종 21년(1191) 신해 12. 1. (을해)

/양 1191. 12. 18./

十二月 乙亥 熒惑守大微西藩上將
화성[熒惑]이 태미서번원(太微西藩) 성좌의 상
장성(上將星)을 떠나지 않았다.
고려사 권48 지2 [F]

명종 21년(1191) 신해 12. 11. (을유)

/양 1191. 12. 28./

十二月 乙酉 流星出軒轅入郞將 大如栖
유성(流星)이 헌원(軒轅) 성좌에서 나와 낭장(郞將)
성좌로 들어갔는데 그 크기가 술잔[栖]만 하였다.
고려사 권48 지2 [R]

명종 21년(1191) 신해 12. 15. (기축)

/양 1192. 1. 1./

十二月 己丑 太白犯歲星
금성[太白]이 목성[歲星]을 범하였다.
고려사 권48 지2 [D]

명종 22년(1192) 임자 1. 1. (을사)

/양 1192. 1. 17./

正月 乙巳朔 熒惑入大微西藩上將 自上年十一月
至是 守而不退
화성[熒惑]이 태미서번[大微西藩] 성좌의 상장
성(上將星)으로 들어갔다. 화성[熒惑]은 지난해
11월부터 지금까지 <태미원을> 지키고 떠나지
않았다.
고려사 권48 지2 [F]

명종 22년(1192) 임자 2. 6. (기묘)

/양 1192. 2. 20./

二月 己卯 熒惑犯大微屛西南星
화성[熒惑]이 태미원[大微]의 병(屛) 성좌의 서
남쪽 별을 범하였다.
고려사 권48 지2 [F]

명종 22년(1192) 임자 2. 9. (임오)

/양 1192. 2. 23./

二月 壬午 月食東井北轅西北第二星
달이 동정(東井) 성좌의 북쪽 열을 이루는 별들
[北轅]중 서북쪽 둘째별을 가렸다.
고려사 권48 지2 [C]

명종 22년(1192) 임자 3. 5. (정축)

/양 1192. 4. 18./

三月 丁丑 月犯東井北轅第二星
달이 동정(東井) 성좌의 북쪽 열을 이루는 별들
[北轅]중 둘째별을 범하였다.
고려사 권48 지2 [C]

명종 22년(1192) 임자 3. 24. (병신)

/양 1192. 5. 7./

三月 丙申 熒惑犯大微上將
화성[熒惑]이 태미원[大微]의 상장성(上將星)을
범하였다.
고려사 권48 지2 [F]

명종 22년(1192) 임자 4. 16. (정사)

/양 1192. 5. 28./

四月 丁巳 月食密雲不見
월식이 있었으나 짙은 구름 때문에 보이지 않
았다.
고려사 권48 지2 [B]

명종 22년(1192) 임자 4. 18. (기미)

/양 1192. 5. 30./

四月 己未 熒惑掩大微右執法
화성[熒惑]이 태미원[大微]의 우집법성(右執法星)을
가렸다.
고려사 권48 지2 [F]

명종 22년(1192) 임자 4. 19. (경신)

/양 1192. 5. 31./

四月 庚申 月犯牽牛南星
달이 견우(牽牛) 성좌의 남쪽 별을 범하였다.
고려사 권48 지2 [C]

명종 22년(1192) 임자 4. 27. (무진)

/양 1192. 6. 8./

四月 戊辰 熒惑入大微行端門 凡十日
화성[熒惑]이 태미원[大微]으로 들어가서 거의

열흘 동안 단문(端門)을 다녔다.
고려사 권48 지2 [F]

명종 22년(1192) 임자 8. 4. (갑진)

/양 1192. 9. 12./

八月 甲辰 流星出南斗
유성(流星)이 남두(南斗) 성좌에 나타났다.
고려사 권48 지2 [R]

명종 22년(1192) 임자 8. 15. (을묘)

/양 1192. 9. 23./

八月 乙卯 太白犯西藩上將
금성[太白]이 서번(西藩) 성좌의 상장성(上將星)을
범하였다.
고려사 권48 지2 [F]

명종 22년(1192) 임자 8. 21. (신유)

/양 1192. 9. 29./

八月 辛酉 流星出婁入危 尾長十尺許
유성(流星)이 루(婁) 성좌에서 나와 위(危) 성좌로
들어갔는데 그 꼬리의 길이가 10척쯤 되었다.
고려사 권48 지2 [R]

명종 22년(1192) 임자 8. 22. (임술)

/양 1192. 9. 30./

八月 壬戌 太白經天
금성[太白]이 낮에 남쪽하늘에서 보였다.
고려사 권20 세가20 ; 고려사 권48 지2 ;
고려사절요 권13 [G]

명종 22년(1192) 임자 8. 25. (을축)

/양 1192. 10. 3./

八月 乙丑 月入東井
달이 동정(東井) 성좌로 들어갔다.
고려사 권48 지2 [C]

명종 22년(1192) 임자 8. 27. (정묘)

/양 1192. 10. 5./

八月 丁卯 流星一出九坎向坤入天際 一出壘壁津
向羽林 一出五車入昴
하나의 유성(流星)이 구감(九坎) 성좌에서 나와
서남쪽을 향하여 하늘끝으로 들어갔으며, 하나
는 누벽진(壘壁津) 성좌에서 나와 우림(羽林)
성좌를 향하여 흘러갔고, 하나는 오거(五車) 성
좌에서 묘(昴) 성좌로 들어갔다.

고려사 권48 지2 [R]

명종 22년(1192) 임자 8. 28. (무진)

/양 1192. 10. 6./

八月 戊辰 太白犯大微左執法
금성[太白]이 태미원[大微]의 좌집법성(左執法
星)을 범하였다.
고려사 권48 지2 [F]

명종 22년(1192) 임자 9. 4. (계유)

/양 1192. 10. 11./

九月 癸酉 流星出狼入柳
유성(流星)이 낭성(狼星)에서 나와 류(柳) 성좌
로 들어갔다.
고려사 권48 지2 [R]

명종 22년(1192) 임자 9. 5. (갑술)

/양 1192. 10. 12./

九月 甲戌 熒惑鎮星同行尾北
달과 화성[熒惑]과 토성[鎮星]이 함께 미(尾) 성
좌의 북쪽에서 운행하고 있었다.
고려사 권48 지2 [C]

명종 22년(1192) 임자 9. 8. (정축)

/양 1192. 10. 15./

九月 丁丑 月犯牽牛
달이 견우(牽牛) 성좌를 범하였다.
고려사 권48 지2 [C]

명종 22년(1192) 임자 9. 14. (계미)

/양 1192. 10. 21./

九月 癸未 流星出五諸侯[140] 入軒轅
유성(流星)이 오제후(五諸侯) 성좌에서 나와 헌원
(軒轅) 성좌로 들어갔다.
고려사 권48 지2 [R]

명종 22년(1192) 임자 9. 19. (무자)

/양 1192. 10. 26./

九月 戊子 月犯東井北垣第二星
달이 동정(東井) 성좌의 북쪽 경계에 있는 둘
째 별을 범하였다.
고려사 권48 지2 [C]

---

140) 五諸侯(오제후): 오제후 성좌-2임.

명종 22년(1192) 임자 10. 4. (계묘)

/양 1192. 11. 10./

十月 癸卯 流星出軒轅入張
유성(流星)이 헌원(軒轅) 성좌에서 나와 장(張)
성좌로 들어갔다.
고려사 권48 지2 [R]

명종 22년(1192) 임자 10. 16. (을묘)

/양 1192. 11. 22./

十月 乙卯 月入東井 掩北垣東第二星
달이 동정(東井) 성좌로 들어가서 북쪽 경계[北
垣]에 있는 동쪽의 두 별을 가렸다.
고려사 권48 지2 [C]

명종 22년(1192) 임자 11. 23. (임진)

/양 1192. 12. 29./

十一月 壬辰 赤氣如火 見于西方
불과 같은 붉은 기운이 서쪽에 나타났다.
고려사 권 53 지7 [S]

명종 23년(1193) 계축 1. 17. (을유)

/양 1193. 2. 20./

正月 乙酉 流星出角入房
유성(流星)이 각(角) 성좌에서 나와 방(房) 성좌
로 들어갔다.
고려사 권48 지2 [R]

명종 23년(1193) 계축 1. 24. (임진)

/양 1193. 2. 27./

正月 壬辰 月犯互星[141]
달이 호성(互星)을 범하였다.
고려사 권48 지2 [C]

명종 23년(1193) 계축 1. 29. (정유)

/양 1193. 3. 4./

正月 丁酉 日暈有珥
햇무리에 귀고리가 있었다.
고려사 권47 지1 [O]

명종 23년(1193) 계축 2. 24. (신유)

/양 1193. 3. 28./

二月 辛酉 日有珥南重暈
태양에 귀고리가 있었으며 남쪽에 2중 햇무리
가 있었다.
고려사 권47 지1 [O]

명종 23년(1193) 계축 3. 10. (정축)

/양 1193. 4. 13./

三月 丁丑 太白掩辰星
금성[太白]이 수성[辰星]을 가렸다.
고려사 권48 지2 [D]

명종 23년(1193) 계축 4. 14. (경술)

/양 1193. 5. 16./

四月 庚戌 太白入東井 流星出庫樓入尾
금성[太白]이 동정(東井) 성좌로 들어갔다. 유성
(流星)이 고루(庫樓) 성좌에서 나와 미(尾) 성좌
로 들어갔다.
고려사 권48 지2 [F] [R]

명종 23년(1193) 계축 4. 17. (계축)

/양 1193. 5. 19./

四月 癸丑 月犯鎭星
달이 토성[鎭星]을 범하였다.
고려사 권48 지2 [C]

명종 23년(1193) 계축 5. 9. (갑술)

/양 1193. 6. 9./

五月 甲戌 流星出天紀入漸臺 大如木瓜
유성(流星)이 천기(天紀) 성좌에서 나와 점대
(漸臺) 성좌로 들어갔는데 그 크기가 모과(木
瓜)만 하였다.
고려사 권48 지2 [R]

명종 23년(1193) 계축 7. 8. (임신)

/양 1193. 8. 6./

七月 壬申 流星出南斗入天際
유성(流星)이 남두(南斗) 성좌에서 나와 하늘
가장자리로 들어갔다.
고려사 권48 지2 [R]

명종 23년(1193) 계축 7. - (-)

/양 1193. 8. - /

七月 是月太白晝見經天
이 달에 금성[太白]이 낮에 나타나 낮에 남쪽
하늘에서 보였다.

---

141) 互星(호성): 互란 이름로 알려져 있지 않음. 현대 천문계
산으로 역추적해보면 좌각성(左角星, Spica)으로 확인됨.

고려사 권20 세가20 ; 고려사 권48 지2 [G]

명종 23년(1193) 계축 8. 2. (병신)

/양 1193. 8. 30./

八月 丙申 流星出叅入東井
유성(流星)이 삼(叅) 성좌에서 나와 동정(東井)
성좌로 들어갔다.
고려사 권48 지2 [R]

명종 23년(1193) 계축 8. 4. (무술)

/양 1193. 9. 1./

八月 戊戌 流星出五車入天囷
유성(流星)이 오거(五車) 성좌에서 나와 천균
(天囷) 성좌로 들어갔다.
고려사 권48 지2 [R]

명종 23년(1193) 계축 8. 17. (신유)

/양 1193. 9. 14./

八月 辛酉 太白犯房南第二星
금성[太白]이 방(房) 성좌의 남쪽 둘째 별을 범
하였다.
고려사 권48 지2 [F]

명종 23년(1193) 계축 9. 19. (임오)

/양 1193. 10. 15./

九月 壬午 流星出坤入艮 大如缶
유성(流星)이 서남쪽에서 나와 동북쪽으로 들
어갔는데 그 크기가 두레박[缶]만 하였다.
고려사 권48 지2 [R]

명종 23년(1193) 계축 9. 20. (계미)

/양 1193. 10. 16./

九月 癸未 月犯東井北轅第二星
달이 동정(東井) 성좌의 북쪽 열을 이루는 별들
[北轅]중 두번째 별을 범하였다.
고려사 권48 지2 [C]

명종 23년(1193) 계축 9. 26. (기축)

/양 1193. 10. 22./

九月 己丑 熒惑犯大微西藩上將
화성[熒惑]이 태미서번[大微西藩] 성좌의 상장
성(上將星)을 범하였다.
고려사 권48 지2 [F]

명종 23년(1193) 계축 10. 7. (경자)

/양 1193. 11. 2./

十月 庚子 熒惑入大微右掖門
화성[熒惑]이 태미원[大微]의 우액문(右掖門)으
로 들어갔다.
고려사 권48 지2 [F]

명종 23년(1193) 계축 10. 15. (무신)

/양 1193. 11. 10./

十月 戊申 月食
월식이 있었다.
고려사 권48 지2 [B]

명종 23년(1193) 계축 11. 7. (경오)

/양 1193. 12. 2./

十一月 庚午 熒惑犯大微 自右掖門出左掖門
화성[熒惑]이 태미원[大微]을 범하였고, 우액문
(右掖門)에서 좌액문(左掖門)으로 나왔다.
고려사 권48 지2 [F]

명종 23년(1193) 계축 11. 20. (계미)

/양 1193. 12. 15./

十一月 癸未 流星出天廟入弧矢
유성(流星)이 천묘(天廟) 성좌에서 나와 호시
(弧矢) 성좌로 들어갔다.
고려사 권48 지2 [R]

명종 23년(1193) 계축 11. 24. (정해)

/양 1193. 12. 19./

十一月 丁亥 流星出天廟入弧矢 色赤如火
유성(流星)이 천묘(天廟) 성좌에서 나와 호시(弧
矢) 성좌로 들어갔는데 그 색이 불과 같이 붉
었다.
고려사 권48 지2 [R]

명종 23년(1193) 계축 12. 5. (무술)

/양 1193. 12. 30./

十二月 戊戌 流星出紫微西藩 大如木瓜
유성(流星)이 자미서번(紫微西藩) 성좌에서 나
왔는데 그 크기가 모과(木瓜)만 하였다.
고려사 권48 지2 [R]

명종 23년(1193) 계축 12. 9. (임인)

/양 1194. 1. 3./

十二月 壬寅 太白晝見經天
금성[太白]이 낮에 나타나 남쪽하늘에서 보였다.
고려사 권20 세가20 ; 고려사 권48 지2 ;
고려사절요 권13 [G]

명종 23년(1193) 계축 12. 12. (을사)

/양 1194. 1. 6./

十二月 乙巳 月犯東井
달이 동정(東井) 성좌를 범하였다.
고려사 권48 지2 [C]

명종 23년(1193) 계축 12. 22. (을묘)

/양 1194. 1. 16./

十二月 乙卯 流星出四瀆入弧矢
유성(流星)이 사독(四瀆) 성좌에서 나와 호시
(弧矢) 성좌로 들어갔다.
고려사 권48 지2 [R]

명종 24년(1194) 갑인 1. 10. (임신)

/양 1194. 2. 2./

正月 壬申 流星出貫索入天市垣 尾長三尺許
유성(流星)이 관색(貫索) 성좌에서 나와 천시원
(天市垣)으로 들어갔는데 그 꼬리의 길이가 3척
쯤 되었다.
고려사 권48 지2 [R]

명종 24년(1194) 갑인 2. 14. (병오)

/양 1194. 3. 8./

二月 丙午 隕石于松岳山
송악산(松岳山)에 운석(隕石)이 떨어졌다.
고려사 권 55 지2 9 [R]

명종 24년(1194) 갑인 3. 6. (정묘)

/양 1194. 3. 29./

三月 丁卯 月犯東井
달이 동정(東井) 성좌를 범하였다.
고려사 권48 지2 [C]

명종 24년(1194) 갑인 5. 10. (경오)

/양 1194. 5. 31./

五月 庚午 流星從危入建 大如栖 尾長三尺
유성(流星)이 위(危) 성좌로부터 건(建) 성좌로
들어갔는데 그 크기가 술잔(栖)만 하였으며 꼬
리의 길이가 3척쯤 되었다.
고려사 권48 지2 [R]

명종 24년(1194) 갑인 5. 12. (임신)

/양 1194. 6. 2./

五月 壬申 月去心星 僅三尺 有暈
달과 심(心) 성좌와의 거리가 겨우 3척이었으
며, 달무리가 있었다.
고려사 권48 지2 [C] [P]

명종 24년(1194) 갑인 8. 14. (임인)

/양 1194. 8. 31./

八月 壬寅 熒惑犯房第二星
화성[熒惑]이 방(房) 성좌의 둘째 별을 범하였다.
고려사 권48 지2 [F]

명종 24년(1194) 갑인 9. 2. (기미)

/양 1194. 9. 17./

九月 己未 太史奏 天文示徵尚矣 今 南方未靜國
家未能討平 臣竊寒心況 我朝盛德在木方 秋葉落
變隨以生 請愼之 王命內外戒嚴
태사가 아뢰기를 「하늘에서 경고하는 뜻을 보인
지가 오래 되었는데 지금 남방이 아직 잠잠하지
못하나 정부에서 이를 평정하지 않고 있으니 저
는 그으기 한심하게 생각하는 바입니다. 더군다나
우리나라는 성덕(盛德)이 목(木)에 있으니 바야흐
로 가을 절기에 나뭇잎이 떨어지게 되면 이에 따
라 변고가 곧 발생할 것이오니 청컨대 삼가소서」
라고 하였다. 왕이 서울과 지방에[內外] 계엄령을
선포하였다.
고려사 권20 세가20 [U]

명종 24년(1194) 갑인 9. 24. (신사)

/양 1194. 10. 9./

九月 辛巳 熒惑犯南斗第五星
화성[熒惑]이 남두(南斗) 성좌의 다섯째 별을 범
하였다.
고려사 권48 지2 [F]

명종 24년(1194) 갑인 10. 5. (임진)

/양 1194. 10. 20./

十月 壬辰 月犯南斗第六星
달이 남두(南斗) 성좌의 여섯째 별을 범하였다.
고려사 권48 지2 [C]

명종 24년(1194) 갑인 11. 19. (병오)

/양 1195. 1. 2./

十一月 丙午 熒惑犯壘壁東第六星
화성[熒惑]이 누벽(壘壁) 성좌의 동쪽 여섯째 별을
범하였다.
고려사 권48 지2 [F]

명종 24년(1194) 갑인 12. 2. (무오)

/양 1195. 1. 14./

十二月 戊午 太白與熒惑入羽林
금성[太白]과 화성[熒惑]이 우림(羽林) 성좌로
들어갔다.
고려사 권48 지2 [E]

명종 24년(1194) 갑인 12. 2. (무오)

/양 1195. 1. 14./

十二月 戊午 日珥
태양에 귀고리가 있었다.
고려사 권47 지1 [O]

명종 24년(1194) 갑인 12. 3. (기미)

/양 1195. 1. 15./

十二月 己未 流星出紫微西藩 分爲二 貫紫微宮
又侵北極 至紫微東藩
유성(流星)이 자미서번(紫微西藩) 성좌에서 나
와 두 길로 나뉘어 하나는 자미궁을 거처 지나
갔고 또 하나는 북극(北極) 성좌를 범한 다음
자미동번(紫微東藩) 성좌에 이르렀다.
고려사 권48 지2 [R]

명종 24년(1194) 갑인 12. 3. (기미)

/양 1195. 1. 15./

十二月 己未 太史奏曰 頃來乾象多變意者 天儆
陛下歟宜揚然修省 以呑天戒 不然禍且至矣 王懼
分遣使祈告
태사가 아뢰기를 「요사이 천변이 많이 일어 나타나
니 짐작하건데 이것은 하늘이 폐하를 경고하는 뜻
인가 봅니다. 폐하께서 마땅히 허물을 반성하시고
덕을 닦아서 하늘의 경고에 보답해야 되겠습니다.
그렇게 하지 않으면 화가 또 있을 것입니다」라고
하니 왕이 두려워서 사방으로 사신을 파견하여 신
에게 기도를 하게 하였다.
고려사 권20 세가20 [U]

명종 25년(1195) 을묘 2. 26. (임오)

/양 1195. 4. 8./

二月 壬午 夜赤氣如火 見于東西方
밤에 불같은 붉은 기운이 동쪽과 서쪽에 나타
났다.
고려사 권 53 지7 [S]

명종 25년(1195) 을묘 3. 1. (병술)

/양 1195. 2. 12./

三月 丙戌朔 日食
일식이 있었다.
고려사 권20 세가20 ; 고려사절요 권13 [A]

명종 25년(1195) 을묘 3. 1. (병술)

/양 1195. 4. 12./

正月[142] 丙戌朔 日食
일식이 있었다.
고려사 권47 지1 [A]

명종 25년(1195) 을묘 3. 6. (신묘)

/양 1195. 4. 17./

三月 辛卯 流星出南斗入九坎
유성(流星)이 남두(南斗) 성좌에서 나와 구감
(九坎) 성좌로 들어갔다.
고려사 권48 지2 [R]

명종 25년(1195) 을묘 3. 10. (을미)

/양 1195. 4. 21./

三月 乙未 月犯房星
달이 방(房) 성좌를 범하였다.
고려사 권48 지2 [C]

명종 25년(1195) 을묘 6. 28. (신사)

/양 1195. 8. 5./

六月 辛巳 流星出房 大如缶
유성(流星)이 방(房) 성좌에서 나타났는데 그
크기가 두레박[缶]만 하였다.
고려사 권48 지2 [R]

명종 25년(1195) 을묘 8. 5. (정사)

/양 1195. 9. 10./

八月 丁巳 月犯房北第一星

---

142) 3월의 오류임. 고려사 권47의 원문은 1월로 기록되었으나,
고려사 권20과 고려사절요 권13에는 3월 병술삭으로 기록됨.
현대의 천체역학적 계산으로 일식일 확인함.

달이 방(房) 성좌의 북쪽 첫째 별을 범하였다.
고려사 권48 지2 [C]

명종 25년(1195) 을묘 8. 22. (갑술)

/양 1195. 9. 27./

八月 甲戌 月入東井
9일 동안 달이 동정(東井) 성좌에 들어가 있었다.
고려사 권48 지2 [C]

명종 25년(1195) 을묘 9. 7. (무자)

/양 1195. 10. 11./

九月 戊子 太白與熒惑犯大微右掖門
금성[太白]과 화성[熒惑]이 태미원[大微]의 우액
문(右掖門)을 범하였다.
고려사 권48 지2 [E]

명종 25년(1195) 을묘 9. 18. (기해)

/양 1195. 10. 22./

九月 己亥 流星出上台
유성(流星)이 상태(上台) 성좌에서 나왔다.
고려사 권48 지2 [R]

명종 25년(1195) 을묘 9. 21. (임인)

/양 1195. 10. 25./

九月 壬寅 流星入羽林
유성(流星)이 우림(羽林) 성좌로 들어갔다.
고려사 권48 지2 [R]

명종 25년(1195) 을묘 9. 23. (갑진)

/양 1195. 10. 27./

九月 甲辰 熒惑犯大微左執法 太史奏云 熒惑自
是月初七日入大微右掖門 留十日 又犯左執法 此
兵象也將有兵起 切宜愼之
화성이 태미원[大微]의 좌집법성을 범하였다. 태사
(太史)가 보고하기를「화성[熒惑]이 이 달 초 7일부
터 태미원[大微]의 우액문(右掖門)으로 들어가서 10
여일 동안 머물러 있었으며 또 좌집법성(左執法星)
을 범하였으니 이것은 전쟁의 징조입니다. 따라서
장차 전쟁이 일어 날 것이니 아주 조심해야 하겠
습니다」라고 하였다.
고려사 권48 지2 [F] [U]

명종 25년(1195) 을묘 10. 7. (무오)

/양 1195. 11. 10./

十月 戊午 流星出北河入昴
유성(流星)이 북하(北河) 성좌에서 나와 묘(昴)
성좌로 들어갔다.
고려사 권48 지2 [R]

명종 25년(1195) 을묘 10. 21. (임신)

/양 1195. 11. 24./

十月 壬申 太白犯氐星
금성[太白]이 저(氐) 성좌를 범하였다.
고려사 권48 지2 [F]

명종 25년(1195) 을묘 11. 4. (을유)

/양 1195. 12. 7./

十一月 乙酉 太白犯房第一星及鉤鈐
금성[太白]이 방(房) 성좌의 첫째 별 및 구검
(鉤鈐) 성좌를 범하였다.
고려사 권48 지2 [F]

명종 25년(1195) 을묘 11. 27. (무신)

/양 1195. 12. 30./

十一月 戊申 太白與熒惑犯箕
금성[太白]과 화성[熒惑]이 기(箕) 성좌를 범하
였다.
고려사 권48 지2 [E]

명종 25년(1195) 을묘 12. 4. (갑인)

/양 1196. 1. 5./

十二月 甲寅 熒惑入氐星
화성[熒惑]이 저(氐) 성좌에 들어갔다.
고려사 권48 지2 [F]

명종 25년(1195) 을묘 12. 5. (을묘)

/양 1196. 1. 6./

十二月 乙卯 流星出攝提入天市垣
유성(流星)이 섭제(攝提) 성좌에서 나와 천시원
(天市垣)으로 들어갔다.
고려사 권48 지2 [R]

명종 25년(1195) 을묘 12. 18. (무진)

/양 1196. 1. 19./

十二月 戊辰 太史奏云 熒惑自甲寅入氐 守十九
日東出 當有臣叛者
태사(太史)가 보고하기를「화성[熒惑]이 갑인일(4)로
부터 19일 동안 저(氐) 성좌를 지키고 있다가 동방
(東方)으로 나갔으니 이것은 꼭 반역을 기도하는

신하가 있다는 징조입니다」라고 하였다.
고려사 권48 지2 [U]

명종 26년(1196) 병진 1. 7. (정해)

/양 1196. 2. 7./

正月 丁亥 熒惑犯房北第一星
화성[熒惑]이 방(房) 성좌의 북쪽 첫째 별을 범하
였다.
고려사 권48 지2 [F]

명종 26년(1196) 병진 2. 9. (기미)

/양 1196. 3. 10./

二月 己未 日有背氣色靑赤
태양에 일(一)자형의 햇무리[背氣]가 있었는데
청적색(靑赤色)이었다.
고려사 권48 지2 [O]

명종 26년(1196) 병진 5. 15. (갑오)

/양 1196. 6. 13./

五月 甲午 熒惑守心
화성[熒惑]이 심(心) 성좌를 떠나지 않았다.
고려사 권48 지2 [F]

명종 26년(1196) 병진 5. 29. (무신)

/양 1196. 6. 27./

五月 戊申 飛星出坤滅於艮 尾長十尺
비성(飛星)이 서남쪽에서 나와 동북쪽으로 사라
졌는데 그 꼬리의 길이는 10척쯤 되었다.
고려사 권48 지2 [R]

명종 26년(1196) 병진 6. 1. (기유)

/양 1196. 6. 28./

六月 己酉朔 有星流下城中 呼譟
어떤 별이 떨어지므로 성안 사람들이 소리를
지르면서 떠들었다.
고려사 권48 지2 [R]

명종 26년(1196) 병진 6. 27. (을해)

/양 1196. 7. 24./

六月 乙亥 流星出東壁入羽林
유성(流星)이 동벽(東壁) 성좌에서 나와 우림
(羽林) 성좌로 들어갔다.
고려사 권48 지2 [R]

명종 26년(1196) 병진 7. 6. (계미)

/양 1196. 8. 1./

七月 癸未 天狗墜地
천구(天狗)가 땅에 떨어졌다.
고려사 권48 지2 [R]

명종 26년(1196) 병진 7. 7. (갑신)

/양 1196. 8. 2./

七月 甲申 月入氐星
달이 저(氐) 성좌로 들어갔다.
고려사 권48 지2 [C]

명종 26년(1196) 병진 8. 1. (무신)

/양 1196. 8. 26./

八月 戊申 夜有氣竟天 赤如血
밤에 어떤 기운이 하늘을 가로질렀는데, 피와
같이 붉었다.
고려사 권 53 지7 [S]

명종 26년(1196) 병진 8. 15. (임술)

/양 1196. 9. 9./

八月 壬戌 月食 太史不奏 御史臺劾之
월식이 있었으나 태사(太史)가 이를 보고하지 않
았으므로 어사대(御史臺)에서 이를 탄핵하였다.
고려사 권48 지2 [B]

명종 26년(1196) 병진 8. 19. (병인)

/양 1196. 9. 13./

八月 丙寅 流星出危入羽林
유성(流星)이 위(危) 성좌에서 나와 우림(羽林)
성좌로 들어갔다.
고려사 권48 지2 [R]

명종 26년(1196) 병진 8. 20. (정묘)

/양 1196. 9. 14./

八月 丁卯 月犯畢星
달이 필(畢) 성좌를 범하였다.
고려사 권48 지2 [C]

명종 26년(1196) 병진 8. 21. (무진)

/양 1196. 9. 15./

八月 戊辰 熒惑犯南斗魁
화성[熒惑]이 남두괴(南斗魁)을 범하였다.
고려사 권48 지2 [F]

명종 26년(1196) 병진 8. 24. (신미)

/양 1196. 9. 18./

八月 辛未 流星出北斗魁入弧
유성(流星)이 북두괴(北斗魁)에서 나와 호(弧)
성좌로 들어갔다.
고려사 권48 지2 [R]

명종 26년(1196) 병진 9. 3. (기묘)

/양 1196. 9. 26./

九月 己卯 歲星犯軒轅
목성[歲星]이 헌원(軒轅) 성좌를 범하였다.
고려사 권48 지2 [F]

명종 26년(1196) 병진 9. 18. (갑오)

/양 1196. 10. 11./

九月 甲午 月犯畢右股第三星
달이 필(畢) 성좌의 오른쪽 셋째 별을 범하였다.
고려사 권48 지2 [C]

명종 26년(1196) 병진 9. 21. (정유)

/양 1196. 10. 14./

九月 丁酉 犯東井北轅第一星
<달이> 동정(東井) 성좌의 북쪽 열을 이루는
별들[北轅]중 첫째 별을 범하였다.
고려사 권48 지2 [C]

명종 26년(1196) 병진 9. 25. (신축)

/양 1196. 10. 18./

九月 辛丑 熒惑鎭星同舍
화성[熒惑]과 토성[鎭星]이 같은 성좌에 모였다.
고려사 권48 지2 [E]

명종 26년(1196) 병진 10. 18. (계해)

/양 1196. 11. 9./

十月 癸亥 赤氣如火 見于南方
불과 같은 붉은 기운이 남쪽에 나타났다.
고려사 권 53 지7 [S]

명종 26년(1196) 병진 11. 17. (임진)

/양 1196. 12. 8./

十一月 壬辰 熒惑犯壘壁東南第六星
화성[熒惑]이 누벽(壘壁) 성좌의 동남쪽 여섯째
별을 범하였다.
고려사 권48 지2 [F]

명종 26년(1196) 병진 12. 24. (기사)

/양 1197. 1. 14./

十一月[143] 己巳 流星一出弧入天社 一出紫微西
藩入王良
한 개의 유성(流星)이 호(弧) 성좌에서 나와 천사(天社)
성좌로 들어갔으며 또 하나는 자미서번(紫微西藩) 성
좌에서 나와 왕량(王良) 성좌로 들어갔다.
고려사 권48 지2 [R]

명종 27년(1197) 정사 2. 1. (을사)

/양 1197. 2. 19./

二月 乙巳朔 日食
일식이 있었다.
고려사 권20 세가20 ; 고려사 권47 지1 ;
고려사절요 권13 [A]

명종 27년(1197) 정사 2. 15. (기미)

/양 1197. 3. 5./

二月 己未 月食
월식이 있었다.
고려사 권48 지2 [B]

명종 27년(1197) 정사 4. 30. (계유)

/양 1197. 5. 18./

四月 癸酉 歲星守軒轅大星
목성[歲星]이 헌원대성(軒轅大星)에서 떠나지 않
았다.
고려사 권48 지2 [F]

명종 27년(1197) 정사 윤6. 7. (기묘)

/양 1197. 7. 23./

閏六月 己卯 月入氐 流星出東壁入羽林
달이 저(氐) 성좌에 들어갔다. 유성(流星)이 동벽(東壁)
성좌에서 나와서 우림(羽林) 성좌로 들어갔다.
고려사 권48 지2 [C] [R]

명종 27년(1197) 정사 윤6. 25. (정유)

/양 1197. 8. 10./

閏六月 丁酉月入東井
달이 동정(東井) 성좌에 들어갔다.
고려사 권48 지2 [C]

---

143) 11월 임진일 다음에 수록되었으므로 일진을 고려하면 기사
일은 12월임.

명종 27년(1197) 정사 7. 15. (병진)

/양 1197. 8. 29./

七月 丙寅[144] 月食
월식이 있었다.
고려사 권48 지2 [B]

명종 27년(1197) 정사 8. 11. (임오)

/양 1197. 9. 24./

八月 壬午 流星出紫微入文昌 熒惑入大微右掖門
犯右執法
유성(流星)이 자미원(紫微垣)에서 나와 문창(文昌)
성좌로 들어갔다. 화성[熒惑]이 태미원[大微]의 우
액문(右掖門)으로 들어가서 우집법성(右執法星)을
범하였다.
고려사 권48 지2 [R] [F]

명종 27년(1197) 정사 8. 23. (갑오)

/양 1197. 10. 6./

八月 甲午 歲星犯右執法西入大微 熒惑犯左執法
목성[歲星]이 우집법성(右執法星)의 서쪽을 범하였
다가 태미원[大微]으로 들어갔다. 또 화성[熒惑]이
좌집법성(左執法星)을 범하였다.
고려사 권48 지2 [F]

명종 27년(1197) 정사 8. 24. (을미)

/양 1197. 10. 7./

八月 乙未 月犯軒轅右角
달이 헌원(軒轅) 성좌의 오른쪽 뿔[右角]을 범하
였다.
고려사 권48 지2 [C]

명종 27년(1197) 정사 8. 28. (기해)

/양 1197. 10. 11./

八月 己亥 歲星犯大微右執法
목성[歲星]이 태미원[大微]의 우집법성(右執法
星)을 범하였다.
고려사 권48 지2 [F]

명종 27년(1197) 정사 10. 9. (무인)

/양 1197. 11. 19./

十月 戊寅 月暈 東北有背氣 內靑外赤
달무리가 있었고, 그 동북쪽에 일(一)자형의 달

무리[背氣]가 있었고, 안쪽은 푸르고 바깥쪽은
붉었다.
고려사 권48 지2 [P]

명종 27년(1197) 정사 10. 11. (경진)

/양 1197. 11. 21./

十月 庚辰 月暈 南北有珥
달무리가 있었는데 그 남쪽과 북쪽에 귀고리가
달렸다.
고려사 권48 지2 [P]

명종 27년(1197) 정사 10. 15. (갑신)

/양 1197. 11. 25./

十月 甲申 月掩畢大星
달이 필(畢) 성좌의 큰 별을 가렸다.
고려사 권48 지2 [C]

명종 27년(1197) 정사 10. 16. (을유)

/양 1197. 11. 26./

十月 乙酉 歲星犯大微左執法
목성[歲星]이 태미원[大微]의 좌집법성(左執法
星)을 범하였다.
고려사 권48 지2 [F]

명종 27년(1197) 정사 10. 21. (경인)

/양 1197. 12. 1./

十月 庚寅 流星騰蛇入河[145]大星
유성(流星)이 등사(騰蛇) 성좌에서 은하수[河]내
의 큰별로 들어갔다.
고려사 권48 지2 [R]

명종 27년(1197) 정사 10. 23. (임진)

/양 1197. 12. 3./

十月 壬辰 月犯大微右執法
달이 태미원[大微]의 우집법성(右執法星)을 범
하였다.
고려사 권48 지2 [C]

명종 27년(1197) 정사 10. 28. (정유)

/양 1197. 12. 8./

十月 丁酉 熒惑犯氐星
화성[熒惑]이 저(氐) 성좌를 범하였다.
고려사 권48 지2 [F]

---

144) 월식은 음력 15일경에 일어남. 현대의 천체역학적 방법으로 월
   식을 계산해 음력 7/15, 병진일임을 알아냄, 일진 오류임.

145) 河(하): 하고 성좌를 지칭하는 것으로 보임.

명종 27년(1197) 정사 11. 4. (계묘)

/양 1197. 12. 14./

十一月癸卯 熒惑犯氐星
화성[熒惑]이 저(氐) 성좌를 범하였다.
고려사 권48 지2 [F]

명종 27년(1197) 정사 11. 12. (신해)

/양 1197. 12. 22./

十一月 辛亥 月掩畢星
달이 필(畢) 성좌를 가렸다.
고려사 권48 지2 [C]

명종 27년(1197) 정사 11. 16. (을묘)

/양 1197. 12. 26./

十一月 乙卯 月暈 內靑外赤 四方有赤白氣如杵
長十尺許 西南方有珥
달무리가 있었는데 그 안은 푸르고 바깥은 붉
었으며, 사방으로 붉고 흰 기운이 있어 절구공
이[杵] 같은데, 길이가 10척쯤 되었다. 그 서남
쪽에 귀고리가 있었다.
고려사 권48 지2 [P]

명종 27년(1197) 정사 11. 21. (경신)

/양 1197. 12. 31./

十一月 庚申 月犯大微左掖
달이 태미원[大微]의 좌액문(左掖門)을 범하였다.
고려사 권48 지2 [C]

명종 27년(1197) 정사 11. 24. (계해)

/양 1198. 1. 3./

十一月 癸亥 入氐星
<달이> 저(氐) 성좌로 들어갔다.
고려사 권48 지2 [C]

명종 27년(1197) 정사 11. 26. (을축)

/양 1198. 1. 5./

十一月 乙丑 熒惑犯房上相
화성[熒惑]이 방(房) 성좌의 상상성(上相星)을
범하였다.
고려사 권48 지2 [F]

명종 27년(1197) 정사 11. 27. (병인)

/양 1198. 1. 6./

十一月 丙寅 犯鉤鈐

<화성이> 또 구검(鉤鈐) 성좌를 범하였다.
고려사 권48 지2 [F]

명종 27년(1197) 정사 12. 13. (신사)

/양 1198. 1. 21./

十二月 辛巳 月犯東井
달이 동정(東井) 성좌를 범하였다.
고려사 권48 지2 [C]

명종 27년(1197) 정사 12. 14. (임오)

/양 1198. 1. 22./

十二月 壬午 流星入天際 大如缶 聲如鼓
유성(流星)이 하늘가로 들어갔는데 그 크기가
두레박[缶]만 하였고 소리는 북소리와 같았다.
고려사 권48 지2 [R]

명종 27년(1197) 정사 12. 19. (정해)

/양 1198. 1. 27./

十二月 丁亥 月犯左執法
달이 좌집법성(左執法星)을 범하였다.
고려사 권48 지2 [C]

명종 27년(1197) 정사 12. 22. (경인)

/양 1198. 1. 30./

十二月 庚寅 歲星犯大微左執法 月入氐
목성[歲星]이 태미원[大微]의 좌집법성(左執法星)
을 범하였다. 달이 저(氐) 성좌를 범하였다.
고려사 권48 지2 [F] [C]

20. 신종(1198 ~ 1204)

신종 1년(1198) 무오 1. 1. (기해)

/양 1198. 2. 8./

春正月 己亥朔 日食
일식이 있었다.
고려사 권21 세가21 ; 고려사절요 권14 [A]

신종 1년(1198) 무오 1. 1. (기해)

/양 1198. 2. 8./

正月 己亥朔 日食
일식이 있었다.
고려사 권47 지1 [A]

신종 1년(1198) 무오 1. 16. (갑인)

/양 1198. 2. 23./

正月 甲寅 月食 又月犯大微右執法
월식이 있었다. 또 달이 태미원[大微]의 우집법
성(右執法星)을 범하였다.
고려사 권48 지2 [B] [C]

신종 1년(1198) 무오 1. 27. (을축)

/양 1198. 3. 6./

正月 乙丑 流星入文昌
유성(流星)이 문창(文昌) 성좌로 들어갔다.
고려사 권48 지2 [R]

신종 1년(1198) 무오 2. 8. (병자)

/양 1198. 3. 17./

二月 丙子 月犯東井
달이 동정(東井) 성좌를 범하였다.
고려사 권48 지2 [C]

신종 1년(1198) 무오 2. 21. (기축)

/양 1198. 3. 30./

二月 己丑 月犯建星 流星入積卒
달이 건(建) 성좌를 범하였다. 유성(流星)이 적
졸(積卒) 성좌로 들어갔다.
고려사 권48 지2 [C] [R]

신종 1년(1198) 무오 2. 22. (경인)

/양 1198. 3. 31./

二月 庚寅 流星出大角入氐
유성(流星)이 대각성(大角星)에서 나와 저(氐)
성좌로 들어갔다.
고려사 권48 지2 [R]

신종 1년(1198) 무오 3. 12. (기유)

/양 1198. 4. 19./

三月 己酉 月犯 大微右掖門
달이 태미원[大微]의 우액문(右掖門)을 범하였다.
고려사 권48 지2 [C]

신종 1년(1198) 무오 3. 18. (을묘)

/양 1198. 4. 25./

三月 乙卯 流星出軒轅入北河
유성(流星)이 헌원(軒轅) 성좌에서 나와 북하
(北河) 성좌로 들어갔다.

고려사 권48 지2 [R]

신종 1년(1198) 무오 3. 25. (임술)

/양 1198. 5. 2./

三月 壬戌 流星出河鼓入天棓
유성(流星)이 하고(河鼓) 성좌에서 나와 천봉
(天棓) 성좌로 들어갔다.
고려사 권48 지2 [R]

신종 1년(1198) 무오 4. 4. (신미)

/양 1198. 5. 11./

四月 辛未 月入東井
달이 동정(東井) 성좌로 들어갔다.
고려사 권48 지2 [C]

신종 1년(1198) 무오 4. 12. (기묘)

/양 1198. 5. 19./

四月 己卯 熒惑入疊壁陣西端 自三月至是月 歲星
入大微
화성[熒惑]이 누벽진(疊壁陣) 성좌의 서쪽 끝으
로 들어갔다. 3월부터 지금까지 목성[歲星]이
태미원[大微]으로 들어갔다.
고려사 권48 지2 [F]

신종 1년(1198) 무오 4. 16. (계미)

/양 1198. 5. 23./

四月 癸未 白虹見於乾方
흰 무지개가 서북쪽에 나타났다.
고려사 권 54 지8 [S]

신종 1년(1198) 무오 5. 4. (신축)

/양 1198. 6. 10./

五月 辛丑 流星出天市入大微
유성(流星)이 천시원(天市垣)에서 나와 태미원
[大微]으로 들어갔다.
고려사 권48 지2 [R]

신종 1년(1198) 무오 5. 11. (무신)

/양 1198. 6. 17./

五月 戊申 熒惑入羽林
화성[熒惑]이 우림(羽林) 성좌로 들어갔다.
고려사 권48 지2 [F]

신종 1년(1198) 무오 5. 12. (기유)

/양 1198. 6. 18./

五月 己酉 太白入軒轅大星次紀星[146]間
금성[太白]이 헌원대성(軒轅大星)과 차기성(次紀星)과의 사이에 들어갔다.
고려사 권48 지2 [F]

신종 1년(1198) 무오 6. 1. (정묘)

/양 1198. 7. 6./

六月 丁卯朔 太白晝見
금성[太白]이 낮에 나타났다.
고려사 권21 세가21 ; 고려사 권48 지2 [G]

신종 1년(1198) 무오 6. 5. (신미)

/양 1198. 7. 10./

六月 辛未 月犯大微右執法
달이 태미원[大微]의 우집법성(右執法星)을 범하였다.
고려사 권48 지2 [C]

신종 1년(1198) 무오 6. 6. (임신)

/양 1198. 7. 11./

六月 壬申 又犯大微東藩上相
<달이> 또 태미동번(太微東蕃) 성좌의 상상성(上相星)을 범하였다.
고려사 권48 지2 [C]

신종 1년(1198) 무오 6. 19. (을유)

/양 1198. 7. 24./

六月 乙酉 流星出天津入天市
유성(流星)이 천진(天津) 성좌에서 나와 천시원(天市垣)으로 들어갔다.
고려사 권48 지2 [R]

신종 1년(1198) 무오 7. 14. (경술)

/양 1198. 8. 18./

七月 庚戌 月食
월식이 있었다.
고려사 권48 지2 [B]

신종 1년(1198) 무오 8. 17. (임오)

/양 1198. 9. 19./

八月 壬午 太白經天
금성[太白]이 낮에 남쪽하늘에서 보였다.
고려사 권 21 세가21 ; 고려사 권48 지2 ;
고려사절요 권14 [G]

신종 1년(1198) 무오 8. 22. (정해)

/양 1198. 9. 24./

八月 丁亥 月入東井
달이 동정(東井) 성좌로 들어갔다.
고려사 권48 지2 [C]

신종 1년(1198) 무오 9. 24. (기미)

/양 1198. 10. 26./

九月 己未 太白犯太微左執法 月入大微
금성[太白]이 태미원[大微]의 좌집법성(左執法星)을 범하였다. 달이 태미원[大微]으로 들어갔다.
고려사 권48 지2 [F] [C]

신종 1년(1198) 무오 10. 9. (계유)

/양 1198. 11. 9./

冬十月 癸酉 太白經天二日
금성[太白]이 2일동안 낮에 남쪽하늘에서 보였다.
고려사 권 21 세가21 [G]

신종 1년(1198) 무오 10. 9. (계유)

/양 1198. 11. 9./

十月 癸酉 太白經天二日
금성[太白]이 2일동안 낮에 남쪽하늘에서 보였다.
고려사 권48 지2 [G]

신종 2년(1199) 기미 2. 26. (무자)

/양 1199. 3. 24./

二月 戊子 流星出北斗入太一
유성(流星)이 북두(北斗) 성좌에서 나와 태일성(太一星)으로 들어갔다.
고려사 권48 지2 [R]

신종 2년(1199) 기미 3. 16. (무신)

/양 1199. 4. 13./

三月 戊申 月入氐星
달이 저(氐) 성좌로 들어갔다.
고려사 권48 지2 [C]

---

146) 次紀星(차기성): 알 수 없음. 다만 헌원 성좌에서 헌원대성과 그 위에 있는 별들중 하나일 것으로 추론함.

신종 2년(1199) 기미 4. 24. (을유)

/양 1199. 5. 20./

四月 乙酉 與鎭星相犯 鄭通元云六月下旬當有女
主喪 至六月癸未壽安公主卒果驗
<달이> 토성[鎭星]과 서로 범하였다. 이에 대하여
정통원(鄭通元)이 이르기를 「6월 하순에 여주(女
主)의 상사(喪事)가 있을 것이다」라고 하더니, 6
월 계미일(23)에 수안공주(壽安公主, 명종의 딸)가
죽었으므로 그 말이 증명되었다.
고려사 권48 지2 [C]

신종 2년(1199) 기미 6. 15. (을해)

/양 1199. 7. 9./

六月 乙亥 月食
월식이 있었다.
고려사 권48 지2 [B]

신종 2년(1199) 기미 6. 27. (정해)

/양 1199. 7. 21./

六月 丁亥 月犯東井
달이 동정(東井) 성좌를 범하였다.
고려사 권48 지2 [C]

신종 2년(1199) 기미 7. 20. (경술)

/양 1199. 8. 13./

七月 庚戌 流星出五車入天節
유성(流星)이 오거(五車) 성좌에서 나와 천절
(天節) 성좌로 들어갔다.
고려사 권48 지2 [R]

신종 2년(1199) 기미 7. 24. (갑인)

/양 1199. 8. 17./

七月 甲寅 月入東井
달이 동정(東井) 성좌로 들어갔다.
고려사 권48 지2 [C]

신종 2년(1199) 기미 7. 25. (을묘)

/양 1199. 8. 18./

七月 乙卯 流星出虛入九坎
유성(流星)이 허(虛) 성좌에서 나와 구감(九坎)
성좌로 들어갔다.
고려사 권48 지2 [R]

신종 2년(1199) 기미 7. 28. (무오)

/양 1199. 8. 21./

七月 戊午 太白晝見二日
금성[太白]이 2일간 낮에 나타났다.
고려사 권21 세가21 [G]

신종 2년(1199) 기미 7. 28. (무오)

/양 1199. 8. 21./

七月 戊午 太白晝見 流星出胃入天際
금성[太白]이 낮에 나타났다. 유성(流星)이 위
(胃) 성좌에서 나와 하늘가로[天際]로 들어갔다
고려사 권48 지2 [G] [R]

신종 2년(1199) 기미 7. 30. (경신)

/양 1199. 8. 23./

七月 庚申 流星出天倉入天際
유성(流星)이 또 천창(天倉) 성좌에서 나와 하늘
가로 들어갔다.
고려사 권48 지2 [R]

신종 2년(1199) 기미 8. 4. (갑자)

/양 1199. 8. 27./

八月 甲子 月犯亢第二星
달이 항(亢) 성좌의 둘째 별을 범하였다.
고려사 권48 지2 [C]

신종 2년(1199) 기미 8. 5. (을축)

/양 1199. 8. 28./

八月 乙丑 入氐星
<달이> 저(氐) 성좌로 들어갔다.
고려사 권48 지2 [C]

신종 2년(1199) 기미 8. 6. (병인)

/양 1199. 8. 29./

八月 丙寅 流星出五諸侯[147]
유성(流星)이 오제후(五諸侯) 성좌에 나타났다.
고려사 권48 지2 [R]

신종 2년(1199) 기미 8. 12. (임신)

/양 1199. 9. 4./

八月 壬申 月入壘壁陣西端第五星
달이 누벽진(壘壁陣) 성좌의 서쪽 끝 다섯째
별로 들어갔다.

---

147) 五諸侯(오제후): 오제후 성좌-1인지 오제후 성좌-2인지 불분
명함.

고려사 권48 지2 [C]

신종 2년(1199) 기미 8. 19. (기묘)

/양 1199. 9. 11./

八月 己卯 又掩畢星 流星出五諸侯[148]入柳
<달이> 또 필(畢) 성좌를 가렸다. 유성(流星)이
오제후(五諸侯) 성좌에서 나와 유(柳) 성좌로 들
어갔다.
고려사 권48 지2 [C] [R]

신종 2년(1199) 기미 9. 1. (경인)

/양 1199. 9. 22./

九月 庚寅朔 歲星與太白同舍于亢 流星出騰蛇入奎
목성[歲星]이 금성[太白]과 함께 항(亢) 성좌로
들어갔다. 유성(流星)이 등사(騰蛇) 성좌에서 나
와 규(奎) 성좌로 들어갔다.
고려사 권48 지2 [E] [R]

신종 2년(1199) 기미 9. 7. (병신)

/양 1199. 9. 28./

九月 丙申 月入建星
달이 건(建) 성좌로 들어갔다.
고려사 권48 지2 [C]

신종 2년(1199) 기미 9. 10. (기해)

/양 1199. 10. 1./

九月 己亥 入壘壁陣羽林閒
<달이> 누벽진(壘壁陣) 성좌와 우림(羽林) 성좌
사이로 들어갔다.
고려사 권48 지2 [C]

신종 2년(1199) 기미 9. 12. (신축)

/양 1199. 10. 3./

九月 辛丑 流星出南河入天苑
유성(流星)이 남하(南河) 성좌에서 나와 천원
(天苑) 성좌로 들어갔다.
고려사 권48 지2 [R]

신종 2년(1199) 기미 9. 17. (병오)

/양 1199. 10. 8./

九月 丙午 月犯畢右股
달이 필(畢) 성좌의 왼쪽 부분을 범하였다.
고려사 권48 지2 [C]

신종 2년(1199) 기미 9. 18. (정미)

/양 1199. 10. 9./

九月 丁未 流星出天市垣入天際
유성(流星)이 천시원(天市垣)에서 나와 하늘가
로 들어갔다.
고려사 권48 지2 [R]

신종 2년(1199) 기미 9. 19. (무신)

/양 1199. 10. 10./

九月 戊申 流星一出天氣入宗人 一出天囷入天苑
하나의 유성(流星)이 천기(天氣) 성좌에서 나와
종인(宗人) 성좌로 들어갔고 또 다른 하나는
천균(天囷) 성좌에서 나와 천원(天苑) 성좌로
들어갔다.
고려사 권48 지2 [R]

신종 2년(1199) 기미 9. 20. (기유)

/양 1199. 10. 11./

九月 己酉 月入東井
달이 동정(東井) 성좌로 들어갔다.
고려사 권48 지2 [C]

신종 2년(1199) 기미 9. 22. (신해)

/양 1199. 10. 13./

九月 辛亥 犯輿鬼西南星
달이 여귀(輿鬼) 성좌의 서남쪽 별을 범하였다.
고려사 권48 지2 [C]

신종 2년(1199) 기미 9. 24. (계축)

/양 1199. 10. 15./

九月 癸丑 犯軒轅大星
<달이> 헌원대성(軒轅大星)을 범하였다.
고려사 권48 지2 [C]

신종 2년(1199) 기미 9. 27. (병진)

/양 1199. 10. 18./

九月 丙辰 流星一出坐旗入東井 一出叅旗入叅
하나의 유성(流星)이 좌기(坐旗) 성좌에서 나와 동
정(東井) 성좌로 들어갔으며 또 다른 하나는 삼기
(叅旗) 성좌에서 나와 삼(叅) 성좌로 들어갔다.
고려사 권48 지2 [R]

---

148) 五諸侯(오제후): 오제후 성좌-2임.

신종 2년(1199) 기미 10. 3. (임술)

/양 1199. 10. 24./

十月 壬戌 流星出軒轅入大微

유성(流星)이 헌원(軒轅) 성좌에서 나와 태미원[大微]으로 들어갔다.

고려사 권48 지2 [R]

신종 2년(1199) 기미 10. 8. (정묘)

/양 1199. 10. 29./

十月 丁卯 月入羽林 流星出軒垣入大微

달이 우림(羽林) 성좌로 들어갔다. 유성(流星)이 헌원(軒轅) 성좌에서 나와 태미원[大微]으로 들어갔다.

고려사 권48 지2 [C] [R]

신종 2년(1199) 기미 10. 15. (갑술)

/양 1199. 11. 5./

十月 甲戌 月犯畢大星 太白犯南斗第二星

달이 필(畢) 성좌의 큰 별을 범하였다. 금성[太白]이 남두(南斗) 성좌의 두번째 별을 범하였다.

고려사 권48 지2 [C] [F]

신종 2년(1199) 기미 10. 23. (임오)

/양 1199. 11. 13./

十月 壬午 月入大微西藩上將 流星出左角入天際

달이 태미서번[大微西藩] 성좌의 상장성(上將星)으로 들어갔다. 유성(流星)이 좌각성(左角星)에서 나와 하늘가로 들어갔다.

고려사 권48 지2 [C] [R]

신종 2년(1199) 기미 10. 28. (정해)

/양 1199. 11. 18./

十月 丁亥 熒惑犯氐

화성[熒惑]이 저(氐) 성좌를 범하였다.

고려사 권48 지2 [F]

신종 2년(1199) 기미 11. 1. (기축)

/양 1199. 11. 20./

十一月 己丑朔 流星一出天際入天苑 一出左旗入內平

하나의 유성(流星)이 하늘 가에서 나와 천원(天苑) 성좌로 들어갔고, 다른 하나는 좌기(左旗) 성좌에서 나와 내평(內平) 성좌로 들어갔다.

고려사 권48 지2 [R]

신종 2년(1199) 기미 11. 7. (을미)

/양 1199. 11. 26./

十一月 乙未 月入羽林

달이 우림(羽林) 성좌로 들어갔다.

고려사 권48 지2 [C]

신종 2년(1199) 기미 11. 15. (계묘)

/양 1199. 12. 4./

十一月 癸卯 日有珥 艮方有背氣

태양에 귀고리가 있었으며 동북쪽에 일(一)자형의 햇무리[背氣]가 있었다.

고려사 권47 지1 [O]

신종 2년(1199) 기미 12. 4. (임술)

/양 1199. 12. 23./

十二月 壬戌 太白經天

금성[太白]이 낮에 남쪽하늘에서 보였다.

고려사 권21 세가21 ; 고려사 권48 지2 ; 고려사절요 권14 [G]

신종 2년(1199) 기미 12. 12. (경오)

/양 1199. 12. 31./

十二月 庚午 與鎭星同舍于危

금성[太白]이 토성[鎭星]과 함께 위(危) 성좌에 모였다.

고려사 권48 지2 [E]

신종 2년(1199) 기미 12. 16. (갑술)

/양 1200. 1. 4./

十二月 甲戌 太白犯壘壁陣第五星

금성[太白]이 누벽진(壘壁陣) 성좌의 다섯째 별을 범하였다.

고려사 권48 지2 [F]

신종 2년(1199) 기미 12. 16. (갑술)

/양 1200. 1. 4./

十二月 甲戌 赤氣從艮至乾 如火

붉은 기운이 동북쪽으로부터 서북쪽에 이르기까지 불빛과 같이 나타났다.

고려사 권 53 지7 [S]

신종 2년(1199) 기미 12. 19. (정축)

/양 1200. 1. 7./

十二月 丁丑 月入大微

달이 태미원[大微]으로 들어갔다.
고려사 권48 지2 [C]

신종 2년(1199) 기미 12. 22. (경진)

/양 1200. 1. 10./

十二月 庚辰 歲星守房 凡六十餘日
60여일 동안 목성[歲星]이 방(房) 성좌를 떠나
지 않았다.
고려사 권48 지2 [F]

신종 3년(1200) 경신 1. 11. (무술)

/양 1200. 1. 28./

正月 戊戌 日暈 東西有珥 北有背氣
햇무리가 있었으며 동쪽과 서쪽에 귀고리가 있고
북쪽에 일(一)자형의 햇무리[背氣]가 있었다.
고려사 권47 지1 [O]

신종 3년(1200) 경신 1. 17. (갑진)

/양 1200. 2. 3./

正月 甲辰 月暈有珥 色黃白
달무리가 있었고 귀고리가 달렸는데 그 빛이
황백색이었다.
고려사 권48 지2 [P]

신종 3년(1200) 경신 1. 17. (갑진)

/양 1200. 2. 3./

正月 甲辰 又暈珥
또 햇무리와 해 귀고리가 있었다.
고려사 권47 지1 [O]

신종 3년(1200) 경신 2. 8. (갑자)

/양 1200. 2. 23./

二月 甲子 太白經天
금성[太白]이 낮에 남쪽하늘에서 보였다.
고려사 권21 세가21 ; 고려사 권48 지2 ; 고려사절요
권14 [G]

신종 3년(1200) 경신 2. 23. (기묘)

/양 1200. 3. 9./

二月 己卯 月犯南斗
달이 남두(南斗) 성좌를 범하였다.
고려사 권48 지2 [C]

신종 3년(1200) 경신 윤2. 9. (을미)

/양 1200. 3. 25./

閏月 乙未 月犯輿鬼
달이 여귀(輿鬼) 성좌를 범하였다.
고려사 권48 지2 [C]

신종 3년(1200) 경신 윤2. 11. (정유)

/양 1200. 3. 27./

閏月 丁酉 犯軒轅大星
<달이> 헌원대성(軒轅大星)을 범하였다.
고려사 권48 지2 [C]

신종 3년(1200) 경신 윤2. 13. (기해)

/양 1200. 3. 29./

閏月 己亥 入大微右執法
<달이> 태미원[大微]의 우집법성(右執法星)으로
들어갔다.
고려사 권48 지2 [C]

신종 3년(1200) 경신 윤2. 17. (계묘)

/양 1200. 4. 2./

閏月 癸卯 月入氐星
달이 저(氐) 성좌로 들어갔다.
고려사 권48 지2 [C]

신종 3년(1200) 경신 3. 7. (임술)

/양 1200. 4. 21./

三月 壬戌 歲星犯房北第一星
목성[歲星]이 방(房) 성좌의 북쪽 첫째 별을 범
하였다.
고려사 권48 지2 [F]

신종 3년(1200) 경신 3. 11. (병인)

/양 1200. 4. 25./

三月 丙寅 月入大微
달이 태미원[大微]으로 들어갔다.
고려사 권48 지2 [C]

신종 3년(1200) 경신 3. 23. (무인)

/양 1200. 5. 7./

三月 戊寅 太白經天二日
금성[太白]이 2일동안 낮에 남쪽하늘에서 보였다.
고려사 권21 세가21 ; 고려사 권48 지2 ;
고려사절요 권14 [G]

신종 3년(1200) 경신 5. 3. (정사)

/양 1200. 6. 15./

五月丁巳 流星出紫微入騰蛇 大如缶
유성(流星)이 자미원(紫微垣)에서 나와 등사(騰
蛇) 성좌로 들어갔는데 그 크기가 두레박[缶]만
하였다.
고려사 권48 지2 [R]

신종 3년(1200) 경신 5. 15. (기사)

/양 1200. 6. 27./

五月 己巳 太白犯東井北轅第二星
금성[太白]이 동정(東井) 성좌의 북쪽 열을 이
루는 별들[北轅]중 둘째 별을 범하였다.
고려사 권48 지2 [F]

신종 3년(1200) 경신 5. 16. (경오)

/양 1200. 6. 28./

五月 庚午 月入羽林
달이 우림(羽林) 성좌로 들어갔다.
고려사 권48 지2 [C]

신종 3년(1200) 경신 5. 20. (갑술)

/양 1200. 7. 2./

五月 甲戌 亦如之
또 <달이 우림(羽林) 성좌로 들어갔다>.
고려사 권48 지2 [C]

신종 3년(1200) 경신 7. 25. (기묘)

/양 1200. 9. 5./

七月 己卯 流星出紫微入天際 大如木瓜 尾長十尺許
유성(流星)이 자미원(紫微垣)에서 나와 하늘 가
(際)로 들어갔는데 그 크기가 모과(木瓜)만 하
였고 꼬리의 길이는 10척쯤 되었다.
고려사 권48 지2 [R]

신종 3년(1200) 경신 8. 1. (갑신)

/양 1200. 9. 10./

八月 甲申朔 歲星犯房鉤鈐 流星入輿鬼
목성[歲星]이 방(房) 성좌의 구검(鉤鈐) 성좌를
범하였다. 유성(流星)이 여귀(輿鬼) 성좌로 들어
갔다.
고려사 권48 지2 [F] [R]

신종 3년(1200) 경신 8. 10. (계사)

/양 1200. 9. 19./

秋八月 癸巳 日有黑子 大如李
태양에 흑점[黑子]이 있었는데 그 크기는 자두
만 하였다.
고려사 권47 지1 [M]

신종 3년(1200) 경신 8. 10. (계사)

/양 1200. 9. 19./

八月 癸巳 日有黑子大如李
태양에 흑점[黑子]이 있었는데 그 크기는 자두
만 하였다.
고려사절요 권14 [M]

신종 3년(1200) 경신 8. 13. (병신)

/양 1200. 9. 22./

八月 丙申 月入羽林
달이 우림(羽林) 성좌를 범하였다.
고려사 권48 지2 [C]

신종 3년(1200) 경신 9. 10. (계해)

/양 1200. 10. 19./

九月 癸亥 白氣如匹練 從午向艮
비단필 같은 흰 기운이 남쪽으로부터 동북쪽으
로 향하였다.
고려사 권 54 지8 [S]

신종 3년(1200) 경신 9. 24. (정축)

/양 1200. 11. 2./

九月 丁丑 月入大微
달이 태미원[大微]으로 들어갔다.
고려사 권48 지2 [C]

신종 3년(1200) 경신 10. 7. (경인)

/양 1200. 11. 15./

十月 庚寅 宿羽林
<달이> 우림(羽林) 성좌에 머물렀다.
고려사 권48 지2 [C]

신종 3년(1200) 경신 10. 13. (병신)

/양 1200. 11. 21./

十月 丙申 犯畢
<달이> 필(畢) 성좌를 범하였다.
고려사 권48 지2 [C]

신종 3년(1200) 경신 10. 15. (무술)

/양 1200. 11. 23./

十月 戊戌 犯東井鉞
<달이> 동정(東井) 성좌의 월성(鉞星)을 범하였다.
고려사 권48 지2 [C]

신종 3년(1200) 경신 10. 21. (갑진)

/양 1200. 11. 29./

十月 甲辰 入大微
<달이> 태미원[大微]으로 들어갔다.
고려사 권48 지2 [C]

신종 3년(1200) 경신 11. 6. (무오)

/양 1200. 12. 13./

十一月 戊午 又宿羽林
또 <달이> 우림(羽林) 성좌에 머물렀다.
고려사 권48 지2 [C]

신종 3년(1200) 경신 11. 10. (임술)

/양 1200. 12. 17./

十一月 壬戌 入天囷
<달이> 천균(天囷) 성좌로 들어갔다.
고려사 권48 지2 [C]

신종 3년(1200) 경신 11. 24. (병자)

/양 1200. 12. 31./

十一月 丙子 入太微端門
<달이> 태미원[大微]의 단문(端門)으로 들어갔다.
고려사 권48 지2 [C]

신종 3년(1200) 경신 12. 11. (계사)

/양 1201. 1. 17./

十二月 癸巳 月入東井
달이 동정(東井) 성좌로 들어갔다.
고려사 권48 지2 [C]

신종 3년(1200) 경신 12. 17. (기해)

/양 1201. 1. 23./

十二月 己亥 入大微
<달이> 태미원[大微]으로 들어갔다.
고려사 권48 지2 [C]

신종 3년(1200) 경신 12. 25. (정미)

/양 1201. 1. 31./

十二月 丁未 犯歲星
<달이> 목성[歲星]을 범하였다.
고려사 권48 지2 [C]

신종 4년(1201) 신유 1. 6. (정사)

/양 1201. 2. 10./

正月 丁巳 熒惑犯天街
화성[熒惑]이 천가(天街) 성좌를 범하였다.
고려사 권48 지2 [F]

신종 4년(1201) 신유 1. 7. (무오)

/양 1201. 2. 11./

正月 戊午 月犯畢右股第二星
달이 필(畢) 성좌의 오른쪽 둘째 별을 범하였다.
고려사 권48 지2 [C]

신종 4년(1201) 신유 1. 9. (경신)

/양 1201. 2. 13./

正月 庚申 犯東井鉞 又犯南轅西第一星
<달이> 동정(東井) 성좌의 월성(鉞星)을 범하였다가
또 남쪽 열을 이루는 별들[南轅]중 서쪽 첫째 별을
범하였다.
고려사 권48 지2 [C]

신종 4년(1201) 신유 1. 20. (신미)

/양 1201. 2. 24./

正月 辛未 月犯氐星
달은 저(氐) 성좌를 범하였다.
고려사 권48 지2 [C]

신종 4년(1201) 신유 2. 13. (갑오)

/양 1201. 3. 19./

二月 甲午 入大微
<달이> 태미원[大微]으로 들어갔다.
고려사 권48 지2 [C]

신종 4년(1201) 신유 2. 21. (임인)

/양 1201. 3. 27./

二月 壬寅 犯歲星
또 <달이> 목성[歲星]을 범하였다.
고려사 권48 지2 [C]

신종 4년(1201) 신유 2. 23. (갑진)

/양 1201. 3. 29./

二月 甲辰 太白晝見
금성[太白]이 낮에 나타났다.
고려사 권21 세가21 ; 고려사 권48 지2 [G]

신종 4년(1201) 신유 3. 2. (임자)

/양 1201. 4. 6./

三月 壬子 日中有黑子 大如李
태양에 흑점[黑子]이 있었는데, 그 크기가 자두
만 하였다.
고려사 권47 지1 ; 고려사절요 권14 [M]

신종 4년(1201) 신유 3. 4. (갑인)

/양 1201. 4. 8./

三月 甲寅 月犯天關
달이 천관(天關) 성좌를 범하였다.
고려사 권48 지2 [C]

신종 4년(1201) 신유 3. 5. (을묘)

/양 1201. 4. 9./

三月 乙卯 入東井 流星出小微入翼
<달이> 동정(東井) 성좌로 들어갔다. 유성(流
星)이 소미(小微) 성좌에서 나와 익(翼) 성좌로
들어갔다.
고려사 권48 지2 [C] [R]

신종 4년(1201) 신유 3. 10. (경신)

/양 1201. 4. 14./

三月 庚申 熒惑犯東井北轅西第一星
화성[熒惑]이 동정(東井) 성좌의 북쪽 열을 이루
는 별들[北轅]중 서쪽 첫째 별을 범하였다.
고려사 권48 지2 [D]

신종 4년(1201) 신유 3. 11. (신유)

/양 1201. 4. 15./

三月 辛酉 入大微
<화성[熒惑]이> 태미원[大微]으로 들어갔다.
고려사 권48 지2 [F]

신종 4년(1201) 신유 4. 4. (계미)

/양 1201. 5. 7./

四月 癸未 月入東井 歲星守南斗
달이 동정(東井) 성좌로 들어갔다. 목성[歲星]이

남두(南斗) 성좌를 떠나지 않았다.
고려사 권48 지2 [C] [F]

신종 4년(1201) 신유 4. 9. (무자)

/양 1201. 5. 12./

四月 戊子 月入大微
달이 태미원[大微]으로 들어갔다.
고려사 권48 지2 [C]

신종 4년(1201) 신유 4. 12. (신묘)

/양 1201. 5. 15./

四月 辛卯 太白犯東井二日
이틀 동안에 금성[太白]이 동정(東井) 성좌를
범하였다.
고려사 권48 지2 [F]

신종 4년(1201) 신유 4. 14. (계사)

/양 1201. 5. 17./

四月 癸巳 月入氐星
달이 저(氐) 성좌로 들어갔다.
고려사 권48 지2 [C]

신종 4년(1201) 신유 4. 22. (신축)

/양 1201. 5. 25./

四月 辛丑 入羽林
<달이> 우림(羽林) 성좌로 들어갔다.
고려사 권48 지2 [C]

신종 4년(1201) 신유 5. 3. (임자)

/양 1201. 6. 5./

五月 壬子 月犯輿鬼 又犯太白
달이 여귀(輿鬼) 성좌를 범하였다가 또 금성[太白]을
범하였다.
고려사 권48 지2 [C]

신종 4년(1201) 신유 5. 5. (갑인)

/양 1201. 6. 7./

五月 甲寅 太白犯輿鬼
금성[太白]이 여귀(輿鬼) 성좌를 범하였다.
고려사 권48 지2 [F]

신종 4년(1201) 신유 5. 8. (정사)

/양 1201. 6. 10./

五月 丁巳 月入大微

달이 태미원[大微]으로 들어갔다.
고려사 권48 지2 [C]

신종 4년(1201) 신유 5. 11. (경신)

/양 1201. 6. 13./

五月 庚申 太白熒惑同舍 月入氐星
금성[太白]과 화성[熒惑]이 함께 같은 성좌에
모였다. 달이 저(氐) 성좌로 들어갔다.
고려사 권48 지2 [E] [C]

신종 4년(1201) 신유 5. 16. (을축)

/양 1201. 6. 18./

五月 乙丑 日暈
햇무리가 있었다.
고려사 권47 지1 [O]

신종 4년(1201) 신유 6. 19. (정유)

/양 1201. 7. 20./

六月 丁酉 月入羽林
달이 우림(羽林) 성좌로 들어갔다.
고려사 권48 지2 [C]

신종 4년(1201) 신유 6. 28. (병오)

/양 1201. 7. 29./

六月 丙午 流星出奎入羽林 大如배 尾長十尺許
유성(流星)이 규(奎) 성좌에서 나와 우림(羽林)
성좌로 들어갔는데 그 크기가 술잔만 하였으며
꼬리의 길이는 10척쯤 되었다.
고려사 권48 지2 [R]

신종 4년(1201) 신유 7. 3. (신해)

/양 1201. 8. 3./

秋七月 辛亥 太白晝見
금성[太白]이 낮에 나타났다.
고려사 권 21 세가21 [G]

신종 4년(1201) 신유 7. 3. (신해)

/양 1201. 8. 3./

七月 辛亥 太白晝見
금성[太白]이 낮에 나타났다.
고려사 권48 지2 [G]

신종 4년(1201) 신유 7. 15. (계해)

/양 1201. 8. 15./

七月 癸亥 月入羽林
달이 우림(羽林) 성좌로 들어갔다.
고려사 권48 지2 [C]

신종 4년(1201) 신유 7. 23. (신미)

/양 1201. 8. 23./

七月 辛未 月食東井
달이 동정(東井) 성좌를 가렸다.
고려사 권48 지2 [C]

신종 4년(1201) 신유 7. 24. (임신)

/양 1201. 8. 24./

七月 壬申 月犯天樽
달이 천준(天樽) 성좌를 범하였다.
고려사 권48 지2 [C]

신종 4년(1201) 신유 8. 2. (기묘)

/양 1201. 8. 31./

八月 己卯 流星出天市垣入心 大如栖
유성(流星)이 천시원(天市垣)에서 나와 심(心) 성
좌로 들어갔는데 그 크기가 술잔[栖]만 하였다.
고려사 권48 지2 [R]

신종 4년(1201) 신유 8. 13. (경인)

/양 1201. 9. 11./

八月 庚寅 月入羽林
달이 우림(羽林) 성좌로 들어갔다.
고려사 권48 지2 [C]

신종 4년(1201) 신유 8. 24. (신축)

/양 1201. 9. 22./

八月 辛丑 犯輿鬼東北星
<달이> 여귀(輿鬼) 성좌의 동북쪽 별을 범하
였다.
고려사 권48 지2 [C]

신종 4년(1201) 신유 8. 26. (계묘)

/양 1201. 9. 24./

八月 癸卯 太白犯房星
금성[太白]이 방(房) 성좌를 범하였다.
고려사 권48 지2 [F]

신종 4년(1201) 신유 8. 28. (을사)

/양 1201. 9. 26./

八月 乙巳 月入大微端門
달이 태미원[大微]의 단문(端門)으로 들어갔다.
고려사 권48 지2 [C]

신종 4년(1201) 신유 8. 28. (을사)

/양 1201. 9. 26./

八月 乙巳 日暈 白氣貫日
햇무리가 있었으며, 흰 기운이 태양을 가로질러 갔다.
고려사 권47 지1 [O]

신종 4년(1201) 신유 9. 4. (신해)

/양 1201. 10. 2./

九月 辛亥 月犯玄閉[149]
달이 현폐(玄閉)을 범하였다.
고려사 권48 지2 [C]

신종 4년(1201) 신유 9. 5. (임자)

/양 1201. 10. 3./

九月 壬子 流星出天倉入芻藁 大如木瓜
유성(流星)이 천창(天倉) 성좌에서 나와 추고(芻藁) 성좌로 들어갔는데 그 크기가 모과(木瓜)만 하였다.
고려사 권48 지2 [R]

신종 4년(1201) 신유 9. 8. (을묘)

/양 1201. 10. 6./

九月 乙未[150] 月入羽林
달이 우림(羽林) 성좌로 들어갔다
고려사 권48 지2 [C]

신종 4년(1201) 신유 9. 21. (무진)

/양 1201. 10. 19./

九月 戊辰 流星出壘壁陳入胃 大如梨 月犯輿鬼
유성(流星)이 누벽진(壘壁陣) 성좌에서 나와 위(胃) 성좌로 들어갔는데 그 크기가 배[梨]만 하였다. 달이 여귀(輿鬼) 성좌를 범하였다.
고려사 권48 지2 [R] [C]

신종 4년(1201) 신유 9. 25. (임신)

---

149) 玄閉(현폐): 알 수 없는 별 이름. 천체역학적 계산에 의하면 건폐(鍵閉)로 추정됨.

150) 9월에 을미일이 없으며 을묘일(9/8)의 오기(誤記)로 추정. 8월에 을미일(8/18)이 있고, 천문현상도 비슷하나 원문의 기록 순서가 안 맞음.

/양 1201. 10. 23./

九月 壬申 犯大微屛星
<달이> 태미원[大微]의 병(屛) 성좌를 범하였다.
고려사 권48 지2 [C]

신종 4년(1201) 신유 9. 29. (병자)

/양 1201. 10. 27./

九月 丙子 流星出奎入天津 大如缶 尾長十尺許
유성(流星)이 규(奎) 성좌에서 나와 천진(天津) 성좌로 들어갔는데 그 크기가 두레박[缶]만 하였고 꼬리의 길이는 10척쯤 되었다.
고려사 권48 지2 [R]

신종 4년(1201) 신유 10. 8. (을유)

/양 1201. 11. 5./

十月 乙酉 月犯羽林
달이 우림(羽林) 성좌를 범하였다.
고려사 권48 지2 [C]

신종 4년(1201) 신유 10. 16. (계사)

/양 1201. 11. 13./

十月 癸巳 犯東井鉞
<달이> 동정(東井) 성좌의 월성(鉞星)을 범하였다.
고려사 권48 지2 [C]

신종 4년(1201) 신유 10. 20. (정유)

/양 1201. 11. 17./

十月 丁酉 犯軒轅大星
<달이> 헌원대성(軒轅大星)을 범하였다.
고려사 권48 지2 [C]

신종 4년(1201) 신유 10. 22. (기해)

/양 1201. 11. 19./

十月 己亥 入大微
<달이> 태미원[大微]으로 들어갔다.
고려사 권48 지2 [C]

신종 4년(1201) 신유 10. 27. (갑진)

/양 1201. 11. 24./

十月 甲辰 入氐星
<달이> 저(氐) 성좌로 들어갔다.
고려사 권48 지2 [C]

신종 4년(1201) 신유 11. 1. (무신)

/양 1201. 11. 28./

十一月 戊申朔 日食 隱不見
일식이 있었는데 구름에 끼어서 보이지 않았다.
고려사 세가21 ; 고려사 권48 지2 [A]

신종 4년(1201) 신유 11. 1. (무신)

/양 1201. 11. 28./

冬十一月 戊申朔 日食 隱不見
일식이 있었는데 구름에 끼어서 보이지 않았다.
고려사절요 권14 [A]

신종 4년(1201) 신유 11. 2. (기유)

/양 1201. 11. 29./

十一月 己酉 流星出天囷入天倉
유성(流星)이 천균(天囷) 성좌에서 나와 천창
(天倉) 성좌로 들어갔다.
고려사 권48 지2 [R]

신종 4년(1201) 신유 11. 4. (신해)

/양 1201. 12. 1./

十一月 辛亥 太白晝見五日
금성[太白]이 5일 동안 낮에 나타났다.
고려사 권21 세가21 ; 고려사 권48 지2 [G]

신종 4년(1201) 신유 11. 5. (임자)

/양 1201. 12. 2./

十一月 壬子 月入壘壁陣西第五星
달이 누벽진(壘壁陣) 성좌의 서쪽 다섯째 별로
들어갔다.
고려사 권48 지2 [C]

신종 4년(1201) 신유 11. 13. (경신)

/양 1201. 12. 10./

十一月 庚申 月暈三重
세 겹으로 된 달무리가 있었다.
고려사 권48 지2 [P]

신종 4년(1201) 신유 11. 14. (신유)

/양 1201. 12. 11./

十一月 辛酉 月食
월식이 있었다.
고려사 권48 지2 [B]

신종 4년(1201) 신유 11. 19. (병인)

/양 1201. 12. 16./

十一月 丙寅 月入大微
달이 태미원[大微]으로 들어갔다.
고려사 권48 지2 [C]

신종 4년(1201) 신유 12. 1. (정축)

/양 1201. 12. 27./

十二月 丁丑朔 流星出南河入天狗 大如杯
유성(流星)이 남하(南河) 성좌에서 나와 천구(天狗)
성좌로 들어갔는데 그 크기가 술잔[杯]만 하였다.
고려사 권48 지2 [R]

신종 4년(1201) 신유 12. 2. (무인)

/양 1201. 12. 28./

十二月 戊寅 太白犯東咸北第一星
금성[太白]이 동함(東咸) 성좌의 북쪽 첫째 별
을 범하였다.
고려사 권48 지2 [F]

신종 4년(1201) 신유 12. 4. (경진)

/양 1201. 12. 30./

十二月 庚辰 月犯羽林
달이 우림(羽林) 성좌를 범하였다.
고려사 권48 지2 [C]

신종 4년(1201) 신유 12. 4. (경진)

/양 1201. 12. 30./

十二月 庚辰 日有兩珥 北有背氣
태양의 양쪽에 귀고리가 있었으며 북쪽에 일
(一)자형의 햇무리[背氣]가 있었다.
고려사 권47 지1 [O]

신종 4년(1201) 신유 12. 10. (병술)

/양 1202. 1. 5./

十二月 丙戌 犯畢右股第二星
<달이> 필(畢) 성좌의 오른쪽 둘째 별을 범하였다.
고려사 권48 지2 [C]

신종 4년(1201) 신유 12. 13. (기축)

/양 1202. 1. 8./

十二月 己丑 歲與熒惑同舍于斗151)

---

151) 斗(두): 두(斗) 성좌-1임.

목성[歲星]과 화성[熒惑]이 두(斗) 성좌에 함께
들어갔다.
고려사 권48 지2 [E]

신종 4년(1201) 신유 12. 16. (임진)

/양 1202. 1. 11./

十二月 壬辰 月犯軒轅北第一星
달이 헌원(軒轅) 성좌의 북쪽 첫째 별을 범하
였다.
고려사 권48 지2 [C]

신종 4년(1201) 신유 12. 19. (을미)

/양 1202. 1. 14./

十二月 乙未 入太微右掖門
<달이> 태미원[大微]의 우액문(右掖門)으로 들어
갔다.
고려사 권48 지2 [C]

신종 4년(1201) 신유 12. 20. (병신)

/양 1202. 1. 15./

十二月 丙申 日北有抱氣 內赤外靑
태양 북쪽에 반원 형태의 햇무리[抱氣]가 있었는데
그 안쪽은 적색(赤色)이고 바깥쪽은 청색이었다.
고려사 권47 지1 [O]

신종 4년(1201) 신유 12. 21. (정유)

/양 1202. 1. 16./

十二月 丁酉 又入大微
<달이> 또한 태미원[大微]으로 들어갔다.
고려사 권48 지2 [C]

신종 4년(1201) 신유 12. 27. (계묘)

/양 1202. 1. 22./

十二月 癸酉 月與太白同舍于斗152)
달과 금성[太白]이 함께 두(斗) 성좌로 들어갔다.
고려사 권48 지2 [C]

신종 5년(1202) 임술 1. 18. (갑자)

/양 1202. 2. 12./

正月 甲子 歲星與熒惑太白同舍于南斗
목성[歲星], 화성[熒惑], 금성[太白]이 함께 남두
(南斗) 성좌에 모였다.
고려사 권48 지2 [E]

---

152) 斗(두): 두(斗) 성좌-1임.

신종 5년(1202) 임술 2. 27. (임인)

/양 1202. 3. 22./

二月 壬寅 熒惑太白入羽林
화성[熒惑]과 금성[太白]이 우림(羽林) 성좌에
들어갔다.
고려사 권48 지2 [E]

신종 5년(1202) 임술 4. 9. (계미)

/양 1202. 5. 2./

四月 癸未 月入大微
달이 태미원[大微]으로 들어갔다.
고려사 권48 지2 [C]

신종 5년(1202) 임술 5. 8. (신해)

/양 1202. 5. 30./

五月 辛亥 熒惑鎭星同舍于奎
화성[熒惑]과 토성[鎭星]이 함께 규(奎) 성좌에
들어갔다.
고려사 권48 지2 [E]

신종 5년(1202) 임술 7. 4. (병오)

/양 1202. 7. 24./

七月 丙午 月入大微
달이 태미원[大微]으로 들어갔다.
고려사 권48 지2 [C]

신종 5년(1202) 임술 8. 5. (병자)

/양 1202. 8. 23./

八月 丙子 日中有黑子 大如梨
태양에 흑점[黑子]이 있었는데, 그 크기는 배
[梨]만 하였다.
고려사 권47 지1 ; 고려사절요 권14 [M]

신종 5년(1202) 임술 8. 23. (갑오)

/양 1202. 9. 10./

八月 甲午 月食東井北轅西第一星
달이 동정(東井) 성좌의 북쪽 열을 이루는 별들
[北轅]중 서쪽에 있는 첫째 별을 가렸다.
고려사 권48 지2 [C]

신종 5년(1202) 임술 9. 4. (을사)

/양 1202. 9. 21./

九月 乙巳 熒惑犯司怪南第二星
화성[熒惑]이 사괴(司怪) 성좌의 남쪽 둘째 별을

범하였다.
고려사 권48 지2 [F]

신종 5년(1202) 임술 10. 23. (갑오)

/양 1202. 11. 9./

十月 甲午 月入大微
달이 태미원[大微]으로 들어갔다.
고려사 권48 지2 [C]

신종 5년(1202) 임술 10. 29. (경자)

/양 1202. 11. 15./

十月 庚子 流星出北河指北入天際 大如缶 尾長
七尺許
유성(流星)이 북하(北河) 성좌에서 나와 북쪽
하늘가로 들어갔는데, 그 크기는 두레박[缶]만
하였고, 꼬리의 길이가 10척쯤 되었다.
고려사 권48 지2 [R]

신종 5년(1202) 임술 11. 7. (무신)

/양 1202. 11. 23./

十一月 戊申 月入羽林
달이 우림(羽林) 성좌로 들어갔다.
고려사 권48 지2 [C]

신종 5년(1202) 임술 12. 14. (갑신)

/양 1202. 12. 29./

十二月 甲申 日北有朱暈如斷虹 外有直氣 東西
有珥
태양 북쪽에 붉은 햇무리가 있었는데 마치 무
지개를 끊어 놓은 것 같았다. 그 밖에 일직선
모양의 기운이 있었으며 태양 동쪽과 서쪽에는
귀고리가 있었다.
고려사 권47 지1 ; 고려사 권48 지2 [O]

신종 5년(1202) 임술 12. 20. (경인)

/양 1203. 1. 4./

十二月 庚寅 太白入羽林 月犯大微東藩上相
금성[太白]이 우림(羽林) 성좌로 들어갔으며 달
이 태미동번[大微東藩] 성좌의 상상성(上相星)
을 범하였다.
고려사 권48 지2 [F] [C]

신종 5년(1202) 임술 윤12. 4. (갑진)

/양 1203. 1. 18./

閏十二月 甲辰 太白晝見

금성[太白]이 낮에 나타났다.
고려사 권 21 세가21 [G]

신종 5년(1202) 임술 윤12. 4. (갑진)

/양 1203. 1. 18./

閏月 甲辰 太白晝見 月入羽林
금성[太白]이 낮에 나타났다. 달이 우림(羽林)
성좌에 들어갔다.
고려사 권48 지2 [G] [C]

신종 6년(1203) 계해 1. 3. (계유)

/양 1203. 2. 16./

正月 癸酉 太白鎭星同舍于奎
달이 금성[太白], 토성[鎭星]과 함께 규(奎) 성
좌에 모였다.
고려사 권48 지2 [C]

신종 6년(1203) 계해 1. 8. (무인)

/양 1203. 2. 21./

正月 戊寅 與熒惑同舍于參
<달이> 화성[熒惑]과 함께 삼(參) 성좌에 모였다.
고려사 권48 지2 [C]

신종 6년(1203) 계해 2. 4. (계묘)

/양 1203. 3. 18./

二月 癸卯 月與太白同舍于昴
달이 금성[太白]과 함께 묘(昴) 성좌에 모였다.
고려사 권48 지2 [C]

신종 6년(1203) 계해 2. 7. (병오)

/양 1203. 3. 21./

二月 丙午 月與熒惑同舍于井
달이 화성[熒惑]과 함께 정(井) 성좌에 모였다.
고려사 권48 지2 [C]

신종 6년(1203) 계해 3. 10. (기묘)

/양 1203. 4. 23./

三月 己卯 月入大微端門
달이 태미원[大微]의 단문(端門)으로 들어갔다.
고려사 권48 지2 [C]

신종 6년(1203) 계해 3. 22. (신묘)

/양 1203. 5. 5./

三月 辛卯 熒惑入輿鬼. 歲星與月同入羽林

화성[熒惑]이 여귀(輿鬼) 성좌에 들어갔다. 목성
[歲星]이 달과 함께 우림(羽林) 성좌에 들어갔다.
고려사 권48 지2 [F] [F]

신종 6년(1203) 계해 3. 24. (계사)

/양 1203. 5. 7./

三月 癸巳 熒惑入輿鬼 犯積尸153)
화성[熒惑]이 여귀(輿鬼) 성좌로 들어가서 적시
성(積尸星)을 범하였다.
고려사 권48 지2 [F]

신종 6년(1203) 계해 4. 3. (신축)

/양 1203. 5. 15./

四月 辛丑 月食太白于井
달이 정(井) 성좌에서 금성[太白]을 가렸다.
고려사 권48 지2 [C]

신종 6년(1203) 계해 4. 9. (정미)

/양 1203. 5. 21./

夏四月 丁未 太白晝見
금성[太白]이 낮에 나타났다.
고려사 권 21 세가21 [G]

신종 6년(1203) 계해 4. 9. (정미)

/양 1203. 5. 21./

四月 丁未 太白晝見 月犯大微
금성[太白]이 낮에 나타났다. 달이 태미원[大微]을
범하였다.
고려사 권48 지2 [G] [C]

신종 6년(1203) 계해 5. 8. (을해)

/양 1203. 6. 18./

五月 乙亥 月入大微
달이 태미원[大微]으로 들어갔다.
고려사 권48 지2 [C]

신종 6년(1203) 계해 5. 15. (임오)

/양 1203. 6. 25./

五月 壬午 入南斗
<달이> 남두(南斗) 성좌로 들어갔다.
고려사 권48 지2 [C]

신종 6년(1203) 계해 6. 16. (계축)

/양 1203. 7. 26./

六月 癸丑 太白晝見
금성[太白]이 낮에 나타났다.
고려사 권21 세가21 ; 고려사 권48 지2 [G]

신종 6년(1203) 계해 6. 29. (병인)

/양 1203. 8. 8./

六月 丙寅 入東井
<금성[太白]이> 동정(東井) 성좌로 들어갔다.
고려사 권48 지2 [F]

신종 6년(1203) 계해 7. 15. (신사)

/양 1203. 8. 23./

秋七月 辛巳 太白晝見
금성[太白]이 낮에 나타났다.
고려사 권 21 세가21 [G]

신종 6년(1203) 계해 7. 15. (신사)

/양 1203. 8. 23./

七月 辛巳 太白晝見
금성[太白]이 낮에 나타났다.
고려사 권48 지2 [G]

신종 6년(1203) 계해 8. 13. (무신)

/양 1203. 9. 19./

八月 戊申 月入羽林 太白犯軒轅大星
달이 우림(羽林) 성좌로 들어갔다. 금성[太白]이
헌원대성(軒轅大星)을 범하였다.
고려사 권48 지2 [C] [F]

신종 6년(1203) 계해 8. 19. (갑인)

/양 1203. 9. 25./

八月 甲寅 太白犯軒轅左角
금성[太白]이 헌원(軒轅) 성좌의 왼쪽 뿔[左角]을 범
하였다.
고려사 권48 지2 [F]

신종 6년(1203) 계해 9. 5. (경오)

/양 1203. 10. 11./

九月 庚午 太白 入大微右掖
<금성[太白]이> 태미원[大微]의 우액문(右掖門)
으로 들어갔다.
고려사 권48 지2 [F]

---

153) 積尸(적시): 적시성-2임.

신종 6년(1203) 계해 9. 6. (신미)

/양 1203. 10. 12./

九月 辛未 又入大微天庭 犯左執法

<금성[太白]이> 또 태미원[大微]의 천정(天庭)으로 들어가서 그 좌집법성(左執法星)을 범하였다.

고려사 권48 지2 [F]

신종 6년(1203) 계해 9. 11. (병자)

/양 1203. 10. 17./

九月 丙子 月入羽林 與歲星同舍

달이 우림(羽林) 성좌에 들어가서 목성[歲星]과 함께 모였다.

고려사 권48 지2 [C]

신종 6년(1203) 계해 9. 13. (무인)

/양 1203. 10. 19./

九月 戊寅 太白犯左執法

금성[太白]이 좌집법성(左執法星)을 범하였다.

고려사 권48 지2 [F]

신종 6년(1203) 계해 9. 26. (신묘)

/양 1203. 11. 1./

九月 辛卯 月與太白同舍于軫

달이 금성[太白]과 함께 진(軫) 성좌에 모였다.

고려사 권48 지2 [C]

신종 6년(1203) 계해 10. 22. (정사)

/양 1203. 11. 27./

十月 丁巳 月入大微端門

달이 태미원[大微]의 단문(端門)으로 들어갔다.

고려사 권48 지2 [C]

신종 6년(1203) 계해 11. 6. (경오)

/양 1203. 12. 10./

十一月 庚午 月犯疊壁西端

달이 누벽(疊壁) 성좌의 서쪽 끝을 범하였다.

고려사 권48 지2 [C]

신종 6년(1203) 계해 12. 17. (신해)

/양 1204. 1. 20./

十二月 辛亥 月入大微

달이 태미원[大微]으로 들어갔다.

고려사 권48 지2 [C]

신종 7년(1204) 갑자 1. 1. (을축)

/양 1204. 2. 3./

正月 乙丑朔 日中有黑子大如李 凡三日 太史以晉咸康八年正月 日中有黑子 夏帝崩惡其徵 不敢斥言 不敢斥言 但奏 日者人君之象若有瑕必露其惡

태양에 흑점[黑子]이 있었는데 그 크기는 자두[李]만 하였으며 3일간 계속되었다. 태사(太史)가 말하기를 「진(晉)나라 함강(咸康) 8년 (AD 342) 정월에 태양(太陽)에 흑점[黑子]이 나타났는데 그 해 여름에 임금이 죽었다」라는 사실에 비추어 태사는 이 징조를 싫어하였으나 감히 말은 하지 못하고 다만 보고하기를 태양은 임금의 상징인바 만약 임금이 잘못이 있을 때에는 반드시 그 징조를 나타낸다고 하였다.

고려사 권47 지1 [M]

신종 7년(1204) 갑자 1. 1. (을축)

/양 1204. 2. 3./

春正月 乙丑朔 日中有黑子大如李 凡三日 太史以晉成康八年正月 日中有黑子 夏帝崩惡其徵 不敢斥言 但奏 日者人君之象若有瑕必露其惡

태양에 흑점[黑子]이 있었는데 그 크기는 자두[李]만 하였으며 3일간 계속되었다. 태사(太史)가 말하기를 「진(晉)나라 함강(咸康) 8년 (AD 342) 정월에 태양(太陽)에 흑점[黑子]이 나타났는데 그 해 여름에 임금이 죽었다」라는 사실에 비추어 태사는 이 징조를 싫어하였으나 감히 말은 하지 못하고 다만 보고하기를 태양은 임금의 상징인바 만약 임금이 잘못이 있을 때에는 반드시 그 징조를 나타낸다고 하였다.

고려사절요 권14 [M]

신종 7년(1204) 갑자 5. 14. (병자)

/양 1204. 6. 13./

五月 丙子 熒惑鎭星同舍于胃

화성[熒惑]과 토성[鎭星]이 위(胃) 성좌로 들어갔다.

고려사 권48 지2 [E]

신종 7년(1204) 갑자 6. 26. (정사)

/양 1204. 7. 24./

六月 丁巳 流星出王良入危 大如木瓜 尾長十尺許

유성(流星)이 왕량(王良) 성좌에서 나와 위(危) 성좌로 들어갔다. 그 크기는 모과(木瓜)만 하였고 꼬리의 길이는 10척쯤 되었다.

고려사 권48 지2 [R]

신종 7년(1204) 갑자 7. 24. (을유)

/양 1204. 8. 21./

七月 乙酉 熒惑入井 與月同舍
화성[熒惑]이 동정(東井) 성좌로 들어 가서 달과
함께 있었다.
고려사 권48 지2 [C]

신종 7년(1204) 갑자 9. 21. (경진)

/양 1204. 10. 15./

九月 庚辰 熒惑入興鬼
화성[熒惑]이 여귀(輿鬼) 성좌로 들어갔다.
고려사 권48 지2 [F]

21. 희종(1205 ~ 1211)

희종 1년(1205) 을축 2. 8. (병신)

/양 1205. 2. 28./

二月 丙申 日暈 北有抱 東有直氣 西有背
햇무리가 있었으며 북쪽에 반원 형태의 햇무리[抱]
가 있었고 동쪽에 직선으로 된 기운이 있었으며
서쪽에 일(一)자형의 햇무리[背]가 있었다.
고려사 권47 지1 [O]

희종 3년(1207) 정묘 4. 30. (을해)

/양 1207. 5. 28./

四月 乙亥 流星出北斗入文昌 大如缶 尾長十尺
許 其尾化爲白氣如龍形 須臾滅
유성(流星)이 북두(北斗) 성좌에서 나와 문창(文昌)
성좌로 들어갔는데 그 크기가 두레박[缶]만 하였
고 꼬리의 길이는 10척쯤 되었으며 그 꼬리가 흰
기운으로 변하여 용(龍)의 형상(形象)처럼 되었다
가 얼마 후에 사라져 버렸다.
고려사 권48 지2 [R]

희종 4년(1208) 무진 2. 15. (을묘)

/양 1208. 3. 3./

春二月 乙卯 太白晝見經天
금성[太白]이 낮에 나타나 남쪽하늘에서 보였다.
고려사 권21 세가21 ; 고려사절요 권14 [G]

희종 4년(1208) 무진 2. 15. (을묘)

/양 1208. 3. 3./

二月 乙卯 太白晝見經天
금성[太白]이 낮에 나타나 남쪽하늘에서 보였다.
고려사 권48 지2 [G]

희종 4년(1208) 무진 4. 29. (무진)

/양 1208. 5. 15./

四月 戊辰 歲星入輿鬼
목성[歲星]이 여귀(輿鬼) 성좌로 들어갔다.
고려사 권48 지2 [F]

희종 4년(1208) 무진 12. 16. (신사)

/양 1209. 1. 23./

十二月 辛巳 月食密雲不見
월식이 예견(豫見)된 날이었으나 짙은 구름 때
문에 보이지 않았다.
고려사 권48 지2 [B]

희종 5년(1209) 기사 1. 22. (병진)

/양 1209. 2. 27./

正月 丙辰 月犯心大星 又犯心後星
달이 심대성(心大星)을 범하였고, 또 심(心) 성
좌의 뒷별을 범하였다.
고려사 권48 지2 [C]

희종 5년(1209) 기사 2. 19. (계미)

/양 1209. 3. 26./

二月 癸未 熒惑犯大微東藩上相
화성[熒惑]이 태미동번(太微東藩) 성좌의 상상성
(上相星)을 범하였다.
고려사 권48 지2 [F]

희종 5년(1209) 기사 4. 15. (무인)

/양 1209. 5. 20./

四月 戊寅 日有重暈 東有兩背
2중 햇무리가 있었으며 동쪽에 두개의 일(一)
자형의 햇무리[背]가 있었다.
고려사 권47 지1 [O]

희종 5년(1209) 기사 4. 15. (무인)

/양 1209. 5. 20./

四月 戊寅 月掩心大星
달이 심대성(心大星)을 가렸다.
고려사 권48 지2 [C]

희종 5년(1209) 기사 6. 1. (계해)

/양 1209. 7. 4./

六月 癸亥朔 日食
일식이 있었다.
고려사 권21 세가21 ; 고려사 권47 지1 ;
고려사절요 권14 [A]

희종 5년(1209) 기사 10. 5. (을축)

/양 1209. 11. 3./

十月 乙丑 天狗墮地 月食熒惑
천구(天狗)가 땅에 떨어졌다. 달이 화성[熒惑]을
가렸다.
고려사 권48 지2 [R] [C]

희종 5년(1209) 기사 12. 14. (갑술)

/양 1210. 1. 11./

十二月 甲戌 月犯輿鬼
달이 여귀(輿鬼) 성좌를 범하였다.
고려사 권48 지2 [C]

희종 6년(1210) 경오 2. 21. (경진)

/양 1210. 3. 18./

二月 庚辰 日暈有兩珥 北有白氣 交暈貫日
양쪽에 귀고리가 있는 햇무리가 있었고, 북쪽에
흰 기운이 있어 햇무리와 교차하며 태양을 가로
질렀다.
고려사 권47 지1 [O]

희종 6년(1210) 경오 11. 15. (기해)

/양 1210. 12. 2./

十一月 己亥 月食
월식이 있었다.
고려사 권48 지2 [B]

희종 6년(1210) 경오 12. 1. (을묘)

/양 1210. 12. 18./

十二月 乙卯朔 日食
일식이 있었다.
고려사 권21 세가21 ; 고려사 권47 지1 ;
고려사절요 권14 [A]

희종 7년(1211) 신미 2. 10. (계해)

/양 1211. 2. 24./

二月 癸亥 月犯東井鉞星 又犯南轅

달이 동정(東井) 성좌의 월성(鉞星)을 범하였고,
또 동정성좌의 남쪽 열을 이루는 별들[南轅]을
범하였다.
고려사 권48 지2 [C]

희종 7년(1211) 신미 5. 6. (정사)

/양 1211. 6. 18./

五月 丁巳 夜白氣從星張翼軫太微北斗起而滅
밤에 흰 기운이 성(星) 성좌, 장(張) 성좌, 익(翼)
성좌, 진(軫) 성좌, 태미[大微] 성좌와 북두(北斗)
성좌에서 일어났다가 없어졌다.
고려사 권 54 지8 [S]

22. 강종(1212 ~ 1213)

강종 1년(1212) 임신 10. 16. (무자)

/양 1212. 11. 10./

十月 戊子 月食
월식이 있었다.
고려사 권48 지2 [B]

강종 2년(1213) 계유 8. 5. (계유)

/양 1213. 8. 22./

八月 癸酉 日暮 有星大如日 見於乾方 俄而墮地
해질 무렵에 태양 만큼 큰 별이 서북쪽에 나타
났다가 좀 지나서 땅에 떨어졌다.
고려사 권48 지2 [H]

강종 2년(1213) 계유 8. 5. (계유)

/양 1213. 8. 22./

八月 癸酉 是日暮 有星大如日 見於乾方 俄而墮
地 夜二鼓 王薨于壽昌宮
이 날 저녁때 크기가 태양만한 별이 서북쪽에
나타났다가 조금 뒤에 땅에 떨어지더니 밤 2경
에 왕이 수창궁에서 죽었다.
고려사절요 권14 [H]

23. 고종(1214 ~ 1259)

고종 1년(1214) 갑술 4. 18. (임자)

/양 1214. 5. 28./

四月 壬子 月犯牽牛大星
달이 견우(牽牛) 성좌의 대성을 범하였다.
고려사 권48 지2 [C]

고종 1년(1214) 갑술 7. 11. (갑술)

/양 1214. 8. 18./

七月 甲戌 月掩牽牛
달이 견우(牽牛) 성좌를 가렸다.
고려사 권48 지2 [C]

고종 1년(1214) 갑술 9. 1. (임술)

/양 1214. 10. 5./

秋九月 壬戌朔 日食
일식이 있었다.
고려사 권22 세가22 [A]

고종 1년(1214) 갑술 9. 1. (임술)

/양 1214. 10. 5./

九月 壬戌朔 日食
일식이 있었다.
고려사 권47 지1 [A]

고종 2년(1215) 을해 7. 11. (무진)

/양 1215. 8. 7./

七月 戊辰 月掩柱星
달이 주(柱) 성좌를 가렸다.
고려사 권48 지2 [C]

고종 2년(1215) 을해 7. 25. (임오)

/양 1215. 8. 21./

七月 壬午 入井
<달이> 정(井) 성좌로 들어갔다.
고려사 권48 지2 [C]

고종 2년(1215) 을해 8. 19. (병오)

/양 1215. 9. 14./

八月 丙午 月犯畢
달이 필(畢) 성좌를 범하였다.
고려사 권48 지2 [C]

고종 2년(1215) 을해 8. 22. (기유)

/양 1215. 9. 17./

八月 己酉 入東井
<달이> 동정(東井) 성좌로 들어갔다.

고려사 권48 지2 [C]

고종 2년(1215) 을해 9. 11. (정묘)

/양 1215. 10. 5./

九月 丁卯 月與歲星同舍于危
달이 목성[歲星]과 함께 위(危) 성좌에 모였다.
고려사 권48 지2 [C]

고종 2년(1215) 을해 9. 13. (기사)

/양 1215. 10. 7./

九月 己巳 與熒惑同舍于奎
<달이> 화성[熒惑]과 함께 규(奎) 성좌에 모였다.
고려사 권48 지2 [C]

고종 2년(1215) 을해 9. 21. (정축)

/양 1215. 10. 15./

九月 丁丑 犯東井
<달이> 동정(東井) 성좌를 범하였다.
고려사 권48 지2 [C]

고종 2년(1215) 을해 12. 24. (무신)

/양 1216. 1. 14./

十二月 戊申 月犯氐星
달이 저(氐) 성좌를 범하였다.
고려사 권48 지2 [C]

고종 3년(1216) 병자 2. 1. (갑신)

/양 1216. 2. 19./

二月 甲申朔 日食
일식이 있었다.
고려사 권22 세가22 ; 고려사 권47 지1 ;
고려사절요 권14 [A]

고종 3년(1216) 병자 2. 10. (계사)

/양 1216. 2. 28./

二月 癸巳 月入東井
달이 동정(東井) 성좌로 들어갔다.
고려사 권48 지2 [C]

고종 3년(1216) 병자 2. 15. (무술)

/양 1216. 3. 4./

二月 戊戌 熒惑入天衢154)

---

154) 天衢(천구): 하늘의 큰 길, 방성좌의 중간 부분으로 황도가

화성[熒惑]이 천구(天衢)에 들어갔다.
고려사 권48 지2 [F]

고종 3년(1216) 병자 윤7. 14. (을미)

/양 1216. 8. 28./

閏七月 乙未 月食 司天官不奏
월식이 있었는데 사천관(司天官)이 이를 보고
하지 않았다.
고려사 권48 지2 [B]

고종 4년(1217) 정축 3. 3. (경진)

/양 1217. 4. 10./

三月 庚辰 月犯畢星
달이 필(畢) 성좌를 범하였다.
고려사 권48 지2 [C]

고종 4년(1217) 정축 3. 5. (임오)

/양 1217. 4. 12./

三月 壬午 天狗隕于五軍營中
천구(天狗)가 오군영(五軍營, 수도에 두었던 군
영) 안에 떨어졌다.
고려사 권48 지2 ; 고려사절요 권15 [R]

고종 4년(1217) 정축 3. 5. (임오)

/양 1217. 4. 12./

三月 壬午 乾方有赤氣
서북쪽에 붉은 기운이 나타났다.
고려사 권 53 지7 [S]

고종 4년(1217) 정축 3. 10. (정해)

/양 1217. 4. 17./

三月 丁亥 白虹貫于北斗第五星
흰 무지개가 북두(北斗) 성좌의 다섯째 별을 가렸다.
고려사 권48 지2 [S]

고종 4년(1217) 정축 3. 11. (무자)

/양 1217. 4. 18./

三月 戊子 赤氣見于東西
붉은 기운이 동쪽과 서쪽에 나타났다.
고려사 권 53 지7 [S]

고종 4년(1217) 정축 3. 14. (신묘)

/양 1217. 4. 21./

三月 辛卯 月與鎭星同舍
달이 토성[鎭星]과 함께 같은 성좌에 모였다.
고려사 권48 지2 [C]

고종 4년(1217) 정축 3. 14. (신묘)

/양 1217. 4. 21./

三月 辛卯 赤氣橫亘四方
붉은 기운이 사방으로 가로질러 퍼졌다.
고려사 권 53 지7 [S]

고종 4년(1217) 정축 3. 15. (임진)

/양 1217. 4. 22./

三月 壬辰 日赤無光
태양(太陽)이 붉고 광채가 없어졌다.
고려사 권47 지1 [M]

고종 4년(1217) 정축 3. 15. (임진)

/양 1217. 4. 22./

三月 壬辰 月赤黃無光犯氐星
달빛이 붉은 황색으로 광채가 없이 저(氐) 성좌를
범하였다.
고려사 권48 지2 [C]

고종 4년(1217) 정축 4. 4. (경술)

/양 1217. 5. 10./

四月 庚戌 日傍有赤氣 大如車輪 南北射氣如日
태양 곁에 붉은 기운이 있었는데 그 크기는 차바퀴
만 하였으며 남북으로 기운을 발사하는 것이 태양
과 같았다.
고려사 권47 지1 [O]

고종 4년(1217) 정축 4. 14. (경신)

/양 1217. 5. 20./

四月 庚申 月犯氐星
달이 저(氐) 성좌를 범하였다.
고려사 권48 지2 [C]

고종 4년(1217) 정축 4. 18. (갑자)

/양 1217. 5. 24./

四月 甲子 太白犯東井 又犯北轅
금성[太白]이 동정(東井) 성좌를 범하였다가 또
북쪽 열을 이루는 별들[北轅]을 범하였다.
고려사 권48 지2 [F]

지나는 길임.

고종 4년(1217) 정축 4. 22. (무진)

/양 1217. 5. 28./

四月 戊辰 月犯羽林
달이 우림(羽林) 성좌를 범하였다.
고려사 권48 지2 [C]

고종 4년(1217) 정축 6. 4. (경술)

/양 1217. 7. 9./

六月 庚戌 月與太白同舍于張
달이 금성[太白]과 함께 장(張) 성좌에 모였다.
고려사 권48 지2 [C]

고종 4년(1217) 정축 6. 22. (무진)

/양 1217. 7. 27./

六月 戊辰 有星疾流北斗武曲[155] 入攝提間 大如
木瓜 尾長一丈許. 月與歲星同舍于畢
한 별이 북두(北斗) 성좌의 무곡성(武曲星)으로
빠르게 흘러갔다가 두 섭제(左攝提, 右攝提) 성
좌 사이로 들어갔는데, 그 크기가 모과(木瓜)만
하였고 꼬리의 길이는 한 장(丈)쯤 되었다. 달
이 목성[歲星]과 함께 필(畢) 성좌에 모였다.
고려사 권48 지2 [R] [C]

고종 4년(1217) 정축 6. 24. (경오)

/양 1217. 7. 29./

六月 庚午 入東井南轅第二星
<달이> 동정(東井) 성좌의 남쪽 열을 이루는
별들[南轅]중 둘째 별에 들어갔다.
고려사 권48 지2 [C]

고종 4년(1217) 정축 6. 25. (신미)

/양 1217. 7. 30./

六月 庚午 入東井南轅第二星
<달이> 동정(東井) 성좌의 남쪽 열을 이루는
별들[南轅]중 둘째 별을 범하였다.
고려사 권48 지2 [C]

고종 4년(1217) 정축 6. - (무자)

/양 1217. 7. - /

六月 戊子[156] 紫氣漫天
자색 기운이 온 하늘에 퍼져 있었다.
고려사 권 53 지7 [S]

---

155) 武曲(무곡): 북두칠성(北斗七星)의 여섯째 별.
156) 6월에 무자일이 없음. 무자일은 5/12, 7/13에 있음.

고종 4년(1217) 정축 7. 1. (병자)

/양 1217. 8. 4./

秋七月 丙子朔 日食
일식이 있었다.
고려사 권22 세가22 ; 고려사절요 권15 [A]

고종 4년(1217) 정축 7. 1. (병자)

/양 1217. 8. 4./

七月 丙子朔 日食
일식이 있었다.
고려사 권47 지1 [A]

고종 4년(1217) 정축 7. 7. (임오)

/양 1217. 8. 10./

七月 壬午 太白犯左角 熒惑歲星同舍于昴
금성[太白]이 좌각성(左角星)을 범하였다. 화성[熒惑]
과 목성[歲星]이 묘(昴) 성좌에 함께 모였다.
고려사 권48 지2 [E] [F]

고종 4년(1217) 정축 7. 20. (을미)

/양 1217. 8. 23./

七月 乙未 月犯畢星
달이 필(畢) 성좌를 범하였다.
고려사 권48 지2 [C]

고종 4년(1217) 정축 7. 21. (병신)

/양 1217. 8. 24./

七月 丙申 犯畢 與熒惑同舍
<달이> 필(畢) 성좌를 범하였다가, 화성[熒惑]과
함께 같은 성좌에 모였다.
고려사 권48 지2 [C]

고종 4년(1217) 정축 7. 24. (기해)

/양 1217. 8. 27./

七月 己亥 入東井
<달이> 동정(東井) 성좌에 들어갔다.
고려사 권48 지2 [C]

고종 4년(1217) 정축 12. 15. (무오)

/양 1218. 1. 13./

十二月 戊午 月食
월식이 있었다.
고려사 권48 지2 [B]

고종 5년(1218) 무인 2. 1. (계묘)

/양 1218. 2. 27./

二月 癸卯朔 月入東井
달이 동정(東井) 성좌로 들어갔다.
고려사 권48 지2 [C]

고종 5년(1218) 무인 2. 18. (경신)

/양 1218. 3. 16./

二月 庚申 與鎭星同舍于亢
<달이> 토성[鎭星]과 함께 항(亢) 성좌에 모였다.
고려사 권48 지2 [C]

고종 5년(1218) 무인 3. 3. (갑술)

/양 1218. 3. 30./

三月 甲戌 熒惑犯東井第一星
화성[熒惑]이 동정(東井) 성좌의 첫째 별을 범하였다.
고려사 권48 지2 [F]

고종 5년(1218) 무인 3. 4. (을해)

/양 1218. 3. 31./

三月 乙亥 月犯畢大星
달이 필대성(畢大星)을 범하였다.
고려사 권48 지2 [C]

고종 5년(1218) 무인 3. 13. (갑신)

/양 1218. 4. 9./

三月 甲申 犯大微左執法
<달이> 태미원[大微]의 좌집법성(左執法星)을
범하였다.
고려사 권48 지2 [C]

고종 5년(1218) 무인 3. 16. (정해)

/양 1218. 4. 12./

三月 丁亥 與鎭星同舍于亢
<달이> 토성[鎭星]과 함께 항(亢) 성좌에 모였다.
고려사 권48 지2 [C]

고종 5년(1218) 무인 3. 17. (무자)

/양 1218. 4. 13./

三月 戊子 入氐
<달이> 저(氐) 성좌로 들어갔다.
고려사 권48 지2 [C]

고종 5년(1218) 무인 6. 11. (신해)

/양 1218. 7. 5./

六月 辛亥 虹霓環日
무지개가 태양을 둘러싸고 있었다.
고려사 권48 지2 [O]

고종 5년(1218) 무인 7. 1. (경오)

/양 1218. 7. 24./

秋七月 庚午朔 日食
일식이 있었다.
고려사 권22 세가22 ; 고려사절요 권15 [A]

고종 5년(1218) 무인 7. 1. (경오)

/양 1218. 7. 24./

七月 庚午朔 日食
일식이 있었다.
고려사 권47 지1 [A]

고종 5년(1218) 무인 7. 1. (경오)

/양 1218. 7. 24./

秋七月 庚午朔 日食
일식이 있었다.
고려사 권47 지1 [A]

고종 5년(1218) 무인 7. 4. (계유)

/양 1218. 7. 27./

七月 癸酉 歲星犯東井鉞
목성[歲星]이 동정(東井) 성좌의 월성(鉞星)을 범하
였다.
고려사 권48 지2 [F]

고종 5년(1218) 무인 7. 15. (갑신)

/양 1218. 8. 7./

七月 甲申 月入壘壁陣西端第二星
달이 누벽진(壘壁陣) 성좌의 서쪽 끝 둘째 별로
들어갔다.
고려사 권48 지2 [C]

고종 5년(1218) 무인 7. 16. (을유)

/양 1218. 8. 8./

七月 乙酉 歲星犯東井
목성[歲星]이 동정(東井) 성좌를 범하였다.
고려사 권48 지2 [F]

고종 5년(1218) 무인 7. 24. (계사)

/양 1218. 8. 16./

七月 癸巳 月與歲星同舍東井
달이 목성[歲星]과 함께 동정(東井) 성좌에 모였다.
고려사 권48 지2 [C]

고종 5년(1218) 무인 8. 5. (갑진)

/양 1218. 8. 27./

八月 甲辰 月與鎭星同舍于亢
달이 토성[鎭星]과 함께 항(亢) 성좌에 들어갔다.
고려사 권48 지2 [C]

고종 5년(1218) 무인 8. 6. (을사)

/양 1218. 8. 28./

八月 乙巳 入氐
<달이> 저(氐) 성좌로 들어갔다.
고려사 권48 지2 [C]

고종 5년(1218) 무인 8. 9. (무신)

/양 1218. 8. 31./

八月 戊申 掩南斗
<달이> 남두(南斗) 성좌를 가렸다.
고려사 권48 지2 [C]

고종 5년(1218) 무인 8. 10. (기유)

/양 1218. 9. 1./

八月 己酉 犯津星
<달이> 진(津) 성좌를 범하였다.
고려사 권48 지2 [C]

고종 5년(1218) 무인 8. 13. (임자)

/양 1218. 9. 4./

八月 壬子 入羽林
<달이> 우림(羽林) 성좌로 들어갔다.
고려사 권48 지2 [C]

고종 5년(1218) 무인 8. 19. (무오)

/양 1218. 9. 10./

八月 戊午 犯畢岐[157]
<달이> 필(畢) 성좌에의 갈림길(岐)을 범하였다.
고려사 권48 지2 [C]

고종 5년(1218) 무인 8. 22. (신유)

/양 1218. 9. 13./

八月 辛酉 犯東井 又與歲星同舍 有流星出五車
入紫微 大如缶
<달이> 동정(東井) 성좌를 범하였다. <달이> 또
목성[歲星]과 함께 같은 성좌에 모였다. 유성(流
星)이 오거(五車) 성좌에서 나와 자미원(紫微垣)
으로 들어갔는데, 그 크기가 두레박[缶]만 하였다.
고려사 권48 지2 [C] [C] [R]

고종 5년(1218) 무인 8. 24. (계해)

/양 1218. 9. 15./

八月 癸亥 月犯輿鬼
달이 여귀(輿鬼) 성좌를 범하였다.
고려사 권48 지2 [C]

고종 5년(1218) 무인 9. 6. (을해)

/양 1218. 9. 27./

九月 乙亥 日暈
햇무리가 있었다.
고려사 권47 지1 [O]

고종 5년(1218) 무인 9. 7. (병자)

/양 1218. 9. 28./

九月 丙子 月犯建星
달이 건(建) 성좌를 범하였다.
고려사 권48 지2 [C]

고종 5년(1218) 무인 9. 12. (신사)

/양 1218. 10. 3./

九月 辛巳 入羽林
<달이> 우림(羽林) 성좌로 들어갔다.
고려사 권48 지2 [C]

고종 5년(1218) 무인 9. 17. (병술)

/양 1218. 10. 8./

九月 丙戌 流星出羽林入壘壁 大如木瓜 月入畢星
유성(流星)이 우림(羽林) 성좌에서 나와 누벽(壘
壁) 성좌로 들어갔는데, 그 크기가 모과(木瓜)만
하였다. 달이 필(畢) 성좌에 들어갔다.
고려사 권48 지2 [R] [C]

---

157) 畢岐(필기): 필 성좌는 Y자 모양이므로 그 갈라지는 부분을
　　　말하는 것으로 보임.

고종 5년(1218) 무인 9. 19. (무자)

/양 1218. 10. 10./

九月 戊子 掩東井 又與歲星同舍
<달이> 동정(東井) 성좌를 가리웠고 또 목성
[歲星]과 함께 같은 성좌에 모였다.
고려사 권48 지2 [C]

고종 5년(1218) 무인 9. 21. (경인)

/양 1218. 10. 12./

九月 庚寅 犯輿鬼
<달이> 여귀(輿鬼) 성좌을 범하였다.
고려사 권48 지2 [C]

고종 5년(1218) 무인 9. 23. (임진)

/양 1218. 10. 14./

九月 壬辰 入軒轅
<달이> 헌원(軒轅) 성좌에 들어갔다.
고려사 권48 지2 [C]

고종 5년(1218) 무인 9. 25. (갑오)

/양 1218. 10. 16./

九月 甲午 入大微
<달이> 태미원[大微]으로 들어갔다.
고려사 권48 지2 [C]

고종 5년(1218) 무인 10. 9. (정미)

/양 1218. 10. 29./

十月 丁未 月入羽林壘壁
달이 우림(羽林) 성좌와 누벽(壘壁) 성좌로 들어갔다.
고려사 권48 지2 [C]

고종 5년(1218) 무인 10. 18. (병진)

/양 1218. 11. 7./

十月 丙辰 與歲星同舍東井
<달이> 목성[歲星]과 함께 동정(東井) 성좌에
모였다.
고려사 권48 지2 [C]

고종 5년(1218) 무인 11. 8. (병자)

/양 1218. 11. 27./

十一月 丙子 鎭星入氐
토성[鎭星]이 저(氐) 성좌로 들어갔다.
고려사 권48 지2 [F]

고종 5년(1218) 무인 11. 13. (신사)

/양 1218. 12. 2./

十一月 辛巳 月入畢星
달이 필(畢) 성좌에 들어갔다.
고려사 권48 지2 [C]

고종 5년(1218) 무인 12. 14. (임자)

/양 1219. 1. 2./

十二月 壬子 月食
월식이 있었다.
고려사 권48 지2 [B]

고종 6년(1219) 기묘 4. 28. (계사)

/양 1219. 6. 12./

四月 癸巳 白氣亘天
흰 기운이 하늘에 퍼졌다.
고려사 권54 지8 ; 고려사 권48 지2 [S]

고종 6년(1219) 기묘 5. 7. (신축)

/양 1219. 6. 20./

五月 辛丑 月入大微左執法
달이 태미원[大微]의 좌집법성(左執法星)으로
들어갔다.
고려사 권48 지2 [C]

고종 6년(1219) 기묘 5. 16. (경술)

/양 1219. 6. 29./

五月 庚戌 月食
월식이 있었다.
고려사 권48 지2 [B]

고종 6년(1219) 기묘 6. 2. (을축)

/양 1219. 7. 14./

六月 乙丑 太白晝見經天 十四日乃滅
태백성[太白]이 낮에 나타나 남쪽하늘에서 보
였는데, 14일만에 사라졌다.
고려사 권22 세가22 ; 고려사 권48 지2 ;
고려사절요 권15 [G]

고종 6년(1219) 기묘 6. 8. (신미)

/양 1219. 7. 20./

六月 辛未 有氣如烟生 于藿井宮鴨脚樹
연기와 같은 기운이 곽정궁 은행나무[鴨脚樹]에
서 일어났다.

고종 6년(1219) 기묘 6. 9. (임신)

/양 1219. 7. 21./

六月 壬申 月入氐星 又與鎭星同舍
달이 저(氐) 성좌에 들어갔으며 또 토성[鎭星]과
함께 같은 성좌에 모였다.
고려사 권48 지2 [C]

고종 6년(1219) 기묘 6. 15. (무인)

/양 1219. 7. 27./

六月 戊寅 太白入東井
금성 [太白]이 동정(東井) 성좌에 들어갔다.
고려사 권48 지2 [F]

고종 6년(1219) 기묘 7. 15. (무신)

/양 1219. 8. 26./

七月 戊申 歲星犯輿鬼
목성[歲星]이 여귀(輿鬼) 성좌를 범하였다.
고려사 권48 지2 [F]

고종 6년(1219) 기묘 7. 18. (신해)

/양 1219. 8. 29./

七月 辛亥 月入畢
달이 필(畢) 성좌에 들어갔다.
고려사 권48 지2 [C]

고종 6년(1219) 기묘 7. 20. (계축)

/양 1219. 8. 31./

七月 癸丑 歲星入積屍[158]
목성[歲星]이 적시성(積屍星)에 들어갔다.
고려사 권48 지2 [F]

고종 6년(1219) 기묘 7. 26. (기미)

/양 1219. 9. 6./

七月 己未 月入歲星
달이 목성[歲星]으로 들어갔다.
고려사 권48 지2 [C]

고종 6년(1219) 기묘 8. 26. (기축)

/양 1219. 10. 6./

八月 己丑 流星出艮曆箕斗 貫南斗而墮 大如牛

---

158) 積屍(적시): 적시성-2임.

長三百尺許
유성(流星)이 동북쪽[艮方]에서 나와 기(箕) 성좌
와 두(斗) 성좌를 지나 남두(南斗) 성좌를 관통하
고 떨어졌는데, 그 크기가 소[牛]만 하였으며 길
이가 300척쯤 되었다.
고려사 권48 지2 [R]

고종 6년(1219) 기묘 9. 1. (계사)

/양 1219. 10. 10./

九月 癸巳 太白入大微
금성[太白]이 태미원[大微]으로 들어갔다.
고려사 권48 지2 [F]

고종 6년(1219) 기묘 9. 9. (신축)

/양 1219. 10. 18./

九月 辛丑 犯左執法
<금성이> 좌집법성(左執法星)을 범하였다.
고려사 권48 지2 [F]

고종 6년(1219) 기묘 9. 20. (임자)

/양 1219. 10. 29./

九月 壬子 月犯熒惑 日官奏貴人死 崔忠獻果死
달이 화성[熒惑]을 범하였는데 일관(日官)이 보
고 하기를 「귀인(貴人)이 죽을 것이다」라고 하
더니 과연 최충헌(崔忠獻)이 죽었다.
고려사 권48 지2 [C]

고종 6년(1219) 기묘 9. 20. (임자)

/양 1219. 10. 29./

九月 壬子 月犯熒惑 日官奏貴人死 忠獻聞之 召集樂
工數十 奏樂竟日 至夜三鼓 樂未闋 忠獻果死
달이 화성[熒惑]을 범하였다. 일관(日官)이 아뢰
기를 「귀인(貴人)이 죽을 것입니다」라고 하였다.
최충헌이 그 말을 듣고 악공(樂工)을 수십명 불
러모아 하루종일 음악을 연주하였는데 밤 12시
경[三鼓]에 이르러 연주를 마치기 전에 과연 최
충헌(崔忠獻)이 죽었다.
고려사절요 권15 [C]

고종 6년(1219) 기묘 10. 5. (정묘)

/양 1219. 11. 13./

十月 丁卯 太白入亢
금성[太白]이 항(亢) 성좌로 들어갔다.
고려사 권48 지2 [F]

고종 6년(1219) 기묘 10. 14. (병자)

/양 1219. 11. 22./

十月 丙子 月入畢
달이 필(畢) 성좌로 들어갔다.
고려사 권48 지2 [C]

고종 6년(1219) 기묘 10. 17. (기묘)

/양 1219. 11. 25./

十月 己卯 太白犯房上相
금성[太白]이 방(房) 성좌의 상상성(上相星)을
범하였다.
고려사 권48 지2 [F]

고종 6년(1219) 기묘 11. 15. (정미)

/양 1219. 12. 23./

十一月 丁未 月食
월식이 있었다.
고려사 권48 지2 [B]

고종 6년(1219) 기묘 11. 22. (갑인)

/양 1219. 12. 30./

十一月 甲寅 白虹貫日
흰 무지개가 태양을 가로질러 갔다.
고려사 권47 지1 [O]

고종 6년(1219) 기묘 12. 1. (계해)

/양 1220. 1. 8./

十二月 癸亥 日珥
태양에 귀고리가 있었다.
고려사 권47 지1 [O]

고종 7년(1220) 경진 1. 1. (임진)

/양 1220. 2. 6./

正月 壬辰 彗出鉤星 尾指西北 長三尺許
혜성이 구(鉤) 성좌에 나타났는데 그 꼬리는 서북
(西北)쪽을 향하였고 길이는 3척쯤 되었다.
고려사 권48 지2 [H]

고종 7년(1220) 경진 1. 1. (임진)

/양 1220. 2. 6./

春正月 壬辰朔 彗出鉤星
혜성이 구(鉤) 성좌에서 나왔다.
고려사절요 권15 [H]

고종 7년(1220) 경진 1. 9. (경자)

/양 1220. 2. 14./

正月 庚子 月掩東井 與熒惑同舍
달이 동정(東井) 성좌를 가리웠고 또 화성[熒
惑]과 함께 같은 성좌에 모였다.
고려사 권48 지2 [C]

고종 7년(1220) 경진 1. 16. (정미)

/양 1220. 2. 21./

正月 丁未 入大微
<달이> 태미원[大微]으로 들어갔다.
고려사 권48 지2 [C]

고종 7년(1220) 경진 2. 7. (무진)

/양 1220. 3. 13./

二月 戊辰 白虹貫日
흰 무지개가 태양을 가로질러 갔다.
고려사 권47 지1 [O]

고종 7년(1220) 경진 2. 15. (병자)

/양 1220. 3. 21./

二月 丙子 熒惑犯五諸侯159) 有星孛于軒轅
화성[熒惑]이 오제후(五諸侯) 성좌를 범하였다.
혜성[星孛]이 헌원(軒轅) 성좌에 나타났다.
고려사 권48 지2 [F] [H]

고종 7년(1220) 경진 2. 17. (무인)

/양 1220. 3. 23./

二月 戊寅 赤祲竟天 三日
붉은 기운이 3일간이나 하늘을 가로질렀다.
고려사 권 53 지7 [S]

고종 7년(1220) 경진 3. 13. (계묘)

/양 1220. 4. 17./

三月 癸卯 月與熒惑犯輿鬼
달과 화성[熒惑]이 여귀(輿鬼) 성좌를 범하였다.
고려사 권48 지2 [C]

고종 7년(1220) 경진 6. 3. (신유)

/양 1220. 7. 4./

六月 辛酉 太白晝見經天
금성[太白]이 낮에 나타나 남쪽하늘에서 보였다.

---

159) 五諸侯(오제후): 오제후 성좌-2임.

고려사 권 53 지7 ; 고려사 권48 지2 ;
고려사절요 권15 [G]

고종 7년(1220) 경진 6. 20. (무인)

/양 1220. 7. 21./

六月 戊寅 太白晝見經天
금성[太白]이 낮에 나타나 남쪽하늘에서 보였다.
고려사 권 22 세가22 ; 고려사 권48 지2 ;
고려사절요 권15 [G]

고종 7년(1220) 경진 8. 7. (갑자)

/양 1220. 9. 5./

秋八月 甲子 亦如之
역시 <금성[太白]이 낮에 나타나 하늘을 가로
질렀다>.
고려사 권22 세가22 ; 고려사절요 권15 [G]

고종 7년(1220) 경진 8. 7. (갑자)

/양 1220. 9. 5./

八月 甲子 亦如之
역시 <금성[太白]이 낮에 나타나 하늘을 가로
질렀다>.
고려사 권48 지2 [G]

고종 7년(1220) 경진 8. 22. (기묘)

/양 1220. 9. 20./

八月 己卯 天狗墜於市街
천구(天狗)가 시가지(市街地)에 떨어졌다.
고려사 권48 지2 [R]

고종 7년(1220) 경진 10. 3. (기미)

/양 1220. 10. 30./

十月 己未 熒惑太白犯南斗
화성[熒惑]과 금성[太白]이 남두(南斗) 성좌를
범하였다.
고려사 권48 지2 [E]

고종 7년(1220) 경진 11. 5. (신묘)

/양 1220. 12. 1./

十一月 辛卯 太白晝見經天
금성[太白]이 낮에 나타나 남쪽하늘에서 보였다.
고려사 권22 세가22 ; 고려사 권48 지2;
고려사절요 권15 [G]

고종 7년(1220) 경진 12. - (-)

/양 1221. 1. - /

十二月 有星孛于北斗
혜성[星孛]이 북두(北斗) 성좌에 나타났다.
고려사 권48 지2 [H]

고종 8년(1221) 신사 5. 1. (갑신)

/양 1221. 5. 23./

五月 甲申朔 日食
일식이 있었다.
고려사 권22 세가22 ; 고려사 권47 지1 [A]

고종 8년(1221) 신사 5. 1. (갑신)

/양 1221. 5. 23./

夏五月 甲申朔 日食
일식이 있었다.
고려사절요 권15 [A]

고종 8년(1221) 신사 6. 2. (을묘)

/양 1221. 6. 23./

六月 乙卯 太白晝見經天
금성[太白]이 낮에 나타나 남쪽하늘에서 보였다.
고려사 권22 세가22 ; 고려사 권48 지2 ;
고려사절요 권15 [G]

고종 8년(1221) 신사 8. 25. (병자)

/양 1221. 9. 12./

八月 丙子 赤氣見于東方
붉은 기운이 동쪽에 나타났다.
고려사 권 53 지7 [S]

고종 8년(1221) 신사 9. 5. (병술)

/양 1221. 9. 22./

九月 丙戌 熒惑犯輿鬼
화성[熒惑]이 여귀(輿鬼) 성좌를 범하였다.
고려사 권48 지2 [F]

고종 8년(1221) 신사 9. 8. (기축)

/양 1221. 9. 25./

九月 己丑 熒惑掩積屍160)
화성[熒惑]이 적시성(積屍星)을 가렸다.
고려사 권48 지2 [F]

---

160) 積屍(적시): 적시성-2임.

고종 8년(1221) 신사 9. 23. (갑진)

/양 1221. 10. 10./

九月 甲辰 月與熒惑同舍于柳星 歲星守太微端門
달이 화성[熒惑]과 함께 류(柳) 성좌에 모였다.
목성[歲星]이 태미[大微] 성좌의 단문(端門)을 떠나지 않았다.
고려사 권48 지2 [C] [F]

고종 8년(1221) 신사 9. 26. (정미)

/양 1221. 10. 13./

九月 丁未 月與歲星犯大微左執法
달과 목성[歲星]이 태미원[大微]의 좌집법성(左執法星)을 범하였다.
고려사 권48 지2 [C]

고종 8년(1221) 신사 10. 24. (갑술)

/양 1221. 11. 9./

十月 甲戌 月犯大微右執法
달이 태미원[大微]의 우집법성(右執法星)을 범하였다.
고려사 권48 지2 [C]

고종 8년(1221) 신사 10. 25. (을해)

/양 1221. 11. 10./

十月 乙亥 又與歲星同舍于軫
<달이> 또 목성[歲星]과 함께 진(軫) 성좌에 모였다.
고려사 권48 지2 [C]

고종 8년(1221) 신사 11. 1. (신사)

/양 1221. 11. 16./

十一月 辛巳朔 熒惑與軒轅大星同舍
화성[熒惑]이 헌원대성(軒轅大星)과 같은 성좌에 모였다.
고려사 권48 지2 [F]

고종 8년(1221) 신사 11. 21. (신축)

/양 1221. 12. 6./

十一月 辛丑 月入大微
달이 태미원[大微]으로 들어갔다.
고려사 권48 지2 [C]

고종 8년(1221) 신사 11. 22. (임인)

/양 1221. 12. 7./

十一月 壬寅 月與熒惑同舍
달이 화성[熒惑]과 함께 같은 성좌에 모였다.
고려사 권48 지2 [C]

고종 8년(1221) 신사 12. 14. (갑자)

/양 1221. 12. 29./

十二月 甲子 月與東井同舍
달이 동정(東井) 성좌와 같은 곳에 있었다.
고려사 권48 지2 [C]

고종 8년(1221) 신사 12. 19. (기사)

/양 1222. 1. 3./

十二月 己巳 入大微與左執法同舍
<달이> 태미원[大微]으로 들어가서 좌집법성(左執法星)과 함께 있었다.
고려사 권48 지2 [C]

고종 8년(1221) 신사 12. 30. (경진)

/양 1222. 1. 14./

十二月 庚辰 流星出閣道入營室 大如缶 尾長五尺許
유성(流星)이 각도(閣道) 성좌에서 나와 영실(營室) 성좌로 들어갔는데 그 크기가 두레박[缶]만 하였고 꼬리의 길이는 5척쯤 되었다.
고려사 권48 지2 [R]

고종 8년(1221) 신사 윤12. 8. (무자)

/양 1222. 1. 22./

閏月 戊子 熒惑犯軒轅大星
화성[熒惑]이 헌원대성(軒轅大星)을 범하였다.
고려사 권48 지2 [F]

고종 8년(1221) 신사 윤12. 17. (정유)

/양 1222. 1. 31./

閏月 丁酉 月入大微犯東藩上相
달이 태미원[大微]으로 들어가서 그 동번(東藩) 성좌의 상상성(上相星)을 범하였다.
고려사 권48 지2 [C]

고종 9년(1222) 임오 2. 13. (임진)

/양 1222. 3. 27./

二月 壬辰 月入大微 與歲星同舍 又掩東藩上相
달이 태미원[大微]으로 들어가서 목성[歲星]과 함께 모였고 <달은> 또 동번(東藩) 성좌의 상상성(上相星)을 가렸다.

고종 9년(1222) 임오 2. 16. (을미)

/양 1222. 3. 30./

二月 乙未 犯氐東南星
<달이> 저(氐) 성좌의 동남(東南)쪽 별을 범하였다.
고려사 권48 지2 [C]

고종 9년(1222) 임오 2. 17. (병신)

/양 1222. 3. 31./

二月 丙申 又犯房第二星
또 <달이> 방(房) 성좌의 둘째 별을 범하였다.
고려사 권48 지2 [C]

고종 9년(1222) 임오 3. 13. (임술)

/양 1222. 4. 26./

三月 壬戌 月犯氐星
달이 저(氐) 성좌를 범하였다.
고려사 권48 지2 [C]

고종 9년(1222) 임오 3. 14. (계해)

/양 1222. 4. 27./

三月 癸亥 月食
월식이 있었다.
고려사 권48 지2 [B]

고종 9년(1222) 임오 3. 17. (병인)

/양 1222. 4. 30./

三月 丙寅 歲星入大微犯右執法
목성[歲星]이 태미원[大微]으로 들어 가서 우집법
성(右執法星)을 범하였다.
고려사 권48 지2 [F]

고종 9년(1222) 임오 3. 21. (경오)

/양 1222. 5. 4./

三月 庚午 四方赤祲
사방에 이상한 붉은 기운이 나타났다.
고려사 권 53 지7 [S]

고종 9년(1222) 임오 4. 3. (신사)

/양 1222. 5. 15./

四月 辛巳 歲星與熒惑守左執法
목성[歲星]이 화성[熒惑]과 함께 좌집법성(左執
法星)을 떠나지 않았다.

고종 9년(1222) 임오 4. 16. (갑오)

/양 1222. 5. 28./

四月 甲午 月犯南斗
달이 남두(南斗) 성좌를 범하였다.
고려사 권48 지2 [C]

고종 9년(1222) 임오 4. 27. (을사)

/양 1222. 6. 8./

四月 乙巳 赤祲見于東方
이상한 붉은 기운이 동쪽에 나타났다.
고려사 권 53 지7 [S]

고종 9년(1222) 임오 5. 4. (신해)

/양 1222. 6. 14./

五月 辛亥 月與太白同舍于星七星
달이 금성[太白]과 함께 성(星) 성좌의 일곱개
의 별(七星)과 같이 있었다.
고려사 권48 지2 [C]

고종 9년(1222) 임오 5. 7. (갑인)

/양 1222. 6. 17./

五月 甲寅 月犯大微東藩上將
달이 태미동번(太微東蕃) 성좌의 상장성(上將
星)을 범하였다.
고려사 권48 지2 [C]

고종 9년(1222) 임오 7. 24. (경오)

/양 1222. 9. 1./

七月 庚午 赤祲見于西北
이상한 붉은 기운이 서북쪽에 나타났다.
고려사 권 53 지7 [S]

고종 9년(1222) 임오 7. 25. (신미)

/양 1222. 9. 2./

七月 辛未 月犯軒轅
달이 헌원(軒轅) 성좌를 범하였다.
고려사 권48 지2 [C]

고종 9년(1222) 임오 7. 26. (임신)

/양 1222. 9. 3./

秋七月 壬申 彗星出三台中 尾指西 長三尺許
혜성이 삼태(三台) 성좌에서 나타났는데, 그 꼬리

는 서쪽으로 향하였고, 길이는 3척쯤 되었다.
고려사 제22 세가22 [H]

고종 9년(1222) 임오 7. 26. (임신)

/양 1222. 9. 3./

七月 壬申 彗星出三台中 尾指西 長三尺許
혜성이 삼태(三台) 성좌에서 나타났는데, 그 꼬
리는 서쪽으로 향하였고, 길이는 3척쯤 되었다.
고려사 권48 지2 [H]

고종 9년(1222) 임오 7. 26. (임신)

/양 1222. 9. 3./

秋七月 壬申 彗見
혜성이 나타났다.
고려사절요 권15 [H]

고종 9년(1222) 임오 7. 28. (갑술)

/양 1222. 9. 5./

七月 甲戌 流星出虛入羽林 大如缶 長三尺許
유성(流星)이 허(虛) 성좌에서 나와 우림(羽林)
성좌로 들어갔는데 그 크기가 두레박[缶]만 하
였고 길이는 3척쯤 되었다.
고려사 권48 지2 [R]

고종 9년(1222) 임오 7. 29. (을해)

/양 1222. 9. 6./

七月 乙亥 彗星見西北 長三尺許
혜성이 서북쪽에 나타났는데 그 길이가 3척쯤
되었다.
고려사 제22 세가22 ; 고려사 권48 지2 [H]

고종 9년(1222) 임오 8. 2. (정축)

/양 1222. 9. 8./

八月 丁丑 見乾方 長二十尺許
혜성이 서북쪽[乾方]에 나타났는데 그 길이가
20척쯤 되었다.
고려사 제22 세가22 ; 고려사 권48 지2 [H]

고종 9년(1222) 임오 8. 3. (무인)

/양 1222. 9. 9./

八月 戊寅 彗又晝見 太白晝見經天
혜성이 낮에 나타났다. 금성[太白]이 낮에 나타
나 남쪽하늘에서 보였다.
고려사 제22 세가22 ; 고려사절요 권15 [H] [G]

고종 9년(1222) 임오 8. 3. (무인)

/양 1222. 9. 9./

八月 戊寅 晝見 又太白晝見經天
<혜성이> 낮에 나타났다. 또 금성[太白]이 낮에
나타나 남쪽하늘에서 보였다.
고려사 권48 지2 [H] [G]

고종 9년(1222) 임오 8. 5. (경진)

/양 1222. 9. 11./

八月 庚辰 月犯房
달이 방(房) 성좌를 범하였다.
고려사 권48 지2 [C]

고종 9년(1222) 임오 8. 9. (갑신)

/양 1222. 9. 15./

八月 甲申 以彗見 設消災道場于宣慶殿
혜성이 나타난 것과 관련하여 선경전(宣慶殿)에
소재도량(消災道場)을 베풀었다.
고려사 제22 세가22 [H]

고종 9년(1222) 임오 8. 30. (을사)

/양 1222. 10. 6./

八月 乙巳 太白晝見
금성[太白]이 낮에 나타났다.
고려사 제22 세가22 ; 고려사 권48 지2 [G]

고종 9년(1222) 임오 9. 20. (을축)

/양 1222. 10. 26./

九月 乙丑 月犯五諸侯161) 太白犯左執法
달이 오제후(五諸侯) 성좌를 범하였다. 금성[太
白]이 좌집법성(左執法星)을 범하였다.
고려사 권48 지2 [C] [F]

고종 9년(1222) 임오 9. 24. (기사)

/양 1222. 10. 30./

九月 己巳 流星出營室 大如缶 尾長三尺許 月犯
大微次將
유성(流星)이 영실(營室) 성좌에 나타났는데 그
크기가 두레박[缶]만 하였고 꼬리의 길이는 3척
쯤 되었다. 달이 태미원[大微]의 차장성(次將星)
을 범하였다.
고려사 권48 지2 [R] [C]

---

161) 五諸侯(오제후): 오제후 성좌-2임.

고종 9년(1222) 임오 9. 27. (임신)

/양 1222. 11. 2./

九月 壬申 流星出危入奎 大如木瓜 尾長三尺許
月掩歲星

유성(流星)이 위(危) 성좌에서 나와 규(奎) 성좌
로 들어갔는데 그 크기가 모과(木瓜)만 하였고
꼬리의 길이는 3척쯤 되었다. 달이 목성[歲星]
을 가렸다.

고려사 권48 지2 [R] [C]

고종 9년(1222) 임오 12. 12. (병술)

/양 1223. 1. 15./

十二月 丙戌 太白鎭星同舍南斗

금성[太白]과 토성[鎭星]이 남두(南斗) 성좌에서
함께 모였다.

고려사 권48 지2 [E]

고종 9년(1222) 임오 12. 13. (정해)

/양 1223. 1. 16./

十二月 丁亥 又 相犯

또 <금성[太白]과 토성[鎭星]이> 서로 범하였다.

고려사 권48 지2 [D]

고종 9년(1222) 임오 12. 17. (신묘)

/양 1223. 1. 20./

十二月 辛卯 月犯大微西藩上將

달이 태미서번[大微西藩] 성좌의 상장성(上將
星)을 범하였다.

고려사 권48 지2 [C]

고종 10년(1223) 계미 1. 12. (을묘)

/양 1223. 2. 13./

正月 乙卯 月掩五諸侯162)

달이 오제후(五諸侯) 성좌를 가렸다.

고려사 권48 지2 [C]

고종 10년(1223) 계미 1. 16. (기미)

/양 1223. 2. 17./

正月 己未 犯大微

<달이> 태미원[大微]을 범하였다.

고려사 권48 지2 [C]

고종 10년(1223) 계미 1. 19. (임술)

/양 1223. 2. 20./

正月 壬戌 犯心星

<달이> 심(心) 성좌를 범하였다.

고려사 권48 지2 [C]

고종 10년(1223) 계미 3. 14. (정사)

/양 1223. 4. 16./

三月 丁巳 月食

월식이 있었다.

고려사 권48 지2 [B]

고종 10년(1223) 계미 4. 9. (신사)

/양 1223. 5. 10./

四月 辛巳 月入大微犯西藩上將 歲星入亢犯東南星

달이 태미서번[大微西藩] 성좌의 상장성(上將
星)을 범하였다. 목성[歲星]이 항(亢) 성좌의 동
남쪽 별을 범하였다.

고려사 권48 지2 [C] [F]

고종 10년(1223) 계미 6. 26. (정유)

/양 1223. 7. 25./

六月 丁酉 歲星犯亢南第一星

목성[歲星]이 항(亢) 성좌의 남쪽 첫째 별을 범하
였다.

고려사 권48 지2 [F]

고종 10년(1223) 계미 7. 10. (신해)

/양 1223. 8. 8./

七月 辛亥 月入南斗魁第二星

달이 남두괴(南斗魁)의 둘째 별로 들어갔다.

고려사 권48 지2 [C]

고종 10년(1223) 계미 8. 6. (병자)

/양 1223. 9. 2./

八月 丙子 熒惑入魁鬼163)

화성[熒惑]이 귀(鬼) 성좌의 큰 별로 들어갔다.

고려사 권48 지2 [F]

고종 10년(1223) 계미 8. 16. (병술)

/양 1223. 9. 12./

八月 丙戌 歲星犯氐西南第一星 月暈四重內赤

---

162) 五諸侯(오제후): 오제후 성좌-2임.

163) **魁鬼**(괴귀): 괴와 귀 성좌가 너무 떨어져 있으므로 각각 다른
　　성좌로 보기 어려움. 여기서는 귀 성좌의 큰 별로 해석하였
　　음.

外青

목성[歲星]이 저(氐) 성좌의 서남쪽 첫째 별을 범하였다. 달무리가 4겹이고, 그 안쪽은 붉고 바깥쪽은 푸른 빛이었다.
고려사 권48 지2 [F] [P]

고종 10년(1223) 계미 8. 23. (계사)

/양 1223. 9. 19./

八月 癸巳 月犯五諸侯[164]
달이 오제후(五諸侯) 성좌를 범하였다.
고려사 권48 지2 [C]

고종 10년(1223) 계미 8. 27. (정유)

/양 1223. 9. 23./

八月 丁酉 歲星犯氐西南星
목성[歲星]이 저(氐) 성좌의 서남쪽 별을 범하였다.
고려사 권48 지2 [F]

고종 10년(1223) 계미 8. 29. (기해)

/양 1223. 9. 25./

八月 己亥 太白歲星同舍
금성[太白]과 목성[歲星]이 함께 같은 성좌에 모였다.
고려사 권48 지2 [E]

고종 10년(1223) 계미 9. 1. (경자)

/양 1223. 9. 26./

九月 庚子朔 日食
일식이 있었다.
고려사 권22 세가22 ; 고려사 권47 지1 ;
고려사절요 권15 [A]

고종 10년(1223) 계미 9. 3. (임인)

/양 1223. 9. 28./

九月 壬寅 月與太白同舍于氐
달이 금성[太白]과 함께 저(氐) 성좌에 모였다.
고려사 권48 지2 [C]

고종 10년(1223) 계미 9. 4. (계묘)

/양 1223. 9. 29./

九月 癸卯 掩心前星
<달이> 심(心) 성좌의 앞 별을 가렸다.

---

164) 五諸侯(오제후): 오제후 성좌-2임.

고려사 권48 지2 [C]

고종 10년(1223) 계미 9. 7. (병오)

/양 1223. 10. 2./

九月 丙午 熒惑犯軒轅大星
화성[熒惑]이 헌원대성(軒轅大星)을 범하였다.
고려사 권48 지2 [F]

고종 10년(1223) 계미 9. 13. (임자)

/양 1223. 10. 8./

九月 壬子 亦如之
또 <화성[熒惑]이 헌원대성(軒轅大星)을 범하였다>.
고려사 권48 지2 [F]

고종 10년(1223) 계미 9. 19. (무오)

/양 1223. 10. 14./

九月 戊午 亦如之
또 <화성[熒惑]이 헌원대성(軒轅大星)을 범하였다>.
고려사 권48 지2 [F]

고종 10년(1223) 계미 9. 26. (을축)

/양 1223. 10. 21./

九月 乙丑 月入大微
달이 태미원[大微]으로 들어갔다.
고려사 권48 지2 [C]

고종 10년(1223) 계미 9. 29. (무진)

/양 1223. 10. 24./

九月 戊辰 太白歲星同舍于氐
금성[太白]과 목성[歲星]이 저(氐) 성좌에 함께 모였다.
고려사 권48 지2 [E]

고종 10년(1223) 계미 10. 4. (계유)

/양 1223. 10. 29./

十月 癸酉 月入南斗魁
달이 남두괴(南斗魁)에 들어갔다.
고려사 권48 지2 [C]

고종 10년(1223) 계미 10. 10. (기묘)

/양 1223. 11. 4./

十月 己卯 太白犯南斗第五星 又太白鎭星同舍于斗
금성[太白]이 남두(南斗) 성좌의 다섯째 별을

범하였다. 또한 금성[太白]과 토성[鎭星]이 함께
두(斗) 성좌에 모였다.
고려사 권48 지2 [E] [F]

고종 10년(1223) 계미 10. 23. (임진)

/양 1223. 11. 17./

十月 壬辰 月與熒惑入大微
달이 화성[熒惑]과 함께 태미원으로 들어갔다
고려사 권48 지2 [C]

고종 10년(1223) 계미 10. 24. (계사)

/양 1223. 11. 18./

十月 癸巳 犯大微左執法
<달이> 태미원[大微]의 좌집법성(左執法星)을
범하였다.
고려사 권48 지2 [C]

고종 10년(1223) 계미 10. 29. (무술)

/양 1223. 11. 23./

十月 戊戌 辰星與歲星同舍于氐
수성[辰星]이 목성[歲星]과 함께 저(氐) 성좌에
모였다.
고려사 권48 지2 [E]

고종 10년(1223) 계미 11. 4. (임인)

/양 1223. 11. 27./

十一月 壬寅 月與太白同舍牽牛
달이 금성[太白]과 함께 견우(牽牛) 성좌에 모였다.
고려사 권48 지2 [C]

고종 10년(1223) 계미 11. 11. (기유)

/양 1223. 12. 4./

十一月 己酉 歲星犯房上相
목성[歲星]이 방(房) 성좌의 상상성(上相星)을
범하였다.
고려사 권48 지2 [F]

고종 10년(1223) 계미 11. 16. (갑인)

/양 1223. 12. 9./

十一月 甲寅 歲星犯鉤鈐
목성[歲星]이 구검(鉤劍) 성좌를 범하였다.
고려사 권48 지2 [F]

고종 10년(1223) 계미 11. 18. (병진)

/양 1223. 12. 11./

十一月 丙辰 日珥
태양에 귀고리가 있었다.
고려사 권47 지1 [O]

고종 10년(1223) 계미 11. 19. (정사)

/양 1223. 12. 12./

十一月 丁巳 太白犯疊壁陣第二星
금성[太白]이 누벽진(疊壁陣) 성좌의 둘째 별을
범하였다.
고려사 권48 지2 [F]

고종 10년(1223) 계미 11. 22. (경신)

/양 1223. 12. 15./

十一月 庚申 日暈有兩珥
햇무리가 있었고, 그 양쪽에 귀고리가 있었다.
고려사 권47 지1 [O]

고종 10년(1223) 계미 11. 22. (경신)

/양 1223. 12. 15./

十一月 庚申 月餘熒惑入太微端門
달이 화성[熒惑]과 함께 태미원[大微]의 단문
(端門)으로 들어갔다.
고려사 권48 지2 [C]

고종 10년(1223) 계미 11. 23. (신유)

/양 1223. 12. 16./

十一月 辛酉 日珥
태양에 귀고리가 있었다.
고려사 권47 지1 [O]

고종 10년(1223) 계미 11. 25. (계해)

/양 1223. 12. 18./

十一月 癸亥 太白犯疊壁陣
금성[太白]이 누벽진(疊壁陣) 성좌를 범하였다.
고려사 권48 지2 [F]

고종 10년(1223) 계미 11. 29. (정묘)

/양 1223. 12. 22./

十一月 丁卯 辰星與歲星同舍于氐
수성[辰星]이 목성[歲星]과 함께 저(氐) 성좌에
모였다.
고려사 권48 지2 [E]

고종 10년(1223) 계미 12. 1. (기사)

/양 1223. 12. 24./

十二月 己巳朔 太白掩行壘壁陣
금성[太白]이 누벽진(壘壁陣) 성좌를 가리우면
서 운행 하였다.
고려사 권48 지2 [F]

고종 10년(1223) 계미 12. 4. (임신)

/양 1223. 12. 27./

十二月 壬申 月入羽林 與太白同舍
달이 우림(羽林) 성좌로 들어갔다. <달이> 금성
[太白]과 함께 모였다.
고려사 권48 지2 [C] [C]

고종 10년(1223) 계미 12. 19. (정해)

/양 1224. 1. 11./

十二月 丁亥 入大微
<달이> 태미원[大微]으로 들어갔다.
고려사 권48 지2 [C]

고종 10년(1223) 계미 12. 20. (무자)

/양 1224. 1. 12./

十二月 戊子 與熒惑同舍于軫
<달이> 화성[熒惑]과 함께 진(軫) 성좌에 모였다.
고려사 권48 지2 [C]

고종 11년(1224) 갑신 1. 13. (경술)

/양 1224. 2. 3./

正月 庚戌 月掩五諸侯165)第二星
<달이> 오제후(五諸侯) 성좌의 둘째 별을 가렸다.
고려사 권48 지2 [C]

고종 11년(1224) 갑신 1. 18. (을묘)

/양 1224. 2. 8./

正月 乙卯 月與軫星熒惑同舍
달이 진(軫) 성좌에 화성[熒惑]과 함께 모였다.
고려사 권48 지2 [C]

고종 11년(1224) 갑신 1. 28. (을축)

/양 1224. 2. 18./

正月 乙丑 太白晝見
금성[太白]이 낮에 나타났다.

고려사 권22 세가22 ; 고려사 권48 지2 [G]

고종 11년(1224) 갑신 2. 7. (갑술)

/양 1224. 2. 27./

二月 甲戌 太白晝見
금성[太白]이 낮에 나타났다.
고려사 권22 세가22 ; 고려사 권48 지2 [G]

고종 11년(1224) 갑신 2. 13. (경진)

/양 1224. 3. 4./

二月 庚辰 月犯軒轅
달이 헌원(軒轅) 성좌를 범하였다.
고려사 권48 지2 [C]

고종 11년(1224) 갑신 2. 15. (임오)

/양 1224. 3. 6./

二月 壬午 166)大微右執法 入翼 與熒惑同舍
<달이> 태미원[大微]의 우집법성(右執法星)을
범하였다가 익(翼) 성좌로 들어가서, 화성[熒惑]
과 함께 모였다.
고려사 권48 지2 [C]

고종 11년(1224) 갑신 2. 22. (기축)

/양 1224. 3. 13./

二月 己丑 月入南斗魁
달이 남두괴(南斗魁)로 들어갔다.
고려사 권48 지2 [C]

고종 11년(1224) 갑신 3. 12. (기유)

/양 1224. 4. 2./

三月 己酉 月入大微 又犯熒惑
달이 태미원[大微]으로 들어갔으며 또 화성[熒
惑]을 범하였다.
고려사 권48 지2 [C]

고종 11년(1224) 갑신 3. 17. (갑인)

/양 1224. 4. 7./

三月 甲寅 犯心前星
<달이> 심(心) 성좌의 앞 별을 범하였다.
고려사 권48 지2 [C]

고종 11년(1224) 갑신 4. 11. (정축)

/양 1224. 4. 30./

---

165) 五諸侯(오제후): 오제후 성좌-2임.

166) 앞 문장과 연결된 것으로 주어가 '달'임.

四月 丁丑 月犯大微右執法
달이 태미원[大微]의 우집법성(右執法星)을 범하
였다.
고려사 권48 지2 [C]

고종 11년(1224) 갑신 4. 17. (계미)

/양 1224. 5. 6./

四月 癸未 犯箕西北星
<달이> 기(箕) 성좌의 서북쪽 별을 범하였다.
고려사 권48 지2 [C]

고종 11년(1224) 갑신 4. 18. (갑신)

/양 1224. 5. 7./

四月 甲申 犯南斗魁
<달이> 남두괴(南斗魁)을 범하였다.
고려사 권48 지2 [C]

고종 11년(1224) 갑신 4. 26. (임진)

/양 1224. 5. 15./

四月 壬辰 入婁與太白同舍
<달이> 루(婁) 성좌에 들어갔으며 또 금성[太
白]과 함께 모였다.
고려사 권48 지2 [C]

고종 11년(1224) 갑신 4. 27. (계사)

/양 1224. 5. 16./

四月 癸巳 太白晝見
금성[太白]이 낮에 나타났다.
고려사 권22 세가22 [G]

고종 11년(1224) 갑신 4. 27. (계사)

/양 1224. 5. 16./

四月 癸巳 太白晝見 熒惑犯大微右執法
금성[太白]이 낮에 나타났다. 화성[熒惑]이 태미
원[大微]의 우집법성(右執法星)을 범하였다.
고려사 권48 지2 [G] [F]

고종 11년(1224) 갑신 5. 8. (갑진)

/양 1224. 5. 27./

五月 甲辰 月入大微與熒惑同舍
달이 태미원[大微]으로 들어갔으며 화성[熒惑]과
함께 모였다.
고려사 권48 지2 [C]

고종 11년(1224) 갑신 5. 11. (정미)

/양 1224. 5. 30./

五月 丁未 熒惑入大微出端門
화성[熒惑]이 태미원[大微]으로 들어갔다가 그
단문(端門)으로 나왔다.
고려사 권48 지2 [F]

고종 11년(1224) 갑신 7. 2. (정유)

/양 1224. 7. 19./

秋七月 丁酉 太白晝見
금성[太白]이 낮에 나타났다.
고려사 권22 세가22 [G]

고종 11년(1224) 갑신 7. 2. (정유)

/양 1224. 7. 19./

七月 丁酉 太白晝見
금성[太白]이 낮에 나타났다.
고려사 권48 지2 [G]

고종 11년(1224) 갑신 7. 22. (정사)

/양 1224. 8. 8./

七月 丁巳 月犯昴星
달이 묘(昴) 성좌를 범하였다.
고려사 권48 지2 [C]

고종 11년(1224) 갑신 7. 30. (을축)

/양 1224. 8. 16./

七月 乙丑 太白犯輿鬼
금성[太白]이 여귀(輿鬼) 성좌를 범하였다.
고려사 권48 지2 [F]

고종 11년(1224) 갑신 8. 19. (갑신)

/양 1224. 9. 4./

八月 甲申 月犯昴星
달이 묘(昴) 성좌를 범하였다.
고려사 권48 지2 [C]

고종 11년(1224) 갑신 8. 21. (병술)

/양 1224. 9. 6./

八月 丙戌 犯五車 太白犯軒轅大星
<달이> 오거(五車) 성좌를 범하였다. 금성[太
白]이 헌원대성(軒轅大星)을 범하였다.
고려사 권48 지2 [C] [F]

고종 11년(1224) 갑신 윤8. 4. (무술)

/양 1224. 9. 18./

閏月 戊戌 月犯房南第二星 又與熒惑同舍于房
달이 방(房) 성좌의 남쪽 둘째 별을 범하였다.
또한 <달이> 화성[熒惑]과 함께 방(房) 성좌에
모였다.
고려사 권48 지2 [C]

고종 11년(1224) 갑신 윤8. 6. (경자)

/양 1224. 9. 20./

閏八月 庚子 熒惑歲星同舍于心
화성[熒惑]이 심(心) 성좌에 들어가서 목성[歲
星]과 함께 모였다.
고려사 권48 지2 [E]

고종 11년(1224) 갑신 윤8. 13. (정미)

/양 1224. 9. 27./

閏月 丁未 太白入太微右執法
금성[太白]이 태미원[大微]의 우집법성(右執法
星)으로 들어갔다.
고려사 권48 지2 [F]

고종 11년(1224) 갑신 윤8. 26. (경신)

/양 1224. 10. 10./

閏月 庚申 月掩大微西藩上將
달이 태미서번[大微西藩] 성좌의 상장성(上將
星)을 가렸다.
고려사 권48 지2 [C]

고종 11년(1224) 갑신 9. 2. (을축)

/양 1224. 10. 15./

九月 乙丑 赤雲自坤方至北如火影 占云所向兵至
붉은 구름이 서남쪽으로부터 북쪽에 이르기까
지 불그림자와 같이 나타났는데 점쟁이가 말하
기를 「붉은 구름이 가는 곳마다 군대가 이르게
될 것이다」라고 하였다.
고려사 권53 지7 [S]

고종 11년(1224) 갑신 9. 11. (갑술)

/양 1224. 10. 24./

九月 甲戌 太白入角與辰星同舍
금성[太白]이 각(角) 성좌에 들어가서 수성[辰
星]과 함께 모였다.
고려사 권48 지2 [E]

고종 11년(1224) 갑신 9. 14. (정축)

/양 1224. 10. 27./

九月 丁丑 熒惑犯斗第五星
화성[熒惑]이 남두(南斗) 성좌의 다섯째 별을
범하였다.
고려사 권48 지2 [F]

고종 11년(1224) 갑신 9. 16. (기묘)

/양 1224. 10. 29./

九月 己卯 月掩昴星
달이 묘(昴) 성좌를 가렸다.
고려사 권48 지2 [C]

고종 11년(1224) 갑신 9. 25. (무자)

/양 1224. 11. 7./

九月 戊子 犯大微右執法
<달이> 태미원[大微]의 우집법성(右執法星)을
범하였다.
고려사 권48 지2 [C]

고종 11년(1224) 갑신 9. 28. (신묘)

/양 1224. 11. 10./

九月 辛卯 熒惑鎭星同舍于斗167)
화성[熒惑]이 남두(南斗) 성좌에 들어 가서 토성
[鎭星]과 함께 모였다.
고려사 권48 지2 [E]

고종 12년(1225) 을유 1. 16. (정축)

/양 1225. 2. 24./

正月 丁丑 月食
월식이 있었다.
고려사 권48 지2 [B]

고종 12년(1225) 을유 1. 18. (기묘)

/양 1225. 2. 26./

正月 己卯 月犯左角大星
달이 좌각성(左角星)인 큰 별을 범하였다.
고려사 권48 지2 [C]

고종 12년(1225) 을유 1. 23. (갑신)

/양 1225. 3. 3./

正月 甲申 歲星犯建

---

167) 斗(두): 두 성좌-1임.

목성[歲星]이 건(建) 성좌를 범하였다.
고려사 권48 지2 [F]

고종 12년(1225) 을유 3. 11. (신미)

/양 1225. 4. 19./

三月 辛未 流星出積卒入尾 大如木瓜 尾長三尺許
유성(流星)이 적졸(積卒) 성좌에서 나와 미(尾)
성좌로 들어갔는데 그 크기가 모과(木瓜)만 하였
고 꼬리의 길이는 3척쯤 되었다.
고려사 권48 지2 [R]

고종 12년(1225) 을유 3. 17. (정축)

/양 1225. 4. 25./

三月 丁丑 月犯心星
달이 심(心) 성좌를 범하였다.
고려사 권48 지2 [C]

고종 12년(1225) 을유 4. 1. (신묘)

/양 1225. 5. 9./

四月 辛卯朔 鎭星犯牽牛南星
토성[鎭星]이 견우(牽牛) 성좌의 남쪽 별을 범하
였다.
고려사 권48 지2 [F]

고종 12년(1225) 을유 4. 14. (갑진)

/양 1225. 5. 22./

四月 甲辰 月犯房南第二星
달이 방(房) 성좌의 남쪽 둘째 별을 범하였다.
고려사 권48 지2 [C]

고종 12년(1225) 을유 6. 28. (정사)

/양 1225. 8. 3./

六月 丁巳 太白經天
금성[太白]이 낮에 남쪽하늘에서 보였다.
고려사 권22 세가22 ; 고려사 권48 지2 ;
고려사절요 권15 [G]

고종 12년(1225) 을유 7. 11. (경오)

/양 1225. 8. 16./

七月 庚午 西北方有赤氣
서북쪽에 붉은 기운이 나타났다.
고려사 권 53 지7 [S]

고종 12년(1225) 을유 7. 14. (계유)

/양 1225. 8. 19./

七月 癸酉 月食
월식이 있었다.
고려사 권48 지2 [B]

고종 12년(1225) 을유 7. 22. (신사)

/양 1225. 8. 27./

七月 辛巳 月犯五車
달이 오거(五車) 성좌를 범하였다.
고려사 권48 지2 [C]

고종 12년(1225) 을유 8. 8. (병신)

/양 1225. 9. 11./

八月 丙申 月犯心大星及後星
달이 심대성(心大星)과 그 뒷별을 범하였다.
고려사 권48 지2 [C]

고종 12년(1225) 을유 8. 13. (신축)

/양 1225. 9. 16./

八月 辛丑 熒惑入軒轅
화성[熒惑]이 헌원(軒轅) 성좌로 들어갔다.
고려사 권48 지2 [F]

고종 12년(1225) 을유 8. 24. (임자)

/양 1225. 9. 27./

八月 壬子 熒惑犯軒轅左角
화성[熒惑]이 헌원(軒轅) 성좌의 왼쪽 뿔[左角]을
범하였다.
고려사 권48 지2 [F]

고종 12년(1225) 을유 8. 25. (계축)

/양 1225. 9. 28./

八月 癸丑 月犯鬼星
달이 귀(鬼) 성좌를 범하였다.
고려사 권48 지2 [C]

고종 12년(1225) 을유 9. 7. (을축)

/양 1225. 10. 10./

九月 乙丑 熒惑犯長垣南第二星
화성[熒惑]이 장원(長垣) 성좌의 남쪽 둘째 별을
범하였다.
고려사 권48 지2 [F]

고종 12년(1225) 을유 9. 16. (갑술)

/양 1225. 10. 19./

九月 甲戌 犯大微西藩上將
화성[熒惑]이 태미서번[大微西藩] 성좌의 상장성(上將星)을 범하였다.
고려사 권48 지2 [F]

고종 12년(1225) 을유 9. 21. (기묘)

/양 1225. 10. 24./

九月 己卯 月犯五諸侯[168]南第二星及北河
달이 오제후(五諸侯) 성좌의 남쪽 둘째별과 북하(北河) 성좌를 범하였다.
고려사 권48 지2 [C]

고종 12년(1225) 을유 9. 22. (경진)

/양 1225. 10. 25./

九月 庚辰 熒惑犯大微右掖
화성[熒惑]이 태미원[大微]의 우액문(右掖門)을 범하였다.
고려사 권48 지2 [F]

고종 12년(1225) 을유 10. 14. (신축)

/양 1225. 11. 15./

十月 辛丑 熒惑犯大微左執法
화성[熒惑]이 태미원[大微]의 좌집법성(左執法星)을 범하였다.
고려사 권48 지2 [F]

고종 12년(1225) 을유 10. 15. (임인)

/양 1225. 11. 16./

十月 壬寅 月犯昴星
달이 묘(昴) 성좌를 범하였다.
고려사 권48 지2 [C]

고종 12년(1225) 을유 10. 23. (경술)

/양 1225. 11. 24./

十月 庚戌 犯軒轅大角[169]
<달이> 헌원(軒轅) 성좌의 큰 각성(角星)을 범하였다.
고려사 권48 지2 [C]

고종 12년(1225) 을유 10. 25. (임자)

/양 1225. 11. 26./

十月 壬子 熒惑犯大微東藩上相
화성[熒惑]이 태미동번(太微東蕃) 성좌의 상상성(上相星)을 범하였다.
고려사 권48 지2 [F]

고종 12년(1225) 을유 11. 5. (임술)

/양 1225. 12. 6./

十一月 壬戌 流星出紫微入北極 大如缶
유성(流星)이 자미원(紫微垣)에서 나와 북극(北極) 성좌로 들어갔는데 그 크기가 두레박[缶]만 하였다.
고려사 권48 지2 [R]

고종 12년(1225) 을유 11. 9. (병인)

/양 1225. 12. 10./

十一月 丙寅 熒惑犯進賢
화성[熒惑]이 진현성(進賢星)을 범하였다.
고려사 권48 지2 [F]

고종 12년(1225) 을유 11. 17. (갑술)

/양 1225. 12. 18./

十一月 甲戌 月犯興鬼
달이 여귀(興鬼) 성좌를 범하였다.
고려사 권48 지2 [C]

고종 12년(1225) 을유 11. 24. (신사)

/양 1225. 12. 25./

十一月 辛巳 太白經天
금성[太白]이 낮에 남쪽하늘에서 보였다.
고려사 권22 세가22 ; 고려사 권48 지2 ;
고려사절요 권15 [G]

고종 12년(1225) 을유 12. 15. (신축)

/양 1226. 1. 14./

十二月 辛丑 月犯五諸侯[170]南第一星
달이 오제후(五諸侯) 성좌의 남쪽 첫째 별을 범하였다.
고려사 권48 지2 [C]

---

168) 五諸侯(오제후): 오제후 성좌-2임.
169) 大角(대각): 헌원대성 왼쪽의 소민성(少民星)을 말하는 것으로 보임. (달의 위치로 추론함).

---

170) 五諸侯(오제후): 오제후 성좌-2임.

고종 13년(1226) 병술 1. 4. (경신)

/양 1226. 2. 2./

正月 庚申 太白犯建
금성[太白]이 건(建) 성좌를 범하였다.
고려사 권48 지2 [F]

고종 13년(1226) 병술 1. 15. (신미)

/양 1226. 2. 13./

正月 辛未 月犯軒轅左角
달이 헌원(軒轅) 성좌의 왼쪽 뿔[左角]을 범하였다.
고려사 권48 지2 [C]

고종 13년(1226) 병술 1. 22. (무인)

/양 1226. 2. 20./

正月 戊寅 犯心後星
<달이> 심(心) 성좌의 뒷별을 범하였다.
고려사 권48 지2 [C]

고종 13년(1226) 병술 2. 1. (병술)

/양 1226. 2. 28./

二月 丙戌朔 歲星犯鎭星
목성[歲星]이 토성[鎭星]을 범하였다.
고려사 권48 지2 [D]

고종 13년(1226) 병술 2. 15. (경자)

/양 1226. 3. 14./

二月 庚子 太白歲星鎭星與須女同舍
금성[太白], 목성[歲星], 토성[鎭星]이 수녀(須女, 女) 성좌에 같이 모였다.
고려사 권48 지2 [E]

고종 13년(1226) 병술 2. 20. (을사)

/양 1226. 3. 19./

二月 乙巳 日暈
햇무리가 있었다.
고려사 권47 지1 [O]

고종 13년(1226) 병술 3. 19. (갑술)

/양 1226. 4. 17./

三月 甲戌 熒惑犯亢
화성[熒惑]이 항(亢) 성좌를 범하였다.
고려사 권48 지2 [F]

고종 13년(1226) 을유 5. 8. (임술)

/양 1226. 6. 4./

五月 壬戌 黃霧四塞
황색 안개가 사방에 자욱하였다
고려사 권55 지2 9 [S]

고종 13년(1226) 병술 5. 11. (을축)

/양 1226. 6. 7./

五月 乙丑 月入角 與熒惑同舍
달이 각(角) 성좌로 들어갔으며, 화성[熒惑]과 함께 같은 성좌에 모였다.
고려사 권48 지2 [C]

고종 13년(1226) 병술 5. 13. (정묘)

/양 1226. 6. 9./

五月 丁卯 犯房星
<달이> 방(房) 성좌를 범하였다.
고려사 권48 지2 [C]

고종 13년(1226) 병술 5. 15. (기사)

/양 1226. 6. 11./

五月 己巳 犯箕星
<달이> 기(箕) 성좌를 범하였다.
고려사 권48 지2 [C]

고종 13년(1226) 병술 5. 18. (임신)

/양 1226. 6. 14./

五月 壬申 與歲星同舍
<달이> 목성[歲星]과 함께 같은 성좌에 모였다.
고려사 권48 지2 [C]

고종 13년(1226) 병술 6. 10. (계사)

/양 1226. 7. 5./

六月 癸巳 熒惑犯亢
화성[熒惑]이 항(亢) 성좌를 범하였다.
고려사 권48 지2 [F]

고종 13년(1226) 병술 6. 12. (을미)

/양 1226. 7. 7./

六月 乙未 月犯火星
달이 화성(火星)을 범하였다.
고려사 권48 지2 [C]

고종 13년(1226) 병술 7. 1. (갑인)

/양 1226. 7. 26./

七月 甲寅朔 熒惑犯角
화성[熒惑]이 각(角) 성좌를 범하였다.
고려사 권48 지2 [F]

고종 13년(1226) 병술 7. 21. (갑술)

/양 1226. 8. 15./

七月 甲戌 歲星與須女同舍
목성[歲星]이 수녀(須女) 성좌의 별과 함께 모였다.
고려사 권48 지2 [F]

고종 13년(1226) 병술 7. 22. (을해)

/양 1226. 8. 16./

七月 乙亥 熒惑犯房
화성[熒惑]이 방(房) 성좌를 범하였다.
고려사 권48 지2 [F]

고종 13년(1226) 병술 8. 20. (계묘)

/양 1226. 9. 13./

八月 癸卯 熒惑犯天江 月犯五車
화성[熒惑]이 천강(天江) 성좌를 범하였다. 달이
오거(五車) 성좌를 범하였다.
고려사 권48 지2 [F] [C]

고종 13년(1226) 병술 9. 7. (기미)

/양 1226. 9. 29./

九月 己未 月犯南斗
달이 남두(南斗) 성좌를 범하였다.
고려사 권48 지2 [C]

고종 13년(1226) 병술 9. 9. (신유)

/양 1226. 10. 1./

九月 辛酉 月與鎭星歲星同舍
달이 토성[鎭星], 목성[歲星]과 함께 같은 성좌에
모였다.
고려사 권48 지2 [C]

고종 13년(1226) 병술 9. 11. (계해)

/양 1226. 10. 3./

九月 癸亥 熒惑犯南斗
화성[熒惑]이 남두(南斗) 성좌를 범하였다.
고려사 권48 지2 [F]

고종 13년(1226) 병술 9. 21. (계유)

/양 1226. 10. 13./

九月 癸酉 月掩五諸侯[171]
달이 오제후(五諸侯) 성좌를 가렸다.
고려사 권48 지2 [C]

고종 13년(1226) 병술 9. 22. (갑술)

/양 1226. 10. 14./

九月 甲戌 掩輿鬼犯積尸
<달이> 여귀(輿鬼) 성좌의 적시성(積尸星)[172]을
범하였다.
고려사 권48 지2 [C]

고종 13년(1226) 병술 9. 24. (병자)

/양 1226. 10. 16./

九月...丙子 犯軒轅大星
<달이> 헌원대성(軒轅大星)을 범하였다.
고려사 권48 지2 [C]

고종 13년(1226) 병술 11. 5. (병진)

/양 1226. 11. 25./

十一月 丙辰 熒惑歲星鎭星同舍
달이 화성[熒惑], 목성[歲星], 토성[鎭星]과 함께
같은 성좌에 모였다.
고려사 권48 지2 [C]

고종 13년(1226) 병술 11. 10. (신유)

/양 1226. 11. 30./

十一月 辛酉 熒惑與歲星同舍于女
화성[熒惑]이 목성[歲星]과 함께 여(女) 성좌에
모였다.
고려사 권48 지2 [E]

고종 13년(1226) 병술 12. 3. (갑신)

/양 1226. 12. 23./

十二月 甲申 月犯歲星
달이 목성[歲星]을 범하였다.
고려사 권48 지2 [C]

고종 13년(1226) 병술 12. 14. (을미)

/양 1227. 1. 3./

---

171) 五諸侯(오제후): 오제후 성좌-2임.
172) 積尸星(적시성): 적시성-2임.

230

十二月 乙未 犯輿鬼
<달이> 여귀(輿鬼) 성좌를 범하였다.
고려사 권48 지2 [C]

고종 14년(1227) 정해 1. 13. (계해)

/양 1227. 1. 31./

正月 癸亥 日暈
햇무리가 있었다.
고려사 권47 지1 [O]

고종 14년(1227) 정해 2. 23. (계묘)

/양 1227. 3. 12./

二月 癸卯 月掩南斗
달이 남두(南斗) 성좌를 가렸다.
고려사 권48 지2 [C]

고종 14년(1227) 정해 3. 17. (병인)

/양 1227. 4. 4./

三月 丙寅 赤祲見于西方
이상한 붉은 기운이 서쪽에 나타났다.
고려사 권53 지7 [S]

고종 14년(1227) 정해 3. 26. (을해)

/양 1227. 4. 13./

三月 乙亥 月與歲星同舍
달이 목성[歲星]과 함께 같은 성좌에 모였다.
고려사 권48 지2 [C]

고종 14년(1227) 정해 4. 8. (정해)

/양 1227. 4. 25./

四月 丁亥 月犯軒轅右角
달이 헌원(軒轅) 성좌의 오른쪽 뿔[右角]을 범하
였다.
고려사 권48 지2 [C]

고종 14년(1227) 정해 5. 3. (신해)

/양 1227. 5. 19./

五月 辛亥 月入東井與太白同舍
달이 동정(東井) 성좌에 들어가 금성[太白]과
함께 모였다.
고려사 권48 지2 [C]

고종 14년(1227) 정해 5. 14. (임술)

/양 1227. 5. 30./

五月 壬戌 犯房南第二星
<달이> 방(房) 성좌의 남쪽 둘째 별을 범하였다.
고려사 권48 지2 [C]

고종 14년(1227) 정해 5. 17. (을축)

/양 1227. 6. 2./

五月 乙丑 犯南斗
<달이> 남두(南斗) 성좌를 범하였다.
고려사 권48 지2 [C]

고종 14년(1227) 정해 5. 24. (임신)

/양 1227. 6. 9./

五月 壬申 入虛星與鎮同舍
<달이> 허(虛) 성좌로 들어가서 토성[鎮星]과
함께 모였다.
고려사 권48 지2 [C]

고종 14년(1227) 정해 윤5. 12. (경인)

/양 1227. 6. 27./

閏月 庚寅 月掩心星
달이 심(心) 성좌를 가렸다.
고려사 권48 지2 [C]

고종 14년(1227) 정해 윤5. 28. (병오)

/양 1227. 7. 13./

閏月 丙午 太白晝見
금성[太白]이 낮에 나타났다.
고려사 권22 세가22 ; 고려사 권48 지2 [G]

고종 14년(1227) 정해 6. 1. (무신)

/양 1227. 7. 15./

六月 戊申朔 日官奏 日食雨不見
일관(日官)이 보고하기를「일식이 있었는데 비가
내려서 보이지 않았다」고 하였다.
고려사 권22 세가22 ; 고려사 권47 지1 ;
고려사절요 권15 [A]

고종 14년(1227) 정해 6. 6. (계축)

/양 1227. 7. 20./

六月 癸丑 赤虹衝天頭尾垂地
붉은색 무지개가 하늘로 솟아올랐는데(衝天)
머리와 꼬리는 땅에 닿았다.
고려사 권53 지7 [S]

고종 14년(1227) 정해 6. 10. (정사)

/양 1227. 7. 24./

六月 丁巳 月犯房南星
달이 방(房) 성좌의 남쪽 별을 범하였다.
고려사 권48 지2 [C]

고종 14년(1227) 정해 7. 14. (신묘)

/양 1227. 8. 27./

七月 辛卯 赤祲見于西北
이상한 붉은 기운이 서북쪽에 나타났다.
고려사 권53 지7 [S]

고종 14년(1227) 정해 7. 25. (임인)

/양 1227. 9. 7./

秋七月 壬寅 太白經天 累旬乃滅
금성[太白]이 낮에 남쪽하늘에서 보였는데,. 수십일
이 지나서야 없어졌다.
고려사 권22 세가22 ; 고려사절요 권15 [G]

고종 14년(1227) 정해 7. 25. (임인)

/양 1227. 9. 7./

七月 壬寅 太白經天 累旬乃滅
금성[太白]이 낮에 남쪽하늘에서 보였는데, 수십일
이 지나서야 없어졌다.
고려사 권48 지2 [G]

고종 14년(1227) 정해 7. 27. (갑진)

/양 1227. 9. 9./

七月 甲辰 流星出織女 大如木瓜 尾長五尺許
유성(流星)이 직녀(織女) 성좌에서 나타났는데 그
크기가 모과(木瓜)만 하였고 꼬리의 길이는 5척쯤
되었다.
고려사 권48 지2 [R]

고종 14년(1227) 정해 8. 6. (임자)

/양 1227. 9. 17./

八月 壬子 月犯房星
달이 방(房) 성좌를 범하였다.
고려사 권48 지2 [C]

고종 14년(1227) 정해 8. 8. (갑인)

/양 1227. 9. 19./

八月 甲寅 太白入軒轅大星
금성[太白]이 헌원대성(軒轅大星)에 들어갔다.

고려사 권48 지2 [F]

고종 14년(1227) 정해 8. 9. (을묘)

/양 1227. 9. 20./

八月 乙卯 月入南斗
달이 남두(南斗) 성좌로 들어갔다.
고려사 권48 지2 [C]

고종 14년(1227) 정해 8. 11. (정사)

/양 1227. 9. 22./

八月 丁巳 月入須女與歲星同舍
달이 수녀(須女) 성좌에 들어가서 목성[歲星]과
함께 모였다.
고려사 권48 지2 [C]

고종 14년(1227) 정해 8. 16. (임술)

/양 1227. 9. 27./

八月 壬戌 熒惑犯太微西藩上將
화성[熒惑]이 태미서번[大微西藩] 성좌의 상장성
(上將星)을 범하였다.
고려사 권48 지2 [F]

고종 14년(1227) 정해 8. 23. (기사)

/양 1227. 10. 4./

八月 己巳 熒惑犯天江
화성[熒惑]이 천강(天江) 성좌를 범하였다.
고려사 권48 지2 [F]

고종 14년(1227) 정해 8. 28. (갑술)

/양 1227. 10. 9./

八月 甲戌 熒惑犯大微右執法
화성[熒惑]이 태미원[大微]의 우집법성(右執法星)을
범하였다.
고려사 권48 지2 [F]

고종 14년(1227) 정해 8. 30. (병자)

/양 1227. 10. 11./

八月 丙子 太白入大微右執法與熒惑同舍
금성[太白]이 태미원[大微]의 우집법성(右執法
星)으로 들어가서 화성[熒惑]과 함께 모였다.
고려사 권48 지2 [E]

고종 14년(1227) 정해 9. 1. (정축)

/양 1227. 10. 12./

九月 丁丑朔 犯大微右執法
<금성[太白]이> 태미원[大微]]의 우집법성(右執法星)을 범하였다.
고려사 권48 지2 [F]

고종 14년(1227) 정해 9. 7. (계미)

/양 1227. 10. 18./

九月 癸未 太白犯大微左執法
금성[太白]이 태미원[大微]의 좌집법성(左執法星)을 범하였다.
고려사 권48 지2 [F]

고종 14년(1227) 정해 9. 12. (무자)

/양 1227. 10. 23./

九月 戊子 熒惑犯大微左執法
화성[熒惑]이 태미원[大微]의 좌집법성(左執法星)을 범하였다.
고려사 권48 지2 [F]

고종 14년(1227) 정해 9. 15. (신묘)

/양 1227. 10. 26./

九月 辛卯 月犯昴星
달이 묘(昴) 성좌를 범하였다.
고려사 권48 지2 [C]

고종 14년(1227) 정해 9. 18. (갑오)

/양 1227. 10. 29./

九月 甲午 月掩東井
달이 동정(東井) 성좌를 가렸다.
고려사 권48 지2 [C]

고종 14년(1227) 정해 9. 20. (병신)

/양 1227. 10. 31./

九月 丙申 又犯輿鬼
<달이> 여귀(輿鬼) 성좌를 범하였다.
고려사 권48 지2 [C]

고종 14년(1227) 정해 10. 3. (기유)

/양 1227. 11. 13./

十月 己酉 熒惑犯進賢
화성[熒惑]이 진현성(進賢星)을 범하였다.
고려사 권48 지2 [F]

고종 14년(1227) 정해 11. 21. (병신)

/양 1227. 12. 30./

十一月 丙申 熒惑犯氐 流星出大微帝座[173]抵紫微勾陳 大如木瓜 尾長十餘尺
화성[熒惑]이 저(氐) 성좌를 범하였다. 유성(流星)이 태미원[大微]의 제좌성(帝座星)에서 나와 자미원(紫微垣)의 구진(勾陳) 성좌로 흘러갔는데 그 크기가 모과(木瓜)만 하였고 꼬리의 길이는 10여척이었다.
고려사 권48 지2 [F] [R]

고종 14년(1227) 정해 11. 26. (신축)

/양 1228. 1. 4./

十一月 辛丑 月犯心前星
달이 심(心) 성좌의 앞별을 범하였다.
고려사 권48 지2 [C]

고종 15년(1228) 무자 1. 29. (갑진)

/양 1228. 3. 7./

正月 甲辰 日暈如虹
햇무리가 마치 무지개 같았다.
고려사 권47 지1 [O]

고종 15년(1228) 무자 2. 4. (무신)

/양 1228. 3. 11./

二月 戊申 月犯昴星
달이 묘(昴) 성좌를 범하였다.
고려사 권48 지2 [C]

고종 15년(1228) 무자 2. 9. (계축)

/양 1228. 3. 16./

二月 癸丑 入輿鬼 掩積屍[174]
<달이> 여귀(輿鬼) 성좌로 들어가서 적시성(積屍星)을 가렸다.
고려사 권48 지2 [C]

고종 15년(1228) 무자 2. 21. (을축)

/양 1228. 3. 28./

二月 乙丑 掩南斗第五星
<달이> 남두(南斗) 성좌의 다섯째 별을 가렸다.
고려사 권48 지2 [C]

---

173) 帝座(제좌): 제좌성-3임.
174) 積屍(적시): 적시성-2임.

233

고종 15년(1228) 무자 2. 23. (정묘)

/양 1228. 3. 30./

二月 丁卯 赤氣亘天
붉은 기운이 하늘에 퍼졌다.
고려사 권53 지7 [S]

고종 15년(1228) 무자 3. 17. (경인)

/양 1228. 4. 22./

三月 庚寅 月犯心星
달이 심(心) 성좌를 범하였다.
고려사 권48 지2 [C]

고종 15년(1228) 무자 4. 3. (병오)

/양 1228. 5. 8./

四月 丙午 月入東井
달이 동정(東井) 성좌에 들어갔다.
고려사 권48 지2 [C]

고종 15년(1228) 무자 4. 4. (정미)

/양 1228. 5. 9./

四月 丁未 熒惑犯南斗
화성[熒惑]이 남두(南斗) 성좌를 범하였다.
고려사 권48 지2 [F]

고종 15년(1228) 무자 4. 5. (무신)

/양 1228. 5. 10./

四月 戊申 亦如之
또 <화성[熒惑]이 남두 성좌를 범하였다>.
고려사 권48 지2 [F]

고종 15년(1228) 무자 7. 11. (임오)

/양 1228. 8. 12./

七月 壬午 月犯南斗
달이 남두(南斗) 성좌를 범하였다.
고려사 권48 지2 [C]

고종 15년(1228) 무자 7. 19. (경인)

/양 1228. 8. 20./

七月 庚寅 犯婁星
<달이> 루(婁) 성좌를 범하였다.
고려사 권48 지2 [C]

고종 15년(1228) 무자 7. 28. (기해)

/양 1228. 8. 29./

七月 己亥 熒惑犯南斗第四星
화성[熒惑]이 남두(南斗) 성좌의 네째 별을 범하
였다.
고려사 권48 지2 [F]

고종 15년(1228) 무자 8. 22. (임술)

/양 1228. 9. 21./

八月 壬戌 月犯東井 土星犯疊壁陣
달이 동정(東井) 성좌를 범하였다. 토성[鎭星]이
누벽진(疊壁陣) 성좌를 범하였다.
고려사 권48 지2 [C] [F]

고종 15년(1228) 무자 9. 29. (기해)

/양 1228. 10. 28./

九月 己亥 月與太白同舍
달이 금성[太白]과 더불어 함께 모였다.
고려사 권48 지2 [C]

고종 15년(1228) 무자 10. 1. (신축)

/양 1228. 10. 30./

十月 辛丑 太白掩南斗
금성[太白]이 남두(南斗) 성좌를 가렸다.
고려사 권48 지2 [F]

고종 15년(1228) 무자 10. 4. (갑진)

/양 1228. 11. 2./

十月 甲辰 月犯南斗
달이 남두(南斗) 성좌를 범하였다.
고려사 권48 지2 [C]

고종 15년(1228) 무자 10. 14. (갑인)

/양 1228. 11. 12./

十月 甲寅 掩昴星
<달이> 묘(昴) 성좌를 가렸다.
고려사 권48 지2 [C]

고종 15년(1228) 무자 10. 18. (무오)

/양 1228. 11. 16./

十月 戊午 鎭星犯疊壁陣
토성[鎭]이 누벽진(疊壁陣) 성좌를 범하였다.
고려사 권48 지2 [F]

고종 15년(1228) 무자 10. 20. (경신)

/양 1228. 11. 18./

十月 庚申 月犯軒轅右角
달이 헌원(軒轅) 성좌의 오른쪽 뿔[右角]을 범하
였다.
고려사 권48 지2 [C]

고종 15년(1228) 무자 10. 25. (을축)

/양 1228. 11. 23./

十月 乙丑 熒惑犯鎭星
화성[熒惑]이 토성[鎭星]을 범하였다.
고려사 권48 지2 [D]

고종 15년(1228) 무자 10. 29. (기사)

/양 1228. 11. 27./

十月 己巳 太白晝見經天
금성[太白]이 낮에 나타나 남쪽하늘에서 보였다.
고려사 권22 세가22 ; 고려사 권48 지2 [G]

고종 15년(1228) 무자 10. 29. (기사)

/양 1228. 11. 27./

冬十月 己巳 太白晝見經天
금성[太白]이 낮에 나타나 남쪽하늘에서 보였다.
고려사절요 제15권 [G]

고종 15년(1228) 무자 11. 4. (갑술)

/양 1228. 12. 2./

十一月 甲戌 月與太白 同舍牽牛
달이 금성[太白]과 더불어 견우(牽牛) 성좌에
함께 모였다.
고려사 권48 지2 [C]

고종 15년(1228) 무자 11. 14. (갑신)

/양 1228. 12. 12./

十一月 甲申 月食
월식이 있었다.
고려사 권48 지2 [B]

고종 15년(1228) 무자 12. 1. (경자)

/양 1228. 12. 28./

十二月 庚子朔 日食
일식이 있었다.
고려사 권22 세가22 ; 고려사 권47 지1 ; 고려사절요
제15권 [A]

고종 15년(1228) 무자 12. 3. (임인)

/양 1228. 12. 30./

十二月 壬寅 月與太白同舍
달이 금성[太白]과 더불어 함께 모였다.
고려사 권48 지2 [C]

고종 15년(1228) 무자 12. 4. (계묘)

/양 1228. 12. 31./

十二月 癸卯 掩心星
<달이> 심(心) 성좌를 가렸다.
고려사 권48 지2 [C]

고종 15년(1228) 무자 12. 10. (기유)

/양 1229. 1. 6./

十二月 己酉 掩昴星
<달이> 묘(昴) 성좌를 가렸다.
고려사 권48 지2 [C]

고종 16년(1229) 기축 1. 5. (갑술)

/양 1229. 1. 31./

正月 甲戌 天狗墜地 聲如雷
천구(天狗, 유성)가 땅에 떨어졌는데 그 소리가
우레와 같았다.
고려사 권48 지2 [R]

고종 16년(1229) 기축 1. 7. (병자)

/양 1229. 2. 2./

正月 丙子 月犯昴星
달이 묘(昴) 성좌를 범하였다.
고려사 권48 지2 [C]

고종 16년(1229) 기축 1. 10. (기묘)

/양 1229. 2. 5./

正月 己卯 犯東井
<달이> 동정(東井) 성좌를 범하였다.
고려사 권48 지2 [C]

고종 16년(1229) 기축 1. 13. (임오)

/양 1229. 2. 8./

正月 壬午 犯軒轅
<달이> 헌원(軒轅) 성좌를 범하였다.
고려사 권48 지2 [C]

고종 16년(1229) 기축 1. 17. (병술)

/양 1229. 2. 12./

正月 丙戌 熒惑鎮星 同舍于婁
화성[熒惑]과 토성[鎮星]이 함께 루성(婁)에 모였다.
고려사 권48 지2 [E]

고종 16년(1229) 기축 1. 22. (신묘)

/양 1229. 2. 17./

正月 辛卯[175] 犯輿鬼
<달이> 여귀(輿鬼) 성좌를 범하였다.
고려사 권48 지2 [C]

고종 16년(1229) 기축 3. 17. (을유)

/양 1229. 4. 12./

三月 乙酉 月犯心前星
달이 심(心) 성좌의 앞 별을 범하였다.
고려사 권48 지2 [C]

고종 16년(1229) 기축 3. 23. (신묘)

/양 1229. 4. 18./

三月 辛卯 流星出天紀 入河鼓 大如缶
유성(流星)이 천기(天紀) 성좌에서 나와 하고(河鼓) 성
좌로 들어갔는데 그 크기가 두레박[缶]만 하였다.
고려사 권48 지2 [R]

고종 16년(1229) 기축 4. 5. (신축)

/양 1229. 4. 28./

四月 辛丑 月入東井
달이 동정(東井) 성좌로 들어갔다.
고려사 권48 지2 [C]

고종 16년(1229) 기축 5. 1. (무진)

/양 1229. 5. 25./

五月 戊辰朔 流星出營室入婁 大如木瓜 長七尺許
유성(流星)이 영실(營室) 성좌에서 나와 루(婁)
성좌로 들어갔는데 그 크기가 모과(木瓜)만 하
였고 길이는 7척쯤 되었다.
고려사 권48 지2 [R]

고종 16년(1229) 기축 5. 15. (임오)

/양 1229. 6. 8./

五月 壬午 太史奏 月食密雲不見
태사(太史)가 보고하기를 「월식이 짙은 구름으
로 보이지 않았다」고 하였다.

---

175) 신묘일(22) 기록이 임오일(13), 병술일(17)보다 앞에 있다. 혹
시 신사일(12)의 오류가 아닌지 의심됨.

고려사 권48 지2 [B]

고종 16년(1229) 기축 7. 25. (경인)

/양 1229. 8. 15./

七月 庚寅 流星出奎 大如缶 月入東井
유성(流星)이 규(奎) 성좌에서 나왔고 그 크기가
두레박[缶]만 하였다. 달이 동정(東井) 성좌로 들
어갔다.
고려사 권48 지2 [R] [C]

고종 16년(1229) 기축 8. 2. (정유)

/양 1229. 8. 22./

八月 丁酉 太白辰星相犯
금성[太白]과 수성[辰星]이 서로 범하였다.
고려사 권48 지2 [D]

고종 16년(1229) 기축 8. 20. (을묘)

/양 1229. 9. 9./

八月 乙卯 自艮方至巽赤氣如火
동북쪽으로부터 동남쪽에 이르기까지 불빛과
같이 붉은 기운이 나타났다.
고려사 권53 지7 [S]

고종 16년(1229) 기축 8. 22. (정사)

/양 1229. 9. 11./

八月 丁巳 月犯東井
달이 동정(東井) 성좌를 범하였다.
고려사 권48 지2 [C]

고종 16년(1229) 기축 9. 20. (갑신)

/양 1229. 10. 8./

九月 甲申 月犯東井
달이 동정(東井) 성좌를 범하였다.
고려사 권48 지2 [C]

고종 16년(1229) 기축 10. 21. (을묘)

/양 1229. 11. 8./

十月 乙卯 月犯軒轅右角
달이 헌원(軒轅) 성좌의 오른쪽 뿔[右角]을 범하였다.
고려사 권48 지2 [C]

고종 16년(1229) 기축 10. 25. (기미)

/양 1229. 11. 12./

十月 己未 流星犯紫微西藩 又犯勾陳帝座[176]

유성(流星)이 자미서번(紫微西藩) 성좌를 범하였고 또 구진(勾陳) 성좌와 제좌성(帝座星)을 범하였다.
고려사 권48 지2 [R]

고종 16년(1229) 기축 11. 15. (기묘)

/양 1229. 12. 2./

十一月 己卯 月食旣
개기 월식이 있었다.
고려사 권48 지2 [B]

고종 17년(1230) 경인 1. 29. (임진)

/양 1230. 2. 13./

正月 壬辰 隕石于中原府二聲如雷
중원부(中原府)에 운석(隕石)이 떨어졌는데 그 소리가 우레 소리 같았다.
고려사 권54 지8 [R]

고종 17년(1230) 경인 3. 17. (기유)

/양 1230. 5. 1./

三月 己酉 太白犯東井
금성[太白]이 동정(東井) 성좌를 범하였다.
고려사 권48 지2 [F]

고종 17년(1230) 경인 4. 1. (임술)

/양 1230. 5. 14./

夏四月 壬戌朔 日食
일식이 있었다.
고려사 권22 세가22 ; 고려사절요 권16 [A]

고종 17년(1230) 경인 4. 1. (임술)

/양 1230. 5. 14./

四月 壬戌朔 日食
일식이 있었다.
고려사 권47 지1 [A]

고종 17년(1230) 경인 4. 13. (갑술)

/양 1230. 5. 26./

四月 甲戌 太白犯輿鬼東北星
금성[太白]이 여귀(輿鬼) 성좌의 동북별을 범하였다.
고려사 권48 지2 [F]

고종 17년(1230) 경인 4. 13. (갑술)

/양 1230. 5. 26./

夏四月 甲戌 以星變 親設消災道場177)于宣慶殿 以禳之
성변(星變)이 있어 왕이 친히 선경전(宣慶殿)에 소재도량(消災道場)을 열어서 기도하였다.
고려사 권22 세가22 [T]

고종 17년(1230) 경인 4. 15. (병자)

/양 1230. 5. 28./

四月 丙子 月食旣
개기 월식이 있었다.
고려사 권48 지2 [B]

고종 17년(1230) 경인 6. 21. (신사)

/양 1230. 8. 1./

六月 辛巳 天狗墮地
천구(天狗, 유성)가 땅에 떨어졌다.
고려사 권48 지2 [R]

고종 17년(1230) 경인 7. 6. (을미)

/양 1230. 8. 15./

七月 乙未 隕石于安南府通津縣
안남부(安南府) 통진현(通津縣)에 운석(隕石)이 떨어졌다.
고려사 권54 지8 [R]

고종 18년(1231) 신묘 12. 10. (신유)

/양 1232. 1. 3./

十二月 辛酉 天狗墮地 聲如雷
천구(天狗, 유성)가 땅에 떨어졌는데 그 소리가 우레와 같았다.
고려사 권48 지2 [R]

고종 19년(1232) 임진 3. 14. (을미)

/양 1232. 4. 6./

三月 乙未 月食
월식이 있었다.
고려사 권48 지2 [B]

고종 19년(1232) 임진 6. 17. (병인)

/양 1232. 7. 6./

---

176) 帝座(제좌): 제좌성-2임.

177) 소재도량(消災道場): 재앙을 물리치기위해 베푸는 일종의 의식.

237

六月 丙寅 太白鎭星相克
금성[太白]과 토성[鎭星]이 서로를 침범하였다[相克].
고려사 권48 지2 [D]

고종 19년(1232) 임진 6. 18. (정묘)

/양 1232. 7. 7./

六月 丁卯 天狗墮地 聲如雷
천구(天狗, 유성)가 땅에 떨어졌는데 그 소리가 우레와 같았다.
고려사 권48 지2 [R]

고종 21년(1234) 갑오 1. 2. (신축)

/양 1234. 22. 1./

正月 辛丑 太白入氐
금성[太白]이 저(氐) 성좌에 들어갔다.
고려사 권48 지2 [F]

고종 21년(1234) 갑오 1. 15. (갑인)

/양 1234. 2. 14./

正月 甲寅 月犯軒轅女御
달이 헌원(軒轅) 성좌의 여어성(女御星)을 범하였다.
고려사 권48 지2 [C]

고종 21년(1234) 갑오 2. 6. (을해)

/양 1234. 3. 7./

二月 乙亥 太白與熒惑 同舍于虛
금성[太白]이 화성[熒惑]과 더불어 함께 허(虛) 성좌로 들어갔다.
고려사 권48 지2 [E]

고종 21년(1234) 갑오 7. 7. (갑진)

/양 1234. 8. 3./

七月 甲辰 月入氐星
달이 저(氐) 성좌에 들어갔다.
고려사 권48 지2 [C]

고종 21년(1234) 갑오 8. 1. (정묘)

/양 1234. 8. 26./

秋八月 丁卯 日食密雲不見
일식이 짙은 구름으로 보이지 않았다.
고려사 권23 세가23 [A]

고종 21년(1234) 갑오 8. 1. (정묘)

/양 1234. 8. 26./

八月 丁卯 日食密雲不見
일식이 짙은 구름으로 보이지 않았다
고려사 권47 지1 ; 고려사절요 권16 [A]

고종 22년(1235) 을미 1. 3. (정유)

/양 1235. 1. 23./

正月 丁酉 月犯太白
달이 금성[太白]을 범하였다.
고려사 권48 지2 [C]

고종 22년(1235) 을미 1. 18. (임자)

/양 1235. 2. 7./

正月 壬子 天鳴如雷 或云地震
하늘에서 천둥같은 소리가 났는데, 혹은 지진(地震)이라고도 말하였다.
고려사 권53 지7 [L]

고종 22년(1235) 을미 8. 2. (임진)

/양 1235. 9. 15./

八月 壬辰 日官奏 令百官每日自辰至午時 拜日禳兵
천문관이 아뢰기를 백관들로 하여금 날마다 진시(辰時)로부터 오시(午時)까지 태양에게 절을 하여 병란이 없기를 기도하였다.
고려사 권23 세가23 [T]

고종 22년(1235) 을미 9. 5. (을축)

/양 1235. 10. 18./

九月 乙丑 太白犯左執法
금성[太白]이 좌집법성(左執法星)을 범하였다.
고려사 권48 지2 [F]

고종 22년(1235) 을미 9. 10. (경오)

/양 1235. 10. 23./

九月 庚午 月赤無光
달이 붉고 광채가 없었다.
고려사 권48 지2 [N]

고종 22년(1235) 을미 9. 15. (을해)

/양 1235. 10. 28./

九月 乙亥 月犯畢星
달이 필(畢) 성좌를 범하였다.
고려사 권48 지2 [C]

고종 22년(1235) 을미 11. 18. (정축)

/양 1235. 12. 29./

十一月 丁丑 掩軒轅左角
<달이> 헌원(軒轅) 성좌의 왼쪽 뿔[左角]을 가렸다.
고려사 권48 지2 [C]

고종 22년(1235) 을미 11. 19. (무인)

/양 1235. 12. 30./

十一月 戊寅 掩大微西藩上將
<달이> 태미서번[大微西藩] 성좌의 상장성(上將星)을 가렸다.
고려사 권48 지2 [C]

고종 22년(1235) 을미 12. 16. (갑진)

/양 1236. 1. 25./

十二月 甲辰 月犯軒轅女御
달이 헌원(軒轅) 성좌의 여어성(女御星)을 범하였다.
고려사 권48 지2 [C]

고종 23년(1236) 병신 12. 15. (무술)

/양 1237. 1. 13./

十二月 戊戌 月食
월식이 있었다.
고려사 권48 지2 [B]

고종 29년(1242) 임인 9. 4. (계미)

/양 1242. 9. 29./

八月[178] 癸未 月犯心前星
달이 심(心) 성좌의 앞 별을 범하였다.
고려사 권48 지2 [C]

고종 29년(1242) 임인 9. 7. (병술)

/양 1242. 10. 2./

八月[179] 丙戌 熒惑犯鎭星
화성[熒惑]이 토성[鎭星]을 범하였다.
고려사 권48 지2 [D]

고종 29년(1242) 임인 9. 18. (정유)

/양 1242. 10. 13./

八月[180] 丁酉 鎭星犯大微西藩上將

토성[鎭星]이 태미서번[大微西藩] 성좌의 상장성(上將星)을 범하였다.
고려사 권48 지2 [F]

고종 29년(1242) 임인 9. 21. (경자)

/양 1242. 10. 16./

八月[181] 庚子 月犯五諸侯[182]
달이 오제후(五諸侯) 성좌를 범하였다.
고려사 권48 지2 [C]

고종 29년(1242) 임인 10. 7. (병진)

/양 1242. 11. 1./

十月 丙辰 熒惑犯大微左執法
화성[熒惑]이 태미원[大微]의 좌집법성(左執法星)을 범하였다.
고려사 권48 지2 [F]

고종 29년(1242) 임인 12. 10. (무오)

/양 1243. 1. 2./

十二月 戊午 月犯昴星
달이 묘(昴) 성좌를 범하였다.
고려사 권48 지2 [C]

고종 29년(1242) 임인 12. 17. (을축)

/양 1243. 1. 9./

十二月 乙丑 日暈
햇무리가 있었다.
고려사 권47 지1 [O]

고종 29년(1242) 임인 12. 17. (을축)

/양 1243. 1. 9./

十二月 乙丑 犯軒轅大星
<달이> 헌원대성(軒轅大星)을 범하였다.
고려사 권48 지2 [C]

고종 29년(1242) 임인 12. 21. (기사)

/양 1243. 1. 13./

十二月 己巳 太白犯羽林
금성[太白]이 우림(羽林) 성좌를 범하였다.
고려사 권48 지2 [F]

---

178) 8월에는 계미일 없음. 9월의 오기로 추론됨.
179) 8월에는 병술일 없음. 9월의 오기로 추론됨.
180) 8월에는 정유일 없음. 오기로 추론됨.

181) 8월에는 경자일 없음. 오기로 추론됨.
182) 五諸侯(오제후): 오제후 성좌-2임.

고종 30년(1243) 계묘 2. 4. (신해)

/양 1243. 2. 24./

二月 辛亥 太白晝見
금성[太白]이 낮에 보였다.
고려사 권23 세가23 ; 고려사 권48 지2 [G]

고종 30년(1243) 계묘 2. 18. (을축)

/양 1243. 3. 10./

二月 乙丑 虹貫日
무지개가 태양을 가로질렀다.
고려사 권47 지1 ; 고려사 권48 지2 [O]

고종 30년(1243) 계묘 2. 27. (갑술)

/양 1243. 3. 19./

二月 甲戌 流星出尾入天際 大如木瓜 尾長三尺許
유성(流星)이 미(尾) 성좌에서 나와 지평선[天際]
으로 들어갔는데 그 크기가 모과(木瓜)와 같았고
꼬리의 길이는 3척쯤 되었다.
고려사 권48 지2 [R]

고종 30년(1243) 계묘 3. 1. (정축)

/양 1243. 3. 22./

三月 丁丑朔 日食
일식이 있었다.
고려사 권23 세가23 ; 고려사 권47 지1 [A]

고종 30년(1243) 계묘 윤8. 3. (정축)

/양 1243. 9. 18./

閏八月 丁丑 太白犯軒轅
금성[太白]이 헌원(軒轅) 성좌를 범하였다.
고려사 권48 지2 [F]

고종 30년(1243) 계묘 10. 21. (갑오)

/양 1243. 12. 4./

十月 甲午 白虹貫日
흰 무지개가 태양을 가로질러 갔다.
고려사 권47 지1 [O]

고종 31년(1244) 갑진 1. 16. (정사)

/양 1244. 2. 25./

正月 丁巳 月食
월식이 있었다.
고려사 권48 지2 [B]

고종 31년(1244) 갑진 7. 15. (계축)

/양 1244. 8. 19./

七月 癸丑 月食
월식이 있었다.
고려사 권48 지2 [B]

고종 31년(1244) 갑진 7. 22. (경신)

/양 1244. 8. 26./

七月 庚申 月犯五車南星
달이 오거(五車) 성좌의 남쪽 별을 범하였다.
고려사 권48 지2 [C]

고종 32년(1245) 을사 1. 11. (정미)

/양 1245. 2. 9./

正月 丁未 歲星犯大微西藩上將
목성[歲星]이 태미서번[大微西藩] 성좌의 상장
성(上將星)을 범하였다.
고려사 권48 지2 [F]

고종 32년(1245) 을사 1. 15. (신해)

/양 1245. 2. 13./

正月 辛亥 月食
월식이 있었다.
고려사 권48 지2 [B]

고종 32년(1245) 을사 2. 5. (경오)

/양 1245. 3. 4./

二月 庚午 月犯昴星
달이 묘(昴) 성좌를 범하였다.
고려사 권48 지2 [C]

고종 32년(1245) 을사 2. 9. (갑술)

/양 1245. 3. 8./

二月 甲戌 入五諸侯[183]東第二星
<달이> 오제후(五諸侯) 성좌의 동쪽 둘째 별로
들어갔다.
고려사 권48 지2 [C]

고종 32년(1245) 을사 2. 13. (무인)

/양 1245. 3. 12./

二月 戊寅 犯軒轅大星
<달이> 헌원대성(軒轅大星)을 범하였다.

---

183) 五諸侯(오제후): 오제후 성좌-2임.

240

고려사 권48 지2 [C]

고종 32년(1245) 을사 3. 16. (신해)

/양 1245. 4. 14./

三月 辛亥 天狗墮松嶽北
천구(天狗, 유성)가 송악산(松嶽山) 북쪽에 떨어
졌다.
고려사 권48 지2 [R]

고종 32년(1245) 을사 3. 19. (갑인)

/양 1245. 4. 17./

三月 甲寅 土星犯大微東藩上相
토성[鎭星]이 태미동번[大微東藩] 성좌의 상상
성(上相星)을 범하였다.
고려사 권48 지2 [F]

고종 32년(1245) 을사 6. 11. (갑술)

/양 1245. 7. 6./

六月 甲戌 月犯房第二星
달이 방(房) 성좌의 둘째 별을 범하였다.
고려사 권48 지2 [C]

고종 32년(1245) 을사 6. 14. (정축)

/양 1245. 7. 9./

六月 丁丑 入南斗魁中
<달이> 남두괴(南斗魁)의 안으로 들어갔다.
고려사 권48 지2 [C]

고종 32년(1245) 을사 7. 1. (계사)

/양 1245. 7. 25./

秋七月 癸巳朔 日食旣
개기 일식이 있었다.
고려사 권23 세가23 ; 고려사절요 권16 [A]

고종 32년(1245) 을사 7. 1. (계사)

/양 1245. 7. 25./

七月 癸巳朔 日食旣
개기 일식이 있었다.
고려사 권47 지1 [A]

고종 32년(1245) 을사 7. 16. (무신)

/양 1245. 8. 9./

七月 戊申 月食
월식이 있었다.

고려사 권48 지2 [B]

고종 32년(1245) 을사 8. 24. (병술)

/양 1245. 9. 16./

八月 丙戌 月犯輿鬼東北星
달이 여귀(輿鬼) 성좌의 동북쪽 별을 범하였다.
고려사 권48 지2 [C]

고종 32년(1245) 을사 9. 7. (기해)

/양 1245. 9. 29./

九月 己亥 月犯南斗魁第四星
달이 남두괴(南斗魁)의 네째 별을 범하였다.
고려사 권48 지2 [C]

고종 32년(1245) 을사 9. 10. (임인)

/양 1245. 10. 2./

九月 壬寅 流星自西抵東 大如缶 尾長十餘尺
유성(流星)이 서쪽에서 동쪽으로 갔는데 그 크기
가 두레박[缶]만 하였고 꼬리의 길이가 10여 척
이 되었다.
고려사 권48 지2 [R]

고종 32년(1245) 을사 10. 6. (정묘)

/양 1245. 10. 27./

十月 丁卯 流星自西抵東 大如木瓜
유성(流星)이 서쪽에서 동쪽으로 갔는데 그 크
기가 모과(木瓜)만 하였다.
고려사 권48 지2 [R]

고종 33년(1246) 병오 1. 1. (신묘)

/양 1246. 1. 19./

春正月 辛卯朔 日食
일식이 있었다.
고려사 권23 세가23 ; 고려사절요 권16 [A]

고종 33년(1246) 병오 1. 1. (신묘)

/양 1246. 1. 19./

正月 辛卯朔 日食
일식이 있었다.
고려사 권47 지1 [A]

고종 33년(1246) 병오 윤4. 9. (정유)

/양 1246. 5. 25./

閏四月 丁酉 流星出巽向南入天際 大如缶

유성(流星)이 동남쪽에서 나와 남쪽으로 향하여 지평선[天際]으로 들어갔는데 그 크기가 두레박[缶]만 하였다.
고려사 권48 지2 [R]

고종 33년(1246) 병오 윤4. 14. (임인)

/양 1246. 5. 30./

閏四月 壬寅 月犯心大星
달이 심대성(心大星)을 범하였다.
고려사 권48 지2 [C]

고종 36년(1249) 기유 4. 1. (임인)

/양 1249. 5. 14./

夏四月朔 日食
일식이 있었다.
고려사 권23 세가23 ; 고려사절요 권16 [A]

고종 36년(1249) 기유 4. 1. (임인)

/양 1249. 5. 14./

四月朔 日食
일식이 있었다.
고려사 권47 지1 [A]

고종 36년(1249) 기유 윤2. 2. (갑진)

/양 1249. 3. 17./

閏二月 甲辰 赤氣橫亘東西
붉은 기운이 동서로 가로질렀다.
고려사 권53 지7 [S]

고종 37년(1250) 경술 6. 10. (갑진)

/양 1250. 7. 10./

六月 甲辰 月犯房星
달이 방(房) 성좌를 범하였다.
고려사 권48 지2 [C]

고종 37년(1250) 경술 6. 23. (정사)

/양 1250. 7. 23./

六月 丁巳 歲星犯壘壁陣
목성[歲星]이 누벽진(壘壁陣) 성좌를 범하였다.
고려사 권48 지2 [F]

고종 37년(1250) 경술 7. 6. (경오)

/양 1250. 8. 5./

七月 庚午 流星出紫微西藩入天際

유성(流星)이 자미서번(紫微西藩) 성좌에서 나와 하늘 끝(天際, 지평선)으로 들어갔다.
고려사 권48 지2 [R]

고종 37년(1250) 경술 7. 25. (기축)

/양 1250. 8. 24./

七月 己丑 月入東井
달이 동정(東井) 성좌로 들어갔다.
고려사 권48 지2 [C]

고종 37년(1250) 경술 8. 18. (신해)

/양 1250. 9. 15./

八月 辛亥 月犯東井北轅
달이 동정(東井) 성좌의 북쪽의 별들[北轅]을 범하였다.
고려사 권48 지2 [C]

고종 37년(1250) 경술 10. 13. (을사)

/양 1250. 11. 8./

十月 乙巳 流星入東方 其下有聲
유성(流星)이 동방(東方)으로 흘러갔는데 그 아래에서 소리가 났다.
고려사 권48 지2 [R]

고종 37년(1250) 경술 11. 1. (임술)

/양 1250. 11. 25./

十月 乙巳 流星入東方 其下有聲
붉은 기운이 사방에 나타났다.
고려사 권53 지7 [S]

고종 37년(1250) 경술 11. 14. (을해)

/양 1250. 12. 8./

十一月 乙亥 月犯畢星
달이 필(畢) 성좌를 범하였다.
고려사 권48 지2 [C]

고종 37년(1250) 경술 12. 4. (을미)

/양 1250. 12. 28./

十二月 乙未 童津山有血祲
동진산(童津山)에 피빛 나는 것이 나타났다.
고려사 권53 지7 [S]

고종 37년(1250) 경술 12. 9. (경자)

/양 1251. 1. 2./

十二月 庚子 太白相犯歲星
금성[太白]과 목성[歲星]이 서로 범하였다.
고려사 권48 지2 [D]

고종 37년(1250) 경술 12. 21. (임자)

/양 1251. 1. 14./

十二月 壬子 月犯左角
달이 좌각성(左角星)을 범하였다.
고려사 권48 지2 [C]

고종 37년(1250) 경술 12. 22. (계축)

/양 1251. 1. 15./

十二月 癸丑 太白入羽林
금성[太白]이 우림(羽林) 성좌로 들어갔다.
고려사 권48 지2 [F]

고종 37년(1250) 경술 12. 23. (갑인)

/양 1251. 1. 16./

十二月 甲寅 月犯氐星
달이 저(氐) 성좌를 범하였다.
고려사 권48 지2 ; 고려사절요 권16 [C]

고종 37년(1250) 경술 12. 24. (을묘)

/양 1251. 1. 17./

十二月 乙卯 犯房上相
<달이> 방(房) 성좌의 상상성(上相星)을 범하였다.
고려사 권48 지2 [C]

고종 37년(1250) 경술 12. 24. (을묘)

/양 1251. 1. 17./

十二月 乙卯 犯房上相 司天臺奏 月犯房上相 占
云 主有憂 上相誅有亂臣 臣代其主
<달이> 방(房) 성좌의 상상성(上相星)을 범하였
다. 사천대에서 아뢰기를「달이 방(房) 성좌의 상
상성(上相星)을 범하는 점사는 주인에게 우환이
있고, <달이> 상상성(上相星)을 지날 때는 난신
(亂臣)이 나타나 그 주인을 대신한다」고 하였다.
고려사절요 권16 [C]

고종 38년(1251) 신해 2. 7. (정유)

/양 1251. 2. 28./

二月 丁酉 月犯畢第二星
달이 필(畢) 성좌의 둘째 별을 범하였다.
고려사 권48 지2 [C]

고종 38년(1251) 신해 2. 10. (경자)

/양 1251. 3. 3./

二月 庚子 入東井
<달이> 동정(東井) 성좌로 들어갔다.
고려사 권48 지2 [C]

고종 38년(1251) 신해 3. 6. (병인)

/양 1251. 3. 29./

三月 丙寅 月入東井
달이 동정(東井) 성좌로 들어갔다.
고려사 권48 지2 [C]

고종 38년(1251) 신해 3. 15. (을해)

/양 1251. 4. 7./

三月 乙亥 月食
월식이 있었다.
고려사 권48 지2 [B]

고종 38년(1251) 신해 3. 27. (정해)

/양 1251. 4. 19./

三月 丁亥 流星出庫樓入亢
유성(流星)이 고루(庫樓) 성좌에서 나와 항(亢)
성좌로 들어갔다.
고려사 권48 지2 [R]

고종 38년(1251) 신해 4. 23. (계축)

/양 1251. 5. 15./

四月 癸丑 月犯歲星
달이 목성[歲星]을 범하였다.
고려사 권48 지2 [C]

고종 38년(1251) 신해 6. 14. (계묘)

/양 1251. 7. 4./

六月 癸卯 太白晝見經天
금성[太白]이 낮에 나타나 남쪽하늘에서 보였다.
고려사 권24 세가24 ; 고려사 권48 지2 ; 고려사절요
권17 [G]

고종 38년(1251) 신해 7. 7. (병인)

/양 1251. 7. 27./

七月 丙寅 月入氐星
달이 저(氐) 성좌로 들어갔다.
고려사 권48 지2 [C]

고종 38년(1251) 신해 7. 8. (정묘)

/양 1251. 7. 28./

七月 丁卯 犯東井
<달이> 동정(東井) 성좌를 범하였다.
고려사 권48 지2 [C]

고종 38년(1251) 신해 7. 9. (무진)

/양 1251. 7. 29./

七月 戊辰 太白入東井
금성[太白]이 동정(東井) 성좌로 들어갔다.
고려사 권48 지2 [F]

고종 38년(1251) 신해 7. 11. (경오)

/양 1251. 7. 31./

七月 庚午 月與鎭星同舍
달이 토성[鎭星]과 더불어 함께 모였다.
고려사 권48 지2 [C]

고종 38년(1251) 신해 7. 23. (임오)

/양 1251. 8. 12./

七月 壬午 與熒惑同舍
<달이> 화성[熒惑]과 더불어 함께 모였다.
고려사 권48 지2 [C]

고종 38년(1251) 신해 7. 24. (계미)

/양 1251. 8. 13./

七月 癸未 宿于東井
<달이> 동정(東井) 성좌에 머물렀다.
고려사 권48 지2 [C]

고종 38년(1251) 신해 7. 25. (갑신)

/양 1251. 8. 14./

七月 甲申 與太白同舍
<달이> 금성[太白]과 함께 모였다.
고려사 권48 지2 [C]

고종 38년(1251) 신해 8. 15. (계묘)

/양 1251. 9. 2./

八月 癸卯 與歲星同舍
<달이> 목성[歲星]과 함께 모였다.
고려사 권48 지2 [C]

고종 38년(1251) 신해 8. 20. (무신)

/양 1251. 9. 7./

八月 戊申 入畢星
<달이> 필(畢) 성좌로 들어갔다.
고려사 권48 지2 [C]

고종 38년(1251) 신해 11. 20. (을사)

/양 1252. 1. 2./

十一月 乙巳 東北方赤祲如血
동북북쪽에 피빛과 같은 이상한 붉은 기운이 나타
났다.
고려사 권53 지7 [S]

고종 39년(1252) 임자 2. 1. (을묘)

/양 1252. 3. 12./

二月 乙卯朔 日食
일식이 있었다.
고려사 권24 세가24 ; 고려사 권47 지1 ; 고려사절요
권17 [A]

고종 39년(1252) 임자 2. 16. (경오)

/양 1252. 3. 27./

二月 庚午 月食
월식이 있었다.
고려사 권48 지2 [B]

고종 39년(1252) 임자 7. 13. (을미)

/양 1252. 8. 19./

七月 乙未 流星自北抵南 光芒如電
유성(流星)이 북쪽에서 남쪽으로 흘러 갔는데
그 광채가 번개와 같았다.
고려사 권48 지2 [R]

고종 39년(1252) 임자 8. 14. (병인)

/양 1252. 9. 19./

八月 丙寅 月食旣
개기 월식이 있었다.
고려사 권48 지2 [B]

고종 40년(1253) 계축 2. 19. (정묘)

/양 1253. 3. 19./

二月 丁卯 月入氐星
달이 저(氐) 성좌로 들어갔다.
고려사 권48 지2 [C]

고종 40년(1253) 계축 3. 2. (경진)

/양 1253. 4. 1./

三月 庚辰 西南有黃赤氣
서남쪽에서 황적색 기운이 나타났다.
고려사 권53 지7 [S]

고종 40년(1253) 계축 3. 6. (갑신)

/양 1253. 4. 5./

三月 甲申 犯東井南轅東端第二星
<달이> 동정(東井) 성좌의 남쪽 열을 이루는 별
들[南轅]중 동쪽 끝에서 둘째 별을 범하였다.
고려사 권48 지2 [C]

고종 40년(1253) 계축 3. 20. (무술)

/양 1253. 4. 19./

三月 戊戌 東北赤氣連天
동북쪽에 나타난 붉은 기운이 하늘에 닿았다.
고려사 권53 지7 [S]

고종 40년(1253) 계축 5. 12. (기축)

/양 1253. 6. 9./

五月 己丑 月入氐星 鎭星犯氐
달이 저(氐) 성좌로 들어갔다. 토성[鎭星]이 저
(氐) 성좌를 범하였다.
고려사 권48 지2 [C] [F]

고종 40년(1253) 계축 5. 17. (갑오)

/양 1253. 6. 14./

五月 甲午 太白熒惑同舍于畢
금성[太白]과 화성[熒惑]이 필(畢) 성좌에 함께
모였다.
고려사 권48 지2 [E]

고종 40년(1253) 계축 5. 22. (기해)

/양 1253. 6. 19./

五月 己亥 流星出天紀北 入紫微 大如梨
유성(流星)이 천기(天紀) 성좌의 북쪽에서 나와
자미원(紫微垣)으로 들어갔는데 그 크기가 배
[梨]만 하였다.
고려사 권48 지2 [R]

고종 40년(1253) 계축 5. 24. (신축)

/양 1253. 6. 21./

五月 辛丑 熒惑犯畢

화성[熒惑]이 필(畢) 성좌를 범하였다.
고려사 권48 지2 [F]

고종 40년(1253) 계축 7. 8. (갑신)

/양 1253. 8. 3./

七月 甲申 月入氐星 熒惑入井
달이 저(氐) 성좌로 들어갔다. 화성[熒惑]이 정(井)
성좌로 들어갔다.
고려사 권48 지2 [C] [F]

고종 40년(1253) 계축 7. 16. (임진)

/양 1253. 8. 11./

七月 壬辰 西方 有赤雲氣
서쪽에 붉은 구름 기운이 나타났다.
고려사 권53 지7 [S]

고종 40년(1253) 계축 7. 24. (경자)

/양 1253. 8. 19./

七月 庚子 月入東井
달이 동정(東井) 성좌로 들어갔다.
고려사 권48 지2 [C]

고종 40년(1253) 계축 8. 4. (경술)

/양 1253. 8. 29./

八月 庚戌 西有黃赤氣光明異常
서쪽에 황적색 기운이 생겼는데 그 광채가 이상하
였다.
고려사 권53 지7 [S]

고종 40년(1253) 계축 8. 12. (무오)

/양 1253. 9. 6./

八月 戊午 月入東井 熒惑入輿鬼
달이 동정(東井) 성좌로 들어갔다. 화성[熒惑]이
여귀(輿鬼) 성좌로 들어갔다.
고려사 권48 지2 [C] [F]

고종 40년(1253) 계축 8. 17. (계해)

/양 1253. 9. 11./

八月 癸亥 流星出天船北 入五車 大如梨
유성(流星)이 천선(天船) 성좌의 북쪽에서 나와 오
거(五車) 성좌로 들어갔는데 그 크기가 배[梨]만 하
였다.
고려사 권48 지2 [R]

고종 40년(1253) 계축 8. 19. (을축)

/양 1253. 9. 13./

八月 乙丑 月入畢星
달이 필(畢) 성좌를 범하였다.
고려사 권48 지2 [C]

고종 40년(1253) 계축 8. 20. (병인)

/양 1253. 9. 14./

八月 丙寅 與歲星同舍于畢
<달이> 목성[歲星]과 더불어 필(畢) 성좌에 함께
모였다.
고려사 권48 지2 [C]

고종 40년(1253) 계축 8. 22. (무진)

/양 1253. 9. 16./

八月 戊辰 入東井東端 火星入輿鬼東南星
<달이> 동정(東井) 성좌의 동쪽 끝으로 들어갔
다. 화성[熒惑]이 여귀(輿鬼) 성좌의 동남별로
들어갔다.
고려사 권48 지2 [C] [F]

고종 40년(1253) 계축 8. 25. (신미)

/양 1253. 9. 19./

八月 辛未 月與歲星同舍于畢 熒惑入輿鬼積屍[184]
달이 목성[歲星]과 더불어 필(畢) 성좌에 함께
모였다. 화성[熒惑]이 여귀(輿鬼) 성좌안의 적시
성(積屍星)으로 들어갔다.
고려사 권48 지2 [C] [F]

고종 40년(1253) 계축 8. 28. (갑술)

/양 1253. 9. 22./

八月 甲戌 月與辰星同舍于翼
달이 수성[辰星]과 더불어 익(翼) 성좌에 함께
모였다.
고려사 권48 지2 [C]

고종 40년(1253) 계축 9. 6. (신사)

/양 1253. 9. 29./

九月 辛巳 流星出叄 入天苑 大如木瓜 尾丈五尺許
유성(流星)이 삼(叄) 성좌에서 나와 천원(天苑)
성좌로 들어갔는데 그 크기가 모과(木瓜)만 하였
고 꼬리의 길이가 5척쯤 되었다.
고려사 권48 지2 [R]

---

184) 積屍(적시): 적시성-2임.

고종 40년(1253) 계축 9. 12. (무자)

/양 1253. 10. 6./

九月 戊子 流星出畢 入東井
유성(流星)이 필(畢) 성좌에서 나와 동정(東井)
성좌로 들어갔다.
고려사 권48 지2 [R]

고종 40년(1253) 계축 10. 5. (경술)

/양 1253. 10. 28./

十月 庚戌 月入建星 與鎭星同舍 熒惑入軒轅大星
달이 건(建) 성좌에 들어가서 토성[鎭星]과 함께
모였다. 화성[熒惑]이 헌원대성(軒轅大星)으로
들어갔다.
고려사 권48 지2 [C] [F]

고종 40년(1253) 계축 10. 14. (기미)

/양 1253. 11. 6./

十月 己未 日暈有五色
햇무리가 나타났는데, 오색이었다.
고려사 권47 지1 [O]

고종 40년(1253) 계축 10. 15. (경신)

/양 1253. 11. 7./

十月 庚申 月入畢大星
달이 필대성(畢大星)으로 들어갔다.
고려사 권48 지2 [C]

고종 40년(1253) 계축 10. 17. (임술)

/양 1253. 11. 9./

十月 壬戌 入東井
<달이> 동정(東井) 성좌로 들어갔다.
고려사 권48 지2 [C]

고종 40년(1253) 계축 10. 29. (갑술)

/양 1253. 11. 21./

十月 甲戌 流星出天囷 入天倉
유성(流星)이 천균(天囷) 성좌에서 나와 천창
(天倉) 성좌로 들어갔다.
고려사 권48 지2 [R]

고종 40년(1253) 계축 11. 2. (정축)

/양 1253. 11. 24./

十一月 丁丑 與太白同舍于危
<달이> 금성[太白]과 더불어 위(危) 성좌에 함께

모였다.
고려사 권48 지2 [C]

고종 40년(1253) 계축 11. 7. (임오)

/양 1253. 11. 29./

十一月 壬午 熒惑犯長垣
화성[熒惑]이 장원(長垣) 성좌를 범하였다.
고려사 권48 지2 [F]

고종 40년(1253) 계축 11. 12. (정해)

/양 1253. 12. 4./

十一月 丁亥 月入畢星
달이 필(畢) 성좌로 들어갔다.
고려사 권48 지2 [C]

고종 40년(1253) 계축 11. 15. (경인)

/양 1253. 12. 7./

十一月 庚寅 犯輿鬼
<달이> 여귀(輿鬼) 성좌를 범하였다.
고려사 권48 지2 [C]

고종 40년(1253) 계축 11. 21. (병신)

/양 1253. 12. 13./

十一月 丙申 入大微端門右執法
<달이> 태미원[大微]의 단문(端門) 근처의 우집
법성(右執法星)으로 들어갔다.
고려사 권48 지2 [C]

고종 40년(1253) 계축 11. 22. (정유)

/양 1253. 12. 14./

十一月 丁酉 犯大微東藩上相
<달이> 태미동번[大微東藩] 성좌의 상상성(上
相星)을 범하였다.
고려사 권48 지2 [C]

고종 40년(1253) 계축 11. 25. (경자)

/양 1253. 12. 17./

十一月 庚子 入氐星
<달이> 저(氐) 성좌로 들어갔다.
고려사 권48 지2 [C]

고종 40년(1253) 계축 12. 8. (임자)

/양 1253. 12. 29./

十二月 壬子 日珥

태양에 귀고리가 있었다.
고려사 권47 지1 [O]

고종 40년(1253) 계축 12. 9. (계축)

/양 1253. 12. 30./

十二月 癸丑 日暈二重 色如虹 東北有背氣 太史
奏 一背在內 一背在外 中人與外人同謀
2중의 햇무리가 있었는데 그 빛깔이 무지개와 같
았으며 동북쪽에 일(一)자형의 햇무리[背氣]가 있
었다. 태사가 보고하기를 「하나의일자형 햇무리
는 안쪽에 있고 다른 일자형 햇무리는 바깥쪽에
있으니 이는 안에 있는 사람이 밖에 있는 사람과
함께 모략을 꾸미는 것입니다.」라고 하였다.
고려사 권47 지1 [O]

고종 40년(1253) 계축 12. 13. (정사)

/양 1254. 1. 3./

十二月 丁巳 月入東井
달이 동정(東井) 성좌로 들어갔다.
고려사 권48 지2 [C]

고종 40년(1253) 계축 12. 15. (기미)

/양 1254. 1. 5./

十二月 己未 犯輿鬼 又犯天屍
<달이> 여귀(輿鬼) 성좌를 범하였다가 다시 천시
성(天屍星)을 범하였다.
고려사 권48 지2 [C]

고종 40년(1253) 계축 12. 20. (갑자)

/양 1254. 1. 10./

十二月 甲子 犯大微東藩左執法
<달이> 태미동번[大微東藩] 성좌의 좌집법성
(左執法星)을 범하였다.
고려사 권48 지2 [C]

고종 41년(1254) 갑인 1. 2. (병자)

/양 1254. 1. 22./

正月 丙子 月犯太白
달이 금성[太白]을 범하였다.
고려사 권48 지2 [C]

고종 41년(1254) 갑인 1. 8. (임오)

/양 1254. 1. 28./

正月 壬午 掩畢星
<달이> 필(畢) 성좌를 가렸다.

고려사 권48 지2 [C]

고종 41년(1254) 갑인 1. 10. (갑신)

/양 1254. 1. 30./

正月 甲申 入東井
<달이> 동정(東井) 성좌로 들어갔다.
고려사 권48 지2 [C]

고종 41년(1254) 갑인 1. 16. (경인)

/양 1254. 2. 5./

正月 庚寅 日珥凡三日
태양에 귀고리가 3일간 계속 있었다.
고려사 권47 지1 [O]

고종 41년(1254) 갑인 1. 17. (신묘)

/양 1254. 2. 6./

正月 辛卯 犯大微左執法
<달이> 태미원[大微]의 좌집법성(左執法星)을 범하였다.
고려사 권48 지2 [C]

고종 41년(1254) 갑인 윤6. 16. (병술)

/양 1254. 7. 31./

閏六月 丙戌 月食
월식이 있었다.
고려사 권48 지2 [B]

고종 41년(1254) 갑인 7. 12. (임자)

/양 1254. 8. 26./

七月 壬子 月掩牽牛
달이 견우(牽牛) 성좌를 가렸다.
고려사 권48 지2 [C]

고종 41년(1254) 갑인 7. 21. (신유)

/양 1254. 9. 4./

七月 辛酉 掩畢星
<달이> 필(畢) 성좌를 가렸다.
고려사 권48 지2 [C]

고종 41년(1254) 갑인 7. 23. (계해)

/양 1254. 9. 6./

七月 癸亥 太白晝見經天
금성[太白]이 낮에 남쪽하늘에서 보였다.
고려사 권24 세가24 ; 고려사 권48 지2 [G]

고종 41년(1254) 갑인 7. 23. (계해)

/양 1254. 9. 6./

秋七月 癸亥 太白晝見經天
금성[太白]이 낮에 남쪽하늘에서 보였다.
고려사절요 권17 [G]

고종 41년(1254) 갑인 7. 24. (갑자)

/양 1254. 9. 7./

七月 甲子 太白晝見
금성[太白]이 낮에 나타났다.
고려사 권24 세가24 ; 고려사 권48 지2 [G]

고종 41년(1254) 갑인 8. 1. (신미)

/양 1254. 9. 14./

八月 辛未朔 太白晝見
금성[太白]이 낮에 나타났다.
고려사 권24 세가24 ; 고려사 권48 지2 [G]

고종 41년(1254) 갑인 8. 4. (갑술)

/양 1254. 9. 17./

八月 甲戌 月犯氐星
달이 저(氐) 성좌를 범하였다.
고려사 권48 지2 [C]

고종 41년(1254) 갑인 8. 25. (을미)

/양 1254. 10. 8./

八月 乙未 與太白同舍于張
<달이> 금성[太白]과 더불어 장(張) 성좌에 함께 모였다.
고려사 권48 지2 [C]

고종 41년(1254) 갑인 8. 26. (병신)

/양 1254. 10. 9./

八月 丙申 太白與月同舍
금성[太白]이 달과 더불어 함께 모였다.
고려사 권48 지2 [C]

고종 41년(1254) 갑인 8. 26. (병신)

/양 1254. 10. 9./

八月 丙申 黑雲竟天 向北行
검은 구름이 하늘을 가로질러 북쪽을 향하여 갔다.
고려사 권53 지7 [S]

고종 41년(1254) 갑인 8. 27. (정유)

/양 1254. 10. 10./

八月 丁酉 月掩大微

달이 태미원[大微]을 가렸다.

고려사 권48 지2 [C]

고종 41년(1254) 갑인 9. 6. (을사)

/양 1254. 10. 18./

九月 乙巳 太白犯大微左執法

금성[太白]이 태미원[大微]의 좌집법성(左執法星)을 범하였다.

고려사 권48 지2 [F]

고종 41년(1254) 갑인 9. 7. (병오)

/양 1254. 10. 19./

九月 丙午 月與鎭星同舍

달이 토성[鎭星]과 함께 모였다.

고려사 권48 지2 [C]

고종 41년(1254) 갑인 9. 13. (임자)

/양 1254. 10. 25./

九月 壬子 赤氣周天

붉은 기운이 하늘을 둘러쌓았다.

고려사 권53 지7 [S]

고종 41년(1254) 갑인 9. 15. (갑인)

/양 1254. 10. 27./

九月 甲寅 太白犯大微左執法

금성[太白]이 태미원[大微]의 좌집법성(左執法星)을 범하였다.

고려사 권48 지2 [F]

고종 41년(1254) 갑인 9. 17. (병진)

/양 1254. 10. 29./

九月 丙辰 月入畢星

달이 필(畢) 성좌로 들어갔다.

고려사 권48 지2 [C]

고종 41년(1254) 갑인 9. 19. (무오)

/양 1254. 10. 31./

九月 戊午 入東井

<달이> 동정(東井) 성좌로 들어갔다.

고려사 권48 지2 [C]

고종 41년(1254) 갑인 9. 25. (갑자)

/양 1254. 11. 6./

九月 甲子 入大微

<달이> 태미원[大微]으로 들어갔다.

고려사 권48 지2 [C]

고종 41년(1254) 갑인 9. 26. (을축)

/양 1254. 11. 7./

九月 乙丑 太白犯月

금성[太白]이 달을 범하였다.

고려사 권48 지2 [C]

고종 41년(1254) 갑인 10. 4. (계유)

/양 1254. 11. 15./

十月 癸酉 流星出柳 入星 大如木瓜

유성(流星)이 류(柳) 성좌에서 나와 성(星) 성좌로 들어갔는데 그 크기가 모과(木瓜)만 하였다.

고려사 권48 지2 [R]

고종 41년(1254) 갑인 10. 5. (갑술)

/양 1254. 11. 16./

十月 甲戌 月犯牽牛

달이 견우(牽牛) 성좌를 범하였다.

고려사 권48 지2 [C]

고종 41년(1254) 갑인 10. 11. (경진)

/양 1254. 11. 22./

十月 庚辰 太白犯亢星

금성[太白]이 항(亢) 성좌를 범하였다.

고려사 권48 지2 [F]

고종 41년(1254) 갑인 10. 21. (경인)

/양 1254. 12. 2./

十月 庚寅 月掩大微西藩上將

달이 태미서번[大微西藩] 성좌의 상장성(上將星)을 가렸다.

고려사 권48 지2 [C]

고종 41년(1254) 갑인 10. 25. (갑오)

/양 1254. 12. 6./

十月 甲午 入大微端門 太白入氐

<달이> 태미원[大微]의 단문(端門)으로 들어갔다. 금성[太白]이 저(氐) 성좌로 들어갔다.

고려사 권48 지2 [C] [F]

고종 41년(1254) 갑인 10. 29. (무술)

/양 1254. 12. 10./

十月 戊戌 月與太白 同舍于氐
달이 금성[太白]과 더불어 저(氐) 성좌에 함께
모였다.
고려사 권48 지2 [C]

고종 41년(1254) 갑인 11. 5. (갑진)

/양 1254. 12. 16./

十一月 甲辰 月入壘壁陣
달이 누벽진(壘壁陣) 성좌로 들어갔다.
고려사 권48 지2 [C]

고종 41년(1254) 갑인 11. 13. (임자)

/양 1254. 12. 24./

十一月 壬子 入東井
<달이> 동정(東井) 성좌로 들어갔다.
고려사 권48 지2 [C]

고종 41년(1254) 갑인 11. 19. (무오)

/양 1254. 12. 30./

十一月 戊午 入大微
<달이> 태미원[大微]으로 들어갔다.
고려사 권48 지2 [C]

고종 41년(1254) 갑인 12. 15. (계미)

/양 1255. 1. 24./

十二月 癸未 月食密雲不見
월식이 짙은 구름으로 보이지 않았다.
고려사 권48 지2 [B]

고종 41년(1254) 갑인 12. 17. (을유)

/양 1255. 1. 26./

十二月 乙酉 月入大微
달이 태미원[大微]으로 들어갔다.
고려사 권48 지2 [C]

고종 41년(1254) 갑인 12. 29. (정유)

/양 1255. 2. 7./

十二月 丁酉 太白辰星 同舍須女
금성[太白]과 수성[辰星]이 수녀(須女) 성좌에
함께 모였다.
고려사 권48 지2 [E]

고종 42년(1255) 을묘 1. 2. (경자)

/양 1255. 2. 10./

正月 庚子 白雲 長五百尺許 廣兩尺 東西橫天
흰 구름이 길이가 500척쯤 되고 너비가 2척이
되었고, 동서로 하늘에 가로놓였다.
고려사 권54 지8 [S]

고종 42년(1255) 을묘 6. 15. (경진)

/양 1255. 7. 20./

六月 庚辰 月掩食鎭星
달이 토성[鎭星]을 가렸다.
고려사 권48 지2 [C]

고종 42년(1255) 을묘 8. 17. (신사)

/양 1255. 9. 19./

八月 辛巳 熒惑歲星同舍
화성[熒惑]과 목성[歲星]이 함께 모였다.
고려사 권48 지2 [E]

고종 42년(1255) 을묘 8. 21. (을유)

/양 1255. 9. 23./

八月 乙酉 月食歲星
달이 목성[歲星]을 가렸다.
고려사 권48 지2 [C]

고종 42년(1255) 을묘 8. 27. (신묘)

/양 1255. 9. 29./

八月 辛卯 東方赤氣周天
붉은 기운이 동쪽에서 하늘을 둘러쌓았다.
고려사 권53 지7 [S]

고종 42년(1255) 을묘 9. 1. (갑오)

/양 1255. 10. 2./

九月朔 甲午 赤氣周天
붉은 기운이 하늘을 둘러쌓았다.
고려사 권53 지7 [S]

고종 42년(1255) 을묘 9. 9. (임인)

/양 1255. 10. 10./

九月 壬寅 月食歲星
달이 목성[歲星]을 가렸다.
고려사 권48 지2 [C]

고종 42년(1255) 을묘 11. 4. (정유)

/양 1255. 12. 4./

十一月 丁酉 月犯鎭星
달이 토성[鎭星]을 범하였다.
고려사 권48 지2 [C]

고종 43년(1256) 병진 1. 8. (경자)

/양 1256. 2. 5./

正月 庚子月犯畢星
달이 필(畢) 성좌를 범하였다.
고려사 권48 지2 [C]

고종 43년(1256) 병진 1. 12. (갑진)

/양 1256. 2. 9./

正月 甲辰 犯輿鬼
<달이> 여귀(輿鬼) 성좌를 범하였다.
고려사 권48 지2 [C]

고종 43년(1256) 병진 1. 13. (을사)

/양 1256. 2. 10./

正月 乙巳 犯歲星
<달이> 목성[歲星]을 범하였다.
고려사 권48 지2 [C]

고종 43년(1256) 병진 1. 14. (병오)

/양 1256. 2. 11./

丙午 太白晝見經天
금성[太白]이 낮에 나타나 남쪽하늘에서 보였다.
고려사 권24 세가24 [G]

고종 43년(1256) 병진 1. 14. (병오)

/양 1256. 2. 11./

春正月 丙午 太白晝見經天
금성[太白]이 낮에 나타나 남쪽하늘에서 보였다.
고려사 권48 지2 ; 고려사절요 권17 [G]

고종 43년(1256) 병진 1. 15. (정미)

/양 1256. 2. 12./

正月 丁未 月入大微
달이 태미원[大微]으로 들어갔다.
고려사 권48 지2 [C]

고종 43년(1256) 병진 1. 16. (무신)

/양 1256. 2. 13./

正月 戊申 與熒惑犯軫
달이 화성[熒惑]과 더불어 진(軫) 성좌를 범하였다.
고려사 권48 지2 [C]

고종 43년(1256) 병진 1. 27. (기미)

/양 1256. 2. 24./

正月 己未 月與鎭星同舍
달이 토성[鎭星]과 함께 모였다.
고려사 권48 지2 [C]

고종 43년(1256) 병진 1. 27. (기미)

/양 1256. 2. 24./

正月 己未 黑氣從南方 東西橫天 貫尾星 廣三尺 長三百尺許
검은 기운이 남쪽에서 시작하여 동서로 하늘에 가로놓이고, 미(尾) 성좌를 통과했는데, 그 너비가 3척이고 길이가 300척쯤 되었다.
고려사 권53 지7 [S]

고종 43년(1256) 병진 2. 6. (무진)

/양 1256. 3. 4./

二月 戊辰 熒惑入大微 犯東藩上將
화성[熒惑]이 태미원[大微]으로 들어가서 동번(東藩) 성좌의 상장성(上將星)을 범하였다.
고려사 권48 지2 [F]

고종 43년(1256) 병진 2. 8. (경오)

/양 1256. 3. 6./

二月 庚午 又入大微
<화성[熒惑]이> 또 태미원[大微]으로 들어갔다.
고려사 권48 지2 [F]

고종 43년(1256) 병진 2. 10. (임신)

/양 1256. 3. 8./

二月 壬申 月與歲星同舍
달이 목성[歲星]과 더불어 함께 모였다.
고려사 권48 지2 [C]

고종 43년(1256) 병진 3. 6. (정유)

/양 1256. 4. 2./

三月 丁酉 月入東井
달이 동정(東井) 성좌로 들어갔다.
고려사 권48 지2 [C]

고종 43년(1256) 병진 3. 8. (기해)

/양 1256. 4. 4./

三月 己亥 與歲星 同舍于柳

<달이> 목성[歲星]과 더불어 류(柳) 성좌에 함께 모였다.

고려사 권48 지2 [C]

고종 43년(1256) 병진 3. 12. (계묘)

/양 1256. 4. 8./

三月 癸卯 入大微

<달이> 태미원[大微]으로 들어갔다.

고려사 권48 지2 [C]

고종 43년(1256) 병진 3. 22. (계축)

/양 1256. 4. 18./

三月 癸丑 太白晝見經天

금성[太白]이 낮에 나타나 남쪽하늘에서 보였다.

고려사 권24 세가24 : 고려사 권48 지2 : 고려사절요 권17 [G]

고종 43년(1256) 병진 3. 23. (갑인)

/양 1256. 4. 19./

三月 甲寅 月與鎭星 同舍于壁

달이 토성[鎭星]과 더불어 벽(壁) 성좌에 함께 모였다.

고려사 권48 지2 [C]

고종 43년(1256) 병진 4. 6. (정묘)

/양 1256. 5. 2./

四月 丁卯 月與歲星同舍

달이 목성[歲星]과 함께 모였다.

고려사 권48 지2 [C]

고종 43년(1256) 병진 4. 7. (무진)

/양 1256. 5. 3./

四月 戊辰 入軒轅

<달이> 헌원(軒轅) 성좌로 들어갔다.

고려사 권48 지2 [C]

고종 43년(1256) 병진 4. 22. (계미)

/양 1256. 5. 18./

四月 癸未 熒惑出大微端門

화성[熒惑]이 태미원[大微]의 단문(端門)에서 나왔다.

고려사 권48 지2 [F]

고종 43년(1256) 병진 4. 29. (경인)

/양 1256. 5. 25./

四月 庚寅 日珥

태양에 귀고리가 있었다.

고려사 권47 지1 [O]

고종 43년(1256) 병진 5. 3. (계사)

/양 1256. 5. 28./

五月 癸巳 西南方赤氣周天

서남쪽에서 붉은 기운이 하늘을 둘러쌓았다.

고려사 권53 지7 [S]

고종 43년(1256) 병진 5. 21. (신해)

/양 1256. 6. 15./

五月 辛亥 月與太白 同舍于昴

달이 금성[太白]과 더불어 묘(昴) 성좌에 함께 모였다.

고려사 권48 지2 [C]

고종 43년(1256) 병진 6. 3. (임술)

/양 1256. 6. 26./

六月 壬戌 太白犯畢右角

금성[太白]이 필(畢) 성좌의 오른쪽의 별들[右角]을 범하였다.

고려사 권48 지2 [F]

고종 43년(1256) 병진 6. - (-)

/양 1256. 7. - /

是月 熒惑入氐 三十餘日

이달(6월)에 화성[熒惑]이 저(氐) 성좌에 들어가 30여일동안 있었다.

고려사 권48 지2 [F]

고종 43년(1256) 병진 7. 12. (신축)

/양 1256. 8. 4./

七月 辛丑 東方靑赤氣相對周天

동쪽에서 청색과 적색(靑赤色)의 기운이 서로 마주보며 하늘을 둘러쌓았다.

고려사 권54 지8 [S]

고종 43년(1256) 병진 7. 25. (갑인)

/양 1256. 8. 17./

七月 甲寅 無雲有黑氣 廣四尺許 從坤至艮 向乾而行

구름은 없이 검은 기운이 나타났는데, 너비가 4
척쯤 되었고, 서남쪽부터 동북쪽까지에서 서북
쪽을 향하여 나아갔다.
고려사 권53 지7 [S]

고종 43년(1256) 병진 8. 14. (임신)

/양 1256. 9. 4./

八月 壬申 太白犯軒轅大星
금성[太白]이 헌원대성(軒轅大星)을 범하였다.
고려사 권48 지2 [F]

고종 43년(1256) 병진 8. 16. (갑술)

/양 1256. 9. 6./

八月 甲戌 熒惑入房次相
화성[熒惑]이 방(房) 성좌의 차상성(次相星)으로
들어갔다.
고려사 권48 지2 [F]

고종 43년(1256) 병진 8. 26. (갑신)

/양 1256. 9. 16./

八月 甲申 月入軒轅大星 太白犯歲星
달이 헌원대성(軒轅大星)으로 들어갔다. 금성
[太白]이 목성[歲星]을 범하였다.
고려사 권48 지2 [C] [D]

고종 43년(1256) 병진 9. 7. (갑오)

/양 1256. 9. 26./

九月 甲午 太白犯大微左執法
금성[太白]이 태미원[大微]의 좌집법성(左執法星)
을 범하였다.
고려사 권48 지2 [F]

고종 43년(1256) 병진 9. 11. (무술)

/양 1256. 9. 30./

九月 戊戌 月與鎭星 同舍須女
달이 토성[鎭星]과 더불어 수녀(須女) 성좌에서
함께 모였다.
고려사 권48 지2 [C]

고종 43년(1256) 병진 9. 14. (신축)

/양 1256. 10. 3./

九月 辛丑 太白犯天江
금성[太白]이 천강(天江) 성좌를 범하였다.
고려사 권48 지2 [F]

고종 43년(1256) 병진 9. 16. (계묘)

/양 1256. 10. 5./

九月 癸卯 月入大微 與歲星同舍
달이 태미원[大微]으로 들어가서 목성[歲星]과
함께 모였다.
고려사 권48 지2 [C]

고종 43년(1256) 병진 10. 5. (임술)

/양 1256. 10. 24./

十月 壬戌 月與熒惑 同舍于斗[185]
달이 화성[熒惑]과 더불어 두(斗) 성좌에서 함께
모였다.
고려사 권48 지2 [C]

고종 43년(1256) 병진 10. 14. (신미)

/양 1256. 11. 2./

十月 辛未 掩畢第三星
<달이> 필(畢) 성좌의 셋째 별을 가렸다.
고려사 권48 지2 [C]

고종 43년(1256) 병진 10. 16. (계유)

/양 1256. 11. 4./

十月 癸酉 入東井
<달이> 동정(東井) 성좌로 들어갔다.
고려사 권48 지2 [C]

고종 43년(1256) 병진 10. 26. (계미)

/양 1256. 11. 14./

十月 癸未 辰星入氐
수성[辰星]이 저(氐) 성좌로 들어갔다.
고려사 권48 지2 [F]

고종 43년(1256) 병진 11. 10. (정유)

/양 1256. 11. 28./

十一月 丁酉 流星出大微 犯右執法
유성(流星)이 태미원[大微]에 나타나 우집법성(右執法
星)을 범하였다.
고려사 권48 지2 [R]

고종 43년(1256) 병진 11. 20. (정미)

/양 1256. 12. 8./

十一月 丁未 歲星犯右執法

---

185) 斗(두): 두 성좌-1임.

목성[歲星]이 또 우집법(右執法)을 범하였다.
고려사 권48 지2 [F]

고종 43년(1256) 병진 12. 13. (경오)

/양 1256. 12. 31./

十二月 庚午 月入東井
달이 동정(東井) 성좌로 들어갔다.
고려사 권48 지2 [C]

고종 44년(1257) 정사 1. 2. (무자)

/양 1257. 1. 18./

正月 戊子 日珥
태양에 귀고리가 있었다.
고려사 권47 지1 [O]

고종 44년(1257) 정사 2. 27. (계미)

/양 1257. 3. 14./

二月 癸未 夜赤氣竟天 光明如晝
밤에 붉은 기운이 하늘을 가로질렀는데, 그 밝기가
대낮 같았다.
고려사 권53 지7 [S]

고종 44년(1257) 정사 3. 7. (계사)

/양 1257. 3. 24./

三月 癸巳 歲星逆行 入大微
목성[歲星]이 역행(逆行)하여 태미원[大微]으로
들어갔다.
고려사 권48 지2 [F]

고종 44년(1257) 정사 3. 10. (병신)

/양 1257. 3. 27./

三月 丙申 月入軒轅大星
달이 헌원대성(軒轅大星)으로 들어갔다.
고려사 권48 지2 [C]

고종 44년(1257) 정사 4. 8. (계해)

/양 1257. 4. 23./

四月 癸亥 月入軒轅大星
달이 헌원대성(軒轅大星)으로 들어갔다.
고려사 권48 지2 [C]

고종 44년(1257) 정사 5. 3. (정사)

/양 1257. 6. 16./

五月 丁巳 月與太白同舍

달이 금성[太白]과 더불어 함께 모였다.
고려사 권48 지2 [C]

고종 44년(1257) 정사 5. 5. (기미)

/양 1257. 6. 18./

五月 己未 犯大微西藩上將
<달이> 태미서번[大微西藩] 성좌의 상장성(上
將星)을 범하였다.
고려사 권48 지2 [C]

고종 44년(1257) 정사 5. 7. (신유)

/양 1257. 6. 20./

五月 辛酉 入大微
<달이> 태미원[大微]으로 들어갔다.
고려사 권48 지2 [C]

고종 44년(1257) 정사 5. 13. (정묘)

/양 1257. 6. 26./

五月 丁卯 巽方有赤氣衝天
동남쪽에 붉은 기운이 나타나 하늘로 용솟음쳤다.
고려사 권53 지7 [S]

고종 44년(1257) 정사 6. 5. (무자)

/양 1257. 7. 17./

六月 戊子 太白歲星 同舍大微右掖門
금성[太白]과 목성[歲星]이 함께 태미원[大微]의
우액문(右掖門)에 모였다.
고려사 권48 지2 [E]

고종 44년(1257) 정사 6. 9. (임진)

/양 1257. 7. 21./

六月 壬辰 月犯鍵閉
달이 건폐(鍵閉) 성좌를 범하였다.
고려사 권48 지2 [C]

고종 44년(1257) 정사 6. 10. (계사)

/양 1257. 7. 22./

六月 癸巳 有赤氣如梨子 自心大星流入尾星
붉은 기운이 나타나 배[梨子]만 했는데, 심대성
(心大星)에서 미(尾) 성좌로 흘러 들어갔다.
고려사 권53 지7 [S]

고종 44년(1257) 정사 7. 15. (무진)

/양 1257. 8. 26./

七月 戊辰 月入羽林
달이 우림(羽林) 성좌로 들어갔다.
고려사 권48 지2 [C]

고종 44년(1257) 정사 7. 21. (갑술)

/양 1257. 9. 1./

六月[186] 甲戌 黃赤雲周天光 明如晝
황적색 구름이 하늘을 둘러싸고 빛났는데, 밝기가
대낮 같았다.
고려사 권55 지9 [S]

고종 44년(1257) 정사 7. 23. (병자)

/양 1257. 9. 3./

七月 丙子 入井
<달이> 정(井) 성좌로 들어갔다.
고려사 권48 지2 [C]

고종 44년(1257) 정사 8. 5. (정해)

/양 1257. 9. 14./

八月 丁亥 流星或出柳或出井 俱入弧矢
유성(流星)이 류(柳) 성좌에서 또는 정(井) 성좌
에서 나와 모두 호시(弧矢) 성좌로 들어갔다.
고려사 권48 지2 [R]

고종 44년(1257) 정사 8. 21. (계묘)

/양 1257. 9. 30./

八月 癸卯月犯井星
달이 정(井) 성좌를 범하였다.
고려사 권48 지2 [C]

고종 44년(1257) 정사 10. 2. (계미)

/양 1257. 11. 9./

十月 癸未 熒惑犯大微左執法
화성[熒惑]이 태미원[大微]의 좌집법성(左執法星)을
범하였다.
고려사 권48 지2 [F]

고종 44년(1257) 정사 10. 6. (정해)

/양 1257. 11. 13./

十月 丁亥 流星出土司空 入天際 大如缶 尾長十
尺許
유성(流星)이 토사공(土司空) 성좌에서 나와 지평

선[天際]으로 들어갔는데 그 크기가 두레박[缶]만
하였고 꼬리의 길이는 10척쯤 되었다.
고려사 권48 지2 [R]

고종 44년(1257) 정사 10. 12. (계사)

/양 1257. 11. 19./

十月 癸巳 熒惑入大微
화성[熒惑]이 태미원[大微]으로 들어갔다.
고려사 권48 지2 [F]

고종 44년(1257) 정사 11. 5. (병진)

/양 1257. 12. 12./

十一月 丙辰 月入羽林
달이 우림(羽林) 성좌로 들어갔다.
고려사 권48 지2 [C]

고종 44년(1257) 정사 11. 7. (무오)

/양 1257. 12. 14./

十一月 戊午 歲星與熒惑相犯
목성[歲星]이 화성[熒惑]과 서로 범하였다.
고려사 권48 지2 [D]

고종 44년(1257) 정사 11. 9. (경신)

/양 1257. 12. 16./

十一月 庚申 亦如之
또 <목성[歲星]과 화성[熒惑]이 서로 범하였다>.
고려사 권48 지2 [D]

고종 44년(1257) 정사 11. 18. (기사)

/양 1257. 12. 25./

十一月 己巳 月入軒轅大星
달이 헌원대성(軒轅大星)으로 들어갔다.
고려사 권48 지2 [C]

고종 44년(1257) 정사 11. 25. (병자)

/양 1258. 1. 1./

十一月 丙子 與太白同舍
<달이> 금성[太白]과 더불어 함께 모였다.
고려사 권48 지2 [C]

고종 44년(1257) 정사 11. 26. (정축)

/양 1258. 1. 2./

十一月 丁丑 與太白犯氐
<달이> 금성[太白]과 더불어 저(氐) 성좌를 범하

---

186) 7월의 오기로 보임. 6월에 갑술일이 없으며 5/20 또는 7/21
  일이 갑술일임.

였다.
고려사 권48 지2 [C]

고종 44년(1257) 정사 12. 11. (신묘)

/양 1258. 1. 16./

十二月 辛卯 月犯畢星
달이 필(畢) 성좌를 범하였다.
고려사 권48 지2 [C]

고종 44년(1257) 정사 12. 12. (임진)

/양 1258. 1. 17./

十二月 壬辰 日暈有珥背氣
햇무리가 있고, 귀고리와 일(一)자형의 햇무리
[背氣]가 있었다.
고려사 권47 지1 [O]

고종 44년(1257) 정사 12. 20. (경자)

/양 1258. 1. 25./

十二月 庚子 與歲星同舍
<달이> 목성[歲星]과 함께 모였다.
고려사 권48 지2 [C]

고종 44년(1257) 정사 12. 27. (정미)

/양 1258. 2. 1./

十二月 丁未 熒惑入氐西南星
화성[熒惑]이 저(氐) 성좌의 서남별로 들어갔다.
고려사 권48 지2 [F]

고종 45년(1258) 무오 2. 12. (임진)

/양 1258. 3. 18./

二月 壬辰 日靑無光
태양이 푸르고 광채가 없었다.
고려사 권47 지1 [M]

고종 45년(1258) 무오 2. 17. (정유)

/양 1258. 3. 23./

二月 丁酉 月掩熒惑
달이 화성[熒惑]을 가렸다.
고려사 권48 지2 [C]

고종 45년(1258) 무오 3. 10. (경신)

/양 1258. 4. 15./

三月 庚申 月入大微右執法 熒惑犯氐
달이 태미원[大微]의 우집법성(右執法星)으로 들어

갔다. 화성[熒惑]이 저(氐) 성좌에 범하였다.
고려사 권48 지2 [C] [F]

고종 45년(1258) 무오 3. 13. (계해)

/양 1258. 4. 18./

三月 癸亥 月與歲星 同舍于軫
달이 목성[歲星]과 더불어 진(軫) 성좌에 함께
모였다.
고려사 권48 지2 [C]

고종 45년(1258) 무오 3. 14. (갑자)

/양 1258. 4. 19./

三月 甲子 與熒惑犯氐
<달이> 화성[熒惑]과 더불어 저(氐) 성좌를 범하
였다.
고려사 권48 지2 [C]

고종 45년(1258) 무오 3. 17. (정묘)

/양 1258. 4. 22./

三月 丁卯 月色如血
달의 빛깔이 피빛 같았다.
고려사 권48 지2 [N]

고종 45년(1258) 무오 3. 17. (정묘)

/양 1258. 4. 22./

三月 丁卯 日色赤如血
태양의 빛깔이 피같이 붉었다.
고려사 권47 지1 [M]

고종 45년(1258) 무오 6. 6. (갑신)

/양 1258. 7. 8./

六月 甲申 月與歲星同舍 鎭星入羽林
달이 목성[歲星]과 더불어 함께 모였다. 토성
[鎭星]이 우림(羽林) 성좌로 들어갔다.
고려사 권48 지2 [C] [F]

고종 45년(1258) 무오 6. 9. (정해)

/양 1258. 7. 11./

六月 丁亥 月犯房次相
달이 방(房) 성좌의 차상성(次相星)을 범하였다.
고려사 권48 지2 [C]

고종 45년(1258) 무오 8. 6. (계미)

/양 1258. 9. 5./

八月 癸未 月犯熒惑
달이 화성[熒惑]을 범하였다.
고려사 권48 지2 [C]

고종 45년(1258) 무오 8. 16. (계사)

/양 1258. 9. 15./

八月 癸巳 日中黑子 大如雞子 翌日又如人形
태양 속 흑점(黑子)이 계란만큼 컸고, 다음날
(갑오일)에는 또 사람 형체와 같았다.
고려사 권24 세가24 ; 고려사 권47 지1 ; 고려사절요
권17 [M]

고종 45년(1258) 무오 8. 28. (을사)

/양 1258. 9. 27./

八月 乙巳 熒惑掩南斗
화성[熒惑]이 남두(南斗) 성좌를 가렸다.
고려사 권48 지2 [F]

고종 45년(1258) 무오 9. 26. (임신)

/양 1258. 10. 24./

九月 壬申 月入大微端門 流星 一貫諸王 入畢昴
閒 一出文昌 入天牢
달이 태미원[大微]의 단문(端門)으로 들어갔다.
유성(流星) 하나가 제왕(諸王) 성좌를 거쳐 필
(畢) 성좌와 묘(昴) 성좌 사이로 들어가고 또 다
른 하나는 문창(文昌) 성좌에서 나와 천뢰(天牢)
성좌로 들어갔다.
고려사 권48 지2 [C] [R]

고종 45년(1258) 무오 10. 9. (갑신)

/양 1258. 11. 5./

十月 甲申 月入羽林
달이 우림(羽林) 성좌로 들어갔다.
고려사 권48 지2 [C]

고종 45년(1258) 무오 10. 16. (신묘)

/양 1258. 11. 12./

十月 辛卯 月食旣
개기 월식이 있었다.
고려사 권48 지2 [B]

고종 45년(1258) 무오 10. 24. (기해)

/양 1258. 11. 20./

十月 己亥 西方有白氣衝天
서쪽에서 흰 기운이 나타나 하늘로 용솟음쳤다.

고려사 권54 지8 [S]

고종 45년(1258) 무오 10. 30. (을사)

/양 1258. 11. 26./

十月 乙巳 歲星入氐
목성[歲星]이 저(氐) 성좌로 들어갔다.
고려사 권48 지2 [F]

고종 45년(1258) 무오 11. 22. (정묘)

/양 1258. 12. 18./

十一月 丁卯 月入大微東藩上相
달이 태미동번(大微東藩) 성좌의 상상성(上相
星)을 범하였다.
고려사 권48 지2 [C]

고종 45년(1258) 무오 11. 26. (신미)

/양 1258. 12. 22./

十一月 辛未 鎭星與熒惑同舍
토성[鎭星]이 화성[熒惑]과 더불어 함께 모였다.
고려사 권48 지2 [E]

고종 45년(1258) 무오 12. 17. (임진)

/양 1259. 1. 12./

十二月 壬辰 太白鎭星相犯
금성[太白]과 토성[鎭星]이 서로 범하였다.
고려사 권48 지2 [D]

고종 45년(1258) 무오 12. 19. (갑오)

/양 1259. 1. 14./

四十五年十二月甲午 東有黃赤氣衝天
동쪽에서 황적색 기운이 나타나 하늘로 용솟음
쳤다.
고려사 권55 지9 [S]

고종 45년(1258) 무오 12. 23. (무술)

/양 1259. 1. 18./

十二月 戊戌 月犯房上相 流星出翼西北第三星
大如梨 尾長二尺 而黃
달이 방(房) 성좌의 상상성(上相星)을 범하였다.
유성(流星)이 익(翼) 성좌의 서북쪽 셋째 별에서
나왔는데 그 크기가 배[梨]만 하였고 꼬리의 길이
가 2척이었으며 그 빛은 황색이었다.
고려사 권48 지2 [C] [R]

고종 46년(1259) 기미 1. 2. (병오)

/양 1259. 1. 26./

正月 丙午 赤氣衝天 如火光
붉은 기운이 하늘로 용솟음쳤고 불타오르는 빛
같았다.
고려사 권53 지7 [S]

고종 46년(1259) 기미 1. 9. (계축)

/양 1259. 2. 2./

正月 癸丑 太白熒惑相犯
금성[太白]과 화성[熒惑]이 서로 범하였다.
고려사 권48 지2 [D]

고종 46년(1259) 기미 1. 14. (무오)

/양 1259. 2. 7./

正月 戊午 月有黃暈
달에 황색의 달무리가 있었다.
고려사 권48 지2 [P]

고종 46년(1259) 기미 1. 20. (갑자)

/양 1259. 2. 13./

正月 甲子 流星出天節 入天園 月犯氐星
유성(流星)이 천절(天節) 성좌에서 나와 천원(天園)
성좌로 들어갔다. 달이 저(氐) 성좌를 범하였다.
고려사 권48 지2 [R] [C]

고종 46년(1259) 기미 1. 21. (을축)

/양 1259. 2. 14./

正月 乙丑 與歲星同舍
<달이> 목성[歲星]과 함께 모였다.
고려사 권48 지2 [C]

고종 46년(1259) 기미 2. 25. (기해)

/양 1259. 3. 20./

二月 己亥 黑氣從南斗魁抵河鼓
검은 기운이 남두괴(南斗魁)로부터 하고(河鼓) 성
좌에 이르렀다.
고려사 권53 지7 [S]

고종 46년(1259) 기미 3. 3. (정미)

/양 1259. 3. 28./

三月 丁未 歲星入氐
목성[歲星]이 저(氐) 성좌로 들어갔다.
고려사 권48 지2 [F]

고종 46년(1259) 기미 3. 19. (계해)

/양 1259. 4. 13./

三月 癸亥 太白犯五車
금성[太白]이 오거(五車) 성좌를 범하였다.
고려사 권48 지2 [F]

고종 46년(1259) 기미 4. 11. (갑신)

/양 1259. 5. 4./

四月 甲申 月入氐星 與歲星同舍
달이 저(氐) 성좌로 들어가고 목성[歲星]과 함께 모였다.
고려사 권48 지2 [C]

고종 46년(1259) 기미 4. 14. (정해)

/양 1259. 5. 7./

四月 丁亥 與歲星入氐
<달이> 목성[歲星]과 더불어 저(氐) 성좌로 들어
갔다.
고려사 권48 지2 [C]

고종 46년(1259) 기미 4. 15. (무자)

/양 1259. 5. 8./

四月 戊子 月食因雨不見
월식이 비 때문에 보이지 않았다.
고려사 권48 지2 [B]

고종 46년(1259) 기미 6. 3. (을해)

/양 1259. 6. 24./

六月 乙亥 太白晝見
금성[太白]이 낮에 보였다.
고려사 권24 세가24 ; 고려사 권48 지2 [G]

고종 46년(1259) 기미 6. 7. (기묘)

/양 1259. 6. 28./

六月 己卯 流星出室 入東壁
유성(流星)이 실(室) 성좌에서 나와 동벽(東壁)
성좌로 들어갔다.
고려사 권48 지2 [R]

고종 46년(1259) 기미 6. 26. (무술)

/양 1259. 7. 17./

六月 戊戌 曙時東方有赤氣 如霞異常
새벽에 동쪽에 붉은 기운이 나타났는데, 노을
[霞] 같으면서도 이상하였다.
고려사 권53 지7 [S]

고종 46년(1259) 기미 7. 5. (정미)

/양 1259. 7. 26./

七月 丁未 月犯大微上相
달이 태미원[大微]의 상상성(上相星)을 범하였다.
고려사 권48 지2 [C]

고종 46년(1259) 기미 7. 13. (을묘)

/양 1259. 8. 3./

七月 乙卯 太白犯東井
금성[太白]이 동정(東井) 성좌를 범하였다.
고려사 권48 지2 [F]

고종 46년(1259) 기미 7. 26. (무진)

/양 1259. 8. 16./

七月 戊辰 鎭星犯羽林
토성[鎭星]이 우림(羽林) 성좌를 범하였다.
고려사 권48 지2 [F]

고종 46년(1259) 기미 7. 27. (기사)

/양 1259. 8. 17./

七月 己巳 太白晝見經天
금성[太白]이 낮에 나타나 남쪽하늘에서 보였다.
고려사 권48 지2 [G]

고종 46년(1259) 기미 7. 27. (기사)

/양 1259. 8. 17./

秋七月 己巳 太白晝見經天
금성[太白]이 낮에 나타나 남쪽하늘에서 보였다.
고려사 권25 세가25 ; 고려사절요 권17 [G]

고종 46년(1259) 기미 8. 29. (경자)

/양 1259. 9. 17./

八月 庚子 太白犯軒轅
금성[太白]이 헌원(軒轅) 성좌를 범하였다.
고려사 권48 지2 [F]

고종 46년(1259) 기미 9. 1. (임인)

/양 1259. 9. 19./

九月 壬寅朔 月與歲星 同舍于氐 流星出北極 入
勾陳
달이 목성[歲星]과 더불어 저(氐) 성좌에 함께
모였다. 유성(流星)이 북극(北極) 성좌에서 나와
구진(鉤陳) 성좌로 들어갔다.
고려사 권48 지2 [C] [R]

고종 46년(1259) 기미 9. 4. (을사)

/양 1259. 9. 22./

九月 乙巳 流星二出北河分 入東井輿鬼
유성 두 개가 북하에서 나와 나뉘어서 동정(東
井)과 여귀(輿鬼)로 들어갔다.
고려사 권48 지2 [R]

고종 46년(1259) 기미 9. 5. (병오)

/양 1259. 9. 23./

九月 丙午 太白犯軒轅左角
금성[太白]이 헌원(軒轅) 성좌의 왼쪽 뿔[左角]을
범하였다.
고려사 권48 지2 [F]

고종 46년(1259) 기미 9. 12. (계축)

/양 1259. 9. 30./

九月 癸丑 月入羽林 與鎭星同舍
달이 우림(羽林) 성좌로 들어가고 토성[鎭星]과 더불
어 함께 모였다.
고려사 권48 지2 [C]

고종 46년(1259) 기미 9. 22. (계해)

/양 1259. 10. 10./

九月 癸亥 太白犯大微右執法
금성[太白]이 태미원[大微]의 우집법성(右執法星)을
범하였다.
고려사 권48 지2 [F]

고종 46년(1259) 기미 9. 26. (정묘)

/양 1259. 10. 14./

九月 丁卯 月入大微 太白熒惑入大微端門 太白又犯左
執法
달이 태미원[大微]으로 들어갔다. 금성[太白]이
화성[熒惑]과 더불어 태미원[大微]의 단문(端門)
으로 들어갔고, 금성[太白]이 또한 좌집법성(左
執法星)을 범하였다.
고려사 권48 지2 [C] [F]

고종 46년(1259) 기미 9. 27. (무진)

/양 1259. 10. 15./

九月 戊辰 太白熒惑相犯
금성[太白]과 화성[熒惑]이 서로 범하였다.
고려사 권48 지2 [D]

고종 46년(1259) 기미 10. 1. (신미)

/양 1259. 10. 18./

十月 辛未 太白熒惑 犯大微左執法
금성[太白]과 화성[熒惑]이 태미원[大微]의 좌집
법성(左執法성)을 범하였다.
고려사 권48 지2 [E]

고종 46년(1259) 기미 10. 10. (경진)

/양 1259. 10. 27./

十月 庚辰 月入羽林 與鎭星同舍 流星出天關 入
參星
달이 우림(羽林) 성좌로 들어가고 토성[鎭星]과
더불어 함께 모였다. 유성(流星)이 천관(天關) 성
좌에서 나와 삼(參) 성좌로 들어갔다.
고려사 권48 지2 [C] [R]

고종 46년(1259) 기미 10. 15. (을유)

/양 1259. 11. 1./

十月 乙酉 月食密雲不見
월식이 짙은 구름으로 보이지 않았다.
고려사 권48 지2 [B]

고종 46년(1259) 기미 10. 27. (정유)

/양 1259. 11. 13./

十月 丁酉 月與太白 同舍于亢
달이 금성[太白]과 더불어 항(亢) 성좌에 함께
모였다.
고려사 권48 지2 [C]

고종 46년(1259) 기미 11. 4. (계묘)

/양 1259. 11. 19./

十一月 癸卯 太白犯氐
금성[太白]이 저(氐) 성좌를 범하였다.
고려사 권48 지2 [F]

고종 46년(1259) 기미 11. 14. (계축)

/양 1259. 11. 29./

十一月 癸丑 月犯昴星
달이 묘(昴) 성좌를 범하였다.
고려사 권48 지2 [C]

고종 46년(1259) 기미 11. 18. (정사)

/양 1259. 12. 3./

十一月 丁巳 太白犯房上相

금성[太白]이 방(房) 성좌의 상상성(上相星)을
범하였다.
고려사 권48 지2 [F]

고종 46년(1259) 기미 11. 26. (을축)

/양 1259. 12. 11./

十一月 乙丑 月犯氐星
달이 저(氐) 성좌를 범하였다.
고려사 권48 지2 [C]

고종 46년(1259) 기미 11. 27. (병인)

/양 1259. 12. 12./

十一月 丙寅 太白歲星犯心
금성[太白]과 목성[歲星]이 심(心) 성좌를 범하였다.
고려사 권48 지2 [E]

고종 46년(1259) 기미 11. 28. (정묘)

/양 1259. 12. 13./

十一月 丁卯 月犯尾星 與歲同舍
달이 미(尾) 성좌를 범하였고 목성[歲星]과 더불어
함께 모였다.
고려사 권48 지2 [C]

고종 46년(1259) 기미 윤11. 8. (정축)

/양 1259. 12. 23./

閏月 丁丑 月入氐星
달이 저(氐) 성좌로 들어갔다.
고려사 권48 지2 [C]

고종 46년(1259) 기미 윤11. 24. (계사)

/양 1260. 1. 8./

閏月 癸巳 月入氐星 與熒惑同舍
달이 저(氐) 성좌로 들어가고 화성[熒惑]과 함께
모였다.
고려사 권48 지2 [C]

고종 46년(1259) 기미 12. 8. (병오)

/양 1260. 1. 21./

十二月 丙午 熒惑犯房上相
화성[熒惑]이 방(房) 성좌의 상상성(上相星)을
범하였다.
고려사 권48 지2 [F]

고종 46년(1259) 기미 12. 10. (무신)

/양 1260. 1. 23./

十二月 戊申 犯鉤鈐
<화성[熒惑]이> 구검(鉤鈐) 성좌를 범하였다.
고려사 권48 지2 [F]

24. 원종(1260 ~ 1274)

원종 1년(1260) 경신 1. 13. (신사)

/양 1260. 2. 25./

正月 辛巳 月犯軒轅大星
달이 헌원대성(軒轅大星)을 범하였다.
고려사 권48 지2 [C]

원종 1년(1260) 경신 1. 15. (계미)

/양 1260. 2. 27./

正月 癸未 犯大微西藩次將
<달이> 태미서번[大微西藩] 성좌의 차장성(次將星)을 범하였다.
고려사 권48 지2 [C]

원종 1년(1260) 경신 1. 16. (갑신)

/양 1260. 2. 28./

正月 甲申 入大微
<달이> 태미원[大微]으로 들어갔다.
고려사 권48 지2 [C]

원종 1년(1260) 경신 1. 19. (정해)

/양 1260. 3. 2./

正月 丁亥 犯氐星
<달이> 저(氐) 성좌를 범하였다.
고려사 권48 지2 [C]

원종 1년(1260) 경신 1. 20. (무자)

/양 1260. 3. 3./

正月 戊子 月犯房星 火犯木星
달이 방(房) 성좌를 범하였고 또 화성[熒惑]이 목성[歲星]을 범하였다.
고려사 권25 세가25 [C]

원종 1년(1260) 경신 1. 20. (무자)

/양 1260. 3. 3./

正月 戊子 犯房次相 太史奏云前日月犯房星 又火星將犯木星 太孫憂懼 赦殺人强盗已下
<달이> 방(房) 성좌의 차상성(次相星)을 범하였다. 태사가 보고하기를 「전일에 달이 방(房) 성좌를 범하였고 또 화성[熒惑]이 장차 목성[歲星]을 범할 것이니, 태손(太孫)에게 우환이 생길까 두려워 살인과 강도 이하의 죄인을 사면하시기 바란다」고 하였다.
고려사 권48 지2 [C]

원종 1년(1260) 경신 1. 20. (무자)

/양 1260. 3. 3./

春正月 太孫 以星變赦
태손(太孫)이 성변(星變) 때문에 (죄인을) 사면하였다.
고려사절요 권18 [T]

원종 1년(1260) 경신 1. 24. (임진)

/양 1260. 3. 7./

正月 壬辰 歲星與熒惑 相犯于箕
목성[歲星]이 화성[熒惑]과 더불어 기(箕) 성좌에서 서로 범하였다.
고려사 권48 지2 [E]

원종 1년(1260) 경신 1. 26. (갑오)

/양 1260. 3. 9./

正月 甲午 日昏無光
태양이 어두워 빛나지 않았다.
고려사 권47 지1 [M]

원종 1년(1260) 경신 2. 25. (계해)

/양 1260. 4. 7./

二月 癸亥 流星出三台 入北斗魁中
유성(流星)이 삼태(三台) 성좌에서 나와 북두괴(北斗魁) 안으로 들어갔다.
고려사 권48 지2 [R]

원종 1년(1260) 경신 3. 1. (무진)

/양 1260. 4. 12./

三月 戊辰朔 日食
일식이 있었다.
고려사 권25 세가25 ; 고려사 권47 지1 ; 고려사절요 권18 [A]

원종 1년(1260) 경신 4. 2. (기해)

/양 1260. 5. 13./

四月 己亥 日珥
태양에 귀고리가 있었다.
고려사 권47 지1 [O]

원종 1년(1260) 경신 4. 7. (갑진)

/양 1260. 5. 18./

四月 甲辰 月犯軒轅
달이 헌원(軒轅) 성좌를 범하였다.
고려사 권48 지2 [C]

원종 1년(1260) 경신 4. 8. (을사)

/양 1260. 5. 19./

四月 乙巳 日有暈 白虹貫日
햇무리가 있었으며 흰무지개가 태양을 가로질러 갔다.
고려사 권47 지1 [O]

원종 1년(1260) 경신 4. 9. (병오)

/양 1260. 5. 20./

四月 丙午 犯大微東藩上相
<달이> 태미동번[大微東藩] 성좌의 상상성(上相星)을 범하였다.
고려사 권48 지2 [C]

원종 1년(1260) 경신 4. 21. (무오)

/양 1260. 6. 1./

四月 戊午 歲星犯天江星
목성[歲星]이 천강(天江) 성좌를 범하였다.
고려사 권48 지2 [F]

원종 1년(1260) 경신 5. 7. (갑술)

/양 1260. 6. 17./

五月 甲戌 月犯大微左執法
달이 태미원[大微]의 좌집법성(左執法星)을 범하였다.
고려사 권48 지2 [C]

원종 1년(1260) 경신 5. 13. (경진)

/양 1260. 6. 23./

五月 庚辰 熒惑犯南斗
화성[熒惑]이 남두(南斗) 성좌를 범하였다.
고려사 권48 지2 [F]

원종 1년(1260) 경신 5. 14. (신사)

/양 1260. 6. 24./

五月 辛巳 月與熒惑 同舍南斗魁中
달이 화성(熒惑)과 더불어 남두괴(南斗魁) 안에 함께 모였다.
고려사 권48 지2 [C]

원종 1년(1260) 경신 5. 17. (갑신)

/양 1260. 6. 27./

五月 甲申 月入羽林
달이 우림(羽林) 성좌로 들어갔다.
고려사 권48 지2 [C]

원종 1년(1260) 경신 5. 20. (정해)

/양 1260. 6. 30./

五月 丁亥 入奎星 與鎭星同舍
<달이> 규(奎) 성좌에 들어가서 토성[鎭星]과 더불어 함께 모였다.
고려사 권48 지2 [C]

원종 1년(1260) 경신 5. 28. (을미)

/양 1260. 7. 8./

五月 乙未 熒惑守南斗
화성[熒惑]이 남두(南斗) 성좌를 지켰다
고려사 권48 지2 [F]

원종 1년(1260) 경신 6. 6. (임인)

/양 1260. 7. 15./

六月 壬寅 黑氣于北方
검은 기운이 북쪽에 나타났다.
고려사 권53 지7 [S]

원종 1년(1260) 경신 6. 6. (임인)

/양 1260. 7. 15./

六月 壬寅 白氣亘天
흰 기운이 하늘에 퍼졌다.
고려사 권54 지8 [S]

원종 1년(1260) 경신 6. 12. (무신)

/양 1260. 7. 21./

六月 戊申 月犯熒惑於南斗
달이 남두(南斗) 성좌에서 화성[熒惑]을 범하였다.
고려사 권48 지2 [C]

원종 1년(1260) 경신 6. 16. (임자)

/양 1260. 7. 25./

六月 壬子 入羽林
<달이> 우림(羽林) 성좌로 들어갔다.
고려사 권48 지2 [C]

원종 1년(1260) 경신 6. 23. (기미)

/양 1260. 8. 1./

六月 己未 流星出七公入攝提
유성(流星)이 칠공(七公) 성좌에서 나와 섭제
(攝提) 성좌로 들어갔다.
고려사 권48 지2 [R]

원종 1년(1260) 경신 6. 29. (을축)

/양 1260. 8. 7./

六月 乙丑 流星出亢氏閒南 入天際 熒惑入南斗魁中
유성(流星)이 항(亢) 성좌와 저(氏) 성좌 사이 남쪽
에서 나와 지평선[天際]으로 들어갔다. 화성[熒惑]
이 남두괴(南斗魁) 안으로 들어갔다.
고려사 권48 지2 [R] [F]

원종 1년(1260) 경신 6. 29. (을축)

/양 1260. 8. 7./

六月 乙丑 乾方有赤祲 長三十尺許 橫天如龍蛇
서북쪽에 이상한 붉은 기운이 나타났는데, 길이가
30척쯤 되고 용(龍)이나 뱀 같이 하늘을 가로질러
갔다
고려사 권53 지7 [S]

원종 1년(1260) 경신 7. 3. (기사)

/양 1260. 8. 11./

七月 己巳 月入軫星 與太白同舍
달이 진(軫) 성좌로 들어가고 금성[太白]과 더불어
함께 모였다.
고려사 권48 지2 [C]

원종 1년(1260) 경신 7. 7. (계유)

/양 1260. 8. 15./

七月 癸酉 掩心前星
<달이> 심(心) 성좌의 앞 별을 가렸다.
고려사 권48 지2 [C]

원종 1년(1260) 경신 7. 11. (정축)

/양 1260. 8. 19./

七月 丁丑 熒惑見南斗
화성[熒惑]이 남두(南斗) 성좌에서 보였다.
고려사 권48 지2 [F]

원종 1년(1260) 경신 7. 14. (경진)

/양 1260. 8. 22./

七月 庚辰 太白晝見
금성[太白]이 낮에 보였다.
고려사 권25 세가25 ; 고려사 권48 지2 [G]

원종 1년(1260) 경신 7. 16. (임오)

/양 1260. 8. 24./

七月 壬午 月入壁星 與鎭星同舍
달이 벽(壁) 성좌로 들어가서 토성[鎭星]과 함께
모였다.
고려사 권48 지2 [C]

원종 1년(1260) 경신 8. 14. (기유)

/양 1260. 9. 20./

八月 己酉 月入奎 掩鎭星
달이 규(奎) 성좌로 들어가고 토성[鎭星]을 가렸다.
고려사 권48 지2 [C]

원종 1년(1260) 경신 8. 17. (임자)

/양 1260. 9. 23./

八月 壬子 太白犯房星
금성[太白]이 방(房) 성좌를 범하였다.
고려사 권48 지2 [F]

원종 1년(1260) 경신 8. 25. (경신)

/양 1260. 10. 1./

八月 庚申月犯軒轅
달이 헌원(軒轅) 성좌를 범하였다.
고려사 권48 지2 [C]

원종 1년(1260) 경신 9. 5. (경오)

/양 1260. 10. 11./

九月 庚午 月入南斗魁中
달이 남두괴(南斗魁) 안으로 들어갔다.
고려사 권48 지2 [C]

원종 1년(1260) 경신 9. 14. (기묘)

/양 1260. 10. 20./

九月 己卯 又入壁 犯鎭星

<달이> 또 벽(壁) 성좌 안으로 들어가서 토성
[鎭星]을 범하였다.
고려사 권48 지2 [C]

원종 1년(1260) 경신 9. 22. (정해)

/양 1260. 10. 28./

九月 丁亥 太白犯南斗 熒惑犯壘壁陣
금성[太白]이 남두(南斗) 성좌를 범하였다. 화성
[熒惑]이 누벽진(壘壁陣) 성좌를 범하였다.
고려사 권48 지2 [F] [F]

원종 1년(1260) 경신 9. 24. (기축)

/양 1260. 10. 30./

九月 己丑 太白犯南斗
금성[太白]이 남두(南斗) 성좌를 범하였다.
고려사 권48 지2 [F]

원종 1년(1260) 경신 9. 24. (기축)

/양 1260. 10. 30./

九月 己丑 北方赤氣竟天 如火
북쪽에 붉은 기운이 하늘을 가로질렀는데, 마
치 불과 같았다.
고려사 권53 지7 [S]

원종 1년(1260) 경신 9. 25. (경인)

/양 1260. 10. 31./

九月 庚寅 月犯大微西藩上相
달이 태미서번[大微西藩] 성좌의 상상성(上相
星)을 범하였다.
고려사 권48 지2 [C]

원종 1년(1260) 경신 10. 4. (무술)

/양 1260. 11. 8./

十月 戊戌 月入南斗 與太白同舍
달이 남두(南斗) 성좌에 들어가고 금성[太白]과
더불어 함께 모였다.
고려사 권48 지2 [C]

원종 1년(1260) 경신 10. 21. (을묘)

/양 1260. 11. 25./

十月 乙卯 入軒轅大星
<달이> 헌원대성(軒轅大星)으로 들어갔다.
고려사 권48 지2 [C]

원종 1년(1260) 경신 10. 25. (기미)

/양 1260. 11. 29./

十月 己未 犯大微東藩上相
<달이> 태미동번[大微東藩] 성좌의 상상성(上
相星)을 범하였다.
고려사 권48 지2 [C]

원종 1년(1260) 경신 10. 25. (기미)

/양 1260. 11. 29./

十一月 己未 自朝至暮 黑雲漫天 二更乾巽二方
赤氣竟天 三更乾方衝天
아침부터 저녁까지 검은 구름이 하늘에 퍼졌고
밤 이경(二更)에는 서북쪽과 동남쪽의 양 방향에
서 붉은 기운이 하늘을 가로질렀고, 삼경(三更)에
서북쪽에서 하늘에 용솟음쳤다.
고려사 권53 지7 [S]

원종 1년(1260) 경신 10. 27. (신유)

/양 1260. 12. 1./

十月 辛酉 流星出北斗魁 入紫微中 大如木瓜
유성(流星)이 북두괴(北斗魁)에서 나와 자미원[紫
微] 안으로 들어갔는데, 크기가 모과(木瓜)만 하
였다.
고려사 권48 지2 [R]

원종 1년(1260) 경신 11. 14. (정축)

/양 1260. 12. 17./

十一月 丁丑 月犯五車西南星
달이 오거(五車) 성좌의 서남쪽 별을 범하였다.
고려사 권48 지2 [C]

원종 1년(1260) 경신 11. 20. (계미)

/양 1260. 12. 23./

十一月 癸未 流星入天怨中
유성(流星)이 천원(天苑) 성좌 안으로 들어갔다.
고려사 권48 지2 [R]

원종 1년(1260) 경신 11. 22. (을유)

/양 1260. 12. 25./

十一月 乙酉 流星出張 入天際 大如木瓜
유성(流星)이 장(張) 성좌에서 나와 지평선[天際]으
로 들어갔는데, 크기가 모과(木瓜)만 하였다.
고려사 권48 지2 [R]

원종 1년(1260) 경신 11. 28. (병술)

/양 1260. 12. 31./

十一月 丙戌 艮方赤氣如火 直上衝天
동북쪽에서 붉은 기운이 불 같았고, 바로 위의
하늘로 용솟음쳤다.
고려사 권53 지7 [S]

원종 1년(1260) 경신 12. 2. (을미)

/양 1261. 1. 4./

十二月 乙未 熒惑入壁 與鎭星同舍
화성[熒惑]이 벽(壁) 성좌로 들어가서 토성[鎭星]과
함께 모였다.
고려사 권48 지2 [E]

원종 1년(1260) 경신 12. 5. (무술)

/양 1261. 1. 7./

十二月 戊戌 月在壁 與鎭星同舍
달이 벽(壁) 성좌에 있었고 토성[鎭星]과 함께 모였다.
고려사 권48 지2 [C]

원종 1년(1260) 경신 12. 8. (신축)

/양 1261. 1. 10./

十二月 辛丑 辰星歲星 行箕斗187)閒
수성[辰星]과 목성[歲星]이 기(箕) 성좌와 두
(斗) 성좌 사이를 운행하였다.
고려사 권48 지2 [F]

원종 1년(1260) 경신 12. 27. (경신)

/양 1261. 1. 29./

十一月 庚申 赤氣見于東方
붉은 기운이 동쪽에 나타났다.
고려사 권53 지7 [S]

원종 2년(1261) 신유 1. 1. (계해)

/양 1261. 2. 1./

正月 癸亥 日有珥
태양에 귀고리가 있었다.
고려사 권47 지1 [O]

원종 2년(1261) 신유 1. 15. (정축)

/양 1261. 2. 15./

正月 丁丑 月入軒轅
달이 헌원(軒轅) 성좌로 들어갔다.
고려사 권48 지2 [C]

원종 2년(1261) 신유 1. 17. (기묘)

/양 1261. 2. 17./

正月 己卯 又入大微右執法
또 <달이> 태미원[大微]의 우집법성(右執法星)으
로 들어갔다.
고려사 권48 지2 [C]

원종 2년(1261) 신유 1. 22. (갑신)

/양 1261. 2. 22./

正月 甲申 掩心前星
<달이> 심(心) 성좌의 앞 별을 가렸다.
고려사 권48 지2 [C]

원종 2년(1261) 신유 2. 7. (기해)

/양 1261. 3. 9./

二月 己亥 月犯五車 天狗墮太廟188)前
달이 오거(五車) 성좌를 범하였다. 천구(天狗)가
태묘(太廟) 앞에 떨어졌다.
고려사 권48 지2 [C] [R]

원종 2년(1261) 신유 2. 11. (계묘)

/양 1261. 3. 13./

二月 癸卯 流星出平道 入庫樓
유성(流星)이 평도(平道) 성좌에서 나와 고루
(庫樓) 성좌로 들어갔다.
고려사 권48 지2 [R]

원종 2년(1261) 신유 2. 16. (무신)

/양 1261. 3. 18./

二月 戊申 月食
월식이 있었다.
고려사 권48 지2 [B]

원종 2년(1261) 신유 2. 22. (갑인)

/양 1261. 3. 24./

二月 甲寅 月犯南斗
달이 남두(南斗) 성좌를 범하였다.
고려사 권48 지2 [C]

원종 2년(1261) 신유 3. 18. (기묘)

/양 1261. 4. 18./

三月 己卯 月入心大星

---

187) 斗(두): 두 성좌-1임.

188) 太廟(태묘): 역대 임금과 왕비의 위패를 모시던 왕실의 사당.

달이 심대성(心大星)으로 들어갔다.
고려사 권48 지2 [C]

원종 2년(1261) 신유 4. 8. (기해)

/양 1261. 5. 8./

四月 己亥 月入軒轅
달이 헌원(軒轅) 성좌로 들어갔다.
고려사 권48 지2 [C]

원종 2년(1261) 신유 4. 18. (기유)

/양 1261. 5. 18./

四月 己酉 掩房星
<달이> 방(房) 성좌를 가렸다.
고려사 권48 지2 [C]

원종 2년(1261) 신유 5. 13. (갑술)

/양 1261. 6. 12./

五月 甲戌 月犯心大星 又犯後星
달이 심대성(心大星)을 범하였고 또 심(心) 성
좌의 뒷 별을 범하였다.
고려사 권48 지2 [C]

원종 2년(1261) 신유 5. 15. (병자)

/양 1261. 6. 14./

五月 丙子 入南斗
<달이> 남두(南斗) 성좌로 들어갔다.
고려사 권48 지2 [C]

원종 2년(1261) 신유 6. 8. (무술)

/양 1261. 7. 6./

六月 戊戌 月犯角大星
달이 대각성[角大星]을 범하였다.
고려사 권48 지2 [C]

원종 2년(1261) 신유 8. 14. (갑진)

/양 1261. 9. 10./

八月 甲辰 月食
월식이 있었다.
고려사 권48 지2 [B]

원종 3년(1262) 임술 7. 8. (임술)

/양 1262. 7. 25./

七月 壬戌 流星一出天津 入離珠 一出天桴 入天紀
유성(流星) 하나는 천진(天津) 성좌에서 나와 이주

(離珠)으로 들어갔고 또 하나는 천봉(天桴) 성좌에
서 나와 천기(天紀) 성좌로 들어갔다.
고려사 권48 지2 [R]

원종 3년(1262) 임술 7. 10. (갑자)

/양 1262. 7. 27./

七月 甲子 月掩心後星
달이 심(心) 성좌의 뒷 별을 가렸다.
고려사 권48 지2 [C]

원종 3년(1262) 임술 7. 11. (을축)

/양 1262. 7. 28./

七月 乙丑 流星出畢 入觜
유성(流星)이 필(畢) 성좌에서 나와 자(觜) 성좌로
들어갔다.
고려사 권48 지2 [R]

원종 3년(1262) 임술 7. 24. (무인)

/양 1262. 8. 10./

七月 戊寅 流星出五(帝)屛 入天倉
유성(流星)이 오제(五帝) 성좌와 병(屛) 성좌에
서 나와 천창(天倉) 성좌로 들어갔다.
고려사 권48 지2 [R]

원종 3년(1262) 임술 8. 3. (정해)

/양 1262. 8. 19./

(七月)189) 丁亥 流星出瓠瓜 入建星
유성(流星)이 포과(瓠瓜) 성좌에서 나와 건(建)
성좌로 들어갔다.
고려사 권48 지2 [R]

원종 3년(1262) 임술 8. 6. (경인)

/양 1262. 8. 22./

八月 庚寅 月犯心大星
달이 심대성(心大星)을 범하였다.
고려사 권48 지2 [C]

원종 3년(1262) 임술 8. 13. (정유)

/양 1262. 8. 29./

八月 丁酉 與歲星同舍
<달이> 목성[歲星]과 더불어 함께 모였다.
고려사 권48 지2 [C]

---

189) 7월엔 정해일 없음. 일진 배열로 8월로 확인함.

원종 3년(1262) 임술 8. 15. (기해)

/양 1262. 8. 31./

八月 己亥 與鎭星 同舍于奎
<달이> 토성[鎭星]과 더불어 규(奎) 성좌에 함께 모였다.
고려사 권48 지2 [C]

원종 3년(1262) 임술 8. 25. (기유)

/양 1262. 9. 10./

八月 己酉 入軒轅
<달이> 헌원(軒轅) 성좌로 들어갔다.
고려사 권48 지2 [C]

원종 3년(1262) 임술 9. 8. (신유)

/양 1262. 9. 22./

九月 辛酉 月入南斗魁 熒惑逆行 入羽林
달이 남두괴(南斗魁)로 들어갔다. 화성[熒惑]이 역행(逆行)하여 우림(羽林) 성좌로 들어갔다.
고려사 권48 지2 [C] [F]

원종 3년(1262) 임술 9. 11. (갑자)

/양 1262. 9. 25./

九月 甲子 月與歲星 同舍于危
달이 목성[歲星]과 더불어 위(危) 성좌에 함께 모였다.
고려사 권48 지2 [C]

원종 3년(1262) 임술 9. 26. (기묘)

/양 1262. 10. 10./

九月 己卯 與太白犯翼
<달이> 금성[太白]과 더불어 익(翼) 성좌를 범하였다.
고려사 권48 지2 [C]

원종 3년(1262) 임술 9. 26. (기묘)

/양 1262. 10. 10./

九月 己卯 赤氣見于西北
붉은 기운이 서북쪽에 나타났다.
고려사 권53 지7 [S]

원종 3년(1262) 임술 9. 27. (경진)

/양 1262. 10. 11./

九月 庚辰 太白犯月 晝見
금성[太白]이 달을 범하였고, 낮에 보였다.

고려사 권25 세가25 ; 고려사 권48 지2 [G]

원종 3년(1262) 임술 윤9. 2. (을유)

/양 1262. 10. 16./

閏九月 乙酉 流星 出諸侯[190] 入輿鬼 一出積水[191]文昌 入輿鬼
유성(流星)이 (하나는) 오제후[諸侯] 성좌에서 나와 여귀(輿鬼) 성좌로 들어갔으며 또 하나는 적수성(積水星)과 문창(文昌) 성좌 사이에서 나와 여귀(輿鬼) 성좌로 들어갔다.
고려사 권48 지2 [R]

원종 3년(1262) 임술 윤9. 4. (정해)

/양 1262. 10. 18./

閏九月 丁亥 大白犯大微
금성[太白]이 태미원[大微]을 범하였다.
고려사 권48 지2 [F]

원종 3년(1262) 임술 윤9. 6. (기축)

/양 1262. 10. 20./

閏九月 己丑 流星出卷舌 入婁
유성(流星)이 권설(卷舌) 성좌에서 나와 루(婁) 성좌로 들어갔다.
고려사 권48 지2 [R]

원종 3년(1262) 임술 10. 6. (기미)

/양 1262. 11. 19./

十月 己未 月與歲星同舍
달이 목성[歲星]과 더불어 함께 모였다.
고려사 권48 지2 [C]

원종 3년(1262) 임술 10. 19. (임신)

/양 1262. 12. 2./

十月 壬申 犯軒轅大星 太白入氐
<달이> 헌원대성(軒轅大星)을 범했다. 금성[太白]이 저(氐) 성좌로 들어갔다.
고려사 권48 지2 [C] [F]

원종 3년(1262) 임술 10. 25. (무인)

/양 1262. 12. 8./

十月 戊寅 赤氣橫天
붉은 기운이 하늘에 가로놓였다.

---

190) 五諸侯(오제후): 오제후 성좌-2임.
191) 積水(적수): 적수성-2임.

원종 3년(1262) 임술 11. 2. (갑신)

/양 1262. 12. 14./

十一月 甲申 日暈
햇무리가 있었다.
고려사 권47 지1 [O]

원종 3년(1262) 임술 11. 8. (경인)

/양 1262. 12. 20./

十一月 庚寅 月與熒惑同舍
달이 화성[熒惑]과 더불어 함께 모였다.
고려사 권48 지2 [C]

원종 3년(1262) 임술 11. 12. (갑오)

/양 1262. 12. 24./

十一月 甲午 犯五車
<달이> 오거(五車) 성좌를 범하였다.
고려사 권48 지2 [C]

원종 3년(1262) 임술 11. 19. (신축)

/양 1262. 12. 31./

十一月 辛丑 掩軒轅左角
<달이> 헌원(軒轅) 성좌의 왼쪽 뿔[左角]을 가렸다.
고려사 권48 지2 [C]

원종 3년(1262) 임술 11. 23. (을사)

/양 1263. 1. 4./

十一月 乙巳 流星出北河 入狼
유성(流星)이 북하(北河) 성좌에서 나와 낭성(狼星)으로 들어갔다.
고려사 권48 지2 [R]

원종 3년(1262) 임술 11. 25. (정미)

/양 1263. 1. 6./

十一月 丁未 月掩房星
달이 방(房) 성좌를 가렸다.
고려사 권48 지2 [C]

원종 3년(1262) 임술 11. 27. (기유)

/양 1263. 1. 8./

十一月 己酉 月犯南斗
달이 남두(南斗) 성좌를 범하였다.

원종 3년(1262) 임술 12. 21. (계유)

/양 1263. 2. 1./

十二月 癸酉 辰星歲星同舍于虛
수성[辰星]과 목성[歲星]이 허(虛) 성좌에 함께 모였다.
고려사 권48 지2 [E]

원종 3년(1262) 임술 12. 23. (을해)

/양 1263. 2. 3./

十二月 乙亥 月掩心後星
달이 심(心) 성좌의 뒷 별을 가렸다.
고려사 권48 지2 [C]

원종 4년(1263) 계해 1. 6. (정해)

/양 1263. 2. 15./

正月 丁亥 月掩昴星
달이 묘(昴) 성좌를 가렸다.
고려사 권48 지2 [C]

원종 4년(1263) 계해 1. 10. (신묘)

/양 1263. 2. 19./

正月 辛卯 掩五諸侯192)
<달이> 오제후(五諸侯) 성좌를 가렸다.
고려사 권48 지2 [C]

원종 4년(1263) 계해 1. 13. (갑오)

/양 1263. 2. 22./

正月 甲午 犯軒轅大星
<달이> 헌원대성(軒轅大星)을 범하였다.
고려사 권48 지2 [C]

원종 4년(1263) 계해 1. 15. (병신)

/양 1263. 2. 24./

正月 丙申 月食
월식이 있었다.
고려사 권48 지2 [B]

원종 4년(1263) 계해 1. 21. (임인)

/양 1263. 3. 2./

正月 壬寅 犯天街南星

---

192) 五諸侯(오제후): 오제후 성좌-2임.

<달이> 천가(天街) 성좌의 남쪽 별을 범하였다.
고려사 권48 지2 [C]

원종 4년(1263) 계해 2. 18. (무진)

/양 1263. 3. 28./

二月 戊辰 月犯房星
달이 방(房) 성좌를 범하였다.
고려사 권48 지2 [C]

원종 4년(1263) 계해 3. 17. (정유)

/양 1263. 4. 26./

三月 丁酉 月犯心星
달이 심(心) 성좌를 범하였다.
고려사 권48 지2 [C]

원종 4년(1263) 계해 3. 19. (기해)

/양 1263. 4. 28./

三月 己亥 熒惑入東井
화성[熒惑]이 동정(東井) 성좌로 들어갔다.
고려사 권48 지2 [F]

원종 4년(1263) 계해 4. 7. (병진)

/양 1263. 5. 15./

四月 丙辰 月入軒轅
달이 헌원(軒轅) 성좌로 들어갔다.
고려사 권48 지2 [C]

원종 4년(1263) 계해 5. 3. (임오)

/양 1263. 6. 10./

五月 壬午 巽方有黑氣 如布匹 入於南河及東井
동남쪽에 검은 기운이 나타났는데, 베를 펼쳐놓은
것과 같았고 남하(南河) 성좌와 동정(東井) 성좌로
들어갔다.
고려사 권53 지7 [S]

원종 4년(1263) 계해 5. 5. (갑신)

/양 1263. 6. 12./

五月 甲申 月犯軒轅
달이 헌원(軒轅) 성좌를 범하였다.
고려사 권48 지2 [C]

원종 4년(1263) 계해 5. 15. (갑오)

/양 1263. 6. 22./

五月 甲午 入南斗

<달이> 남두(南斗) 성좌로 들어갔다.
고려사 권48 지2 [C]

원종 4년(1263) 계해 6. 13. (신유)

/양 1263. 7. 19./

六月 辛酉 月掩箕星
달이 기(箕) 성좌를 가렸다.
고려사 권48 지2 [C]

원종 4년(1263) 계해 7. 11. (기축)

/양 1263. 8. 16./

七月 己丑 月入南斗魁
달이 남두괴(南斗魁)로 들어갔다.
고려사 권48 지2 [C]

원종 4년(1263) 계해 7. 15. (계사)

/양 1263. 8. 20./

七月 癸巳 月食
월식이 있었다.
고려사 권48 지2 [B]

원종 4년(1263) 계해 7. 17. (을미)

/양 1263. 8. 22./

七月 乙未 月與歲星同舍
달이 목성[歲星]과 더불어 함께 모였다.
고려사 권48 지2 [C]

원종 4년(1263) 계해 7. 20. (무술)

/양 1263. 8. 25./

七月 戊戌 犯昴星
<달이> 묘(昴) 성좌를 범하였다.
고려사 권48 지2 [C]

원종 4년(1263) 계해 7. 24. (임인)

/양 1263. 8. 29./

七月 壬寅 犯五諸侯[193]
<달이> 오제후(五諸侯) 성좌를 범하였다.
고려사 권48 지2 [C]

원종 4년(1263) 계해 7. 27. (을사)

/양 1263. 9. 1./

七月 乙巳 犯軒轅

---

193) 五諸侯(오제후): 오제후 성좌-2임.

<달이> 헌원(軒轅) 성좌를 범하였다.
고려사 권48 지2 [C]

원종 4년(1263) 계해 8. 7. (갑인)

/양 1263. 9. 10./

八月 甲寅 月犯心星
달이 심(心) 성좌를 범하였다.
고려사 권48 지2 [C]

원종 4년(1263) 계해 8. 20. (정묘)

/양 1263. 9. 23./

八月 丁卯 犯五車
<달이> 오거(五車) 성좌를 범하였다.
고려사 권48 지2 [C]

원종 4년(1263) 계해 9. 16. (계사)

/양 1263. 10. 19./

九月 癸巳 月掩昴
달이 묘(昴) 성좌를 가렸다.
고려사 권48 지2 [C]

원종 4년(1263) 계해 10. 5. (신해)

/양 1263. 11. 6./

十月 辛亥 月與太白同舍
달이 금성[太白]과 더불어 함께 모였다.
고려사 권48 지2 [C]

원종 4년(1263) 계해 10. 21. (정묘)

/양 1263. 11. 22./

十月 丁卯 掩軒轅
<달이> 헌원(軒轅) 성좌를 가렸다.
고려사 권48 지2 [C]

원종 4년(1263) 계해 11. 3. (기묘)

/양 1263. 12. 4./

十一月 己卯 流星出叅 入天垣[194]
유성(流星)이 삼(叅) 성좌에서 나와 천원(天垣)으
로 들어갔다.
고려사 권48 지2 [R]

원종 4년(1263) 계해 11. 5. (신사)

/양 1263. 12. 6./

十一月 辛巳 月與太白 同舍于虛
달이 금성[太白]과 더불어 허(虛) 성좌에 함께
모였다.
고려사 권48 지2 [C]

원종 4년(1263) 계해 11. 6. (임오)

/양 1263. 12. 7./

十一月 壬午 熒惑犯房
화성[熒惑]이 방(房) 성좌를 범하였다.
고려사 권48 지2 [F]

원종 4년(1263) 계해 11. 12. (무자)

/양 1263. 12. 13./

十一月 戊子 月掩昴星
달이 묘(昴) 성좌를 가렸다.
고려사 권48 지2 [C]

원종 4년(1263) 계해 11. 19. (을미)

/양 1263. 12. 20./

十一月 乙未 太白晝見經天
금성[太白]이 낮에 나타나 남쪽하늘에서 보였다.
고려사 권25 세가25 ; 고려사 권48 지2 ; 고려사절요
권18 [G]

원종 4년(1263) 계해 11. 26. (임인)

/양 1263. 12. 27./

十一月 壬寅 月犯房星
달이 방(房) 성좌를 범하였다.
고려사 권48 지2 [C]

원종 4년(1263) 계해 12. 3. (기유)

/양 1264. 1. 3./

十二月 己酉 太白犯壘壁
금성[太白]이 누벽(壘壁) 성좌를 범하였다.
고려사 권48 지2 [F]

원종 4년(1263) 계해 12. 11. (정사)

/양 1264. 1. 11./

十二月 丁巳 月犯五車
달이 오거(五車) 성좌를 범하였다.
고려사 권48 지2 [C]

---

194) 天垣(천원): 이 성좌는 없다. 위치상으로 볼 때 필수(畢宿)의
천원(天苑) 성좌의 오타로 보임.

원종 4년(1263) 계해 12. 24. (경오)

/양 1264. 1. 24./

十二月 庚午 掩心星

<달이> 심(心) 성좌를 가렸다.

고려사 권48 지2 [C]

원종 5년(1264) 갑자 1. 8. (갑신)

/양 1264. 2. 7./

正月 甲申 月犯五車

달이 오거(五車) 성좌를 범하였다.

고려사 권48 지2 [C]

원종 5년(1264) 갑자 1. 17. (계사)

/양 1264. 2. 16./

正月 癸巳 赤氣浮於東天

붉은 기운이 동쪽 하늘에 떠 있었다.

고려사 권53 지7 [S]

원종 5년(1264) 갑자 2. 10. (을묘)

/양 1264. 3. 9./

二月 乙卯 流星出張入西方

유성(流星)이 장(張) 성좌에서 나와 서쪽으로
들어갔다.

고려사 권48 지2 [R]

원종 5년(1264) 갑자 2. 12. (정사)

/양 1264. 3. 11./

二月 丁巳 月犯軒轅左角

달이 헌원(軒轅) 성좌의 왼쪽 뿔[左角]을 범하였다.

고려사 권48 지2 [C]

원종 5년(1264) 갑자 2. 19. (갑자)

/양 1264. 3. 18./

二月 甲子 掩房次將

<달이> 방(房) 성좌의 차장성(次將星)을 가렸다.

고려사 권48 지2 [C]

원종 5년(1264) 갑자 2. 22. (정묘)

/양 1264. 3. 21./

二月 丁卯 掩南斗魁

<달이> 남두괴(南斗魁)를 가렸다.

고려사 권48 지2 [C]

원종 5년(1264) 갑자 3. 5. (경진)

/양 1264. 4. 3./

三月 庚辰 月犯東井

달이 동정(東井) 성좌를 범하였다.

고려사 권48 지2 [C]

원종 5년(1264) 갑자 3. 6. (신사)

/양 1264. 4. 4./

三月 辛巳 又犯五諸侯[195]

또 <달이> 오제후(五諸侯) 성좌를 범하였다.

고려사 권48 지2 [C]

원종 5년(1264) 갑자 3. 8. (계미)

/양 1264. 4. 6./

三月 癸未 流星出柳 入參

유성(流星)이 류(柳) 성좌에서 나와 삼(參) 성좌
로 들어갔다.

고려사 권48 지2 [R]

원종 5년(1264) 갑자 3. 26. (신축)

/양 1264. 4. 24./

三月 辛丑 月與太白同舍

달이 금성[太白]과 더불어 함께 모였다.

고려사 권48 지2 [C]

원종 5년(1264) 갑자 4. 24. (무진)

/양 1264. 5. 21./

四月 戊辰 太白晝見經天

금성[太白]이 낮에 나타나 남쪽하늘에서 보였다.

고려사 권26 세가26 [G]

원종 5년(1264) 갑자 4. 24. (무진)

/양 1264. 5. 21./

四月 戊辰 太白晝見經天 月與熒惑 同舍于奎

금성[太白]이 낮에 나타나 남쪽하늘에서 보였다. 달은
화성[熒惑]과 더불어 규(奎) 성좌에 함께 모였다.

고려사 권48 지2 [G] [C]

원종 5년(1264) 갑자 4. 24. (무진)

/양 1264. 5. 21./

夏四月 戊辰 太白晝見經天

금성[太白]이 낮에 나타나 남쪽하늘에서 보였다.

고려사절요 권18 [G]

---

195) 五諸侯(오제후): 오제후 성좌-2임.

원종 5년(1264) 갑자 5. 5. (무인)

/양 1264. 5. 31./

五月 戊寅 太白熒惑 同舍于婁
금성[太白]과 화성[熒惑]이 루(婁) 성좌에 함께
모였다.
고려사 권48 지2 [E]

원종 5년(1264) 갑자 5. 6. (기묘)

/양 1264. 6. 1./

五月 己卯 月犯軒轅
달이 헌원(軒轅) 성좌를 범하였다.
고려사 권48 지2 [C]

원종 5년(1264) 갑자 5. 13. (병술)

/양 1264. 6. 8./

五月 丙戌 流星出奎 入胃
유성(流星)이 규(奎) 성좌에서 나와 위(胃) 성좌
로 들어갔다.
고려사 권48 지2 [R]

원종 5년(1264) 갑자 6. 3. (병오)

/양 1264. 6. 28./

六月 丙午 流星出天津 紫微宮入北極
유성(流星)이 천진(天津) 성좌와 자미궁(紫微宮)에서
나와 북극(北極) 성좌로 들어갔다.
고려사 권48 지2 [R]

원종 5년(1264) 갑자 6. 3. (병오)

/양 1264. 6. 28./

六月 丙午 白虹見于南北方
흰 무지개가 남쪽과 북쪽에 나타났다.
고려사 권54 지8 [S]

원종 5년(1264) 갑자 6. 8. (신해)

/양 1264. 7. 3./

六月 辛亥 夜白虹見于西南方
밤에 흰 무지개가 서남쪽에 나타났다.
고려사 권54 지8 [S]

원종 5년(1264) 갑자 6. 23. (병인)

/양 1264. 7. 18./

六月 丙寅 太白犯東井
금성[太白]이 동정(東井) 성좌를 범하였다.
고려사 권48 지2 [F]

원종 5년(1264) 갑자 6. 27. (경오)

/양 1264. 7. 22./

六月 庚午 熒惑歲星 同舍于胃 太白入東井
화성[熒惑]과 목성[歲星]이 위(胃) 성좌에 함께 모
였다. 금성[太白]이 동정(東井) 성좌로 들어갔다.
고려사 권48 지2 [E] [F]

원종 5년(1264) 갑자 7. 2. (갑술)

/양 1264. 7. 26./

七月 甲戌 彗星見于艮方 至九月乙酉 凡七十二日
乃滅
혜성이 동북쪽에서 보였는데 9월 을유(14)까지
무릇 72일만에 없어졌다.
고려사 권26 세가26 [H]

원종 5년(1264) 갑자 7. 2. (갑술)

/양 1264. 7. 26./

七月 甲戌 彗星始見于艮方 尾長七八尺 漸分爲
五 向西北方
혜성이 동북쪽에서 보였는데 그 꼬리의 길이가
7~8척이었으며 그것이 차차 다섯으로 나누어
져 서북쪽으로 향해 갔다.
고려사 권48 지2 [H]

원종 5년(1264) 갑자 7. 2. (갑술)

/양 1264. 7. 26./

秋七月 甲戌 彗星見 凡七十二日乃滅
혜성이 보였는데 무릇 72일만에 없어졌다.
고려사절요 권18 [H]

원종 5년(1264) 갑자 7. 24. (병신)

/양 1264. 8. 17./

七月 丙申 熒惑犯鎭星 太白犯軒轅
화성[熒惑]이 토성[鎭星]을 범하였다. 금성[太白]이
헌원(軒轅) 성좌를 범하였다.
고려사 권48 지2 [D] [F]

원종 5년(1264) 갑자 7. 25. (정유)

/양 1264. 8. 18./

七月 丁酉 月犯昴星
달이 묘(昴) 성좌를 범하였다.
고려사 권48 지2 [C]

원종 5년(1264) 갑자 8. 1. (임인)

/양 1264. 8. 23./

八月 壬寅 彗星光芒 復合爲一 而漸長
혜성의 광채[光芒]가 다시 합쳐져 하나로 되고
점점 커졌다.
고려사 권48 지2 [H]

원종 5년(1264) 갑자 8. 21. (임술)

/양 1264. 9. 12./

八月 壬戌 彗星光芒益熾竟天 流星出叄 貫中央
正星
혜성의 광채[光芒]가 더 빛나면서 하늘을 가로
질렀다. 유성(流星)이 삼(叄) 성좌에서 나왔는
데, 정중앙[中央正]의 별을 관통하였다.
고려사 권48 지2 [H] [R]

원종 5년(1264) 갑자 8. 22. (계해)

/양 1264. 9. 13./

八月 癸亥 流星出東方 大如椀 尾長十五尺許
유성(流星)이 동쪽에 나타났는데 그 크기가 주발
[椀]만 하였으며 꼬리의 길이가 15척쯤 되었다.
고려사 권48 지2 [R]

원종 5년(1264) 갑자 9. 11. (임오)

/양 1264. 10. 2./

九月 壬午 太白掩大微左執法
금성[太白]이 태미원[大微]의 좌집법성(左執法星)
을 가렸다.
고려사 권48 지2 [F]

원종 5년(1264) 갑자 9. 14. (을유)

/양 1264. 10. 5./

九月 乙酉 彗星滅 自七月至是 凡七十二日
혜성이 사라졌다. 7월부터 지금까지 72일 동안
나타나 있었다.
고려사 권48 지2 [H]

원종 5년(1264) 갑자 10. 4. (을사)

/양 1264. 10. 25./

十月 乙巳 流星出王良 入紫微 辰星見于東方 與
太白犯行 鎭星熒惑同舍逆行昴畢閒
유성(流星)이 왕량(王良) 성좌에서 나와 자미원
[紫微]으로 들어갔다. 수성[辰星]이 동쪽에 나타나
금성[太白]과 더불어 범하여 나아갔다. 토성[鎭星]
과 화성[熒惑]이 함께 모였다가 묘(昴) 성좌와 필

(畢) 성좌 사이로 역행(逆行)하였다.
고려사 권48 지2 [R] [D] [E]

원종 5년(1264) 갑자 10. 5. (병오)

/양 1264. 10. 26./

十月 丙午 月掩食南斗魁 又與熒惑同舍
달이 남두괴(南斗魁)를 가렸다. 또 <달이> 화성
[熒惑]과 더불어 함께 모였다.
고려사 권48 지2 [C] [C]

원종 5년(1264) 갑자 10. 5. (병오)

/양 1264. 10. 26./

十月 丙午 日暈
햇무리가 있었다.
고려사 권47 지1 [O]

원종 5년(1264) 갑자 10. 18. (기미)

/양 1264. 11. 8./

十月 己未 白氣二道 見于坤艮方竟天
두 갈래의 흰 기운이 서남쪽과 동북쪽에서 나
타나 하늘을 가로질렀다.
고려사 권54 지8 [S]

원종 5년(1264) 갑자 10. 26. (정묘)

/양 1264. 11. 16./

十月 丁卯 流星出天囷入水府
유성(流星)이 천균(天囷) 성좌에서 나와 수부
(水府) 성좌로 들어갔다.
고려사 권48 지2 [R]

원종 5년(1264) 갑자 11. 15. (병술)

/양 1264. 12. 5./

十一月 丙戌 月掩東井
달이 동정(東井) 성좌를 가렸다.
고려사 권48 지2 [C]

원종 5년(1264) 갑자 11. 18. (기축)

/양 1264. 12. 8./

十一月 己丑 掩軒轅
<달이> 헌원(軒轅) 성좌를 가렸다.
고려사 권48 지2 [C]

원종 5년(1264) 갑자 11. 26. (정유)

/양 1264. 12. 16./

十一月 丁酉 日暈
햇무리가 있었다.
고려사 권47 지1 [O]

원종 5년(1264) 갑자 12. 11. (신해)

/양 1264. 12. 30./

十二月 辛亥 月犯昴星
달이 묘(昴) 성좌를 범하였다.
고려사 권48 지2 [C]

원종 5년(1264) 갑자 12. 11. (신해)

/양 1264. 12. 30./

十一月 辛亥 日暈
햇무리가 있었다.
고려사 권47 지1 [O]

원종 5년(1264) 갑자 12. 15. (을묘)

/양 1265. 1. 3./

十二月 乙卯 月食
월식이 있었다.
고려사 권48 지2 [B]

원종 5년(1264) 갑자 12. 17. (정사)

/양 1265. 1. 5./

十二月 丁巳 月犯軒轅
달이 헌원(軒轅) 성좌를 범하였다.
고려사 권48 지2 [C]

원종 5년(1264) 갑자 12. 17. (정사)

/양 1265. 1. 5./

十一月 丁巳 日北有氣如虹 色青赤 長三十尺許
태양 북쪽에 기운이 무지개 같았는데, 빛깔은
푸르고 붉었으며, 길이가 30척 가량 되었다.
고려사 권47 지1 [O]

원종 5년(1264) 갑자 12. 23. (계해)

/양 1265. 1. 11./

十一月 癸亥 日有珥
태양에 귀고리가 있었다.
고려사 권47 지1 [O]

원종 5년(1264) 갑자 12. 24. (갑자)

/양 1265. 1. 12./

十二月 甲子 犯房次將

<달이> 방(房) 성좌의 차장성(次將星)을 범하였다.
고려사 권48 지2 [C]

원종 6년(1265) 을축 3. 6. (을해)

/양 1265. 3. 24./

三月 乙亥 月犯熒惑
달이 화성[熒惑]을 범하였다.
고려사 권48 지2 [C]

원종 6년(1265) 을축 3. 17. (병술)

/양 1265. 4. 4./

三月 丙戌 太白歲星 同舍于婁
금성[太白]과 목성[歲星]이 누(婁) 성좌에 함께
있었다.
고려사 권48 지2 [E]

원종 6년(1265) 을축 3. 25. (갑오)

/양 1265. 4. 12./

三月 甲午 日西有背暈 色青赤 長可十尺
태양의 서쪽에 일(一)자형의 햇무리[背暈]가 있
었는데, 빛깔은 푸르고 붉었으며 길이는 거의
10척이었다.
고려사 권47 지1 [O]

원종 6년(1265) 을축 5. 3. (신미)

/양 1265. 5. 19./

五月 辛未 熒惑入輿鬼犯積屍[196]
화성[熒惑]이 여귀(輿鬼) 성좌로 들어가서 (그
안에 있는) 적시성(積屍星)을 범하였다.
고려사 권48 지2 [F]

원종 6년(1265) 을축 윤5. 3. (경자)

/양 1265. 6. 17./

閏月 庚子 太白熒惑相犯
금성[太白]과 화성[熒惑]이 서로 범하였다.
고려사 권48 지2 [D]

원종 6년(1265) 을축 윤5. 24. (신유)

/양 1265. 7. 8./

閏月 辛酉 歲星鎮星入畢
목성[歲星]과 토성[鎮星]이 필(畢) 성좌로 들어
갔다.
고려사 권48 지2 [E]

---

196) 積屍(적시): 적시성-2임.

원종 6년(1265) 을축 6. 6. (계유)

/양 1265. 7. 20./

六月 癸酉 出北斗 入角
<달이> 북두(北斗) 성좌에서 나와 각(角) 성좌
로 들어갔다.
고려사 권48 지2 [E]

원종 6년(1265) 을축 6. 9. (병자)

/양 1265. 7. 23./

六月 丙子 月犯熒惑
달이 화성[熒惑]을 범하였다.
고려사 권48 지2 [C]

원종 7년(1266) 병인 11. 16. (갑진)

/양 1266. 12. 13./

十一月 甲辰 月食
월식이 있었다.
고려사 권48 지2 [B]

원종 9년(1268) 무진 10. 1. (무인)

/양 1268. 11. 6./

冬十月 戊寅朔 日食
일식이 있었다.
고려사 권26 세가26 ; 고려사절요 권18 [A]

원종 9년(1268) 무진 10. 1. (무인)

/양 1268. 11. 6./

十月 戊寅朔 日食
일식이 있었다.
고려사 권47 지1 [A]

원종 9년(1268) 무진 10. 13. (경인)

/양 1268. 11. 18./

十月 庚寅 熒惑入軒轅 流星入角
화성[熒惑]이 헌원(軒轅) 성좌로 들어갔다. 유성
(流星)이 각(角) 성좌로 들어갔다.
고려사 권48 지2 [F] [R]

원종 9년(1268) 무진 11. 12. (기미)

/양 1268. 12. 17./

十一月 己未 流星出軫 貫樓庫 入天際 大如缶
유성(流星)이 진(軫) 성좌에서 나와 고루[樓庫]
성좌를 거쳐 지평선[天際]으로 들어갔는데 그
크기가 두레박[缶]만 하였다.

고려사 권48 지2 [R]

원종 9년(1268) 무진 11. 14. (신유)

/양 1268. 12. 19./

十一月 辛酉 赤氣見于西方
붉은 기운이 서쪽에 나타났다.
고려사 권53 지7 [S]

원종 10년(1269) 기사 1. 4. (경술)

/양 1269. 2. 6./

正月 庚戌 流星出大微 犯東藩次將 抵郎位 犯大角
유성(流星)이 태미원[大微]에서 나와 동번(東藩) 성
좌의 차장성(次將星)을 범하였다가 낭위(郎位) 성
좌에 이르렀고 또 대각성(大角星)을 범하였다.
고려사 권48 지2 [R]

원종 10년(1269) 기사 1. 11. (정사)

/양 1269. 2. 13./

正月 丁巳 月入東井 飛星出大微 入軫星 大如木瓜
달이 동정(東井) 성좌로 들어갔다. 비성(飛星)이
태미원[大微]에서 나와 진(軫) 성좌로 들어갔는데
그 크기가 모과(木瓜)만 하였다.
고려사 권48 지2 [C`] [R]

원종 10년(1269) 기사 1. 13. (기미)

/양 1269. 2. 15./

正月 己未 夜白雲自巽竟天 廣三尺許
밤에 흰 구름이 동남쪽으로부터 하늘을 가로질
렀고, 너비가 3척 가량 되었다.
고려사 권54 지8 [S]

원종 10년(1269) 기사 1. 16. (임술)

/양 1269. 2. 18./

正月 壬戌 木星犯右執法 太白犯牽牛
목성[歲星]이 우집법성(右執法星)을 범하였다.
금성[太白]이 견우(牽牛) 성좌를 범하였다.
고려사 권48 지2 [F] [F]

원종 10년(1269) 기사 1. 20. (병인)

/양 1269. 2. 22./

正月 丙寅 月入氐星
달이 저(氐) 성좌로 들어갔다.
고려사 권48 지2 [C]

원종 10년(1269) 기사 2. 9. (을유)

/양 1269. 3. 13./

二月 乙酉 月犯東井
달이 동정(東井) 성좌를 범하였다.
고려사 권48 지2 [C]

원종 10년(1269) 기사 2. 11. (정해)

/양 1269. 3. 15./

二月 丁亥 流星出大微 犯右執法 入軫
유성(流星)이 태미원[大微]에서 나와 우집법성(右執法星)을 범하였다가 진(軫) 성좌로 들어갔다.
고려사 권48 지2 [R]

원종 10년(1269) 기사 4. 4. (기묘)

/양 1269. 5. 6./

四月 己卯 月入東井
달이 동정(東井) 성좌로 들어갔다.
고려사 권48 지2 [C]

원종 10년(1269) 기사 4. 9. (갑신)

/양 1269. 5. 11./

四月 甲申 熒惑入軒轅
화성[熒惑]이 헌원(軒轅) 성좌로 들어갔다.
고려사 권48 지2 [F]

원종 10년(1269) 기사 4. 27. (임인)

/양 1269. 5. 29./

四月 壬寅 太白晝見經天 與月同舍
금성[太白]이 낮에 나타나 남쪽하늘에서 보였다.
<금성[太白]이> 달과 더불어 함께 모였다.
고려사 권48 지2 [G] [G]

원종 10년(1269) 기사 4. 27. (임인)

/양 1269. 5. 29./

四月 壬寅 太白晝見經天
금성[太白]이 낮에 나타나 남쪽하늘에서 보였다.
고려사절요 권18 [G]

원종 10년(1269) 기사 5. 28. (계유)

/양 1269. 6. 29./

五月 癸酉 熒惑犯大微 流星掩心大星 入氐
화성[熒惑]이 태미원[大微]을 범하였다. 유성(流星)이 심대성(心大星)을 가렸다가 저(氐) 성좌로 들어갔다.
고려사 권48 지2 [F] [R]

원종 10년(1269) 기사 6. 3. (정축)

/양 1269. 7. 3./

六月 丁丑 月犯大微右執法
달이 태미원[大微]의 우집법성(右執法星)을 범하였다.
고려사 권48 지2 [C]

원종 10년(1269) 기사 6. 12. (병술)

/양 1269. 7. 12./

六月 丙戌 犯房上相 又犯鉤鈐
<달이> 방(房) 성좌의 상상성(上相星)을 범하였고 또 구검(鉤鈐) 성좌를 범하였다.
고려사 권48 지2 [C]

원종 10년(1269) 기사 7. 21. (을축)

/양 1269. 8. 20./

七月 乙丑 月犯畢左股
달이 필(畢) 성좌의 왼쪽에 늘어선 별들(左股)를 범하였다.
고려사 권48 지2 [C]

원종 10년(1269) 기사 7. 24. (무진)

/양 1269. 8. 23./

七月 戊辰 入東井
<달이> 동정(東井) 성좌로 들어갔다.
고려사 권48 지2 [C]

원종 10년(1269) 기사 8. 22. (을미)

/양 1269. 9. 19./

八月 乙未 飛星出奎 入東方天際 大如缶
비성(飛星)이 규(奎) 성좌에서 나와 동쪽 지평선[天際]으로 들어갔는데 그 크기가 두레박[缶]만 하였다.
고려사 권48 지2 [R]

원종 10년(1269) 기사 9. 6. (기유)

/양 1269. 10. 3./

九月 己酉 月犯建星
달이 건(建) 성좌를 범하였다.
고려사 권48 지2 [C]

원종 10년(1269) 기사 12. 24. (을미)

/양 1270. 1. 17./

十二月 乙未 月犯房上星

달이 방(房) 성좌의 상성[上星, =상상성]을 범하였다.
고려사 권48 지2 [C]

원종 11년(1270) 경오 1. 2. (임인)

/양 1270. 1. 24./

正月 壬寅 白氣東西竟天
흰 기운이 동쪽에서 서쪽으로 하늘을 가로질렀다.
고려사 권54 지8 [S]

원종 11년(1270) 경오 2. 3. (계유)

/양 1270. 2. 24./

二月 癸酉 月與太白同舍
달이 금성[太白]과 더불어 함께 모였다.
고려사 권48 지2 [C]

원종 11년(1270) 경오 3. 1. (경자)

/양 1270. 3. 23./

三月 庚子朔 日食
일식이 있었다.
고려사 권26 세가26 ; 고려사 권47 지1 ; 고려사절요
권18 [A]

원종 11년(1270) 경오 3. 16. (을묘)

/양 1270. 4. 7./

三月 乙卯 月食
월식이 있었다.
고려사 권48 지2 [B]

원종 11년(1270) 경오 5. 13. (임자)

/양 1270. 6. 3./

五月 壬子 太白犯鎭星
금성[太白]이 토성[鎭星]을 범하였다.
고려사 권48 지2 [D]

원종 11년(1270) 경오 9. 29. (병인)

/양 1270. 10. 15./

九月 丙寅 熒惑鎭星犯軒轅
화성[熒惑]과 토성[鎭星]이 헌원(軒轅) 성좌를 범하였다.
고려사 권48 지2 [E]

원종 11년(1270) 경오 10. 11. (무인)

/양 1270. 10. 27./

十月 戊寅 太白入大微左執法 流星出郎位 入大微上相
금성[太白]이 태미원[大微]의 좌집법성(左執法星)으로 들어갔다. 유성(流星)이 낭위(郎位) 성좌에서 나와 태미원[大微]의 상상성(上相星)으로 들어갔다.
고려사 권48 지2 [F] [R]

원종 11년(1270) 경오 10. 22. (기축)

/양 1270. 11. 7./

十月 己丑 太白歲星入氐
금성[太白]과 목성[歲星]이 저(氐) 성좌로 들어갔다.
고려사 권48 지2 [E]

원종 11년(1270) 경오 11. 1. (정유)

/양 1270. 11. 15./

十一月 丁酉朔 太白犯亢
금성[太白]이 항(亢) 성좌를 범하였다.
고려사 권48 지2 [F]

원종 11년(1270) 경오 11. 6. (임인)

/양 1270. 11. 20./

十一月 壬寅 熒惑犯大微右藩上相
화성[熒惑]이 태미우번[大微右藩]의 상상성(上相星)을 범하였다.
고려사 권48 지2 [F]

원종 11년(1270) 경오 11. 23. (기미)

/양 1270. 12. 7./

十一月 己未 歲星與太白同舍 又太白入大微
목성[歲星]이 금성[太白]과 함께 모였다. 금성[太白]이 태미원[大微]으로 들어갔다.
고려사 권48 지2 [E] [F]

원종 11년(1270) 경오 윤11. 2. (무진)

/양 1270. 12. 16./

閏月 戊辰 太星犯房
금성[太白]이 방(房) 성좌를 범하였다.
고려사 권48 지2 [F]

원종 11년(1270) 경오 윤11. 24. (경인)

/양 1271. 1. 7./

閏月 庚寅 月與歲星同舍
달이 목성[歲星]과 함께 모였다.
고려사 권48 지2 [C]

원종 11년(1270) 경오 12. 1. (병신)

/양 1271. 1. 13./

十二月 丙申朔 有物墮地 聲如雷 光如雷
어떤 물건이 땅에 떨어졌는데, 소리는 우레 같
았고, 빛은 번개 같았다.
고려사 권53 지7 [R]

원종 11년(1270) 경오 12. 9. (갑진)

/양 1271. 1. 21./

十二月 甲辰 月入畢星
달이 필(畢) 성좌로 들어갔다.
고려사 권48 지2 [C]

원종 12년(1271) 신미 8. 1. (임진)

/양 1271. 9. 6./

八月 壬辰朔 日食
일식이 있었다.
고려사 권27 세가27 ; 고려사 권47 지1 ; 고려사절요
권19 [A]

원종 12년(1271) 신미 9. 7. (무진)

/양 1271. 10. 12./

九月 戊辰 熒惑犯尾
화성[熒惑]이 미(尾) 성좌를 범하였다.
고려사 권48 지2 [F]

원종 12년(1271) 신미 9. 14. (을해)

/양 1271. 10. 19./

九月 乙亥 月入東井
달이 동정(東井) 성좌로 들어갔다.
고려사 권48 지2 [C]

원종 12년(1271) 신미 9. 19. (경진)

/양 1271. 10. 24./

九月 庚辰 入五諸侯197)
<달이> 또 오제후(五諸侯) 성좌로 들어갔다.
고려사 권48 지2 [C]

원종 12년(1271) 신미 9. 26. (정해)

/양 1271. 10. 31./

九月 丁亥 熒惑犯南斗 太白熒惑同舍

화성[熒惑]이 남두(南斗) 성좌를 범하였다. 금성
[太白]과 화성[熒惑]이 함께 모였다.
고려사 권48 지2 [E] [F]

원종 12년(1271) 신미 9. 26. (정해)

/양 1271. 10. 31./

九月 丁亥 熒惑犯南斗 太白熒惑同舍
화성[熒惑]이 남두(南斗) 성좌를 범하였다. 금성
[太白]과 화성[熒惑]이 함께 모였다.
고려사 권48 지2

원종 12년(1271) 신미 10. 3. (계사)

/양 1271. 11. 6./

十月 癸巳 流星出王良 入織女
유성(流星)이 왕량(王良) 성좌에서 나와 직녀(織女)
성좌로 들어갔다.
고려사 권48 지2 [R]

원종 13년(1272) 임신 1. 12. (신미)

/양 1272. 2. 12./

正月 辛未 有物墮西北 聲如雷
어떤 물건이 서북쪽에 떨어졌는데, 소리가 우레
같았다.
고려사 권53 지7 [R]

원종 13년(1272) 임신 2. 13. (임인)

/양 1272. 3. 14./

二月 壬寅 日珥
태양에 귀고리가 있었다.
고려사 권47 지1 [O]

원종 13년(1272) 임신 2. 16. (을사)

/양 1272. 3. 17./

二月 乙巳 虹抱日
무지개가 태양을 둘러쌌다.
고려사 권47 지1 [O]

원종 13년(1272) 임신 4. 27. (갑인)

/양 1272. 5. 25./

四月 甲寅 太白經天
금성[太白]이 낮에 남쪽하늘에서 보였다.
고려사 권27 세가27 [G]

---

197) 五諸侯(오제후): 오제후 성좌-2임.

원종 13년(1272) 임신 4. 27. (갑인)

/양 1272. 5. 25./

四月 甲寅 太白經天 與月同舍
금성[太白]이 낮에 남쪽하늘에서 보였다. <금성
[太白]이> 달과 함께 모였다.
고려사 권48 지2 [G] [C]

원종 13년(1272) 임신 4. 27. (갑인)

/양 1272. 5. 25./

夏四月 甲寅 太白經天
금성[太白]이 낮에 남쪽하늘에서 보였다.
고려사절요 권19 [G]

원종 13년(1272) 임신 6. 10. (병신)

/양 1272. 7. 6./

六月 丙申 月犯房星
달이 방(房) 성좌를 범하였다.
고려사 권48 지2 [C]

원종 13년(1272) 임신 8. 1. (병술)

/양 1272. 8. 25./

八月 丙戌朔 日食
일식이 있었다.
고려사 권27 세가27 ; 고려사 권47 지1 ; 고려사절요
권19 [A]

원종 13년(1272) 임신 10. 12. (정유)

/양 1272. 11. 4./

十月 丁酉 鎭星入大微右執法 熒惑入大微與鎭相犯
토성[鎭星]이 태미원[大微]의 우집법성(右執法星)
으로 들어갔다. 화성[熒惑]이 태미원[大微]으로 들
어가 토성[鎭星]과 더불어 서로 범하였다.
고려사 권48 지2 [E] [F]

원종 13년(1272) 임신 12. 19. (계묘)

/양 1273. 1. 9./

十二月 癸卯 日珥
태양에 귀고리가 있었다.
고려사 권47 지1 [O]

원종 14년(1273) 계유 1. 1. (을묘)

/양 1273. 1. 21./

正月 乙卯朔 日珥
태양에 귀고리가 있었다.

고려사 권47 지1 [O]

원종 14년(1273) 계유 1. 1. (을묘)

/양 1273. 1. 21./

正月 乙卯 東方有黃紫氣中 有直竪衝天者 如塔
동쪽에 있는 황자색 기운[黃紫氣] 중에 하늘로
곧게 용솟음친 것이 있었는데 탑과 같았다.
고려사 권55 지9 [S]

원종 14년(1273) 계유 1. 28. (임오)

/양 1273. 2. 17./

正月 壬午 彗星見于東方
혜성이 동쪽에 나타났다.
고려사 권27 세가27 ; 고려사 권48 지2 [H]

원종 14년(1273) 계유 1. 28. (임오)

/양 1273. 2. 17./

春正月 彗星見于東方
혜성이 동쪽에 나타났다.
고려사절요 권19 [H]

원종 14년(1273) 계유 3. 17. (경오)

/양 1273. 4. 6./

三月 庚午 黃霧四塞
황색 안개가 사방 하늘 끝에 자욱하였다.
고려사 권55 지9 [S]

원종 14년(1273) 계유 4. 14. (병신)

/양 1273. 5. 2./

四月 丙申 王以天文屢變 設消災道場 於本闕 命
放囚
왕이 천문(天文)의 변괴가 자주 있다하여 궁궐
에서 소재도량을 열고 죄수를 석방하라고 명하
였다.
고려사 권27 세가27 [T]

원종 14년(1273) 계유 8. 19. (무진)

/양 1273. 10. 1./

八月 戊辰 流星出織女 入天市垣
유성(流星)이 직녀(織女) 성좌에서 나와 천시원
(天市垣)으로 들어갔다.
고려사 권48 지2 [R]

원종 14년(1273) 계유 8. 24. (계유)

/양 1273. 10. 6./

八月 癸酉 流星出河鼓 入天市垣
유성(流星)이 하고(河鼓) 성좌에서 나와 천시원
(天市垣)으로 들어갔다.
고려사 권48 지2 [R]

원종 14년(1273) 계유 8. 25. (갑술)

/양 1273. 10. 7./

八月 甲戌 熒惑犯南斗
화성[熒惑]이 남두(南斗) 성좌를 범하였다.
고려사 권48 지2 [F]

원종 14년(1273) 계유 9. 22. (신축)

/양 1273. 11. 3./

九月 辛丑 月犯軒轅左角
달이 헌원([軒轅) 성좌의 왼쪽 뿔[左角]을 범하였다.
고려사 권48 지2 [C]

원종 14년(1273) 계유 9. 29. (무신)

/양 1273. 11. 10./

九月 戊申 歲星與熒惑相犯
목성[歲星]과 화성[熒惑]이 서로 범하였다.
고려사 권48 지2 [D]

원종 14년(1273) 계유 10. 1. (기유)

/양 1273. 11. 11./

十月 己酉朔 流星出上台 入下台
유성(流星)이 상태(上台) 성좌에서 나와 하태
(下台) 성좌로 들어갔다.
고려사 권48 지2 [R]

원종 14년(1273) 계유 10. 5. (계축)

/양 1273. 11. 15./

十月 癸丑 太白晝見
금성[太白]이 낮에 나타났다.
고려사 권27 세가27 ; 고려사 권48 지2 [G]

원종 14년(1273) 계유 10. 6. (갑인)

/양 1273. 11. 16./

十月 甲寅 牛星與熒惑歲星同舍
우(牛) 성좌에 화성[熒惑]과 목성[歲星]이 함께
모였다.
고려사 권48 지2 [E]

원종 14년(1273) 계유 10. 22. (경오)

/양 1273. 12. 2./

十月 庚午 月掩軒轅大星
달이 헌원대성(軒轅大星)을 가렸다.
고려사 권48 지2 [C]

원종 14년(1273) 계유 10. 26. (갑술)

/양 1273. 12. 6./

十月 甲戌 與太白 同舍于氏
<달이> 금성[太白]과 더불어 저(氏) 성좌에 함께
모였다.
고려사 권48 지2 [C]

원종 14년(1273) 계유 11. 6. (갑신)

/양 1273. 12. 16./

十一月 甲申 醮十一曜于內殿
내전(內殿)에서 11개의 밝게 빛나는 별들(曜)에
게 초제(醮祭)를 지냈다.
고려사 권27 세가27 [T]

원종 14년(1273) 계유 11. 7. (을유)

/양 1273. 12. 17./

十一月 乙酉 日東西北 有暈 如虹
태양의 동쪽과 서쪽, 북쪽에 햇무리가 있었는데
무지개 같았다.
고려사 권47 지1 [O]

원종 14년(1273) 계유 11. 12. (경인)

/양 1273. 12. 22./

十一月 庚寅 月犯畢星
달이 필(畢) 성좌를 범하였다.
고려사 권48 지2 [C]

원종 14년(1273) 계유 11. 14. (임진)

/양 1273. 12. 24./

十一月 壬辰 入東井
<달이> 동정(東井) 성좌로 들어갔다.
고려사 권48 지2 [C]

원종 14년(1273) 계유 11. 19. (정유)

/양 1273. 12. 29./

十一月 丁酉 犯大微西藩上將
<달이> 태미서번[大微西藩] 성좌의 상장성(上
將星)을 범하였다.

고려사 권48 지2 [C]

원종 14년(1273) 계유 11. 24. (임인)

/양 1274. 1. 3./

十一月 壬寅 犯氐星
<달이> 저(氐) 성좌를 범하였다.
고려사 권48 지2 [C]

원종 14년(1273) 계유 12. 6. (갑인)

/양 1274. 1. 15./

十二月 甲寅 流星出房 犯天市垣西藩
유성(流星)이 방(房) 성좌에서 나와 천시서번(天市
西藩) 성좌를 범하였다.
고려사 권48 지2 [R]

원종 14년(1273) 계유 12. 7. (을묘)

/양 1274. 1. 16./

十二月 乙卯 熒惑犯羽林
화성[熒惑]이 우림(羽林) 성좌를 범하였다.
고려사 권48 지2 [F]

원종 14년(1273) 계유 12. 15. (계해)

/양 1274. 1. 24./

十二月 癸亥 月食
월식이 있었다.
고려사 권48 지2 [B]

원종 14년(1273) 계유 12. 17. (을축)

/양 1274. 1. 26./

十二月 乙丑 月入大微
달이 태미원[大微]으로 들어갔다.
고려사 권48 지2 [C]

원종 14년(1273) 계유 12. 17. (을축)

/양 1274. 1. 26./

十二月 乙丑 赤氣見于西方
붉은 기운이 서쪽에 나타났다.
고려사 권53 지7 [S]

원종 14년(1273) 계유 12. 18. (병인)

/양 1274. 1. 27./

十二月 丙寅 白氣竟天
흰 기운이 하늘을 가로질렀다.
고려사 권54 지8 [S]

원종 15년(1274) 갑술 10. 2. (갑자)

/양 1274. 11. 1./

十月 甲子 夜黃霧
밤에 황색 안개가 끼었다.
고려사 권55 지9 [S]

원종 15년(1274) 갑술 10. 16. (무오)

/양 1274. 11. 15./

冬十月 戊午 白氣貫日
흰 기운이 태양을 가로질러 갔다.
고려사 권28 세가28 [O]

원종 15년(1274) 갑술 10. 16. (무오)

/양 1274. 11. 15./

十月 戊午 白氣貫日
흰 기운이 태양을 가로질러 갔다.
고려사 권47 지1 [O]

원종 15년(1274) 갑술 12. 5. (정미)

/양 1275. 1. 3./

十二月 丁未 赤黑氣見于西北方
검붉은 기운이 서북쪽에 나타났다.
고려사 권53 지7 [S]

원종 15년(1274) 갑술 12. 23. (을축)

/양 1275. 1. 21./

十二月 乙丑 赤氣亘天
붉은 기운이 하늘에 뻗쳐 있었다.
고려사 권53 지7 [S]

25. 충렬왕(1275 ∼ 1308)

충렬왕 1년(1275) 을해 1. 14. (병술)

/양 1275. 2. 11./

正月 丙戌 白氣如帶 東北接于西南
띠와 같은 흰 기운이 동북쪽에서 서남쪽으로
잇대어 있었다.
고려사 권53 지7 [S]

충렬왕 1년(1275) 을해 2. 20. (신유)

/양 1275. 3. 18./

二月 辛酉 太白犯昴
금성[太白]이 묘(昴) 성좌를 범하였다.
고려사 권49 지3 [F]

충렬왕 1년(1275) 을해 6. 1. (경자)

/양 1275. 6. 25./

六月 庚子朔 日食
일식이 있었다.
고려사 권28 세가28 ; 고려사 권47 지1 ; 고려사절요
권19 [A]

충렬왕 1년(1275) 을해 7. 28. (정유)

/양 1275. 8. 21./

七月 丁酉 流星大如缶 自東至西而墮 光芒照地
유성(流星)이 그 크기는 두레박[缶]만 하였고, 동
(東)에서 나타나 서쪽으로 가서 떨어졌는데 광채
(光彩)가 땅에까지 비치었다.
고려사 권49 지3 [R]

충렬왕 1년(1275) 을해 8. 6. (갑진)

/양 1275. 8. 28./

八月 甲辰 日旁有氣如虹 直立如柱
태양 곁에 무지개와 같은 기운이 있었는데 기
둥 모양으로 곧게 섰다.
고려사 권47 지1 [O]

충렬왕 1년(1275) 을해 11. 27. (계사)

/양 1275. 12. 15./

十一月 癸巳 月犯太白
달이 금성[太白]을 범하였다.
고려사 권49 지3 [C]

충렬왕 2년(1276) 병자 6. 9. (임신)

/양 1276. 7. 21./

六月 壬申 流星大如盆 墮路寢庭
동이[盆]만한 유성(流星)이 침정(寢庭-왕의 침전
앞의 뜰)에 떨어졌다.
고려사 권49 지3 [R]

충렬왕 2년(1276) 병자 7. 1. (갑오)

/양 1276. 8. 12./

七月 甲午 流星自西而東 大如椀
유성(流星)이 서쪽에서 동쪽으로 흘러 들어갔
는데 그 크기가 주발[椀]만 하였다.
고려사 권49 지3 [R]

충렬왕 2년(1276) 병자 7. 21. (갑인)

/양 1276. 9. 1./

七月 甲寅 流星出天弁入天江
유성(流星)이 천변(天弁) 성좌에서 나와 천강
(天江) 성좌로 들어갔다.
고려사 권49 지3 [R]

충렬왕 2년(1276) 병자 8. 18. (경진)

/양 1276. 9. 27./

八月 庚辰 月暈內赤中黃 又與歲星同舍
달무리가 있었는데 그 안쪽은 붉고 중간은 황색
이었다. 달이 목성[歲星]과 함께 같은 성좌에 모
였다
고려사 권49 지3 [P] [C]

충렬왕 2년(1276) 병자 9. 16. (정미)

/양 1276. 10. 24./

九月 丁未 月與歲星同舍
달이 목성[歲星]과 함께 같은 성좌에 모였다.
고려사 권49 지3 [C]

충렬왕 2년(1276) 병자 9. 21. (임자)

/양 1276. 10. 29./

九月 壬子 太白犯南斗
금성[太白]이 남두(南斗) 성좌를 범하였다.
고려사 권49 지3 [F]

충렬왕 2년(1276) 병자 9. 22. (계축)

/양 1276. 10. 30./

九月 癸丑 月犯輿鬼
달이 여귀(輿鬼) 성좌를 범하였다.
고려사 권49 지3 [C]

충렬왕 2년(1276) 병자 9. 25. (병진)

/양 1276. 11. 2./

九月 丙辰 犯大微內屛星
<달이> 태미원[大微]의 내병(內屛) 성좌를 범하
였다.
고려사 권49 지3 [C]

충렬왕 2년(1276) 병자 9. 28. (기미)

/양 1276. 11. 5./

九月 己未 熒惑入角 月與辰星鎭星同舍
화성[熒惑]이 각(角) 성좌로 들어갔다. 달이 수성[辰

星], 토성[鎭星]과 함께 같은 성좌에 모였다.
고려사 권49 지3 [F] [C]

충렬왕 2년(1276) 병자 10. 3. (갑자)

/양 1276. 11. 10./

十月 甲子 月犯南斗魁第二星
달이 남두괴(南斗魁)의 둘째 별을 범하였다.
고려사 권49 지3 [C]

충렬왕 2년(1276) 병자 10. 4. (을축)

/양 1276. 11. 11./

冬十月 乙丑 太白晝見
금성[太白]이 낮에 나타났다.
고려사 권28 세가28 [G]

충렬왕 2년(1276) 병자 10. 4. (을축)

/양 1276. 11. 11./

十月 乙丑 太白晝見 夜又與月同舍
금성[太白]이 낮에 나타났다. 밤에는 또 <금성
[太白]이> 달과 함께 같은 성좌에 모였다.
고려사 권49 지3 [G] [C]

충렬왕 2년(1276) 병자 10. 10. (신미)

/양 1276. 11. 17./

十月 辛未 辰星入氐
수성[辰星]이 저(氐) 성좌로 들어갔다.
고려사 권49 지3 [F]

충렬왕 2년(1276) 병자 10. 13. (갑술)

/양 1276. 11. 20./

十月 甲戌 月犯歲星
달이 목성[歲星]을 범하였다.
고려사 권49 지3 [C]

충렬왕 2년(1276) 병자 10. 16. (정축)

/양 1276. 11. 23./

十月 丁丑 熒惑犯亢第一星
화성[熒惑]이 항(亢) 성좌의 첫째 별을 범하였다.
고려사 권49 지3 [F]

충렬왕 2년(1276) 병자 10. 17. (무인)

/양 1276. 11. 24./

十月 戊寅 月掩東井北轅第一星
달이 동정(東井) 성좌의 북쪽에 있는[北轅] 첫째

별을 가렸다.
고려사 권49 지3 [C]

충렬왕 2년(1276) 병자 10. 18. (기묘)

/양 1276. 11. 25./

十月 己卯 掩五諸侯[198]
<달이> 오제후(五諸侯) 성좌를 가렸다.
고려사 권49 지3 [C]

충렬왕 2년(1276) 병자 10. 25. (병술)

/양 1276. 12. 2./

十月 丙戌 入氐星
<달이> 저(氐) 성좌로 들어갔다.
고려사 권49 지3 [C]

충렬왕 2년(1276) 병자 10. 25. (병술)

/양 1276. 12. 2./

十月 丙戌 巽方赤氣橫天 其上 白氣如槍 長三尺許
동남방에 붉은 기운이 하늘에 가로 뻗치고 그
위에 흰 기운이 나타났는데, 그 모양이 창(槍)
과 같았으며, 그 길이는 3척쯤 되었다.
고려사 권53 지7 [S]

충렬왕 2년(1276) 병자 11. 1. (신묘)

/양 1276. 12. 7./

十一月 辛卯朔 熒惑鎭星同舍于氐
화성[熒惑]과 토성[鎭星]이 함께 저(氐) 성좌에
모였다.
고려사 권49 지3 [E]

충렬왕 2년(1276) 병자 11. 23. (계축)

/양 1276. 12. 29./

十一月 癸丑 月與熒惑同舍
달이 [熒惑]과 함께 같은 성좌에 모였다.
고려사 권49 지3 [C]

충렬왕 2년(1276) 병자 11. 24. (갑인)

/양 1276. 12. 30./

十一月 甲寅 熒惑犯房上相星
화성[熒惑]이 방(房) 성좌의 상상성(上相星)을
범하였다.
고려사 권49 지3 [F]

---

198) 五諸侯(오제후): 오제후 성좌-2임.

충렬왕 2년(1276) 병자 11. 26. (병진)

/양 1277. 1. 1./

十一月 丙辰 熒惑犯鉤鈐
화성[熒惑]이 구검(鉤鈐) 성좌를 범하였다.
고려사 권49 지3 [F]

충렬왕 2년(1276) 병자 12. 10. (경오)

/양 1277. 1. 15./

十二月 庚午 日暈如虹
햇무리가 있었는데 무지개와 같았다.
고려사 권47 지1 [O]

충렬왕 2년(1276) 병자 12. 13. (계유)

/양 1277. 1. 18./

十二月 癸酉 月與歲星同舍
달이 목성[歲星]과 함께 같은 성좌에 모였다.
고려사 권49 지3 [C]

충렬왕 2년(1276) 병자 12. 24. (갑신)

/양 1277. 1. 29./

十二月 甲申 與熒惑同舍
<달이> 화성[熒惑]과 함께 같은 성좌에 모였다.
고려사 권49 지3 [C]

충렬왕 3년(1277) 정축 1. 15. (을사)

/양 1277. 2. 19./

正月 乙巳 太白犯牽牛
금성[太白]이 견우(牽牛) 성좌를 범하였다.
고려사 권49 지3 [F]

충렬왕 3년(1277) 정축 2. 5. (갑자)

/양 1277. 3. 10./

二月 甲子 月犯歲星 熒惑犯建星
달이 목성[歲星]을 범하였다. 화성[熒惑]이 건
(建) 성좌를 범하였다.
고려사 권49 지3 [C] [F]

충렬왕 3년(1277) 정축 2. 21. (경진)

/양 1277. 3. 26./

二月 庚辰 月犯南斗
달이 남두(南斗) 성좌를 범하였다.
고려사 권49 지3 [C]

충렬왕 3년(1277) 정축 2. 25. (갑신)

/양 1277. 3. 30./

二月 甲申 東南赤氣如虹
동남쪽에 붉은 기운이 나타났는데 무지개와 같
았다.
고려사 권53 지7 [S]

충렬왕 3년(1277) 정축 2. 27. (병술)

/양 1277. 4. 1./

二月 丙戌 蚩尤旗見
치우기(蚩尤旗, 혜성의 일종)가 나타났다.
고려사 권49 지3 [H]

충렬왕 3년(1277) 정축 3. 7. (병신)

/양 1277. 4. 11./

三月 丙申 月犯五諸侯[199]
달이 오제후(五諸侯) 성좌를 범하였다.
고려사 권49 지3 [C]

충렬왕 3년(1277) 정축 3. 13. (임인)

/양 1277. 4. 17./

三月 壬寅 月犯大微
달이 태미원[大微]을 범하였다.
고려사 권49 지3 [C]

충렬왕 3년(1277) 정축 3. 25. (갑인)

/양 1277. 4. 29./

三月 甲寅 東方赤氣經天 其上 白氣如劒 長五尺
동쪽에서 붉은 기운이 하늘을 가로질렀는데 그
위에 흰 기운이 나타나 그 모양이 칼과 같았으
며 그 길이는 5척이나 되었다.
고려사 권53 지7 [S]

충렬왕 3년(1277) 정축 3. 28. (정사)

/양 1277. 5. 2./

三月 丁巳 流星出危入羽林
유성(流星)이 위(危) 성좌에서 나와 우림(羽林)
성좌로 들어갔다.
고려사 권49 지3 [R]

충렬왕 3년(1277) 정축 4. 7. (병인)

/양 1277. 5. 11./

四月 丙寅 白氣如虹 貫北斗 月犯軒轅
무지개와 같은 흰 기운이 북두(北斗) 성좌를

---

199) 五諸侯(오제후): 오제후 성좌-2임.

가렸다. 달이 헌원(軒轅) 성좌를 범하였다.
고려사 권49 지3 [S] [C]

충렬왕 3년(1277) 정축 4. 9. (무진)

/양 1277. 5. 13./

四月 戊辰 入大微
<달이> 태미원[大微]으로 들어갔다.
고려사 권49 지3 [C]

충렬왕 3년(1277) 정축 4. 14. (계유)

/양 1277. 5. 18./

四月 癸酉 日官奏月當食 雨不見
일관(日官)이 보고하기를 「월식이 예견 되었으나
비가 내렸기 때문에 보이지 않았습니다」라고 하
였다.
고려사 권49 지3 [B]

충렬왕 3년(1277) 정축 4. 21. (경진)

/양 1277. 5. 25./

四月 庚辰 太白晝見
금성[太白]이 낮에 나타났다.
고려사 권28 세가 28; 고려사 권49 지3 [G]

충렬왕 3년(1277) 정축 4. 27. (병술)

/양 1277. 5. 31./

四月 丙戌 太白晝見
금성[太白]이 낮에 나타났다.
고려사 권28 세가28 [G]

충렬왕 3년(1277) 정축 4. 27. (병술)

/양 1277. 5. 31./

四月 丙戌 亦如之
또 <금성[太白]이 낮에 나타났다>.
고려사 권49 지3 [G]

충렬왕 3년(1277) 정축 5. 22. (경술)

/양 1277. 6. 24./

五月 庚戌 太白歲星犯畢
금성[太白]과 목성[歲星]이 필(畢) 성좌를 범하였다.
고려사 권49 지3 [E]

충렬왕 3년(1277) 정축 6. 8. (병인)

/양 1277. 7. 10./

六月 丙寅 月犯氐星

달이 저(氐) 성좌를 범하였다.
고려사 권49 지3 [C]

충렬왕 3년(1277) 정축 6. 12. (경오)

/양 1277. 7. 14./

六月 庚午 月犯南斗
달이 남두(南斗) 성좌를 범하였다.
고려사 권49 지3 [C]

충렬왕 3년(1277) 정축 6. 16. (갑술)

/양 1277. 7. 18./

六月 甲戌 流星出亢入騎官 月與熒惑入羽林
유성(流星)이 항(亢) 성좌에서 나와 기관(騎官) 성
좌로 들어갔다. 달과 화성[熒惑]이 우림(羽林) 성
좌로 들어갔다.
고려사 권49 지3 [R] [C]

충렬왕 3년(1277) 정축 6. 24. (임오)

/양 1277. 7. 26./

六月 壬午 流星出危入虛
유성(流星)이 위(危) 성좌에서 나와 허(虛) 성좌
로 들어갔다.
고려사 권49 지3 [R]

충렬왕 3년(1277) 정축 7. 6. (계사)

/양 1277. 8. 6./

七月 癸巳 月與鎭星同舍于亢
달이 토성[鎭星]과 함께 항(亢) 성좌에 모였다.
고려사 권49 지3 [C]

충렬왕 3년(1277) 정축 7. 10. (정유)

/양 1277. 8. 10./

七月 丁酉 入南斗
<달이> 남두(南斗) 성좌로 들어갔다.
고려사 권49 지3 [C]

충렬왕 3년(1277) 정축 7. 12. (기해)

/양 1277. 8. 12./

七月 己亥 流星出天市入房 大如木瓜
유성(流星)이 천시원(天市垣)에서 나와 방(房) 성좌로
들어갔는데 그 크기가 목과(木瓜)만 하였다.
고려사 권49 지3 [R]

충렬왕 3년(1277) 정축 7. 24. (신해)

/양 1277. 8. 24./

七月 辛亥 月與歲星同舍于畢
달이 목성[歲星]과 함께 필(畢) 성좌에 모였다.
고려사 권49 지3 [C]

충렬왕 3년(1277) 정축 8. 21. (무인)

/양 1277. 9. 20./

八月 戊寅 與歲星同舍
<달이> 목성[歲星]과 함께 같은 성좌에 모였다.
고려사 권49 지3 [C]

충렬왕 3년(1277) 정축 8. 27. (갑신)

/양 1277. 9. 26./

八月 甲申 入大微屏星
<달이> 태미원[大微]의 병(屏) 성좌로 들어갔다.
고려사 권49 지3 [C]

충렬왕 3년(1277) 정축 9. 3. (기축)

/양 1277. 10. 1./

九月 己丑 月入南斗
달이 남두(南斗) 성좌로 들어갔다.
고려사 권49 지3 [C]

충렬왕 3년(1277) 정축 9. 28. (갑인)

/양 1277. 10. 26./

九月 甲寅 與鎮星同舍于亢
달이 토성[鎮星]과 함께 항(亢) 성좌에 모였다.
고려사 권49 지3 [C]

충렬왕 3년(1277) 정축 10. 1. (병진)

/양 1277. 10. 28./

冬十月 丙辰朔 日食
일식이 있었다.
고려사 권28 세가28 ; 고려사절요 권19 [A]

충렬왕 3년(1277) 정축 10. 1. (병진)

/양 1277. 10. 28./

十月 丙辰朔 日食
일식이 있었다.
고려사 권47 지1 [A]

충렬왕 3년(1277) 정축 10. 13. (무진)

/양 1277. 11. 9./

十月 戊辰 月與鎮星同舍
달이 토성[鎮星]과 함께 같은 성좌에 모였다.
고려사 권49 지3 [C]

충렬왕 3년(1277) 정축 10. 22. (정축)

/양 1277. 11. 18./

十月 丁丑 月入軒轅
달이 헌원(軒轅) 성좌로 들어갔다.
고려사 권49 지3 [C]

충렬왕 3년(1277) 정축 10. 25. (경진)

/양 1277. 11. 21./

十月 庚辰 入大微東藩
<달이> 태미동번[大微東藩] 성좌에 들어갔다.
고려사 권49 지3 [C]

충렬왕 3년(1277) 정축 12. 9. (계해)

/양 1278. 1. 3./

十二月 癸亥 流星出五車入七公
유성(流星)이 오거(五車) 성좌에서 나와 칠공
(七公) 성좌로 들어갔다.
고려사 권49 지3 [R]

충렬왕 3년(1277) 정축 12. 10. (갑자)

/양 1278. 1. 4./

十二月 甲子 流星一出五車入北河 一出翼入七公
大如鉢
유성(流星) 하나가 오거(五車) 성좌에서 나와
북하(北河) 성좌로 들어갔고 다른 하나는 익
(翼) 성좌에서 나와 칠공(七公) 성좌로 들어갔
는데 그 크기가 사발[鉢]만 하였다.
고려사 권49 지3 [R]

충렬왕 3년(1277) 정축 12. 14. (무진)

/양 1278. 1. 8./

十二月 戊辰 月入大微
달이 태미원[大微]으로 들어갔다.
고려사 권49 지3 [C]

충렬왕 4년(1278) 무인 1. 10. (갑오)

/양 1278. 2. 3./

正月 甲午 月與歲星同舍于叅
달이 목성[歲星]과 함께 삼(叅) 성좌에 모였다.
고려사 권49 지3 [C]

충렬왕 4년(1278) 무인 1. 20. (갑진)

/양 1278. 2. 13./

正月 甲辰 入氐星

<달이> 저(氐) 성좌로 들어갔다.

고려사 권49 지3 [C]

충렬왕 4년(1278) 무인 2. 6. (기미)

/양 1278. 2. 28./

二月 己未 熒惑犯月

화성[熒惑]이 달을 범하였다.

고려사 권49 지3 [C]

충렬왕 4년(1278) 무인 2. 15. (무진)

/양 1278. 3. 9./

二月 戊辰 月入大微

달이 태미원[大微]으로 들어갔다.

고려사 권49 지3 [C]

충렬왕 4년(1278) 무인 2. 29. (임오)

/양 1278. 3. 23./

二月 壬午 赤氣竟天

붉은 기운이 하늘을 가로질렀다.

고려사 권53 지7 [S]

충렬왕 4년(1278) 무인 3. 2. (을유)

/양 1278. 3. 26./

三月 乙酉 赤祲見于南方 夜明如晝

이상한 붉은 기운이 남쪽에 나타났는데 밤이 낮과 같이 밝았다.

고려사 권53 지7 [S]

충렬왕 4년(1278) 무인 3. 4. (정해)

/양 1278. 3. 28./

三月 丁亥 太白晝見

금성[太白]이 낮에 나타났다.

고려사 권28 세가28 [C]

충렬왕 4년(1278) 무인 3. 4. (정해)

/양 1278. 3. 28./

三月 丁亥 太白晝見 夜又犯月

금성[太白]이 낮에 나타났다. 또 밤에는 <금성[太白]이> 달을 범하였다.

고려사 권49 지3 [G] [C]

충렬왕 4년(1278) 무인 3. 5. (무자)

/양 1278. 3. 29./

三月 戊子 熒惑犯月

화성[熒惑]이 달을 범하였다.

고려사 권49 지3 [C]

충렬왕 4년(1278) 무인 3. 6. (기축)

/양 1278. 3. 30./

三月 己丑 歲星犯月

목성[歲星]이 달을 범하였다.

고려사 권49 지3 [C]

충렬왕 4년(1278) 무인 3. 14. (정유)

/양 1278. 4. 7./

三月 丁酉 流星出紫微抵天將軍

유성(流星)이 자미원(紫微垣)에서 나와 천장군(天將軍) 성좌로 흘러갔다.

고려사 권49 지3 [R]

충렬왕 4년(1278) 무인 4. 4. (정사)

/양 1278. 4. 27./

四月 丁巳 太白犯月

금성[太白]이 달을 범하였다.

고려사 권49 지3 [C]

충렬왕 4년(1278) 무인 4. 4. (정사)

/양 1278. 4. 27./

四月 丁巳 白氣橫亘東西

흰 체가 동쪽에서 서쪽으로 퍼졌다.

고려사 권54 지8 [S]

충렬왕 4년(1278) 무인 4. 14. (정묘)

/양 1278. 5. 7./

四月 丁卯 月入氐星

달이 저(氐) 성좌로 들어갔다

고려사 권49 지3 [C]

충렬왕 4년(1278) 무인 4. 29. (임오)

/양 1278. 5. 22./

四月 壬午 白氣見于西方

흰 기운이 서쪽에서 나타났다.

고려사 권54 지8 [S]

충렬왕 4년(1278) 무인 5. 8. (경인)

/양 1278. 5. 30./

五月 庚寅 月入大微西藩上將
달이 태미서번[大微西藩] 성좌의 상장성(上將
星)으로 들어갔다.
고려사 권49 지3 [C]

충렬왕 4년(1278) 무인 6. 2. (갑인)

/양 1278. 6. 23./

六月 甲寅 太白掩軒轅
금성[太白]이 헌원(軒轅) 성좌를 가렸다.
고려사 권49 지3 [F]

충렬왕 4년(1278) 무인 6. 5. (정사)

/양 1278. 6. 26./

六月 丁巳 太白晝見經天
금성[太白]이 낮에 나타나 남쪽하늘에서 보였다.
고려사 권28 세가28 ; 고려사 권49 지3 ; 고려사절요
권20 [G]

충렬왕 4년(1278) 무인 6. 6. (무오)

/양 1278. 6. 27./

六月 戊午 月入大微
달이 태미원[大微垣]으로 들어갔다.
고려사 권49 지3 [C]

충렬왕 4년(1278) 무인 7. 25. (병오)

/양 1278. 8. 14./

七月 丙午 月掩東井
달이 동정(東井) 성좌를 가렸다.
고려사 권49 지3 [C]

충렬왕 4년(1278) 무인 7. 26. (정미)

/양 1278. 8. 15./

七月 丁未 掩五諸侯200)
<달이> 오제후(五諸侯) 성좌를 가렸다.
고려사 권49 지3 [C]

충렬왕 4년(1278) 무인 8. 11. (임술)

/양 1278. 8. 30./

八月 壬戌 月入羽林 又犯熒惑
달이 우림(羽林) 성좌로 들어갔고 또 화성[熒

---

200) 五諸侯(오제후): 오제후 성좌-2임.

288

惑]을 범하였다.
고려사 권49 지3 [C]

충렬왕 4년(1278) 무인 8. 12. (계해)

/양 1278. 8. 31./

八月 癸亥 日中有黑子 大如鷄卵
태양에 흑점[黑子]이 있었는데 그 크기는 계란
만 하였다.
고려사 권28 세가28 ; 고려사 권47 지1 [M]

충렬왕 4년(1278) 무인 8. 21. (임신)

/양 1278. 9. 9./

八月 壬申 與木星同舍
<달이> 목성[歲星]과 함께 같은 성좌에 모였다.
고려사 권49 지3 [C]

충렬왕 4년(1278) 무인 8. 25. (병자)

/양 1278. 9. 13./

八月 丙子 流星出文昌入北極 大如梨 色赤 有光
彩 尾長五尺許
유성(流星)이 문창(文昌) 성좌에서 나와 북극(北極)
성좌로 들어갔는데 그 크기가 배[梨]만 하였고 빛
은 붉으며 광채가 있고 꼬리의 길이는 5척가량
되었다.
고려사 권49 지3 [R]

충렬왕 4년(1278) 무인 8. 27. (무인)

/양 1278. 9. 15./

八月 戊寅 月入大微內屛
이 태미원[大微] 내의 병(屛) 성좌로 들어갔다.
고려사 권49 지3 [C]

충렬왕 4년(1278) 무인 9. 6. (정해)

/양 1278. 9. 24./

九月 丁亥 月入南斗
달이 남두(南斗) 성좌로 들어갔다.
고려사 권49 지3 [C]

충렬왕 4년(1278) 무인 10. 22. (임신)

/양 1278. 11. 8./

十月 壬申 月犯軒轅
달이 헌원(軒轅) 성좌를 범하였다.
고려사 권49 지3 [C]

충렬왕 4년(1278) 무인 10. 25. (을해)

/양 1278. 11. 11./

十月 壬申 入大微
<달이> 태미원[大微]으로 들어갔다.
고려사 권49 지3 [C]

충렬왕 4년(1278) 무인 10. 26. (병자)

/양 1278. 11. 12./

十月 丙子 太白犯月
금성[太白]이 달을 범하였다.
고려사 권49 지3 [C]

충렬왕 4년(1278) 무인 10. 28. (무인)

/양 1278. 11. 14./

十月 戊寅 太白犯月 又晝見經天
금성[太白]이 달을 범하였다. 또 낮에 <금성[太白]이> 나타나 남쪽하늘에서 보였다.
고려사 권49 지3 [C] [G]

충렬왕 4년(1278) 무인 10. 28. (무인)

/양 1278. 11. 14./

十月 戊寅 太白晝見
금성[太白]이 낮에 나타났다.
고려사 권28 세가28 [G]

충렬왕 4년(1278) 무인 11. 17. (병신)

/양 1278. 12. 2./

十一月 丙申 月犯五諸侯201) 又太白入氐
달이 오제후(五諸侯) 성좌를 범하였다. 금성[太白]이 저(氐) 성좌로 들어갔다.
고려사 권49 지3 [C] [F]

충렬왕 4년(1278) 무인 윤11. 2. (신해)

/양 1278. 12. 17./

閏月 辛亥 太白鎭星同舍于房
금성[太白]과 토성[鎭星]이 방(房) 성좌에 모였다.
고려사 권49 지3 [E]

충렬왕 4년(1278) 무인 윤11. 29. (무인)

/양 1279. 1. 13./

閏月 戊寅 流星自南抵西 大如木瓜
유성(流星)이 남(南)에서 서(西)로 흘러갔는데 그 크기가 모과(木瓜)만 하였다.
고려사 권49 지3 [R]

---

201) 五諸侯(오제후): 오제후 성좌-2임.

충렬왕 4년(1278) 무인 12. 6. (갑신)

/양 1279. 1. 19./

十二月 甲申 太白入南斗魁
금성[太白]이 남두괴(南斗魁)로 들어갔다.
고려사 권49 지3 [F]

충렬왕 4년(1278) 무인 12. 22. (경자)

/양 1279. 2. 4./

十二月 庚子 月犯氐星
달이 저(氐) 성좌를 범하였다.
고려사 권49 지3 [C]

충렬왕 4년(1278) 무인 12. 23. (신축)

/양 1279. 2. 5./

十二月 辛丑 犯房次相星
<달이> 방(房) 성좌의 차상성(次相星)을 범하였다.
고려사 권49 지3 [C]

충렬왕 5년(1279) 기묘 1. 15. (계해)

/양 1279. 2. 27./

正月 癸亥 流星出大微入氐星
유성(流星)이 태미원[大微]에서 나와 저(氐) 성좌로 들어갔다.
고려사 권49 지3 [R]

충렬왕 5년(1279) 기묘 2. 16. (계사)

/양 1279. 3. 29./

二月 癸巳 月食
월식이 있었다.
고려사 권49 지3 [B]

충렬왕 5년(1279) 기묘 3. 7. (갑인)

/양 1279. 4. 19./

三月 甲寅 流星出匏瓜 入天市垣帝座
유성(流星)이 포과(匏瓜) 성좌에서 나와 천시원(天市垣)의 제좌성(帝座星)으로 들어갔다.
고려사 권49 지3 [R]

충렬왕 5년(1279) 기묘 3. 23. (경오)

/양 1279. 5. 5./

三月 庚午 月與熒惑同舍于危
달이 화성[熒惑]과 함께 위(危) 성좌에 모였다.
고려사 권49 지3 [C]

충렬왕 5년(1279) 기묘 4. 7. (계미)

/양 1279. 5. 18./

四月 癸未 月與歲星同舍軒轅
달이 목성[歲星]과 함께 헌원(軒轅) 성좌에 머물렀다
고려사 권49 지3 [C]

충렬왕 5년(1279) 기묘 4. 9. (을유)

/양 1279. 5. 20./

四月 乙酉 入大微
<달이> 태미원[大微]으로 들어갔다.
고려사 권49 지3 [C]

충렬왕 5년(1279) 기묘 4. 10. (병술)

/양 1279. 5. 21./

四月 丙戌 熒惑入羽林
화성[熒惑]이 우림(羽林) 성좌로 들어갔다.
고려사 권49 지3 [F]

충렬왕 5년(1279) 기묘 5. 15. (신유)

/양 1279. 6. 25./

五月 辛酉 月犯心大星
달이 심대성(心大星)을 범하였다.
고려사 권49 지3 [C]

충렬왕 5년(1279) 기묘 5. 17. (계해)

/양 1279. 6. 27./

五月 癸亥 掩南斗
<달이> 남두(南斗) 성좌를 가렸다.
고려사 권49 지3 [C]

충렬왕 5년(1279) 기묘 9. 19. (계해)

/양 1279. 10. 25./

九月 癸亥 紫氣見于西方 長十餘尺 光如電
자색 기운이 서쪽에 나타났는데 그 길이가 10여 척이고 그 빛이 번개 빛과 같았다.
고려사 권53 지7 [S]

충렬왕 5년(1279) 기묘 9. 23. (정묘)

/양 1279. 10. 29./

九月 丁卯 月掩軒轅
달이 헌원(軒轅) 성좌를 가렸다.
고려사 권49 지3 [C]

충렬왕 5년(1279) 기묘 9. 28. (임신)

/양 1279. 11. 3./

九月 壬申 太白犯南斗
금성[太白]이 남두(南斗) 성좌를 범하였다.
고려사 권49 지3 [F]

충렬왕 5년(1279) 기묘 10. 17. (신묘)

/양 1279. 11. 22./

十月 辛卯 月犯五諸侯[202] 流星出乾抵坤
달이 오제후(五諸侯) 성좌를 범하였다. 유성(流星)이 서북쪽에서 나와 서남방으로 갔다.
고려사 권49 지3 [C] [R]

충렬왕 5년(1279) 기묘 10. 21. (을미)

/양 1279. 11. 26./

十月 乙未 月與歲星同舍軒轅
달이 목성[歲星]과 함께 헌원(軒轅) 성좌에 모였다.
고려사 권49 지3 [C]

충렬왕 5년(1279) 기묘 11. 4. (무신)

/양 1279. 12. 9./

十一月 戊申 太白犯哭泣
금성[太白]이 곡(哭) 성좌와 읍(泣) 성좌를 범하였다.
고려사 권49 지3 [F]

충렬왕 5년(1279) 기묘 11. 9. (계축)

/양 1279. 12. 14./

十一月 癸丑 火星食月
화성[熒惑]이 달을 가렸다.
고려사 권29 세가29 [C]

충렬왕 5년(1279) 기묘 11. 9. (계축)

/양 1279. 12. 14./

十一月 癸丑 熒惑食月
화성[熒惑]이 달을 가렸다.
고려사 권49 지3 [C]

충렬왕 5년(1279) 기묘 11. 9. (계축)

/양 1279. 12. 14./

十一月 癸丑 火星食月 文昌裕,伍允孚 泣自于王曰 火星食月 實非常之變 非飯僧事佛所能禳也

---

202) 五諸侯(오제후): 오제후 성좌-2임.

願愼厥施爲 以消災變.
화성[熒惑]이 달을 가렸다. 문창유(文昌裕)와 오윤부(伍允孚)가 울면서 왕께 아뢰기를 「화성[熒惑]이 달을 가리는 것은 실로 예사 재변이 아니오니, 승려에게 음식을 대접하고[飯僧] 부처님을 섬기는 일만으로 예방할 수 없습니다. 베푸는 일들을 조심하여 삼가함으로써 재변을 소멸시키십시요」하였다.
고려사절요 권20 [C]

충렬왕 5년(1279) 기묘 12. 16. (기축)

/양 1280. 1. 19./

十二月 己丑 月與歲星入軒轅
달이 목성[歲星]과 함께 헌원(軒轅) 성좌로 들어갔다.
고려사 권49 지3 [C]

충렬왕 6년(1280) 경진 1. 7. (기유)

/양 1280. 2. 8./

正月 己酉 月掩昴星又與熒惑同舍
달이 묘(昴) 성좌를 가리웠고, 또 화성[熒惑]과 함께 같은 성좌에 모였다.
고려사 권49 지3 [C]

충렬왕 6년(1280) 경진 1. 7. (기유)

/양 1280. 2. 8./

一月 己酉 以星文屢變宥二罪以下
별들의 운행 현상이 자주 변동되었으므로 이죄(二罪, 참형(斬刑), 교수형(絞首刑)) 이외의 죄수들을 석방하였다.
고려사 권29 세가29 [T]

충렬왕 6년(1280) 경진 1. - (-)

/양 1280. 2. - /

春正月 以星變宥二罪以下
별의 변괴가 있으므로 이죄(二罪)이하의 죄수를 감형했다.
고려사절요 권20 [T]

충렬왕 6년(1280) 경진 2. 3. (을해)

/양 1280. 3. 5./

二月 乙亥 月犯五車
달이 오거(五車) 성좌를 범하였다.
고려사 권49 지3 [C]

충렬왕 6년(1280) 경진 2. 6. (무인)

/양 1280. 3. 8./

二月 戊寅 與熒惑同舍于參 又入五車
<달이> 화성[熒惑]과 함께 삼(參) 성좌에 모였으며 또 오거(五車) 성좌로 들어갔다.
고려사 권49 지3 [C]

충렬왕 6년(1280) 경진 2. 17. (기축)

/양 1280. 3. 19./

二月 己丑 掩角星
<달이> 각(角) 성좌를 가렸다.
고려사 권49 지3 [C]

충렬왕 6년(1280) 경진 2. 19. (신묘)

/양 1280. 3. 21./

二月 辛卯 掩房星
<달이> 방(房) 성좌를 가렸다.
고려사 권49 지3 [C]

충렬왕 6년(1280) 경진 2. 22. (갑오)

/양 1280. 3. 24./

二月 甲午 入南斗魁
<달이> 남두괴(南斗魁)로 들어갔다.
고려사 권49 지3 [C]

충렬왕 6년(1280) 경진 2. 23. (을미)

/양 1280. 3. 25./

二月 乙未 流星出羽林入敗臼 長七尺許
유성(流星)이 우림(羽林) 성좌에서 나와 패구(敗臼) 성좌로 들어갔으며 그 길이가 7척가량 되었다.
고려사 권49 지3 [R]

충렬왕 6년(1280) 경진 3. 10. (신해)

/양 1280. 4. 10./

三月 辛亥 月入軒轅
달이 헌원(軒轅) 성좌로 들어갔다.
고려사 권49 지3 [C]

충렬왕 6년(1280) 경진 3. 13. (갑인)

/양 1280. 4. 13./

三月 甲寅 熒惑入東井
화성[熒惑]이 동정(東井) 성좌로 들어갔다.
고려사 권49 지3 [F]

충렬왕 6년(1280) 경진 5. 1. (신축)

/양 1280. 5. 30./

五月 辛丑 歲星犯軒轅
목성[歲星]이 헌원(軒轅) 성좌를 범하였다.
고려사 권49 지3 [F]

충렬왕 6년(1280) 경진 5. 16. (병진)

/양 1280. 6. 14./

五月 丙辰 月入南斗
달이 남두(南斗) 성좌로 들어갔다.
고려사 권49 지3 [C]

충렬왕 6년(1280) 경진 6. 21. (신묘)

/양 1280. 7. 19./

六月 辛卯 太白入東井
금성[太白]이 동정(東井) 성좌로 들어갔다.
고려사 권49 지3 [F]

충렬왕 6년(1280) 경진 7. 27. (병인)

/양 1280. 8. 23./

七月 丙寅 月與太白同舍于柳
달이 금성[太白]과 함께 류(柳) 성좌에 들어갔다.
고려사 권49 지3 [C]

충렬왕 6년(1280) 경진 8. 7. (병자)

/양 1280. 9. 2./

八月 丙子 太白太白犯軒轅大星
금성[太白]이 헌원대성(軒轅大星)을 범하였다.
고려사 권49 지3 [F]

충렬왕 6년(1280) 경진 8. 15. (갑신)

/양 1280. 9. 10./

八月 甲申 月食
월식이 있었다.
고려사 권49 지3 [B]

충렬왕 6년(1280) 경진 8. 20. (기축)

/양 1280. 9. 15./

八月 己丑 月入五車
달이 오거(五車) 성좌로 들어갔다.
고려사 권49 지3 [C]

충렬왕 6년(1280) 경진 8. 26. (을미)

/양 1280. 9. 21./

八月 乙未 太白歲星同舍于翼
금성[太白]과 목성[歲星]이 함께 익(翼) 성좌에
모였다.
고려사 권49 지3 [E]

충렬왕 6년(1280) 경진 9. 7. (병오)

/양 1280. 10. 2./

九月 丙午 月犯箕星
달이 기(箕) 성좌를 범하였다.
고려사 권49 지3 [C]

충렬왕 6년(1280) 경진 10. 23. (신묘)

/양 1280. 11. 16./

十月 辛卯 月犯大微西藩上將
달이 태미서번[大微西藩] 성좌의 상장성(上將
星)을 범하였다.
고려사 권49 지3 [C]

충렬왕 6년(1280) 경진 10. 24. (임진)

/양 1280. 11. 17./

十月 壬辰 與歲星同舍于大微 歲星自七月至八月
守大微 自九月至是月守端門
달이 목성[歲星]과 함께 태미원[大微]에 모였다.
목성은 7월부터 8월에 이르기까지 늘 태미원에
머물렀고 9월부터 이날까지는 늘 단문(端門)에
머물렀다.
고려사 권49 지3 [C]

충렬왕 6년(1280) 경진 11. 5. (계묘)

/양 1280. 11. 28./

十一月 癸卯 白氣亘天 如練
흰 기운이 하늘에 퍼졌는데, 마치 비단[練]과
같았다.
고려사 권54 지8 [S]

충렬왕 6년(1280) 경진 11. 16. (갑인)

/양 1280. 12. 9./

十一月 甲寅 歲星犯左執法星
목성[歲星]이 좌집법성(左執法星)을 범하였다.
고려사 권49 지3 [F]

충렬왕 6년(1280) 경진 11. 17. (을묘)

/양 1280. 12. 10./

十一月 乙卯 月入輿鬼
달이 여귀(輿鬼) 성좌로 들어갔다.

고려사 권49 지3 [C]

충렬왕 6년(1280) 경진 11. 21. (기미)

/양 1280. 12. 14./

十一月 己未 命日官 自今勿進冬至元正曆
일관(日官)에게 명령하여 지금부터는 동지원정
력(冬至元正曆)을 왕에게 받치지 말도록 하였다.
고려사 권29 세가29 [T]

충렬왕 6년(1280) 경진 12. 18. (병술)

/양 1281. 1. 10./

十二月 丙戌 月與歲星同舍
달이 목성[歲星]과 함께 같은 성좌에 모였다.
고려사 권49 지3 [C]

충렬왕 7년(1281) 신사 1. 1. (무술)

/양 1281. 1. 22./

春正月 戊戌朔 元遣王通等頒 新成授時曆及 許衡
郭守敬所撰也 詔曰, "…… 乃者, 新曆告成, 賜名
曰授時曆, 自至元十八年正月一日頒行, 布告遐邇,
咸使聞知."
원 나라에서 왕통(王通) 等을 파견하여 새로 만
든 수시력(授時曆)을 나누어 주었는바 이것은
허형(許衡)과 곽수경(郭守敬)이 지은 것이다. 조
서를 내려 말하기를 「내용 생략」, 이에 새 역
서가 완성되었다고 함으로 수시력(授時曆)이라
고 이름을 정하고 지원(至元) 18년(1281, 충렬왕
7년) 정월 1일부터 실시할 것을 천하에 널리
포고하니 모두 듣고 알게 하라」고 하였다.
고려사 권29 세가29 [U]

충렬왕 7년(1281) 신사 1. 17. (갑인)

/양 1281. 2. 7./

正月 甲寅 月與歲星同舍
달이 목성[歲星]과 함께 같은 성좌에 모였다.
고려사 권49 지3 [C]

충렬왕 7년(1281) 신사 2. 9. (을해)

/양 1281. 2. 28./

二月 乙亥 白虹夾日
흰 무지개 사이에 태양이 끼어 있었다.
고려사 권47 지1 [O]

충렬왕 7년(1281) 신사 2. 17. (계미)

/양 1281. 3. 8./

二月 癸未 月掩角左星
달이 좌각성(左角星)을 가렸다.
고려사 권49 지3 [C]

충렬왕 7년(1281) 신사 2. 21. (정해)

/양 1281. 3. 12./

二月 丁亥 月掩心星
달이 심(心) 성좌를 가렸다.
고려사 권49 지3 [C]

충렬왕 7년(1281) 신사 3. 9. (갑진)

/양 1281. 3. 29./

三月 甲辰 月犯軒轅大星
달이 헌원대성(軒轅大星)을 범하였다.
고려사 권49 지3 [C]

충렬왕 7년(1281) 신사 4. 6. (신미)

/양 1281. 4. 25./

四月 辛未 歲星守右執法
목성[歲星]이 우집법성(右執法星)에서 떠나지 않
았다.
고려사 권49 지3 [F]

충렬왕 7년(1281) 신사 4. 8. (계유)

/양 1281. 4. 27./

四月 癸酉 月入軒轅大星
달이 헌원대성(軒轅大星)으로 들어갔다.
고려사 권49 지3 [C]

충렬왕 7년(1281) 신사 4. 10. (을해)

/양 1281. 4. 29./

四月 乙亥 入大微
<달이> 태미원[大微]으로 들어갔다.
고려사 권49 지3 [C]

충렬왕 7년(1281) 신사 4. 26. (신묘)

/양 1281. 5. 15./

四月 辛卯 流星出箕入天狗
유성(流星)이 기(箕) 성좌에서 나와 천구(天狗)
성좌로 들어갔다.
고려사 권49 지3 [R]

충렬왕 7년(1281) 신사 4. 29. (갑오)

/양 1281. 5. 18./

四月 甲午 流星犯天狗。
유성(流星)이 천구(天狗) 성좌를 범하였다.
고려사 권49 지3 [R]

충렬왕 7년(1281) 신사 5. 3. (정유)

/양 1281. 5. 21./

五月 丁酉 黑祲竟天
검은 기운이 하늘을 가로질렀다.
고려사 권53 지7 [S]

충렬왕 7년(1281) 신사 5. 7. (신축)

/양 1281. 5. 25./

五月 辛丑 又見于西方
또 <검은 기운이> 서쪽에 보였다.
고려사 권53 지7 [S]

충렬왕 7년(1281) 신사 6. 26. (경인)

/양 1281. 7. 13./

六月 庚寅 太白入大微
금성[太白]이 태미원[大微]으로 들어갔다.
고려사 권49 지3 [F]

충렬왕 7년(1281) 신사 7. 2. (을미)

/양 1281. 7. 18./

七月 乙未 太白犯右執法
금성[太白]이 우집법성(右執法星)을 범하였다.
고려사 권49 지3 [F]

충렬왕 7년(1281) 신사 윤8. 9. (신축)

/양 1281. 9. 22./

閏八月 辛丑 熒惑入東井 月入南斗魁
화성[熒惑]은 동정(東井) 성좌로 들어갔다. 달은
남두괴(南斗魁)로 들어갔다.
고려사 권49 지3 [F] [C]

충렬왕 7년(1281) 신사 9. 9. (신미)

/양 1281. 10. 22./

九月 辛未 月入南斗 熒惑入東井
달은 남두(南斗) 성좌로 들어갔다. 화성[熒惑]은
동정(東井) 성좌로 들어갔다.
고려사 권49 지3 [C] [F]

충렬왕 7년(1281) 신사 9. 22. (갑신)

/양 1281. 11. 4./

九月 甲申 月犯軒轅
달이 헌원(軒轅) 성좌를 범하였다.
고려사 권49 지3 [C]

충렬왕 7년(1281) 신사 9. 27. (기축)

/양 1281. 11. 9./

九月 己丑 與太白同舍
<달이> 금성[太白]과 함께 같은 성좌에 모였다.
고려사 권49 지3 [C]

충렬왕 7년(1281) 신사 10. 13. (을사)

/양 1281. 11. 25./

十月 乙巳 太白入氐
금성[太白]이 저(氐) 성좌로 들어갔다.
고려사 권49 지3 [F]

충렬왕 7년(1281) 신사 10. 15. (정미)

/양 1281. 11. 27./

十月 丁未 月與熒惑同舍東井
달이 화성[熒惑]과 함께 동정(東井) 성좌에 모였다.
고려사 권49 지3 [C]

충렬왕 7년(1281) 신사 10. 16. (무신)

/양 1281. 11. 28./

十月 戊申 月掩輿鬼
달이 여귀(輿鬼) 성좌를 가렸다.
고려사 권49 지3 [C]

충렬왕 7년(1281) 신사 11. 12. (갑술)

/양 1281. 12. 24./

十一月 甲戌 犯五車
<달이> 오거(五車) 성좌를 범하였다.
고려사 권49 지3 [C]

충렬왕 8년(1282) 임오 1. 1. (임술)

/양 1282. 2. 10./

正月 壬戌朔 赤祲見于南方
이상한 붉은 기운이 남쪽에 나타났다.
고려사 권53 지7 [S]

충렬왕 8년(1282) 임오 1. 8. (기사)

/양 1282. 2. 17./

正月 己巳 月與熒惑同舍于畢

달이 화성[熒惑]과 함께 필(畢) 성좌에 모였다.

고려사 권49 지3 [C]

충렬왕 8년(1282) 임오 1. 11. (임신)

/양 1282. 2. 20./

正月 壬申 犯輿鬼

<달이> 여귀(輿鬼) 성좌를 범하였다.

고려사 권49 지3 [C]

충렬왕 8년(1282) 임오 1. 16. (정축)

/양 1282. 2. 25./

正月 丁丑 黑祲橫亘東西

검은 흑기(黑氣)가 동서에 걸쳐서 가로 퍼졌다.

고려사 권53 지7 [S]

충렬왕 8년(1282) 임오 1. 20. (신사)

/양 1282. 3. 1./

正月 辛巳 犯房二星

<달이> 방(房) 성좌의 둘째 별을 범하였다.

고려사 권49 지3 [C]

충렬왕 8년(1282) 임오 2. 6. (병신)

/양 1282. 3. 16./

二月 丙申 熒惑犯東井 月與熒惑同舍

화성[熒惑]이 동정(東井) 성좌를 범하였다. 달이 화성[熒惑]과 함께 같은 성좌에 모였다.

고려사 권49 지3 [F] [C]

충렬왕 8년(1282) 임오 2. 6. (병신)

/양 1282. 3. 16./

二月 丙申 熒惑犯東井 月與熒惑同舍

화성[熒惑]이 동정(東井) 성좌를 범하였다. 달이 화성[熒惑]과 함께 같은 성좌에 모였다.

고려사 권49 지3 [C]

충렬왕 8년(1282) 임오 2. 11. (신축)

/양 1282. 3. 21./

二月 辛丑 掩軒轅大星

<달이> 헌원대성(軒轅大星)을 가렸다.

고려사 권49 지3 [C]

충렬왕 8년(1282) 임오 2. 19. (기유)

/양 1282. 3. 29./

二月 己酉 犯心大星

<달이> 심대성(心大星)을 범하였다.

고려사 권49 지3 [C]

충렬왕 8년(1282) 임오 2. 21. (신해)

/양 1282. 3. 31./

二月 辛亥 犯箕星

<달이> 기(箕) 성좌를 범하였다.

고려사 권49 지3 [C]

충렬왕 8년(1282) 임오 3. 16. (병자)

/양 1282. 4. 25./

三月 丙子 日珥

태양에 귀고리가 있었다.

고려사 권47 지1 [O]

충렬왕 8년(1282) 임오 3. 25. (을유)

/양 1282. 5. 4./

三月 乙酉 熒惑犯輿鬼。

화성[熒惑]이 여귀(輿鬼) 성좌를 범하였다.

고려사 권49 지3 [F]

충렬왕 8년(1282) 임오 4. 6. (을미)

/양 1282. 5. 14./

四月 乙未 月與熒惑同舍輿鬼

달이 화성(熒惑)과 함께 여귀(輿鬼) 성좌에 모였다.

고려사 권49 지3 [C]

충렬왕 8년(1282) 임오 4. 14. (계묘)

/양 1282. 5. 22./

四月 癸卯 犯房星

<달이> 방(房) 성좌를 범하였다.

고려사 권49 지3 [C]

충렬왕 8년(1282) 임오 4. 17. (병오)

/양 1282. 5. 25./

四月 丙午 犯南斗第四星

<달이> 남두(南斗) 성좌의 네째 별을 범하였다.

고려사 권49 지3 [C]

충렬왕 8년(1282) 임오 5. 1. (기미)

/양 1282. 6. 7./

五月 己未 流星出箕入天狗
유성(流星)이 기(箕) 성좌에서 나와 천구(天狗)
성좌로 들어갔다.
고려사 권49 지3 [R]

충렬왕 8년(1282) 임오 5. 4. (임술)

/양 1282. 6. 10./

五月 壬戌 月犯軒轅
달이 헌원(軒轅) 성좌를 범하였다.
고려사 권49 지3 [C]

충렬왕 8년(1282) 임오 5. 8. (병인)

/양 1282. 6. 14./

五月 丙寅 犯心大星
<달이> 심대성(心大星)을 범하였다.
고려사 권49 지3 [C]

충렬왕 8년(1282) 임오 7. 1. (무오)

/양 1282. 8. 5./

秋七月 戊午朔 日食
일식이 있었다.
고려사 권29 세가29 ; 고려사절요 권20 [A]

충렬왕 8년(1282) 임오 7. 1. (무오)

/양 1282. 8. 5./

七月 戊午朔 日食
일식이 있었다.
고려사 권47 지1 [A]

충렬왕 8년(1282) 임오 8. 8. (갑오)

/양 1282. 9. 10./

八月 甲午 犯箕星
<달이> 기(箕) 성좌를 범하였다.
고려사 권49 지3 [C]

충렬왕 8년(1282) 임오 8. 9. (을미)

/양 1282. 9. 11./

八月 乙未 犯南斗箕
<달이> 남두(南斗) 성좌와 기(箕) 성좌를 범하였다.
고려사 권49 지3 [C]

충렬왕 8년(1282) 임오 8. 11. (정유)

/양 1282. 9. 13./

八月 丁酉 又犯南斗
<달이> 또 남두(南斗) 성좌를 범하였다.
고려사 권49 지3 [C]

충렬왕 8년(1282) 임오 8. 22. (무신)

/양 1282. 9. 24./

八月 戊申 犯五車
<달이> 오거(五車) 성좌를 범하였다.
고려사 권49 지3 [C]

충렬왕 8년(1282) 임오 8. 23. (기유)

/양 1282. 9. 25./

八月 己酉 又入輿鬼積屍[203]
<달이> 또 여귀(輿鬼) 성좌 안의 적시성(積屍星)
으로 들어갔다.
고려사 권49 지3 [C]

충렬왕 8년(1282) 임오 8. 27. (계축)

/양 1282. 9. 29./

八月 癸丑 犯軒轅女御
<달이> 헌원(軒轅) 성좌의 여어성(女御星)을 범하
였다.
고려사 권49 지3 [C]

충렬왕 8년(1282) 임오 9. 6. (임술)

/양 1282. 10. 8./

九月 壬戌 犯南斗
<달이> 남두(南斗) 성좌를 범하였다.
고려사 권49 지3 [C]

충렬왕 8년(1282) 임오 9. 7. (계해)

/양 1282. 10. 9./

九月 癸亥 流星出天屛 入天市垣宗人
유성(流星)이 하늘의 병(屛) 성좌에서 나와 천시원
(天市垣) 안의 종인(宗人) 성좌로 들어갔다.
고려사 권49 지3 [R]

충렬왕 8년(1282) 임오 10. 16. (임인)

/양 1282. 11. 17./

十月 壬寅 歲星熒惑同舍于氐
목성[歲星]과 화성[熒惑]이 함께 저(氐) 성좌에
모였다.

---

203) 積屍(적시): 적시성-2임.

고려사 권49 지3 [E]

충렬왕 8년(1282) 임오 11. 13. (기사)

/양 1282. 12. 14./

十一月 己巳 月掩五車 太白與房星相犯
달이 오거(五車) 성좌를 가렸다. 금성[太白]과 방(房) 성좌의 별이 서로 범하였다.
고려사 권49 지3 [C] [F]

충렬왕 8년(1282) 임오 11. 14. (경오)

/양 1282. 12. 15./

十一月 庚午月犯鍵星
달이 건(鍵) 성좌를 범하였다.
고려사 권49 지3 [C]

충렬왕 8년(1282) 임오 11. 18. (갑술)

/양 1282. 12. 19./

十一月 甲戌 犯昴
<달이> 묘(昴) 성좌를 범하였다.
고려사 권49 지3 [C]

충렬왕 9년(1283) 계미 1. 1. (병진)

/양 1283. 1. 30./

春正月 丙辰朔 日官奏 日當食停宴會
일관이 왕에게 일식이 있을 것이라고 보고하였으므로 연회를 중지하였다.
고려사 권29 세가29 [A] [T]

충렬왕 9년(1283) 계미 1. 1. (병진)

/양 1283. 1. 30./

正月 丙辰朔 日官奏 曰 日當食 停宴會
일관이 보고하기를 일식이 예견되므로 연회를 중지하는 것이 좋겠다고 하였다.
고려사 권47 지1 [A] [T]

충렬왕 9년(1283) 계미 3. 8. (임술)

/양 1283. 4. 6./

三月 壬戌 犯輿鬼
<달이> 여귀(輿鬼) 성좌를 범하였다.
고려사 권49 지3 [C]

충렬왕 9년(1283) 계미 3. 10. (갑자)

/양 1283. 4. 8./

三月 甲子 歲星犯房

목성[歲星]이 방(房) 성좌를 범하였다.
고려사 권49 지3 [F]

충렬왕 9년(1283) 계미 4. 21. (을사)

/양 1283. 5. 19./

四月 乙巳 有物白如鵠鷺 起於新殿 騰空而上南墜 一里所忽不見
곡로(鵠鷺, 백로과에 속함)와 같이 흰 무슨 물체가 새 궁전에서 일어나 공중으로 올라갔다가 남쪽으로 1리쯤 되는 곳에 떨어져 갑자기 보이지 않았다.
고려사 권54 지8 [R]

충렬왕 9년(1283) 계미 4. 24. (무신)

/양 1283. 5. 22./

夏四月 戊申 夜 有物赤如火 大如斗 漸廣如席 墜于順昌宮 流星相繼 而隕旣而風暴作 火起宮中 焚蕩無餘
밤에 공중에서 어떤 물건이 불처럼 빨갛고 크기가 말[斗, 용량의 크기]만 한 것이 점점 넓어져서 방석(席) 만큼 커지더니 순창궁(順昌宮)에 떨어졌고 계속하여 유성(流星)이 계속 떨어졌다. 얼마 안되어 폭풍이 강하게 일어나며 궁중에 불이 일어나서 전부 타버렸다.
고려사 권29 세가29 ; 고려사절요 권20 [R]

충렬왕 9년(1283) 갑신 9. - (-)

/양 1284. 10. - /

九月 伍允孚言 天變可畏 請設消灾道場
오윤부가 「천변이 무섭다」하면서 소재도량(消災道場)을 열기를 청하였다.
고려사절요 권20 [U]

충렬왕 10년(1284) 갑신 3. 20. (기사)

/양 1284. 4. 7./

三月 己巳 月犯南斗
달이 남두(南斗) 성좌를 범하였다.
고려사 권49 지3 [C]

충렬왕 10년(1284) 갑신 4. 20. (무술)

/양 1284. 5. 6./

四月 戊戌 犯鎭星
<달이> 토성[鎭星]을 범하였다.
고려사 권49 지3 [C]

충렬왕 10년(1284) 갑신 10. 5. (기유)

/양 1284. 11. 13./

十月 己酉 又犯鎭星
<달이> 또 토성[鎭星]을 범하였다.
고려사 권49 지3 [C]

충렬왕 10년(1284) 갑신 11. 13. (병술)

/양 1284. 12. 20./

十一月 丙戌 掩昴星
<달이> 묘(昴) 성좌를 가렸다.
고려사 권49 지3 [C]

충렬왕 11년(1285) 을유 5. 14. (병술)

/양 1285. 6. 18./

五月 丙戌 月食
월식이 있었다.
고려사 권49 지3 [B]

충렬왕 11년(1285) 을유 8. 22. (임술)

/양 1285. 9. 22./

八月 壬戌 月入東井
달이 동정(東井) 성좌로 들어갔다.
고려사 권49 지3 [C]

충렬왕 11년(1285) 을유 9. 8. (정축)

/양 1285. 10. 7./

九月 丁丑 月 犯牽牛
<달이> 견우(牽牛) 성좌를 범하였다.
고려사 권49 지3 [C]

충렬왕 11년(1285) 을유 10. 25. (계해)

/양 1285. 11. 22./

十月 癸亥 鎭星犯歲星
토성[鎭星]이 목성[歲星]을 범하였다.
고려사 권49 지3 [D]

충렬왕 11년(1285) 을유 11. 1. (기사)

/양 1285. 11. 28./

十一月 己巳朔 日食
일식이 있었다.
고려사 권30 세가30 ; 고려사절요 권20 [A]

충렬왕 12년(1286) 병술 4. 15. (신해)

/양 1286. 5. 9./

四月 辛亥 日食
월식이 있었다.
고려사 권49 지3 [B]

충렬왕 12년(1286) 병술 5. 1. (정묘)

/양 1286. 5. 25./

五月 丁卯朔 日食
일식이 있었다.
고려사 권30 세가30 ; 고려사 권47 지1 ; 고려사절요 권21 [A]

충렬왕 12년(1286) 병술 5. 20. (병술)

/양 1286. 6. 13./

五月 丙戌 熒惑掩右執法 三日
화성[熒惑]이 우집법성(右執法星)을 3일간 가렸다.
고려사 권49 지3 [F]

충렬왕 12년(1286) 병술 8. 21. (을묘)

/양 1286. 9. 10./

八月 乙卯 太白犯軒轅右角星
금성[太白]이 헌원(軒轅) 성좌의 오른쪽 뿔[右角]을 범하였다.
고려사 권49 지3 [F]

충렬왕 12년(1286) 병술 10. 18. (신해)

/양 1286. 11. 5./

十月 辛亥 月犯東井
달이 동정(東井) 성좌를 범하였다.
고려사 권49 지3 [C]

충렬왕 13년(1287) 정해 1. 13. (갑술)

/양 1287. 1. 27./

正月 甲戌 月犯東井
달이 동정(東井) 성좌를 범하였다.
고려사 권49 지3 [C]

충렬왕 13년(1287) 정해 1. 24. (을유)

/양 1287. 2. 7./

正月 乙酉 犯房星
<달이> 방(房) 성좌를 범하였다.
고려사 권49 지3 [C]

충렬왕 13년(1287) 정해 2. 10. (신축)

/양 1287. 2. 23./

二月 辛丑 犯東井
<달이> 동정(東井) 성좌를 범하였다.
고려사 권49 지3 [C]

충렬왕 13년(1287) 정해 2. 23. (갑인)

/양 1287. 3. 8./

二月 甲寅 南方有赤氣
남쪽에 붉은 기운이 나타났다.
고려사 권53 지7 [S]

충렬왕 13년(1287) 정해 3. 5. (병신)

/양 1287. 4. 19./

三月 丙申 又犯東井
<달이> 또 동정(東井) 성좌를 범하였다.
고려사 권49 지3 [C]

충렬왕 13년(1287) 정해 9. 23. (신해)

/양 1287. 10. 31./

九月 辛亥 熒惑入大微犯西藩上將
화성[熒惑]이 태미원[大微]으로 들어가서 그의 서번
(西藩) 성좌의 상장성(上將星)을 범하였다.
고려사 권49 지3 [F]

충렬왕 13년(1287) 정해 10. 1. (무오)

/양 1287. 11. 7./

冬十月 戊午朔 日食 雨不見
일식이 있었으나 비가 와서 보이지 않았다.
고려사 권30 세가30 ; 고려사절요 권21 [A]

충렬왕 13년(1287) 정해 10. 1. (무오)

/양 1287. 11. 7./

十月 戊午朔 日食雨不見
일식이 있었으나 비가 와서 보이지 않았다.
고려사 권47 지1 [A]

충렬왕 13년(1287) 정해 11. 26. (임자)

/양 1287. 12. 31./

十一月 壬子 太白鎭星相犯
금성[太白]과 토성[鎭星]이 서로 범하였다.
고려사 권49 지3 [D]

충렬왕 13년(1287) 정해 12. 10. (병인)

/양 1288. 1. 14./

十二月 丙寅 太白晝見

금성[太白]이 낮에 나타났다.
고려사 권30 세가30 ; 고려사 권49 지3 [G]

충렬왕 14년(1288) 무자 2. 3. (무오)

/양 1288. 3. 6./

二月 戊午 流星晝見入天市
유성(流星)이 낮에 나타나 천시원(天市垣)으로
들어갔다.
고려사 권49 지3 [R]

충렬왕 14년(1288) 무자 8. - (-)

/양 1288. 9. -/

八月 伍允孚 因星變 白王以公主食邑安東 京山
府布帛歸于左倉204) 以充百官俸
오윤부가 별에 괴변이 있음을 왕에게 아뢰어 공주
의 식읍인 안동, 경산부의 포백을 좌창으로 돌려
백관의 녹봉에 충당하게 하였다
고려사절요 권21 [U]

충렬왕 14년(1288) 무자 8. 7. (기미)

/양 1288. 9. 3./

八月 己未 太白犯軒轅
금성[太白]이 헌원(軒轅) 성좌를 범하였다.
고려사 권49 지3 [F]

충렬왕 14년(1288) 무자 8. 19. (신미)

/양 1288. 9. 15./

八月 辛未 月與歲星同舍
달이 목성[歲星]과 함께 같은 성좌에 모였다.
고려사 권49 지3 [C]

충렬왕 14년(1288) 무자 10. 18. (경오)

/양 1288. 11. 13./

十月 庚午 赤氣見于東方 或如匹練 或如熾火 良
久乃滅
붉은 기운이 동쪽에 나타났는데 그 모양이 비단
을 펼쳐놓은 듯하고, 혹은 활활 타오르는 불과
도 같더니 잠시 후에 사라졌다.
고려사 권53 지7 [S]

충렬왕 14년(1288) 무자 11. 3. (갑신)

/양 1288. 11. 27./

十一月 甲申 月犯牽牛

---

204) 左倉(좌창): 고려때 관료들의 월급을 맡아보던 관청.

달이 견우(牽牛) 성좌를 범하였다.
고려사 권49 지3 [C]

충렬왕 15년(1289) 기축 1. 3. (계미)

/양 1289. 1. 25./

正月 癸未 月犯火星
달이 화성[熒惑]을 범하였다.
고려사 권49 지3 [C]

충렬왕 15년(1289) 기축 1. 11. (신묘)

/양 1289. 2. 2./

正月 辛卯 犯東井
<달이> 동정(東井) 성좌를 범하였다.
고려사 권49 지3 [C]

충렬왕 15년(1289) 기축 2. 8. (무오)

/양 1289. 3. 1./

二月 戊午 又犯東井
<달이> 또 동정(東井) 성좌를 범하였다.
고려사 권49 지3 [C]

충렬왕 15년(1289) 기축 3. 1. (경진)

/양 1289. 3. 23./

三月 庚辰朔 日食
일식이 있었다.
고려사 권30 세가30 ; 고려사절요 권21 [A]

충렬왕 15년(1289) 기축 3. 1. (경진)

/양 1289. 3. 23./

三月 庚辰朔 日食 日官不奏 有司劾罪之
일식이 있었는데 일관(日官)이 이를 보고하지 않았으므로 유사(有司, 사무를 맡은 사람)가 이것을 문책하여 처벌하였다.
고려사 권47 지1 [A]

충렬왕 15년(1289) 기축 4. - (을사)

/양 1289. 4. - /

四月 乙巳205) 亦如之
또 <달이 동정(東井) 성좌를 범하였다>.
고려사 권49 지3 [C]

충렬왕 15년(1289) 기축 6. 25. (임신)

/양 1289. 7. 13./

_____

205) 4월에 을사일이 없음. 3/26, 5/27이 을사일임.

六月 壬申 犯畢星
<달이> 필(畢) 성좌를 범하였다.
고려사 권49 지3 [C]

충렬왕 15년(1289) 기축 7. 5. (임오)

/양 1289. 7. 23./

秋七月 壬午 太白晝見
금성[太白]이 낮에 나타났다.
고려사 권30 세가30 [G]

충렬왕 15년(1289) 기축 7. 5. (임오)

/양 1289. 7. 23./

七月 壬午 太白晝見
금성[太白]이 낮에 나타났다.
고려사 권49 지3 [G]

충렬왕 15년(1289) 기축 7. 6. (계미)

/양 1289. 7. 24./

秋七月 癸未 亦如之
또 <금성[太白]이 낮에 나타났다>.
고려사 권30 세가30 [G]

충렬왕 15년(1289) 기축 7. 6. (계미)

/양 1289. 7. 24./

七月 癸未 亦如之
또 <금성[太白]이 낮에 나타났다>.
고려사 권49 지3 [G]

충렬왕 15년(1289) 기축 7. 6. (계미)

/양 1289. 7. 24./

七月 壬午夜 流星出大角入庫樓 大如梨 長一尺許 又流星出房星入庫樓 大如木瓜 長二尺許
밤에는 유성(流星) 두개가 나타났는데 하나는 대각성(大角星)에서 나와 고루(庫樓) 성좌로 들어갔으며 그 크기가 배[梨]만 하였고 길이는 1척 가량 이었으며 다른 하나는 방(房) 성좌에서 나와 고루 성좌로 들어갔는데 그 크기가 모과(木瓜)만 하였고 길이가 2척가량 이였다.
고려사 권49 지3 [R]

충렬왕 15년(1289) 기축 7. 13. (경인)

/양 1289. 7. 31./

七月 庚寅 月犯立星
달이 입(立) 성좌를 범하였다.
고려사 권49 지3 [C]

충렬왕 15년(1289) 기축 7. 18. (을미)

/양 1289. 8. 5./

七月 乙未 犯土星
<달이> 토성[鎭星]을 범하였다.
고려사 권49 지3 [C]

충렬왕 15년(1289) 기축 7. 20. (정유)

/양 1289. 8. 7./

七月 丁酉 流星出河鼓 入北極 勾陳
유성(流星)이 하고(河鼓) 성좌에서 나와 북극(北極)
성좌와 구진(勾陳) 성좌로 들어갔다.
고려사 권49 지3 [R]

충렬왕 15년(1289) 기축 8. 23. (기사)

/양 1289. 9. 8./

八月 己巳 月入東井 熒惑入軒轅
달이 동정(東井) 성좌로 들어갔다. 화성[熒惑]이
헌원(軒轅) 성좌로 들어갔다.
고려사 권49 지3 [C] [F]

충렬왕 15년(1289) 기축 9. 4. (경진)

/양 1289. 9. 19./

九月 庚辰 月與鎭星同舍
달이 토성[鎭星]과 함께 같은 성좌에 모였다.
고려사 권49 지3 [C]

충렬왕 15년(1289) 기축 10. 18. (갑자)

/양 1289. 11. 2./

十月 甲子 月入東井
달이 동정(東井) 성좌로 들어갔다.
고려사 권49 지3 [C]

충렬왕 15년(1289) 기축 윤10. 25. (신축)

/양 1289. 12. 9./

閏月 辛丑 太白入氐
금성[太白]이 저(氐) 성좌로 들어갔다.
고려사 권49 지3 [F]

충렬왕 15년(1289) 기축 11. 17. (임술)

/양 1289. 12. 30./

十一月 壬戌 月犯軒轅右角
달이 헌원(軒轅) 성좌의 오른쪽 뿔[右角]을 범하
였다.
고려사 권49 지3 [C]

충렬왕 16년(1290) 경인 8. 1. (신미)

/양 1290. 9. 5./

八月 辛未朔 日食
일식이 있었다.
고려사 권30 세가30 ; 고려사 권47 지1 ; 고려사절요
권21 [A]

충렬왕 17년(1291) 신묘 5. 15. (신해)

/양 1291. 6. 12./

五月 辛亥 月食
월식이 있었다.
고려사 권49 지3 [B]

충렬왕 17년(1291) 신묘 5. 28. (갑자)

/양 1291. 6. 25./

五月 甲子 長庚犯月
장경성(長庚星-金星)이 달을 범하였다.
고려사 권49 지3 [C]

충렬왕 17년(1291) 신묘 8. 19. (계미)

/양 1291. 9. 12./

八月 癸未 歲星犯軒轅
목성[歲星]이 헌원(軒轅) 성좌를 범하였다.
고려사 권49 지3 [F]

충렬왕 17년(1291) 신묘 8. 21. (을유)

/양 1291. 9. 14./

八月 乙酉 月掩畢大星
달이 필대성(畢大星)을 가렸다.
고려사 권49 지3 [C]

충렬왕 17년(1291) 신묘 8. 22. (병술)

/양 1291. 9. 15./

八月 丙戌 亦如之
또 <달이 필대성(畢大星)을 가렸다>.
고려사 권49 지3 [C]

충렬왕 17년(1291) 신묘 8. 23. (정해)

/양 1291. 9. 16./

八月 丁亥 太白歲星犯軒轅 又流星入軒轅 大如
木瓜 尾長五尺許
금성[太白]과 목성[歲星]이 헌원(軒轅) 성좌를 범하
였다. 유성(流星)이 헌원(軒轅) 성좌에 들어갔는데
그 크기가 모과(木瓜)만 하였으며 꼬리의 길이가 5

척 가량 이었다.
고려사 권49 지3 [E] [R]

충렬왕 17년(1291) 신묘 9. 24. (무오)

/양 1291. 10. 17./

九月 戊午 歲星與月同舍
목성[歲星]이 달과 함께 같은 성좌에 모였다.
고려사 권49 지3 [C]

충렬왕 17년(1291) 신묘 10. 18. (임오)

/양 1291. 11. 10./

十月 壬午 月犯東井
달이 동정(東井) 성좌를 범하였다.
고려사 권49 지3 [C]

충렬왕 17년(1291) 신묘 11. 14. (정미)

/양 1291. 12. 5./

十一月 丁未 入畢
<달이> 필(畢) 성좌로 들어갔다.
고려사 권49 지3 [C]

충렬왕 17년(1291) 신묘 11. 16. (기유)

/양 1291. 12. 7./

十一月 己酉 犯東井
<달이> 동정(東井) 성좌를 범하였다.
고려사 권49 지3 [C]

충렬왕 17년(1291) 신묘 11. 20. (계축)

/양 1291. 12. 11./

十一月 癸丑 掩歲星張星
<달이> 목성[歲星]과 장(張) 성좌를 가렸다.
고려사 권49 지3 [C]

충렬왕 18년(1292) 임진 1. 1. (갑오)

/양 1292. 1. 21./

春正月 甲午朔 日食
일식이 있었다.
고려사 권30 세가30 ; 고려사절요 권21 [A]

충렬왕 18년(1292) 임진 1. 1. (갑오)

/양 1292. 1. 21./

正月 甲午朔 日食
일식이 있었다.
고려사 권47 지1 [A]

충렬왕 18년(1292) 임진 1. 26. (기미)

/양 1292. 2. 15./

正月 己未 熒惑犯房
화성[熒惑]이 방(房) 성좌를 범하였다.
고려사 권49 지3 [F]

충렬왕 18년(1292) 임진 2. 12. (을해)

/양 1292. 3. 2./

正月206) 乙亥 月掩軒轅大星
달이 헌원대성(軒轅大星)을 가렸다.
고려사 권49 지3 [C]

충렬왕 18년(1292) 임진 3. 15. (정미)

/양 1292. 4. 3./

三月 丁未 歲星犯軒轅
목성[歲星]이 헌원(軒轅) 성좌를 범하였다.
고려사 권49 지3 [F]

충렬왕 18년(1292) 임진 5. 6. (정유)

/양 1292. 5. 23./

五月 丁酉 月掩歲星
달이 목성[歲星]을 가렸다.
고려사 권49 지3 [C]

충렬왕 18년(1292) 임진 6. 7. (정묘)

/양 1292. 6. 22./

六月 丁卯 入大微東藩上將
<달이> 태미동번[大微東藩] 성좌의 상장성(上
將星)을 범하였다.
고려사 권49 지3 [C]

충렬왕 18년(1292) 임진 6. 28. (무자)

/양 1292. 7. 13./

六月 戊子 太白犯木
금성[太白]이 목성[歲星]을 범하였다.
고려사 권49 지3 [D]

충렬왕 18년(1292) 임진 윤6. 11. (신축)

/양 1292. 7. 26./

閏月 辛丑 月犯南斗
달이 남두(南斗) 성좌를 범하였다.
고려사 권49 지3 [C]

---

206) 정월에 을해일 없음. 2/12가 을해임.

충렬왕 18년(1292) 임진 윤6. 15. (을사)

/양 1292. 7. 30./

閏月 乙巳 月食
월식이 있었다.
고려사 권49 지3 [B]

충렬왕 18년(1292) 임진 7. 6. (을축)

/양 1292. 8. 19./

七月 乙丑 月入氐星
달이 저(氐) 성좌로 들어갔다.
고려사 권49 지3 [C]

충렬왕 18년(1292) 임진 7. 7. (병인)

/양 1292. 8. 20./

七月 丙寅 掩房上相
<달이> 방(房) 성좌의 상상성(上相星)을 가렸다.
고려사 권49 지3 [C]

충렬왕 18년(1292) 임진 7. 16. (을해)

/양 1292. 8. 29./

七月 乙亥 入氐星
<달이> 저(氐) 성좌로 들어갔다.
고려사 권49 지3 [C]

충렬왕 18년(1292) 임진 8. 11. (기해)

/양 1292. 9. 22./

八月 己亥 太白犯房上相將
금성[太白]이 방(房) 성좌의 상장성(上將星)을
범하였다.
고려사 권49 지3 [F]

충렬왕 18년(1292) 임진 8. 16. (갑진)

/양 1292. 9. 27./

八月 甲辰 歲星犯大微右執法
목성[歲星]이 태미원[大微]의 우집법성(右執法星)
을 범하였다.
고려사 권49 지3 [F]

충렬왕 18년(1292) 임진 8. 17. (을사)

/양 1292. 9. 28./

八月 乙巳 月入大微犯右執法 又與鎭星同舍
달이 태미원[大微]으로 들어가서 우집법성(右執
法星)을 범하였으며 또 토성[鎭星]과 함께 같은
성좌에 모였다.

고려사 권49 지3 [C]

충렬왕 18년(1292) 임진 8. 18. (병오)

/양 1292. 9. 29./

八月 丙午 亦如之
또 <달이 태미원[大微]으로 들어가서 우집법성
(右執法星)을 범하였으며 또 토성[鎭星]과 함께
같은 성좌에 모였다>.
고려사 권49 지3 [C]

충렬왕 18년(1292) 임진 8. 20. (무신)

/양 1292. 10. 1./

八月 戊申 犯畢星
<달이> 필(畢) 성좌를 범하였다.
고려사 권49 지3 [C]

충렬왕 18년(1292) 임진 8. 27. (을묘)

/양 1292. 10. 8./

八月 乙卯 月入大微犯東藩上相
달이 태미원[大微]으로 들어가서 그 동번(東藩)
성좌의 상상성(上相星)을 범하였다.
고려사 권49 지3 [C]

충렬왕 18년(1292) 임진 8. 28. (병진)

/양 1292. 10. 9./

八月 丙辰 入大微
<달이> 태미원[大微]으로 들어갔다.
고려사 권49 지3 [C]

충렬왕 18년(1292) 임진 9. 4. (임술)

/양 1292. 10. 15./

九月 壬戌 熒惑犯哭星
화성[熒惑]이 곡(哭) 성좌를 범하였다.
고려사 권49 지3 [F]

충렬왕 18년(1292) 임진 9. 12. (경오)

/양 1292. 10. 23./

九月 庚午 太白掩南斗第三星
금성[太白]이 남두(南斗) 성좌의 세째 별을 가렸다.
고려사 권49 지3 [F]

충렬왕 18년(1292) 임진 9. 17. (을해)

/양 1292. 10. 28./

九月 乙亥 月入畢星

달이 필(畢) 성좌로 들어갔다.
고려사 권49 지3 [C]

충렬왕 18년(1292) 임진 9. 19. (정축)

/양 1292. 10. 30./

九月 丁丑 太白掩南斗第三星
금성[太白]이 남두(南斗) 성좌의 셋째 별을 가
렸다.
고려사 권49 지3 [F]

충렬왕 18년(1292) 임진 10. 9. (병신)

/양 1292. 11. 18./

十月 丙申 月與熒惑同舍
달이 화성[熒惑]과 함께 같은 성좌에 모였다.
고려사 권49 지3 [C]

충렬왕 18년(1292) 임진 11. 5. (임술)

/양 1292. 12. 14./

十一月 壬戌 月犯哭星
달이 곡(哭) 성좌를 범하였다.
고려사 권49 지3 [C]

충렬왕 18년(1292) 임진 11. 11. (무진)

/양 1292. 12. 20./

十一月 戊辰 犯鎭星
<달이> 토성[鎭星]을 범하였다.
고려사 권49 지3 [C]

충렬왕 18년(1292) 임진 11. 13. (경오)

/양 1292. 12. 22./

十一月 庚午 犯畢
<달이> 필(畢) 성좌를 범하였다.
고려사 권49 지3 [C]

충렬왕 18년(1292) 임진 11. 15. (임신)

/양 1292. 12. 24./

十一月 壬申 犯東井
<달이> 동정(東井) 성좌를 범하였다.
고려사 권49 지3 [C]

충렬왕 18년(1292) 임진 11. 22. (기묘)

/양 1292. 12. 31./

十一月 己卯 南方有赤祲
남쪽에 이상한 붉은 기운이 나타났다.

고려사 권53 지7 [S]

충렬왕 19년(1293) 계사 1. 8. (을축)

/양 1293. 2. 15./

正月乙丑 月入畢星
달이 필(畢) 성좌로 들어갔다.
고려사 권49 지3 [C]

충렬왕 19년(1293) 계사 1. 11. (무진)

/양 1293. 2. 18./

正月 戊辰 入東井
<달이> 동정(東井) 성좌로 들어갔다.
고려사 권49 지3 [C]

충렬왕 19년(1293) 계사 1. 12. (기사)

/양 1293. 2. 19./

正月 己巳 入大微
<달이> 태미원[大微]으로 들어갔다.
고려사 권49 지3 [C]

충렬왕 19년(1293) 계사 1. 16. (계유)

/양 1293. 2. 23./

正月 癸酉 又 入大微
또 <달이> 태미원[大微]으로 들어갔다.
고려사 권49 지3 [C]

충렬왕 19년(1293) 계사 1. 19. (병자)

/양 1293. 2. 26./

正月 丙子 入氐星
<달이> 저(氐) 성좌로 들어갔다.
고려사 권49 지3 [C]

충렬왕 19년(1293) 계사 1. 23. (경진)

/양 1293. 3. 2./

正月 庚辰 歲星犯大微左執法
목성[歲星]이 태미원[大微]의 좌집법성(左執法星)을
범하였다.
고려사 권49 지3 [F]

충렬왕 19년(1293) 계사 2. 13. (경자)

/양 1293. 3. 22./

二月 庚子 月入大微庭中
달이 태미원[大微] 정원 안(庭中)으로 들어갔다.
고려사 권49 지3 [C]

충렬왕 19년(1293) 계사 3. 4. (경신)

/양 1293. 4. 11./

三月 庚申 流星出七星北 貫翼軫入角南平二星
유성(流星)이 칠성(七星) 성좌의 북방(北方)에서
나와 익(翼) 성좌와 진(軫) 성좌를 거쳐 각(角)
성좌의 남쪽에 있는 평(平) 성좌의 두 별로 들
어갔다.
고려사 권49 지3 [R]

충렬왕 19년(1293) 계사 3. 9. (을축)

/양 1293. 4. 16./

三月 乙丑 月犯軒轅
달이 헌원(軒轅) 성좌를 범하였다.
고려사 권49 지3 [C]

충렬왕 19년(1293) 계사 3. 11. (정묘)

/양 1293. 4. 18./

三月 丁卯 入大微 又與歲星同舍
<달이> 태미원[大微]으로 들어갔고 또 목성[歲
星]과 함께 같은 성좌에 모였다.
고려사 권49 지3 [C]

충렬왕 19년(1293) 계사 4. 8. (갑오)

/양 1293. 5. 15./

四月 甲午 月入大微
달이 태미원[大微]으로 들어갔다.
고려사 권49 지3 [C]

충렬왕 19년(1293) 계사 4. 16. (임인)

/양 1293. 5. 23./

四月 壬寅 太白歲星相犯
금성[太白]과 목성[歲星]이 서로 범하였다.
고려사 권49 지3 [D]

충렬왕 19년(1293) 계사 4. 25. (신해)

/양 1293. 6. 1./

四月 辛亥 南方有聲 如鼓 動地 群雞驚雛
남쪽에서 소리가 났는데, 북소리와 같았고 땅이
진동하여 많은 닭들이 놀라서 꿩처럼 울었다.
고려사 권53 지7 [L]

충렬왕 19년(1293) 계사 4. 26. (임자)

/양 1293. 6. 2./

四月 壬子 太白鎭星同舍于昴
금성[太白]과 토성[鎭星]이 함께 묘(昴) 성좌에
모였다.
고려사 권49 지3 [E]

충렬왕 19년(1293) 계사 5. 5. (경신)

/양 1293. 6. 10./

五月 庚申 流星出織女入北斗
유성(流星)이 직녀(織女) 성좌에서 나와 북두
(北斗) 성좌로 들어갔다.
고려사 권49 지3 [R]

충렬왕 19년(1293) 계사 5. 7. (임술)

/양 1293. 6. 12./

五月 壬戌 夜有物墜于松嶽 其氣如虹
밤에 송악산(松嶽山)에 무슨 물건이 떨어졌는데,
그 기운이 무지개와 같았다.
고려사 권53 지7 [R]

충렬왕 19년(1293) 계사 6. 8. (임진)

/양 1293. 7. 12./

六月 壬辰 歲星出大微端門犯左執法
목성[歲星]이 태미원[大微]의 단문(端門)에 나타
나서 좌집법성(左執法星)을 범하였다.
고려사 권49 지3 [F]

충렬왕 19년(1293) 계사 7. 3. (정사)

/양 1293. 8. 6./

七月 丁巳 月入大微東藩上相
달이 태미동번[大微東藩] 성좌의 상상성(上相
星)으로 들어갔다.
고려사 권49 지3 [C]

충렬왕 19년(1293) 계사 8. 26. (기유)

/양 1293. 9. 27./

八月 己酉 晝有星流于西北隅
낮에 별이 나타나서 서북쪽 모퉁이로 흘러갔다.
고려사 권49 지3 [R]

충렬왕 19년(1293) 계사 9. 2. (갑인)

/양 1293. 10. 2./

九月 甲寅 夜有物如火墜于城西
밤에 불덩어리와 같은 물건이 성(城) 서쪽에
떨어졌다.
고려사 권53 지7 [R]

충렬왕 19년(1293) 계사 10. 22. (갑진)

/양 1293. 11. 21./

十月 甲辰 彗星見東方
혜성이 동방(東方)에 나타났다.
고려사 권49 지3 [H]

충렬왕 19년(1293) 계사 10. 26. (무신)

/양 1293. 11. 25./

十月 戊申 彗星見于大微左掖門
혜성이 태미원[大微]의 좌액문(左掖門)에 나타났다.
고려사 권30 세가30 [H]

충렬왕 19년(1293) 계사 10. 26. (무신)

/양 1293. 11. 25./

十月 戊申 彗星見于大微左掖門 長尺五寸許 熒惑犯氏左星
혜성이 태미원[大微]의 좌액문(左掖門)에 나타났는데, 길이가 1척 5촌 정도 되었다. 화성[熒惑]이 저(氏) 성좌의 왼쪽 별을 범하였다.
고려사 권49 지3 [H] [F]

충렬왕 19년(1293) 계사 10. 26. (무신)

/양 1293. 11. 25./

冬十月 戊申 彗星見于大微 長尺五寸許
혜성이 태미원[大微]에 나타났는데, 길이가 1척 5촌 정도 되었다.
고려사절요 권21 [H]

충렬왕 19년(1293) 계사 11. 16. (정묘)

/양 1293. 12. 14./

十一月 丁卯 歲星入亢留守
목성[歲星]이 항(亢) 성좌에 들어가서 머물러 있었다.
고려사 권49 지3 [F]

충렬왕 19년(1293) 계사 11. 24. (을해)

/양 1293. 12. 22./

十一月 乙亥 熒惑犯上相207)
화성[熒惑]이 상상성(上相星)을 범하였다.
고려사 권49 지3 [F]

충렬왕 19년(1293) 계사 11. 25. (병자)

/양 1293. 12. 23./

十一月 丙子 彗星犯紫微 又犯北斗
혜성이 자미(紫微) 성좌를 범하였다가 또 북두(北斗) 성좌를 범하였다.
고려사 권30 세가30 ; 고려사 권49 지3 ; 고려사절요 권21 [H]

충렬왕 20년(1294) 갑오 1. 5. (병진)

/양 1294. 2. 1./

正月 丙辰 赤祲見于西北方
이상한 붉은 기운이 서북쪽에 나타났다.
고려사 권53 지7 [S]

충렬왕 20년(1294) 갑오 3. 7. (정사)

/양 1294. 4. 3./

三月 丁巳 月入東井
달이 동정(東井) 성좌로 들어갔다.
고려사 권49 지3 [C]

충렬왕 20년(1294) 갑오 3. - (-)

/양 1294. 4. - /

三月 隕石于尼山縣 其質如玉形 狀如雞子
운석(隕石)이 떨어졌는데 그 바탕[質]은 옥과 같았고 모양은 계란과 같았다.
고려사 권54 지8 [R]

충렬왕 20년(1294) 갑오 4. 6. (병술)

/양 1294. 5. 2./

四月 丙戌 白虹貫月
흰 무지개가 달을 가로질러 갔다.
고려사 권49 지3 [P]

충렬왕 20년(1294) 갑오 4. 12. (임진)

/양 1294. 5. 8./

四月 壬辰 月與歲星同舍于亢
달이 목성[歲星]과 함께 항(亢) 성좌에 모였다.
고려사 권49 지3 [C]

충렬왕 20년(1294) 갑오 5. 5. (갑인)

/양 1294. 5. 30./

五月 甲寅 太白見晝
금성[太白]이 낮에 나타났다.
고려사 권31 세가31 ; 고려사 권49 지3 [G]

---

207) 上相(상상): 상상성-2임.

충렬왕 20년(1294) 갑오 5. 6. (을묘)

/양 1294. 5. 31./

五月 乙卯 亦如之
또한 <금성[太白]이 낮에 나타났다>.
고려사 권31 세가31 ; 고려사 권49 지3 [G]

충렬왕 20년(1294) 갑오 5. 11. (경신)

/양 1294. 6. 5./

五月 庚申 又晝見
또 <금성[太白]이> 낮에 나타났다.
고려사 권49 지3 [G]

충렬왕 20년(1294) 갑오 5. 15. (갑자)

/양 1294. 6. 9./

五月 甲子 月食
월식이 있었다.
고려사 권49 지3 [B]

충렬왕 20년(1294) 갑오 6. 1. (경진)

/양 1294. 6. 25./

六月 庚辰朔 日食
일식이 있었다.
고려사 권31 세가31 ; 고려사 권47 지1 ; 고려사절요
권21 [A]

충렬왕 20년(1294) 갑오 6. 20. (기해)

/양 1294. 7. 14./

六月 己亥 月與歲星同舍
달이 목성[歲星]과 함께 같은 성좌에 모였다.
고려사 권49 지3 [C]

충렬왕 20년(1294) 갑오 6. 26. (을사)

/양 1294. 7. 20./

六月 乙巳 紫氣見于東方 血幢竪於西方 長十五尺許
자색(紫色) 기운이 동쪽에 나타나고 핏빛 같은
깃발을 서쪽에 세운 것 같았는데 그 길이는 15
척쯤 되었다.
고려사 권53 지7 [S]

충렬왕 20년(1294) 갑오 6. 27. (병오)

/양 1294. 7. 21./

六月 丙午 犯東井北垣
<달이> 동정(東井) 성좌의 북쪽 열을 이루는
별들[北垣]을 범하였다.

고려사 권49 지3 [C]

충렬왕 20년(1294) 갑오 7. 4. (임자)

/양 1294. 7. 27./

七月 壬子 入大微
<달이> 태미원[大微]으로 들어갔다.
고려사 권49 지3 [C]

충렬왕 20년(1294) 갑오 8. 21. (기해)

/양 1294. 9. 12./

八月 己亥 月與歲星同舍
달이 목성[歲星]과 함께 같은 성좌에 모였다.
고려사 권49 지3 [C]

충렬왕 20년(1294) 갑오 8. 26. (갑진)

/양 1294. 9. 17./

八月 甲辰 太白入軒轅 月犯軒轅
금성[太白]이 헌원(軒轅) 성좌로 들어갔다. 달은
헌원 성좌를 범하였다.
고려사 권49 지3 [C] [F]

충렬왕 20년(1294) 갑오 8. 27. (을사)

/양 1294. 9. 18./

八月 乙巳 太白晝見
금성[太白]이 낮에 나타났다.
고려사 권49 지3 [G]

충렬왕 20년(1294) 갑오 9. 15. (임술)

/양 1294. 10. 5./

九月 壬戌 月食
월식이 있었다.
고려사 권49 지3 [B]

충렬왕 20년(1294) 갑오 9. 25. (임신)

/양 1294. 10. 15./

九月 壬申 月入大微
달이 태미원[大微]으로 들어갔다.
고려사 권49 지3 [C]

충렬왕 20년(1294) 갑오 9. 29. (병자)

/양 1294. 10. 19./

九月 丙子 鎭星入月
토성[鎭星]이 달로 들어갔다.
고려사 권49 지3 [C]

충렬왕 20년(1294) 갑오 10. 21. (정유)

/양 1294. 11. 9./

七月²⁰⁸⁾ 丁酉 月入東井
달이 동정(東井) 성좌로 들어갔다.
고려사 권49 지3 [C]

충렬왕 20년(1294) 갑오 10. 26. (임인)

/양 1294. 11. 14./

十月 壬寅 入大微
<달이> 태미원[大微]으로 들어갔다.
고려사 권49 지3 [C]

충렬왕 20년(1294) 갑오 11. 14. (경신)

/양 1294. 12. 2./

十一月 庚申 犯畢星
<달이> 필(畢) 성좌를 범하였다.
고려사 권49 지3 [C]

충렬왕 20년(1294) 갑오 12. 10. (을유)

/양 1294. 12. 27./

十二月 乙酉 歲星犯房北一星
목성[歲星]이 방(房) 성좌의 북쪽 첫째 별을 범하였다.
고려사 권49 지3 [F]

충렬왕 20년(1294) 갑오 12. 28. (계묘)

/양 1295. 1. 14./

十二月 癸卯 月與熒惑同舍
달이 화성[熒惑]과 함께 같은 성좌에 모였다.
고려사 권49 지3 [C]

충렬왕 21년(1295) 을미 1. 10. (을묘)

/양 1295. 1. 26./

正月 乙卯 月犯畢鎭二星
달이 필(畢) 성좌와 토성[鎭星]의 두 별을 범하였다.
고려사 권49 지3 [C]

충렬왕 21년(1295) 을미 2. 5. (경진)

/양 1295. 2. 20./

二月 庚辰 入大微

<달이> 태미원[大微]으로 들어갔다.
고려사 권49 지3 [C]

충렬왕 21년(1295) 을미 2. 15. (경인)

/양 1295. 3. 2./

二月 庚寅 又入大微
<달이> 태미원[大微]으로 들어갔다.
고려사 권49 지3 [C]

충렬왕 21년(1295) 을미 2. 20. (을미)

/양 1295. 3. 7./

二月 乙未 犯歲星
<달이> 목성[歲星]을 범하였다.
고려사 권49 지3 [C]

충렬왕 21년(1295) 을미 3. 1. (을사)

/양 1295. 3. 17./

三月 乙巳朔 白氣見于艮巽坤三方
흰 기운이 동북, 동남, 서남의 세 방향에 나타났다.
고려사 권54 지8 [S]

충렬왕 21년(1295) 을미 3. 6. (경술)

/양 1295. 3. 22./

三月 庚戌 犯鎭星
<달이> 토성[鎭星]을 범하였다.
고려사 권49 지3 [C]

충렬왕 21년(1295) 을미 4. 7. (신사)

/양 1295. 4. 22./

四月 辛巳 熒惑入東井 月入大微
화성[熒惑]이 동정(東井) 성좌로 들어갔다. 달이 태미원[大微]으로 들어갔다.
고려사 권49 지3 [F] [C]

충렬왕 21년(1295) 을미 윤4. 4. (무신)

/양 1295. 5. 19./

閏月 戊申 月與太白同舍 歲星逆行犯房星及鉤鈐
달이 금성[太白]과 함께 같은 성좌에 모였다. 목성[歲星]이 역행(逆行)하여 방(房) 성좌와 구검(鉤鈐) 성좌를 범하였다.
고려사 권49 지3 [C] [F]

---

208) 원문에 7월로 되어 있으나 앞서 7~9월 기록이 있으며, 10월의 기록 순서에 7월로 되어 있어 10월의 오기(誤記)로 추정됨.

충렬왕 21년(1295) 을미 윤4. 9. (계축)

/양 1295. 5. 24./

閏月 癸丑 月入大微

달이 태미원[大微]으로 들어갔다.

고려사 권49 지3 [C]

충렬왕 21년(1295) 을미 윤4. 12. (병진)

/양 1295. 5. 27./

閏月 丙辰 犯氐星

<달이> 저(氐) 성좌를 범하였다.

고려사 권49 지3 [C]

충렬왕 21년(1295) 을미 5. 5. (무인)

/양 1295. 6. 18./

五月 戊寅 入軒轅

<달이> 헌원(軒轅) 성좌로 들어갔다.

고려사 권49 지3 [C]

충렬왕 21년(1295) 을미 6. 5. (무신)

/양 1295. 7. 18./

六月 戊申 入大微

<달이> 태미원[大微]으로 들어갔다.

고려사 권49 지3 [C]

충렬왕 21년(1295) 을미 6. 11. (갑인)

/양 1295. 7. 24./

六月 甲寅 犯南斗

<달이> 남두(南斗) 성좌를 범하였다.

고려사 권49 지3 [C]

충렬왕 21년(1295) 을미 7. 6. (무인)

/양 1295. 8. 17./

七月 戊寅 入房星

<달이> 방(房) 성좌로 들어갔다.

고려사 권49 지3 [C]

충렬왕 21년(1295) 을미 7. 17. (기축)

/양 1295. 8. 28./

七月 己丑 歲星犯鉤鈐

토성[鎭星]이 구검(鉤鈐) 성좌를 범하였다.

고려사 권49 지3 [D]

충렬왕 21년(1295) 을미 7. 23. (을미)

/양 1295. 9. 3./

七月 乙未 月犯鎭星

달이 토성[鎭星]을 범하였다.

고려사 권49 지3 [C]

충렬왕 21년(1295) 을미 8. 7. (기유)

/양 1295. 9. 17./

八月 己酉 犯南斗

<달이> 남두(南斗) 성좌를 범하였다.

고려사 권49 지3 [C]

충렬왕 21년(1295) 을미 8. 21. (계해)

/양 1295. 10. 1./

八月 癸亥 入東井

<달이> 동정(東井) 성좌로 들어갔다.

고려사 권49 지3 [C]

충렬왕 21년(1295) 을미 8. 27. (기사)

/양 1295. 10. 7./

八月 己巳 入大微

<달이> 태미원[大微]으로 들어갔다.

고려사 권49 지3 [C]

충렬왕 21년(1295) 을미 9. 2. (계유)

/양 1295. 10. 11./

九月 癸酉 太白歲星同舍

금성[太白]과 목성[歲星]이 함께 같은 성좌에 모였다.

고려사 권49 지3 [E]

충렬왕 21년(1295) 을미 9. 7. (무인)

/양 1295. 10. 16./

九月 戊寅 月入南斗

달이 남두(南斗) 성좌로 들어갔다.

고려사 권49 지3 [C]

충렬왕 21년(1295) 을미 9. 24. (을미)

/양 1295. 11. 2./

九月 乙未 入軒轅

<달이> 헌원(軒轅) 성좌로 들어갔다.

고려사 권49 지3 [C]

충렬왕 21년(1295) 을미 9. 26. (정유)

/양 1295. 11. 4./

九月 丁未 入大微
<달이> 태미원[大微]으로 들어갔다.
고려사 권49 지3 [C]

충렬왕 21년(1295) 을미 10. 4. (갑진)

/양 1295. 11. 11./

十月 甲辰 月犯太白
달이 금성[太白]을 범하였다.
고려사 권49 지3 [C]

충렬왕 21년(1295) 을미 10. 16. (병진)

/양 1295. 11. 23./

十月 丙辰 月食
월식이 있었다.
고려사 권49 지3 [B]

충렬왕 21년(1295) 을미 11. 5. (을해)

/양 1295. 12. 12./

十一月 乙亥 鎭星犯天官 太白犯哭泣
토성[鎭星]이 천관성(天官星)을 범하였고 또 금성
[太白]이 곡(哭) 성좌와 읍(泣) 성좌를 범하였다.
고려사 권49 지3 [F]

충렬왕 21년(1295) 을미 11. 11. (신사)

/양 1295. 12. 18./

十一月 辛巳 入大微
<달이> 태미원[大微]으로 들어갔다.
고려사 권49 지3 [C]

충렬왕 21년(1295) 을미 11. 27. (정유)

/양 1296. 1. 3./

十一月 丁酉 與熒惑同舍于箕
<달이> 화성[熒惑]과 함께 기(箕) 성좌에 모였다.
고려사 권49 지3 [C]

충렬왕 21년(1295) 을미 12. 12. (신해)

/양 1296. 1. 17./

十二月 辛亥 又與鎭星同舍于叅
<달이> 또 토성[鎭星]과 함께 삼(叅) 성좌에 모
였다.
고려사 권49 지3 [C]

충렬왕 21년(1295) 을미 12. 15. (갑인)

/양 1296. 1. 20./

十二月 甲寅 太白晝見三日
금성[太白]이 낮에 나타났는데, 사흘 동안 계속
되었다.
고려사 권31 세가31 ; 고려사 권49 지3 [G]

충렬왕 21년(1295) 을미 12. 29. (무진)

/양 1296. 2. 3./

十二月 戊辰 赤氣見于北方
붉은 기운이 북쪽에 나타났다.
고려사 권49 지3 [S]

충렬왕 22년(1296) 병신 1. 16. (을유)

/양 1296. 2. 20./

正月 乙酉 太白晝見
금성[太白]이 낮에 나타났다.
고려사 권31 세가31 ; 고려사 권49 지3 [G]

충렬왕 22년(1296) 병신 1. 20. (기축)

/양 1296. 2. 24./

正月 己丑 月犯氐星
달이 저(氐) 성좌를 범하였다.
고려사 권49 지3 [C]

충렬왕 22년(1296) 병신 1. 25. (갑오)

/양 1296. 2. 29./

正月 甲午 赤白氣衝天
붉고 흰 기운이 하늘에 닿았다.
고려사 권53 지7 [S]

충렬왕 22년(1296) 병신 2. 15. (계축)

/양 1296. 3. 19./

二月 癸丑 入大微
<달이> 태미원[大微]으로 들어갔다.
고려사 권49 지3 [C]

충렬왕 22년(1296) 병신 2. 22. (경신)

/양 1296. 3. 26./

二月 庚申 犯南斗
<달이> 남두(南斗) 성좌를 범하였다.
고려사 권49 지3 [C]

충렬왕 22년(1296) 병신 3. 12. (경진)

/양 1296. 4. 15./

三月 庚辰 入大微

<달이> 태미원[大微]으로 들어갔다.
고려사 권49 지3 [C]

충렬왕 22년(1296) 병신 4. 15. (계축)

/양 1296. 5. 18./

四月 癸丑 月食
월식이 있었다.
고려사 권49 지3 [B]

충렬왕 22년(1296) 병신 5. 7. (갑술)

/양 1296. 6. 8./

五月 甲戌 月入軒轅
달이 헌원(軒轅) 성좌로 들어갔다.
고려사 권49 지3 [C]

충렬왕 22년(1296) 병신 5. 16. (계미)

/양 1296. 6. 17./

五月 癸未 白虹貫北斗
흰 무지개가 북두(北斗) 성좌를 가렸다.
고려사 권49 지3 [S]

충렬왕 22년(1296) 병신 6. 19. (병진)

/양 1296. 7. 20./

六月 丙辰 太白鎭星 入東井
금성[太白]과 토성[鎭星]이 동정(東井) 성좌로
들어갔다.
고려사 권49 지3 [E]

충렬왕 22년(1296) 병신 6. 22. (기미)

/양 1296. 7. 23./

六月 己未 月犯熒惑
달이 화성[熒惑]을 범하였다.
고려사 권49 지3 [C]

충렬왕 22년(1296) 병신 6. 23. (경신)

/양 1296. 7. 24./

六月 庚申 太白鎭星入東井
금성[太白]과 토성[鎭星]이 동정(東井) 성좌로
들어갔다.
고려사 권49 지3 [E]

충렬왕 22년(1296) 병신 6. 26. (계해)

/양 1296. 7. 27./

六月 癸亥 月入東井 翼日亦如之

달이 동정(東井) 성좌로 들어갔다. 그 이튿날에
도 또한 그러하였다.
고려사 권49 지3 [C]

충렬왕 22년(1296) 병신 6. 27. (갑자)

/양 1296. 7. 28./

六月 癸亥 月入東井 翼日 亦如之
달이 동정(東井) 성좌로 들어갔다. 그 이튿날에
도 또한 그러하였다.
고려사 권49 지3 [C]

충렬왕 22년(1296) 병신 8. 28. (갑자)

/양 1296. 9. 26./

八月 甲子 月犯太白
달이 금성[太白]을 범하였다.
고려사 권49 지3 [C]

충렬왕 22년(1296) 병신 9. 18. (갑신)

/양 1296. 10. 16./

九月 甲申 犯熒惑
<달이> 화성[熒惑]을 범하였다.
고려사 권49 지3 [C]

충렬왕 22년(1296) 병신 11. 19. (갑신)

/양 1296. 12. 15./

十一月 甲申 入軒轅
<달이> 헌원(軒轅) 성좌로 들어갔다.
고려사 권49 지3 [C]

충렬왕 23년(1297) 정유 1. 9. (임신)

/양 1297. 2. 1./

正月 壬申 月犯畢星
달이 필(畢) 성좌를 범하였다.
고려사 권49 지3 [C]

충렬왕 23년(1297) 정유 2. 13. (병오)

/양 1297. 3. 7./

二月 丙午 犯軒轅
<달이> 헌원(軒轅) 성좌를 범하였다.
고려사 권49 지3 [C]

충렬왕 23년(1297) 정유 2. 18. (신해)

/양 1297. 3. 12./

二月 辛亥 彗見六日

혜성이 나타나기 시작하여 6일간 계속하였다.
고려사 권31 세가31 [H]

충렬왕 23년(1297) 정유 2. 18. (신해)

/양 1297. 3. 12./

二月 辛亥 彗見東井 六日乃滅
혜성이 동정(東井) 성좌에 나타났다가 6일 만에야 사라졌다.
고려사 권49 지3 ; 고려사절요 권21 [H]

충렬왕 23년(1297) 정유 3. 2. (갑자)

/양 1297. 3. 25./

三月 甲子 彗見
혜성이 나타났다.
고려사 권31 세가31 [H]

충렬왕 23년(1297) 정유 3. 2. (갑자)

/양 1297. 3. 25./

三月 甲子 彗見東井
혜성이 동정(東井) 성좌에 나타났다.
고려사 권49 지3 ; 고려사절요 권21 [H]

충렬왕 23년(1297) 정유 4. 1. (계사)

/양 1297. 4. 23./

夏四月 癸巳朔 日食
일식이 있었다.
고려사 권31 세가31 ; 고려사절요 권21 [A]

충렬왕 23년(1297) 정유 4. 1. (계사)

/양 1297. 4. 23./

四月 癸巳朔 日食
일식이 있었다.
고려사 권47 지1 [A]

충렬왕 23년(1297) 정유 4. 11. (계묘)

/양 1297. 5. 3./

四月 癸卯 月入大微
달이 태미원[大微]으로 들어갔다.
고려사 권49 지3 [C]

충렬왕 23년(1297) 정유 7. 4. (을축)

/양 1297. 7. 24./

秋七月 乙丑 太白晝見
금성[太白]이 낮에 나타났다.

고려사 권31 세가31 [G]

충렬왕 23년(1297) 정유 7. 4. (을축)

/양 1297. 7. 24./

七月 乙丑 太白晝見
금성[太白]이 낮에 나타났다.
고려사 권49 지3 [G]

충렬왕 23년(1297) 정유 7. 12. (계유)

/양 1297. 8. 1./

七月 癸酉 月入南斗
달이 남두(南斗) 성좌로 들어갔다.
고려사 권49 지3 [C]

충렬왕 23년(1297) 정유 7. 25. (병술)

/양 1297. 8. 14./

七月 丙戌 太白熒惑同舍
금성[太白]과 화성[熒惑]이 같은 성좌에 모였다.
고려사 권49 지3 [E]

충렬왕 23년(1297) 정유 7. 28. (기축)

/양 1297. 8. 17./

七月 己丑 太白犯熒惑
금성[太白]이 화성[熒惑]을 범하였다.
고려사 권49 지3 [D]

충렬왕 23년(1297) 정유 10. 16. (을사)

/양 1297. 11. 1./

冬十月 乙巳 太白晝見經天
금성[太白]이 낮에 나타나 남쪽하늘에서 보였다.
고려사 권31 세가31 [G]

충렬왕 23년(1297) 정유 10. 16. (을사)

/양 1297. 11. 1./

十月 乙巳 太白晝見經天
금성[太白]이 낮에 나타나 남쪽하늘에서 보였다.
고려사 권49 지3 [G]

충렬왕 23년(1297) 정유 10. 25. (갑인)

/양 1297. 11. 10./

十月 甲寅 月入大微
달이 태미원[大微]으로 들어갔다.
고려사 권49 지3 [C]

충렬왕 23년(1297) 정유 12. 17. (병오)

/양 1298. 1. 1./

十二月 丙午 入軒轅

<달이> 헌원(軒轅) 성좌로 들어갔다.

고려사 권49 지3 [C]

충렬왕 23년(1297) 정유 12. 25. (갑인)

/양 1298. 1. 9./

十二月 甲寅 犯心星

<달이> 심(心) 성좌를 범하였다.

고려사 권49 지3 [C]

충렬왕 23년(1298) 무술 2. 4. (신유)

/양 1298. 3. 17./

二月 辛酉 太白歲星相犯

금성[太白]과 목성[歲星]이 서로 범하였다.

고려사 권49 지3 [D]

충렬왕 23년(1298) 무술 2. 8. (을축)

/양 1298. 3. 21./

二月 乙丑 月犯五諸侯209)南第二星

달이 오제후(五諸侯) 성좌의 남쪽 둘째 별을 범하였다.

고려사 권49 지3 [C]

충렬왕 23년(1298) 무술 2. 19. (병자)

/양 1298. 4. 1./

二月 丙子 掩心星

<달이> 심(心) 성좌를 가렸다.

고려사 권49 지3 [C]

충렬왕 23년(1298) 무술 4. 7. (계해)

/양 1298. 5. 18./

四月 癸亥 入軒轅

<달이> 헌원(軒轅) 성좌로 들어가다.

고려사 권49 지3 [C]

충렬왕 23년(1298) 무술 6. 13. (무진)

/양 1298. 7. 22./

六月 戊辰 犯南斗

<달이> 남두(南斗) 성좌를 범하였다.

고려사 권49 지3 [C]

충렬왕 23년(1298) 무술 6. 26. (신사)

/양 1298. 8. 4./

六月 辛巳 犯五諸侯210)

<달이> 오제후(五諸侯) 성좌를 범하였다.

고려사 권49 지3 [C]

충렬왕 23년(1298) 무술 8. 15. (기사)

/양 1298. 9. 21./

八月 己巳 月食旣

개기 월식이 있었다.

고려사 권49 지3 [B]

충렬왕 24년(1298) 무술 10. 3. (병진)

/양 1298. 11. 7./

十月 丙辰 流星出參入畢

유성(流星)이 삼(參) 성좌에서 나와 필(畢) 성좌로 들어갔다.

고려사 권49 지3 [R]

충렬왕 24년(1298) 무술 10. 9. (임술)

/양 1298. 11. 13./

十月 壬戌 月入羽林與歲星同舍

달이 우림(羽林) 성좌로 들어가서 목성[歲星]과 함께 모였다.

고려사 권49 지3 [C]

충렬왕 24년(1298) 무술 10. 25. (무인)

/양 1298. 11. 29./

十月 戊寅 流星出輿鬼入紫微

유성(流星)이 여귀(輿鬼) 성좌에서 나와 자미원(紫微垣)으로 들어갔다.

고려사 권49 지3 [R]

충렬왕 24년(1298) 무술 10. 28. (신사)

/양 1298. 12. 2./

十月 辛巳 流星出翼星入大微

유성(流星)이 익(翼) 성좌에서 나와 태미원[大微]으로 들어갔다.

고려사 권49 지3 [R]

충렬왕 24년(1298) 무술 11. 20. (계묘)

/양 1298. 12. 24./

---

209) 五諸侯(오제후): 오제후 성좌-2임.

210) 五諸侯(오제후): 오제후 성좌-2임.

十一月 癸卯 月入大微
달이 태미원[大微]으로 들어갔다.
고려사 권49 지3 [C]

충렬왕 24년(1298) 무술 11. 21. (갑신)

/양 1298. 12. 25./

十一月 甲辰 熒惑犯五諸侯
화성[熒惑]이 오제후(五諸侯) 성좌를 범하였다.
고려사 권49 지3 [F]

충렬왕 24년(1298) 무술 12. 4. (정사)

/양 1299. 1. 7./

十二月 丁巳 月犯歲星
달이 목성[歲星]을 범하였다.
고려사 권49 지3 [C]

충렬왕 24년(1298) 무술 12. 4. (정사)

/양 1299. 1. 7./

十二月 丁巳 日旁有赤氣
태양 곁에 붉은 기운이 있었다.
고려사 권47 지1 [O]

충렬왕 24년(1298) 무술 12. 21. (갑술)

/양 1299. 1. 24./

十二月 甲戌 彗星見南方
혜성이 남쪽에 나타났다.
고려사 권31 세가31 ; 고려사 권49 지3 [H]

충렬왕 24년(1298) 무술 12. 21. (갑술)

/양 1299. 1. 24./

十二月 甲戌 彗見南方
혜성이 남쪽에 나타났다.
고려사절요 권22 [H]

충렬왕 25년(1299) 기해 1. 4. (병술)

/양 1299. 2. 5./

正月 丙戌 太白貫月
금성[太白]이 달을 가로질러 갔다.
고려사 권49 지3 [C]

충렬왕 25년(1299) 기해 1. 10. (임진)

/양 1299. 2. 11./

春正月 壬辰 太白晝見
금성[太白]이 낮에 나타났다.

고려사 권31 세가31 [G]

충렬왕 25년(1299) 기해 1. 10. (임진)

/양 1299. 2. 11./

正月 壬辰 晝見
<금성[太白]이> 낮에 나타났다.
고려사 권49 지3 [G]

충렬왕 25년(1299) 기해 8. 1. (기유)

/양 1299. 8. 27./

八月 己酉朔 日食
일식이 있었다.
고려사 권31 세가31 ; 고려사 권47 지1 ; 고려사절요
권22 [A]

충렬왕 27년(1301) 신축 8. 12. (무인)

/양 1301. 9. 14./

八月 戊寅 彗星見于北斗
혜성이 북두(北斗) 성좌에 나타났다.
고려사 권32 세가32 [H]

충렬왕 27년(1301) 신축 8. 12. (무인)

/양 1301. 9. 14./

八月 戊寅 彗星見于北斗紫微
혜성이 북두(北斗) 성좌와 자미(紫微) 성좌에
나타났다.
고려사 권49 지3 [H]

충렬왕 27년(1301) 신축 8. 12. (무인)

/양 1301. 9. 14./

八月 戊寅 彗見于北斗
혜성이 북두(北斗) 성좌에 나타났다.
고려사절요 권22 [H]

충렬왕 27년(1301) 신축 8. 16. (임오)

/양 1301. 9. 18./

八月 壬午 彗見于北斗
혜성이 북두(北斗) 성좌에 나타났다.
고려사 권32 세가32 [H]

충렬왕 27년(1301) 신축 8. 16. (임오)

/양 1301. 9. 18./

八月 壬午 見于北斗
<혜성이> 북두(北斗) 성좌에 나타났다.

고려사 권49 지3 [H]

충렬왕 27년(1301) 신축 8. 16. (임오)

/양 1301. 9. 18./

八月 壬午 亦如之
또 <혜성이 북두 성좌에 나타났다>.
고려사절요 권22 [H]

충렬왕 27년(1301) 신축 8. 29. (을미)

/양 1301. 10. 1./

八月 乙未 彗星見于上台 入天市垣
혜성이 상태(上台) 성좌에 나타났다가 천시원
(天市垣)에 들어갔다.
고려사 권32 세가32 [H]

충렬왕 27년(1301) 신축 8. 29. (을미)

/양 1301. 10. 1./

八月 乙未 見于上台 入天市垣
<혜성이> 상태(上台) 성좌에 나타났다가 천시
원(天市垣)에 들어갔다.
고려사 권49 지3 [H]

충렬왕 27년(1301) 신축 8. 29. (을미)

/양 1301. 10. 1./

八月 乙未 彗見于上台
혜성이 상태(上台) 성좌에 나타났다.
고려사절요 권22 [H]

충렬왕 27년(1301) 신축 9. 6. (임인)

/양 1301. 10. 8./

九月 壬寅 月入南斗
달이 남두(南斗) 성좌로 들어갔다.
고려사 권49 지3 [C]

충렬왕 27년(1301) 신축 9. 7. (계묘)

/양 1301. 10. 9./

九月 癸卯 彗星見于天市垣 天狗隕地
혜성이 천시원(天市垣)에 나타났다. 천구(天狗)
가 땅에 떨어졌다.
고려사 권32 세가32 ; 고려사 권49 지3 [H] [R]

충렬왕 27년(1301) 신축 9. 7. (계묘)

/양 1301. 10. 9./

九月 癸卯 彗見于天市垣

혜성이 천시원(天市垣)에 나타났다.
고려사절요 권22 [H]

충렬왕 27년(1301) 신축 10. 21. (병술)

/양 1301. 11. 21./

十月 丙戌 五色虹圍日 長三尺許 日沒猶未滅
5색 무지개가 태양을 둘러싸고 있었는데 그 길
이는 3척쯤 되었으며 태양이 진 후에도 사라지
지 않았다.
고려사 권47 지1 [O]

충렬왕 27년(1301) 신축 12. 15. (경진)

/양 1302. 1. 14./

十二月 庚辰 月食
월식이 있었다.
고려사 권49 지3 [B]

충렬왕 28년(1302) 임인 6. 1. (계해)

/양 1302. 6. 26./

六月 癸亥朔 日食 雨不見
일식이 있었으나 비가 와서 보이지 않았다.
고려사 권32 세가32 [A]

충렬왕 28년(1302) 임인 6. 1. (계해)

/양 1302. 6. 26./

六月 癸亥朔 日食 陰雨不見
일식이 있었으나 구름이 끼고 비가 와서 보이
지 않았다.
고려사 권47 지1 ; 고려사절요 권22 [A]

충렬왕 28년(1302) 임인 7. 8. (경자)

/양 1302. 8. 2./

七月 庚子 月犯太白
달이 금성[太白]을 범하였다.
고려사 권49 지3 [C]

충렬왕 29년(1303) 계묘 2. 10. (무진)

/양 1303. 2. 26./

二月 戊辰 月入東井
달이 동정(東井) 성좌로 들어갔다.
고려사 권49 지3 [C]

충렬왕 29년(1303) 계묘 2. 12. (경오)

/양 1303. 2. 28./

二月 庚午 與歲星同舍 又與歲星光芒相射
달이 목성[歲星]과 함께 같은 성좌에 모였는데
달과 목성[歲星]이 그 빛들을 서로 반사하였다.
고려사 권49 지3 [C]

충렬왕 29년(1303) 계묘 2. 17. (을해)

/양 1303. 3. 5./

二月 乙亥 熒惑鎭星逆行 入大微端門中 熒惑犯
鎭星
화성[熒惑]과 토성[鎭星]이 역행(逆行)하여 태미
원[大微]의 단문(端門)으로 들어갔고 또 화성[熒
惑]은 토성[鎭星]을 범하였다.
고려사 권49 지3 [D] [E]

충렬왕 29년(1303) 계묘 4. 15. (계유)

/양 1303. 5. 2./

四月 癸酉 月犯心星
달이 심(心) 성좌를 범하였다.
고려사 권49 지3 [C]

충렬왕 29년(1303) 계묘 윤5. 1. (무오)

/양 1303. 6. 16./

閏月 戊午朔 日食
일식이 있었다.
고려사 권32 세가32 [A]

충렬왕 29년(1303) 계묘 윤5. 1. (무오)

/양 1303. 6. 16./

閏五月 戊午朔 日食
일식이 있었다.
고려사 권47 지1 ; 고려사절요 권22 [A]

충렬왕 29년(1303) 계묘 7. 19. (을해)

/양 1303. 9. 1./

七月 乙亥 歲星入軒轅
목성[歲星]이 헌원(軒轅) 성좌로 들어갔다.
고려사 권49 지3 [F]

충렬왕 29년(1303) 계묘 8. 1. (병술)

/양 1303. 9. 12./

八月 丙戌朔 熒惑入房
화성[熒惑]이 방(房) 성좌로 들어갔다.
고려사 권49 지3 [F]

충렬왕 29년(1303) 계묘 8. 14. (기해)

/양 1303. 9. 25./

八月 己亥 太白入氐
금성[太白]이 저(氐) 성좌로 들어갔다.
고려사 권49 지3 [F]

충렬왕 29년(1303) 계묘 8. 17. (임인)

/양 1303. 9. 28./

八月 壬寅 白氣見于西北橫亘東南
흰 기운이 서북쪽에서 나타나 동남쪽으로 가로
지르며 퍼졌다.
고려사 권54 지8 [S]

충렬왕 29년(1303) 계묘 8. 24. (기유)

/양 1303. 10. 5./

八月 己酉 月犯房星
달이 방(房) 성좌를 범하였다.
고려사 권49 지3 [C]

충렬왕 29년(1303) 계묘 9. 21. (을해)

/양 1303. 10. 31./

九月 乙亥 太白犯南斗
금성[太白]이 남두(南斗) 성좌를 범하였다.
고려사 권49 지3 [F]

충렬왕 29년(1303) 계묘 10. 14. (무술)

/양 1303. 11. 23./

十月 戊戌 月犯昴星
달이 묘(昴) 성좌를 범하였다.
고려사 권49 지3 [C]

충렬왕 29년(1303) 계묘 11. 1. (갑인)

/양 1303. 12. 9./

十一月 甲寅朔 太白犯犯哭
금성[太白]이 곡(哭) 성좌를 범하였다.
고려사 권49 지3 [F]

충렬왕 29년(1303) 계묘 11. 6. (기미)

/양 1303. 12. 14./

十一月 己未 太白晝見
금성[太白]이 낮에 나타났다.
고려사 권32 세가32 ; 고려사 권49 지3 [G]

충렬왕 29년(1303) 계묘 12. 10. (계사)

/양 1304. 1. 17./

十二月 癸巳 月犯昴星
달이 묘(昴) 성좌를 범하였다.
고려사 권49 지3 [C]

충렬왕 29년(1303) 계묘 12. 13. (병신)

/양 1304. 1. 20./

十二月 丙申 入東井
<달이> 동정(東井) 성좌로 들어갔다.
고려사 권49 지3 [C]

충렬왕 29년(1303) 계묘 12. 20. (계묘)

/양 1304. 1. 27./

十二月 癸卯 太白晝見
금성[太白]이 낮에 나타났다.
고려사 권32 세가32 ; 고려사 권49 지3 [G]

충렬왕 29년(1303) 계묘 12. 21. (갑진)

/양 1304. 1. 28./

十二月 甲辰 赤氣見于坤方
붉은 기운이 서남쪽에 나타났다.
고려사 권53 지7 [S]

충렬왕 29년(1303) 계묘 12. 27. (경술)

/양 1304. 2. 3./

十二月 庚戌 彗星見西方
혜성이 서쪽에 나타났다.
고려사 권32 세가32 ; 고려사 권49 지3 [H]

충렬왕 29년(1303) 계묘 12. 27. (경술)

/양 1304. 2. 3./

十二月 庚戌 彗見西方
혜성이 서쪽에 나타났다.
고려사절요 권22 [H]

충렬왕 30년(1304) 갑진 1. 2. (갑인)

/양 1304. 2. 7./

正月 甲寅 彗見于奎
혜성이 규(奎) 성좌에 나타났다.
고려사 권49 지3 [H]

충렬왕 30년(1304) 갑진 1. 2. (갑인)

/양 1304. 2. 7./

春正月 甲寅 彗見于奎
혜성이 규(奎) 성좌에 나타났다.

고려사 권32 세가32 ; 고려사절요 권22 [H]

충렬왕 30년(1304) 갑진 1. 2. (갑인)

/양 1304. 2. 7./

自圖 天文以獻 日者皆取法焉
<오윤부(伍允孚)가> 스스로 천문도(天文圖)를 작성하여 왕에게 바쳤던바 일관(日官)들은 모두 그것을 법으로 하여 사용하였다.
고려사 권122 열전35 오윤부 [W]

충렬왕 30년(1304) 갑진 1. 2. (갑인)

/양 1304. 2. 7./

嘗自圖 天文以獻 日者皆取法焉
<오윤부(伍允孚)가> 스스로 천문도(天文圖)를 작성하여 왕에게 바쳤던바 일관(日官)들은 모두 그것을 법으로 하여 사용하였다.
고려사절요 권22 [W]

충렬왕 30년(1304) 갑진 1. 13. (을축)

/양 1304. 2. 18./

正月 乙丑 月暈井鬼
정(井) 성좌와 귀(鬼) 성좌에서 달무리가 있었다.
고려사 권49 지3 [P]

충렬왕 30년(1304) 갑진 4. 2. (계미)

/양 1304. 5. 6./

四月 癸未 太白晝見 鎭星犯大微
금성[太白]이 낮에 나타났다. 토성[鎭星]이 태미원[大微]을 범하였다.
고려사 권49 지3 [G] [F]

충렬왕 30년(1304) 갑진 4. 2. (계미)

/양 1304. 5. 6./

四月 癸未 太白晝見
금성[太白]이 낮에 나타났다.
고려사 권32 세가32 [G]

충렬왕 30년(1304) 갑진 4. 5. (병술)

/양 1304. 5. 9./

四月 丙戌 月入東井
달이 동정(東井) 성좌로 들어갔다.
고려사 권49 지3 [C]

충렬왕 30년(1304) 갑진 5. 1. (임자)

/양 1304. 6. 4./

五月 壬子朔 日食
일식이 있었다.
고려사 권32 세가32 ; 고려사 권47 지1 ; 고려사절요
권22 [A]

충렬왕 30년(1304) 갑진 5. 11. (임술)

/양 1304. 6. 14./

五月 壬戌 流星出紫微入虛危閒
유성(流星)이 자미원(紫微垣)에서 나와 허(虛)
성좌와 위(危) 성좌 사이로 들어갔다.
고려사 권49 지3 [R]

충렬왕 30년(1304) 갑진 7. 18. (무진)

/양 1304. 8. 19./

七月 戊辰 太白熒惑同舍
금성[太白]과 화성[熒惑]이 함께 같은 성좌에 모
였다.
고려사 권49 지3 [E]

충렬왕 30년(1304) 갑진 10. 18. (병신)

/양 1304. 11. 15./

十月 丙申 熒惑犯左執法
화성[熒惑]이 좌집법성(左執法星)을 범하였다.
고려사 권49 지3 [F]

충렬왕 30년(1304) 갑진 11. 15. (계해)

/양 1304. 12. 12./

十一月 癸亥 月犯鉞星 又犯東井南轅第二星
달이 월(鉞) 성좌를 범하였고 또 동정(東井) 성
좌의 남원(南轅) 둘째 별을 범하였다.
고려사 권49 지3 [C]

충렬왕 30년(1304) 갑진 11. 27. (을해)

/양 1304. 12. 24./

十一月 乙亥 彗見虛危閒
혜성이 허(虛) 성좌와 위(危) 성좌의 두 성좌
사이에 나타났다.
고려사 권32 세가32 ; 고려사 권49 지3 ; 고려사절요
권22 [H]

충렬왕 30년(1304) 갑진 12. 1. (무인)

/양 1304. 12. 27./

충렬왕 30년(1304) 갑진 12. (무인)

十二月 戊寅 彗星犯虛
혜성이 허(虛) 성좌를 범하였다.
고려사 권49 지3 [H]

충렬왕 30년(1304) 갑진 12. 3. (경진)

/양 1304. 12. 29./

十二月 庚辰 貫虛
<혜성이> 허(虛) 성좌를 가렸다.
고려사 권49 지3 [H]

충렬왕 30년(1304) 갑진 12. 4. (신사)

/양 1304. 12. 30./

十二月 辛巳 入危
<혜성이> 위(危) 성좌로 들어갔다.
고려사 권49 지3 [H]

충렬왕 31년(1305) 을사 1. 16. (계해)

/양 1305. 2. 10./

正月 癸亥 熒惑入氐
화성[熒惑]이 저(氐) 성좌로 들어갔다.
고려사 권49 지3 [F]

충렬왕 31년(1305) 을사 1. 27. (갑술)

/양 1305. 2. 21./

正月 甲戌 歲星逆行 犯東藩上相
목성[歲星]이 역행(逆行)하여 동번(東藩) 성좌의
상상성(上相星)을 범하였다.
고려사 권49 지3 [F]

충렬왕 31년(1305) 을사 2. 9. (을유)

/양 1305. 3. 4./

二月 乙酉 月犯鉞星
달이 월성(鉞星)을 범하였다.
고려사 권49 지3 [C]

충렬왕 31년(1305) 을사 2. 27. (계묘)

/양 1305. 3. 22./

二月 癸卯 歲星入大微左掖門
목성[歲星]이 태미원[大微]의 좌액문(左掖門)으로
들어갔다.
고려사 권49 지3 [F]

충렬왕 31년(1305) 을사 3. 18. (갑자)

/양 1305. 4. 12./

三月 甲子 又犯左執法
또 <목성[歲星]이> 좌집법성(左執法星)을 범하
였다.
고려사 권49 지3 [F]

충렬왕 31년(1305) 을사 4. 3. (무인)

/양 1305. 4. 26./

四月 戊寅 熒惑犯亢
화성[熒惑]이 항(亢) 성좌를 범하였다.
고려사 권49 지3 [F]

충렬왕 31년(1305) 을사 4. 5. (경진)

/양 1305. 4. 28./

四月 庚辰 又犯東井
<화성[熒惑]이> 또 동정(東井) 성좌를 범하였다.
고려사 권49 지3 [F]

충렬왕 31년(1305) 을사 4. 16. (신묘)

/양 1305. 5. 9./

四月 辛卯 月食
월식이 있었다.
고려사 권49 지3 [B]

충렬왕 31년(1305) 을사 5. 16. (신유)

/양 1305. 6. 8./

五月 辛酉 歲星犯左執法
목성[歲星]이 좌집법성(左執法星)을 범하였다.
고려사 권49 지3 [F]

충렬왕 31년(1305) 을사 6. 9. (갑신)

/양 1305. 7. 1./

六月 甲申 月與熒惑同舍
달이 화성[熒惑]과 함께 같은 성좌에 모였다.
고려사 권49 지3 [C]

충렬왕 31년(1305) 을사 10. 9. (임오)

/양 1305. 10. 27./

十月 壬午 太白掩角左星
금성[太白]이 좌각성(左角星)을 가렸다.
고려사 권49 지3 [F]

충렬왕 31년(1305) 을사 10. 28. (신축)

/양 1305. 11. 15./

冬十月 辛丑 太白晝見

금성[太白]이 낮에 나타났다.
고려사 권32 세가32 [G]

충렬왕 31년(1305) 을사 10. 28. (신축)

/양 1305. 11. 15./

十月 辛丑 太白晝見
금성[太白]이 낮에 나타났다.
고려사 권49 지3 [G]

충렬왕 31년(1305) 을사 11. 29. (신미)

/양 1305. 12. 15./

十一月 辛未 雙虹夾日
쌍무지개가 태양을 사이에 끼고 있었다.
고려사 권47 지1 [O]

충렬왕 32년(1306) 병오 1. 20. (신유)

/양 1306. 2. 3./

正月 辛酉 虹夾日 五色交輝
무지개가 태양을 사이에 끼고 있었는데 5색이
번갈아 빛났다.
고려사 권47 지1 [O]

충렬왕 32년(1306) 병오 윤1 2. (계유)

/양 1306. 2. 15./

閏正月 癸酉 太白犯牽牛
금성[太白]이 견우(牽牛) 성좌를 범하였다.
고려사 권49 지3 [F]

충렬왕 32년(1306) 병오 3. 1. (신미)

/양 1306. 4. 14./

三月 辛未朔 日食
일식이 있었다.
고려사 권32 세가32 ; 고려사절요 권23 [A]

충렬왕 32년(1306) 병오 3. 1. (신미)

/양 1306. 4. 14./

三月 癸未朔[211] 日食
일식이 있었다.
고려사 권47 지1 [A]

---

211) 계미삭(癸未朔): 계미일은 3/13임. 고려사 권32와 고려사절요
　　권23에는 신미일로 기록되어 있음. 일식은 삭일에 일어나므
　　로 신미일이 맞음.

충렬왕 32년(1306) 병오 3. 16. (병술)

/양 1306. 4. 29./

三月 丙戌 月食
월식이 있었다.
고려사 권49 지3 [B]

충렬왕 32년(1306) 병오 4. 1. (경자)

/양 1306. 5. 13./

四月 庚子 歲星犯亢
목성[歲星]이 항(亢) 성좌를 범하였다.
고려사 권49 지3 [F]

충렬왕 32년(1306) 병오 4. 12. (신해)

/양 1306. 5. 24./

四月 辛亥 月犯角左星
달이 좌각성(左角星)을 범하였다.
고려사 권49 지3 [C]

충렬왕 32년(1306) 병오 4. 21. (경신)

/양 1306. 6. 2./

四月 庚申 鎭星入亢
토성[鎭星]이 항(亢) 성좌로 들어갔다.
고려사 권49 지3 [F]

충렬왕 32년(1306) 병오 6. 13. (신해)

/양 1306. 7. 23./

六月 辛亥 月犯南斗
달이 남두(南斗) 성좌를 범하였다.
고려사 권49 지3 [C]

충렬왕 32년(1306) 병오 7. 5. (계유)

/양 1306. 8. 14./

七月 癸酉 又犯軒轅左角
<달이> 또 헌원(軒轅) 성좌의 왼쪽 뿔[左角]을
범하였다.
고려사 권49 지3 [C]

충렬왕 32년(1306) 병오 7. 7. (을해)

/양 1306. 8. 16./

七月 乙亥 犯氐
<달이> 저(氐) 성좌를 범하였다.
고려사 권49 지3 [C]

충렬왕 32년(1306) 병오 7. 8. (병자)

/양 1306. 8. 17./

七月 丙子 又犯房上相
<달이> 또 방(房) 성좌의 상상성(上相星)을 범하
였다.
고려사 권49 지3 [C]

충렬왕 32년(1306) 병오 8. 7. (을사)

/양 1306. 9. 15./

八月 乙巳 歲星犯氐 辰星犯右執法
목성[歲星]이 저(氐) 성좌를 범하였으며 또 수
성[辰星]이 우집법성(右執法星)을 범하였다.
고려사 권49 지3 [F]

충렬왕 32년(1306) 병오 8. 11. (기유)

/양 1306. 9. 19./

八月 乙酉212) 又犯左執法
또 <수성[辰星]이> 좌집법성(左執法星)을 범하
였다.
고려사 권49 지3 [F]

충렬왕 32년(1306) 병오 8. 17. (을묘)

/양 1306. 9. 25./

八月 乙卯 熒惑犯西藩上將
화성[熒惑]이 서번(西藩) 성좌의 상장성(上將星)을
범하였다.
고려사 권49 지3 [F]

충렬왕 32년(1306) 병오 9. 3. (경오)

/양 1306. 10. 10./

九月 庚午 又犯右執法
또 <화성[熒惑]이> 또 우집법성(右執法星)을 범
하였다.
고려사 권49 지3 [F]

충렬왕 32년(1306) 병오 9. 15. (임오)

/양 1306. 10. 22./

九月 月食 熒惑犯右執法
월식이 있었다. 화성(火星)이 우집법성(右執法星)을
범하였다.
고려사 권49 지3 [B] [F]

---

212) 8월에 을유일이 없으며 을사일(8/7)과 을묘일(8/17)의 중간에
있는 것으로 보아 기유일(8/11)의 오기(誤記)로 사료됨.

충렬왕 32(1306) 병오 10. 8. (을사)

/양 1306. 11. 14./

十月 乙巳 熒惑犯進賢 鎭星入氐
화성[熒惑]이 진현성(進賢星)을 범하였으며 또
토성[鎭星]이 저(氐) 성좌로 들어갔다.
고려사 권49 지3 [F] [F]

충렬왕 32(1306) 병오 10. 10. (정미)

/양 1306. 11. 16./

十月 丁未 日有兩珥 又北有輝
태양의 양쪽에 귀고리가 있었으며 또 북쪽에
광채가 있었다.
고려사 권47 지1 [O]

충렬왕 32(1306) 병오 10. 16. (계축)

/양 1306. 11. 22./

十月 癸丑 月犯東井南轅
달이 동정(東井) 성좌의 남쪽의 별들[南轅]을
범하였다.
고려사 권49 지3 [C]

충렬왕 32(1306) 병오 10. 19. (병진)

/양 1306. 11. 25./

十月 丙辰 月暈井鬼柳星
정(井) 성좌, 귀(鬼) 성좌, 류(柳) 성좌, 성(星)
성좌에 달무리가 있었다.
고려사 권49 지3 [P]

충렬왕 32(1306) 병오 10. 25. (임술)

/양 1306. 12. 1./

十月 壬戌 月與熒惑同舍
달이 화성[熒惑]과 함께 같은 성좌에 모였다.
고려사 권49 지3 [C]

충렬왕 32(1306) 병오 11. 3. (경오)

/양 1306. 12. 9./

十一月 庚午 歲星入房上相
목성[歲星]이 방(房) 성좌의 상상성(上相星)으로
들어갔다.
고려사 권49 지3 [F]

충렬왕 32(1306) 병오 12. 12. (무신)

/양 1307. 1. 16./

十二月 戊申 鎭星舍氐

토성[鎭星]이 저(氐) 성좌에 머물렀다.
고려사 권49 지3 [F]

충렬왕 33(1307) 정미 2. 3. (무술)

/양 1307. 3. 7./

二月 戊戌 太白晝見
금성[太白]이 낮에 나타났다.
고려사 권32 세가32 ; 고려사 권49 지3 [G]

충렬왕 33(1307) 정미 2. 8. (계묘)

/양 1307. 3. 12./

二月 癸卯 月入東井 太白犯昴
달이 동정(東井) 성좌로 들어갔다. 금성[太白]이
묘(昴) 성좌를 범하였다.
고려사 권49 지3 [C] [F]

충렬왕 33(1307) 정미 2. 18. (계축)

/양 1307. 3. 22./

二月 癸丑 月入氐 與鎭星同舍
달이 저(氐) 성좌로 들어가서 토성[鎭星]과 함
께 같은 성좌에 모였다.
고려사 권49 지3 [C]

충렬왕 33(1307) 정미 2. 23. (무오)

/양 1307. 3. 27./

二月 戊午 東西有赤氣
동쪽과 서쪽에 붉은 기운이 나타났다.
고려사 권53 지7 [S]

충렬왕 33(1307) 정미 6. 17. (기유)

/양 1307. 7. 16./

六月 己酉 白虹貫紫微北斗
흰 무지개가 자미원(紫微垣)의 북두(北斗) 성좌
를 가렸다.
고려사 권49 지3 [O]

충렬왕 33(1307) 정미 6. 26. (무오)

/양 1307. 7. 25./

六月 戊午 月與太白同舍
달이 금성[太白]과 함께 같은 성좌에 모였다.
고려사 권49 지3 [C]

충렬왕 33년(1307) 정미 6. 27. (기미)

/양 1307. 7. 26./

六月 己未 又入東井
<달이> 또 동정(東井) 성좌로 들어갔다.
고려사 권49 지3 [C]

충렬왕 33년(1307) 정미 6. 30. (임술)

/양 1307. 7. 29./

六月 壬戌 太白入東井
금성[太白]이 동정(東井) 성좌로 들어갔다.
고려사 권49 지3 [F]

충렬왕 33년(1307) 정미 7. 8. (경오)

/양 1307. 8. 6./

七月 庚午 月入氐 翼日 又入房上相 皆與鎭星同舍
달이 저(氐) 성좌로 들어갔고 그 다음날(7/9),
<달은> 또 방(房) 성좌의 상상성(上相星)으로
들어갔는데 다 토성[鎭星]과 함께 같은 성좌에
모였다.
고려사 권49 지3 [C]

충렬왕 33년(1307) 정미 7. 8. (경오)

/양 1307. 8. 6./

七月庚午月入氐 翼日又入房上相 皆與鎭星同舍
달이 저(氐) 성좌로 들어갔고 또 그 다음날, 달은
또 방(房) 성좌의 상상성(上相星)으로 들어갔는데
다 토성[鎭星]과 함께 같은 성좌에 모였다.
고려사 권49 지3 [C]

충렬왕 33년(1307) 정미 7. 26. (무자)

/양 1307. 8. 24./

秋七月 戊子 彗星見于尾
혜성이 미(尾) 성좌에 나타났다.
고려사 권32 세가32 ; 고려사절요 권23 [H]

충렬왕 33년(1307) 정미 7. 26. (무자)

/양 1307. 8. 24./

七月 戊子 彗星見于尾
혜성이 미(尾) 성좌에 나타났다.
고려사 권49 지3 [H]

충렬왕 33년(1307) 정미 7. 28. (경인)

/양 1307. 8. 26./

七月 庚寅 熒惑 入南斗 太白犯輿鬼

화성[熒惑]이 남두(南斗) 성좌로 들어갔으며 또
금성[太白]이 여귀(輿鬼) 성좌를 범하였다.
고려사 권49 지3 [F]

충렬왕 33년(1307) 정미 8. 4. (병신)

/양 1307. 9. 1./

八月 丙 申熒惑入南斗
화성[熒惑]이 남두(南斗) 성좌로 들어갔다.
고려사 권49 지3 [F]

충렬왕 33년(1307) 정미 8. 18. (경술)

/양 1307. 9. 15./

八月 庚戌 太白犯軒轅
금성[太白]이 헌원(軒轅) 성좌를 범하였다.
고려사 권49 지3 [F]

충렬왕 33년(1307) 정미 9. 5. (병인)

/양 1307. 10. 1./

九月 丙寅 太白犯西藩上將
금성[太白]이 서번(西藩) 성좌의 상장성(上將星)
을 범하였다.
고려사 권49 지3 [F]

충렬왕 33년(1307) 정미 9. 20. (신사)

/양 1307. 10. 16./

九月 辛巳 月入東井
달이 동정(東井) 성좌로 들어갔다.
고려사 권49 지3 [C]

충렬왕 33년(1307) 정미 10. 8. (기해)

/양 1307. 11. 3./

十月 己亥 熒惑犯哭星
화성[熒惑]이 곡(哭) 성좌를 범하였다.
고려사 권49 지3 [F]

충렬왕 33년(1307) 정미 11. 4. (을축)

/양 1307. 11. 29./

十一月 乙丑 月犯牽牛
달이 견우(牽牛) 성좌를 범하였다.
고려사 권49 지3 [C]

충렬왕 33년(1307) 정미 11. 11. (임신)

/양 1307. 12. 6./

十一月 壬申 歲星與太白同舍于心

목성[歲星]이 금성[太白]과 함께 심(心) 성좌에 모였다.
고려사 권49 지3 [E]

충렬왕 33년(1307) 정미 11. 25. (병술)

/양 1307. 12. 20./

十一月 丙戌 月犯氐星
달이 저(氐) 성좌를 범하였다.
고려사 권49 지3 [C]

충렬왕 33년(1307) 정미 11. 26. (정해)

/양 1307. 12. 21./

十一月 丁亥 與鎭星犯房
<달이> 토성[鎭星]과 함께 방(房) 성좌를 범하였다.
고려사 권49 지3 [C]

충렬왕 33년(1307) 정미 11. 28. (기축)

/양 1307. 12. 23./

十一月 己丑 太白歲星同舍 又犯辰星
금성[太白]과 목성[歲星]이 같은 성좌에 모였다. 또 <달이> 수성[辰星]을 범하였다.
고려사 권49 지3 [E] [C]

충렬왕 33년(1307) 정미 12. 10. (신축)

/양 1308. 1. 4./

十二月 辛丑 月犯畢
달이 필(畢) 성좌를 범하였다.
고려사 권49 지3 [C]

충렬왕 33년(1307) 정미 12. 12. (계묘)

/양 1308. 1. 6./

十二月 癸卯 又犯東井 鎭星犯房
<달이> 또 동정(東井) 성좌를 범하였다. 토성[鎭星]이 방(房) 성좌를 범하였다.
고려사 권49 지3 [C] [F]

충렬왕 34년(1308) 무신 1. 5. (을축)

/양 1308. 1. 28./

正月 乙丑 月犯熒惑
달이 화성[熒惑]을 범하였다.
고려사 권49 지3 [C]

충렬왕 34년(1308) 무신 2. 3. (계사)

/양 1308. 2. 25./

二月 癸巳 隕石于漳州 聲如雷
장주에 운석(隕石)이 떨어졌는데 그 소리가 우레 소리와 같았다.
고려사 권54 지8 [R]

충렬왕 34년(1308) 무신 2. 14. (갑진)

/양 1308. 3. 7./

二月 甲辰 歲星犯立星
목성[歲星]이 입(立) 성좌를 범하였다.
고려사 권49 지3 [F]

충렬왕 34년(1308) 무신 8. 16. (임인)

/양 1308. 9. 1./

八月 壬寅 月食
월식이 있었다.
고려사 권49 지3 [B]

충렬왕 34년(1308) 무신 11. 20. (을해)

/양 1308. 12. 3./

十一月 乙亥 熒惑氐星相犯 鎭星與辰星同舍
화성[熒惑]과 저(氐) 성좌가 서로 범하였고, 또 토성[鎭星]이 수성[辰星]과 함께 같은 성좌에 모였다.
고려사 권49 지3 [E] [F]

충렬왕 34년(1308) 무신 윤11. 7. (임진)

/양 1308. 12. 20./

閏月 壬辰 熒惑犯上相行213)
화성[熒惑]이 상상성(上相星)을 범하면서 운행하였다.
고려사 권49 지3 [F]

충렬왕 34년(1308) 무신 윤11. 23. (무신)

/양 1309. 1. 5./

閏月 戊申 月入氐星行
달이 저(氐) 성좌에 들어가 운행하였다.
고려사 권49 지3 [C]

충렬왕 34년(1308) 무신 윤11. 25. (경술)

/양 1309. 1. 7./

閏月 庚戌 心星度 月與鎭星同舍
달이 심(心) 성좌의 도수(度數)에 들어갔다. 달이

---

213) 上相(상상): 상상성-2임.

토성[鎭星]과 함께 같은 성좌에 모였다.
고려사 권49 지3 [C] [D]

충렬왕 34년(1308) 무신 12. 5. (기미)

/양 1309. 1. 16./

十二月 己未 心星與熒惑鎭星同舍
심(心) 성좌에 화성[熒惑]과 토성[鎭星]이 같이
모였다.
고려사 권49 지3 [E]

충렬왕 34년(1308) 무신 12. 10. (갑자)

/양 1309. 1. 21./

十二月 甲子 月犯熒惑
달이 화성[熒惑]을 범하였다.
고려사 권49 지3 [C]

26. 충선왕(1309 ~ 1313)

충선왕 1년(1309) 기유 1. 20. (갑진)

/양 1309. 3. 2./

正月 甲辰 太白歲星同舍
금성[太白]과 목성[歲星]이 함께 같은 성좌에
모였다.
고려사 권49 지3 [E]

충선왕 1년(1309) 기유 1. 26. (경술)

/양 1309. 3. 8./

正月 庚戌 月與太白同舍
달이 금성[太白]과 함께 같은 성좌에 모였다.
고려사 권49 지3 [C]

충선왕 1년(1309) 기유 2. 26. (경진)

/양 1309. 4. 7./

正月214) 庚辰 歲星犯危
목성[歲星]이 위(危) 성좌를 범하였다.
고려사 권49 지3 [F]

충선왕 1년(1309) 기유 3. 5. (무자)

/양 1309. 4. 15./

三月 戊子 月入東井

---

214) 일진 배열로 볼 때 2월임.

달이 동정(東井) 성좌로 들어갔다.
고려사 권49 지3 [C]

충선왕 1년(1309) 기유 7. 16. (병신)

/양 1309. 8. 21./

六月215) 丙申 月食
월식이 있었다.
고려사 권49 지3 [B]

충선왕 1년(1309) 기유 7. 22. (임인)

/양 1309. 8. 27./

六月216) 壬寅 月入畢
달이 필(畢) 성좌로 들어갔다
고려사 권49 지3 [C]

충선왕 1년(1309) 기유 7. 23. (계묘)

/양 1309. 8. 28./

六月217) 癸卯 流星出南斗入房 色赤
유성(流星)이 남두(南斗) 성좌에서 나와 방(房)
성좌로 들어갔는데, 적색이었다.
고려사 권49 지3 [R]

충선왕 1년(1309) 기유 11. 5. (갑신)

/양 1309. 12. 7./

十一月 甲申 月與歲星同舍
달이 목성[歲星]과 함께 같은 성좌에 모였다.
고려사 권49 지3 [C]

충선왕 1년(1309) 기유 11. 9. (무자)

/양 1309. 12. 11./

十一月 戊子 與熒惑同舍于壁
달이 화성[熒惑]과 함께 벽(壁) 성좌에 모였다.
고려사 권49 지3 [C]

충선왕 1년(1309) 기유 12. - (-)

/양 1309. 1. - /

十一月218) 流星隕于西南明如畫

---

215) 현대적 계산방법으로 월식일을 1309/8/21 (음 7/16 병신)로
구했다. 따라서 6월은 7월의 오기임.
216) 6월에 임인일 없음. 앞의 기록 다음에 기록되었음. 따라서 7
월의 오기임.
217) 6월에 계묘일 없음. 앞의 기록 다음에 기록되었음. 따라서 7
월의 오기임.
218) 앞 기록에 11월 기록이 몇 건있은 후 다시 11월이 나오므로
12월의 오기로 판단됨.

유성(流星)이 서남쪽에 떨어졌는데 그 밝기가 낮과 같았다.
고려사 권49 지3 [R]

충선왕 1년(1309) 기유 12. 9. (무오)

/양 1310. 1. 10./

十一月²¹⁹) 戊午 太白歲星同舍于虛
금성[太白]과 목성[歲星]이 함께 허(虛) 성좌에 모였다.
고려사 권49 지3 [E]

충선왕 2년(1310) 경술 1. 15. (계사)

/양 1310. 2. 14./

正月 癸巳 月食
월식이 있었다.
고려사 권49 지3 [B]

충선왕 2년(1310) 경술 8. 15. (기미)

/양 1310. 9. 8./

八月 己未 太白晝見
금성[太白]이 낮에 나타났다.
고려사 권33 세가33 ; 고려사 권49 지3 [G]

충선왕 2년(1310) 경술 10. 25. (무진)

/양 1310. 11. 16./

十月 戊辰 月犯大微東藩上相
달이 태미동번[大微東藩] 성좌의 상상성(上相星)을 범하였다.
고려사 권49 지3 [C]

충선왕 2년(1310) 경술 12. 18. (신유)

/양 1311. 1. 8./

十二月 辛酉 太白熒惑同舍
금성[太白]과 화성[熒惑]이 함께 같은 성좌에 모였다.
고려사 권49 지3 [E]

충선왕 3년(1311) 신해 1. 25. (을유)

/양 1311. 2. 13./

正月 乙酉 鎭星犯南斗第六星
토성[鎭星]이 남두(南斗) 성좌의 여섯째 별을 범하였다.
고려사 권49 지3 [F]

충선왕 3년(1311) 신해 2. 9. (신해)

/양 1311. 2. 27./

二月 辛亥 月暈
달무리가 있었다.
고려사 권49 지3 [P]

충선왕 3년(1311) 신해 2. 13. (을묘)

/양 1311. 3. 3./

二月 乙卯 月貫軒轅右角
달이 헌원(軒轅) 성좌의 오른쪽 뿔[右角]을 가렸다.
고려사 권49 지3 [C]

충선왕 3년(1311) 신해 2. 20. (임인)

/양 1311. 3. 10./

二月 壬戌 月暈
달무리가 있었다.
고려사 권49 지3 [P]

충선왕 3년(1311) 신해 2. 22. (갑자)

/양 1311. 3. 12./

二月 甲子 月犯鎭星
달이 토성[鎭星]을 범하였다.
고려사 권49 지3 [C]

충선왕 3년(1311) 신해 2. 25. (정묘)

/양 1311. 3. 15./

二月 丁卯 又與熒惑同舍
<달이> 또 화성[熒惑]과 함께 같은 성좌에 모였다.
고려사 권49 지3 [C]

충선왕 3년(1311) 신해 5. 15. (병술)

/양 1311. 6. 2./

五月 丙戌 月與熒惑同舍
달이 화성[熒惑]과 함께 같은 성좌에 모였다.
고려사 권49 지3 [C]

충선왕 3년(1311) 신해 6. 13. (계축)

/양 1311. 6. 29./

六月 癸丑 月與鎭星同舍
달이 또 토성[鎭星]과 함께 같은 성좌에 모였다.
고려사 권49 지3 [C]

---

219) 일진 배열로 볼 때 12월임.

충선왕 3년(1311) 신해 6. 22. (임술)

/양 1311. 7. 8./

六月 壬戌 又與熒惑同舍 歲星犯熒惑
<달이> 또 화성[熒惑]과 함께 같은 성좌에 모였다. 목성[歲星]이 화성[熒惑]을 범하였다.
고려사 권49 지3 [C] [D]

충선왕 3년(1311) 신해 윤7. 9. (무신)

/양 1311. 8. 23./

閏七月 戊申 月與鎭星同舍
달이 토성[鎭星]과 함께 같은 성좌에 모였다.
고려사 권49 지3 [C]

충선왕 3년(1311) 신해 윤7. 21. (경신)

/양 1311. 9. 4./

閏七月 庚申 與熒惑同舍
<달이> 화성[熒惑]과 함께 같은 성좌에 모였다.
고려사 권49 지3 [C]

충선왕 3년(1311) 신해 10. 11. (무인)

/양 1311. 11. 21./

十月 戊寅 月有珥
달에 귀고리(달무리의 형태)가 있었다.
고려사 권49 지3 [P]

충선왕 3년(1311) 신해 10. 29. (병신)

/양 1311. 12. 9./

十月 丙申 太白犯哭星
금성[太白]이 곡(哭) 성좌를 범하였다.
고려사 권49 지3 [F]

충선왕 3년(1311) 신해 11. 4. (신축)

/양 1311. 12. 14./

十一月 辛丑 月犯哭星
달이 곡(哭) 성좌를 범하였다.
고려사 권49 지3 [C]

충선왕 3년(1311) 신해 11. 22. (기미)

/양 1312. 1. 1./

十一月 己未 太白經天
금성[太白]이 낮에 남쪽하늘에서 보였다.
고려사 권34 세가34 [G]

충선왕 3년(1311) 신해 11. 22. (기미)

/양 1312. 1. 1./

十一月 己未 太白晝見經天
금성[太白]이 낮에 나타나 남쪽하늘에서 보였다.
고려사 권49 지3 : 고려사절요 권23 [G]

충선왕 3년(1311) 신해 12. 4. (경오)

/양 1312. 1. 12./

十二月 庚午 元以改元 皇慶遣使頒詔
원 나라에서 연호(年號)를 황경(皇慶)이라 개칭하고 사신을 보내어 이에 관한 조서를 반포하였다.
고려사 권34 세가34 [U]

충선왕 4년(1312) 임자 1. 4. (경자)

/양 1312. 2. 11./

正月 庚子 東北有赤氣
동북쪽에 붉은 기운이 나타났다.
고려사 권53 지7 [S]

충선왕 4년(1312) 임자 1. 20. (병진)

/양 1312. 2. 27./

正月 丙辰 月入氐星
달이 저(氐) 성좌로 들어갔다.
고려사 권49 지3 [C]

충선왕 4년(1312) 임자 2. 6. (임신)

/양 1312. 3. 14./

二月 壬申 月入畢星
달이 필(畢) 성좌로 들어갔다.
고려사 권49 지3 [C]

충선왕 4년(1312) 임자 2. 8. (갑술)

/양 1312. 3. 16./

二月 甲戌 入東井
<달이> 동정(東井) 성좌로 들어갔다.
고려사 권49 지3 [C]

충선왕 4년(1312) 임자 2. 12. (무인)

/양 1312. 3. 20./

二月 戊寅 入軒轅
<달이> 헌원(軒轅) 성좌로 들어갔다.
고려사 권49 지3 [C]

충선왕 4년(1312) 임자 3. 11. (정미)

/양 1312. 4. 18./

三月 丁未 月入大微
달이 태미원[大微]으로 들어갔다.
고려사 권49 지3 [C]

충선왕 4년(1312) 임자 4. 5. (경오)

/양 1312. 5. 11./

四月 庚午 月與熒惑同舍
달이 화성[熒惑]과 함께 같은 성좌에 모였다.
고려사 권49 지3 [C]

충선왕 4년(1312) 임자 4. 17. (임오)

/양 1312. 5. 23./

四月 壬午 又犯鎭星
<달이> 또 토성[鎭星]을 범하였다.
고려사 권49 지3 [C]

충선왕 4년(1312) 임자 5. 7. (임인)

/양 1312. 6. 12./

五月 壬寅 月入大微
달이 태미원[大微]으로 들어갔다.
고려사 권49 지3 [C]

충선왕 4년(1312) 임자 5. 14. (기유)

/양 1312. 6. 19./

五月 己酉 月食
월식이 있었다.
고려사 권49 지3 [B]

충선왕 4년(1312) 임자 6. 1. (을축)

/양 1312. 7. 5./

六月 乙丑朔 日食
일식이 있었다.
고려사 권34 세가34 ; 고려사 권47 지1 ; 고려사절요
권23 [A]

충선왕 4년(1312) 임자 6. 9. (계유)

/양 1312. 7. 13./

六月 癸酉 鎭星犯建
토성[鎭星]이 건(建) 성좌를 범하였다.
고려사 권49 지3 [F]

충선왕 4년(1312) 임자 6. 15. (기묘)

/양 1312. 7. 19./

六月 己卯 太白入東井
금성[太白]이 동정(東井) 성좌로 들어갔다.
고려사 권49 지3 [F]

충선왕 4년(1312) 임자 6. 20. (갑신)

/양 1312. 7. 24./

六月 甲申 月犯東井北垣
달이 동정(東井) 성좌의 북쪽에 있는 별들[北垣]을 범하였다.
고려사 권49 지3 [C]

충선왕 4년(1312) 임자 7. 6. (경자)

/양 1312. 8. 9./

七月 庚子 月入氐 歲星犯畢
달이 저(氐) 성좌로 들어갔다. 목성[歲星]이 필(畢)
성좌를 범하였다.
고려사 권49 지3 [C] [F]

충선왕 4년(1312) 임자 7. 21. (을묘)

/양 1312. 8. 24./

七月 乙卯 月與歲星同舍
달이 목성[歲星]과 함께 같은 성좌에 모였다.
고려사 권49 지3 [C]

충선왕 4년(1312) 임자 7. 23. (정사)

/양 1312. 8. 26./

七月 丁巳 月有珥
달에 귀고리가 있었다.
고려사 권49 지3 [P]

충선왕 4년(1312) 임자 7. 29. (계해)

/양 1312. 9. 1./

七月 癸亥 太白犯軒轅
금성[太白]이 헌원(軒轅) 성좌를 범하였다.
고려사 권49 지3 [F]

충선왕 4년(1312) 임자 8. 10. (계유)

/양 1312. 9. 11./

八月 癸酉 月犯歲星
달이 목성[歲星]을 범하였다.
고려사 권49 지3 [C]

충선왕 4년(1312) 임자 8. 14. (정축)

/양 1312. 9. 15./

八月 丁丑 太白犯大微上將 辰星犯右執法
금성[太白]이 태미원[大微]의 상장성(上將星)을
범하였으며 또 수성[辰星]이 우집법성(右執法星)
을 범하였다.
고려사 권49 지3 [F]

충선왕 4년(1312) 임자 8. 21. (갑신)

/양 1312. 9. 22./

八月 甲申 月犯天關
달이 천관(天關) 성좌를 범하였다.
고려사 권49 지3 [C]

충선왕 4년(1312) 임자 9. 12. (갑진)

/양 1312. 10. 12./

九月 甲辰 與歲星同舍
<달이> 목성[歲星]과 함께 같은 성좌에 모였다.
고려사 권49 지3 [C]

충선왕 4년(1312) 임자 9. 13. (을사)

/양 1312. 10. 13./

九月 乙巳 犯畢
<달이> 필(畢) 성좌를 범하였다.
고려사 권49 지3 [C]

충선왕 4년(1312) 임자 9. 19. (신해)

/양 1312. 10. 19./

九月 辛亥 犯東井及鉞星
<달이> 동정(東井) 성좌 및 월성(鉞星)을 범하
였다.
고려사 권49 지3 [C]

충선왕 4년(1312) 임자 11. 16. (정미)

/양 1312. 12. 14./

十一月 丁未 月食
월식이 있었다.
고려사 권49 지3 [B]

충선왕 5년(1313) 계축 1. 5. (을미)

/양 1313. 1. 31./

正月 乙未 辰星鎮星同舍
수성[辰星]과 토성[鎮星]이 같은 성좌에 모였다.
고려사 권49 지3 [E]

충선왕 5년(1313) 계축 2. 8. (무진)

/양 1313. 3. 5./

二月 戊辰 月犯天關
달이 천관(天關) 성좌를 범하였다.
고려사 권49 지3 [C]

충선왕 5년(1313) 계축 2. 15. (을해)

/양 1313. 3. 12./

二月 乙亥 月入大微
달이 태미원[大微]으로 들어갔다.
고려사 권49 지3 [C]

충선왕 5년(1313) 계축 3. 17. (정미)

/양 1313. 4. 13./

三月 丁未 有星彗于東井
혜성[星彗]이 동정(東井) 성좌에서 보였다.
고려사 권34 세가34 ; 고려사 권49 지3 ; 고려사절요
권23 [H]

충선왕 5년(1313) 계축 3. 19. (기유)

/양 1313. 4. 15./

三月 己酉 太白歲星同舍
금성[太白]이 목성[歲星]과 함께 같은 성좌에
모였다.
고려사 권49 지3 [E]

충선왕 5년(1313) 계축 4. 3. (임술)

/양 1313. 4. 28./

四月 壬戌 月與歲星同舍
달이 목성[歲星]과 함께 같은 성좌에 모였다.
고려사 권49 지3 [C]

충선왕 5년(1313) 계축 4. 4. (계해)

/양 1313. 4. 29./

四月 癸亥 與太白同舍
<달이> 금성[太白]과 함께 같은 성좌에 모였다.
고려사 권49 지3 [C]

충선왕 5년(1313) 계축 4. 9. (무진)

/양 1313. 5. 4./

四月 戊辰 入軒轅
<달이> 헌원(軒轅) 성좌로 들어갔다.
고려사 권49 지3 [C]

충선왕 5년(1313) 계축 4. 10. (기사)

/양 1313. 5. 5./

四月 己巳 入大微
<달이> 태미원[大微]으로 들어갔다.
고려사 권49 지3 [C]

충선왕 5년(1313) 계축 5. 4. (계사)

/양 1313. 5. 29./

五月 癸巳 太白入月
금성[太白]이 달로 들어갔다.
고려사 권49 지3 [C]

충선왕 5년(1313) 계축 8. 27. (갑신)

/양 1313. 9. 17./

八月 甲申 月犯軒轅第二星
달이 헌원(軒轅) 성좌의 둘째 별을 범하였다.
고려사 권49 지3 [C]

충선왕 5년(1313) 계축 9. 2. (기축)

/양 1313. 9. 22./

八月220) 己丑 熒惑入東井 與歲星同舍
화성[熒惑]이 동정(東井) 성좌로 들어가서 목성
[歲星]과 함께 모였다.
고려사 권49 지3 [E]

충선왕 5년(1313) 계축 11. 26. (임자)

/양 1313. 12. 14./

十一月 壬子 月入東井 與歲星熒惑同舍
달이 동정(東井) 성좌로 들어가서 목성[歲星],
화성[熒惑]과 함께 모였다.
고려사 권49 지3 [C]

27. 충숙왕(1314 ～ 1330)

충숙왕 1년(1314) 갑인 1. 11. (병신)

/양 1314. 1. 27./

正月 丙申 月與歲星熒惑同舍東井
달이 목성[歲星], 화성[熒惑]과 함께 동정(東井)
성좌에 모였다.
고려사 권49 지3 [C]

충숙왕 1년(1314) 갑인 2. 10. (갑자)

/양 1314. 2. 24./

二月 甲子 月入東井 與歲星熒惑同舍
달이 동정(東井) 성좌에 들어가 목성[歲星], 화
성[熒惑]과 같은 성좌에 모였다.
고려사 권49 지3 [C]

충숙왕 1년(1314) 갑인 2. 14. (무진)

/양 1314. 2. 28./

二月 戊辰 犯軒轅第二星
<달이> 헌원(軒轅) 성좌의 둘째 별을 범하였다.
고려사 권49 지3 [C]

충숙왕 1년(1314) 갑인 2. 23. (정축)

/양 1314. 3. 9./

二月 丁丑 赤祲見于西北方
붉은 기운이 서북쪽에 나타났다.
고려사 권53 지7 [S]

충숙왕 1년(1314) 갑인 3. 12. (병신)

/양 1314. 3. 28./

三月 丙申 白祲竟天
흰 기운이 하늘을 가로질렀다.
고려사 권54 지8 [S]

충숙왕 1년(1314) 갑인 3. 13. (정유)

/양 1314. 3. 29./

三月 丁酉 月入大微
달이 태미원[大微]으로 들어갔다.
고려사 권49 지3 [C]

충숙왕 1년(1314) 갑인 3. 15. (기해)

/양 1314. 3. 31./

三月 己亥 白虹貫月
흰 무지개가 달을 가로질러 갔다.
고려사 권49 지3 [P]

충숙왕 1년(1314) 갑인 윤3. 30. (계미)

/양 1314. 5. 14./

閏月 癸未 天狗墜地
천구(天狗)가 땅에 떨어졌다.
고려사 권49 지3 [R]

---

220) 일진 배열로 볼 때 기축일은 9월임. 본문에는 8월 기록뒤에
    연달아 수록되어있는데, '9월'이 생략된 것임.

충숙왕 1년(1314) 갑인 4. 27. (경술)

/양 1314. 6. 10./

四月 庚戌 熒惑犯軒轅大星
화성[熒惑]이 헌원대성(軒轅大星)을 범하였다.
고려사 권49 지3 [F]

충숙왕 1년(1314) 갑인 5. 5. (무오)

/양 1314. 6. 18./

五月 戊午 月與熒惑同舍
달이 화성[熒惑]과 함께 같은 성좌에 모였다.
고려사 권49 지3 [C]

충숙왕 1년(1314) 갑인 5. 7. (경신)

/양 1314. 6. 20./

五月 庚申 又入大微
<달이> 또 태미원[大微]으로 들어갔다.
고려사 권49 지3 [C]

충숙왕 1년(1314) 갑인 6. 6. (무자)

/양 1314. 7. 18./

六月 戊子 月犯大微東藩上相
달이 태미동번[大微東藩] 성좌의 상상성(上相星)을 범하였다.
고려사 권49 지3 [C]

충숙왕 1년(1314) 갑인 6. 10. (임진)

/양 1314. 7. 22./

六月 壬辰 歲星入興鬼 留二十日
목성[歲星]이 여귀(興鬼) 성좌로 들어가 20일 동안이나 머물러 있었다.
고려사 권49 지3 [F]

충숙왕 1년(1314) 갑인 8. 22. (계묘)

/양 1314. 10. 1./

八月 癸卯 月犯五諸侯221)
달이 오제후(五諸侯) 성좌를 범하였다.
고려사 권49 지3 [C]

충숙왕 1년(1314) 갑인 8. 24. (을사)

/양 1314. 10. 3./

八月 乙巳 與歲星同舍
<달이> 목성[歲星]과 함께 같은 성좌에 모였다.

고려사 권49 지3 [C]

충숙왕 1년(1314) 갑인 8. 27. (무신)

/양 1314. 10. 6./

八月 戊申 又犯大微
<달이> 태미원[大微]을 범하였다.
고려사 권49 지3 [C]

충숙왕 1년(1314) 갑인 10. 21. (신축)

/양 1314. 11. 28./

十月 辛丑 月掩軒轅大星
달이 헌원대성(軒轅大星)을 가렸다.
고려사 권49 지3 [C]

충숙왕 1년(1314) 갑인 10. 23. (계묘)

/양 1314. 11. 30./

十月 癸卯 又入大微
<달이> 또 태미원[大微]으로 들어갔다.
고려사 권49 지3 [C]

충숙왕 1년(1314) 갑인 11. 3. (계축)

/양 1314. 12. 10./

十一月 癸丑 太白鎭星同舍須女
금성[太白]과 토성[鎭星]이 함께 수녀(須女) 성좌에 모였다.
고려사 권49 지3 [E]

충숙왕 1년(1314) 갑인 12. 4. (계미)

/양 1315. 1. 9./

十二月 癸未 月入羽林
달이 우림(羽林) 성좌로 들어갔다.
고려사 권49 지3 [C]

충숙왕 1년(1314) 갑인 12. 10. (기축)

/양 1315. 1. 15./

十二月 己丑 太白晝見
금성[太白]이 낮에 나타났다.
고려사 권34 세가34 ; 고려사 권49 지3 [G]

충숙왕 2년(1315) 을묘 1. 3. (임자)

/양 1315. 2. 7./

正月 壬子 歲星入興鬼 犯積屍222) 凡二十餘日

---

221) 五諸侯(오제후): 오제후 성좌-2임.

222) 積屍(적시): 적시성-2임.

목성[歲星]이 여귀(興鬼) 성좌로 들어가서 그 안에 있는 적시성(積屍星)을 한 20여일 동안 범하였다.
고려사 권49 지3 [F]

충숙왕 2년(1315) 을묘 1. 16. (을축)

/양 1315. 2. 20./

正月 乙丑 月入大微
달이 태미원[大微]으로 들어갔다.
고려사 권49 지3 [C]

충숙왕 2년(1315) 을묘 1. 20. (기사)

/양 1315. 2. 24./

正月 己巳 掩氐星
<달이> 저(氐) 성좌를 가렸다.
고려사 권49 지3 [C]

충숙왕 2년(1315) 을묘 2. 1. (기묘)

/양 1315. 3. 6./

二月 己卯朔 日有三珥
태양에 세 개의 귀고리가 있었다
고려사 권47 지1 [O]

충숙왕 2년(1315) 을묘 2. 13. (신묘)

/양 1315. 3. 18./

二月 辛卯 太白入昴
금성[太白]이 묘(昴) 성좌로 들어갔다.
고려사 권49 지3 [F]

충숙왕 2년(1315) 을묘 4. 1. (무인)

/양 1315. 5. 4./

夏四月 戊寅朔 日食
일식이 있었다.
고려사 권34 세가34 [A]

충숙왕 2년(1315) 을묘 4. 1. (무인)

/양 1315. 5. 4./

四月 戊寅朔 日食
일식이 있었다.
고려사 권47 지1 [A]

충숙왕 2년(1315) 을묘 5. 15. (임술)

/양 1315. 6. 17./

五月 壬戌 白虹貫日

흰 무지개가 태양을 가로질러 갔다.
고려사 권47 지1 [O]

충숙왕 3년(1316) 병진 3. 1. (계묘)

/양 1316. 3. 24./

三月 癸卯朔 赤氣見于東南光 如炬者二
붉은 기운이 동남쪽에 나타났는데 두 줄의 햇불[炬]과 같은 광채(光彩)였다.
고려사 권53 지7 [S]

충숙왕 3년(1316) 병진 3. 16. (무오)

/양 1316. 4. 8./

三月 戊午月食
월식이 있었다.
고려사 권49 지3 [B]

충숙왕 3년(1316) 병진 5. 16 (정사)

/양 1316. 6. 6 /

五月 太白熒惑相犯[223]
금성[太白]과 화성[熒惑]이 서로 범하였다.
고려사 권49 지3 [D]

충숙왕 3년(1316) 병진 10. 27 (병신)

/양 1316. 11. 12 /

十一月[224] 丙申 西方有赤祲
서쪽에 이상한 붉은 기운이 나타났다
고려사 권53 지7 [S]

충숙왕 3년(1316) 병진 12. 7. (을해)

/양 1316. 12. 21./

十二月 乙亥 白虹見于西北
흰 무지개가 서북쪽에 나타났다.
고려사 권54 지8 [S]

충숙왕 3년(1316) 병진 12. 29. (정유)

/양 1317. 1. 12./

十二月 丁酉 西北方 震雷 赤祲
서북쪽에서 벼락 치면서 우레 소리가 나고 이상한 붉은 기운이 나타났다.
고려사 권54 지7 [S]

---

223) 천체역학적 계산에 의하면 음력 5/16(정사)으로 양력 6/6임. 목성과 화성이 서로 접근함. 금성(太白)은 목성의 오류임.
224) 11월에 병신일이 없으며, 10/27이 병신일임.

충숙왕 4년(1317) 정사 8. 16. (기유)

/양 1317. 9. 21./

八月 己酉 月食
월식이 있었다.
고려사 권49 지3 [B]

충숙왕 4년(1317) 정사 12. 15. (정미)

/양 1318. 1. 17./

十二月 丁未 南方有氣 如虹
남쪽에 무슨 기운이 있었는데 무지개와 같았다.
고려사 권53 지7 [S]

충숙왕 5년(1318) 무오 2. 9. (신축)

/양 1318. 3. 12./

二月 辛丑 月犯魁南北河柳星
달이 북두괴[魁] 남쪽에 있는 북하(北河) 성좌
와 류(柳) 성좌를 범하였다.
고려사 권49 지3 [C]

충숙왕 5년(1318) 무오 4. 17. (정미)

/양 1318. 5. 17./

四月 丁未 熒惑犯大微西藩上將
화성[熒惑]이 태미서번[大微西藩] 성좌의 상장
성(上將星)을 범하였다.
고려사 권49 지3 [F]

충숙왕 5년(1318) 무오 5. 4. (갑자)

/양 1318. 6. 3./

五月 甲子 月犯太白
달이 금성[太白]을 범하였다.
고려사 권49 지3 [C]

충숙왕 5년(1318) 무오 7. 18 (병자)

/양 1318. 8. 14./

六月225) 丙子 月與鎭星同舍
달이 토성[鎭星]과 함께 같은 성좌에 모였다.
고려사 권49 지3 [C]

충숙왕 5년(1318) 무오 8. 26. (갑인)

/양 1318. 9. 21./

八月 甲寅 太白犯女御 月犯軒轅

---

225) 6월에 병자일이 없음. 천체역학적 계산에 의하면, 7/18(병자)
로 양력 8/14임.

금성[太白]이 여어성(女御星)을 범하고, 달이 헌
원(軒轅) 성좌를 범하였다
고려사 권49 지3 [F] [C]

충숙왕 6년(1319) 기미 1. 15. (신미)

/양 1319. 2. 5./

正月 辛未 月食
월식이 있었다.
고려사 권49 지3 [B]

충숙왕 6년(1319) 기미 2. 1. (정해)

/양 1319. 2. 21./

二月 丁亥朔 日食
일식이 있었다.
고려사 권34 세가34 ; 고려사 권47 지1 ; 고려사절요
권24 [A]

충숙왕 6년(1319) 기미 7. 15. (무진)

/양 1319. 8. 1./

七月 戊辰 月食密雲不見
월식이 예견되었으나 짙은 구름 때문에 보이지
않았다.
고려사 권49 지3 [B]

충숙왕 6년(1319) 기미 12. 5. (을묘)

/양 1320. 1. 15./

十二月 乙卯 太白犯月
금성[太白]이 달을 범하였다.
고려사 권49 지3 [C]

충숙왕 6년(1319) 기미 12. 22. (임신)

/양 1320. 2. 1./

十二月 壬申 夜赤褪
밤에 이상한 붉은 기운이 나타났다.
고려사 권53 지7 [S]

충숙왕 7년(1320) 경신 1. 1. (신사)

/양 1320. 2. 10./

春正月 辛巳朔 元來告日當食 停賀正禮 百官素
服 以待不食
원(元) 나라에서 「일식이 있을 것이다」라고 알
려와서 신년 하례식을 중지하고 모든 백관들이
흰 옷[素服]을 입고 일식을 기다렸으나 일식이
나타나지 않았다.
고려사 권35 세가35 ; 고려사절요 권24 [A]

충숙왕 7년(1320) 경신 1. 1. (신사)

/양 1320. 2. 10./

正月 辛巳朔 元來告日當食 故停賀正禮 百官素
服 以待不食
원(元) 나라에서 「일식이 있을 것이다」라고 알려
와서 신년 하례식을 중지하고 모든 관리들이 흰
옷[素服]을 입고 대기하였으나 일식이 없었다.
고려사 권47 지1 [A]

충숙왕 7년(1320) 경신 7. 28. (을사)

/양 1320. 9. 1./

七月 乙巳 太白犯軒轅大星
금성[太白]이 헌원대성(軒轅大星)을 범하였다.
고려사 권49 지3 [F]

충숙왕 7년(1320) 경신 8. 3. (기유)

/양 1320. 9. 5./

八月 己酉 流星大如缶 色赤 入閣道
두레박[缶]만큼 크고 색이 붉은 유성(流星)이
나타나 각도(閣道) 성좌로 들어갔다.
고려사 권49 지3 [R]

충숙왕 7년(1320) 경신 8. 20. (병인)

/양 1320. 9. 22./

八月 丙寅 熒惑犯天江星
화성[熒惑]이 천강(天江) 성좌를 범하였다.
고려사 권49 지3 [F]

충숙왕 7년(1320) 경신 9. 10. (병술)

/양 1320. 10. 12./

九月 丙戌 熒惑犯南斗
화성[熒惑]이 남두(南斗) 성좌를 범하였다.
고려사 권49 지3 [F]

충숙왕 7년(1320) 경신 9. 26. (임인)

/양 1320. 10. 28./

九月 壬寅 流星出斗南 長丈餘
유성(流星)이 북두(北斗) 성좌의 남쪽에서 나왔
는데 그 길이가 한 장(丈) 남짓 하였다.
고려사 권49 지3 [R]

충숙왕 7년(1320) 경신 9. 27. (계묘)

/양 1320. 10. 29./

九月 癸卯 歲星熒惑同舍南斗

목성[歲星]과 화성[熒惑]이 함께 남두(南斗) 성좌
에 모였다.
고려사 권49 지3 [E]

충숙왕 7년(1320) 경신 10. 17. (임술)

/양 1320. 11. 17./

十月 壬戌 月初生 有赤色 如烈火
달이 초승달이었는데, 맹렬하게 타는 불[烈火]
과 같이 붉은 빛이 있었다.
고려사 권53 지7 [N]

충숙왕 7년(1320) 경신 11. 26. (신축)

/양 1320. 12. 26./

十一月 辛丑 月犯心
달이 심(心) 성좌를 범하였다.
고려사 권49 지3 [C]

충숙왕 7년(1320) 경신 12. 16. (경신)

/양 1321. 1. 14./

十二月 庚申 月食
월식이 있었다.
고려사 권49 지3 [B]

충숙왕 8년(1321) 신유 1. 2. (병자)

/양 1321. 1. 30./

正月 丙子 赤褉見于東西 白氣見于南方
이상한 붉은 기운이 동쪽과 서쪽에 나타나고 흰
기운은 남쪽에 나타났다.
고려사 권53 지7 [S]

충숙왕 8년(1321) 신유 1. 6. (경진)

/양 1321. 2. 3./

春正月 庚辰 元以改元至治 遣使頒詔
원(元) 나라에서 연호(年號)를 지치(至治)로 고치
고 사신을 보내어 이에 관한 조서(詔書)를 반포
(頒布) 하였다.
고려사 권35 세가35 [U]

충숙왕 8년(1321) 신유 1. 26. (경자)

/양 1321. 2. 23./

正月 庚子 熒惑犯房北第二星
화성[熒惑]이 방(房) 성좌의 북쪽 둘째 별을 범하
였다.
고려사 권49 지3 [F]

충숙왕 8년(1321) 신유 2. 11. (을묘)

/양 1321. 3. 10./

二月 乙卯 太白熒惑同舍于奎
금성[太白]과 화성[熒惑]이 함께 규(奎) 성좌에
모였다.
고려사 권49 지3 [E]

충숙왕 8년(1321) 신유 2. 12. (병진)

/양 1321. 3. 11./

二月 丙辰 太白熒惑鎭星同舍于婁
금성[太白], 화성[熒惑], 토성[鎭星]이 루(婁) 성
좌에 함께 모였다.
고려사 권49 지3 [E]

충숙왕 8년(1321) 신유 2. 15. (기미)

/양 1321. 3. 14./

二月 己未 太白鎭星相犯于婁
금성[太白]과 토성[鎭星]이 루(婁) 성좌에서 서로
범하였다.
고려사 권49 지3 [E]

충숙왕 8년(1321) 신유 2. 28. (임신)

/양 1321. 3. 27./

二月 壬申 白氣貫日
흰 기운이 태양을 가로질러 갔다
고려사 권47 지1 [O]

충숙왕 8년(1321) 신유 3. 14. (정해)

/양 1321. 4. 11./

三月 丁亥 西方有赤氣
서쪽에 붉은 기운이 나타났다.
고려사 권53 지7 [S]

충숙왕 8년(1321) 신유 4. 28. (신미)

/양 1321. 5. 25./

四月 辛未 白虹貫日
흰 무지개가 태양을 가로질러 갔다.
고려사 권47 지1 [O]

충숙왕 8년(1321) 신유 5. 1. (갑술)

/양 1321. 5. 28./

五月 甲戌朔 白祲見于乾方 長二丈許 須臾變爲
弓矢狀 中有星 初如卷龍 後如蟠龍
흰 기운이 서북쪽에 나타났는데 길이가 2장

(丈) 정도되었다. 잠시 후에는 활과 화살 모양
으로 변하였는데 그 가운데 별이 있었으며 처
음에는 감긴 용(卷龍)과 같더니 다음에는 둥글
게 포개어 앉은 반용(蟠龍)과 같았다.
고려사 권54 지8 [S]

충숙왕 8년(1321) 신유 5. 24. (정유)

/양 1321. 6. 20./

五月 丁酉 太白晝見犯日
금성[太白]이 낮에 나타나서 태양을 범하였다.
고려사 권35 세가35 ; 고려사 권47 지1 [G]

충숙왕 8년(1321) 신유 5. 25. (무술)

/양 1321. 6. 21./

五月 戊戌 太白入軒轅大星
금성[太白]이 헌원대성(軒轅大星)으로 들어갔다.
고려사 권49 지3 [F]

충숙왕 8년(1321) 신유 6. 1. (계묘)

/양 1321. 6. 26./

六月 癸卯朔 日食旣
개기 일식이 있었다.
고려사 권35 세가35 ; 고려사 권47 지1 ; 고려사절요
권24 [A]

충숙왕 8년(1321) 신유 6. 27. (기사)

/양 1321. 7. 22./

六月 己巳 歲星犯哭星二日
이틀 동안 목성[歲]이 곡(哭) 성좌를 범하였다.
고려사 권49 지3 [F]

충숙왕 8년(1321) 신유 8. 6. (정미)

/양 1321. 8. 29./

八月 丁未 太白晝見五日
금성[太白]이 5일 동안 낮에 나타났다.
고려사 권35 세가35 ; 고려사 권49 지3 [G]

충숙왕 8년(1321) 신유 8. 12. (계축)

/양 1321. 9. 4./

八月 癸丑 熒惑入軒轅大星
화성[熒惑]이 헌원대성(軒轅大星)으로 들어갔다.
고려사 권49 지3 [F]

충숙왕 8년(1321) 신유 9. 13. (계미)

/양 1321. 10. 4./

九月 癸未 熒惑犯大微西藩上將
화성[熒惑]이 태미서번[大微西藩] 성좌의 상장
성(上將星)을 범하였다.
고려사 권49 지3 [F]

충숙왕 8년(1321) 신유 9. 21. (신묘)

/양 1321. 10. 12./

九月 辛卯 月犯東井北轅
달이 동정(東井) 성좌의 북쪽 열에 있는 별들
[北轅]을 범하였다.
고려사 권49 지3 [C]

충숙왕 8년(1321) 신유 9. 26. (병신)

/양 1321. 10. 17./

九月 丙申 熒惑犯大微右掖門
화성[熒惑]이 태미원[大微]의 우액문(右掖門)을
범하였다.
고려사 권49 지3 [F]

충숙왕 8년(1321) 신유 9. 28. (무술)

/양 1321. 10. 19./

九月 戊戌 月與太白同舍
달이 금성[太白]과 함께 같은 성좌에 모였다.
고려사 권49 지3 [C]

충숙왕 8년(1321) 신유 10. 7. (정미)

/양 1321. 10. 28./

十月 丁未 月與歲星同舍
달이 목성[歲星]과 함께 같은 성좌에 모였다.
고려사 권49 지3 [C]

충숙왕 8년(1321) 신유 10. 18. (무오)

/양 1321. 11. 8./

十月 戊午 太白入角 熒惑犯大微左執法
금성[太白]이 각(角) 성좌로 들어갔으며 또 화성
[熒惑]이 태미원[大微]의 좌집법성(左執法星)을
범하였다.
고려사 권49 지3 [F]

충숙왕 8년(1321) 신유 11. 5. (갑술)

/양 1321. 11. 24./

十一月 甲戌 太白犯亢第二星

금성[太白]이 항(亢) 성좌의 둘째 별을 범하였다.
고려사 권49 지3 [F]

충숙왕 8년(1321) 신유 11. 17. (병술)

/양 1321. 12. 6./

十一月 丙戌 艮巽方有白氣
동북쪽과 동남쪽에 흰 기운이 있었다.
고려사 권54 지7 [S]

충숙왕 8년(1321) 신유 11. 21. (경인)

/양 1321. 12. 10./

十一月 庚寅 又入氐
<금성[太白]이> 또 저(氐) 성좌로 들어갔다.
고려사 권49 지3 [F]

충숙왕 8년(1321) 신유 12. 1. (경자)

/양 1321. 12. 20./

十二月 庚子 熒惑犯亢第三星
화성[熒惑]이 항(亢) 성좌의 셋째 별을 범하였다.
고려사 권49 지3 [F]

충숙왕 8년(1321) 신유 12. 6. (을사)

/양 1321. 12. 25./

十二月 乙巳 白虹自西貫月有二
두 줄기의 흰 무지개가 서쪽으로부터 달을 가로질
러 갔다.
고려사 권49 지3 [P]

충숙왕 8년(1321) 신유 12. 11. (경술)

/양 1321. 12. 30./

十二月 庚戌 月犯昴星
달이 묘(昴) 성좌를 범하였다.
고려사 권49 지3 [C]

충숙왕 9년(1322) 임술 1. 23. (신묘)

/양 1322. 2. 9./

正月 辛卯 月犯心大星
달이 심대성(心大星)을 범하였다.
고려사 권49 지3 [C]

충숙왕 9년(1322) 임술 1. 26. (갑오)

/양 1322. 2. 12./

正月 甲午 熒惑犯房上相
화성[熒惑]이 방(房) 성좌의 상상성(上相星)을 범하

였다.
고려사 권49 지3 [F]

충숙왕 9년(1322) 임술 2. 10. (무신)

/양 1322. 2. 26./

正月 戊申月犯心星
달이 심(心) 성좌를 범하였다.
고려사 권49 지3 [C]

충숙왕 9년(1322) 임술 7. 2. (정유)

/양 1322. 8. 14./

七月丁酉 熒惑犯天江
화성[熒惑]이 천강(天江) 성좌를 범하였다.
고려사 권49 지3 [F]

충숙왕 9년(1322) 임술 8. 9. (갑술)

/양 1322. 9. 20./

八月 甲戌 月犯牽牛南星
달이 견우(牽牛) 성좌의 남쪽 별을 범하였다.
고려사 권49 지3 [C]

충숙왕 9년(1322) 임술 10. 15. (기묘)

/양 1322. 11. 24./

十月 己卯 月食密雲不見
월식이 예견되었으나 짙은 구름 때문에 보이지
않았다.
고려사 권49 지3 [B]

충숙왕 9년(1322) 임술 11. 1. (갑오)

/양 1322. 12. 9./

冬十一月 甲午朔 日食
일식이 있었다.
고려사 권35 세가35 [A]

충숙왕 9년(1322) 임술 11. 1. (갑오)

/양 1322. 12. 9./

十一月 甲午朔 日食
일식이 있었다.
고려사 권47 지1 ; 고려사절요 제24권 [A]

충숙왕 9년(1322) 임술 11. 15. (무신)

/양 1322. 12. 23./

十一月 戊申 月犯東井北垣
달이 동정(東井) 성좌의 북쪽 열을 이루는 별들

[北垣]을 범하였다.
고려사 권49 지3 [C]

충숙왕 9년(1322) 임술 12. 17. (경진)

/양 1323. 1. 24./

十二月 庚辰 白氣見于昴星度 橫亘南北 如練
흰 기운이 묘(昴) 성좌의 도수(度數) 안에 나타
나 가로로 퍼졌는데 비단결과 같았다.
고려사 권54 지8 [S]

충숙왕 10년(1323) 계해 1. 8. (경자)

/양 1323. 2. 13./

正月 庚子 太白熒惑同舍
금성[太白]이 화성[熒惑]과 함께 같은 성좌에
모였다.
고려사 권49 지3 [E]

충숙왕 10년(1323) 계해 1. 16. (무신)

/양 1323. 2. 21./

春正月 戊申 太白晝見經天
금성[太白]이 낮에 나타나 남쪽하늘에서 보였다.
고려사 권35 세가35 [G]

충숙왕 10년(1323) 계해 1. 16. (무신)

/양 1323. 2. 21./

正月 戊申 太白晝見經天
금성[太白]이 낮에 나타나 남쪽하늘에서 보였다.
고려사 권49 지3 : 고려사절요 제24권 [G]

충숙왕 10년(1323) 계해 2. 10. (임신)

/양 1323. 3. 17./

二月 壬申 太白昴星相犯
금성[太白]과 묘(昴) 성좌가 서로 범하였다.
고려사 권49 지3 [F]

충숙왕 10년(1323) 계해 6. 26. (병술)

/양 1323. 7. 29./

六月 丙戌 月與太白同舍
달이 금성[太白]과 함께 같은 성좌에 모였다.
고려사 권49 지3 [C]

충숙왕 10년(1323) 계해 7. 10. (경자)

/양 1323. 8. 12./

七月 庚子 月掩南斗

달이 남두(南斗) 성좌를 가렸다.
고려사 권49 지3 [C]

충숙왕 10년(1323) 계해 7. 13. (계묘)

/양 1323. 8. 15./

七月 癸卯 鎭星犯畢
토성[鎭星]이 필(畢) 성좌를 범하였다.
고려사 권49 지3 [F]

충숙왕 10년(1323) 계해 7. 17. (정미)

/양 1323. 8. 19./

七月 丁未 紫氣如虹 見于西北 俄變爲黃漫空
무지개와 같은 자색(紫色) 기운이 서북쪽에 나
타났다가 잠시 후에 황색으로 변하여 공중에
퍼졌다.
고려사 권53 지7 [S]

충숙왕 10년(1323) 계해 7. 21. (신해)

/양 1323. 8. 23./

七月 辛亥 月與鎭星同舍于畢
달이 토성[鎭星]과 함께 필(畢) 성좌에 모였다.
고려사 권49 지3 [C]

충숙왕 10년(1323) 계해 7. 23. (계축)

/양 1323. 8. 25./

七月 癸丑 又犯東井南垣
또 <달이> 동정(東井) 성좌의 남쪽에 늘어선
별들[南垣]을 범하였다.
고려사 권49 지3 [C]

충숙왕 10년(1323) 계해 8. 14. (계유)

/양 1323. 9. 14./

八月 癸酉 太白犯軒轅大星
금성(太白)이 헌원대성(軒轅大星)을 범하였다.
고려사 권49 지3 [F]

충숙왕 10년(1323) 계해 9. 8. (정유)

/양 1323. 10. 8./

九月 丁酉 又犯大微右執法
<금성[太白]이> 또 태미원[大微]의 우집법성(右
執法星)을 범하였다.
고려사 권49 지3 [F]

충숙왕 10년(1323) 계해 10. 15. (계유)

/양 1323. 11. 13./

十月 癸酉 月食旣
개기 월식이 있었다.
고려사 권49 지3 [B]

충숙왕 10년(1323) 계해 11. 13. (신축)

/양 1323. 12. 11./

十一月 辛丑 熒惑犯氐西南星
화성(熒惑)이 저(氐) 성좌의 서남쪽 별을 범하였다.
고려사 권49 지3 [F]

충숙왕 10년(1323) 계해 11. 26. (갑인)

/양 1323. 12. 24./

十一月 甲寅 月犯房星
달이 방(房) 성좌를 범하였다.
고려사 권49 지3 [C]

충숙왕 10년(1323) 계해 12. 4. (신유)

/양 1323. 12. 31./

十二月 辛酉 元以改元泰定 遣直省舍人交化的來
頒詔
원(元) 나라에서 연호(年號)를 태정(泰定)으로 정
하고 직성사인(直省舍人) 교화적(交化的)을 보내
어 조서를 반포하였다.
고려사 권35 세가35 [U]

충숙왕 10년(1323) 계해 12. 14. (신미)

/양 1324. 1. 10./

十二月 辛未 月與東井北垣同舍
달이 동정(東井) 성좌의 북쪽에 늘어선 별들[北
垣]과 함께 있었다.
고려사 권49 지3 [C]

충숙왕 10년(1323) 계해 12. 15. (임신)

/양 1324. 1. 11./

十二月 壬申 熒惑犯鉤鈐
화성(熒惑)이 구령(鉤鈐) 성좌를 범하였다.
고려사 권49 지3 [F]

충숙왕 11년(1324) 갑자 1. 10. (정유)

/양 1324. 2. 5./

正月 丁酉 月與鎭星同舍於畢
달이 토성[鎭星]과 함께 필(畢) 성좌에 모였다.
고려사 권49 지3 [C]

충숙왕 11년(1324) 갑자 2. 1. (정사)

/양 1324. 2. 25./

二月 丁巳朔 熒惑犯南斗
화성[熒惑]이 남두(南斗) 성좌를 범하였다.
고려사 권49 지3 [F]

충숙왕 11년(1324) 갑자 2. 20. (병자)

/양 1324. 3. 15./

二月 丙子 月犯房星
달이 방(房) 성좌를 범하였다.
고려사 권49 지3 [C]

충숙왕 11년(1324) 갑자 2. 26. (임오)

/양 1324. 3. 21./

二月 壬午 赤祲見于東方
붉은 기운이 동쪽에 나타났다.
고려사 권53 지7 [S]

충숙왕 11년(1324) 갑자 3. 26. (임자)

/양 1324. 4. 20./

三月 壬子 白氣見于西方
흰 기운이 서쪽에 나타났다.
고려사 권54 지8 [S]

충숙왕 11년(1324) 갑자 4. 16. (신미)

/양 1324. 5. 9./

四月 辛未 月食
월식이 있었다.
고려사 권49 지3 [B]

충숙왕 11년(1324) 갑자 5. 11. (을미)

/양 1324. 6. 2./

五月 乙未 熒惑犯哭星
화성[熒惑]이 곡(哭) 성좌를 범하였다.
고려사 권49 지3 [F]

충숙왕 11년(1324) 갑자 5. 22. (병오)

/양 1324. 6. 13./

五月 丙午 月犯歲星
달이 목성[歲星]을 범하였다.
고려사 권49 지3 [C]

충숙왕 11년(1324) 갑자 7. 22. (병오)

/양 1324. 8. 12./

七月 丙午 月犯歲星
달이 목성[歲星]을 범하였다.
고려사 권49 지3 [C]

충숙왕 11년(1324) 갑자 7. 23. (정미)

/양 1324. 8. 13./

七月 丁未 月犯鎭星
달이 토성[鎭星]을 범하였다.
고려사 권49 지3 [C]

충숙왕 11년(1324) 갑자 8. 20. (계유)

/양 1324. 9. 8./

八月 癸酉 月犯畢星 鎭星犯天關
달이 필(畢) 성좌를 범하였다. 토성[鎭星]이 천관
(天關) 성좌를 범하였다.
고려사 권49 지3 [C] [F]

충숙왕 11년(1324) 갑자 9. 2. (을유)

/양 1324. 9. 20./

九月 乙酉 熒惑犯哭星
화성[熒惑]이 곡(哭) 성좌를 범하였다.
고려사 권49 지3 [F]

충숙왕 11년(1324) 갑자 9. 3. (병술)

/양 1324. 9. 21./

九月 丙戌 太白犯房次相
금성[太白]이 방(房) 성좌의 차상성(次相星)을
범하였다.
고려사 권49 지3 [F]

충숙왕 11년(1324) 갑자 9. 7. (경인)

/양 1324. 9. 25./

九月 庚寅 又犯大微右執法
또 <금성[太白]이> 태미원[大微]의 우집법성(右
執法星)을 범하였다.
고려사 권49 지3 [F]

충숙왕 11년(1324) 갑자 9. 8. (신묘)

/양 1324. 9. 26./

九月 辛卯 犯心星
<금성[太白]이> 심(心) 성좌를 범하였다.
고려사 권49 지3 [F]

충숙왕 11년(1324) 갑자 9. 10. (계사)

/양 1324. 9. 28./

九月 癸巳 鎭星犯天關
토성[鎭星]이 천관(天關) 성좌를 범하였다.
고려사 권49 지3 [F]

충숙왕 11년(1324) 갑자 9. 14. (정유)

/양 1324. 10. 2./

九月 丁酉 熒惑犯哭
화성[熒惑]이 곡(哭) 성좌를 범하였다.
고려사 권49 지3 [F]

충숙왕 11년(1324) 갑자 9. 19. (임인)

/양 1324. 10. 7./

九月 壬寅 太白犯天江
금성[太白]이 천강(天江) 성좌를 범하였다.
고려사 권49 지3 [F]

충숙왕 11년(1324) 갑자 10. 13. (병인)

/양 1324. 10. 31./

(九月)226) 丙寅 太白犯南斗魁
금성[太白]이 남두괴(南斗魁)를 범하였다.
고려사 권49 지3 [F]

충숙왕 11년(1324) 갑자 10. 14. (정묘)

/양 1324. 11. 1./

(九月)227) 丁卯 月食
월식이 있었다.
고려사 권49 지3 [B]

충숙왕 11년(1324) 갑자 10. 16. (기사)

/양 1324. 11. 3./

(九月)228) 己巳 月犯鎭星
달이 토성[鎭星]을 범하였다.
고려사 권49 지3 [C]

충숙왕 11년(1324) 갑자 10.18. (신미)

/양 1324. 11. 5./

(九月)229) 辛未 又犯東井南垣
<달이> 또 동정(東井) 성좌의 남쪽에 늘어선

별들[南垣]을 범하였다.
고려사 권49 지3 [C]

충숙왕 11년(1324) 갑자 12. 11. (계해)

/양 1324. 12. 27./

十二月 癸亥 月犯畢星
달이 필(畢) 성좌를 범하였다.
고려사 권49 지3 [C]

충숙왕 11년(1324) 갑자 12. 12. (갑자)

/양 1324. 12. 28./

十二月 甲子 又犯天關
<달이> 또 천관(天關) 성좌를 범하였다.
고려사 권49 지3 [C]

충숙왕 11년(1324) 갑자 12. 20. (임신)

/양 1325. 1. 5./

冬十二月 壬申 太白晝見
금성[太白]이 낮에 나타났다.
고려사 권35 세가35 [G]

충숙왕 11년(1324) 갑자 12. 20. (임신)

/양 1325. 1. 5./

十二月 壬申 太白晝見
금성[太白]이 낮에 나타났다.
고려사 권49 지3 [G]

충숙왕 11년(1324) 갑자 12. 27. (기묘)

/양 1325. 1. 12./

十二月 己卯 月犯太白
달이 금성[太白]을 범하였다.
고려사 권49 지3 [C]

충숙왕 12년(1325) 을축 1. 6. (정해)

/양 1325. 1. 20./

正月 丁亥 月與熒惑同舍于婁
달이 화성[熒惑]과 함께 루(婁) 성좌에 모였다.
고려사 권49 지3 [C]

충숙왕 12년(1325) 을축 1. 9. (경인)

/양 1325. 1. 23./

正月 庚寅 又與歲星同舍于畢二日
<달이> 또 목성[歲星]과 함께 필(畢) 성좌에 2
일간 머물렀다.

고려사 권49 지3 [C]

충숙왕 12년(1325) 을축 6. 24. (임인)

/양 1325. 8. 3./

六月 壬寅 鎭星犯東井
토성[鎭星]이 동정(東井) 성좌를 범하였다.
고려사 권49 지3 [F]

충숙왕 12년(1325) 을축 11. 17. (계해)

/양 1325. 12. 22./

十二月230) 癸亥 月犯畢
달이 필(畢) 성좌를 범하였다.
고려사 권49 지3 [C]

충숙왕 12년(1325) 을축 11. 18. (갑자)

/양 1325. 12. 23./

十二月231) 甲子 犯天關
<달이> 천관(天關) 성좌를 범하였다.
고려사 권49 지3 [C]

충숙왕 12년(1325) 을축 11. 26. (임신)

/양 1325. 12. 31./

十二月232) 壬申 太白晝見
금성[太白]이 낮에 나타났다
고려사 권49 지3 [G]

충숙왕 12년(1325) 을축 12. 3. (기묘)

/양 1326. 1. 7./

十二月 己卯 月與太白同舍于南斗
달이 금성[太白]과 함께 남두(南斗) 성좌에 모였다.
고려사 권49 지3 [C]

충숙왕 14년(1327) 정묘 2. 11. (경진)

/양 1327. 3. 4./

二月 庚辰 月與歲星同舍
달이 목성[歲星]과 함께 같은 성좌에 모였다.
고려사 권49 지3 [C]

---

230) 12월은 11월의 오류임. 12월에 계해일이 없음. 11/17 또는
1326/01/18이 계해일임. 12/3의 기록이 있으므로 11월로 추
론함.

231) 12월은 11월의 오류임. 12월에 갑자일이 없음. 11/18 또는
1326/01/19이 갑자일임. 12/3의 기록이 있으므로 11월로 추
론함.

232) 12월은 11월의 오류임. 12월에 임신일이 없음. 11/26 또는
1326/01/27이 임신일임. 12/3일의 기록이 있으므로 11월로
추론함.

충숙왕 14년(1327) 정묘 2. 12. (신사)

/양 1327. 3. 5./

二月 辛巳 犯軒轅 與歲星同舍
<달이> 헌원(軒轅) 성좌를 범하였으며, 또 목성
[歲星]과 함께 같은 성좌에 있었다.
고려사 권49 지3 [C]

충숙왕 14년(1327) 정묘 2. 18. (정해)

/양 1327. 3. 11./

二月 丁亥 犯氐星
<달이> 저(氐) 성좌를 범하였다.
고려사 권49 지3 [C]

충숙왕 14년(1327) 정묘 4. 14. (임오)

/양 1327. 5. 5./

四月 壬午 熒惑鎭星同舍于井 歲星犯鬼星 月犯
亢氐
화성[熒惑]과 토성[鎭星]이 함께 정(井) 성좌에 함께
모였다. 목성[歲星]이 귀(鬼) 성좌를 범하였다. 달이
항(亢) 성좌와 저(氐) 성좌를 범하였다.
고려사 권49 지3 [E] [F] [C]

충숙왕 14년(1327) 정묘 4. 15. (계미)

/양 1327. 5. 6./

四月 癸未 熒惑鎭星同舍于井
화성[熒惑]과 토성[鎭星]이 정(井) 성좌에 함께 모
였다.
고려사 권49 지3 [E]

충숙왕 15년(1328) 무진 2. 8. (신축)

/양 1328. 3. 19./

二月 辛丑 月暈東井
동정(東井) 성좌에 달무리가 있었다.
고려사 권49 지3 [P]

충숙왕 15년(1328) 무진 2. 9. (임인)

/양 1328. 3. 20./

二月 壬寅 月與鎭星同舍于井
달이 토성[鎭星]과 함께 정(井) 성좌에 모였다.
고려사 권49 지3 [C]

충숙왕 15년(1328) 무진 2. 17. (경술)

/양 1328. 3. 28./

二月 庚戌 又入氐星

<달이> 또 저(氐) 성좌로 들어갔다.
고려사 권49 지3 [C]

충숙왕 15년(1328) 무진 3. 9. (임신)

/양 1328. 4. 19./

三月 壬申 月犯軒轅左角
달이 헌원(軒轅) 성좌의 왼쪽 뿔[左角]을 범하
였다.
고려사 권49 지3 [C]

충숙왕 15년(1328) 무진 3. 14. (정축)

/양 1328. 4. 24./

三月 丁丑 入氐星
<달이> 저(氐) 성좌로 들어갔다.
고려사 권49 지3 [C]

충숙왕 15년(1328) 무진 3. 26. (기축)

/양 1328. 5. 6./

三月 己丑 與太白同舍
<달이> 금성[太白]과 함께 같은 성좌에 모였다.
고려사 권49 지3 [C]

충숙왕 15년(1328) 무진 4. 3. (을미)

/양 1328. 5. 12./

夏四月 乙未 元以改元致和 遣闍里帖木兒來 頒詔
원(元) 나라에서 연호(年號)를 치화(致和)로 개정
하고 도리첩목아(闍里帖木兒)를 보내어 조서를
반포하였다.
고려사 권35 세가35 [U]

충숙왕 15년(1328) 무진 4. 7. (기해)

/양 1328. 5. 16./

四月 己亥 月犯軒轅
달이 헌원(軒轅) 성좌를 범하였다.
고려사 권49 지3 [C]

충숙왕 15년(1328) 무진 4. 9. (신축)

/양 1328. 5. 18./

四月 辛丑 又犯紫微左執法
<달이> 또 자미원(紫微垣)의 좌집법성(左執法
星)을 범하였다.
고려사 권49 지3 [C]

충숙왕 15년(1328) 무진 4. 10. (임인)

/양 1328. 5. 19./

四月 壬寅 太白犯東井 月入大微犯東藩上相 又與歲
星同舍
금성[太白]이 동정(東井) 성좌를 범하였다. 달이
태미원[大微]으로 들어가서 그 동번(東藩) 성좌
의 상상성(上相星)을 범하였다. 또 <달이> 목성
[歲星]과 함께 같은 성좌에 모였다.
고려사 권49 지3 [C] [F]

충숙왕 15년(1328) 무진 5. 11. (계유)

/양 1328. 6. 19./

五月 癸酉 太白鎭星同舍
금성[太白]과 토성[鎭星]이 같은 성좌에 모였다.
고려사 권49 지3 [E]

충숙왕 15년(1328) 무진 6. 27. (무오)

/양 1328. 8. 3./

六月 戊午 月與太白同舍于井
달이 금성[太白]과 함께 정(井) 성좌에 모였다.
고려사 권49 지3 [E]

충숙왕 15년(1328) 무진 7. 14. (갑술)

/양 1328. 8. 19./

七月 甲戌 太白鎭星同舍于柳
금성[太白]과 토성[鎭星]이 류(柳) 성좌에 함께
모였다.
고려사 권49 지3 [E]

충숙왕 15년(1328) 무진 7. 21. (신사)

/양 1328. 8. 26./

七月 辛巳 太白犯軒轅大星
금성[太白]이 헌원대성(軒轅大星)을 범하였다.
고려사 권49 지3 [F]

충숙왕 15년(1328) 무진 8. 3. (계사)

/양 1328. 9. 7./

八月 癸巳 太白犯軒轅
금성[太白]이 헌원(軒轅) 성좌를 범하였다.
고려사 권49 지3 [F]

충숙왕 15년(1328) 무진 8. 21. (신해)

/양 1328. 9. 25./

八月 辛亥 月與熒惑同舍
달이 화성[熒惑]과 함께 같은 성좌에 모였다.
고려사 권49 지3 [C]

충숙왕 15년(1328) 무진 8. 26. (병진)

/양 1328. 9. 30./

八月 丙辰 太白歲星相犯

금성[太白]과 목성[歲星]이 서로 범하였다.

고려사 권49 지3 [D]

충숙왕 15년(1328) 무진 9. 18. (정축)

/양 1328. 10. 21./

九月 丁丑 月犯畢星

달이 필(畢) 성좌를 범하였다.

고려사 권49 지3 [C]

충숙왕 15년(1328) 무진 9. 21. (경진)

/양 1328. 10. 24./

九月 庚辰 犯輿鬼 流星入於越分

<달이> 여귀(輿鬼) 성좌를 범하였다. 유성(流星)이 월(越) 성좌 분야(分野)로 들어갔다.

고려사 권49 지3 [C] [R]

충숙왕 15년(1328) 무진 9. 23. (임오)

/양 1328. 10. 26./

九月 壬午 又犯軒轅女御

또 <달이> 헌원(軒轅) 성좌의 여어성(女御星)을 범하였다.

고려사 권49 지3 [C]

충숙왕 15년(1328) 무진 9. 24. (계미)

/양 1328. 10. 27./

九月 癸未 又犯軒轅左角及左執法

또 <달이> 헌원(軒轅) 왼쪽 뿔[左角]쪽과 좌집법성(左執法星)을 범하였다.

고려사 권49 지3 [C]

충숙왕 15년(1328) 무진 9. 25. (갑신)

/양 1328. 10. 28./

九月 甲申 又入大微右掖

또 <달이> 태미원[大微]의 우액문(右掖門)으로 들어갔다.

고려사 권49 지3 [C]

충숙왕 15년(1328) 무진 9. 26. (을유)

/양 1328. 10. 29./

九月 乙酉 月入大微左掖門

달이 태미원[大微]의 좌액문(左掖門)으로 들어

갔다.

고려사 권49 지3 [C]

충숙왕 15년(1328) 무진 10. 24. (임자)

/양 1328. 11. 25./

十月 壬子 月犯大微左執法

달이 태미원[大微]의 좌집법성(左執法星)을 범하였다.

고려사 권49 지3 [C]

충숙왕 15년(1328) 무진 11. 13. (신미)

/양 1328. 12. 14./

十一月 辛未 犯畢星

<달이> 필(畢) 성좌를 범하였다.

고려사 권49 지3 [C]

충숙왕 15년(1328) 무진 11. 19. (정축)

/양 1328. 12. 20./

十一月 丁丑 月犯軒轅女御星

달이 헌원(軒轅) 성좌의 여어성(女御星)을 범하였다.

고려사 권49 지3 [C]

충숙왕 15년(1328) 무진 11. 21. (기묘)

/양 1328. 12. 22./

十一月 己卯 犯大微右執法

<달이> 태미원[大微]의 우집법성(右執法星)을 범하였다.

고려사 권49 지3 [C]

충숙왕 15년(1328) 무진 12. 1. (기축)

/양 1329. 1. 1./

十二月 丁丑 月犯軒轅女御[233]

달이 헌원(軒轅) 성좌의 여어성(女御星)을 범하였다.

고려사 권49 지3 [C]

충숙왕 15년(1328) 무진 12. 11. (기해)

/양 1329. 1. 11./

十二月 己亥 犯畢星

<달이> 필(畢) 성좌를 범하였다.

고려사 권49 지3 [C]

---

233) 오류로 추정됨. 11/19(정축)에 같은 기록이 있고, 그 시기가 천체역학적 계산으로 잘 맞음.

충숙왕 15년(1328) 무진 12. 16. (갑진)

/양 1329. 1. 16./

十二月 甲辰 與鎮星同舍
<달이> 토성[鎮星]과 함께 같은 성좌에 모였다.
고려사 권49 지3 [C]

충숙왕 15년(1328) 무진 12. 18. (병오)

/양 1329. 1. 18./

十二月 丙午 又犯大微上相
<달이> 또 태미원[大微]의 상상성(上相星)을 범
하였다.
고려사 권49 지3 [C]

충숙왕 15년(1328) 무진 12. 20. (무신)

/양 1329. 1. 20./

十二月 戊申 又與歲星同舍
<달이> 또 목성[歲星]과 함께 같은 성좌에 모였다.
고려사 권49 지3 [C]

충숙왕 16년(1329) 기사 1. 11. (기사)

/양 1329. 2. 10./

正月 己巳 月入井星
달이 정(井) 성좌로 들어갔다.
고려사 권49 지3 [C]

충숙왕 16년(1329) 기사 1. 14. (임신)

/양 1329. 2. 13./

正月 壬申 犯軒轅女御 入大微端門
<달이> 헌원(軒轅) 성좌의 여어성(女御星)을 범한
다음 태미원[大微]의 단문(端門)으로 들어갔다.
고려사 권49 지3 [C]

충숙왕 16년(1329) 기사 1. 16. (갑술)

/양 1329. 2. 15./

正月 甲戌 入大微
<달이> 태미원[大微]으로 들어갔다.
고려사 권49 지3 [C]

충숙왕 16년(1329) 기사 1. 19. (정축)

/양 1329. 2. 18./

正月 丁丑 犯氐星
<달이> 저(氐) 성좌를 범하였다.
고려사 권49 지3 [C]

충숙왕 16년(1329) 기사 2. 9. (병신)

/양 1329. 3. 9./

二月 丙申 月犯東井
달이 동정(東井) 성좌를 범하였다.
고려사 권49 지3 [C]

충숙왕 16년(1329) 기사 2. 11. (무술)

/양 1329. 3. 11./

二月 戊戌 掩輿鬼
<달이> 여귀(輿鬼) 성좌를 가렸다.
고려사 권49 지3 [C]

충숙왕 16년(1329) 기사 2. 13. (경자)

/양 1329. 3. 13./

二月 庚子 掩軒轅左角 入大微右執法
<달이> 헌원(軒轅) 성좌의 왼쪽 뿔[左角]을 가
리웠고, 태미원[大微]의 우집법성(右執法星)으
로 들어갔다.
고려사 권49 지3 [C]

충숙왕 16년(1329) 기사 2. 22. (기유)

/양 1329. 3. 22./

二月 己酉 犯東井北垣 與熒惑相犯 熒惑又犯西
頭第一星
<달이> 동정(東井) 성좌의 북쪽 열에 있는 별
들 [北垣]을 범하였다. <달이> 화성[熒惑]과 서
로 범하였다. 화성(熒惑)은 또 <동정 성좌의>
서쪽 첫째 별을 범하였다.
고려사 권49 지3 [C] [C] [F]

충숙왕 16년(1329) 기사 2. 24. (신해)

/양 1329. 3. 24./

二月 辛亥 熒惑犯東井
화성[熒惑]이 동정(東井) 성좌를 범하였다.
고려사 권49 지3 [F]

충숙왕 16년(1329) 기사 3. 4. (신유)

/양 1329. 4. 3./

三月 辛酉 枉矢墜于西北
왕시(枉矢, 혜성의 일종)가 서북방에 떨어졌다.
고려사 권49 지3 [R]

충숙왕 16년(1329) 기사 3. 9. (병인)

/양 1329. 4. 8./

三月 丙寅 月與鎭星同舍
달이 토성[鎭星]과 함께 같은 성좌에 모였다.
고려사 권49 지3 [C]

충숙왕 16년(1329) 기사 3. 10. (정묘)

/양 1329. 4. 9./

三月 丁卯 虹貫日
무지개가 태양을 가로질렀다.
고려사 권47 지1 [C]

충숙왕 16년(1329) 기사 3. 10. (정묘)

/양 1329. 4. 9./

三月 丁卯 犯軒轅大星
<달이> 헌원대성(軒轅大星)을 범하였다.
고려사 권49 지3 [O]

충숙왕 16년(1329) 기사 3. 11. (무진)

/양 1329. 4. 10./

三月 戊辰 入大微中
<달이> 태미원[大微] 안으로 들어갔다.
고려사 권49 지3 [C]

충숙왕 16년(1329) 기사 3. 12. (기사)

/양 1329. 4. 11./

三月 己巳 入大微左掖門
<달이> 태미원[大微]의 좌액문(左掖門)으로 들어
갔다.
고려사 권49 지3 [C]

충숙왕 16년(1329) 기사 3. 13. (경오)

/양 1329. 4. 12./

三月 庚午 又與歲星同舍 熒惑犯五諸侯234)
<달이> 또 목성[歲星]과 함께 같은 성좌에 모였다.
화성[熒惑]이 오제후(五諸侯) 성좌를 범하였다.
고려사 권49 지3 [C] [F]

충숙왕 16년(1329) 기사 4. 9. (병신)

/양 1329. 5. 8./

四月 丙申 太白犯東井 月入大微 又與歲星同舍
금성[太白]이 동정(東井) 성좌를 범하였다. 달이

---

234) 五諸侯(오제후): 오제후 성좌-2임.

태미원[大微]으로 들어갔고, 또 목성[歲星]과 같
은 성좌에 있었다.
고려사 권49 지3 [F] [C] [C]

충숙왕 16년(1329) 기사 4. 10. (정유)

/양 1329. 5. 9./

四月 丁酉 太白犯東井南垣 月入大微犯東藩上相
與歲星同舍
금성[太白]이 동정(東井) 성좌의 남쪽 열에 늘
어선 별들[南垣]을 범하였다. 달은 태미원[大微]
으로 들어가서 동번(東藩) 성좌의 상상성(上相
星)을 범하였고 또 목성(歲星)과 함께 같은 성
좌에 모였다.
고려사 권49 지3 [C] [F]

충숙왕 16년(1329) 기사 4. 11. (무술)

/양 1329. 5. 10./

四月 戊戌 犯大微東藩上相
<달이> 태미동번[太微東藩] 성좌의 상상성(上
相星)을 범하였다.
고려사 권49 지3 [C]

충숙왕 16년(1329) 기사 4. 15. (임인)

/양 1329. 5. 14./

四月 壬寅 太白入東井
금성[太白]이 동정(東井) 성좌로 들어갔다.
고려사 권49 지3 [F]

충숙왕 16년(1329) 기사 4. 20. (정미)

/양 1329. 5. 19./

四月 丁未 熒惑鎭星同舍
화성[熒惑]과 토성[鎭星]이 같은 성좌에 모였다.
고려사 권49 지3 [E]

충숙왕 16년(1329) 기사 4. 29. (병진)

/양 1329. 5. 28./

四月 丙辰 熒惑鎭星相犯
화성[熒惑]과 토성[鎭星]이 서로 범하였다.
고려사 권49 지3 [D]

충숙왕 16년(1329) 기사 5. 2. (무오)

/양 1329. 5. 30./

五月 戊午 熒惑鎭星同舍
화성[熒惑]과 토성[鎭星]이 같은 성좌에 모였다.
고려사 권49 지3 [E]

충숙왕 16년(1329) 기사 5. 3. (기미)

/양 1329. 5. 31./

五月 己未 晡時星隕艮方 狀如火
포시(晡時, 오후 3~5시)에 별이 동북쪽에 떨어졌는데 그 형상이 불과 같았다.
고려사 권49 지3 [R]

충숙왕 16년(1329) 기사 5. 3. (기미)

/양 1329. 5. 31./

五月 己未 晡時白氣竟天
포시(晡時, 오후3~4시경)에 흰 기운이 하늘을 가로질렀다.
고려사 권54 지8 [S]

충숙왕 16년(1329) 기사 5. 7. (계해)

/양 1329. 6. 4./

五月 癸亥 太白犯鬼 月犯大微西藩次將星
금성[太白]이 귀(鬼) 성좌를 범하였다. 달은 태미서번[大微西藩] 성좌의 차장성(次將星)을 범하였다.
고려사 권49 지3 [C] [F]

충숙왕 16년(1329) 기사 5. 11. (정묘)

/양 1329. 6. 8./

五月 丁卯 入氐中 太白鎭星同舍
<달이> 저(氐) 성좌 안으로 들어갔다. 금성[太白]과 토성[鎭星]이 함께 같은 성좌에 모였다.
고려사 권49 지3 [C] [E]

충숙왕 16년(1329) 기사 5. 14. (경오)

/양 1329. 6. 11./

五月 庚午 太白鎭星同舍
금성[太白]과 토성[鎭星]이 함께 같은 성좌에 모였다.
고려사 권49 지3 [E]

충숙왕 16년(1329) 기사 5. 23. (기묘)

/양 1329. 6. 20./

五月 己卯 熒惑犯軒轅大星 太白與熒惑同舍
화성[熒惑]이 헌원대성(軒轅大星)을 범하였다 또 금성[太白]이 화성[熒惑]과 함께 같은 성좌에 모였다.
고려사 권49 지3 [E] [F]

충숙왕 16년(1329) 기사 5. 24. (경진)

/양 1329. 6. 21./

五月 庚辰 太白熒惑同舍 與軒轅大星如鼎足 熒惑與大星西北相對
금성[太白]과 화성[熒惑]이 함께 있고 헌원대성(軒轅大星)과 함께 솥의 세 발같은 형태이며, 화성[熒惑]과 헌원대성은 서북으로 서로 마주하였다.
고려사 권49 지3 [E]

충숙왕 16년(1329) 기사 6. 1. (정해)

/양 1329. 6. 28./

六月 丁亥 太白晝見
금성[太白]이 낮에 나타났다.
고려사 권49 지3 [G]

충숙왕 16년(1329) 기사 6. 24. (경술)

/양 1329. 7. 21./

六月 庚戌 太白犯右執法
금성[太白]이 우집법성(右執法星)을 범하였다.
고려사 권49 지3 [F]

충숙왕 16년(1329) 기사 7. 1. (병진)

/양 1329. 7. 27./

秋七月 丙辰朔 日食 太白晝見
일식이 있었고, 금성[太白]이 낮에 나타났다
고려사 권35 세가35 [A] [G]

충숙왕 16년(1329) 기사 7. 1. (병진)

/양 1329. 7. 27./

七月 丙辰朔 日食
일식이 있었다.
고려사 권47 지1 [A]

충숙왕 16년(1329) 기사 7. 1. (병진)

/양 1329. 7. 27./

秋七月 丙辰朔 日食
일식이 있었다.
고려사절요 제24권 [A]

충숙왕 16년(1329) 기사 7. 1. (병진)

/양 1329. 7. 27./

七月 丙辰 太白晝見
금성[太白]이 낮에 나타났다.
고려사 권49 지3 [G]

충숙왕 16년(1329) 기사 7. 4. (기미)

/양 1329. 7. 30./

七月 己未 月入大微中 犯東藩上相
달이 태미원[大微]안으로 들어가서 동번(東藩)
성좌의 상상성(上相星)을 범하였다.
고려사 권49 지3 [C]

충숙왕 16년(1329) 기사 7. 7. (임술)

/양 1329. 8. 2./

七月 壬戌 犯氐星
<달이> 저(氐) 성좌를 범하였다.
고려사 권49 지3 [C]

충숙왕 16년(1329) 기사 7. 22. (정축)

/양 1329. 8. 17./

七月 丁丑 掩畢
<달이> 필(畢) 성좌를 가렸다.
고려사 권49 지3 [C]

충숙왕 16년(1329) 기사 8. 6. (경인)

/양 1329. 8. 30./

八月 庚寅 月掩房
달이 방(房) 성좌를 가렸다.
고려사 권49 지3 [C]

충숙왕 16년(1329) 기사 8. 21. (을사)

/양 1329. 9. 14./

八月 乙巳 犯畢
<달이> 필(畢) 성좌를 범하였다.
고려사 권49 지3 [C]

충숙왕 16년(1329) 기사 8. 23. (정미)

/양 1329. 9. 16./

八月 丁未 犯東井南垣第一星
<달이> 동정(東井) 성좌의 남쪽 열의 별들[南
垣]중 첫째별을 범하였다.
고려사 권49 지3 [C]

충숙왕 16년(1329) 기사 8. 26. (경술)

/양 1329. 9. 19./

八月 庚戌 鎭星犯軒轅大星
토성[鎭星]이 헌원대성(軒轅大星)을 범하였다.
고려사 권49 지3 [F]

충숙왕 16년(1329) 기사 9. 7. (신유)

/양 1329. 9. 30./

九月 辛酉 月犯東井第二星
달이 동정 성좌의 둘째 별을 범하였다.
고려사 권49 지3 [C]

충숙왕 16년(1329) 기사 9. 18. (임신)

/양 1329. 10. 11./

九月 壬申 犯畢
<달이> 필(畢) 성좌를 범하였다.
고려사 권49 지3 [C]

충숙왕 16년(1329) 기사 9. 24. (무인)

/양 1329. 10. 17./

九月 戊寅 犯軒轅大星 又與鎭星同舍 流星出紫微
入大微中
<달이> 헌원대성(軒轅大星)을 범하였고 또 토성[鎭
星]과 함께 모였다. 유성(流星)이 자미원(紫微垣)에
서 나와 태미원[大微] 안으로 들어갔다.
고려사 권49 지3 [C] [R]

충숙왕 16년(1329) 기사 9. 26. (경진)

/양 1329. 10. 19./

九月 庚辰 月犯右執法
달이 우집법성(右執法星)을 범하였다.
고려사 권49 지3 [C]

충숙왕 16년(1329) 기사 10. 16. (기해)

/양 1329. 11. 7./

十月 己亥 月入畢
달이 필(畢) 성좌로 들어갔다.
고려사 권49 지3 [C]

충숙왕 16년(1329) 기사 10. 19. (임인)

/양 1329. 11. 10./

十月 壬寅 犯東井北垣
<달이> 동정(東井) 성좌의 북쪽 열에 늘어선
별들[北垣]을 범하였다.
고려사 권49 지3 [C]

충숙왕 16년(1329) 기사 11. 15. (정묘)

/양 1329. 12. 5./

十一月 丁卯 月犯畢大星 太白歲星相對
달이 필대성(畢大星)을 범하였다. 금성[太白]과

목성[歲星]이 마주 대하여 있었다.
고려사 권49 지3 [C] [D]

충숙왕 16년(1329) 기사 11. 19. (신미)

/양 1329. 12. 9./

十一月 辛未 太白入氐
금성[太白]이 저(氐) 성좌로 들어갔다.
고려사 권49 지3 [F]

충숙왕 16년(1329) 기사 11. 21. (계유)

/양 1329. 12. 11./

十一月 癸酉 月掩軒轅左角
달이 헌원(軒轅) 성좌의 왼쪽 뿔[左角]을 가렸다.
고려사 권49 지3 [C]

충숙왕 16년(1329) 기사 11. 22. (갑술)

/양 1329. 12. 12./

十一月 甲戌 入大微右掖門
<달이> 태미원[大微垣]의 우액문(右掖門)으로 들
어갔다.
고려사 권49 지3 [C]

충숙왕 16년(1329) 기사 12. 12. (갑오)

/양 1330. 1. 1./

十二月 甲午 月掩畢
달이 필(畢) 성좌를 가렸다.
고려사 권49 지3 [C]

충숙왕 16년(1329) 기사 12. 16. (무술)

/양 1330. 1. 5./

十二月 戊戌 月蝕
월식이 있었다.
고려사 권49 지3 [B]

충숙왕 17년(1330) 경오 1. 8. (경신)

/양 1330. 1. 27./

正月 庚申 月入東井
달이 동정(東井) 성좌로 들어갔다.
고려사 권49 지3 [C]

충숙왕 17년(1330) 경오 1. 16. (무진)

/양 1330. 2. 4./

正月 戊辰 入大微中
<달이> 태미원[大微] 안으로 들어갔다.

고려사 권49 지3 [C]

충숙왕 17년(1330) 경오 1. 19. (신미)

/양 1330. 2. 7./

正月 辛未 犯氐
<달이> 저(氐) 성좌를 범하였다.
고려사 권49 지3 [C]

충숙왕 17년(1330) 경오 2. 8. (기축)

/양 1330. 2. 25./

二月235) 己丑 月入東井
달이 동정(東井) 성좌로 들어갔다.
고려사 권49 지3 [C]

충숙왕 17년(1330) 경오 4. 19. (경자)

/양 1330. 5. 7./

四月 庚子 流星入大微 犯亢
유성(流星)이 태미원[大微]으로 들어갔고, 항
(亢) 성좌를 범하였다.
고려사 권49 지3 [R]

충숙왕 17년(1330) 경오 5. 3. (계축)

/양 1330. 5. 20./

五月 癸丑 流星出心星 落地
유성(流星)이 심(心) 성좌에서 나와 땅에 떨어졌다.
고려사 권49 지3 [R]

충숙왕 17년(1330) 경오 5. 7. (정사)

/양 1330. 5. 24./

五月 丁巳 鎭星貫月
토성[鎭星]이 달을 가로질러 갔다.
고려사 권49 지3 [C]

28. 충혜왕(1331)

충혜왕 1년(1331) 신미 11. 1. (임신)

/양 1331. 11. 30./

十一月 壬申朔 日食
일식이 있었다.
고려사 권36 세가36 ; 고려사 권47 지1 ;

---

235) 2월부터는 충혜왕 즉위년임.

29. 충숙왕(후)(1335 ～ 1339)

충숙왕(후) 4년(1335) 을해 5. 1. (임오)

/양 1335. 5. 23./

五月 壬午 熒惑犯左執法
화성[熒惑]이 좌집법성(左執法星)을 범하였다.
고려사 권49 지3 [F]

충숙왕(후) 4년(1335) 을해 5. 3. (갑신)

/양 1335. 5. 25./

五月 甲申 亦如之
또 <화성[熒惑]이 좌집법성(左執法星)을 범하
였다>.
고려사 권49 지3 [F]

충숙왕(후) 4년(1335) 을해 5. 14. (을미)

/양 1335. 6. 5./

五月 乙未 月暈
달무리가 있었다.
고려사 권49 지3 [P]

충숙왕(후) 4년(1335) 을해 5. 16. (정유)

/양 1335. 6. 7./

五月 丁酉 又犯大微上相
<달이> 또 태미원[大微]의 상상성(上相星)을 범
하였다.
고려사 권49 지3 [C]

충숙왕(후) 4년(1335) 을해 6. 8. (무오)

/양 1335. 6. 28./

六月 戊午 月犯熒惑
달이 화성[熒惑]을 범하였다.
고려사 권49 지3 [C]

충숙왕(후) 4년(1335) 을해 12. 21. (기사)

/양 1336. 1. 5./

十二月 己巳 元以改元至元 遣使來 頒詔
원 나라에서 연호(年號)를 지원(至元)으로 개정
하고 사신을 우리나라에 보내어 조서를 반포하
였다.

충숙왕(후) 6년(1337) 정축 5. 26. (병인)

/양 1337. 6. 25./

夏五月 丙寅 彗見 長丈餘
혜성이 나타났는데 그 길이가 1장(丈) 남짓 하
였다
고려사 권35 세가35 ; 고려사절요 권25 [H]

충숙왕(후) 6년(1337) 정축 5. 26. (병인)

/양 1337. 6. 25./

五月 丙寅 彗見 長丈餘 自天船北至王良閣道
혜성이 나타났는데 그 길이가 1장(丈) 남짓 하였으
며 천선(天船) 성좌에서부터 북쪽으로 왕량(王良)
성좌 및 각도(角道) 성좌에까지 이르렀다.
고려사 권49 지3 [H]

충숙왕(후) 6년(1337) 정축 6. 1. (경오)

/양 1337. 6. 29./

六月 庚午朔 彗星見
혜성이 나타났다.
고려사 권35 세가35 [H]

충숙왕(후) 6년(1337) 정축 6. 1. (경오)

/양 1337. 6. 29./

六月 庚午朔 彗見艮方
혜성이 동북쪽에 나타났다.
고려사 권49 지3 ; 고려사절요 권25 [H]

충숙왕(후) 6년(1337) 정축 6. 4. (계유)

/양 1337. 7. 2./

六月 癸酉 癸巳 丁酉 亦如之
계유일(4), 계사일(24), 정유일(28)에도 <혜성이
보였다>.
고려사 권35 세가35 [H]

충숙왕(후) 6년(1337) 정축 6. 4. (계유)

/양 1337. 7. 2./

六月 癸酉 又見 紫微西藩 華蓋 勾陳 北極
또 <혜성이> 자미서번(紫微西藩) 성좌, 화개(華
蓋) 성좌와 구진(鉤陳) 성좌 및 북극(北極) 성
좌 자리에 나타났다.
고려사 권49 지3 [H]

충숙왕(후) 6년(1337) 정축 6. 24. (계사)

/양 1337. 7. 22./

六月 癸酉 癸巳 丁酉 亦如之
계유일(4), 계사일(24), 정유일(28)에도 <혜성이
보였다>.
고려사 권35 세가35 [H]

충숙왕(후) 6년(1337) 정축 6. 24. (계사)

/양 1337. 7. 22./

七月[236] 癸巳 又見紫微東藩
<혜성이> 또 자미동번(紫微東藩) 성좌에 나타
났다.
고려사 권49 지3 [H]

충숙왕(후) 6년(1337) 정축 6. 28. (정유)

/양 1337. 7. 26./

六月 癸酉 癸巳 丁酉 亦如之
계유일(4), 계사일(24), 정유일(28)에도 <혜성이
보였다>.
고려사 권35 세가35 [H]

충숙왕(후) 6년(1337) 정축 6. 28. (정유)

/양 1337. 7. 26./

七月[237] 丁酉 又犯貫星
또 <혜성이> 관(貫, 관색(貫索)) 성좌를 범하
였다.
고려사 권49 지3 [H]

충숙왕(후) 6년(1337) 정축 7. 2. (경자)

/양 1337. 7. 29./

秋七月 庚子 彗見天市垣 四十日乃滅
혜성이 천시원(天市垣)에 나타났는데, 40일만에
야 소멸되었다
고려사 권35 세가35 ; 고려사절요 권25 [H]

충숙왕(후) 6년(1337) 정축 7. 2. (경자)

/양 1337. 7. 29./

八月[238] 庚子 彗見天市垣 四十日乃滅

혜성이 천시원(天市垣)에 나타났는데, 그로부터
40일만에야 소멸되었다.
고려사 권49 지3 [H]

충숙왕(후) 6년(1337) 정축 7. 5. (계묘)

/양 1337. 8. 1./

七月 癸卯 白虹貫日
흰 무지개가 태양을 가로질렀다.
고려사 권47 지1 [O]

충숙왕(후) 6년(1337) 정축 7. 7. (을사)

/양 1337. 8. 3./

八月[239] 乙巳 月入南斗 二日
2일간 달이 남두(南斗) 성좌로 들어갔다.
고려사 권49 지3 [C]

충숙왕(후) 6년(1337) 정축 7. 13. (신해)

/양 1337. 9. - /

八月[240] 辛亥 日有重暈
2중 햇무리가 있었다
고려사 권47 지1 [O]

충숙왕(후) 6년(1337) 정축 9. 27. (갑자)

/양 1337. 10. 21./

八月[241] 甲子 月犯角星 與太白同舍
달이 각(角) 성좌를 범하였다. <달은> 금성[太
白]과 함께 같은 성좌에 모였다.
고려사 권49 지3 [C] [C]

충숙왕(후) 6년(1337) 정축 10. 7. (계유)

/양 1337. 10. 30./

十月 癸酉 月與熒惑同舍于牛
달이 화성[熒惑]과 함께 우(牛) 성좌에 모였다.
고려사 권49 지3 [C]

충숙왕(후) 6년(1337) 정축 11. 6. (임인)

/양 1337. 11. 28./

十一月 壬寅 月犯哭星
달이 곡(哭) 성좌를 범하였다.

---

236) 6월의 오기. 본문에는 7월로 기록됨. 7월에는 계사일 없음.
　　따라서 6월로 함.
237) 6월의 오기. 본문에는 7월로 기록됨. 7월에는 정유일 없음.
　　따라서 6월로 함.
238) 7월의 오기임, 원문에 8월 경자로 되어 있으나 고려사 권35
　　와 고려사절요 권25에 7월 경자로 되어있으며 7월에 경자일

이 있음.
239) 7월의 오기임. 을사가 7/7, 9/8임. 7/2 혜성 자료에 바로 이
　　어 기록된 것으로 보아, 7월이 맞음.
240) 7월의 오기임. 8월에 신해일이 없음. 신해일은 7/13, 9/14임.
241) 9월의 오기임. 천체역학적 계산에 의하면 9/27(갑자)로 추
　　정됨.

고려사 권49 지3 [C]

충숙왕(후) 6년(1337) 정축 12. 5. (신미)

/양 1337. 12. 27./

十二月 辛未 月與熒惑同舍于危 歲星犯天樽
달이 화성[熒惑]과 함께 위(危) 성좌에 모였다.
목성[歲星]이 천준(天樽) 성좌를 범하였다.
고려사 권49 지3 [C] [F]

충숙왕(후) 6년(1337) 정축 12. 17. (계미)

/양 1338. 1. 8./

十二月 癸未 月犯軒轅女御
달이 헌원(軒轅) 성좌의 여어성(女御星)을 범하
였다.
고려사 권49 지3 [C]

충숙왕(후) 7년(1338) 무인 7. 2. (을미)

/양 1338. 7. 19./

七月 乙未 鎭星犯建
토성[鎭星]이 건(建) 성좌를 범하였다.
고려사 권49 지3 [F]

충숙왕(후) 7년(1338) 무인 7. 9. (임인)

/양 1338. 7. 26./

七月 壬寅 月犯心星
달이 심(心) 성좌를 범하였다.
고려사 권49 지3 [C]

충숙왕(후) 7년(1338) 무인 8. 19. (신사)

/양 1338. 9. 3./

八月 辛巳 流星出天市垣入心星
유성(流星)이 천시원(天市垣)에서 나와 심(心)
성좌로 들어갔다.
고려사 권49 지3 [R]

충숙왕(후) 8년(1339) 기묘 6. 5. (임진)

/양 1339. 7. 11./

六月 壬辰 熒惑犯南斗 留七日
화성[熒惑]이 남두(南斗) 성좌를 범하면서 7일
동안 머물러 있었다.
고려사 권49 지3 [F]

충숙왕(후) 8년(1339) 기묘 6. 20. (정미)

/양 1339. 7. 26./

六月 丁未 熒惑入南斗魁
화성[熒惑]이 남두괴(南斗魁)로 들어갔다.
고려사 권49 지3 [F]

충숙왕(후) 8년(1339) 기묘 6. 25. (임자)

/양 1339. 7. 31./

六月 壬子 月犯鎭星
달이 토성[鎭星]을 범하였다.
고려사 권49 지3 [C]

충숙왕(후) 8년(1339) 기묘 7. 2. (기미)

/양 1339. 8. 7./

七月 己未 熒惑犯南斗
화성[熒惑]이 남두(南斗) 성좌를 범하였다.
고려사 권49 지3 [F]

충숙왕(후) 8년(1339) 기묘 7. 5. (임술)

/양 1339. 8. 10./

七月 壬戌 亦如之
또 <화성[熒惑]이 남두 성좌를 범하였다>.
고려사 권49 지3 [F]

충숙왕(후) 8년(1339) 기묘 7. 10. (정묘)

/양 1339. 8. 15./

七月 丁卯 月犯南斗
달이 남두(南斗) 성좌를 범하였다.
고려사 권49 지3 [C]

30. 충혜왕(후)(1340 ～ 1344)

충혜왕(후) 1년(1340) 경진 1. - (-)

/양 1340. 2. - /

正月 有記如虹 見于西南
무지개와 같은 기운이 서남방에 나타났다.
고려사 권53 지7 [S]

충혜왕(후) 1년(1340) 경진 2. 11. (갑오)

/양 1340. 3. 9./

二月 甲午 日赤
태양빛이 붉었다.
고려사 권47 지1 [M]

충혜왕(후) 1년(1340) 경진 2. 27. (경술)

/양 1340. 3. 25./

二月 庚戌 彗見東方入大微
혜성이 동쪽에 나타났다가 태미원[大微]으로 들
어갔다.
고려사 권36 세가36 ; 고려사 권49 지3 [H]

충혜왕(후) 1년(1340) 경진 2. 27. (경술)

/양 1340. 3. 25./

二月 庚戌 彗見東方
혜성이 동쪽에 나타났다.
고려사절요 권25 [H]

충혜왕(후) 1년(1340) 경진 3. 1. (갑인)

/양 1340. 3. 29./

三月 甲寅 又見東方
<혜성이> 다시 동쪽에 나타났다.
고려사 권36 세가36 ; 고려사 권49 지3 [H]

충혜왕(후) 1년(1340) 경진 3. 1. (갑인)

/양 1340. 3. 29./

二月 甲寅 又見
<혜성이> 다시 보였다.
고려사절요 권25 [H]

충혜왕(후) 2년(1341) 신사 1. 17. (을축)

/양 1341. 2. 3./

正月 乙丑 月暈
달무리가 있었다.
고려사 권49 지3 [P]

충혜왕(후) 2년(1341) 신사 1. 19. (정묘)

/양 1341. 2. 5./

正月 丁卯 太白入建
금성[太白]이 건(建) 성좌로 들어갔다.
고려사 권49 지3 [F]

충혜왕(후) 2년(1341) 신사 1. 23. (신미)

/양 1341. 2. 9./

正月 辛未 月犯心大星
달이 심대성(心大星)을 범하였다.
고려사 권49 지3 [C]

충혜왕(후) 2년(1341) 신사 1. 25. (계유)

/양 1341. 2. 11./

正月 癸酉 犯南斗
<달이> 남두(南斗) 성좌를 범하였다.
고려사 권49 지3 [C]

충혜왕(후) 2년(1341) 신사 2. 13. (경인)

/양 1341. 2. 28./

春二月 庚寅 元以改元至正 遣使來 頒詔
원(元) 나라에서 연호(年號)를 지정(至正)으로 바꾸고
사신을 보내어 이에 관한 조서를 반포하였다.
고려사 권36 세가36 [U]

충혜왕(후) 2년(1341) 신사 4. 4. (경진)

/양 1341. 4. 19./

四月 庚辰 鎭星犯建
토성[鎭星]이 건(建) 성좌를 범하였다.
고려사 권49 지3 [F]

충혜왕(후) 2년(1341) 신사 5. 16. (임술)

/양 1341. 5. 31./

四月 壬戌 月食
월식이 있었다.
고려사 권49 지3 [B]

충혜왕(후) 2년(1341) 신사 6. 16. (신유)

/양 1341. 7. 29./

六月 辛酉 月在危南 暈如虹
달이 위(危) 성좌의 남쪽에 있고, 달무리가 있었다.
고려사 권49 지3 [P]

충혜왕(후) 2년(1341) 신사 7. 10. (을유)

/양 1341. 8. 22./

七月 乙酉 月犯斗[242]
달이 두(斗, 南斗) 성좌를 범하였다.
고려사 권49 지3 [C]

충혜왕(후) 2년(1341) 신사 8. 6. (신해)

/양 1341. 9. 17./

八月 辛亥 犯天綱
<달이> 천강성(天綱星)을 범하였다.
고려사 권49 지3 [C]

충혜왕(후) 2년(1341) 신사 8. 9. (갑인)

---

242) 斗(두): 두 성좌-1임.

/양 1341. 9. 20./

八月 甲寅 又犯牽牛
<달이> 또 견우(牽牛) 성좌를 범하였다.
고려사 권49 지3 [C]

충혜왕(후) 2년(1341) 신사 10. 15. (기미)

/양 1341. 11. 24./

十月 己未 歲星入氐
목성[歲星]이 저(氐) 성좌로 들어갔다.
고려사 권49 지3 [F]

충혜왕(후) 4년(1343) 계미 4. 1. (병신)

/양 1343. 4. 25./

夏四月 丙申朔 日食
일식이 있었다.
고려사 권36 세가36 ; 고려사절요 권25 [A]

충혜왕(후) 4년(1343) 계미 4. 1. (병신)

/양 1343. 4. 25./

四月 丙申朔 日食
일식이 있었다.
고려사 권47 지1 [A]

충혜왕(후) 4년(1343) 계미 5. 13. (정축)

/양 1343. 6. 5./

四月243) 丁丑 月犯房星
달이 방(房) 성좌를 범하였다.
고려사 권49 지3 [C]

충혜왕(후) 4년(1343) 계미 8. 7. (경자)

/양 1343. 8. 27./

八月 庚子 月犯房次相
달이 방(房) 성좌의 차상성(次相星)을 범하였다.
고려사 권49 지3 [C]

충혜왕(후) 4년(1343) 계미 10. 26. (무오)

/양 1343. 11. 13./

十月 戊午 月犯角星
달이 각(角) 성좌를 범하였다.
고려사 권49 지3 [C]

충혜왕(후) 5년(1344) 갑신 1. 19. (경진)

/양 1344. 2. 3./

正月 庚辰 月貫左角星
달이 좌각성(左角星)을 가렸다.
고려사 권49 지3 [C]

충혜왕(후) 5년(1344) 갑신 9. 1. (정해)

/양 1344. 10. 7./

九月 丁亥朔 日食
일식이 있었다.
고려사 권47 지1 ; 고려사절요 권25 [A]

31. 충목왕(1344 ~ 1348)

충목왕 0년244)(1344) 갑신 9. 1. (정해)

/양 1344. 10. 7./

九月 丁亥朔 日食
일식이 있었다.
고려사 권37 세가37 [A]

충목왕 1년(1345) 을유 2. 10. (을축)

/양 1345. 3. 14./

二月 乙丑 歲星鎭星同舍于虛
목성[歲星]과 토성[鎭星]이 함께 허(虛) 성좌에
모였다.
고려사 권49 지3 [E]

충목왕 1년(1345) 을유 2. 15. (경오)

/양 1345. 3. 19./

二月 庚午 月食
월식이 있었다.
고려사 권49 지3 [B]

충목왕 1년(1345) 을유 2. 23. (무인)

/양 1345. 3. 27./

二月 戊寅 歲星鎭星相犯
목성[歲星]과 토성[鎭星]이 서로 범하였다.
고려사 권49 지3 [D]

충목왕 1년(1345) 을유 4. 6. (경신)

/양 1345. 5. 8./

---

243) 4월에 정축일이 없음. 천체역학적 계산에 의하면 음력 5/13
    (정축)으로 추정됨.

244) 고려사 권37에는 충목왕 즉위년으로 기록됨.

四月 庚申 太白犯東井鉞星
금성[太白]이 동정(東井) 성좌와 월성(鉞星)을
범하였다.
고려사 권49 지3 [E]

충목왕 1년(1345) 을유 7. 3. (갑신)

/양 1345. 7. 31./

秋七月 甲申 彗見紫微垣
혜성이 자미원(紫微垣)에 나타났다.
고려사 권37 세가37 [H]

충목왕 1년(1345) 을유 7. 3. (갑신)

/양 1345. 7. 31./

七月 甲申 彗見紫微垣
혜성이 자미원(紫微垣)에 나타났다.
고려사 권49 지3 [H]

충목왕 1년(1345) 을유 7. 3. (갑신)

/양 1345. 7. 31./

秋七月 甲申 彗見
혜성이 나타났다.
고려사절요 권25 [H]

충목왕 1년(1345) 을유 7. 6. (정해)

/양 1345. 8. 3./

秋七月 丁亥 太白晝見 彗見北河北
금성[太白]이 낮에 나타났다. 혜성이 북하(北河)
성좌의 북쪽에 나타났다.
고려사 권37 세가37 [G] [H]

충목왕 1년(1345) 을유 7. 6. (정해)

/양 1345. 8. 3./

七月 丁亥 太白晝見 彗見北河北
금성[太白]이 낮에 나타났다. 혜성이 북하(北河)
성좌의 북쪽에 나타났다.
고려사 권49 지3 [G] [H]

충목왕 1년(1345) 을유 7. 6. (정해)

/양 1345. 8. 3./

七月 丁亥 又見
또 <혜성이> 나타났다.
고려사절요 권25 [H]

충목왕 1년(1345) 을유 8. 16. (정묘)

/양 1345. 9. 12./

八月 丁卯 月食旣
개기 월식이 있었다.
고려사 권49 지3 [B]

충목왕 2년(1346) 병술 2. 1. (경술)

/양 1346. 2. 22./

春二月 庚戌朔 日食
일식이 있었다.
고려사 권37 세가37 ; 고려사절요 권25 [A]

충목왕 2년(1346) 병술 2. 1. (경술)

/양 1346. 2. 22./

二月 庚戌朔 日食
일식이 있었다.
고려사 권47 지1 [A]

충목왕 2년(1346) 병술 2. 7. (병진)

/양 1346. 2. 28./

二月 丙辰 月犯畢星
달이 필(畢) 성좌를 범하였다.
고려사 권49 지3 [C]

충목왕 2년(1346) 병술 4. 2. (경술)

/양 1346. 4. 23./

四月 庚戌 熒惑犯輿鬼積尸
화성[熒惑]이 여귀(輿鬼) 성좌의 적시성(積尸星)을
범하였다.
고려사 권49 지3 [F]

충목왕 2년(1346) 병술 6. 5. (임자)

/양 1346. 6. 24./

六月 壬子 月犯大微左執法
달이 태미원[大微]의 좌집법성(左執法星)을 범
하였다.
고려사 권49 지3 [C]

충목왕 2년(1346) 병술 6. 28. (을해)

/양 1346. 7. 17./

六月 乙亥 熒惑犯大微右掖門
화성[熒惑]이 태미원[大微]의 우액문(右掖門)을
범하였다.
고려사 권49 지3 [F]

충목왕 2년(1346) 병술 7. 5. (신사)

/양 1346. 7. 23./

七月 辛巳 又犯大微右執法 入大微端門
<화성[熒惑]이> 또 태미원[大微]의 우집법성(右執
法星)을 범하였으며 단문(端門, 좌집법성과 우집
법성과의 사이 공간)으로 들어갔다.
고려사 권49 지3 [F]

충목왕 2년(1346) 병술 7. 19. (을미)

/양 1346. 8. 6./

七月 乙未 月與歲星同舍
달이 목성[歲星]과 함께 같은 성좌에 모였다.
고려사 권49 지3 [C]

충목왕 2년(1346) 병술 8. 16. (신유)

/양 1346. 9. 1./

八月 辛酉 月食
월식이 있었다.
고려사 권49 지3 [B]

충목왕 2년(1346) 병술 8. 17. (임술)

/양 1346. 9. 2./

八月 壬戌 月與歲星同舍 歲星犯壁
달이 목성[歲星]과 함께 같은 성좌에 모였다.
목성은 벽(壁) 성좌를 범하였다.
고려사 권49 지3 [C] [F]

충목왕 2년(1346) 병술 9. 12. (정해)

/양 1346. 9. 27./

九月 丁亥 月與危星同舍
달이 위(危) 성좌에 머물렀다.
고려사 권49 지3 [C]

충목왕 2년(1346) 병술 9. 14. (기축)

/양 1346. 9. 29./

九月 己丑 犯歲星
<달이> 목성[歲星]을 범하였다.
고려사 권49 지3 [C]

충목왕 2년(1346) 병술 9. 19. (갑오)

/양 1346. 10. 4./

九月 甲午 又犯畢
<달이> 또 필(畢) 성좌를 범하였다.
고려사 권49 지3 [C]

충목왕 2년(1346) 병술 10. 6. (경술)

/양 1346. 10. 20./

十月 庚戌 月犯建星
달이 건(建) 성좌를 범하였다.
고려사 권49 지3 [C]

충목왕 2년(1346) 병술 윤10. 10. (갑신)

/양 1346. 11. 23./

閏月 甲申 月與歲星同舍
달이 목성[歲星]과 함께 같은 성좌에 모였다.
고려사 권49 지3 [C]

충목왕 2년(1346) 병술 11. 7. (경술)

/양 1346. 12. 19./

十一月 庚戌 太白犯哭
금성[太白]이 곡(哭) 성좌를 범하였다.
고려사 권49 지3 [F]

충목왕 2년(1346) 병술 12. 5. (무인)

/양 1347. 1. 16./

十二月 戊寅 月與太白同舍
달이 금성[太白]과 함께 같은 성좌에 모였다.
고려사 권49 지3 [C]

충목왕 2년(1346) 병술 12. 6. (기묘)

/양 1347. 1. 17./

十二月 己卯 月與歲同舍
달이 목성[歲星]과 함께 같은 성좌에 모였다.
고려사 권49 지3 [C]

충목왕 2년(1346) 병술 12. 17. (경인)

/양 1347. 1. 28./

十二月 庚寅天狗墮康安殿西
천구(天狗)가 강안전(康安殿) 서쪽에 떨어졌다.
고려사 권37 세가37 ; 고려사 권49 지3 [R]

충목왕 3년(1347) 정해 1. 1. (갑진)

/양 1347. 2. 11./

春正月 甲辰朔 日食日官不告
일식이 있었는데 일관(日官)이 일식에 대하여
보고 하지 않았다.
고려사 권37 세가 37 [A]

충목왕 3년(1347) 정해 1. 1. (갑진)

/양 1347. 2. 11./

正月 甲辰朔 日食
일식이 있었는데 일관(日官)이 일식에 대하여
보고 하지 않았다.
고려사 권47 지1 [A]

충목왕 3년(1347) 정해 1. 1. (갑진)

/양 1347. 2. 11./

春正月 甲辰朔 日食
일식이 있었다.
고려사절요 권25 [A]

충목왕 3년(1347) 정해 1. 17. (경신)

/양 1347. 2. 27./

正月 庚申 太白晝見
금성[太白]이 낮에 나타났다.
고려사 권37 세가37 ; 고려사 권49 지3 [G]

충목왕 3년(1347) 정해 2. 8. (신사)

/양 1347. 3. 20./

二月 辛巳 太白犯昴
금성[太白]이 묘(昴) 성좌를 범하였다.
고려사 권49 지3 [F]

충목왕 3년(1347) 정해 2. 9. (임오)

/양 1347. 3. 21./

二月 壬午 太白與昴同舍
금성[太白]이 묘(昴) 성좌에 함께 모였다.
고려사 권49 지3 [F]

충목왕 3년(1347) 정해 2. 12. (을유)

/양 1347. 3. 24./

二月 乙酉 月犯大微端門
달이 태미원[大微]의 단문(端門)을 범하였다.
고려사 권49 지3 [C]

충목왕 3년(1347) 정해 3. 6. (무신)

/양 1347. 4. 16./

三月 戊申 月犯東井南轅
달이 동정(東井) 성좌의 남쪽 열에 있는 별들
[南轅]을 범하였다.
고려사 권49 지3 [C]

충목왕 3년(1347) 정해 5. 5. (병오)

/양 1347. 6. 13./

五月 丙午 月犯軒轅右角
달이 헌원(軒轅) 성좌의 오른쪽 뿔[右角]을 범하였다.
고려사 권49 지3 [C]

충목왕 3년(1347) 정해 5. 26. (정묘)

/양 1347. 7. 4./

五月 丁卯 月與奎星犯畢 月暈
달이 규(奎) 성좌에 있다가 필(畢) 성좌를 범하였다.
달무리가 있었다
고려사 권49 지3 [C] [P]

충목왕 3년(1347) 정해 6. 4. (을해)

/양 1347. 7. 12./

六月 乙亥 月犯大微左掖門
달이 태미원[大微]의 좌액문(左掖門)을 범하였다.
고려사 권49 지3 [C]

충목왕 3년(1347) 정해 6. 25. (병신)

/양 1347. 8. 2./

六月 丙申 亦如之 太白犯井 熒惑犯東井鉞
또 <달이 태미원의 좌액문을 범하였다>. 금성[太
白]이 정(井) 성좌를 범하였다. 화성[熒惑]이 또한
동정(東井) 성좌와 월성(鉞星)을 범하였다.
고려사 권49 지3 [C] [F] [F]

충목왕 3년(1347) 정해 6. 26. (정유)

/양 1347. 8. 3./

六月 丁酉 月入東井
달이 동정(東井) 성좌로 들어갔다.
고려사 권49 지3 [C]

충목왕 3년(1347) 정해 7. 3. (계묘)

/양 1347. 8. 9./

秋七月 癸卯 以星變 設祈禳道場245)于內殿
성변(星變)이 있어 내전(內殿)에서 기양도량(祈禳
道場)을 열었다.
고려사 권37 세가37 [T]

충목왕 3년(1347) 정해 7. 6. (병오)

/양 1347. 8. 12./

---

245) 祈禳道場(기양도량): 재앙을 물리치고 복을 빌기 위해 지내
는 의식.

秋七月 丙午 夜天 霓自東起墜于南山 俄而復起
爲二分 向南北
밤하늘에 무지개[霓]가 동쪽으로부터 일어나서
남산(南山)에 떨어졌다가 갑자기 다시 일어나서
둘로 갈라져 남쪽과 북쪽으로 향하였다.
고려사 권37 세가37 [S]

충목왕 3년(1347) 정해 7. 6. (병오)

/양 1347. 8. 12./

七月 丙午 夜天 霓自東起墜于南山 俄而復起爲
二分 向南北
밤하늘에 무지개[霓]가 동쪽으로부터 일어나서
남산(南山)에 떨어졌다가 갑자기 다시 일어나서
둘로 갈라져 남쪽과 북쪽으로 향하였다.
고려사 권53 지7 [S]

충목왕 3년(1347) 정해 7. 27. (정묘)

/양 1347. 9. 2./

七月 丁卯 月與太白同舍
달이 금성[太白]과 함께 같은 성좌에 모였다.
고려사 권49 지3 [C]

충목왕 3년(1347) 정해 8. 5. (을해)

/양 1347. 9. 10./

八月 乙亥 以星變 設祈禳道場246)于內殿
성변(星變)으로 인하여 내전(內殿)에서 기양도
량(祈禳道場)을 열었다.
고려사 권37 세가37 [T]

충목왕 3년(1347) 정해 8. 13. (계미)

/양 1347. 9. 18./

八月 癸未 月犯鎭星
달이 토성[鎭星]을 범하였다.
고려사 권49 지3 [C]

충목왕 4년(1348) 무자 7. 1. (임신)

/양 1348. 7. 27./

秋七月 壬申247) 以天變 宥二罪以下
천변(天變)이 나타나므로 이죄(참형과 교형) 이외
의 죄수들을 용서하여 주었다.
고려사 권37 세가37 [L]

---

246) 바로 앞의 '禳道場(기양도량)' 참조.
247) 7월에 임신일이 없음. 7/1일 일진인 병신일로 추정함. 임신
    일은 6/7, 8/8임.

충목왕 4년(1348) 무자 7. 1. (임신)

/양 1348. 7. 27./

秋七月 壬申248) 以天變赦
천변(天變)이 있으므로 <죄인에게> 사면(赦)을
베풀었다.
고려사절요 권25 [L]

충목왕 4년(1348) 무자 10. 17. (경진)

/양 1348. 11. 8./

十月 庚辰 月與歲星同舍
달이 목성[歲星]과 함께 같은 성좌에 모였다.
고려사 권49 지3 [C]

충목왕 4년(1348) 무자 10. 18. (신사)

/양 1348. 11. 9./

十月 辛巳 太白犯南斗
금성[太白]이 남두(南斗) 성좌를 범하였다.
고려사 권49 지3 [F]

충목왕 4년(1348) 무자 10. 23. (병술)

/양 1348. 11. 14./

十月 丙戌 月入大微犯屛星
달이 태미원[大微]으로 들어가서 병(屛) 성좌를
범하였다.
고려사 권49 지3 [C]

충목왕 4년(1348) 무자 11. 14. (병오)

/양 1348. 12. 4./

十一月 丙午 月犯畢星
달이 필(畢) 성좌를 범하였다.
고려사 권49 지3 [C]

충목왕 4년(1348) 무자 12. 9. (신미)

/양 1348. 12. 29./

十二月 辛未 虹貫日
무지개가 태양을 가로질렀다.
고려사 권47 지1 [O]

충목왕 4년(1348) 무자 12. 16. (무인)

/양 1349. 1. 5./

十二月 戊寅 月食
월식이 있었다.

---

248) 바로 앞의 임신일 주석 설명과 같음.

고려사 권49 지3 [B]

충목왕 4년(1348) 무자 12. 20. (임오)

/양 1349. 1. 9./

十二月 壬午 月入大微犯屛星
달이 태미원[大微]으로 들어가서 병(屛) 성좌를
범하였다.
고려사 권49 지3 [C]

32. 충정왕(1349 ~ 1351)

충정왕 1년(1349) 기축 1. 1. (임진)

/양 1349. 1. 19./

正月 壬辰朔 流星出奎南 大如缶
유성(流星)이 규(奎) 성좌의 남쪽에 나타났는데
그 크기가 두레박[缶]만 하였다.
고려사 권49 지3 [R]

충정왕 1년(1349) 기축 1. 11. (임인)

/양 1349. 1. 29./

正月 壬寅 月犯畢星
달이 필(畢) 성좌를 범하였다.
고려사 권49 지3 [C]

충정왕 1년(1349) 기축 1. 18. (기유)

/양 1349. 2. 5./

正月 己酉 犯大微右掖門
<달이> 태미원[大微]의 우액문(右掖門)을 범하였다.
고려사 권49 지3 [C]

충정왕 1년(1349) 기축 1. 19. (경술)

/양 1349. 2. 6./

正月 庚戌 犯大微左掖門
<달이> 또 태미원[大微]의 좌액문(左掖門)을 범
하였다.
고려사 권49 지3 [C]

충정왕 1년(1349) 기축 3. 12. (임인)

/양 1349. 3. 30./

三月 壬寅 月入軒轅
달이 헌원(軒轅) 성좌로 들어갔다.
고려사 권49 지3 [C]

충정왕 1년(1349) 기축 3. 14. (을사)

/양 1349. 4. 2./

三月 乙巳 日有五色重輪相貫
태양에 5색의 2중의 바퀴모양[重輪]이 나타나
서로 지나갔다.
고려사 권47 지1 [O]

충정왕 1년(1349) 기축 5. 9. (기해)

/양 1349. 5. 26./

四月 己亥[249] 月犯大微右執法
달이 태미원[大微]의 우집법성(右執法星)을 범하
였다.
고려사 권49 지3 [C]

충정왕 1년(1349) 기축 7. 2. (신묘)

/양 1349. 7. 17./

七月 辛卯 熒惑入東井
화성[熒惑]이 동정(東井) 성좌로 들어갔다.
고려사 권49 지3 [F]

충정왕 1년(1349) 기축 7. 21. (경술)

/양 1349. 8. 5./

七月 庚戌 熒惑犯歲
화성[熒惑]이 목성[歲星]을 범하였다.
고려사 권49 지3 [D]

충정왕 1년(1349) 기축 7. 24. (계축)

/양 1349. 8. 8./

七月 癸丑 月犯天關
달이 천관(天關) 성좌를 범하였다.
고려사 권49 지3 [C]

충정왕 1년(1349) 기축 7. 25. (갑인)

/양 1349. 8. 9./

七月 甲寅 入東井
<달이> 동정(東井) 성좌로 들어갔다.
고려사 권49 지3 [C]

충정왕 1년(1349) 기축 7. 26. (을묘)

/양 1349. 8. 10./

七月 乙卯 又與熒惑同舍

---

249) 실제 4월엔 기해일이 없음. 기해일은 3/8, 5/9임. 3/12의 기
록이 있으므로 5/9로 추정함.

<달이> 또 화성[熒惑]과 함께 같은 성좌에 모였다.
고려사 권49 지3 [C]

충정왕 1년(1349) 기축 7. 27. (병진)

/양 1349. 8. 11./

七月 丙辰 犯熒惑
<달이> 화성[熒惑]을 범하였다.
고려사 권49 지3 [C]

충정왕 2년(1350) 경인 3. 11. (을축)

/양 1350. 4. 17./

三月 乙丑 月暈軒轅 入大微
달무리가 헌원(軒轅) 성좌에서 있었고, <달이>
태미원[大微]으로 들어갔다.
고려사 권49 지3 [C] [P]

충정왕 2년(1350) 경인 3. 12. (병인)

/양 1350. 4. 18./

三月 丙寅 月與熒惑同舍 又入大微
달이 화성[熒惑]과 함께 같은 성좌에 모였고
또 태미원[大微]으로 들어갔다.
고려사 권49 지3 [C]

충정왕 2년(1350) 경인 5. 16. (기사)

/양 1350. 6. 20./

五月 己巳 月食
월식이 있었다.
고려사 권49 지3 [B]

충정왕 2년(1350) 경인 7. 24. (정축)

/양 1350. 8. 27./

七月 丁丑 有星晝見
어떤 별이 낮에 나타났다.
고려사 권49 지3 [G]

충정왕 2년(1350) 경인 7. 25. (무인)

/양 1350. 8. 28./

七月 戊寅 亦如之
또 <별이 낮에 나타났다>.
고려사 권49 지3 [G]

충정왕 2년(1350) 경인 11. 1. (임자)

/양 1350. 11. 30./

十一月 壬子朔 日食
일식이 있었다.
고려사 권37 세가37 ; 고려사 권47 지1 [A]

충정왕 2년(1350) 경인 11. 1. (임자)

/양 1350. 11. 30./

冬十一月 壬子朔 日食
일식이 있었다.
고려사절요 권26 [A]

충정왕 2년(1350) 경인 11. 15. (병인)

/양 1350. 12. 14./

十一月 丙寅 月食
월식이 있었다.
고려사 권49 지3 [B]

충정왕 3년(1351) 신묘 1. 16. (병인)

/양 1351. 2. 12./

正月 丙寅 月犯大微
달이 태미원[大微]를 범하였다.
고려사 권49 지3 [C]

충정왕 3년(1351) 신묘 1. 26. (병자)

/양 1351. 2. 22./

正月 丙子 又犯房星
<달이> 또 방(房) 성좌를 범하였다.
고려사 권49 지3 [C]

충정왕 3년(1351) 신묘 4. 11. (기축)

/양 1351. 5. 6./

四月 己丑 月犯大微 二日
2일간 달이 태미원[大微]를 범하였다.
고려사 권49 지3 [C]

충정왕 3년(1351) 신묘 6. 7. (갑신)

/양 1351. 6. 30./

六月 甲申 月犯大微
달이 태미원[大微]를 범하였다.
고려사 권49 지3 [C]

충정왕 3년(1351) 신묘 6. 23. (경자)

/양 1351. 7. 16./

六月 庚子 月犯鎭星
달이 토성[鎭星]을 범하였다.
고려사 권49 지3 [C]

충정왕 3년(1351) 신묘 8. 22. (무술)

/양 1351. 9. 12./

八月 戊戌 月犯井星
달이 정(井) 성좌를 범하였다.
고려사 권49 지3 [C]

충정왕 3년(1351) 신묘 9. 9. (을묘)

/양 1351. 9. 29./

九月 乙卯 熒惑犯大微軒轅
화성[熒惑]이 태미원[大微]과 헌원(軒轅) 성좌를
범하였다.
고려사 권49 지3 [F]

충정왕 3년(1351) 신묘 10. 11. (정해)

/양 1351. 10. 31./

十月 丁亥 太白犯南斗
금성[太白]이 남두(南斗) 성좌를 범하였다.
고려사 권49 지3 [F]

충정왕 3년(1351) 신묘 10. 13. (기축)

/양 1351. 11. 2./

十月 己丑 熒惑入大微右掖門 犯歲星 歲星熒惑
近大微右執法
화성[熒惑]이 태미원[大微]의 우액문으로 들어
가서 목성[歲星]을 범하였고, 이때 목성[歲星]과
화성[熒惑]은 태미원[大微]의 우집법성(右執法
星)에 가까이 있었다.
고려사 권49 지3 [E]

충정왕 3년(1351) 신묘 11. 11. (정사)

/양 1351. 11. 30./

十一月 丁巳 月犯鎭星
달이 토성[鎭星]을 범하였다.
고려사 권49 지3 [C]

충정왕 3년(1351) 신묘 11. 21. (정묘)

/양 1351. 12. 10./

十一月 丁卯 入大微 與鎭星同舍
<달이> 태미원[大微]으로 들어가서 토성[鎭星]
과 함께 같은 성좌에 모였다.
고려사 권49 지3 [C]

충정왕 3년(1351) 신묘 11. 22. (무진)

/양 1351. 12. 11./

十一月 戊辰 又入大微犯上相
<달이> 또 태미원[大微]으로 들어가서 상상성
(上相星)을 범하였다.
고려사 권49 지3 [C]

충정왕 3년(1351) 신묘 11. 26. (임신)

/양 1351. 12. 15./

十一月 壬申 入氐星
<달이> 저(氐) 성좌로 들어갔다.
고려사 권49 지3 [C]

충정왕 3년(1351) 신묘 12. 5. (경진)

/양 1351. 12. 23./

十二月 庚辰 紫氣見于南方
자색(紫色) 기운이 남쪽에 나타났다.
고려사 권53 지7 [S]

충정왕 3년(1351) 신묘 12. 10. (을유)

/양 1351. 12. 28./

十二月 乙酉 鎭星 犯大微端門
토성[鎭星]이 태미원[大微]의 단문(端門)을 범하
였다.
고려사 권49 지3 [F]

충정왕 3년(1351) 신묘 12. 15. (경인)

/양 1352. 1. 2./

十二月 庚寅 亦如之
또 <토성[鎭星]이 태미원의 단문을 범하였다>.
고려사 권49 지3 [F]

충정왕 3년(1351) 신묘 12. 21. (병신)

/양 1352. 1. 8./

十二月 丙申 月犯大微左掖門
달이 태미원[大微]의 좌액문(左掖門)을 범하였다.
고려사 권49 지3 [C]

충정왕 3년(1351) 신묘 12. 22. (정유)

/양 1352. 1. 9./

十二月 丁酉 犯熒惑
<달이> 화성[熒惑]을 범하였다.
고려사 권49 지3 [C]

33. 공민왕(1352~ 1374)

공민왕 1년(1352) 임진 1. 3. (무신)

/양 1352. 1. 20./

正月 戊申 熒惑犯亢南第二星
화성[熒惑]이 항(亢) 성좌의 남쪽 둘째 별을 범
하였다.
고려사 권49 지3 [F]

공민왕 1년(1352) 임진 1. 16. (신유)

/양 1352. 2. 2./

正月 辛酉 月入大微
달이 태미원[大微]으로 들어갔다.
고려사 권49 지3 [C]

공민왕 1년(1352) 임진 1. 20. (을축)

/양 1352. 2. 6./

正月 乙丑 與熒惑同舍
<달이> 화성[熒惑]과 같은 성좌에 모였다.
고려사 권49 지3 [C]

공민왕 1년(1352) 임진 1. 21. (병인)

/양 1352. 2. 7./

正月 丙寅 歲星逆行犯大微右執法 月入氐星
목성[歲星]이 역행(逆行)하여 태미원[大微]의 우집
법성(右執法星)을 범하였으며 달은 저(氐) 성좌로
들어갔다.
고려사 권49 지3 [F] [C]

공민왕 1년(1352) 임진 1. 22. (정묘)

/양 1352. 2. 8./

正月 丁卯 犯房星
<달이> 방(房) 성좌를 범하였다.
고려사 권49 지3 [C]

공민왕 1년(1352) 임진 1. 25. (경오)

/양 1352. 2. 11./

正月 庚午 入南斗
<달이> 남두(南斗) 성좌로 들어갔다.
고려사 권49 지3 [C]

공민왕 1년(1352) 임진 1. 29. (갑술)

/양 1352. 2. 15./

正月 甲戌 歲星犯右執法
목성[歲星]이 우집법성(右執法星)을 범하였다.
고려사 권49 지3 [F]

공민왕 1년(1352) 임진 2. 5. (기묘)

/양 1352. 2. 20./

二月 己卯 月犯鎭星
달이 토성[鎭星]을 범하였다.
고려사 권49 지3 [C]

공민왕 1년(1352) 임진 2. 15. (기축)

/양 1352. 3. 1./

二月 己丑 犯大微 與歲星同舍
<달이> 태미원[大微]를 범하였다가 목성[歲星]과
함께 같은 성좌에 모였다.
고려사 권49 지3 [C]

공민왕 1년(1352) 임진 4. 1. (계묘)

/양 1352. 5. 14./

夏四月 癸卯朔 元告日食 不果食
원(元)나라에서 일식이 있을 것이라고 알려 왔
으나 일식이 없었다.
고려사 권38 세가38 ; 고려사절요 권26 [A]

공민왕 1년(1352) 임진 4. 1. (계묘)

/양 1352. 5. 14./

四月 癸卯朔 元告日食 不果食
원(元)나라에서 일식이 있을 것이라고 알려 왔
으나 일식이 없었다.
고려사 권47 지1 [A]

공민왕 1년(1352) 임진 8. 9. (기유)

/양 1352. 9. 17./

八月 己酉 又入南斗 熒惑犯天江
<달이> 또 남두(南斗) 성좌로 들어갔다. 화성
[熒惑]은 천강(天江) 성좌를 범하였다.
고려사 권49 지3 [C] [F]

공민왕 1년(1352) 임진 9. 15. (을유)

/양 1352. 9. 23./

九月 乙酉 月食
월식이 있었다.
고려사 권49 지3 [B]

공민왕 1년(1352) 임진 9. 16. (병술)

/양 1352. 9. 24./

九月 丙戌 與鎭星同舍
<달이> 토성[鎭星]과 함께 같은 성좌에 모였다.
고려사 권49 지3 [C]

공민왕 1년(1352) 임진 10. 21. (신유)

/양 1352. 11. 28./

十月 辛酉 入大微西藩大陽門250)
<달이> 태미서번[大微西藩] 성좌의 태양문[大陽門]으로 들어갔다.
고려사 권49 지3 [C]

공민왕 1년(1352) 임진 10. 22. (임술)

/양 1352. 11. 29./

十月 壬戌 入大微
<달이> 태미원[大微垣]으로 들어갔다.
고려사 권49 지3 [C]

공민왕 1년(1352) 임진 10. 22. (임술)

/양 1352. 11. 29./

十月 壬戌 日暈
햇무리가 있었다.
고려사 권47 지1 [O]

공민왕 1년(1352) 임진 10. 24. (갑자)

/양 1352. 12. 1./

十月 甲子 與歲星同舍
<달이> 목성[歲星]과 함께 같은 성좌에 모였다.
고려사 권49 지3 [C]

공민왕 1년(1352) 임진 11. 24. (계사)

/양 1352. 12. 30./

十一月 癸巳 犯氐西南星
<달이> 저(氐) 성좌의 서남쪽 별을 범하였다.
고려사 권49 지3 [C]

공민왕 2년(1353) 계사 1. 12. (신사)

/양 1353. 2. 16./

正月 辛巳 太白犯畢 月暈角軫度
금성[太白]이 필(畢) 성좌를 범하였다. 또 각(角)
성좌와 진(軫) 성좌의 도수(度數-공간의 위치) 안에 달무리가 있었다.
고려사 권49 지3 [F] [P]

공민왕 2년(1353) 계사 1. 14. (계미)

/양 1353. 2. 18./

正月 癸未 犯大微西藩次將星
<달이> 태미서번[大微西藩] 성좌의 차장성(次將星)을 범하였다.
고려사 권49 지3 [C]

공민왕 2년(1353) 계사 1. 26. (을미)

/양 1353. 3. 2./

正月 乙未 紫氣見于東西
자색(紫色) 기운이 동쪽과 서쪽에 나타났다.
고려사 권53 지7 [S]

공민왕 2년(1353) 계사 2. 13. (신해)

/양 1353. 3. 18./

二月 辛亥 犯大微 太白熒惑同舍于婁二日
<달이> 태미원[大微]을 범하였다. 2일간 금성[太白]과 화성[熒惑]이 함께 루(婁) 성좌에 모였다.
고려사 권49 지3 [C] [E]

공민왕 2년(1353) 계사 3. 7. (을해)

/양 1353. 4. 11./

三月 乙亥 月在鬼北 暈北河軒轅右角
달이 귀(鬼, 또는 輿鬼) 성좌의 북쪽에 있으며, 달무리가 북하(北河) 성좌와 헌원(軒轅) 성좌의 오른쪽 뿔[右角] 사이에 있었다.
고려사 권49 지3 [P]

공민왕 2년(1353) 계사 3. 10. (무인)

/양 1353. 4. 14./

三月 戊寅 犯大微次將
<달이> 태미원[大微]의 차장성(次將星)을 범하였다.
고려사 권49 지3 [C]

공민왕 2년(1353) 계사 3. 11. (기묘)

/양 1353. 4. 15./

三月 己卯 犯大微東藩內 暈大角度
<달이> 또 태미동번[大微東藩] 성좌 안을 범하였다. 달무리가 대각성(大角星)의 도수(度數) 범위 안에서 있었다.

---

250) 大陽門(대양문): 태양문. 태미서번의 상상성 위의 북문(실제 있는 것은 아니고 공간을 말함).

고려사 권49 지3 [C] [P]

공민왕 2년(1353) 계사 3. 13. (신사)

/양 1353. 4. 17./

三月 辛巳 太白犯畢
금성[太白]이 필(畢) 성좌를 범하였다.
고려사 권49 지3 [F]

공민왕 2년(1353) 계사 4. 4. (신축)

/양 1353. 5. 7./

四月 辛丑 太白犯東井 月犯五諸侯251)
금성[太白]이 동정(東井) 성좌를 범하였다. 달이
오제후(五諸侯) 성좌를 범하였다.
고려사 권49 지3 [C] [F]

공민왕 2년(1353) 계사 4. 9. (병오)

/양 1353. 5. 12./

四月 丙午 太白犯東井 月犯大微
금성[太白]이 동정(東井) 성좌를 범하였다. 달은
태미원[大微]를 범하였다.
고려사 권49 지3 [C] [F]

공민왕 2년(1353) 계사 4. 11. (무신)

/양 1353. 5. 14./

四月 戊申 又與歲星同舍于角
<달이> 또 목성[歲星]과 함께 각(角) 성좌에 모
였다.
고려사 권49 지3 [C]

공민왕 2년(1353) 계사 4. 11. (무신)

/양 1353. 5. 14./

四月 戊申 日無光
태양에 광채가 없었다.
고려사 권47 지1 [M]

공민왕 2년(1353) 계사 5. 5. (신미)

/양 1353. 6. 6./

五月 辛未 太白在柳 歲星在角 月犯軒轅天屛
금성[太白]이 류(柳) 성좌에, 목성[歲星]이 각
(角) 성좌에 있었다. 달이 헌원(軒轅) 성좌와 천
병(天屛)252) 성좌를 범하였다.
고려사 권49 지3 [C] [F]

---

251) 五諸侯(오제후): 오제후 성좌-2임.
252) 태미원의 병 성좌를 말하는 것으로 보임.

공민왕 2년(1353) 계사 5. 9. (을해)

/양 1353. 6. 10./

五月 乙亥 歲在角西 月在歲西
목성[歲星]이 각(角) 성좌의 서쪽에 있었다. 달
이 목성의 서쪽에 있었다.
고려사 권49 지3 [C] [F]

공민왕 2년(1353) 계사 5. 10. (병자)

/양 1353. 6. 11./

五月 丙子 太白犯軒轅右角北
금성[太白]이 헌원(軒轅) 성좌의 오른쪽 뿔[右
角]의 북쪽을 범하였다.
고려사 권49 지3 [F]

공민왕 2년(1353) 계사 5. 20. (병술)

/양 1353. 6. 21./

五月 丙戌 太白犯軒轅
금성[太白]이 헌원(軒轅) 성좌를 범하였다.
고려사 권49 지3 [F]

공민왕 2년(1353) 계사 6. 6. (신축)

/양 1353. 7. 6./

六月 辛丑 太白犯大微西 月在左執法北
금성[太白]이 태미원[大微]의 서쪽을 범하였다.
달이 좌집법성(左執法星)의 북쪽에 있었다.
고려사 권49 지3 [C] [F]

공민왕 2년(1353) 계사 6. 11. (병오)

/양 1353. 7. 11./

六月 丙午 太白犯大微右掖門
금성[太白]이 태미원[大微]의 우액문(右掖門)을
범하였다.
고려사 권49 지3 [F]

공민왕 2년(1353) 계사 6. 14. (기유)

/양 1353. 7. 14./

六月 己酉 月犯南斗魁
달이 남두괴(南斗魁)을 범하였다.
고려사 권49 지3 [C]

공민왕 2년(1353) 계사 7. 4. (기사)

/양 1353. 8. 3./

七月 己巳 月犯大微東藩上相次相開 太白犯上相東
달이 태미동번[大微東藩] 성좌의 상상성(上相

星)과 차상성(次相星) 사이을 범하였다. 금성[太白]이 상상성(上相星)의 동쪽을 범하였다.
고려사 권49 지3 [C] [F]

공민왕 2년(1353) 계사 7. 6. (신미)

/양 1353. 8. 5./

秋七月 辛未 太白晝見
금성[太白]이 낮에 보였다.
고려사 권38 세가38 [G]

공민왕 2년(1353) 계사 7. 6. (신미)

/양 1353. 8. 5./

七月 辛未 太白晝見
금성[太白]이 낮에 보였다.
고려사 권49 지3 [G]

공민왕 2년(1353) 계사 7. 7. (임신)

/양 1353. 8. 6./

秋七月 壬申 七夕 王與公主 祭牽牛織女于內殿
칠석이므로 왕과 공주가 내전에서 견우성(牽牛星)과 직녀성(織女星)에게 제사하였다
고려사 권38 세가38 [U]

공민왕 2년(1353) 계사 7. 9. (갑술)

/양 1353. 8. 8./

七月 甲戌 月犯心大星
달이 심대성(心大星)을 범하였다.
고려사 권49 지3 [C]

공민왕 2년(1353) 계사 7. 25. (경인)

/양 1353. 8. 24./

七月 庚寅 犯五諸侯[253]
<달이> 오제후(五諸侯) 성좌를 범하였다.
고려사 권49 지3 [C]

공민왕 2년(1353) 계사 8. 5. (기해)

/양 1353. 9. 2./

八月 己亥 熒惑犯軒轅
화성[熒惑]이 헌원(軒轅) 성좌를 범하였다.
고려사 권49 지3 [F]

공민왕 2년(1353) 계사 8. 10. (갑진)

/양 1353. 9. 7./

---

253) 五諸侯(오제후): 오제후 성좌-2임.

八月 甲辰 月在南斗魁
달이 남두괴(南斗魁)에 있었다.
고려사 권49 지3 [C]

공민왕 2년(1353) 계사 9. 1. (을축)

/양 1353. 9. 28./

九月 乙丑朔 元告 日食不果食
원(元)나라에서 일식이 있을 것이라고 알려왔으나 일식이 없었다.
고려사 권38 세가38 ; 고려사 권47 지1 ;
고려사절요 권26 [A]

공민왕 2년(1353) 계사 9. 3. (정묘)

/양 1353. 9. 30./

九月 丁卯 熒惑犯大微上將
화성[熒惑]이 태미원[大微]의 상장성(上將星)을 범하였다.
고려사 권49 지3 [F]

공민왕 2년(1353) 계사 9. 14. (무인)

/양 1353. 10. 11./

九月 戊寅 熒惑犯大微右執法
화성[熒惑]이 태미원[大微]의 우집법성(右執法星)을 범하였다.
고려사 권49 지3 [F]

공민왕 2년(1353) 계사 9. 16. (경진)

/양 1353. 10. 13./

九月 庚辰 月食
월식이 있었다.
고려사 권49 지3 [B]

공민왕 2년(1353) 계사 9. 26. (경인)

/양 1353. 10. 23./

九月 庚寅 犯大微左執法
<달이> 태미원[大微]의 좌집법성(左執法星)을 범하였다.
고려사 권49 지3 [C]

공민왕 2년(1353) 계사 10. 22. (병진)

/양 1353. 11. 18./

十月 丙辰 月犯大微次將
<달이> 태미원[大微]의 차장성(次將星)을 범하였다.
고려사 권49 지3 [C]

공민왕 2년(1353) 계사 10. 23. (정사)

/양 1353. 11. 19./

十月 丁巳 又入大微端門
<달이> 또 태미원[大微]의 단문(端門)으로 들어
갔다.
고려사 권49 지3 [C]

공민왕 2년(1353) 계사 11. 18. (신사)

/양 1353. 12. 13./

十一月 辛巳 太白歲星犯氐
금성[太白]과 목성[歲星]이 저(氐) 성좌를 범하
였다.
고려사 권49 지3 [E]

공민왕 2년(1353) 계사 11. 21. (갑신)

/양 1353. 12. 16./

十一月 甲申 月犯大微右執法
달이 태미원[大微]의 우집법성(右執法星)을 범하
였다.
고려사 권49 지3 [C]

공민왕 2년(1353) 계사 11. 22. (을유)

/양 1353. 12. 17./

十一月 乙酉 王如奉恩寺謁太祖眞殿 設消災道場
于康安殿 以禳星變
왕이 봉은사에 가서 태조의 진전(眞殿)254)에 참
배하고 강안전(康安殿)에 소재도량을 열어서
성변(星變)을 물리치는 기도를 하였다.
고려사 권38 세가38 [T]

공민왕 2년(1353) 계사 12. 18. (신해)

/양 1354. 1. 12./

十二月 辛亥 入大微西藩
<달이> 태미서번[大微西藩] 성좌로 들어갔다.
고려사 권49 지3 [C]

공민왕 2년(1353) 계사 12. 19. (임자)

/양 1354. 1. 13./

十二月 壬子 犯大微左執法
<달이> 태미원[大微]의 좌집법성(左執法星)을
범하였다.
고려사 권49 지3 [C]

공민왕 2년(1353) 계사 12. 23. (병진)

/양 1354. 1. 17./

十二月 丙辰 與歲星熒惑同舍于氐
<달이> 목성[歲星], 화성[熒惑]과 함께 저(氐)
성좌에 모였다.
고려사 권49 지3 [C]

공민왕 2년(1353) 계사 12. 24. (정사)

/양 1354. 1. 18./

十二月 丁巳 掩心前星
<달이> 심(心) 성좌의 앞 별을 가렸다.
고려사 권49 지3 [C]

공민왕 3년(1354) 갑오 1. 2. (을축)

/양 1354. 1. 26./

正月 乙丑 歲星熒惑相犯
목성[歲星]과 화성[熒惑]이 서로 범하였다.
고려사 권49 지3 [D]

공민왕 3년(1354) 갑오 1. 5. (무진)

/양 1354. 1. 29./

正月 戊辰 亦如之
또 <목성[歲星]과 화성[熒惑]이 서로 범하였다>.
고려사 권49 지3 [D]

공민왕 3년(1354) 갑오 1. 11. (갑술)

/양 1354. 2. 4./

正月 甲戌 熒惑犯房右驂
화성[熒惑]이 방(房) 성좌의 우참성(右驂星)을
범하였다.
고려사 권49 지3 [F]

공민왕 3년(1354) 갑오 3. 1. (계해)

/양 1354. 3. 25./

三月 癸亥朔 日食
일식이 있었다.
고려사 권38 세가38 ; 고려사 권47 지1 ;
고려사절요 권26 [A]

공민왕 3년(1354) 갑오 3. 10. (임신)

/양 1354. 4. 3./

三月 壬申 白氣見于乾巽二方
흰 기운이 서남쪽과 동남쪽 두 곳에 나타났다.
고려사 권54 지8 [S]

---

254) 진전(眞殿): 역대 임금과 왕후의 초상을 봉안하던 전각.

공민왕 3년(1354) 갑오 3. 13. (을해)

/양 1354. 4. 6./

三月 乙亥 月犯左執法
달이 좌집법성(左執法星)을 범하였다.
고려사 권49 지3 [C]

공민왕 3년(1354) 갑오 5. 8. (기사)

/양 1354. 5. 30./

五月 己巳 月犯大微右掖門
달이 태미원[大微]의 우액문(右掖門)을 범하였다.
고려사 권49 지3 [C]

공민왕 3년(1354) 갑오 5. 13. (갑술)

/양 1354. 6. 4./

五月 甲戌 犯心大星
<달이> 심대성(心大星)을 범하였다.
고려사 권49 지3 [C]

공민왕 3년(1354) 갑오 5. 14. (을해)

/양 1354. 6. 5./

五月 乙亥 與熒惑同舍于尾
<달이> 화성[熒惑]과 함께 미(尾) 성좌에 모였다.
고려사 권49 지3 [C]

공민왕 3년(1354) 갑오 6. 5. (을미)

/양 1354. 6. 25./

六月 乙未 犯大微西藩上將 歲星犯氐
<달이> 태미서번[大微西藩] 성좌의 상장성(上將星)을 범하였다. 목성[歲星]이 저(氐) 성좌를 범하였다.
고려사 권49 지3 [C] [F]

공민왕 3년(1354) 갑오 6. 10. (경자)

/양 1354. 6. 30./

六月 庚子 月與歲星同舍于氐
달이 목성[歲星]과 함께 저(氐) 성좌에 모였다.
고려사 권49 지3 [C]

공민왕 3년(1354) 갑오 6. 12. (임인)

/양 1354. 7. 2./

六月 壬寅 與歲星熒惑同舍
<달이> 목성[歲星], 화성[熒惑]과 함께 같은 성좌에 모였다.
고려사 권49 지3 [C]

공민왕 3년(1354) 갑오 7. 4. (계해)

/양 1354. 7. 23./

七月 癸亥 犯大微右掖門中
<달이> 태미원[大微]의 우액문(右掖門) 안을 범하였다.
고려사 권49 지3 [C]

공민왕 3년(1354) 갑오 7. 5. (갑자)

/양 1354. 7. 24./

七月 甲子 犯大微左掖門上相星
<달이> 태미원[大微]의 좌액문(左掖門)과 상상성(上相星)을 범하였다.
고려사 권49 지3 [C]

공민왕 3년(1354) 갑오 7. 6. (을축)

/양 1354. 7. 25./

七月 乙丑 犯角星
<달이> 각(角) 성좌를 범하였다.
고려사 권49 지3 [C]

공민왕 3년(1354) 갑오 8. 3. (임진)

/양 1354. 8. 21./

八月 壬辰 月犯大微東 熒惑犯箕 流星出王良墜于艮方 大如缶
달이 태미원[大微]의 동쪽을 범하였다. 화성[熒惑]이 기(箕) 성좌를 범하였다. 유성(流星)이 왕량(王良) 성좌에서 나와 동북쪽에 떨어졌는데 그 크기가 두레박[缶]만 하였다.
고려사 권49 지3 [C] [F] [R]

공민왕 3년(1354) 갑오 8. 8. (정유)

/양 1354. 8. 26./

八月 丁酉 鎭星犯井鉞
토성[鎭星]이 동정(東井) 성좌와 월성(鉞星)을 범하였다.
고려사 권49 지3 [F]

공민왕 3년(1354) 갑오 8. 16. (을사)

/양 1354. 9. 3./

八月 乙巳 熒惑犯南斗
화성[熒惑]이 남두(南斗) 성좌를 범하였다.
고려사 권49 지3 [F]

공민왕 3년(1354) 갑오 8. 18. (정미)

/양 1354. 9. 5./

八月 丁未 戊申 己酉 亦如之
정미일(18), 무신일(19), 기유일(20) 에도 <화성
[熒惑]이 남두(南斗) 성좌를 범하였다>
고려사 권49 지3 [F]

공민왕 3년(1354) 갑오 8. 19. (무신)

/양 1354. 9. 6./

八月 丁未 戊申 己酉 亦如之
정미일(18), 무신일(19), 기유일(20) 에도 <화성
[熒惑]이 남두(南斗) 성좌를 범하였다>
고려사 권49 지3 [F]

공민왕 3년(1354) 갑오 8. 20. (기유)

/양 1354. 9. 7./

八月 丁未 戊申 己酉 亦如之 月暈于昴
정미일(18), 무신일(19), 기유일(20) 에도 <화성
[熒惑]이 남두(南斗) 성좌를 범하였다>. 달무리
가 묘(昴) 성좌에 있다.
고려사 권49 지3 [F] [P]

공민왕 3년(1354) 갑오 8. 22. (신해)

/양 1354. 9. 9./

八月 辛亥 犯五車
<화성[熒惑]이> 오거(五車) 성좌를 범하였다.
고려사 권49 지3 [F]

공민왕 3년(1354) 갑오 8. 24. (계축)

/양 1354. 9. 11./

八月 癸丑 熒惑犯南斗
화성[熒惑]이 남두(南斗) 성좌를 범하였다.
고려사 권49 지3 [F]

공민왕 3년(1354) 갑오 8. 25. (갑인)

/양 1354. 9. 12./

八月 甲寅 亦如之
역시 <화성[熒惑]이 남두(南斗) 성좌를 범하였다>.
고려사 권49 지3 [F]

공민왕 3년(1354) 갑오 9. 22. (경진)

/양 1354. 10. 8./

九月 庚辰 月犯五車
달이 오거(五車) 성좌를 범하였다.

고려사 권49 지3 [C]

공민왕 3년(1354) 갑오 11. 1. (무오)

/양 1354. 11. 15./

十一月 戊午 熒惑犯泣星北
화성[熒惑]이 읍(泣) 성좌의 북쪽을 범하였다.
고려사 권49 지3 [F]

공민왕 3년(1354) 갑오 11. 22. (기묘)

/양 1354. 12. 6./

十一月 己卯 月犯大微左掖門
달이 태미원[大微]의 좌액문(左掖門)을 범하였다.
고려사 권49 지3 [C]

공민왕 3년(1354) 갑오 11. 23. (경진)

/양 1354. 12. 7./

十一月 庚辰 又犯左執法
또 <달이> 좌집법성(左執法星)을 범하였다.
고려사 권49 지3 [C]

공민왕 3년(1354) 갑오 11. 28. (을유)

/양 1354. 12. 12./

十一月 乙酉 犯心後星
<달이> 심(心) 성좌의 뒷별을 범하였다.
고려사 권49 지3 [C]

공민왕 3년(1354) 갑오 12. 3. (경인)

/양 1354. 12. 17./

十二月 庚寅 太白犯哭星
금성[太白]이 곡(哭) 성좌를 범하였다.
고려사 권49 지3 [F]

공민왕 3년(1354) 갑오 12. 5. (임진)

/양 1354. 12. 19./

十二月 壬辰 亦如之
또 <금성[太白]이 곡(哭) 성좌를 범하였다>.
고려사 권49 지3 [F]

공민왕 3년(1354) 갑오 12. 7. (갑오)

/양 1354. 12. 21./

十二月 甲午 月犯熒惑 太白犯哭星
달이 화성[熒惑]을 범하였다. 금성[太白]이 곡
(哭) 성좌를 범하였다
고려사 권49 지3 [C] [F]

공민왕 4년(1355) 을미 1. 5. (임술)

/양 1355. 1. 18./

春正月 壬戌 太白晝見
금성[太白]이 낮에 나타났다.
고려사 권38 세가38 [G]

공민왕 4년(1355) 을미 1. 5. (임술)

/양 1355. 1. 18./

正月 壬辰[255] 太白晝見
금성[太白]이 낮에 나타났다.
고려사 권49 지3 [G]

공민왕 4년(1355) 을미 1. 6. (계해)

/양 1355. 1. 19./

正月 癸丑 熒惑犯月
화성[熒惑]이 달을 범하였다.
고려사 권49 지3 [C]

공민왕 4년(1355) 을미 5. 11. (병신)

/양 1355. 6. 21./

五月 丙申 月掩房星
달이 방(房) 성좌를 가렸다.
고려사 권49 지3 [C]

공민왕 4년(1355) 을미 6. 19. (계유)

/양 1355. 7. 28./

六月 癸酉 太白鎭星犯東井
금성[太白]과 토성[鎭星]이 동정(東井) 성좌를 범하였다.
고려사 권49 지3 [E]

공민왕 4년(1355) 을미 7. 16. (기해)

/양 1355. 8. 23./

七月 己亥 月食
월식이 있었다.
고려사 권49 지3 [B]

공민왕 4년(1355) 을미 11. 5. (병술)

/양 1355. 12. 8./

十一月 丙戌 熒惑犯氐

화성[熒惑]이 저(氐) 성좌를 범하였다.
고려사 권49 지3 [F]

공민왕 4년(1355) 을미 11. 7. (무자)

/양 1355. 12. 10./

十一月 戊子 鎭星犯井 熒惑犯氐西南
토성[鎭星]이 정(井) 성좌를 범하였고 또 화성[熒惑]이 저(氐) 성좌의 서남쪽을 범하였다.
고려사 권49 지3 [F]

공민왕 4년(1355) 을미 12. 1. (임자)

/양 1356. 1. 3./

十二月 壬子朔 鎭星犯井南垣
토성[鎭星]이 동정(東井) 성좌의 남쪽 열에 있는 별들[南垣]을 범하였다.
고려사 권49 지3 [F]

공민왕 4년(1355) 을미 12. 2. (계축)

/양 1356. 1. 4./

十二月 癸丑 熒惑犯房
화성[熒惑]이 방(房) 성좌를 범하였다.
고려사 권49 지3 [F]

공민왕 5년(1356) 병신 1. 13. (갑오)

/양 1356. 2. 14./

正月 甲午 赤氣挾日 長數尺餘 其中皆有日輪 人言三日並出
붉은 기운 사이에 태양이 끼어 있었는데 그 길이는 수 척이 넘었으며 그 안에 모두 둥근 태양이 있었으므로, 사람들이 말하기를 세 개의 태양이 함께 떴다고 하였다.
고려사 권47 지1 [O]

공민왕 5년(1356) 병신 1. 13. (갑오)

/양 1356. 2. 14./

春正月 甲午 赤氣挾日 長數尺餘 其中皆有日輪 人言三日並出
붉은 기운 사이에 태양이 끼어 있었는데 그 길이는 수 척이 넘었으며 그 안에 모두 둥근 태양이 있었으므로, 사람들은 말하기를 세 개의 태양이 함께 떴다고 하였다.
고려사 권39 세가39 [O]

---

255) 1월에 임진일이 없음. 일진 오류로 보임. 고려사 권38에는 같은 현상이 임술일에 나옴. 그 다음 기록의 계해일(1/6)은 임술일(1/5) 다음이므로 임술이 맞을것임. (임진일은 윤-1/5 임).

공민왕 5년(1356) 병신 1. 15. (병신)

/양 1356. 2. 16./

正月 丙申 月食
월식이 있었다.
고려사 권49 지3 [B]

공민왕 5년(1356) 병신 2. 28. (기묘)

/양 1356. 3. 30./

二月 己卯 熒惑犯南斗
화성[熒惑]이 남두(南斗) 성좌를 범하였다.
고려사 권49 지3 [F]

공민왕 5년(1356) 병신 3. 4. (갑신)

/양 1356. 4. 4./

三月 甲申 日無光 中有黑子
태양에 광채가 없었고 그 속에 흑점[黑子]이 있었다.
고려사 권47 지1 [M]

공민왕 5년(1356) 병신 3. 5. (을유)

/양 1356. 4. 5./

三月 乙酉 亦如之
역시 <태양에 광채가 없었고 그 속에 흑점[黑子]이 있었다>.
고려사 권47 지1 [M]

공민왕 5년(1356) 병신 3. 6. (병술)

/양 1356. 4. 6./

三月 丙戌 日澹無光 直視不眩
태양이 맑고 광채가 없었으며 곧바로 보아도 눈이 부시지 않았다.
고려사 권47 지1 [M]

공민왕 5년(1356) 병신 4. 3. (계축)

/양 1356. 5. 3./

四月 癸丑 客星犯月
객성(客星)이 달을 범하였다.
고려사 권49 지3 [H]

공민왕 5년(1356) 병신 4. 5. (을묘)

/양 1356. 5. 5./

四月 乙卯 月犯東井北垣 熒惑犯哭
달이 동정(東井) 성좌의 북쪽 열에 있는 별들[北垣]을 범하였다. 화성[熒惑]이 곡(哭) 성좌를 범

하였다.
고려사 권49 지3 [C] [F]

공민왕 5년(1356) 병신 4. 10. (경신)

/양 1356. 5. 10./

四月 庚申 月在左掖門南暈
달이 태미원[大微]의 좌액문(左掖門) 남쪽에서 달무리가 있었다.
고려사 권49 지3 [P]

공민왕 5년(1356) 병신 4. 21. (신미)

/양 1356. 5. 21./

四月 辛未 月在虛星南 與熒惑相犯 太白犯五車 月犯虛星
달이 허(虛) 성좌의 남쪽에 있으면서 화성[熒惑]과 서로 범하였다. 금성[太白]은 오거(五車) 성좌를 범하였고, 달은 허(虛) 성좌를 범하였다.
고려사 권49 지3 [C] [F]

공민왕 5년(1356) 병신 5. 2. (신사)

/양 1356. 5. 31./

五月 辛巳 鎮星犯井
토성[鎮星]이 정(井) 성좌를 범하였다.
고려사 권49 지3 [F]

공민왕 5년(1356) 병신 5. 15. (갑오)

/양 1356. 6. 13./

五月 甲午 月犯南斗
달이 남두(南斗) 성좌를 범하였다.
고려사 권49 지3 [C]

공민왕 5년(1356) 병신 7. 15. (계사)

/양 1356. 8. 11./

七月 癸巳 月食
월식이 있었다.
고려사 권49 지3 [B]

공민왕 5년(1356) 병신 12. 13. (무오)

/양 1357. 1. 3./

十二月 戊午 酉時 日之左右有氣 如日光
유시(酉時: 오후 5시~7시)에 태양 좌우에 어떤 기운이 있었는데 태양의 광채와 비슷하였다.
고려사 권47 지1 [O]

공민왕 6년(1357) 정유 1. 16. (신묘)

/양 1357. 2. 5./

正月 辛卯 月食
월식이 있었다.
고려사 권49 지3 [B]

공민왕 6년(1357) 정유 6. 1. (갑진)

/양 1357. 6. 18./

六月 甲辰朔 日食
일식이 있었다.
고려사 권39 세가39 ; 고려사 권47 지1 ;
고려사절요 권26 [A]

공민왕 6년(1357) 정유 7. 26. (기해)

/양 1357. 8. 12./

七月 己亥 月犯井星
달이 정(井) 성좌를 범하였다.
고려사 권49 지3 [C]

공민왕 6년(1357) 정유 8. 3. (을사)

/양 1357. 8. 18./

八月 乙巳 流星出昴入參
유성(流星)이 묘(昴) 성좌에서 나와 삼(參) 성좌
로 들어갔다.
고려사 권49 지3 [R]

공민왕 6년(1357) 정유 8. 13. (을묘)

/양 1357. 8. 28./

八月 乙卯 月與歲星同舍
달이 목성[歲星]과 함께 같은 성좌에 모였다.
고려사 권49 지3 [C]

공민왕 6년(1357) 정유 8. 18. (경신)

/양 1357. 9. 2./

八月 庚申 犯婁 鎭星犯魁256)
<달이> 루(婁) 성좌를 범하였고, 토성[鎭星]이 괴
(魁)를 범하였다.
고려사 권49 지3 [C] [F]

공민왕 6년(1357) 정유 8. 19. (신유)

/양 1357. 9. 3./

八月 辛酉 月犯胃 鎭星犯魁257)
달이 위(胃) 성좌를 범하였고 또 토성[鎭星]이 괴
(魁)를 범하였다.
고려사 권49 지3 [C] [F]

공민왕 6년(1357) 정유 9. 23. (을미)

/양 1357. 10. 7./

九月 乙未 月犯輿鬼
달이 여귀(輿鬼) 성좌를 범하였다.
고려사 권49 지3 [C]

공민왕 6년(1357) 정유 윤9. 4. (을사)

/양 1357. 10. 17./

閏月 乙巳 月犯南斗
달이 남두(南斗) 성좌를 범하였다.
고려사 권49 지3 [C]

공민왕 6년(1357) 정유 윤9. 21. (임술)

/양 1357. 11. 3./

閏月 壬戌 亦如之
또 <달이 남두(南斗) 성좌를 범하였다>.
고려사 권49 지3 [C]

공민왕 6년(1357) 정유 윤9. 29. (경오)

/양 1357. 11. 11./

閏九月 庚午 日珥
태양에 귀고리가 있었다
고려사 권47 지1 [O]

공민왕 6년(1357) 정유 10. 8. (무인)

/양 1357. 11. 19./

十月 戊寅 雷電 紫氣見于北方
천둥 소리가 나고 번개 치면서 자색 기운이 북쪽
에 나타났다.
고려사 권53 지7 [S]

공민왕 6년(1357) 정유 12. 22. (신묘)

/양 1358. 1. 31./

十二月 辛卯 夜有白氣 風雷雨
밤에 흰 기운이 나타났다. 바람이 불고 벼락치
면서 비가 내렸다
고려사 권54 지8 [S]

---

256) 괴(魁): 천체역학적 계산에 의하면, 토성은 귀(鬼) 성좌에 있
음. 魁가 鬼의 오자(誤字)로 추정됨.

257) 위 주석의 설명과 같음.

공민왕 7년(1358) 무술 1. 1. (경자)

/양 1358. 2. 9./

正月 庚子朔 日暈
햇무리가 있었다.
고려사 권47 지1 [O]

공민왕 7년(1358) 무술 1. 20. (기미)

/양 1358. 2. 28./

正月 己未 夜紫氣 自西北方騰上
밤에 자색 기운이 서북쪽으로부터 공중으로 올라
갔다.
고려사 권53 지7 [S]

공민왕 7년(1358) 무술 2. 28. (병신)

/양 1358. 4. 6./

二月 丙申 鎭星犯輿鬼
토성[鎭星]이 여귀(輿鬼) 성좌를 범하였다.
고려사 권49 지3 [F]

공민왕 7년(1358) 무술 3. 3. (신축)

/양 1358. 4. 11./

三月 辛丑 夜赤氣 見東北方
밤에 붉은 기운이 동북쪽에 나타났다.
고려사 권53 지7 [S]

공민왕 7년(1358) 무술 5. 1. (무술)

/양 1358. 6. 7./

五月 戊戌朔 太白鎭星相犯 歲星熒惑入羽林
금성[太白]과 토성[鎭星]이 서로 범하였다. 목성[歲
星]과 화성[熒惑]이 우림(羽林) 성좌로 들어갔다.
고려사 권49 지3 [D] [E]

공민왕 7년(1358) 무술 6. 1. (무진)

/양 1358. 7. 7./

六月 戊辰朔 日食
일식이 있었다.
고려사 권39 세가39 ; 고려사 권47 지1 ;
고려사절요 권27 [A]

공민왕 7년(1358) 무술 7. 3. (기해)

/양 1358. 8. 7./

秋七月 己亥 太白晝見凡三月
금성[太白]이 3개월간 낮에 나타났다.
고려사 권39 세가39 [G]

공민왕 7년(1358) 무술 7. 3. (기해)

/양 1358. 8. 7./

七月 己亥 太白晝見 凡三月
금성[太白]이 3개월간 낮에 나타났다.
고려사 권49 지3 [G]

공민왕 7년(1358) 무술 8. 6. (임신)

/양 1358. 9. 9./

八月 壬申 月犯心星
달이 심(心) 성좌를 범하였다.
고려사 권49 지3 [C]

공민왕 7년(1358) 무술 8. 7. (계유)

/양 1358. 9. 10./

八月 癸酉 白氣見于西北方 亘天如練
흰 기운이 서북쪽에 나타났는데, 비단결같이 하
늘에 뻗쳤다.
고려사 권54 지8 [S]

공민왕 7년(1358) 무술 9. 14. (경술)

/양 1358. 10. 17./

九月 庚戌 太白犯大微右執法
금성[太白]이 태미원[大微]의 우집법성(右執法
星)을 범하였다.
고려사 권49 지3 [F]

공민왕 7년(1358) 무술 9. 24. (경신)

/양 1358. 10. 27./

九月 庚申 又犯左執法
<금성[太白]이> 또 좌집법성(左執法星)을 범하
였다.
고려사 권49 지3 [F]

공민왕 7년(1358) 무술 10. 28. (계사)

/양 1358. 11. 29./

十月 癸巳 太白入氐
금성[太白]이 저(氐) 성좌로 들어갔다.
고려사 권49 지3 [F]

공민왕 7년(1358) 무술 11. 27. (신유)

/양 1358. 12. 27./

十一月 辛酉 月掩心大星
달이 심대성(心大星)을 가렸다.
고려사 권49 지3 [C]

공민왕 7년(1358) 무술 12. 1. (을축)

/양 1358. 12. 31./

十二月 乙丑朔 日食
일식이 있었다.
고려사 권39 세가39 ; 고려사절요 권27 [A]

공민왕 7년(1358) 무술 12. 1. (을축)

/양 1358. 12. 31./

十二月 乙丑朔 日食 司天臺 夏官正魏元鏡奏 日
當食會天陰不見 御史臺言 先時者殺無赦 不及時
者殺無赦 令術者元鏡 其術不明請罪之 厥後 全
羅道人 有見日食 故得免
일식이 있었다. 사천대(司天臺) 하관정(夏官正)
인 위원경이 보고하기를 「일식이 예견된 날이
었으나 마침 날이 흐려서 보이지 않았습니다」
라고 하였다. 어사대(御史臺)에서 말하기를 「일
식 시간을 빠르게 예보하거나 늦게 예보한 사
람은 사면하지 않고 죽이는 것인데, 지금 천문
계산을 하는 사람인 위원경은 그 계산 방법이
명확하지못하니 처벌하기를 청합니다」 라고 하
였다. 그 이후 전라도 사람이 일식을 본 자가
있었으므로 죄를 면하게 되었다
고려사 권47 지1 [A]

공민왕 8년(1359) 기해 1. 8. (신축)

/양 1359. 2. 5./

正月 辛丑 月犯昴星
달이 묘(昴) 성좌를 범하였다.
고려사 권49 지3 [C]

공민왕 8년(1359) 기해 1. 23. (병진)

/양 1359. 2. 20./

正月 丙辰 夜紫氣自西北方騰上
밤에 자색(紫色) 기운이 서북쪽으로부터 공중으
로 올라갔다.
고려사 권53 지7 [S]

공민왕 8년(1359) 기해 4. 24. (병술)

/양 1359. 5. 21./

四月 丙戌 有氣如煙生 于旻天寺三層殿鴟尾
연기와 같은 기운이 민천사(旻天寺)의 3층 집
치미(용마루 양쪽의 장식기와)에서 일어났다.
고려사 권54 지8 [S]

공민왕 8년(1359) 기해 5. 16. (정미)

/양 1359. 6. 11./

五月 丁未 月食
월식이 있었다.
고려사 권49 지3 [B]

공민왕 8년(1359) 기해 9. 14. (갑진)

/양 1359. 10. 6./

九月 甲辰 流星出東市東 光如鏡
유성(流星)이 동시(東市)258) 성좌의 동쪽에 나
타났는데 그 광채(光彩)가 거울과 같았다.
고려사 권49 지3 [R]

공민왕 8년(1359) 기해 11. 15. (갑진)

/양 1359. 12. 5./

十一月 甲辰 月食
월식이 있었다.
고려사 권49 지3 [B]

공민왕 9년(1360) 경자 7. 11. (을축)

/양 1360. 8. 22./

秋七月 乙丑 司天臺 以天文失序 請徵賢用士 行
科擧
사천대(司天臺)에서 알리기를 「천문(天文)에 이변
(異變)이 생겼으니 어진 사람을 부르고 선비를
등용하여 과거를 실시하라」고 청하였다.
고려사 권39 세가39 [T]

공민왕 10년(1361) 신축 1. 5. (정사)

/양 1361. 2. 10./

正月 丁巳 赤祲竟天
이상한 붉은 기운이 하늘을 가로질렀다.
고려사 권53 지7 [S]

공민왕 10년(1361) 신축 2. 9. (신묘)

/양 1361. 3. 16./

辛卯 日有黑子四日
태양에 흑점[黑子]이 있었는데 4일간 계속되었다.
고려사 권47 지1 [M]

공민왕 10년(1361) 신축 4. 1. (신사)

/양 1361. 5. 5./

夏四月 辛巳朔 日食旣
개기 일식이 있었다.

---

258) 東市: 천시동원을 지칭하는 것으로 보이는데, 확실하지 않음.

고려사 권39 세가39 ; 고려사절요 권27 [A]

공민왕 10년(1361) 신축 4. 1. (신사)

/양 1361. 5. 5./

四月 辛巳朔 日食旣
개기 일식이 있었다.
고려사 권47 지1 [A]

공민왕 10년(1361) 신축 4. 16. (병신)

/양 1361. 5. 20./

四月 丙申 月食
월식이 있었다.
고려사 권49 지3 [B]

공민왕 10년(1361) 신축 5. 24. (갑술)

/양 1361. 6. 27./

五月 甲戌 太白熒惑相犯
금성[太白]과 화성[熒惑]이 서로 범하였다.
고려사 권49 지3 [D]

공민왕 10년(1361) 신축 6. 5. (갑신)

/양 1361. 7. 7./

六月 甲申 太白晝見 二日
금성[太白]이 2일간 낮에 나타났다.
고려사 권49 지3 [G]

공민왕 11년(1362) 임인 3. 27. (계유)

/양 1362. 4. 22./

三月 癸酉 鎭星犯大微右掖門 凡三日
토성[鎭星]이 태미원[大微]의 우액문(右掖門)를
범하여 3일간 있었다.
고려사 권49 지3 [F]

공민왕 11년(1362) 임인 4. 20. (을미)

/양 1362. 5. 14./

四月 乙未 鎭星犯大微右掖門
토성[鎭星]이 태미원[大微]의 우액문(右掖門)을
범하였다.
고려사 권49 지3 [F]

공민왕 11년(1362) 임인 4. 22. (정유)

/양 1362. 5. 16./

四月 丁酉 鎭星犯大微端門
토성[鎭星]이 태미원[大微]의 단문(端門)을 범하

였다.
고려사 권49 지3 [F]

공민왕 11년(1362) 임인 4. 24. (기해)

/양 1362. 5. 18./

四月 己亥 亦如之
또 <토성[鎭星]이 태미원의 단문을 범하였다>.
고려사 권49 지3 [F]

공민왕 11년(1362) 임인 4. 26. (신축)

/양 1362. 5. 20./

四月 辛丑 鎭又犯大微端門 凡三日
토성[鎭星]이 또 태미원[大微]의 단문(端門)을 3
일간 범하였다.
고려사 권49 지3 [F]

공민왕 11년(1362) 임인 4. 26. (신축)

/양 1362. 5. 20./

四月 辛丑 白虹貫日
흰 무지개가 태양을 가로질러 갔다.
고려사 권47 지1 [O]

공민왕 11년(1362) 임인 6. 8. (신사)

/양 1362. 6. 29./

六月 辛巳 彗見長尺許 凡三日
혜성이 보였는데, 길이가 1척 정도이고 3일간
보였다.
고려사 권40 세가40 [H]

공민왕 11년(1362) 임인 6. 8. (신사)

/양 1362. 6. 29./

六月 辛巳 彗見紫微垣華蓋下 長尺許 凡三日
혜성이 자미원(紫微垣)의 화개(華蓋) 성좌 아래
에 나타났는데 그 길이가 한 자(尺) 가량이었
고 3일간 보였다.
고려사 권49 지3 [H]

공민왕 11년(1362) 임인 6. 8. (신사)

/양 1362. 6. 29./

六月 辛巳 彗見 凡三日
혜성이 3일간 나타났다.
고려사절요 권27 [H]

공민왕 11년(1362) 임인 6. 27. (경자)

/양 1362. 7. 18./

六月 庚子 鎭星犯大微左執法
토성[鎭星]이 태미원[大微]의 좌집법성(左執法
星)을 범하였다.
고려사 권49 지3 [F]

공민왕 11년(1362) 임인 7. 3. (병오)

/양 1362. 7. 24./

七月 丙午 熒惑犯畢
화성[熒惑]이 필(畢) 성좌를 범하였다.
고려사 권49 지3 [F]

공민왕 11년(1362) 임인 7. 25. (무진)

/양 1362. 8. 15./

七月 戊辰 熒惑犯東井
화성[熒惑]이 동정(東井) 성좌를 범하였다.
고려사 권49 지3 [F]

공민왕 11년(1362) 임인 7. 28. (신미)

/양 1362. 8. 18./

七月 辛未 亦如之
또 <화성[熒惑]이 동정(東井) 성좌를 범하였다>.
고려사 권49 지3 [F]

공민왕 11년(1362) 임인 8. 9. (신사)

/양 1362. 8. 28./

八月 辛巳 熒惑犯東井
화성[熒惑]이 동정(東井) 성좌를 범하였다.
고려사 권49 지3 [F]

공민왕 11년(1362) 임인 9. 1. (계묘)

/양 1362. 9. 19./

九月 癸卯朔 熒惑犯五諸侯259) 歲星犯軒轅 太白
夕見西方
화성[熒惑]이 오제후(五諸侯) 성좌를 범하였으
며, 목성[歲星]이 헌원(軒轅) 성좌를 범하였고
금성[太白]이 저녁때 서쪽 하늘에 나타났다.
고려사 권49 지3 [F] [F] [G]

공민왕 11년(1362) 임인 9. 16. (무오)

/양 1362. 10. 4./

九月 戊午 月食
월식이 있었다.
고려사 권49 지3 [B]

공민왕 11년(1362) 임인 9. 17. (기미)

/양 1362. 10. 5./

九月 己未 日有黑子
태양에 흑점[黑子]이 있었다.
고려사 권47 지1 [M]

공민왕 11년(1362) 임인 9. 22. (갑자)

/양 1362. 10. 10./

八月260) 甲子 設星變消災道場于內殿
성변소재도량(星變消災道場)을 내전(內殿)에서
열었다.
고려사 권40 세가40 [T]

공민왕 11년(1362) 임인 9. 23. (을축)

/양 1362. 10. 11./

九月 乙丑 歲星犯軒轅
목성[歲星]이 헌원(軒轅) 성좌를 범하였다.
고려사 권49 지3 [F]

공민왕 11년(1362) 임인 9. 27. (기사)

/양 1362. 10. 15./

九月 己巳 熒惑犯輿鬼積尸
화성[熒惑]이 여귀(輿鬼) 성좌의 적시성(積尸星)
을 범하였다.
고려사 권49 지3 [F]

공민왕 11년(1362) 임인 11. 4. (을사)

/양 1362. 11. 20./

十一月 乙巳 天鼓鳴
뇌성이 울리고 번개가 쳤다.
고려사 권53 지7 [L]

공민왕 11년(1362) 임인 11. 5. (병오)

/양 1362. 11. 21./

十二月 丙午 歲成犯軒轅 鎭星犯大微東藩
목성[歲星]이 헌원(軒轅) 성좌를 범하였으며, 토
성[鎭星]이 태미동번[大微東藩] 성좌를 범하였다.
고려사 권49 지3 [F] [F]

---

259) 五諸侯(오제후): 오제후 성좌-2임.

260) 일진 배열로 볼 때 9월임.

공민왕 11년(1362) 임인 12. 3. (갑술)

/양 1362. 12. 19./

十二月 甲戌夜 紫氣見于西北方
밤에 자색 기운이 서북쪽에 나타났다.
고려사 권53 지7 [S]

공민왕 12년(1363) 계묘 1. 8. (기유)

/양 1363. 1. 23./

正月 己酉 熒惑犯鬼
화성[熒惑]이 귀(鬼) 성좌를 범하였다.
고려사 권49 지3 [F]

공민왕 12년(1363) 계묘 3. 7. (정미)

/양 1363. 3. 22./

三月 丁未 月犯東井 太白犯昴
달이 동정(東井)성좌를 범하였다. 금성[太白]이
묘(昴) 성좌를 범하였다.
고려사 권49 지3 [C] [F]

공민왕 12년(1363) 계묘 윤3. 9. (기묘)

/양 1363. 4. 23./

三月 己卯 月暈
달무리가 있었다
고려사 권49 지3 [P]

공민왕 12년(1363) 계묘 윤3. 10. (경진)

/양 1363. 4. 24./

閏月 庚辰 月犯軫星
달이 진(軫) 성좌를 범하였다.
고려사 권49 지3 [C]

공민왕 12년(1363) 계묘 윤3. 11. (신사)

/양 1363. 4. 25./

閏月 辛巳 月暈
달무리가 있었다.
고려사 권49 지3 [P]

공민왕 12년(1363) 계묘 윤3. 18. (무자)

/양 1363. 5. 2./

閏月 戊子 亦如之
또 <달무리가 있었다>.
고려사 권49 지3 [P]

공민왕 12년(1363) 계묘 윤3. 24. (갑오)

/양 1363. 5. 8./

閏月 甲午 歲星犯軒轅
목성[歲星]이 헌원(軒轅) 성좌를 범하였다.
고려사 권49 지3 [F]

공민왕 12년(1363) 계묘 윤3. 25. (을미)

/양 1363. 5. 9./

閏月 乙未 鎭星犯大微
토성[鎭星]이 태미원[大微]를 범하였다.
고려사 권49 지3 [F]

공민왕 12년(1363) 계묘 윤3. 26. (병신)

/양 1363. 5. 10./

閏月 丙申 鎭星犯上相[261]
토성[鎭星]이 상상성(上相星)을 범하였다.
고려사 권49 지3 [F]

공민왕 12년(1363) 계묘 4. 2. (신축)

/양 1363. 5. 15./

四月 辛丑 歲星犯軒轅
목성[歲星]이 헌원(軒轅) 성좌를 범하였다.
고려사 권49 지3 [F]

공민왕 12년(1363) 계묘 4. 4. (계묘)

/양 1363. 5. 17./

四月 癸卯 熒惑歲星相犯
목성[歲星]과 화성[熒惑]이 서로 범하였다.
고려사 권49 지3 [D]

공민왕 12년(1363) 계묘 4. 5. (갑진)

/양 1363. 5. 18./

四月 甲辰 日暈
햇무리가 있었다
고려사 권47 지1 [O]

공민왕 12년(1363) 계묘 4. 8. (정미)

/양 1363. 5. 21./

四月 丁未 甲寅 乙卯 丙辰 癸亥 丁卯 戊辰 亦如之
정미일(8), 갑인일(15), 을묘일(16), 병진일(17),
계해일(24), 정묘일(28), 무진일(29)에도 <햇무리
가 있었다>.
고려사 권47 지1 [O]

---

261) 上相(상상): 상상성-1임.

공민왕 12년(1363) 계묘 4. 11. (경술)

/양 1363. 5. 24./

四月 庚戌 熒惑犯軒轅
화성[熒惑]이 헌원(軒轅) 성좌를 범하였다.
고려사 권49 지3 [F]

공민왕 12년(1363) 계묘 4. 15. (갑인)

/양 1363. 5. 28./

四月 丁未 甲寅 乙卯 丙辰 癸亥 丁卯 戊辰 亦如之
정미일(8), 갑인일(15), 을묘일(16), 병진일(17),
계해일(24), 정묘일(28), 무진일(29)에도 <햇무리
가 있었다>.
고려사 권47 지1 [O]

공민왕 12년(1363) 계묘 4. 15. (갑인)

/양 1363. 5. 28./

四月 甲寅 月暈262)
달무리가 있었다.
고려사 권49 지3 [P]

공민왕 12년(1363) 계묘 4. 16. (을묘)

/양 1363. 5. 29./

四月 丁未 甲寅 乙卯 丙辰 癸亥 丁卯 戊辰 亦如之
정미일(8), 갑인일(15), 을묘일(16), 병진일(17),
계해일(24), 정묘일(28), 무진일(29)에도 <햇무리
가 있었다>.
고려사 권47 지1 [O]

공민왕 12년(1363) 계묘 4. 17. (병진)

/양 1363. 5. 30./

四月 丁未 甲寅 乙卯 丙辰 癸亥 丁卯 戊辰 亦如之
정미일(8), 갑인일(15), 을묘일(16), 병진일(17), 계
해일(24), 정묘일(28), 무진일(29)에도 <햇무리가
있었다>.
고려사 권47 지1 [O]

공민왕 12년(1363) 계묘 4. 23. (임술)

/양 1363. 6. 5./

四月 壬戌 歲星犯軒轅
목성[歲星]이 헌원(軒轅) 성좌를 범하였다.
고려사 권49 지3 [F]

공민왕 12년(1363) 계묘 4. 24. (계해)

/양 1363. 6. 6./

四月 丁未 甲寅 乙卯 丙辰 癸亥 丁卯 戊辰 亦如之
정미일(8), 갑인일(15), 을묘일(16), 병진일(17), 계
해일(24), 정묘일(28), 무진일(29)에도 <햇무리가
있었다>.
고려사 권47 지1 [O]

공민왕 12년(1363) 계묘 4. 27. (병인)

/양 1363. 6. 9./

四月 丙寅 太白晝見經天 二日 客七星幷見 三小星
相鬪
금성[太白]이 낮에 나타나 2일간 남쪽하늘에서
보였다. 7개의 객성(客星)이 같이 나타났으며
세개의 작은 별이 서로 범하였다.
고려사 권49 지3 [G] [H]

공민왕 12년(1363) 계묘 4. 27. (병인)

/양 1363. 6. 9./

四月 丙寅 太白晝見經天 二日
금성[太白]이 낮에 나타나 2일간 남쪽하늘에서
보였다.
고려사 권40 세가40 ; 고려사절요 권27 [G]

공민왕 12년(1363) 계묘 4. 28. (정묘)

/양 1363. 6. 10./

四月 丁未 甲寅 乙卯 丙辰 癸亥 丁卯 戊辰 亦如之
정미일(8), 갑인일(15), 을묘일(16), 병진일(17), 계
해일(24), 정묘일(28), 무진일(29)에도 <햇무리가
있었다>.
고려사 권47 지1 [O]

공민왕 12년(1363) 계묘 4. 29. (무진)

/양 1363. 6. 11./

四月 丁未 甲寅 乙卯 丙辰 癸亥 丁卯 戊辰 亦如之
정미일(8), 갑인일(15), 을묘일(16), 병진일(17), 계
해일(24), 정묘일(28), 무진일(29)에도 <햇무리가
있었다>.
고려사 권47 지1 [O]

공민왕 12년(1363) 계묘 6. 27. (갑자)

/양 1363. 8. 6./

六月 甲子 太白晝見 二日
금성[太白]이 낮에 나타나서 2일간 보였다.
고려사 권40 세가40 ; 고려사 권49 지3 [G]

---

262) 고려사 권47에는 햇무리로 기록됨.

공민왕 12년(1363) 계묘 8. 17. (계축)

/양 1363. 9. 24./

八月 癸丑 月食
월식이 있었다.
고려사 권49 지3 [B]

공민왕 13년(1364) 갑진 1. 12. (정축)

/양 1364. 2. 15./

正月 丁丑 白氣交日
흰 기운이 태양과 교차되었다.
고려사 권47 지1 [O]

공민왕 13년(1364) 갑진 1. 23. (무자)

/양 1364. 2. 26./

正月 戊子 夜西南有赤氣 如龍
밤에 서남쪽에 붉은 기운이 나타났는데, 그 모
양이 용(龍)과 같았다.
고려사 권53 지7 [S]

공민왕 13년(1364) 갑진 1. 27. (임진)

/양 1364. 3. 1./

正月 壬辰 赤氣如虹 見于東方 長十餘丈
무지개와 같은 붉은 기운이 동쪽에 나타났는데
그 길이가 10여 장(丈)이 되었다.
고려사 권53 지7 [S]

공민왕 13년(1364) 갑진 2. 15. (기유)

/양 1364. 3. 18./

二月 己酉 月食
월식이 있었다.
고려사 권49 지3 [B]

공민왕 13년(1364) 갑진 2. 27. (신유)

/양 1364. 3. 30./

二月 辛酉彗見一在太微南 一在大角邊 一在北斗
東北 一在氐北 色赤 長尺餘
혜성이 나타났는데, 하나는 태미원[大微] 남쪽
에 나타났고, 하나는 대각성(大角星) 주위에, 하
나는 북두(北斗) 성좌의 동북쪽에 나타났고, 하
나는 저(氐) 성좌의 북쪽에 나타났는데, 그 빛
이 붉고 길이는 한 척 남짓하였다.
고려사 권40 세가40 ; 고려사 권49 지3 [H]

공민왕 13년(1364) 갑진 2. 27. (신유)

/양 1364. 3. 30./

二月 辛酉 彗見
혜성이 나타났다
고려사절요 권28 [H]

공민왕 13년(1364) 갑진 3. 1. (을축)

/양 1364. 4. 3./

三月 乙丑朔 歲星犯大微右掖門 鎭星犯角
목성[歲星]이 태미원(大微)의 우액문(右掖門)을 범하
였고 또 토성[鎭星]이 각(角) 성좌를 범하였다.
고려사 권49 지3 [F]

공민왕 13년(1364) 갑진 3. 3. (정묘)

/양 1364. 4. 5./

三月 丁卯 太白辰星會于西方
금성[太白]과 수성[辰星]이 서방(西方)에 모였다.
고려사 권49 지3 [D]

공민왕 13년(1364) 갑진 3. 13. (정축)

/양 1364. 4. 15./

三月 丁丑 月暈
달무리가 있었다.
고려사 권49 지3 [P]

공민왕 13년(1364) 갑진 4. 10. (계묘)

/양 1364. 5. 11./

四月 癸卯 月暈
달무리가 있었다.
고려사 권49 지3 [P]

공민왕 13년(1364) 갑진 4. 24. (정사)

/양 1364. 5. 25./

四月 丁巳 日暈
햇무리가 있었다.
고려사 권47 지1 [O]

공민왕 13년(1364) 갑진 4. 24. (정사)

/양 1364. 5. 25./

四月 丁巳 亦如之
또 <달무리가> 있었다.
고려사 권49 지3 [P]

공민왕 13년(1364) 갑진 4. 25. (무오)

/양 1364. 5. 26./

四月 戊午 辛酉 亦如之
무오일(25), 신유일(28)에도 <햇무리가 있었다>.
고려사 권47 지1 [O]

공민왕 13년(1364) 갑진 4. 28. (신유)

/양 1364. 5. 29./

四月 戊午 辛酉 亦如之
무오일(25) 신유일(28)에도 <햇무리가 있었다>.
고려사 권47 지1 [O]

공민왕 13년(1364) 갑진 5. 1. (갑자)

/양 1364. 6. 1./

五月 甲子 日暈
햇무리가 있었다.
고려사 권47 지1 [O]

공민왕 13년(1364) 갑진 5. 7. (경오)

/양 1364. 6. 7./

五月 庚午 月冠 歲星守大微
달에 관(冠)모양의 달무리가 있었고, 목성[歲星]
이 태미원[大微]에 떠나지 않았다.
고려사 권49 지3 [F] [P]

공민왕 13년(1364) 갑진 7. 4. (을축)

/양 1364. 8. 1./

七月 乙丑 月犯大微端門 又與太白歲星同舍
달이 태미원[大微]의 단문(端門)을 범하였다. 또
<달이> 금성[太白], 목성[歲星]과 함께 같은 성
좌에 모였다.
고려사 권49 지3 [C] [E]

공민왕 14년(1365) 을사 2. 7. (병신)

/양 1365. 2. 28./

二月 丙申 日暈
햇무리가 있었다.
고려사 권47 지1 [O]

공민왕 14년(1365) 을사 2. 7. (병신)

/양 1365. 2. 28./

二月 丙申 月暈
달무리가 있었다.
고려사 권49 지3 [P]

공민왕 14년(1365) 을사 2. 11. (경자)

/양 1365. 3. 4./

二月 庚子 辛丑 癸卯 亦如之
경자일(11), 신축일(12), 계묘일(14)에도 <달무리
가 있었다>.
고려사 권49 지3 [P]

공민왕 14년(1365) 을사 2. 12. (신축)

/양 1365. 3. 5./

二月 庚子 辛丑 癸卯 亦如之
경자일(11), 신축일(12), 계묘일(14)에도 <달무리
가 있었다>.
고려사 권49 지3 [P]

공민왕 14년(1365) 을사 2. 14. (계묘)

/양 1365. 3. 7./

二月 庚子 辛丑 癸卯 亦如之
경자일(11), 신축일(12), 계묘일(14)에도 <달무리
가 있었다>.
고려사 권49 지3 [P]

공민왕 14년(1365) 을사 2. 17. (병오)

/양 1365. 3. 10./

二月 丙午 月犯鎭星
달이 토성[鎭星]을 범하였다.
고려사 권49 지3 [C]

공민왕 14년(1365) 을사 2. 21. (경술)

/양 1365. 3. 14./

二月 庚戌 夜赤祲見于西方
밤에 이상한 붉은 기운이 서쪽에 나타났다.
고려사 권53 지7 [S]

공민왕 14년(1365) 을사 2. 24. (계축)

/양 1365. 3. 17./

二月 癸丑 夜赤氣見于東方
밤에 붉은 기운이 동쪽에 나타났다.
고려사 권53 지7 [S]

공민왕 14년(1365) 을사 2. 25. (갑인)

/양 1365. 3. 18./

二月 甲寅 赤祲見于東方
붉은 기운이 동쪽에 나타났다

공민왕 14년(1365) 을사 2. 26. (을묘)

/양 1365. 3. 19./

二月 乙卯 夜赤氣見于南北方
밤에 붉은 기운이 남쪽과 북쪽에 나타났다.
고려사 권53 지7 [S]

공민왕 14년(1365) 을사 3. 9. (정묘)

/양 1365. 3. 31./

三月 丁卯 日暈
햇무리가 있었다.
고려사 권47 지1 [O]

공민왕 14년(1365) 을사 3. 9. (정묘)

/양 1365. 3. 31./

三月 丁卯 暈263)
햇무리가 있었다.
고려사 권49 지3 [O]

공민왕 14년(1365) 을사 4. 9. (정유)

/양 1365. 4. 30./

四月 丁酉 月暈
달무리가 있었다.
고려사 권49 지3 [P]

공민왕 14년(1365) 을사 4. 13. (신축)

/양 1365. 5. 4./

四月 辛丑 亦如之
또 <달무리가 있었다>.
고려사 권49 지3 [P]

공민왕 14년(1365) 을사 5. 8. (을축)

/양 1365. 5. 28./

五月 乙丑 熒惑犯大微上將
화성[熒惑]이 태미원[大微]의 상장성(上將星)을
범하였다.
고려사 권49 지3 [F]

공민왕 14년(1365) 을사 5. 26. (계미)

/양 1365. 6. 15./

五月 癸未 熒惑犯右執法
화성[熒惑]이 태미원[大微]의 우집법성(右執法
星)을 범하였다.
고려사 권49 지3 [F]

공민왕 14년(1365) 을사 6. 7. (갑오)

/양 1365. 6. 26./

六月 甲午 月暈
달무리가 있었다.
고려사 권49 지3 [P]

공민왕 14년(1365) 을사 6. 12. (기해)

/양 1365. 7. 1./

六月 己亥 亦如之
또 <달무리가 있었다>.
고려사 권49 지3 [P]

공민왕 14년(1365) 을사 7. 11. (정묘)

/양 1365. 7. 29./

七月 丁卯 熒惑歲星犯角 鎭星犯亢
화성[熒惑]과 목성[歲星]이 각(角) 성좌를 범하였
다. 토성[鎭星]이 항(亢) 성좌를 범하였다.
고려사 권49 지3 [E] [F]

공민왕 14년(1365) 을사 7. 20. (병자)

/양 1365. 8. 7./

七月 丙子 歲星熒惑相犯
목성[歲星]과 화성[熒惑]이 서로 범하였다.
고려사 권49 지3 [D]

공민왕 14년(1365) 을사 7. 28. (갑신)

/양 1365. 8. 15./

七月 甲申 夜東方有紅雲
밤에 붉은 구름이 동쪽에 나타났다.
고려사 권53 지7 [S]

공민왕 14년(1365) 을사 8. 19. (을사)

/양 1365. 9. 5./

八月 乙巳 月暈
달무리가 있었다.
고려사 권49 지3 [P]

---

263) 고려사세가 47권의 같은 날의 기록으로 미루어 일운(日暈)으
로 정함.

공민왕 14년(1365) 을사 9. 10. (을축)

/양 1365. 9. 25./

九月 乙丑 亦如之
또 <달무리가 있었다>.
고려사 권49 지3 [P]

공민왕 14년(1365) 을사 9. 19. (갑술)

/양 1365. 10. 4./

九月 甲戌 月犯畢星
달이 필(畢) 성좌를 범하였다.
고려사 권49 지3 [C]

공민왕 14년(1365) 을사 9. 20. (을해)

/양 1365. 10. 5./

九月 乙亥 月暈
달무리가 있었다.
고려사 권49 지3 [P]

공민왕 14년(1365) 을사 9. 21. (병자)

/양 1365. 10. 6./

九月 丙子 月入東井南垣
달이 동정(東井) 성좌의 남쪽 열에 있는 별들
[南垣]에게로 들어갔다.
고려사 권49 지3 [C]

공민왕 14년(1365) 을사 9. 22. (정축)

/양 1365. 10. 7./

九月 丁丑 日暈
햇무리가 있었다.
고려사 권47 지1 [O]

공민왕 14년(1365) 을사 9. 24. (기묘)

/양 1365. 10. 9./

九月 己卯 月暈
달무리가 있었다.
고려사 권49 지3 [P]

공민왕 14년(1365) 을사 10. 2. (병술)

/양 1365. 10. 16./

十月 丙戌 黑氣見于西方
검은 기운이 서방에 나타났다.
고려사 권53 지7 [S]

공민왕 14년(1365) 을사 10. 5. (기축)

/양 1365. 10. 19./

十月 己丑 日暈
햇무리가 있었다.
고려사 권47 지1 [O]

공민왕 14년(1365) 을사 10. 6. (경인)

/양 1365. 10. 20./

十月 庚寅 夜黑氣如雲
밤에 검은 기운이 구름과 같았다.
고려사 권53 지7 [S]

공민왕 14년(1365) 을사 10. 11. (을미)

/양 1365. 10. 25./

十月 乙未 癸卯 亦如之
을미일(11), 계묘일(19)에도 또 <달무리가 있었다>.
고려사 권49 지3 [P]

공민왕 14년(1365) 을사 10. 19. (계묘)

/양 1365. 11. 2./

十月 乙未 癸卯 亦如之
을미일(11), 계묘일(19)에도 또 <달무리가 있었다>.
고려사 권49 지3 [P]

공민왕 14년(1365) 을사 10. 29. (계축)

/양 1365. 11. 12./

十月 癸丑 流星向東北隅
유성(流星)이 동북방(東北方) 모퉁이를 향하여
흘러갔다.
고려사 권49 지3 [R]

공민왕 14년(1365) 을사 윤10. 8. (임술)

/양 1365. 11. 21./

閏十月 壬戌 歲星鎭星入氐 二日
목성[歲星]과 토성[鎭星]이 저(氐) 성좌에 2일간
들어가 있었다.
고려사 권49 지3 [E]

공민왕 14년(1365) 을사 윤10. 12. (병인)

/양 1365. 11. 25./

閏月 丙寅 歲星鎭星犯氐
목성[歲星]과 토성[鎭星]이 저(氐) 성좌를 범하
였다.
고려사 권49 지3 [D]

공민왕 14년(1365) 을사 11. 9. (임진)

/양 1365. 12. 21./

十一月 壬辰 太白熒惑相犯
금성[太白]과 화성[熒惑]이 서로 범하였다.
고려사 권49 지3 [D]

공민왕 14년(1365) 을사 11. 13. (병신)

/양 1365. 12. 25./

十一月 丙申 歲星鎭星犯氐 月犯畢星時歲星日近
房星
목성[歲星]과 토성[鎭星]이 저(氐) 성좌를 범하
였다. 달이 필(畢) 성좌를 범하였는데 이때에
목성[歲星]은 방(房) 성좌 부근에 있었다.
고려사 권49 지3 [C] [E] [F]

공민왕 14년(1365) 을사 12. 3. (병진)

/양 1366. 1. 14./

十二月 丙辰 月犯太白
달이 금성[太白]을 범하였다.
고려사 권49 지3 [C]

공민왕 15년(1366) 병오 4. 8. (기미)

/양 1366. 5. 17./

三月 己未264) 月暈
달무리가 있었다.
고려사 권49 지3 [P]

공민왕 15년(1366) 병오 4. 9. (경신)

/양 1366. 5. 18./

三月265) 庚申 亦如之
또 <달무리가 있었다>.
고려사 권49 지3 [P]

공민왕 15년(1366) 병오 4. 10. (신유)

/양 1366. 5. 19./

三月266) 辛酉 月在大微 暈
달이 태미원[大微]에 있었고, <달>무리가 있었다
고려사 권49 지3 [C] [P]

---

264) 원문에는 3월로 되어있으나, 그달에는 기미일이 없음. 2월이
    나 4월의 오류인 듯함. 2/7, 4/8이 기미일임.
265) 원문에는 3월로 되어있으나, 그달에는 경신일이 없음. 2월이
    나 4월의 오류인 듯함. 2/8, 4/9이 경신일임.
266) 원문에는 3월로 되어있으나, 그달에는 신유일이 없음. 2월이
    나 4월의 오류인 듯함. 2/9, 4/10이 신유일임.

공민왕 15년(1366) 병오 4. - (-)

/양 1366. 5. - /

左司議鄭樞右正言李存吾上疏曰 .... 且殿下以旽
爲賢 自旽用事以來 陰陽失時 冬月而雷 黃霧四
塞 彌旬日黑 子夜赤祲 天狗墜地 木冰太甚 淸明
以後 雨雹寒風 乾文屢變....
좌사의(左司議) 정추(鄭樞)와 우정언(右正言) 이존오(李
存吾)가 상소하기를 「....전하께서는 신돈을 현인(賢人)
으로 여기시지만, 신돈이 권세를 잡은 후로는 음양(陰
陽)이 제 때를 어기어 겨울철인데도 뇌성(雷聲)이 나
고, 황색 안개가 사방에 자욱이 끼어 10일 동안이나
태양이 검고, 밤중에 붉은 요기(妖氣)가 끼며, 천구(天
狗)가 땅에 떨어지고 나무가 어는 것(상고대)이 심하
고, 청명한 뒤에 우박이 내리고 차가운 바람이 부는
등 천문이 자주 변괴가 있습니다....」 라고 하였다.
고려사절요 권28 [M] [R] [S]

공민왕 15년(1366) 병오 5. 1. (임오)

/양 1366. 6. 9./

五月 壬午朔 月暈
달무리가 있었다.
고려사 권49 지3 [P]

공민왕 15년(1366) 병오 5. 8. (기축)

/양 1366. 6. 16./

五月 己丑 亦如之
또 <달무리가 있었다>.
고려사 권49 지3 [P]

공민왕 15년(1366) 병오 5. 9. (경인)

/양 1366. 6. 17./

五月 庚寅 月在大微 暈
달이 태미원[大微]에 있었다. <달>무리가 있었다.
고려사 권49 지3 [C] [P]

공민왕 15년(1366) 병오 5. 23. (갑진)

/양 1366. 7. 1./

五月 甲辰 亦如之
또 <달무리가 있었다>.
고려사 권49 지3 [P]

공민왕 15년(1366) 병오 6. 8. (기미)

/양 1366. 7. 16./

六月 己未 月暈氐歲鎭星
달무리가 저(氐) 성좌, 토성[鎭]과 목성[歲]

에서 나타났다
고려사 권49 지3 [P]

공민왕 15년(1366) 병오 6. 14. (을축)

/양 1366. 7. 22./

六月 乙丑 月食
월식이 있었다.
고려사 권49 지3 [B]

공민왕 15년(1366) 병오 7. 1. (신사)

/양 1366. 8. 7./

秋七月 辛巳朔 日食既
개기 일식이 있었다.
고려사 권41 세가41 ; 고려사절요 권28 [A]

공민왕 15년(1366) 병오 7. 1. (신사)

/양 1366. 8. 7./

七月 辛巳朔 日食既
개기 일식이 있었다.
고려사 권47 지1 [A]

공민왕 15년(1366) 병오 7. 8. (무자)

/양 1366. 8. 14./

七月 戊子 月暈氐鎭歲星
달무리가 저(氐) 성좌, 토성[鎭星]과 목성[歲星]
에서 나타났다
고려사 권49 지3 [P]

공민왕 15년(1366) 병오 8. 3. (임자)

/양 1366. 9. 7./

八月 壬子 太白熒惑同舍于柳
금성[太白]과 화성[熒惑]이 류(柳) 성좌에 함께
모였다.
고려사 권49 지3 [E]

공민왕 15년(1366) 병오 8. 7. (병진)

/양 1366. 9. 11./

八月 丙辰 太白晝見經天 至于九月
금성[太白]이 낮에 나타나 남쪽하늘에서 보였
는데 그 현상이 9월까지 계속 되었다.
고려사 권41 세가41 ; 고려사 권49 지3 ;
고려사절요 권28 [G]

공민왕 15년(1366) 병오 8. 24. (계유)

/양 1366. 9. 28./

八月 癸酉 太白熒惑犯軒轅 月在井南暈
금성[太白]과 화성[熒惑]이 헌원(軒轅) 성좌를
범하였다. 달이 정(井) 성좌의 남쪽에서 희미하
게 빛났다.
고려사 권49 지3 [E] [P]

공민왕 15년(1366) 병오 8. 26. (을해)

/양 1366. 9. 30./

八月 乙亥 月犯軒轅大星
달이 헌원대성(軒轅大星)을 범하였다.
고려사 권49 지3 [C]

공민왕 15년(1366) 병오 8. 27. (병자)

/양 1366. 10. 1./

八月 丙子 亦如之
또 <달이 헌원대성(軒轅大星)을 범하였다>.
고려사 권49 지3 [C]

공민왕 15년(1366) 병오 8. 29. (무인)

/양 1366. 10. 3./

八月 戊寅 行奉先寺 觀星象圖
왕이 봉선사(奉先寺)에 가서 성상도(星象圖-天
文圖)를 보았다.
고려사 권41 세가41 [W]

공민왕 15년(1366) 병오 8. 30. (기묘)

/양 1366. 10. 4./

八月 己卯 熒惑犯軒轅大星
화성[熒惑]이 헌원대성(軒轅大星)을 범하였다.
고려사 권49 지3 [F]

공민왕 15년(1366) 병오 9. 2. (신사)

/양 1366. 10. 6./

九月 辛巳 西方流星晝隕
서쪽 하늘에서 유성(流星)이 낮에 떨어졌다.
고려사 권41 세가41 ; 고려사 권49 지3 [R]

공민왕 15년(1366) 병오 9. 2. (신사)

/양 1366. 10. 6./

辛巳 西北有物 赤如血 大如簟 自天而下隕 于塩
白州之境 白氣射天良久乃散
서북쪽에서 어떤 물체가 나타났는데, 그 색은
피빛이었고, 그 크기는 삿자리[簟]만 하였는데,

하늘로부터 내려와 염주(塩州), 백주(白州) 지역으로 떨어지고, 그곳서 흰 기운이 한참 동안 공중에 뻗쳤다가 흩어졌다.
고려사 권53 지7 [R]

공민왕 15년(1366) 병오 9. 11. (경인)

/양 1366. 10. 15./

九月 庚寅 月暈
달무리가 있었다.
고려사 권49 지3 [P]

공민왕 15년(1366) 병오 9. 13. (임진)

/양 1366. 10. 17./

九月 壬辰 熒惑犯大微右執法 入天庭
화성[熒惑]이 태미원[大微]의 우집법성(右執法星)을 범한 다음 천정(天庭, 태미원의 한 가운데)으로 들어갔다.
고려사 권49 지3 [F]

공민왕 15년(1366) 병오 9. 22. (신축)

/양 1366. 10. 26./

九月 辛丑 有星孛于房虛上星
혜성[星孛]이 방(房) 성좌 및 허(虛) 성좌의 위에 있는 별에 나타났다.
고려사 권49 지3 [H]

공민왕 15년(1366) 병오 9. 23. (임인)

/양 1366. 10. 27./

九月 壬寅 又見于南方
또한 <혜성이> 남쪽에 나타났다.
고려사 권49 지3 [H]

공민왕 15년(1366) 병오 10. 14. (임술)

/양 1366. 11. 16./

十月 壬戌 月暈
달무리가 있었다.
고려사 권49 지3 [P]

공민왕 15년(1366) 병오 10. 17. (을축)

/양 1366. 11. 19./

十月 乙丑 丙寅 丁卯 庚午 亦如之
역시 을축일(17), 병인일(18), 정묘일(19), 경오일(22)에도 <달무리가 있었다>.
고려사 권49 지3 [P]

공민왕 15년(1366) 병오 10. 18. (병인)

/양 1366. 11. 20./

十月 乙丑 丙寅 丁卯 庚午 亦如之
역시 을축일, 병인일(18), 정묘일(19), 경오일(22)에도 <달무리가 있었다>.
고려사 권49 지3 [P]

공민왕 15년(1366) 병오 10. 19. (정묘)

/양 1366. 11. 21./

十月 乙丑 丙寅 丁卯 庚午 亦如之
역시 을축일(17), 병인일(18), 정묘일(19), 경오일(22)에도 <달무리가 있었다>.
고려사 권49 지3 [P]

공민왕 15년(1366) 병오 10. 22. (경오)

/양 1366. 11. 24./

十月 乙丑 丙寅 丁卯 庚午 亦如之
역시 을축일(17), 병인일(18), 정묘일(19), 경오일(22)에도 <달무리가 있었다>.
고려사 권49 지3 [P]

공민왕 15년(1366) 병오 10. 28. (병자)

/양 1366. 11. 30./

十月 丙子赤氣見于東方
붉은 기운이 동쪽에 나타났다.
고려사 권53 지7 [S]

공민왕 15년(1366) 병오 10. 30. (무인)

/양 1366. 12. 2./

十月 戊寅 熒惑犯大微左執法 太白犯氐
화성[熒惑]이 태미원[大微]의 좌집법성(左執法星)을 범하였으며 또 금성[太白]이 저(氐) 성좌를 범하였다.
고려사 권49 지3 [F]

공민왕 15년(1366) 병오 11. 16. (갑오)

/양 1366. 12. 18./

十一月 甲午 月暈
달무리가 있었다.
고려사 권49 지3 [P]

공민왕 15년(1366) 병오 12. 17. (갑자)

/양 1367. 1. 17./

十二月 甲子 月食
월식이 있었다.
고려사 권49 지3 [B]

공민왕 15년(1366) 병오 12. 18. (을축)

/양 1367. 1. 18./

十二月 乙丑 黃霧四塞
황색 안개가 사방 하늘 끝에 자욱하였다.
고려사 권55 지9 [S]

공민왕 16년(1367) 정미 1. 8. (을유)

/양 1367. 2. 7./

正月 乙酉 赤氣如火西方爲甚
불빛과 같은 적기(赤氣)가 나타났는데 서쪽이 심
하였다.
고려사 권53 지7 [S]

공민왕 16년(1367) 정미 1. 13. (경인)

/양 1367. 2. 12./

正月 庚寅 日下有環如日 白虹匝其外
태양 아래에 태양과 같은 둥근 환(環)이 있었
으며 흰 무지개가 그 밖을 싸고 있었다.
고려사 권47 지1 [O]

공민왕 16년(1367) 정미 1. 21. (무술)

/양 1367. 2. 20./

正月 戊戌 彗見垂地
혜성이 나타나서 거의 땅에 닿았다.
고려사 권41 세가41 [H]

공민왕 16년(1367) 정미 1. 21. (무술)

/양 1367. 2. 20./

正月 戊戌 日暈兩珥如兩日
햇무리가 있었으며 양쪽에 귀고리가 있었는데
마치 두개의 태양과 같았다.
고려사 권47 지1 [O]

공민왕 16년(1367) 정미 1. 24. (신축)

/양 1367. 2. 23./

正月 辛丑 漏壺有聲 如牛吼
물시계(漏刻)에서 소리가 났는데 소가 우는 소
리와 같았다.

고려사 권53 지7 [W]

공민왕 16년(1367) 정미 1. 29. (병오)

/양 1367. 2. 28./

正月 丙午 夜赤祲見于東方
밤에 이상한 붉은 기운이 동쪽에 나타났다.
고려사 권53 지7 [S]

공민왕 16년(1367) 정미 1. 29. (병오)

/양 1367. 2. 28./

正月 丙午 夜西方大明 如晝
밤에 서쪽 하늘이 대단히 밝아서 낮과 같았다.
고려사 권54 지8 [S]

공민왕 16년(1367) 정미 2. 1. (정미)

/양 1367. 3. 1./

二月 丁未朔 夜赤祲見于東西
밤에 이상한 붉은 기운이 동쪽과 서쪽에 나타
났다.
고려사 권53 지7 [S]

공민왕 16년(1367) 정미 2. 2. (무신)

/양 1367. 3. 2./

二月 戊申 夜赤祲見于東
밤에 이상한 붉은 기운이 동쪽에 나타났다.
고려사 권53 지7 [S]

공민왕 16년(1367) 정미 2. 3. (기유)

/양 1367. 3. 3./

二月 己酉 日有兩珥 虹圍日
태양의 양쪽에 귀고리가 있었으며 무지개가 태
양을 둘러싸고 있었다.
고려사 권47 지1 [O]

공민왕 16년(1367) 정미 2. 4. (경술)

/양 1367. 3. 4./

二月 庚戌 夜東西南方赤氣衝天
밤에 동쪽과 서쪽, 남쪽에서 붉은 기운이 나타
나 하늘에 닿았다.
고려사 권53 지7 [S]

공민왕 16년(1367) 정미 2. 6. (임자)

/양 1367. 3. 6./

二月 壬子 夜赤氣衝天

밤에 붉은 기운이 하늘에 닿았다.
고려사 권53 지7 [S]

공민왕 16년(1367) 정미 2. 17. (계해)

/양 1367. 3. 17./

二月 癸亥 熒惑犯月
화성[熒惑]이 달을 범하였다.
고려사 권49 지3 [C]

공민왕 16년(1367) 정미 2. 18. (갑자)

/양 1367. 3. 18./

二月 甲子 月色如血
달빛이 피와 같았다.
고려사 권49 지3 [N]

공민왕 16년(1367) 정미 2. 24. (경오)

/양 1367. 3. 24./

二月 庚午 赤氣見于東北方
붉은 기운이 동북쪽에 나타났다.
고려사 권53 지7 [S]

공민왕 16년(1367) 정미 2. 29. (을해)

/양 1367. 3. 29./

二月 乙亥 午時白虹 見于南方
오시(午時: 11시~13시)에 흰 무지개가 남쪽에 나타났다.
고려사 권54 지8 [S]

공민왕 16년(1367) 정미 3. 10. (병술)

/양 1367. 4. 9./

三月 丙戌 月暈
달무리가 있었다.
고려사 권49 지3 [P]

공민왕 16년(1367) 정미 8. 7. (신해)

/양 1367. 9. 1./

八月 辛亥 熒惑犯房
화성[熒惑]이 방(房) 성좌를 범하였다.
고려사 권49 지3 [F]

공민왕 16년(1367) 정미 8. 8. (임자)

/양 1367. 9. 2./

八月 壬子 歲星犯月
목성[歲星]이 달을 범하였다.

고려사 권49 지3 [C]

공민왕 16년(1367) 정미 9. 24. (정유)

/양 1367. 10. 17./

九月 丁酉 熒惑犯南斗
화성[熒惑]이 남두(南斗) 성좌를 범하였다.
고려사 권49 지3 [F]

공민왕 16년(1367) 정미 9. 27. (경자)

/양 1367. 10. 20./

九月 庚子 月入大微
달이 태미원[大微]으로 들어갔다.
고려사 권49 지3 [C]

공민왕 16년(1367) 정미 10. 29. (임신)

/양 1367. 11. 21./

九月267) 壬申 太白熒惑相犯
금성[太白]과 화성[熒惑]이 서로 범하였다.
고려사 권49 지3 [D]

공민왕 16년(1367) 정미 10. 23. (병인)

/양 1367. 11. 15./

十月 丙寅 黑祲四日
검은 기운[黑祲]이 4일간 나타났다.
고려사 권53 지7 [S]

공민왕 16년(1367) 정미 10. 29. (임신)

/양 1367. 11. 21./

十月 壬申 黑祲
검은 기운[黑祲]이 나타났다.
고려사 권53 지7 [D]

공민왕 16년(1367) 정미 11. 1. (계유)

/양 1367. 11. 22./

十一月 癸酉朔 黑祲
검은 기운[黑祲]이 나타났다.
고려사 권53 지7 [S]

공민왕 16년(1367) 정미 11. 3. (을해)

/양 1367. 11. 24./

十一月 乙亥 白虹貫日
흰 무지개가 태양을 가로질러 갔다.

---

267) 9월에 임신일이 없음. 천체역학적 계산에 의하면 음력 10/29(임신)로 추정됨. 9월이 10월의 오류임.

고려사 권47 지1 [O]

공민왕 16년(1367) 정미 11. 13. (을유)

/양 1367. 12. 4./

十一月 乙酉 日暈珥
햇무리와 해 귀고리가 있었다.
고려사 권47 지1 [O]

공민왕 16년(1367) 정미 11. 19. (신묘)

/양 1367. 12. 10./

十一月 辛卯 夜赤氣見于西北
밤에 붉은 기운이 서북쪽에 나타났다.
고려사 권53 지7 [S]

공민왕 16년(1367) 정미 11. 20. (임진)

/양 1367. 12. 11./

十一月 壬辰 夜赤氣見于東北
밤에는 붉은 기운이 동북쪽에 나타났다.
고려사 권53 지7 [S]

공민왕 16년(1367) 정미 11. 22. (갑오)

/양 1367. 12. 13./

十一月 甲午 月入大微屛星
달이 태미원[大微]의 병(屛-內屛) 성좌로 들어
갔다.
고려사 권49 지3 [C]

공민왕 16년(1367) 정미 12. 1. (계묘)

/양 1367. 12. 22./

十二月 癸卯朔 日食 天陰不見
일식이 있었는데, 날이 흐려서 보이지 않았다.
고려사 권41 세가41 ; 고려사 권47 지1 [A]

공민왕 16년(1367) 정미 12. 4. (병오)

/양 1367. 12. 25./

十二月 丙午 日重暈背珥.
태양에 햇무리와 일(一)자형의 햇무리[背氣], 해
귀고리가 겹쳐 있었다.
고려사 권47 지1 [O]

공민왕 16년(1367) 정미 12. 4. (병오)

/양 1367. 12. 25./

十二月 丙午 月冠赤黑氣
달에 관(冠)모양의 달무리가 있는데, 색이 검붉

었다.
고려사 권49 지3 [P]

공민왕 16년(1367) 정미 12. 16. (무오)

/양 1368. 1. 6./

十二月 戊午 月食密雲不見
월식이 예견 되었으나 짙은 구름 때문에 보이지
않았다.
고려사 권49 지3 [B]

공민왕 17년(1368) 무신 2. 3. (갑진)

/양 1368. 2. 21./

二月 甲辰 日暈有珥
햇무리가 있는데 귀고리가 있었다.
고려사 권47 지1 [O]

공민왕 17년(1368) 무신 2. 3. (갑진)

/양 1368. 2. 21./

二月 甲辰 夜赤祲如火
밤에 이상한 붉은 기운이 나타났는데 불빛과 같았다.
고려사 권53 지7 [S]

공민왕 17년(1368) 무신 2. 7. (무신)

/양 1368. 2. 25./

二月 戊申 日暈
햇무리가 있었다.
고려사 권47 지1 [O]

공민왕 17년(1368) 무신 2. 9. (경술)

/양 1368. 2. 27./

二月 庚戌 月暈
달무리가 있었다.
고려사 권49 지3 [P]

공민왕 17년(1368) 무신 2. 13. (갑인)

/양 1368. 3. 2./

二月 甲寅 日暈幷珥
햇무리가 있는데 더불어 귀고리가 있었다.
고려사 권47 지1 [O]

공민왕 17년(1368) 무신 2. 18. (기미)

/양 1368. 3. 7./

二月 己未 彗見于西方 長丈餘
혜성이 서쪽에 나타났는데 그 길이가 한 장(丈)

남짓하였다.
고려사 권49 지3 ; 고려사 권41 세가41 [H]

공민왕 17년(1368) 무신 2. 21. (임술)

/양 1368. 3. 10./

二月 壬戌 夜赤祲
밤에 이상한 붉은 기운이 나타났다.
고려사 권53 지7 [S]

공민왕 17년(1368) 무신 2. 23. (갑자)

/양 1368. 3. 12./

二月 甲子 亦如之
역시 <밤에 이상한 붉은 기운이 나타났다>.
고려사 권53 지7 [S]

공민왕 17년(1368) 무신 2. 27. (무진)

/양 1368. 3. 16./

二月 戊辰 赤祲
이상한 붉은 기운이 나타났다.
고려사 권53 지7 [S]

공민왕 17년(1368) 무신 3. 1. (신미)

/양 1368. 3. 19./

三月 辛未朔 夜赤祲如火 至乙亥
밤에 이상한 붉은 기운이 불빛과 같았는데, 을해일(5)까지 계속되었다.
고려사 권53 지7 [S]

공민왕 17년(1368) 무신 3. 14. (갑신)

/양 1368. 4. 1./

三月 甲申 彗見西方
혜성이 서쪽에 나타났다.
고려사 권41 세가41 ; 고려사절요 권28 [H]

공민왕 17년(1368) 무신 3. 14. (갑신)

/양 1368. 4. 1./

三月 甲申 <彗>見西方
<혜성이> 서쪽에 나타났다.
고려사 권49 지3 [H]

공민왕 17년(1368) 무신 3. 20. (경인)

/양 1368. 4. 7./

三月 庚寅 彗出大陵積屍268)間
혜성이 대릉(大陵) 성좌와 적시(積屍) 성좌 사

이에 나타났다.
고려사 권41 세가41 [H]

공민왕 17년(1368) 무신 3. 20. (경인)

/양 1368. 4. 7./

三月 庚寅 出大陵積屍間269)
<혜성이> 대릉(大陵) 성좌와 적시성(積屍星) 사이에 나타났다.
고려사 권49 지3 [H]

공민왕 17년(1368) 무신 3. 21. (신묘)

/양 1368. 4. 8./

三月 辛卯 彗出大陵卷舌間
혜성이 대릉(大陵) 성좌와 권설(卷舌) 성좌 사이에서 나타났다.
고려사 권41 세가41 [H]

공민왕 17년(1368) 무신 3. 21. (신묘)

/양 1368. 4. 8./

三月 辛卯 出大陵卷舌間 射天船九星
<혜성이> 대릉(大陵) 성좌와 권설(卷舌) 성좌 사이에서 나타났는데 그 빛이 천선(天船) 성좌의 아홉 별 위에 내뻗쳤다.
고려사 권49 지3 [H]

공민왕 17년(1368) 무신 3. 26. (병신)

/양 1368. 4. 13./

三月 丙申 彗出卷舌上
혜성이 권설(卷舌) 성좌 위에 나타났다.
고려사 권41 세가41 [H]

공민왕 17년(1368) 무신 3. 26. (병신)

/양 1368. 4. 13./

三月 丙申 出卷舌上
<혜성이> 권설(卷舌) 성좌 위에 나타났다.
고려사 권49 지3 [H]

공민왕 17년(1368) 무신 3. 29. (기해)

/양 1368. 4. 16./

三月 己亥 彗出大陵上
혜성이 대릉(大陵) 성좌 위에 나타났다.
고려사 권41 세가41 [H]

---

268) 積屍(적시): 적시성-1임.
269) 積屍(적시): 적시성-1임.

공민왕 17년(1368) 무신 3. 29. (기해)

/양 1368. 4. 16./

三月 己亥 出大陵上
<혜성이> 대릉(大陵) 성좌 위에 나타났다.
고려사 권49 지3 [H]

공민왕 17년(1368) 무신 4. 1. (신축)

/양 1368. 4. 18./

夏四月 辛丑朔 慧見
혜성이 나타났다.
고려사 권41 세가41 ; 고려사절요 권28 [H]

공민왕 17년(1368) 무신 4. 1. (신축)

/양 1368. 4. 18./

四月 辛丑 又見
<혜성이> 또 나타났다.
고려사 권49 지3 [H]

공민왕 17년(1368) 무신 4. 20. (경신)

/양 1368. 5. 7./

四月 庚申 有氣如煙生 于演福寺佛殿 二日
연기(煙氣) 같은 기운이 연복사(演福寺) 불전(佛
殿)에서 일어나서 2일간이나 계속하였다.
고려사 권54 지8 [S]

공민왕 17년(1368) 무신 5. 9. (무인)

/양 1368. 5. 25./

五月 戊寅 月入大微
달이 태미원[大微]으로 들어갔다.
고려사 권49 지3 [C]

공민왕 17년(1368) 무신 윤7. 25. (계해)

/양 1368. 8. 8./

閏七月 癸亥 天狗墜地
천구(天狗)가 땅에 떨어졌다.
고려사 권49 지3 [R]

공민왕 17년(1368) 무신 8. 26. (갑오)

/양 1368. 10. 8./

八月 甲午 熒惑犯大微上將 月入大微
화성[熒惑]이 태미원[大微]의 상장성(上將星)을
범하였다. 달이 태미원[大微]으로 들어갔다.
고려사 권49 지3 [C] [F]

공민왕 18년(1369) 기유 1. 17. (임자)

/양 1369. 2. 23./

二月270) 壬子 天鳴 丙辰夜 又大鳴
하늘이 울었고 병진일(1/21) 밤에도 또한 크게 울
었다.
고려사 권53 지7 [L]

공민왕 18년(1369) 기유 2. 18. (계미)

/양 1369. 3. 26./

二月 癸未 月暈
달무리가 있었다.
고려사 권49 지3 [P]

공민왕 18년(1369) 기유 5. 1. (갑오)

/양 1369. 6. 5./

五月 甲午朔 日食
일식이 있었다.
고려사 권41 세가41 ; 고려사 권47 지1 ;
고려사절요 권28 [A]

공민왕 18년(1369) 기유 5. 8. (신축)

/양 1369. 6. 12./

五月 辛丑 停至正年號
지정(至正) 연호 사용을 정지하였다.
고려사 권41 세가41 [U]

공민왕 18년(1369) 기유 5. 8. (신축)

/양 1369. 6. 12./

五月 <辛丑>271) 停至正年號
지정(至正) 연호 사용을 정지하였다.
고려사절요 권28 [U]

공민왕 18년(1369) 기유 8. 28. (경인)

/양 1369. 9. 29./

八月 庚寅 月入大微
달이 태미원[大微]으로 들어갔다.
고려사 권49 지3 [C]

공민왕 18년(1369) 기유 9. 7. (무술)

/양 1369. 10. 7./

九月 戊戌 月掩南斗

---

270) 2월엔 임자일, 병진일 없음. 1월과 3월에 있음, 임자일은
    1/17, 3/18임.
271) 일진 기록 없음, 고려사 권41의 기록을 따름.

달이 남두(南斗) 성좌를 가렸다.
고려사 권49 지3 [C]

공민왕 18년(1369) 기유 9. 8. (기해)

/양 1369. 10. 8./

九月 己亥 月與熒惑相守
달이 화성[熒惑]과 서로 떠나지 않았다.
고려사 권49 지3 [C]

공민왕 18년(1369) 기유 10. 15. (병자)

/양 1369. 11. 14./

十月 丙子 月食
월식이 있었다.
고려사 권49 지3 [B]

공민왕 18년(1369) 기유 10. 27. (무자)

/양 1369. 11. 26./

十月 戊子 太白犯月
금성[太白]이 달을 범하였다.
고려사 권49 지3 [C]

공민왕 18년(1369) 기유 11. 16. (정미)

/양 1369. 12. 15./

十一月 丁未 赤氣如火 見于西南
불빛과 같은 붉은 기운이 서남쪽에 나타났다.
고려사 권53 지7 [S]

공민왕 18년(1369) 기유 11. 19. (경술)

/양 1369. 12. 18./

十一月 庚戌 歲星熒惑相犯
목성[歲星]과 화성[熒惑]이 서로 범하였다.
고려사 권49 지3 [D]

공민왕 19년(1370) 경술 1. 4. (갑오)

/양 1370. 1. 31./

正月 甲午 彗見東北方
혜성이 동북쪽에 나타났다.
고려사 권42 세가42 ; 고려사 권49 지3 [H]

공민왕 19년(1370) 경술 1. 4. (갑오)

/양 1370. 1. 31./

春正月 甲午 彗見東北方
혜성이 동북쪽에 나타났다.
고려사절요 권29 [H]

공민왕 19년(1370) 경술 1. 14. (갑진)

/양 1370. 2. 10./

正月 甲辰 西北方紫氣漫空 影皆南
서북방에 자주빛 기운이 공중에 퍼졌고, 그 그림자는 모두 남쪽으로 향하였다.
고려사 권53 지7 [S]

공민왕 19년(1370) 경술 1. 14. (갑진)

/양 1370. 2. 10./

春正月272) 是夕西北方紫氣漫空 影皆南 書雲觀言猛將之氣王熹
이날 저녁 무렵에 자주빛 기운(紫氣)이 하늘에 가득하였고 그 그림자가 모두 남쪽으로 향하였다. 서운관(書雲觀)에서 이것을 맹장(猛將)의 기(氣)라고 하니 왕이 기뻐하였다.
고려사절요 권29 [S]

공민왕 19년(1370) 경술 2. 20. (기묘)

/양 1370. 3. 17./

二月 己卯 赤祲
이상한 붉은 기운이 나타났다.
고려사 권53 지7 [S]

공민왕 19년(1370) 경술 4. 16. (갑술)

/양 1370. 5. 11./

四月 甲戌 月食
월식이 있었다.
고려사 권49 지3 [B]

공민왕 19년(1370) 경술 5. 26. (갑인)

/양 1370. 6. 20./

五月 甲寅 成准得還自京師 帝賜璽書曰 ....洪武三年 大統曆 至可頒也
성준득(成准得)이 명나라의 서울[京師]에서 돌아왔는데, 황제가 옥새를 찍은 친서[새서, 璽書]를 보내어 「...홍무(洪武) 3년의 대통력(大統曆)을 보내니 받으라」 라고 하였다.
고려사 권42 세가42 [U]

공민왕 19년(1370) 경술 7. 9. (을미)

/양 1370. 7. 31./

秋七月 乙未 始行 洪武年號
비로소 홍무(洪武) 연호를 사용하였다.

---

272) 고려사 권53의 기록으로 날짜 추정함.

고려사 권42 세가42 [U]

공민왕 19년(1370) 경술 7. 9. (을미)

/양 1370. 7. 31./

秋七月 <乙未>273) 始行 洪武年號
홍무(洪武) 연호를 사용하였다.
고려사절요 권29 [U]

공민왕 19년(1370) 경술 8. 14. (경오)

/양 1370. 9. 4./

八月 庚午 赤祲見于東北方
이상한 붉은 기운이 동북쪽에 나타났다.
고려사 권53 지7 [S]

공민왕 19년(1370) 경술 11. 6. (신묘)

/양 1370. 11. 24./

十一月 辛卯 赤祲見于西北
이상한 붉은 기운이 서북쪽에 나타났다.
고려사 권53 지7 [S]

공민왕 19년(1370) 경술 12. 15. (경오)

/양 1371. 1. 2./

十二月 庚午 日有黑子 太白晝見 日官請禳之 王曰
日黑子 咎在寡人 勿禳 太白應在卿相 其禳之
태양에 흑점(黑子)이 나타나고, 금성[太白]이 낮에
보였다. 일관이 제사(禳)지낼 것을 청하니 왕이 「
태양의 흑점(黑子)은 허물이 나에게 있으니 제사
할 것 없으나 금성[太白]은 경상(卿相, 육경과 삼
상, 재상)들에게 응하는 것이니 그 제사를 지내라」
고 하였다
고려사 권42 세가42 ; 고려사절요 권29 [G] [M]

공민왕 19년(1370) 경술 12. 15. (경오)

/양 1371. 1. 2./

十二月 庚午 太白晝見
금성[太白]이 낮에 나타났다.
고려사 권49 지3 [G]

공민왕 19년(1370) 경술 12. 15. (경오)

/양 1371. 1. 2./

十二月 庚午 日有黑子
태양에 흑점[黑子]이 있었다.
고려사 권47 지1 [M]

공민왕 20년(1371) 신해 2. 25. (기묘)

/양 1371. 3. 12./

正月274) 己卯 赤氣見于西方
붉은 기운이 서쪽에 나타났다.
고려사 권53 지7 [S]

공민왕 20년(1371) 신해 윤3. 14. (정묘)

/양 1371. 4. 29./

閏三月 丁卯 白虹貫日
흰 무지개가 태양을 가로질러 갔다.
고려사 권47 지1 [O]

공민왕 20년(1371) 신해 4. 28. (경술)

/양 1371. 6. 11./

夏四月 庚戌 太白晝見
금성[太白]이 낮에 나타났다.
고려사 권43 세가43 [G]

공민왕 20년(1371) 신해 4. 28. (경술)

/양 1371. 6. 11./

四月 庚戌 太白晝見
금성[太白]이 낮에 나타났다.
고려사 권49 지3 [G]

공민왕 20년(1371) 신해 9. 7. (병진)

/양 1371. 10. 15./

九月 丙辰 月犯南斗
달이 남두(南斗) 성좌를 범하였다.
고려사 권49 지3 [C]

공민왕 20년(1371) 신해 9. 8. (정사)

/양 1371. 10. 16./

九月 丁巳 犯哭星
<달이> 곡(哭) 성좌를 범하였다.
고려사 권49 지3 [C]

공민왕 20년(1371) 신해 9. 11. (경신)

/양 1371. 10. 19./

九月 庚申 赤氣見于西北
붉은 기운이 서북쪽에 나타났다.
고려사 권53 지7 [S]

---

273) 일진 기록 없으나 고려사 권42의 기록에 따라 날짜 정함.

274) 정월에 기묘일 없음, 기묘일은 12/24, 2/25 에 있음.

공민왕 20년(1371) 신해 9. - (계사)

/양 1371. 10. - /

九月²⁷⁵⁾ 癸巳 日有黑子
태양에 흑점[黑子]이 있었다.
고려사 권47 지1 [M]

공민왕 20년(1371) 신해 12. 14. (계사)

/양 1372. 1. 20./

十二月 癸巳 月犯鬼星
달이 귀(鬼) 성좌를 범하였다.
고려사 권49 지3 [C]

공민왕 20년(1371) 신해 12. 19. (무술)

/양 1372. 1. 25./

十二月 戊戌 犯角星
<달이> 각(角) 성좌를 범하였다.
고려사 권49 지3 [C]

공민왕 20년(1372) 임자 3. 9. (병진)

/양 1372. 4. 12./

三月 丙辰 赤氣見于西北方
붉은 기운이 서북쪽에 나타났다.
고려사 권53 지7 [S]

공민왕 21년(1372) 임자 3. 15. (임술)

/양 1372. 4. 18./

三月 壬戌 月食密雲不見
월식이 예견 되었으나 짙은 구름 때문에 보이
지 않았다.
고려사 권49 지3 [B]

공민왕 21년(1372) 임자 4. 5. (임오)

/양 1372. 5. 8./

四月 壬午 日有黑子
태양에 흑점[黑子]이 있었다.
고려사 권47 지1 [M]

공민왕 21년(1372) 임자 4. 9. (병술)

/양 1372. 5. 12./

四月 丙戌 月暈大微
달무리가 태미원[大微]에 있었다.
고려사 권49 지3 [P]

공민왕 21년(1372) 임자 9. 8. (임자)

/양 1372. 10. 5./

九月 壬子 月暈
달무리가 있었다.
고려사 권49 지3 [P]

공민왕 21년(1372) 임자 9. 9. (계축)

/양 1372. 10. 6./

九月 癸丑 戊午 庚申 亦如之
계축일(9), 무오일(14), 경신일(16)에도 <달무리
가 있었다>.
고려사 권49 지3 [P]

공민왕 21년(1372) 임자 9. 14. (무오)

/양 1372. 10. 11./

九月 癸丑 戊午 庚申 亦如之
계축일(9), 무오일(14), 경신일(16)에도 <달무리
가 있었다>.
고려사 권49 지3 [P]

공민왕 21년(1372) 임자 9. 16. (경신)

/양 1372. 10. 13./

九月 癸丑 戊午 庚申 亦如之
계축일(9), 무오일(14), 경신일(16)에도 <달무리
가 있었다>.
고려사 권49 지3 [P]

공민왕 21년(1372) 임자 10. 6. (기묘)

/양 1372. 11. 1./

十月 己卯 流星出胃北墜地 大如鉢
유성(流星)이 위(胃) 성좌의 북쪽에서 나와 땅에
떨어졌는데 그 크기가 사발[鉢]만 하였다.
고려사 권49 지3 [R]

공민왕 21년(1372) 임자 10. 12. (을유)

/양 1372. 11. 7./

十月 乙酉 月暈
달무리가 있었다.
고려사 권49 지3 [P]

공민왕 21년(1372) 임자 10. 14. (정해)

/양 1372. 11. 9./

十月 丁亥 壬辰 亦如之
정해일(14), 임진일(19)에도 또한 <달무리가 있

275) 9월에 계사일이 없음. 계사일은 8/13, 10/14임.

었다>.
고려사 권49 지3 [P]

공민왕 21년(1372) 임자 10. 19. (임진)

/양 1372. 11. 14./

十月 丁亥 壬辰 亦如之
정해일(14), 임진일(19)에도 또한 <달무리가 있
었다>.
고려사 권49 지3 [P]

공민왕 21년(1372) 임자 11. 17. (경신)

/양 1372. 12. 12./

十一月 庚申 月暈
달무리가 있었다.
고려사 권49 지3 [P]

공민왕 21년(1372) 임자 11. 25. (무진)

/양 1372. 12. 20./

十一月 戊辰 熒惑犯鉤鈐
화성[熒惑]이 구검(鉤鈐) 성좌를 범하였다.
고려사 권49 지3 [F]

공민왕 21년(1372) 임자 12. 17. (경인)

/양 1373. 1. 11./

十二月 庚寅 月暈
달무리가 있었다.
고려사 권49 지3 [P]

공민왕 21년(1372) 임자 12. 17. (경인)

/양 1373. 1. 11./

十二月 庚寅 赤氣 見于西方
붉은 기운이 서쪽에 나타났다.
고려사 권53 지7 [S]

공민왕 21년(1372) 임자 12. 26. (기해)

/양 1373. 1. 20./

十二月 己亥 赤白氣見于北方
붉고 흰 기운이 북쪽에 나타났다.
고려사 권53 지7 [S]

공민왕 21년(1373) 계축 1. 1. (계묘)

/양 1373. 1. 24./

春正月 癸卯朔 太白晝見
금성[太白]이 낮에 나타났다.

고려사 권44 세가44 [G]

공민왕 21년(1373) 계축 1. 1. (계묘)

/양 1373. 1. 24./

正月 癸卯朔 太白晝見
금성[太白]이 낮에 나타났다.
고려사 권49 지3 [G]

공민왕 22년(1373) 계축 1. 4. (병오)

/양 1373. 1. 27./

正月 丙午 赤氣見于西北方
붉은 기운이 서북쪽에 나타났다.
고려사 권53 지7 [S]

공민왕 22년(1373) 계축 1. 5. (정미)

/양 1373. 1. 28./

正月 丁未 夜白氣從南指北 長三丈餘 自西而東乃滅
밤에 흰 기운이 남쪽에서 북쪽으로 향하였는
데, 그 길이가 3장(丈) 남짓 하였으며, 서쪽에
서 동쪽으로 가다가 없어졌다.
고려사 권54 지8 [S]

공민왕 22년(1373) 계축 1. 9. (신해)

/양 1373. 2. 1./

正月 辛亥 月暈
달무리가 있었다.
고려사 권49 지3 [P]

공민왕 22년(1373) 계축 1. 9. (신해)

/양 1373. 2. 1./

正月 辛亥 赤氣見于西方
붉은 기운이 서쪽에 나타났다.
고려사 권53 지7 [S]

공민왕 22년(1373) 계축 1. 10. (임자)

/양 1373. 2. 2./

正月 壬子 日暈
햇무리가 있었다.
고려사 권47 지1 [P]

공민왕 22년(1373) 계축 1. 10. (임자)

/양 1373. 2. 2./

正月 壬子 癸丑 甲寅 亦如之
임자일(10), 계축일(11), 갑인일(12)에도 <달무리

가 있었다>.
고려사 권49 지3 [O]

공민왕 22년(1373) 계축 1. 11. (계축)

/양 1373. 2. 3./

正月 壬子 癸丑 甲寅 亦如之
임자일(10), 계축일(11), 갑인일(12)에도 <달무리
가 있었다>.
고려사 권49 지3 [O]

공민왕 22년(1373) 계축 1. 12. (갑인)

/양 1373. 2. 4./

正月 壬子 癸丑 甲寅 亦如之
임자일(10), 계축일(11), 갑인일(12)에도 <달무리
가 있었다>.
고려사 권49 지3 [O]

공민왕 22년(1373) 계축 1. 12. (갑인)

/양 1373. 2. 4./

正月 甲寅 亦如之
역시 <햇무리가 있었다>.
고려사 권47 지1 [P]

공민왕 22년(1373) 계축 1. 13. (을묘)

/양 1373. 2. 5./

正月 乙卯 犯北河 東暈
<달이> 북하(北河) 성좌를 범하였으며 또 그 동방
(東方)에 달무리가 있었다.
고려사 권49 지3 [C] [P]

공민왕 22년(1373) 계축 1. 22. (갑자)

/양 1373. 2. 14./

正月 甲子 犯心星
<달이> 심(心) 성좌를 범하였다.
고려사 권49 지3 [C]

공민왕 22년(1373) 계축 1. 24. (병인)

/양 1373. 2. 16./

正月 丙寅 赤氣見于東西北方
붉은 기운이 동쪽과 서쪽, 북쪽에 나타났다.
고려사 권53 지7 [S]

공민왕 22년(1373) 계축 2. 4. (병자)

/양 1373. 2. 26./

二月 丙子 見于西北方
붉은 기운이 서북쪽에 나타났다.
고려사 권53 지7 [S]

공민왕 22년(1373) 계축 2. 7. (기묘)

/양 1373. 3. 1./

二月 己卯 暈
<달>무리가 있었다.
고려사 권49 지3 [O]

공민왕 22년(1373) 계축 2. 8. (경진)

/양 1373. 3. 2./

二月 庚辰 白氣自西抵北如匹練
흰 기운이 서쪽으로부터 동쪽에 닿았는데 비단
필과 같았다.
고려사 권54 지8 [S]

공민왕 22년(1373) 계축 2. 9. (신사)

/양 1373. 3. 3./

二月 辛巳 壬午 癸未 甲申 亦如之
신사일(9), 임오일(10), 계미일(11), 갑신일(12)에
도 역시 <달무리가 있었다>.
고려사 권49 지3 [O]

공민왕 22년(1373) 계축 2. 9. (신사)

/양 1373. 3. 3./

二月 辛巳 赤氣見于西南方
붉은 기운이 서남쪽에 나타났다.
고려사 권53 지7 [S]

공민왕 22년(1373) 계축 2. 10. (임오)

/양 1373. 3. 4./

二月 辛巳 壬午 癸未 甲申 亦如之
신사일(9), 임오일(10), 계미일(11), 갑신일(12)에
도 역시 <달무리가 있었다>.
고려사 권49 지3 [O]

공민왕 22년(1373) 계축 2. 11. (계미)

/양 1373. 3. 5./

二月 辛巳 壬午 癸未 甲申 亦如之
신사일(9), 임오일(10), 계미일(11), 갑신일(12)에
도 역시 <달무리가 있었다>.
고려사 권49 지3 [O]

공민왕 22년(1373) 계축 2. 12. (갑신)

/양 1373. 3. 6./

二月 辛巳 壬午 癸未 甲申 亦如之
신사일(9), 임오일(10), 계미일(11), 갑신일(12)에
도 역시 <달무리가 있었다>.
고려사 권49 지3 [O]

공민왕 22년(1373) 계축 2. 15. (정해)

/양 1373. 3. 9./

二月 丁亥 月食
월식이 있었다.
고려사 권49 지3 [B]

공민왕 22년(1373) 계축 2. 17. (기축)

/양 1373. 3. 11./

二月 己丑 月暈
달무리가 있었다.
고려사 권49 지3 [P]

공민왕 22년(1373) 계축 2. 21. (계사)

/양 1373. 3. 15./

二月 癸巳 月犯箕星
달이 기(箕) 성좌를 범하였다.
고려사 권49 지3 [C]

공민왕 22년(1373) 계축 2. 22. (갑오)

/양 1373. 3. 16./

二月 甲午 入南斗魁中
<달이> 남두괴(南斗魁) 안으로 들어갔다.
고려사 권49 지3 [C]

공민왕 22년(1373) 계축 3. 1. (계묘)

/양 1373. 3. 25./

三月 癸卯朔 日食
일식이 있었다.
고려사 권44 세가44 ; 고려사 권47 지1 ; 고려사절요
권29 [A]

공민왕 22년(1373) 계축 3. 7. (기유)

/양 1373. 3. 31./

三月 己酉 熒惑鎭星相犯
화성[熒惑]과 토성[鎭星]이 서로 범하였다.
고려사 권49 지3 [D]

공민왕 22년(1373) 계축 3. 10. (임자)

/양 1373. 4. 3./

三月 壬子 月暈
달무리가 있었다.
고려사 권49 지3 [P]

공민왕 22년(1373) 계축 3. 17. (기미)

/양 1373. 4. 10./

三月 己未 月犯心星
달이 심(心) 성좌를 범하였다.
고려사 권49 지3 [C]

공민왕 22년(1373) 계축 3. 18. (경신)

/양 1373. 4. 11./

二月[276] 庚申 赤氣見于南北方
붉은 기운이 남쪽과 북쪽에 나타났다.
고려사 권53 지7 [S]

공민왕 22년(1373) 계축 4. 4. (을해)

/양 1373. 4. 26./

四月 乙亥 日有黑子 二日
태양에 흑점[黑子]이 있었는데 2일간 보였다.
고려사 권47 지1 [M]

공민왕 22년(1373) 계축 4. 6. (정축)

/양 1373. 4. 28./

四月 丁丑 夜天雨白毛 長二寸或三四寸 細如馬鬣
밤에 하늘에서 흰 털이 비처럼 내렸는데 그 길
이가 2촌 또는 3~4촌정도 되며, 가늘기는 말
갈기[馬鬣, 말의 목덜미에서 등까지 나는 긴
털]와 같았다.
고려사 권54 지8 [S]

공민왕 22년(1373) 계축 4. 7. (무인)

/양 1373. 4. 29./

四月 戊寅 夜雨白毛
밤에 흰털이 비같이 내렸다.
고려사 권54 지8 [S]

공민왕 22년(1373) 계축 4. 11. (임오)

/양 1373. 5. 3./

---

276) 2월에는 경신일 없음. 2월 기록 뒤, 4월 기록전에 나오므로
3월로 정함.

四月 壬午 癸未 丁亥 丙申 亦如之
임오일(11), 계미일(12), 정해일(16), 병신일(25)에
도 <흰털이 비같이 내렸다>.
고려사 권54 지8 [S]

공민왕 22년(1373) 계축 4. 12. (계미)

/양 1373. 5. 4./

四月 壬午 癸未 丁亥 丙申 亦如之
임오일(11), 계미일(12), 정해일(16), 병신일(25)
에도 <흰털이 비같이 내렸다>.
고려사 권54 지8 [S]

공민왕 22년(1373) 계축 4. 16. (정해)

/양 1373. 5. 8./

四月 壬午 癸未 丁亥 丙申 亦如之
임오일(11), 계미일(12), 정해일(16), 병신일(25)에
도 <흰털이 비같이 내렸다>.
고려사 권54 지8 [S]

공민왕 22년(1373) 계축 4. 25. (병신)

/양 1373. 5. 17./

四月 壬午 癸未 丁亥 丙申 亦如之
임오일(11), 계미일(12), 정해일(16), 병신일(25)
에도 <흰털이 비같이 내렸다>.
고려사 권54 지8 [S]

공민왕 22년(1373) 계축 6. 11. (신사)

/양 1373. 7. 1./

六月 辛巳 犯心星
<달이> 심(心) 성좌를 범하였다.
고려사 권49 지3 [C]

공민왕 22년(1373) 계축 7. 11. (경술)

/양 1373. 7. 30./

七月 庚戌 月犯箕星 暈
달이 기(箕) 성좌를 범하였다. 달무리가 있었다.
고려사 권49 지3 [C] [P]

공민왕 22년(1373) 계축 7. 12. (신해)

/양 1373. 7. 31./

七月 辛亥 入南斗
<달이> 남두(南斗) 성좌로 들어갔다.
고려사 권49 지3 [C]

공민왕 22년(1373) 계축 7. 20. (기미)

/양 1373. 8. 8./

七月 己未 赤氣見于西北
붉은 기운이 서북쪽에 나타났다.
고려사 권53 지7 [S]

공민왕 22년(1373) 계축 7. 24. (계해)

/양 1373. 8. 12./

七月 癸亥 暈
달무리가 있었다.
고려사 권49 지3 [O]

공민왕 22년(1373) 계축 8. 16. (을유)

/양 1373. 9. 3./

八月 乙酉 月食
월식이 있었다.
고려사 권49 지3 [B]

공민왕 22년(1373) 계축 9. 13. (신해)

/양 1373. 9. 29./

九月 辛亥 歲星入輿鬼 至于十月
목성[歲星]이 여귀(輿鬼) 성좌로 들어가서 10월까
지 머물렀다.
고려사 권49 지3 [F]

공민왕 22년(1373) 계축 10. 7. (을해)

/양 1373. 10. 23./

十月 乙亥 日有黑子
태양(太陽)에 흑점[黑子]이 있었다.
고려사 권47 지1 [M]

공민왕 22년(1373) 계축 11. 6. (계묘)

/양 1373. 11. 20./

十一月 癸卯 白氣見于西北方
흰 기운이 서북쪽에 나타났다.
고려사 권54 지8 [S]

공민왕 22년(1373) 계축 11. 11. (무신)

/양 1373. 11. 25./

十一月 戊申 月犯熒惑
달이 화성[熒惑]을 범하였다.
고려사 권49 지3 [C]

공민왕 22년(1373) 계축 11. 23. (경신)

/양 1373. 12. 7./

十一月 庚申 月暈

달무리가 있었다.

고려사 권49 지3 [P]

공민왕 22년(1373) 계축 11. 24. (신유)

/양 1373. 12. 8./

十一月 辛酉 亦如之

또 <달무리가 있었다>.

고려사 권49 지3 [P]

공민왕 22년(1373) 계축 윤11. 12. (기묘)

/양 1373. 12. 26./

閏月 己卯 月暈

달무리가 있었다.

고려사 권49 지3 [P]

공민왕 22년(1373) 계축 윤11. 12. (기묘)

/양 1373. 12. 26./

閏月 己卯 白氣見于東南方

흰 기운이 동남쪽에 나타났다.

고려사 권54 지8 [S]

공민왕 22년(1373) 계축 윤11. 16. (계미)

/양 1373. 12. 30./

閏月 己卯 亦如之

또 <달무리가 있었다>.

고려사 권49 지3 [P]

공민왕 22년(1373) 계축 12. 9. (을사)

/양 1374. 1. 21./

十二月 乙巳 月與熒惑同舍

달이 화성[熒惑]과 함께 같은 성좌에 모였다.

고려사 권49 지3 [C]

공민왕 22년(1373) 계축 12. 10. (병오)

/양 1374. 1. 22./

十二月 丙午 月暈野雞星 入參

달무리가 야계성(野雞星)에 있다가 삼(參) 성좌로 들어갔다.

고려사 권49 지3 [P] [R]

공민왕 22년(1373) 계축 12. 10. (병오)

/양 1374. 1. 22./

十二月 丙午 夜白氣如虹

밤에 흰기운이 나타났는데 무지개와 같았다.

고려사 권54 지8 [S]

공민왕 23년(1374) 갑인 1. 16. (임오)

/양 1374. 2. 27./

正月 壬午月食密雲不見

월식이 예견되었으나 짙은 구름 때문에 보이지 않았다.

고려사 권49 지3 [B]

공민왕 23년(1374) 갑인 1. 24. (경인)

/양 1374. 3. 7./

正月 庚寅 赤氣見于西北方

붉은 기운이 서북쪽에 나타났다.

고려사 권53 지7 [S]

공민왕 23년(1374) 갑인 1. 27. (계사)

/양 1374. 3. 10./

正月 癸巳 赤氣見于南方 白氣見于北方

붉은 기운이 남쪽에 나타났고 흰 기운은 북쪽에 나타났다.

고려사 권53 지7 [S]

공민왕 23년(1374) 갑인 2. 1. (정유)

/양 1374. 3. 14./

二月 丁酉朔 日食

일식이 있었다.

고려사 권44 세가44 ; 고려사 권47 지1 ; 고려사절요 권29 [A]

공민왕 23년(1374) 갑인 2. 2. (무술)

/양 1374. 3. 15./

二月 戊戌 彗見東方 長丈餘

혜성이 동쪽에 나타났는데 그 길이가 1장(丈) 남짓하였다.

고려사 권44 세가44 ; 고려사절요 권29 [H]

공민왕 23년(1374) 갑인 2. 2. (무술)

/양 1374. 3. 15./

二月 戊戌 彗見東方 長丈餘 凡四十五日乃滅

혜성이 동쪽에 나타났는데 그 길이가 1장(丈) 남짓하였는데 대략 45일 만에야 사라졌다.

고려사 권49 지3 [H]

공민왕 23년(1374) 갑인 2. 12. (무신)

/양 1374. 3. 25./

二月 戊申 月暈
달무리가 있었다.
고려사 권49 지3 [P]

공민왕 23년(1374) 갑인 3. 2. (무진)

/양 1374. 4. 14./

三月 戊辰 赤氣見于東北方
붉은 기운이 동북쪽에 나타났다.
고려사 권53 지7 [S]

공민왕 23년(1374) 갑인 3. 4. (경오)

/양 1374. 4. 16./

三月 庚午 四方有赤氣
사방에 붉은 기운이 나타났다.
고려사 권53 지7 [S]

공민왕 23년(1374) 갑인 3. 16. (임오)

/양 1374. 4. 28./

三月 壬午 白氣如虹 連亘尾女閒
무지개와 같은 흰 기운이 미(尾) 성좌와 여(女)
성좌 사이에 길게 뻗쳐있었다.
고려사 권54 지8 [S]

공민왕 23년(1374) 갑인 3. 17. (계미)

/양 1374. 4. 29./

三月 癸未 太白熒惑同舍
금성[太白]과 화성[熒惑]이 함께 같은 성좌에 모
였다.
고려사 권49 지3 [E]

공민왕 23년(1374) 갑인 3. 24. (경인)

/양 1374. 5. 6./

三月 庚寅 犯東井 五日
<금성[太白]과 화성[熒惑]이> 5일간 동정(東井)
성좌를 범하였다.
고려사 권49 지3 [E]

공민왕 23년(1374) 갑인 3. 28. (갑오)

/양 1374. 5. 10./

三月 甲午 月犯太白 熒惑
달이 금성[太白]과 화성[熒惑]을 범하였다.
고려사 권49 지3 [C]

공민왕 23년(1374) 갑인 4. 3. (무술)

/양 1374. 5. 14./

四月 戊戌 日暈
햇무리가 있었다.
고려사 권47 지1 [O]

공민왕 23년(1374) 갑인 4. 4. (기해)

/양 1374. 5. 15./

四月 己亥 日珥
태양에 귀고리가 있었다.
고려사 권47 지1 [O]

공민왕 23년(1374) 갑인 4. 5. (경자)

/양 1374. 5. 16./

四月 庚子 太白 歲星 熒惑 聚于東井
금성[太白], 목성[歲星], 화성[熒惑]이 동정(東井)
성좌에 모였다.
고려사 권49 지3 [E]

공민왕 23년(1374) 갑인 4. 18. (계축)

/양 1374. 5. 29./

四月 癸丑 月暈 太白經天 三日
달무리가 있었고, 금성[太白]이 사흘간 낮에 남
쪽하늘에서 보였다.
고려사 권49 지3 [G] [P]

공민왕 23년(1374) 갑인 4. 18. (계축)

/양 1374. 5. 29./

四月 癸丑 太白經天
금성[太白]이 낮에 남쪽하늘에서 보였다.
고려사 권44 세가44 [G]

공민왕 23년(1374) 갑인 4. 18. (계축)

/양 1374. 5. 29./

四月 癸丑 日暈
햇무리가 있었다.
고려사 권47 지1 [O]

공민왕 23년(1374) 갑인 4. 19. (갑인)

/양 1374. 5. 30./

四月 甲寅 歲星犯輿鬼
목성[歲星]이 여귀(輿鬼) 성좌를 범하였다.
고려사 권49 지3 [F]

공민왕 23년(1374) 갑인 4. 20. (을묘)

/양 1374. 5. 31./

四月 乙卯 亦如之
또 <금성<太白>이 하늘을 가로 질렀다>.
고려사 권44 세가44 [G]

공민왕 23년(1374) 갑인 4. 20. (을묘)

/양 1374. 5. 31./

四月 乙卯 亦如之
또 <햇무리가 있었다>.
고려사 권47 지1 [O]

공민왕 23년(1374) 갑인 4. 29. (갑자)

/양 1374. 6. 9./

四月 甲子 太白晝見
금성[太白]이 낮에 나타났다.
고려사 권44 세가44 ; 고려사 권49 지3 [G]

공민왕 23년(1374) 갑인 5. 4. (기사)

/양 1374. 6. 14./

五月 己巳 歲星 太白熒惑同舍于鬼
목성[歲星], 금성[太白], 화성[熒惑]이 함께 귀
(鬼) 성좌에 모였다.
고려사 권49 지3 [E]

공민왕 23년(1374) 갑인 5. 6. (신미)

/양 1374. 6. 16./

五月 辛未 亦如之
또 <목성(歲星), 금성(太白), 화성[熒惑]이 귀(鬼) 성
좌에 모였다>.
고려사 권49 지3 [E]

공민왕 23년(1374) 갑인 6. 25. (기미)

/양 1374. 8. 3./

六月 己未 太白晝見經天
금성[太白]이 낮에 나타나 하늘을 가로질렀다.
고려사 권44 세가44 ; 고려사 권49 지3 ; 고려사절요
권29 [G]

공민왕 23년(1374) 갑인 7. 16. (기묘)

/양 1374. 8. 23./

七月 己卯 月食
월식이 있었다.
고려사 권49 지3 [B]

공민왕 23년(1374) 갑인 8. 14. (정미)

/양 1374. 9. 20./

八月 丁未 太白 歲星犯軒轅
금성[太白]과 목성[歲星]이 헌원(軒轅) 성좌를 범
하였다.
고려사 권49 지3 [E]

공민왕 23년(1374) 갑인 8. 27. (경신)

/양 1374. 10. 3./

八月 庚申 太白晝見 貫月
금성[太白]이 낮에 나타났고, 달을 가로질러 갔다.
고려사 권49 지3 [C] [G]

공민왕 23년(1374) 갑인 9. 2. (갑자)

/양 1374. 10. 7./

九月 甲子 歲星犯軒轅
목성[歲星]이 헌원(軒轅) 성좌를 범하였다.
고려사 권49 지3 [F]

공민왕 23년(1374) 갑인 9. 10. (임신)

/양 1374. 10. 15./

九月 壬申 太白犯大微左執法 歲星犯軒轅
금성[太白]이 태미원[大微]의 좌집법성(左執法
星)을 범하였으며 또 목성[歲星]이 헌원(軒轅)
성좌를 범하였다.
고려사 권49 지3 [F]

공민왕 23년(1374) 갑인 9. 15. (정축)

/양 1374. 10. 20./

九月 丁丑 太白犯大微右執法
금성[太白]이 태미원[大微]의 우집법성(右執法
星)을 범하였다.
고려사 권49 지3 [F]

공민왕 23년(1374) 갑인 9. 18. (경진)

/양 1374. 10. 23./

九月 庚辰 太白犯左執法
금성[太白]이 또 좌집법성(左執法星)을 범하였다.
고려사 권49 지3 [F]

공민왕 23년(1374) 갑인 9. 20. (임오)

/양 1374. 10. 25./

九月 壬午 太白犯左執法 歲星犯軒轅二日
금성[太白]은 좌집법성(左執法星)을 범하였으며

또 그로부터 2일간 목성[歲星]이 헌원(軒轅) 성좌를 범하였다.
고려사 권49 지3 [F]

공민왕 23년(1374) 갑인 9. 24. (병술)

/양 1374. 10. 29./

九月 丙戌 月與歲星犯軒轅 太白犯大微上相
달이 목성[歲星]과 함께 헌원(軒轅) 성좌를 범하였다. 금성[太白]이 태미원[大微]의 상상성(上相星)을 범하였다.
고려사 권49 지3 [C] [F]

공민왕 23년(1374) 갑인 10. 28. (경신)

/양 1374. 12. 2./

十月 庚申 是日虹圍日 日旁 又有大小二日
이 날에 무지개가 태양을 둘러싸고 있었으며 태양 곁에 또 크고 작은 두개의 태양이 있었다.
고려사 권133 열전46 [M]

공민왕 23년(1374) 갑인 10. 28. (경신)

/양 1374. 12. 2./

十月 庚申 虹圍日 日旁 又有大小二日
무지개가 태양을 둘러싸고 있었으며 태양 곁에 또 크고 작은 두개의 태양이 있었다.
고려사 권47 지1 [M]

공민왕 23년(1374) 갑인 10. 28. (경신)

/양 1374. 12. 2./

冬十月 庚申 是日虹圍日 日旁 又有大小二日
이 날에 무지개가 태양을 둘러 싸고 있었으며 태양 곁에 또 크고 작은 두개의 태양이 있었다.
고려사절요 권29 [M]

공민왕 23년(1374) 갑인 10. 29. (신유)

/양 1374. 12. 3./

十月 辛酉 太白入氐
금성[太白]이 저(氐) 성좌로 들어갔다.
고려사 권49 지3 [F]

공민왕 23년(1374) 갑인 11. 9. (경오)

/양 1374. 12. 12./

十一月 庚午 太白犯房
금성[太白]이 방(房) 성좌를 범하였다.
고려사 권49 지3 [F]

공민왕 23년(1374) 갑인 11. 20. (신사)

/양 1374. 12. 23./

十一月 辛巳 月犯軒轅左角 又犯歲星
달이 헌원(軒轅) 성좌의 왼쪽 뿔[左角]을 범하였다. 또 <달이> 목성[歲星]을 범하였다.
고려사 권49 지3 [C] [C]

공민왕 23년(1374) 갑인 11. 22. (계미)

/양 1374. 12. 25./

十月 癸未 日珥
태양에 해귀고리가 있었다.
고려사 권47 지1 [O]

공민왕 23년(1374) 갑인 11. 26. (정해)

/양 1374. 12. 29./

十一月 丁亥 犯房次將
<달이> 방(房) 성좌의 차장성(次將星)을 범하였다.
고려사 권49 지3 [C]

공민왕 23년(1374) 갑인 12. 17. (무신)

/양 1375. 1. 19./

十二月 戊申 月犯歲星
달이 목성[歲星]을 범하였다.
고려사 권49 지3 [C]

34. 우왕(1375 ~ 1388)

우왕 1년(1375) 을묘 1. 2. (임술)

/양 1375. 2. 2./

正月 壬戌 歲星犯軒轅
목성[歲星]이 헌원(軒轅) 성좌를 범하였다.
고려사 권49 지3 [F]

우왕 1년(1375) 을묘 1. 15. (을해)

/양 1375. 2. 15./

正月 乙亥 月犯軒轅
달이 헌원(軒轅) 성좌를 범하였다.
고려사 권49 지3 [C]

우왕 1년(1375) 을묘 1. 17. (정축)

/양 1375. 2. 17./

正月 丁丑 月食
월식이 있었다.
고려사 권49 지3 [B]

우왕 1년(1375) 을묘 1. 22. (임오)

/양 1375. 2. 22./

正月 壬午 月犯心星
달이 심(心) 성좌를 범하였다.
고려사 권49 지3 [C]

우왕 1년(1375) 을묘 2. 3. (계사)

/양 1375. 3. 5./

二月 癸巳 歲星犯軒轅
목성[歲星]이 헌원(軒轅) 성좌를 범하였다.
고려사 권49 지3 [F]

우왕 1년(1375) 을묘 2. 18. (무신)

/양 1375. 3. 20./

二月 戊申 日有黑子
태양에 흑점[黑子]이 있었다.
고려사 권47 지1; 고려사 권133 열전46 [M]

우왕 1년(1375) 을묘 2. 19. (기유)

/양 1375. 3. 21./

二月 己酉 亦如之
또 <태양에 흑점[黑子]이 있었다>.
고려사 권47 지1; 고려사 권133 열전46 [M]

우왕 1년(1375) 을묘 3. 3. (계해)

/양 1375. 4. 4./

三月 癸亥 月犯昴星
달이 묘(昴) 성좌를 범하였다.
고려사 권49 지3 [C]

우왕 1년(1375) 을묘 3. 4. (갑자)

/양 1375. 4. 5./

三月 甲子 熒惑 鎭星相犯
화성[熒惑]과 토성[鎭星]이 서로 범하였다.
고려사 권49 지3 [D]

우왕 1년(1375) 을묘 3. 5. (을축)

/양 1375. 4. 6./

三月 乙丑 月犯五車
달이 오거(五車) 성좌를 범하였다.
고려사 권49 지3 [C]

우왕 1년(1375) 을묘 3. 11. (신미)

/양 1375. 4. 12./

三月 辛未 犯歲星及軒轅
<달이> 목성[歲星]과 헌원(軒轅) 성좌를 범하였다.
고려사 권49 지3 [C]

우왕 1년(1375) 을묘 7. 1. (기미)

/양 1375. 7. 29./

七月 己未朔 日食
일식이 있었다.
고려사 권47 지1; 고려사 권133 열전 46 [A]

우왕 1년(1375) 을묘 7. 1. (기미)

/양 1375. 7. 29./

秋七月 己未朔 日食
일식이 있었다.
고려사절요 권30 [A]

우왕 1년(1375) 을묘 7. 10. (무진)

/양 1375. 8. 7./

七月 戊辰 月犯箕星
달이 기(箕) 성좌를 범하였다.
고려사 권49 지3 [C]

우왕 1년(1375) 을묘 7. 11. (기사)

/양 1375. 8. 8./

七月 己巳 又犯斗魁[277]
또 <달이> 남두괴(南斗魁)를 범하였다.
고려사 권49 지3 [C]

우왕 1년(1375) 을묘 7. 22. (경진)

/양 1375. 8. 19./

七月 庚辰 熒惑犯畢
화성[熒惑]이 필(畢) 성좌를 범하였다.
고려사 권49 지3 [F]

---

277) 전날에 기 성좌에 접근하였으므로 이 날의 괴(魁)는 위치상
으로 남두괴임.

우왕 1년(1375) 을묘 7. 23. (신사)

/양 1375. 8. 20./

七月 辛巳 月犯五車
달이 오거(五車) 성좌를 범하였다.
고려사 권49 지3 [C]

우왕 1년(1375) 을묘 7. 24. (임오)

/양 1375. 8. 21./

七月 壬午 又犯畢星
< 달이> 또 필(畢) 성좌를 범하였다.
고려사 권49 지3 [C]

우왕 1년(1375) 을묘 7. 26. (갑신)

/양 1375. 8. 23./

七月 甲申 日暈
햇무리가 있었다.
고려사 권47 지1 [O]

우왕 1년(1375) 을묘 8. 27. (갑인)

/양 1375. 9. 22./

八月 甲寅 月犯軒轅
달이 헌원(軒轅) 성좌를 범하였다.
고려사 권49 지3 [C]

우왕 1년(1375) 을묘 9. 7. (갑자)

/양 1375. 10. 2./

九月 甲子 歲星犯大微右執法, 甲子亦如之[278]
목성[歲星]이 태미원[大微]의 우집법성(右執法星)을 범하였다. 갑자일도 그러하였다.
고려사 권49 지3 [F]

우왕 1년(1375) 을묘 9. 24. (신사)

/양 1375. 10. 19./

九月 辛巳 月犯軒轅
달이 헌원(軒轅) 성좌를 범하였다.
고려사 권49 지3 [C]

우왕 1년(1375) 을묘 9. 27. (갑신)

/양 1375. 10. 22./

九月 甲申 亦如之
또 <달이 헌원(軒轅) 성좌를 범하였다>.
고려사 권49 지3 [C]

---

278) 갑자일(7) 기록에 「갑자일에 이와 같다」고 기록되어 있으므로 오류로 추론됨.

우왕 1년(1375) 을묘 10. 7. (계사)

/양 1375. 10. 31./

十月 癸巳 太白犯南斗
금성[太白]이 남두(南斗) 성좌를 범하였다.
고려사 권49 지3 [F]

우왕 1년(1375) 을묘 10. 12. (무술)

/양 1375. 11. 5./

十月 戊戌 月犯軒轅
달이 헌원(軒轅) 성좌를 범하였다.
고려사 권49 지3 [C]

우왕 1년(1375) 을묘 10. 13. (기해)

/양 1375. 11. 6./

十月 己亥 月犯南斗
달이 남두(南斗) 성좌를 범하였다.
고려사 권49 지3 [C]

우왕 1년(1375) 을묘 11. 4. (경신)

/양 1375. 11. 27./

十一月 庚申 月犯太白
달이 금성[太白]을 범하였다.
고려사 권49 지3 [C]

우왕 1년(1375) 을묘 11. 18. (갑술)

/양 1375. 12. 11./

十一月 甲戌 日珥日背 白虹貫日 書雲館奏 日近者日珥日背 白虹貫日 以本文考之 宜釋女樂 入賢良
태양에 귀고리와 일(一)자형의 햇무리[日背]가 있었으며 흰 무지개가 태양을 가로질렀다. 서운관(書雲館)이 보고하기를 「최근에 태양에 귀고리, 일(一)자형의 햇무리[日背], 흰 무지개가 태양을 가로지르는 현상들에 대하여 문헌[本文]에 여악(女樂- 여성 성악가나 무용가)을 없애버리고 현명하고 어진이(賢良)을 등용해야 할 것이라고 적혀 있었다.」고 하였다
고려사 권47 지1 [O]

우왕 1년(1375) 을묘 12. 2. (정해)

/양 1375. 12. 24./

十二月 丁亥 月犯心星 太白鎭星同舍
달이 심(心) 성좌를 범하였다. 금성[太白]과 토성[鎭星]이 같은 성좌에 모였다.
고려사 권49 지3 [C] [E]

우왕 1년(1375) 을묘 12. 4. (기축)

/양 1375. 12. 26./

十二月 己丑 太白與月同舍
금성[太白]이 달과 함께 같은 성좌에 모였다.
고려사 권49 지3 [C]

우왕 1년(1375) 을묘 12. 11. (병신)

/양 1376. 1. 2./

十二月 丙申 月暈
달무리가 있었다.
고려사 권49 지3 [P]

우왕 1년(1375) 을묘 12. 16. (신축)

/양 1376. 1. 7./

十二月 辛丑 亦如之.
또 <달무리가 있었다>.
고려사 권49 지3 [P]

우왕 2년(1376) 병진 1. 10. (을축)

/양 1376. 1. 31./

正月 乙丑 月犯五車
달이 오거(五車) 성좌를 범하였다.
고려사 권49 지3 [C]

우왕 2년(1376) 병진 1. 22. (정축)

/양 1376. 2. 12./

正月 丁丑 月犯房星
달이 방(房) 성좌를 범하였다.
고려사 권49 지3 [C]

우왕 2년(1376) 병진 2. 2. (병술)

/양 1376. 2. 21./

二月 丙戌 歲星犯大微左執法 九日
목성[歲星]이 태미원[大微]의 좌집법성(左執法星)
을 9일동안 범하였다.
고려사 권49 지3 [F]

우왕 2년(1376) 병진 2. 5. (기축)

/양 1376. 2. 24./

二月 己丑 流星出北斗魁
유성(流星)이 북두괴(北斗魁)에서 나왔다.
고려사 권49 지3 [R]

우왕 2년(1376) 병진 2. 12. (병신)

/양 1376. 3. 2./

二月 丙申 歲星入天庭
목성[歲星]이 하늘의 정원인 천정(天庭)으로 들
어갔다.
고려사 권49 지3 [F]

우왕 2년(1376) 병진 2. 23. (정미)

/양 1376. 3. 13./

二月 丁未 月入南斗
달이 남두(南斗) 성좌로 들어갔다.
고려사 권49 지3 [C]

우왕 2년(1376) 병진 3. 3. (정사)

/양 1376. 3. 23./

三月 丁巳 歲星犯大微端門
목성[歲星]이 태미원[大微]의 단문(端門)을 범하
였다.
고려사 권49 지3 [F]

우왕 2년(1376) 병진 3. 7. (신유)

/양 1376. 3. 27./

三月 辛酉 熒惑犯月
화성[熒惑]이 달을 범하였다.
고려사 권49 지3 [C]

우왕 2년(1376) 병진 3. 8. (임술)

/양 1376. 3. 28./

三月 壬戌 月暈
달무리가 있었다.
고려사 권49 지3 [P]

우왕 2년(1376) 병진 3. 9. (계해)

/양 1376. 3. 29./

三月 癸亥 日無光
태양에 광채가 없었다.
고려사 권47 지1 [M]

우왕 2년(1376) 병진 3. 26. (경진)

/양 1376. 4. 15./

三月 庚辰 歲星犯大微端門
목성[歲星]이 태미원[大微]의 단문(端門)을 범하
였다.
고려사 권49 지3 [F]

우왕 2년(1376) 병진 4. 3. (병술)

/양 1376. 4. 21./

四月 丙戌 亦如之
또 <목성이 태미원 단문을 범하였다>.
고려사 권49 지3 [F]

우왕 2년(1376) 병진 4. 7. (경인)

/양 1376. 4. 25./

四月 庚寅 月犯熒惑
달이 화성[熒惑]을 범하였다.
고려사 권49 지3 [C]

우왕 2년(1376) 병진 4. 8. (신묘)

/양 1376. 4. 26./

四月 辛卯 暈
달무리가 있었다.
고려사 권49 지3 [P]

우왕 2년(1376) 병진 4. 9. (임진)

/양 1376. 4. 27./

四月 壬辰 又犯軒轅
<달이> 또 헌원(軒轅) 성좌를 범하였다.
고려사 권49 지3 [C]

우왕 2년(1376) 병진 4. 27. (경술)

/양 1376. 5. 15./

四月 庚戌 亦如之 歲星在大微端門 凡十日
또 <달이 헌원성좌를 범하였다>. 목성[歲星]이
태미원[大微]의 단문(端門)에 약 10일간이나 있
었다.
고려사 권49 지3 [C] [F]

우왕 2년(1376) 병진 4. 29. (임자)

/양 1376. 5. 17./

四月 壬子 熒惑入輿鬼
화성[熒惑]이 여귀(輿鬼) 성좌로 들어갔다.
고려사 권49 지3 [F]

우왕 2년(1376) 병진 5. 14. (정묘)

/양 1376. 6. 1./

五月 丁卯 日珥
태양에 귀고리가 있었다.
고려사 권47 지1 [O]

우왕 2년(1376) 병진 5. 14. (정묘)

/양 1376. 6. 1./

五月 丁卯 月暈心星 有珥
달무리가 심(心) 성좌에 있었고, 귀고리가 있었다.
고려사 권49 지3 [P] [P]

우왕 2년(1376) 병진 5. 30. (계미)

/양 1376. 6. 17./

五月 癸未 流星大如壺 出軒轅 指東而滅
크기가 술병[壺]만한 유성(流星)이 헌원(軒轅)
성좌에서 나와 동쪽으로 흘러가 사라졌다.
고려사 권49 지3 [R]

우왕 2년(1376) 병진 6. 3. (병술)

/양 1376. 6. 20./

六月 丙戌 歲星犯大微右執法
목성[歲星]이 태미원[大微]의 우집법성(右執法星)
을 범하였다.
고려사 권49 지3 [F]

우왕 2년(1376) 병진 6. 5. (무자)

/양 1376. 6. 22./

六月 戊子 熒惑犯軒轅
화성[熒惑]이 헌원(軒轅) 성좌를 범하였다.
고려사 권49 지3 [F]

우왕 2년(1376) 병진 6. 25. (무신)

/양 1376. 7. 12./

六月 戊申 彗見文昌 光芒射紫微垣 月暈有珥
문창(文昌) 성좌에 혜성이 나타났는데, 그 광채
가 자미원(紫微垣)을 향하여 뻗쳤다. 달무리에
귀고리가 있었다.
고려사 권49 지3 [H] [P]

우왕 2년(1376) 병진 6. 25. (무신)

/양 1376. 7. 12./

六月 戊申 彗見
혜성이 나타났다.
고려사절요 권30 [H]

우왕 2년(1376) 병진 7. 2. (갑인)

/양 1376. 7. 18./

七月 甲寅 彗星見文昌西 隔四五尺 光射斗魁
문창(文昌) 성좌의 서쪽으로 4~5척 떨어진 곳에

혜성[彗]이 나타났는데 그 광채가 북두괴(北斗魁)를 비쳤다.
고려사 권49 지3 [H]

우왕 2년(1376) 병진 7. 3. (을묘)

/양 1376. 7. 19./

七月 乙卯 歲星犯左執法
목성[歲星]이 좌집법성(左執法星)을 범하였다.
고려사 권49 지3 [F]

우왕 2년(1376) 병진 7. 11. (계해)

/양 1376. 7. 27./

七月 癸亥 日背有冠 有珥
태양 위에 일(一)자형의 햇무리[日背]와 관(冠)모양의 햇무리, 귀고리가 있었다.
고려사 권47 지1 [O]

우왕 2년(1376) 병진 7. 12. (갑자)

/양 1376. 7. 28./

七月 甲子 日背
태양 위에 일(一)자형의 햇무리[日背]가 있었다.
고려사 권47 지1 [O]

우왕 2년(1376) 병진 9. 27. (무인)

/양 1376. 10. 10./

九月 戊寅 太白歲星犯軫 凡十日
금성[太白]과 목성[歲星]이 진(軫) 성좌를 10일동안 범하였다.
고려사 권49 지3 [E]

우왕 2년(1376) 병진 윤9. 7. (무자)

/양 1376. 10. 20./

閏月 戊子 太白歲星離軫度 四尺許
금성[太白]과 목성[歲星]이 진(軫) 성좌의 도수(度數)와 4척 가량 떨어져 있었다.
고려사 권49 지3 [E]

우왕 2년(1376) 병진 윤9. 14. (을미)

/양 1376. 10. 27./

閏月 乙未 月暈
달무리가 있었다.
고려사 권49 지3 [P]

우왕 2년(1376) 병진 윤9. 15. (병신)

/양 1376. 10. 28./

閏月 丙申 丁未 亦如之
병신일(15), 정미일(26)에도 또한 <달무리가 있었다>
고려사 권49 지3 [P]

우왕 2년(1376) 병진 윤9. 22. (계묘)

/양 1376. 11. 4./

閏月 癸卯 犯軒轅
<달이> 헌원(軒轅) 성좌를 범하였다.
고려사 권49 지3 [C]

우왕 2년(1376) 병진 윤9. 26. (정미)

/양 1376. 11. 8./

閏月 丙申 丁未 亦如之
병신일(15), 정미일(26)에도 또한 <달무리가 있었다>
고려사 권49 지3 [P]

우왕 2년(1376) 병진 윤9. 28. (기유)

/양 1376. 11. 10./

閏月 己酉 犯輿鬼
<달이> 여귀(輿鬼) 성좌를 범하였다.
고려사 권49 지3 [C]

우왕 2년(1376) 병진 10. 8. (무오)

/양 1376. 11. 19./

十月 戊午 月暈
달무리가 있었다.
고려사 권49 지3 [P]

우왕 2년(1376) 병진 10. 19. (기사)

/양 1376. 11. 30./

十月 己巳 犯輿鬼
<달이> 여귀(輿鬼) 성좌를 범하였다.
고려사 권49 지3 [C]

우왕 2년(1376) 병진 12. 3. (임자)

/양 1377. 1. 12./

十二月 壬子 日有冠珥
태양에 관(冠)모양의 햇무리와 귀고리가 있었다.
고려사 권47 지1 [O]

우왕 2년(1376) 병진 12. 11. (경신)

/양 1377. 1. 20./

十二月 庚申 日暈有珥 有背南虛
귀고리를 가진 햇무리와 일(一)자형의 햇무리
[背氣]가 있었으며, 남쪽은 비었다.
고려사 권47 지1 [O]

우왕 2년(1376) 병진 12. 11. (경신)

/양 1377. 1. 20./

十二月 庚申 月暈畢觜參五車 內黑中紅外靑 暈北
白冠
필(畢) 성좌, 자(觜) 성좌, 삼(參) 성좌, 그리고 오거
(五車) 성좌 위에 달무리가 있었는데, 그 빛이 안
으로 검고 가운데는 붉으며 밖은 푸르렀고 달무리
의 북쪽에는 흰색의 관모양이 있었다.
고려사 권49 지3 [P]

우왕 2년(1376) 병진 12. 18. (정묘)

/양 1377. 1. 27./

十二月 丁卯 月在大微右執法
달이 태미원[大微]의 우집법성(右執法星)에 있었다.
고려사 권49 지3 [C]

우왕 2년(1376) 병진 12. 19. (무진)

/양 1377. 1. 28./

十二月 戊辰 月暈
달무리가 있었다.
고려사 권49 지3 [P]

우왕 2년(1376) 병진 12. 20. (기사)

/양 1377. 1. 29./

十二月 己巳 庚午 亦如之
기사일(20), 경오일(21)에도 또한 <달무리가 있
었다>.
고려사 권49 지3 [P]

우왕 2년(1376) 병진 12. 21. (경오)

/양 1377. 1. 30./

十二月 己巳 庚午 亦如之
기사일(20), 경오일(21)에도 또한 <달무리가 있
었다>.
고려사 권49 지3 [P]

우왕 3년(1377) 정사 1. 10. (기축)

/양 1377. 2. 18./

正月 己丑 月暈
달무리가 있었다.

고려사 권49 지3 [P]

우왕 3년(1377) 정사 1. 11. (경인)

/양 1377. 2. 19./

正月 庚寅 庚子 亦如之
경인일(11), 경자일(21)에도 <달무리가 있었다>.
고려사 권49 지3 [P]

우왕 3년(1377) 정사 1. 21. (경자)

/양 1377. 2. 1./

正月 庚寅 庚子 亦如之
경인일(11), 경자일(21)에도 <달무리가 있었다>.
고려사 권49 지3 [P]

우왕 3년(1377) 정사 2. - (-)

/양 1377. 3. - /

二月 始行北元 宣光年號
북원(北元)의 연호 선광(宣光)을 썼다.
고려사 권133 열전46 [U]

우왕 3년(1377) 정사 3. 17. (을미)

/양 1377. 4. 25./

三月 乙未 月犯心星
달이 심(心) 성좌를 범하였다.
고려사 권49 지3 [C]

우왕 3년(1377) 정사 3. 27. (을사)

/양 1377. 5. 5./

三月 乙巳 亦如之
또 <달이 심(心)성좌를 범하였다>.
고려사 권49 지3 [C]

우왕 3년(1377) 정사 4. - (-)

/양 1377. 5. - /

四月 禑下書都堂曰 "今星變旱乾災異 可畏 宜釋
徒流 以答天譴" 所釋者 唯宦者金玄
우왕이 도당(임금의 보좌기관)에 글을 내려 이르기
를 「요즘에 별의 변화[星變]가 일어나고 많이 가물
어서[旱乾] 재앙이 있을것 같아 두려우니 죄를 지
어 감금되어있는 사람들과 유배자[徒刑]들을 석방
하여 하늘의 견책에 대답하는 것이 좋겠다」 라고
하였는데, 그로인해 석방된 자는 환자(宦者)인 김
현이 유일하였다.
고려사 권133 열전 제46 [T]

우왕 3년(1377) 정사 9. 9. (갑신)

/양 1377. 10. 11./

九月 甲申 赤氣見于西方
붉은 기운이 서쪽에 나타났다.
고려사 권53 지7 [S]

우왕 3년(1377) 정사 10. 4. (기유)

/양 1377. 11. 5./

十月 己酉 熒惑犯輿鬼 凡十九日
화성[熒惑]이 여귀(輿鬼) 성좌를 19일동안 범하였다.
고려사 권49 지3 [F]

우왕 3년(1377) 정사 11. 15. (기축)

/양 1377. 12. 15./

十一月 己丑 月食
월식이 있었다.
고려사 권49 지3 [B]

우왕 3년(1377) 정사 11. 15. (기축)

/양 1377. 12. 15./

十一月 己丑 以月食 停八關會
월식으로 인하여 팔관회(八關會)를 중지하였다.
고려사 권133 열전 제46 [B]

우왕 3년(1377) 정사 11. 24. (무술)

/양 1377. 12. 24./

十一月 戊戌 歲星犯房上相 凡七日
목성[歲星]이 방(房) 성좌의 상상성(上相星)을 7
일간 범하였다.
고려사 권49 지3 [F]

우왕 3년(1377) 정사 11. - (-)

/양 1377. 12. - /

十一月 以星變 月食 宥二罪以下
성변(星變)과 월식이 있었으므로 이죄(二罪)이
하의 죄인을 용서하여 주었다.
고려사 권133 열전46 [B] [Q]

우왕 3년(1377) 정사 11. - (-)

/양 1377. 12. - /

十一月 以星變赦
성변(星變)이 있었으므로 사면[赦]를 내렸다.
고려사절요 권30 [Q]

우왕 3년(1377) 정사 12. 1. (을사)

/양 1377. 12. 31./

十二月 乙巳朔 日食
일식이 있었다.
고려사 권47 지1 [A]

우왕 3년(1377) 정사 12. 1. (을사)

/양 1377. 12. 31./

十二月 乙巳 熒惑犯五諸候
화성[熒惑]이 오제후(五諸候) 성좌를 범하였다.
고려사 권49 지3 [F]

우왕 3년(1377) 정사 12. 5. (기유)

/양 1378. 1. 4./

十二月 己酉 歲星犯房上相
목성[歲星]이 방(房) 성좌의 상상성(上相星)을
범하였다.
고려사 권49 지3 [F]

우왕 4년(1378) 무오 3. 18. (경인)

/양 1378. 4. 15./

三月 庚寅 熒惑犯輿鬼
화성[熒惑]이 여귀(輿鬼) 성좌를 범하였다.
고려사 권49 지3 [F]

우왕 4년(1378) 무오 3. 22. (갑오)

/양 1378. 4. 19./

三月 甲午 熒惑犯積尸279)
화성[熒惑]이 적시성(積尸星)을 범하였다.
고려사 권49 지3 [F]

우왕 4년(1378) 무오 4. 20. (임술)

/양 1378. 5. 17./

四月 壬戌 歲星犯房上相
목성[歲星]이 방(房) 성좌의 상상성(上相星)을
범하였다.
고려사 권49 지3 [F]

우왕 4년(1378) 무오 4. 23. (을축)

/양 1378. 5. 20./

四月 乙丑 亦如之.
또 <목성[歲星]이 방성좌의 상상성을 범하였다>.
고려사 권49 지3 [F]

---

279) 積尸(적시): 적시성-2임.

우왕 4년(1378) 무오 5. 16. (정해)

/양 1378. 6. 11./

五月 丁亥 月食旣
개기 월식이 있었다.
고려사 권49 지3 [B]

우왕 4년(1378) 무오 8. 6. (병오)

/양 1378. 8. 29./

八月 丙午 歲星犯房及鉤鈐
목성[歲星]이 방(房) 성좌와 구검(鉤鈐) 성좌를 범하였다.
고려사 권49 지3 [F]

우왕 4년(1378) 무오 9. 10. (기묘)

/양 1378. 10. 1./

九月 己卯 有星孛 于紫微西藩 犯四輔北極 出東藩犯天棓天紀
혜성[星孛]이 자미서번(紫微西藩) 성좌에 나타나 사보(四輔) 성좌와 북극(北極) 성좌를 범한 다음 <자미>동번(東藩) 성좌로 나가 다시 천봉(天棓) 성좌와 천기(天紀) 성좌를 범하였다.
고려사 권49 지3 [H]

우왕 4년(1378) 무오 11. 15. (갑신)

/양 1378. 12. 5./

十一月 甲申 月食
월식이 있었다.
고려사 권49 지3 [B]

우왕 4년(1378) 무오 11. 16. (을유)

/양 1378. 12. 6./

十一月 乙酉 暈
달무리가 있었다.
고려사 권49 지3 [O]

우왕 4년(1378) 무오 11. 19. (무자)

/양 1378. 12. 9./

十一月 戊子 亦如之
또 <달무리가 있었다>.
고려사 권49 지3 [O]

우왕 4년(1378) 무오 12. 11. (기유)

/양 1378. 12. 30./

十二月 己酉 月暈

달무리가 있었다.
고려사 권49 지3 [P]

우왕 4년(1378) 무오 12. 14. (임자)

/양 1379. 1. 2./

十二月 壬子 亦如之
또 <달무리가 있었다>.
고려사 권49 지3 [P]

우왕 4년(1378) 무오 12. 23. (신유)

/양 1379. 1. 11./

十二月 辛酉 有氣大如鉢 色如火 飛過空中
기(氣)가 나타났는데 그 크기가 사발[鉢]만 하고, 그 빛은 불빛과 같았는데, 그것이 공중을 날아 지나갔다.
고려사 권53 지7 [S]

우왕 5년(1379) 기미 1. 21. (기축)

/양 1379. 2. 8./

正月 己丑 月暈
달무리가 있었다.
고려사 권49 지3 [P]

우왕 5년(1379) 기미 1. 22. (경인)

/양 1379. 2. 9./

正月 庚寅 日抱 日背 日冠 日戴 日珥 有纓環之
반원형태의 햇무리[抱]와 일자형의 햇무리[背], 관 모양의 햇무리[冠], 수직으로 서있는 형태의 햇무리[戴], 그리고 해 귀고리가 있었는데 끈 같은 것이 있어서 이것들을 둘러쌌다.
고려사 권47 지1 ; 고려사절요 권31 [O]

우왕 5년(1379) 기미 1. 22. (경인)

/양 1379. 2. 9./

正月 庚寅 赤祲見 于西北方
이상한 붉은 기운이 서북쪽에 나타났다.
고려사 권53 지7 [S]

우왕 5년(1379) 기미 1. 24. (임진)

/양 1379. 2. 11./

正月 壬辰 日珥
태양에 귀고리가 있었다.
고려사 권47 지1 [O]

우왕 5년(1379) 기미 1. 27. (을미)

/양 1379. 2. 14./

正月 乙未 日暈
햇무리가 있었다.
고려사 권47 지1 [O]

우왕 5년(1379) 기미 1. 29. (정유)

/양 1379. 2. 16./

正月 丁酉 亦如之
또 <햇무리가 있었다>.
고려사 권47 지1 [O]

우왕 5년(1379) 기미 2. 9. (병오)

/양 1379. 2. 25./

二月 丙午 月犯東井
달이 동정(東井) 성좌를 범하였다.
고려사 권49 지3 [C]

우왕 5년(1379) 기미 2. 12. (기유)

/양 1379. 2. 28./

二月 己酉 月暈 白氣 自東至西挾 月暈
달무리가 있었는데 흰 기운이 동쪽에서 서쪽을
향하여 달무리를 끼고 있었다.
고려사 권49 지3 [P]

우왕 5년(1379) 기미 2. 18. (을묘)

/양 1379. 3. 6./

二月 乙卯 日暈
햇무리가 있었다.
고려사 권47 지1 [O]

우왕 5년(1379) 기미 2. 23. (경신)

/양 1379. 3. 11./

二月 庚申 甲子 亦如之
경신일(23), 갑자일(27)에도 <햇무리가 있었다>.
고려사 권47 지1 [O]

우왕 5년(1379) 기미 2. 27. (갑자)

/양 1379. 3. 15./

二月 庚申 甲子 亦如之
경신일(23), 갑자일(27)에도 <햇무리가 있었다>.
고려사 권47 지1 [O]

우왕 5년(1379) 기미 2. 27. (갑자)

/양 1379. 3. 15./

二月 甲子 赤氣見 于西南
이상한 붉은 기운이 서남쪽에 나타났다.
고려사 권53 지7 [S]

우왕 5년(1379) 기미 3. 2. (기사)

/양 1379. 3. 20./

三月 己巳 月犯婁星
달이 루(婁) 성좌를 범하였다.
고려사 권49 지3 [C]

우왕 5년(1379) 기미 3. 5. (임신)

/양 1379. 3. 23./

三月 壬申 赤氣見 于南方
붉은 기운이 남쪽에 나타났다.
고려사 권53 지7 [S]

우왕 5년(1379) 기미 3. 6. (계유)

/양 1379. 3. 24./

三月 癸酉 月暈
달무리가 있었다.
고려사 권49 지3 [P]

우왕 5년(1379) 기미 3. 13. (경진)

/양 1379. 3. 31./

三月 庚辰 日暈
햇무리가 있었다.
고려사 권47 지1 [O]

우왕 5년(1379) 기미 3. 15. (임오)

/양 1379. 4. 2./

三月 壬午 亦如之
또 <달무리가 있었다>.
고려사 권49 지3 [P]

우왕 5년(1379) 기미 3. 25. (임진)

/양 1379. 4. 12./

三月 壬辰 丙申 亦如之
임진일(25), 병신일(29)에도 <햇무리가 있었다>.
고려사 권47 지1 [O]

우왕 5년(1379) 기미 3. 29. (병신)

/양 1379. 4. 16./

三月 壬辰 丙申 亦如之
임진일(25), 병신일(29)에도 <햇무리가 있었다>.
고려사 권47 지1 [O]

우왕 5년(13729) 기미 4. 3. (기해)

/양 1379. 4. 19./

四月 己亥 日暈
햇무리가 있었다.
고려사 권47 지1 [O]

우왕 5년(1379) 기미 4. 6. (임인)

/양 1379. 4. 22./

四月 壬寅 丙午 丁未 丁巳 戊午 亦如之
임인일(6), 병오일(10), 정미일(11), 정사일(21), 무
오일(22)에도 <햇무리가 있었다>.
고려사 권47 지1 [O]

우왕 5년(1379) 기미 4. 6. (임인)

/양 1379. 4. 22./

四月 壬寅 月暈
달무리가 있었다.
고려사 권49 지3 [P]

우왕 5년(1379) 기미 4. 7. (계묘)

/양 1379. 4. 23./

四月 癸卯 己酉 亦如之
계묘일(7), 기유일(13)에도 <달무리가 있었다>.
고려사 권49 지3 [P]

우왕 5년(1379) 기미 4. 10. (병오)

/양 1379. 4. 26./

四月 壬寅 丙午 丁未 丁巳 戊午 亦如之
임인일(6), 병오일(10), 정미일(11), 정사일(21), 무
오일(22)에도 <햇무리가 있었다>.
고려사 권47 지1 [O]

우왕 5년(1379) 기미 4. 11. (정미)

/양 1379. 4. 27./

四月 壬寅 丙午 丁未 丁巳 戊午 亦如之
임인일(6), 병오일(10), 정미일(11), 정사일(21),
무오일(22)에도 <햇무리가 있었다>.
고려사 권47 지1 [O]

우왕 5년(1379) 기미 4. 13. (기유)

/양 1379. 4. 29./

四月 癸卯 己酉 亦如之
계묘일(7), 기유일(13)에도 <달무리가 있었다>.
고려사 권49 지3 [P]

우왕 5년(1379) 기미 4. 19. (을묘)

/양 1379. 5. 5./

四月 乙卯 與歲星並在斗280)東
<달이> 목성[歲星]과 함께 두(斗) 성좌의 동쪽
에 있었다.
고려사 권49 지3 [C]

우왕 5년(1379) 기미 4. 21. (정사)

/양 1379. 5. 7./

四月 壬寅 丙午 丁未 丁巳 戊午 亦如之
임인일(6), 병오일(10), 정미일(11), 정사일(21),
무오일(22)에도 <햇무리가 있었다>.
고려사 권47 지1 [O]

우왕 5년(1379) 기미 4. 22. (무오)

/양 1379. 5. 8./

四月 壬寅 丙午 丁未 丁巳 戊午 亦如之
임인일(6), 병오일(10), 정미일(11), 정사일(21),
무오일(22)에도 <햇무리가 있었다>.
고려사 권47 지1 [O]

우왕 5년(1379) 기미 5. 1. (정묘)

/양 1379. 5. 17./

五月 丁卯朔 白祲貫日
흰 기운이 태양을 가로질렀다.
고려사 권47 지1 [O]

우왕 5년(1379) 기미 5. 12. (무인)

/양 1379. 5. 28./

五月 戊寅 太白晝見 凡二十五日
금성[太白]이 낮에 나타났는데, 25일동안 계속되
었다.
고려사 권49 지3 ; 고려사 권134 열전47 ; 고려사절요
권31 [G]

우왕 5년(1379) 기미 5. 15. (신사)

/양 1379. 5. 31./

---

280) 斗(두): 두 성좌-1임.

408

五月 辛巳 日暈
햇무리가 있었다.
고려사 권47 지1 [O]

우왕 5년(1379) 기미 5. 16. (임오)

/양 1379. 6. 1./

五月 壬午 月犯歲星
달이 목성[歲星]을 범하였다.
고려사 권49 지3 [C]

우왕 5년(1379) 기미 5. 17. (계미)

/양 1379. 6. 2./

五月 癸未 月與歲星相犯
달이 목성[歲星]과 서로 범하였다.
고려사 권49 지3 [C]

우왕 5년(1379) 기미 5. 17. (계미)

/양 1379. 6. 2./

五月 癸未 丙戌 甲午 亦如之
계미일(17), 병술일(20), 갑오일(28)에도 <햇무리
가 있었다>.
고려사 권47 지1 [O]

우왕 5년(1379) 기미 5. 20. (병술)

/양 1379. 6. 5./

五月 癸未 丙戌 甲午 亦如之
계미일(17), 병술일(20), 갑오일(28)에도 <햇무리
가 있었다>.
고려사 권47 지1 [O]

우왕 5년(1379) 기미 5. 26. (임진)

/양 1379. 6. 11./

五月 壬辰 月犯熒惑
달이 화성[熒惑]을 범하였다.
고려사 권49 지3 [C]

우왕 5년(1379) 기미 5. 28. (갑오)

/양 1379. 6. 13./

五月 癸未 丙戌 甲午 亦如之
계미일(17), 병술일(20), 갑오일(28)에도 <햇무리
가 있었다>.
고려사 권47 지1 [O]

우왕 5년(1379) 기미 5. 29. (을미)

/양 1379. 6. 14./

五月 乙未 夜白氣經天
밤에 흰 기운이 하늘을 가로질렀다.
고려사 권54 지8 [S]

우왕 5년(1379) 기미 6. 19. (계미)

/양 1379. 8. 1./

六月 癸未 太白晝見
금성[太白]이 낮에 나타났다.
고려사 권49 지3; 고려사 권134 열전 47 [G]

우왕 5년(1379) 기미 6. 22. (병술)

/양 1379. 8. 4./

六月 丙戌 熒惑入井口
화성[熒惑]이 정(井) 성좌의 입구로 들어갔다.
고려사 권49 지3 [F]

우왕 5년(1379) 기미 6. 26. (경인)

/양 1379. 8. 8./

六月 庚寅 太白晝見
금성[太白]이 낮에 나타났다.
고려사 권49 지3; 고려사 권134 열전 47 [G]

우왕 5년(1379) 기미 6. 27. (신묘)

/양 1379. 8. 9./

六月 辛卯 亦如之.
또 <금성[太白]이 낮에 나타났다>.
고려사 권49 지3; 고려사 권134 열전 47 [G]

우왕 5년(1379) 기미 7. 11. (을사)

/양 1379. 8. 23./

七月 乙巳 太白犯輿鬼
금성[太白]이 여귀(輿鬼) 성좌를 범하였다.
고려사 권49 지3 [F]

우왕 5년(1379) 기미 7. 15. (기유)

/양 1379. 8. 27./

七月 己酉 亦如之
또 <금성이 여귀 성좌를 범했다>.
고려사 권49 지3 [F]

우왕 5년(1379) 기미 8. 1. (갑자)

/양 1379. 9. 11./

八月 甲子 太白犯軒轅
금성[太白]이 헌원(軒轅) 성좌를 범하였다.
고려사 권49 지3 [F]

우왕 5년(1379) 기미 8. 9. (임신)

/양 1379. 9. 19./

八月 壬申 熒惑犯輿鬼
화성[熒惑]이 여귀(輿鬼) 성좌를 범하였다.
고려사 권49 지3 [F]

우왕 5년(1379) 기미 8. 18. (신사)

/양 1379. 9. 28./

八月 辛巳 太白犯西藩上將 熒惑入輿鬼
금성[太白]이 서번(西藩) 성좌의 상장성(上將星)을
범하였고 또 화성[熒惑]이 여귀(輿鬼) 성좌로 들어
갔다.
고려사 권49 지3 [F]

우왕 5년(1379) 기미 8. 25. (무자)

/양 1379. 10. 5./

八月 戊子 太白犯右執法
금성[太白]이 우집법성(右執法星)을 범하였다.
고려사 권49 지3 [F]

우왕 5년(1379) 기미 8. 28. (신묘)

/양 1379. 10. 8./

八月 辛卯 太白 犯大微左執法
금성[太白]이 또 태미원[大微]의 좌집법성(左執法
星)을 범하였다.
고려사 권49 지3 [F]

우왕 5년(1379) 기미 9. 27. (경신)

/양 1379. 11. 6./

九月 庚申 熒惑犯軒轅 凡四日
화성[熒惑]이 약 4일 동안 헌원(軒轅) 성좌를
범하였다.
고려사 권49 지3 [F]

우왕 5년(1379) 기미 10. 15. (무인)

/양 1379. 11. 24./

十月 戊寅 月當食密雲不見
월식이 예견 되었으나 짙은 구름 때문에 보이지
않았다.
고려사 권49 지3 [B]

우왕 5년(1379) 기미 11. 27. (경신)

/양 1380. 1. 5./

十一月 庚申 熒惑入軒轅
화성[熒惑]이 헌원(軒轅) 성좌로 들어갔다.
고려사 권49 지3 [F]

우왕 5년(1379) 기미 12. 19. (신사)

/양 1380. 1. 26./

十二月 辛巳 月犯左角
달이 좌각성(左角星)을 범하였다.
고려사 권49 지3 [C]

우왕 5년(1379) 기미 12. 25. (정해)

/양 1380. 2. 1./

十二月 丁亥 熒惑犯軒轅 凡五日
화성[熒惑]이 헌원(軒轅) 성좌를 5일 동안 범하
였다.
고려사 권49 지3 [F]

우왕 6년(1380) 경신 2. 21. (임오)

/양 1380. 3. 27./

二月 壬午 白氣如彗見 于東北方
혜성과 같은 흰 기운이 동북쪽에 나타났다.
고려사 권54 지8 [S]

우왕 6년(1380) 경신 2. 26. (정해)

/양 1380. 4. 1./

二月 丁亥 日珥
태양에 귀고리가 있었다.
고려사 권47 지1 [O]

우왕 6년(1380) 경신 2. 27. (무자)

/양 1380. 4. 2./

二月 戊子 赤氣見于西方 光如炬
붉은 기운이 서쪽에 나타났는데 그 빛이 횃불
[炬]과 같았다.
고려사 권53 지7 [S]

우왕 6년(1380) 경신 3. 9. (경자)

/양 1380. 4. 14./

三月 庚子 月犯軒轅
달이 헌원(軒轅) 성좌를 범하였다.
고려사 권49 지3 [C]

우왕 6년(1380) 경신 3. 25. (병진)

/양 1380. 4. 30./

三月 丙辰 熒惑犯軒轅
화성[熒惑]이 헌원(軒轅) 성좌를 범하였다.
고려사 권49 지3 [F]

우왕 6년(1380) 경신 4. 17. (정축)

/양 1380. 5. 21./

四月 丁丑 日暈
햇무리가 있었다.
고려사 권47 지1 [O]

우왕 6년(1380) 경신 4. 24. (갑신)

/양 1380. 5. 28./

四月 甲申 亦如之
또 <햇무리가 있었다>.
고려사 권47 지1 [O]

우왕 6년(1380) 경신 4. 30. (경인)

/양 1380. 6. 3./

四月 庚寅 熒惑入大微西藩上將
화성[熒惑]이 태미서번[大微西藩] 성좌의 상장성(上將星)으로 들어갔다.
고려사 권49 지3 [F]

우왕 6년(1380) 경신 5. 7. (정유)

/양 1380. 6. 10./

五月 丁酉 熒惑入大微西藩上將
화성[熒惑]이 태미서번[大微西藩] 성좌의 상장성(上將星)으로 들어갔다.
고려사 권49 지3 [F]

우왕 6년(1380) 경신 5. 13. (계묘)

/양 1380. 6. 16./

五月 癸未281) 日暈
햇무리가 있었다.
고려사 권47 지1 [O]

우왕 6년(1380) 경신 5. 14. (갑진)

/양 1380. 6. 17./

五月 甲辰 亦如之

_____
281) 이 기록은 4/24(갑자)와 5/14(갑진) 사이에 있는 기록이고,
5/14의 기록으로 미루어 계묘일(5/13)의 오류로 판단됨.

또 <햇무리가 있었다>.
고려사 권47 지1 [O]

우왕 6년(1380) 경신 5. 17. (정미)

/양 1380. 6. 20./

五月 丁未 入右掖門
<화성[熒惑]이> 우액문(右掖門)으로 들어갔다.
고려사 권49 지3 [F]

우왕 6년(1380) 경신 5. 18. (무신)

/양 1380. 6. 21./

五月 戊申 又犯右執法
또 <화성[熒惑]이> 우집법성(右執法星)을 범하였다.
고려사 권49 지3 [F]

우왕 6년(1380) 경신 5. 19. (기유)

/양 1380. 6. 22./

五月 己酉 亦如之
또 <화성이 우집법성을 범하였다>.
고려사 권49 지3 [F]

우왕 6년(1380) 경신 6. 9. (무진)

/양 1380. 7. 11./

六月 戊辰 流星出南方 經大微垣南 向乾方 大如斗 分爲四
유성(流星)이 남쪽에서 나와 태미원[大微]의 남쪽을 거쳐 서북쪽으로 흘러 갔는데 그 크기가 말(斗, 용량의 단위)만 하였고 갈라져서 넷으로 되었다.
고려사 권49 지3 [R]

우왕 6년(1380) 경신 6. 13. (임신)

/양 1380. 7. 15./

六月 壬申 太白入大微西蕃
금성[太白]이 태미서번[大微西藩] 성좌로 들어갔다.
고려사 권49 지3 [F]

우왕 6년(1380) 경신 7. 3. (신묘)

/양 1380. 8. 3./

七月 辛卯 太白晝見經天
금성[太白]이 낮에 나타나 남쪽하늘에서 보였다.
고려사 권49 지3; 고려사 권134 열전47 [G]

우왕 6년(1380) 경신 7. 3. (신묘)

/양 1380. 8. 3./

秋七月 辛卯 太白晝見經天
금성[太白]이 낮에 나타나 남쪽하늘에서 보였다.
고려사절요 권31 [G]

우왕 6년(1380) 경신 7. 5. (계사)

/양 1380. 8. 5./

七月 癸巳 亦如之
또 <금성[太白]이 낮에 나타났다>.
고려사 권134 열전47 [G]

우왕 6년(1380) 경신 7. 5. (계사)

/양 1380. 8. 5./

七月 癸巳 太白晝見
금성[太白]이 낮에 나타났다.
고려사 권49 지3 [G]

우왕 6년(1380) 경신 7. 10. (무술)

/양 1380. 8. 10./

七月 戊戌 月暈 外紅內靑
달무리가 있었는데 그 밖은 붉고 안은 푸르렀다.
고려사 권49 지3 [P]

우왕 6년(1380) 경신 8. 4. (임술)

/양 1380. 9. 3./

八月 壬戌 月犯太白熒惑
달이 금성[太白]과 화성[熒惑]을 범하였다.
고려사 권49 지3 [C]

우왕 6년(1380) 경신 8. 26. (갑신)

/양 1380. 9. 25./

八月 甲申 有白虹貫日
흰 무지개가 태양을 가로질러 갔다.
고려사 권47 지1 [O]

우왕 6년(1380) 경신 8. 28. (병술)

/양 1380. 9. 27./

八月 丙戌 太白犯心星
금성[太白]이 심(心) 성좌를 범하였다.
고려사 권49 지3 [F]

우왕 6년(1380) 경신 8. 29. (정해)

/양 1380. 9. 28./

八月 丁亥 亦如之
또 <금성[太白]이 심(心) 성좌를 범했다>.
고려사 권49 지3 [F]

우왕 6년(1380) 경신 9. 16. (계묘)

/양 1380. 10. 14./

九月 癸卯 月蝕
월식이 있었다.
고려사 권49 지3 [B]

우왕 6년(1380) 경신 12. 17. (계유)

/양 1381. 1. 12./

十二月 癸酉 赤氣見于西方
붉은 기운이 서쪽에 나타났다.
고려사 권53 지7 [S]

우왕 7년(1381) 신유 1. 6. (임진)

/양 1381. 1. 31./

正月 壬辰 赤氣見于南方
붉은 기운이 남방에 나타났다.
고려사 권53 지7 [S]

우왕 7년(1381) 신유 2. 2. (무오)

/양 1381. 2. 26./

二月 戊午 日珥
태양에 귀고리가 달렸다.
고려사 권47 지1 [O]

우왕 7년(1381) 신유 2. 3. (기미)

/양 1381. 2. 27./

二月 己未 西南北方 赤氣如血 騰空
서쪽, 남쪽, 북쪽에서 피같은 붉은 기운이 나타
나 공중으로 올라갔다.
고려사 권53 지7 [S]

우왕 7년(1381) 신유 2. 10. (병인)

/양 1381. 3. 6./

二月 丙寅 月暈色白
달무리가 있었는데 그 빛이 흰색이었다.
고려사 권49 지3 [P]

우왕 7년(1381) 신유 2. 25. (신사)

/양 1381. 3. 21./

二月 辛巳 太白歲星相犯

금성[太白]과 목성[歲星]이 서로 범하였다.
고려사 권49 지3 [D]

우왕 7년(1381) 신유 2. 27. (계미)

/양 1381. 3. 23./

二月 癸未 日有黑子
태양에 흑점[黑子]이 있었다.
고려사 권47 지1; 고려사 권134 열전47 [M]

우왕 7년(1381) 신유 2. 29. (을유)

/양 1381. 3. 25./

二月 乙酉 亦如之
또 <금성[太白]과 목성[歲星]이 서로 범하였다>.
고려사 권49 지3 [D]

우왕 7년(1381) 신유 3. 1. (병술)

/양 1381. 3. 26./

三月 丙戌 太白歲星相犯
금성[太白]과 목성[歲星]이 서로 범하였다.
고려사 권49 지3 [D]

우왕 7년(1381) 신유 3. 9. (갑오)

/양 1381. 4. 3./

三月 甲午 日暈
햇무리가 있었다.
고려사 권47 지1 [O]

우왕 7년(1381) 신유 3. 14. (기해)

/양 1381. 4. 8./

三月 己亥 月掩左角
달이 좌각성(左角星)을 가렸다.
고려사 권49 지3 [C]

우왕 7년(1381) 신유 3. 15. (경자)

/양 1381. 4. 9./

三月 庚子 月食旣
개기 월식이 있었다.
고려사 권49 지3 [B]

우왕 7년(1381) 신유 3. 27. (임자)

/양 1381. 4. 21./

三月 壬子 亦如之
또 <햇무리가 있었다>.
고려사 권47 지1 [O]

우왕 7년(1381) 신유 3. 27. (임자)

/양 1381. 4. 21./

三月 壬子 流星南出至東北隅
유성(流星)이 남쪽에서 나와 동북쪽의 모퉁이로 흘러 갔다.
고려사 권49 지3 [R]

우왕 7년(1381) 신유 4. 6. (신유)

/양 1381. 4. 30./

四月 辛酉 白氣如布貫月
베와 같은 흰 기운이 달을 가로질러 갔다.
고려사 권54 지8 [P]

우왕 7년(1381) 신유 4. 9. (갑자)

/양 1381. 5. 3./

四月 甲子 月暈
달무리가 있었다.
고려사 권49 지3 [P]

우왕 7년(1381) 신유 4. 16. (신미)

/양 1381. 5. 10./

四月 辛未 壬申 亦如之
신미일(16)과 임신일(17)에도 <달무리가 있었다>.
고려사 권49 지3 [P]

우왕 7년(1381) 신유 4. 17. (임신)

/양 1381. 5. 11./

四月 壬申 日暈
햇무리가 있었다.
고려사 권47 지1 [O]

우왕 7년(1381) 신유 4. 17. (임신)

/양 1381. 5. 11./

四月 辛未 壬申 亦如之
신미일(16)과 임신일(17)에도 <달무리가 있었다>.
고려사 권49 지3 [P]

우왕 7년(1381) 신유 5. 6. (경인)

/양 1381. 6. 29./

五月 庚寅 白氣如布貫月
베와 같은 흰 기운이 달을 가로질러 갔다.
고려사 권54 지8 [P]

우왕 7년(1381) 신유 5. 9. (계사)

/양 1381. 6. 1./

五月 癸巳 亦如之
또 <햇무리가 있었다>.
고려사 권47 지1 [O]

우왕 7년(1381) 신유 5. 9. (계사)

/양 1381. 6. 1./

五月 癸巳 月暈
달무리가 있었다.
고려사 권49 지3 [P]

우왕 7년(1381) 신유 6. 10. (갑자)

/양 1381. 7. 2./

六月 甲子 月犯房星
달이 방(房) 성좌를 범하였다.
고려사 권49 지3 [C]

우왕 7년(1381) 신유 7. 22. (을사)

/양 1381. 8. 12./

七月 乙巳 掩鎭星
<달이> 토성[鎭星]을 가렸다.
고려사 권49 지3 [C]

우왕 7년(1381) 신유 7. 28. (신해)

/양 1381. 8. 18./

七月 辛亥 歲星入羽林 至于九月
목성[歲星]이 우림(羽林) 성좌로 들어가서 9월
까지 머물렀다.
고려사 권49 지3 [F]

우왕 7년(1381) 신유 8. 10. (임술)

/양 1381. 8. 29./

八月 壬戌 熒惑入輿鬼犯積尸
화성[熒惑]이 여귀(輿鬼) 성좌의 적시성(積尸星)을
범하였다.
고려사 권49 지3 [F]

우왕 7년(1381) 신유 8. 15. (정묘)

/양 1381. 9. 3./

八月 丁卯 熒惑入輿鬼犯積尸 自七月 歲星入守
羽林
화성[熒惑]이 여귀(輿鬼) 성좌로 들어가서 그안
에 있는 적시성(積尸星)을 범하였다. 7월부터

목성은 우림(羽林) 성좌에 들어가서 거기를 떠
나지 않았다.
고려사 권49 지3 [F] [F]

우왕 7년(1381) 신유 9. 12. (계사)

/양 1381. 9. 29./

九月 癸巳 熒惑犯軒轅
화성[熒惑]이 헌원(軒轅) 성좌를 범하였다.
고려사 권49 지3 [F]

우왕 7년(1381) 신유 9. 19. (경자)

/양 1381. 10. 6./

九月 庚子 辰星入軒轅大星北 隔一尺餘
수성[辰星]이 헌원대성(軒轅大星) 북쪽으로 들어
갔는데 거리가 1척쯤 되었다.
고려사 권49 지3 [F]

우왕 7년(1381) 신유 9. 20. (신축)

/양 1381. 10. 7./

九月 辛丑 熒惑入軒轅大星
화성[熒惑]이 헌원대성(軒轅大星)으로 들어갔다.
고려사 권49 지3 [F]

우왕 7년(1381) 신유 10. 1. (임자)

/양 1381. 10. 18./

十月 壬子朔 日食
일식이 있었다.
고려사 권47 지1; 고려사 권134 열전 47 [A]

우왕 7년(1381) 신유 10. 1. (임자)

/양 1381. 10. 18./

冬十月 壬子朔 日食
일식이 있었다.
고려사절요 권31 [A]

우왕 7년(1381) 신유 10. 16. (정묘)

/양 1381. 11. 2./

十月 丁卯 月掩鎭星
달이 토성[鎭星]을 가렸다.
고려사 권49 지3 [C]

우왕 7년(1381) 신유 10. 21. (임신)

/양 1381. 11. 7./

十月 壬申 彗見于氐 長丈餘 十五日乃滅

혜성이 저(氐) 성좌에 나타났는데, 그 길이가 한 장 (丈) 남짓하였는데 그것이 15일만에야 사라졌다.
고려사 권49 지3; 고려사 권134 열전47 [H]

우왕 7년(1381) 신유 10. 21. (임신)

/양 1381. 11. 7./

十月 壬申 彗見 十五日乃滅
혜성이 보였는데, 15일 만에야 없어졌다.
고려사절요 권31 [H]

우왕 7년(1381) 신유 10. 24. (을해)

/양 1381. 11. 10./

十月 乙亥 熒惑犯大微西蕃上將
화성[熒惑]이 태미서번(太微西蕃) 성좌의 상장 성(上將星)을 범하였다.
고려사 권49 지3 [F]

우왕 7년(1381) 신유 10. 26. (정축)

/양 1381. 11. 12./

十月 丁丑 熒惑入大微西大陽門
화성[熒惑]이 태미원[大微]의 서쪽 태양문[太陽 門]으로 들어갔다.
고려사 권49 지3 [F]

우왕 7년(1381) 신유 12. 6. (병진)

/양 1381. 12. 21./

十二月 丙辰 月暈
달무리가 있었다.
고려사 권49 지3 [P]

우왕 8년(1382) 임술 1. 8. (무자)

/양 1382. 1. 22./

正月 戊子 月犯鎭星
달이 토성[鎭星]을 범하였다.
고려사 권49 지3 [C]

우왕 8년(1382) 임술 1. 10. (경인)

/양 1382. 1. 24./

正月 庚寅 熒惑入大微
화성[熒惑]이 태미원[大微]으로 들어갔다.
고려사 권49 지3 [F]

우왕 8년(1382) 임술 1. 11. (신묘)

/양 1382. 1. 25./

正月 辛卯 月暈 太白歲星相犯
달무리가 있었다. 금성[太白]과 목성[歲星]이 서 로 범하였다.
고려사 권49 지3 [D] [P]

우왕 8년(1382) 임술 2. 4. (갑인)

/양 1382. 2. 17./

二月 甲寅 月犯太白
달이 금성[太白]을 범하였다.
고려사 권49 지3 [C]

우왕 8년(1382) 임술 2. 7. (정사)

/양 1382. 2. 20./

二月 丁巳 熒惑入大微
화성[熒惑]이 태미원[大微]으로 들어갔다.
고려사 권49 지3 [F]

우왕 8년(1382) 임술 2. 17. (정묘)

/양 1382. 3. 2./

二月 丁卯 月犯太白 熒惑逆行入大微
달이 금성[太白]을 범하였고, 화성[熒惑]이 역행 (逆行)하여 태미원[大微]으로 들어갔다.
고려사 권49 지3 [F]

우왕 8년(1382) 임술 2. 24. (갑술)

/양 1382. 3. 9./

二月 甲戌 日有黑子 大如鷄卵 凡三日
태양에 흑점[黑子]이 있었는데 그 크기는 계란 만 하였으며 3일간 계속되었다.
고려사 권47 지1; 고려사 권134 열전47 ; 고려사절요 권31 [M]

우왕 8년(1382) 임술 2. 26. (병자)

/양 1382. 3. 11./

二月 丙子 有星孛 于北方
혜성[星孛]이 북쪽에 나타났다.
고려사 권49 지3 [H]

우왕 8년(1382) 임술 2. 26. (병자)

/양 1382. 3. 11./

二月 丙子 日暈
햇무리가 있었다.
고려사 권47 지1 [H]

우왕 8년(1382) 임술 3. 1. (경술)

/양 1382. 4. 14./

三月 庚戌 月暈 熒惑犯大微右執法
달무리가 있었다. 화성[熒惑]이 태미원[大微]의 우집법성(右執法星)을 범하였다.
고려사 권49 지3 [F] [P]

우왕 8년(1382) 임술 3. 28. (정축)

/양 1382. 5. 11./

三月 丁丑 亦犯大微右執法
또한 화성[熒惑]이 태미원[大微]의 우집법성(右執法星)을 범하였다.
고려사 권49 지3 [F]

우왕 8년(1382) 임술 4. 1. (경진)

/양 1382. 5. 14./

四月 庚辰朔 太白犯五諸候 熒惑犯大微右執法
금성[太白]이 오제후(五諸候) 성좌를 범하였고, 화성[熒惑]이 태미원[大微]의 우집법성(右執法星)을 범하였다.
고려사 권49 지3 [F]

우왕 8년(1382) 임술 5. 3. (신해)

/양 1382. 6. 14./

五月 辛亥 亦如之
또 <금성[太白]이 오제후(五諸候) 성좌를 범하였고, 화성[熒惑]이 태미원[大微]의 우집법성(右執法星)을 범하였다>.
고려사 권49 지3 [F]

우왕 8년(1382) 임술 5. 6. (갑인)

/양 1382. 6. 17./

五月 甲寅 月暈
달무리가 있었다.
고려사 권49 지3 [P]

우왕 8년(1382) 임술 5. 19. (정묘)

/양 1382. 6. 30./

五月 丁卯 太白晝見
금성[太白]이 낮에 나타났다.
고려사 권49 지3; 고려사 권134 열전 47 [G]

우왕 8년(1382) 임술 6. 21. (무술)

/양 1382. 7. 31./

六月 戊戌 歲星貫月
목성[歲星]이 달을 가로질러 갔다.
고려사 권49 지3 [C]

우왕 8년(1382) 임술 6. 22. (기해)

/양 1382. 8. 1./

六月 己亥 鎭星犯畢
토성[鎭星]이 필(畢) 성좌를 범하였다.
고려사 권49 지3 [F]

우왕 8년(1382) 임술 6. 24. (신축)

/양 1382. 8. 3./

六月 辛丑 月犯畢星 大流星亦從南墜北
달이 또 필(畢) 성좌를 범하였다. 큰 유성(流星)이 남쪽에서 북쪽으로 흘러가 떨어졌다.
고려사 권49 지3 [C] [R]

우왕 8년(1382) 임술 7. 27. (갑술)

/양 1382. 9. 5./

七月 甲戌 星見于晝 夜瑞星見于西方
낮에 별이 나타나 보였다. 밤에는 상서로운 서성(瑞星)이 서쪽에 나타났다.
고려사 권49 지3 [G] [H]

우왕 8년(1382) 임술 8. 12. (무자)

/양 1382. 9. 19./

八月 戊子 太白晝見 彗星見 大微東藩 長丈餘
금성[太白]이 낮에 나타났다. 혜성이 태미동번[大微東藩] 성좌에 나타났는데 그 길이가 1장(丈) 남짓하였다.
고려사 권49 지43; 고려사 권134 열전 47 ; [G] [H]

우왕 8년(1382) 임술 8. 12. (무자)

/양 1382. 9. 19./

八月 戊子 彗見
혜성이 보였다.
고려사절요 권31 [H]

우왕 8년(1382) 임술 11. 9. (갑인)

/양 1382. 12. 14./

十一月 甲寅 月掩歲星
달이 목성[歲星]을 가렸다.
고려사 권49 지3 [C]

우왕 8년(1382) 임술 11. 9. (갑인)

/양 1382. 12. 14./

甲寅 星入日中
별이 태양안에 있었다.
고려사 권47 지1 [O]

우왕 8년(1382) 임술 11. 13. (무오)

/양 1382. 12. 18./

十一月 戊午 又犯畢星
<달이> 또 필(畢) 성좌를 범하였다.
고려사 권49 지3 [C]

우왕 8년(1382) 임술 11. 18. (계해)

/양 1382. 12. 23./

十一月 癸亥 月犯輿鬼積尸
달이 여귀(輿鬼) 성좌의 적시성(積尸星)을 범하였다.
고려사 권49 지3 [C]

우왕 9년(1383) 계해 4. 8. (신사)

/양 1383. 5. 10./

四月 辛巳 月暈
달무리가 있었다.
고려사 권49 지3 [P]

우왕 9년(1383) 계해 4. 13. (병술)

/양 1383. 5. 15./

四月 丙戌 亦如之.
또 <달무리가 있었다>.
고려사 권49 지3 [P]

우왕 9년(1383) 계해 6. 24. (병신)

/양 1383. 7. 24./

六月 丙申 日暈有珥 有抱 有背
귀고리를 가진 햇무리와 반원형태의 햇무리[抱], 그리고 일(一)자형의 햇무리[背]가 있었다.
고려사 권47 지1 [O]

우왕 9년(1383) 계해 6. 27. (기해)

/양 1383. 7. 27./

己亥 日傍西 有半暈
태양곁 서쪽에 반쯤 햇무리가 있었다.
고려사 권47 지1 [O]

우왕 9년(1383) 계해 8. 1. (임신)

/양 1383. 8. 29./

八月 壬申朔 書雲觀丞 池巨源 告日食不果食 重房請治其罪乃杖七十
서운관 승(丞) 지거원(池巨源)이 일식을 예고했으나 그 날 일식이 없었다. 중방(重房)에서 그에게 죄 줄것을 청하였으므로 형장 70대를 때렸다.
고려사 권135 열전48 [A]

우왕 9년(1383) 계해 8. 13. (갑신)

/양 1383. 9. 10./

八月 甲申 月暈
달무리가 있었다.
고려사 권49 지3 [P]

우왕 9년(1383) 계해 8. 19. (경인)

/양 1383. 9. 16./

八月 庚寅 熒惑犯軒轅
화성[熒惑]이 헌원(軒轅) 성좌를 범하였다.
고려사 권49 지3 [F]

우왕 9년(1383) 계해 8. 20. (신묘)

/양 1383. 9. 17./

八月 辛卯 月犯畢星
달이 필(畢) 성좌를 범하였다.
고려사 권49 지3 [C]

우왕 9년(1383) 계해 8. 21. (임진)

/양 1383. 9. 18./

八月 壬辰 日暈
햇무리가 있었다.
고려사 권47 지1 [O]

우왕 9년(1383) 계해 8. 22. (계사)

/양 1383. 9. 19./

八月 癸巳 鎭星犯天關
토성[鎭星]이 천관(天關) 성좌를 범하였다.
고려사 권49 지3 [F]

우왕 9년(1383) 계해 8. 22. (계사)

/양 1383. 9. 19./

八月 癸巳 亦如之
또 <햇무리가 있었다>.

고려사 권47 지1 [O]

우왕 9년(1383) 계해 9. 2. (임인)

/양 1383. 9. 28./

九月 壬寅 日暈
햇무리가 있었다.
고려사 권47 지1 [O]

우왕 9년(1383) 계해 9. 17. (정사)

/양 1383. 10. 13./

九月 丁巳 月暈
달무리가 있었다.
고려사 권49 지3 [P]

우왕 9년(1383) 계해 9. 18. (무오)

/양 1383. 10. 14./

九月 戊午 月犯畢
달이 필(畢) 성좌를 범하였다.
고려사 권49 지3 [C]

우왕 9년(1383) 계해 9. 19. (기미)

/양 1383. 10. 15./

九月 己未 月暈
달무리가 있었다.
고려사 권49 지3 [P]

우왕 9년(1383) 계해 9. 22. (임술)

/양 1383. 10. 18./

九月 壬戌 亦如之.
또 <달무리가 있었다>.
고려사 권49 지3 [P]

우왕 9년(1383) 계해 12. 4. (계유)

/양 1383. 12. 28./

十二月 癸酉 太白晝見
금성[太白]이 낮에 나타났다.
고려사 권49 지3; 고려사 권135 열전48 [G]

우왕 9년(1383) 계해 12. 5. (갑술)

/양 1383. 12. 29./

十二月 甲戌 赤氣自西指東
붉은 기운이 서쪽에서 동쪽을 향하여 나타났다.
고려사 권53 지7 [S]

우왕 10년(1384) 갑자 1. 10. (무신)

/양 1384. 2. 1./

正月 戊申 日有暈
햇무리가 있었다.
고려사 권47 지1 [O]

우왕 10년(1384) 갑자 1. 14. (임자)

/양 1384. 2. 5./

正月 壬子 日重暈 有珥
2중의 햇무리와 해 귀고리가 있었다.
고려사 권47 지1 [O]

우왕 10년(1384) 갑자 1. 14. (임자)

/양 1384. 2. 5./

正月 壬子 月暈
달무리가 있었다.
고려사 권49 지3 [P]

우왕 10년(1384) 갑자 1. 17. (을묘)

/양 1384. 2. 8./

正月 乙卯 月蝕密雲不見
월식이 예견(豫見)되었으나 짙은 구름 때문에 보이지 않았다.
고려사 권49 지3 [B]

우왕 10년(1384) 갑자 1. 24. (임술)

/양 1384. 2. 15./

正月 壬戌 日暈
햇무리가 있었다.
고려사 권47 지1 [O]

우왕 10년(1384) 갑자 1. 29. (정묘)

/양 1384. 2. 20./

正月 丁卯 月入畢星
달이 필(畢) 성좌로 들어갔다.
고려사 권49 지3 [C]

우왕 10년(1384) 갑자 1. 29. (정묘)

/양 1384. 2. 20./

正月 丁卯 亦如之
또 <햇무리가 있었다>.
고려사 권47 지1 [O]

우왕 10년(1384) 갑자 2. 2. (경오)

/양 1384. 2. 23./

二月 庚午 熒惑守氐
화성[熒惑]이 저(氐) 성좌에서 떠나지 않았다.
고려사 권49 지3 [F]

우왕 10년(1384) 갑자 2. 18. (병술)

/양 1384. 3. 10./

二月 丙戌 月暈
달무리가 있었다.
고려사 권49 지3 [P]

우왕 10년(1384) 갑자 4. 23. (경인)

/양 1384. 5. 13./

四月 庚寅 日暈
햇무리가 있었다.
고려사 권47 지1 [O]

우왕 10년(1384) 갑자 5. 6. (계묘)

/양 1384. 5. 26./

五月 癸卯 月暈
달무리가 있었다.
고려사 권49 지3 [P]

우왕 10년(1384) 갑자 6. 19. (을유)

/양 1384. 7. 7./

六月 乙酉 太白 歲星 同舍
금성[太白]과 목성[歲星]이 함께 같은 성좌에 모였다.
고려사 권49 지3 [E]

우왕 10년(1384) 갑자 6. 25. (신묘)

/양 1384. 7. 13./

六月 辛卯 太白 鎭星 相犯
금성[太白]과 토성[鎭星]이 서로 범하였다.
고려사 권49 지3 [D]

우왕 10년(1384) 갑자 9. 18. (계축)

/양 1384. 10. 3./

九月 癸丑 月掩畢星
달이 필(畢) 성좌를 가렸다.
고려사 권49 지3 [C]

우왕 10년(1384) 갑자 9. 23. (무오)

/양 1384. 10. 8./

九月 戊午 太白 辰星 相犯于軫
금성[太白]과 수성[辰星]이 진(軫) 성좌에서 서로 범하였다.
고려사 권49 지3 [E]

우왕 10년(1384) 갑자 9. 26. (신유)

/양 1384. 10. 11./

九月 辛酉 月犯軒轅
달이 헌원(軒轅) 성좌를 범하였다.
고려사 권49 지3 [C]

우왕 10년(1384) 갑자 9. 27. (임술)

/양 1384. 10. 12./

九月 壬戌 又犯大微西蕃上將
<달이> 또 태미서번(太微西蕃) 성좌의 상장성(上將星)을 범하였다.
고려사 권49 지3 [C]

우왕 10년(1384) 갑자 10. 8. (임신)

/양 1384. 10. 22./

十月 壬申 鎭星 歲星 相犯
토성[鎭星]과 목성[歲星]이 서로 범하였다.
고려사 권49 지3 [D]

우왕 10년(1384) 갑자 윤10. 17. (신해)

/양 1384. 11. 30./

閏月 辛亥 鎭歲俠鉞星
토성[鎭星]과 목성[歲星]이 월성(鉞星)를 끼고 있었다.
고려사 권49 지3 [E]

우왕 10년(1384) 갑자 12. 4. (정유)

/양 1385. 1. 15./

十二月 丁酉 月入羽林
달이 우림(羽林) 성좌로 들어갔다.
고려사 권49 지3 [C]

우왕 10년(1384) 갑자 12. 14. (정미)

/양 1385. 1. 25./

十二月 丁未 亦如之
또 <달이 우림성좌에 들어갔다>.
고려사 권49 지3 [C]

우왕 10년(1384) 갑자 12. 22. (을묘)

/양 1385. 2. 2./

十二月 乙卯 日珥
태양에 귀고리가 있었다.
고려사 권47 지1 [O]

우왕 10년(1384) 갑자 12. - (-)

/양 1385. 1. - /

十二月 是月 熒惑 入羽林
이달에는 화성[熒惑]이 우림(羽林) 성좌로 들어갔다.
고려사 권49 지3 [F]

우왕 11년(1385) 을축 1. 22. (갑신)

/양 1385. 3. 3./

正月 甲申 日珥
태양에 귀고리가 있었다.
고려사 권47 지1 [O]

우왕 11년(1385) 을축 1. 26. (무자)

/양 1385. 3. 7./

正月 戊子 赤氣竟天
붉은 기운이 하늘을 가로질렀다.
고려사 권53 지7 [S]

우왕 11년(1385) 을축 2. 12. (갑진)

/양 1385. 3. 23./

二月 甲辰 鎭星犯鉞星 凡八日
토성[鎭星]이 약 8일간 월성(鉞星)을 범하였다
고려사 권49 지3 [F]

우왕 11년(1385) 을축 3. 8. (기사)

/양 1385. 4. 17./

三月 己巳 鎭星犯東井
토성[鎭星]이 동정(東井) 성좌를 범하였다.
고려사 권49 지3 [F]

우왕 11년(1385) 을축 3. 28. (기축)

/양 1385. 5. 7./

三月 己丑 日暈
햇무리가 있었다.
고려사 권47 지1 [O]

우왕 11년(1385) 을축 3. 28. (기축)

/양 1385. 5. 7./

三月 己丑 流星發南指西
유성(流星)이 남쪽에서 나타나 서쪽으로 흘러갔다.
고려사 권49 지3 [R]

우왕 11년(1385) 을축 4. 18. (기유)

/양 1385. 5. 27./

四月 己酉 太白入輿鬼
금성[太白]이 여귀(輿鬼) 성좌로 들어갔다.
고려사 권49 지3 [F]

우왕 11년(1385) 을축 6. 5. (을미)

/양 1385. 7. 12./

六月 乙未 月入大微
달이 태미원[大微]으로 들어갔다.
고려사 권49 지3 [C]

우왕 11년(1385) 을축 6. 6. (병신)

/양 1385. 7. 13./

六月 丙申 太白經天 月入大微
금성[太白]이 낮에 남쪽하늘에서 보였다. 달이
태미원[大微]으로 들어갔다.
고려사 권49 지3 [C] [G]

우왕 11년(1385) 을축 6. 6. (병신)

/양 1385. 7. 13./

六月 丙申 太白經天
금성[太白]이 낮에 남쪽하늘에서 보였다.
고려사 권135 열전48 [G]

우왕 11년(1385) 을축 6. 7. (정유)

/양 1385. 7. 14./

六月 丁酉 亦如之.
또 <달이 태미원으로 들어갔다>.
고려사 권49 지3 [C]

우왕 11년(1385) 을축 6. 8. (무술)

/양 1385. 7. 15./

六月 戊戌 太白晝見
금성[太白]이 낮에 나타났다.
고려사 권49 지3; 고려사 권135 열전48 [G]

우왕 11년(1385) 을축 6. 15. (을사)

/양 1385. 7. 22./

六月 乙巳 月食
월식이 있었다.

고려사 권49 지3 [B]

우왕 11년(1385) 을축 6. 28. (무오)

/양 1385. 8. 4./

六月 戊午 鎭星犯天罇
토성[鎭]이 천준(天罇) 성좌를 범하였다.
고려사 권49 지3 [F]

우왕 11년(1385) 을축 7. 2. (임술)

/양 1385. 8. 8./

七月 壬戌 鎭星犯五諸侯[282]
토성[鎭星]이 오제후(五諸侯) 성좌를 범하였다.
고려사 권49 지3 [F]

우왕 11년(1385) 을축 7. 12. (임신)

/양 1385. 8. 18./

七月 壬申 太白經天
금성[太白]이 낮에 남쪽하늘에서 보였다.
고려사 권49 지3; 고려사 권135 열전48 [G]

우왕 11년(1385) 을축 7. 15. (을해)

/양 1385. 8. 21./

七月 乙亥 太白晝見 二日
금성[太白]이 2일간 낮에 나타났다.
고려사 권135 열전48 [G]

우왕 11년(1385) 을축 7. 15. (을해)

/양 1385. 8. 21./

七月 乙亥 又晝見
또 <금성[太白]이> 낮에 나타났다.
고려사 권49 지3 [G]

우왕 11년(1385) 을축 7. 16. (병자)

/양 1385. 8. 22./

七月 丙子 亦如之
또 <금성[太白]이 낮에 나타났다>.
고려사 권49 지3 [G]

우왕 11년(1385) 을축 8. 7. (병신)

/양 1385. 9. 11./

八月 丙申 鎭星犯輿鬼
토성[鎭星]이 여귀(輿鬼) 성좌를 범하였다.

---

282) 五諸侯(오제후): 오제후 성좌-2임.

우왕 11년(1385) 을축 8. 8. (정유)

/양 1385. 9. 12./

八月 丁酉 歲星入輿鬼
목성[歲星]이 여귀(輿鬼) 성좌로 들어갔다.
고려사 권49 지3 [F]

우왕 11년(1385) 을축 8. 10. (기해)

/양 1385. 9. 14./

八月 己亥 歲星入輿鬼 犯積尸
목성[歲星]이 여귀(輿鬼) 성좌로 들어가서 적시
성(積尸星)을 범하였다.
고려사 권49 지3 [F]

우왕 11년(1385) 을축 8. 22. (신해)

/양 1385. 9. 26./

八月 辛亥 歲星入輿鬼
목성[歲星]이 여귀(輿鬼) 성좌로 들어갔다.
고려사 권49 지3 [F]

우왕 11년(1385) 을축 11. 21. (기묘)

/양 1385. 12. 23./

十一月 己卯 太白犯房
금성[太白]이 방(房) 성좌를 범하였다.
고려사 권49 지3 [F]

우왕 11년(1385) 을축 11. 25. (계미)

/양 1385. 12. 27./

十一月 癸未 歲星入輿鬼
목성[歲星]이 여귀(輿鬼) 성좌로 들어갔다.
고려사 권49 지3 [F]

우왕 12년(1386) 병인 1. 9. (병인)

/양 1386. 2. 8./

正月 丙寅 日珥 白虹貫日
태양에 귀고리가 있었으며 흰 무지개가 태양을
가로질렀다.
고려사 권47 지1 [O]

우왕 12년(1386) 병인 2. 28. (갑인)

/양 1386. 3. 28./

二月 甲寅 日珥
태양에 귀고리가 있었다.

우왕 12년(1386) 병인 3. 24. (경진)

/양 1386. 4. 23./

三月 庚辰 謝恩使曹敏修 禹玄寶 張子溫 河崙 進奉
使 沈德符 任獻 金子崒等 齎曆日及船馬符驗八道
還自京師
사은사(謝恩使) 조민수, 우현보, 장자온, 하륜등과
진봉사(進奉使) 심덕부, 임헌, 김자앙 등이 역서
(曆書)와 수륙통행증[船馬符驗] 8장을 가지고 명
나라의 수도[京師]로부터 돌아왔다.
고려사 권136 열전49 [U]

우왕 12년(1386) 병인 4. 13. (무술)

/양 1386. 5. 11./

四月 戊戌 日暈
햇무리가 있었다.
고려사 권47 지1 [O]

우왕 12년(1386) 병인 4. 24. (기유)

/양 1386. 5. 22./

四月 己酉 熒惑犯斗魁283)
화성[熒惑]이 남두괴[斗魁]를 범하였다.
고려사 권49 지3 [F]

우왕 12년(1386) 병인 4. 25. (경술)

/양 1386. 5. 23./

四月 庚戌 辛亥 壬子 亦如之
경술일(25), 신해일(26), 임자일(27)에도 <화성[熒
惑]이 남두괴(南斗魁)을 범하였다>.
고려사 권49 지3 [F]

우왕 12년(1386) 병인 4. 26. (신해)

/양 1386. 5. 24./

四月 庚戌 辛亥 壬子 亦如之
경술일(25), 신해일(26), 임자일(27)에도 <화성
[熒惑]이 남두괴(南斗魁)을 범하였다>.
고려사 권49 지3 [F]

우왕 12년(1386) 병인 4. 27. (임자)

/양 1386. 5. 25./

四月 庚戌 辛亥 壬子 亦如之
경술일(25), 신해일(26), 임자일(27)에도 <화성

---

283) 斗(두): 두 성좌-1임.

[熒惑]이 남두괴(南斗魁)을 범하였다>.
고려사 권49 지3 [F]

우왕 12년(1386) 병인 5. 1. (을묘)

/양 1386. 5. 28./

五月 乙卯朔 熒惑犯南斗
화성[熒惑]이 남두(南斗) 성좌를 범하였다.
고려사 권49 지3 [F]

우왕 12년(1386) 병인 5. 5. (기미)

/양 1386. 6. 1./

五月 己未 月掩歲星
달이 목성[歲星]을 가렸다.
고려사 권49 지3 [C]

우왕 12년(1386) 병인 12. 1. (계미)

/양 1386. 12. 22./

十二月 癸未 日食 陰雲不見
일식이 있었는데 구름이 가리워서 보이지 않았다.
고려사 권136 열전 49 [A]

우왕 12년(1386) 병인 12. 1. (계미)

/양 1386. 12. 22./

十二月 癸未朔 日食陰雲不見
일식이 있었는데 구름이 가리워서 보이지 않았다.
고려사 권47 지1 ; 고려사절요 권32 [A]

우왕 13년(1387) 정묘 3. 27. (정축)

/양 1387. 4. 15./

三月 丁丑 日有黑子
태양에 흑점[黑子]이 있었다.
고려사 권47 지1 ; 고려사 권136 열전 49 ;
고려사절요 권32 [M]

우왕 13년(1387) 정묘 6. 27. (을사)

/양 1387. 7. 12./

六月 乙巳 太白晝見
금성[太白]이 낮에 나타났다.
고려사 권49 지3; 고려사 권136 열전 49 [G]

우왕 13년(1387) 정묘 7. 30. (정미)

/양 1387. 9. 12./

七月 丁未 太白犯軒轅
금성[太白]이 헌원(軒轅) 성좌를 범하였다.

고려사 권49 지3 [F]

우왕 13년(1387) 정묘 8. 1. (무신)

/양 1387. 9. 13./

八月 戊申朔 歲星熒惑入大微端門
목성[歲星]과 화성[熒惑]이 태미원[大微]의 단문
(端門)으로 들어갔다.
고려사 권49 지3 [E]

우왕 13년(1387) 정묘 8. 23. (경오)

/양 1387. 10. 5./

八月 庚午 歲星熒惑犯大微端門 太白犯大微西蕃
목성[歲星]과 화성[熒惑]이 태미원[大微]의 단문
(端門)을 범하였다. 금성[太白]이 태미서번(太微
西蕃) 성좌를 범하였다.
고려사 권49 지3 [E] [F]

우왕 13년(1387) 정묘 9. 8. (을유)

/양 1387. 10. 20./

九月 乙酉 歲星犯左執法 太白熒惑相犯
금성[太白]과 화성[熒惑]이 서로 범하였다. 목성
[歲星]이 좌집법성(左執法星)을 범하였다.
고려사 권49 지3 [D] [F]

우왕 13년(1387) 정묘 10. 14. (신유)

/양 1387. 11. 25./

十月 辛酉 月食 夜雨不見
월식이었으나 밤에 비가 내려서 보이지 않았다.
고려사 권49 지3 [B]

우왕 13년(1387) 정묘 11. 22. (무술)

/양 1388. 1. 1./

十一月 戊戌 熒惑犯房鉤鈐
화성[熒惑]이 방(房) 성좌와 구검(鉤鈐) 성좌를
범하였다.
고려사 권49 지3 [F]

우왕 13년(1388) 무진 2. 4. (기유)

/양 1388. 3. 12./

二月 己酉 歲星光芒射北 其色白
목성[歲星]의 광채(光彩)가 북쪽으로 내뻗쳤는데
그 빛이 희었다.
고려사 권49 지3 [Q]

우왕 14년(1388) 무진 2. 26. (신미)

/양 1388. 4. 3./

二月 辛未 歲星犯左執法
목성[歲星]이 좌집법성(左執法星)을 범하였다.
고려사 권49 지3 [F]

우왕 14년(1388) 무진 4. 16. (경신)

/양 1388. 5. 22./

四月 庚申 月食既
개기 월식이 있었다.
고려사 권49 지3 [B]

우왕 14년(1388) 무진 4. 21. (을축)

/양 1388. 5. 27./

四月 乙丑 停洪武年號 令國人復胡服
홍무(洪武) 연호의 사용을 정지하고 국민들에게 몽
고 의복을 다시 입게 하였다.
고려사 권137 열전 50 [U]

우왕 14년(1388) 무진 4. 24. (무진)

/양 1388. 5. 30./

四月 戊辰 太白晝見
금성[太白]이 낮에 나타났다.
고려사 권49 지3; 고려사 권137 열전 50 [G]

우왕 14년(1388) 무진 4. 24. (무진)

/양 1388. 5. 30./

四月 戊辰 太白晝見
금성[太白]이 낮에 나타났다.
고려사절요 권33 [G]

우왕 14년(1388) 무진 5. 1. (갑술)

/양 1388. 6. 5./

五月 甲戌朔 日食
일식이 있었다.
고려사 권47 지1 ; 고려사 권137 열전 50 ;
고려사절요 권33 [A]

우왕 14년(1388) 무진 6. 4. (병오)

/양 1388. 7. 7./

六月 丙午 復行洪武年號 襲大明衣冠禁胡服
다시 홍무(洪武) 연호를 사용하였으며 명 나라의
의관(衣冠)을 착용하고 몽고 의복을 금지하였다.
고려사 권137 열전 50 [U]

우왕 14년(1388) 무진 8. 24. (을축)

/양 1388. 9. 24./

八月 乙丑 鎭星犯軒轅大星 熒惑退入羽林
토성[鎭星]이 헌원대성(軒轅大星)을 범하였고,
화성[熒惑]이 우림(羽林) 성좌로 물러갔다.
고려사 권49 지3 [F] [F]

우왕 14년(1388) 무진 10. 16. (병진)

/양 1388. 11. 14./

十月 丙辰 月食既
개기 월식이 있었다.
고려사 권49 지3 [B]

35. 공양왕(1389 ~ 1392)

공양왕 1년(1389) 기사 4. 7. (을사)

/양 1389. 5. 2./

四月 乙巳 月犯軒轅大微
달이 헌원(軒轅) 성좌와 태미원[大微]을 범하였다.
고려사 권49 지3 [C]

공양왕 1년(1389) 기사 4. 16. (갑인)

/양 1389. 5. 11./

四月 甲寅 月食
월식이 있었다.
고려사 권49 지3 [B]

공양왕 1년(1389) 기사 6. 8. (을사)

/양 1389. 7. 1./

六月 乙巳 月犯歲星
달이 목성[歲星]을 범하였다.
고려사 권49 지3 [C]

공양왕 1년(1389) 기사 9. 24. (기축)

/양 1389. 10. 13./

九月 己丑 夜有黑氣
밤에 검은 기운이 나타났다.
고려사 권53 지7 [S]

공양왕 1년(1389) 기사 9. 27. (임진)

/양 1389. 10. 16./

九月 壬辰 月入大微
달이 태미원[大微]으로 들어갔다.
고려사 권49 지3 [C]

공양왕 1년(1389) 기사 10. 14. (기유)

/양 1389. 11. 2./

十月 己酉 郞將星出大微入東蕃
낭장성(郞將星)이 태미원[大微]에서 나와 동번
(東蕃) 성좌로 들어갔다.
고려사 권49 지3 [R]

공양왕 1년(1389) 기사 11. 19. (계미)

/양 1389. 12. 6./

十一月 癸未 大微犯西蕃上將
태미원[大微]안의 별이 그 서번(西蕃) 성좌의
상장성(上將星)을 범하였다.
고려사 권49 지3 [R]

공양왕 2년(1390) 경오 2. 11. (을사)

/양 1390. 2. 26./

二月 乙巳 月入大微
달이 태미원[大微]으로 들어갔다.
고려사 권49 지3 [C]

공양왕 2년(1390) 경오 2. 15. (기유)

/양 1390. 3. 2./

二月 己酉 月入大微
달이 태미원[大微]으로 들어갔다.
고려사 권49 지3 [C]

공양왕 2년(1390) 경오 2. 24. (무오)

/양 1390. 3. 11./

二月 戊午 西方赤氣
서쪽에 붉은 기운이 나타났다.
고려사 권53 지7 [S]

공양왕 2년(1390) 경오 4. 4. (정유)

/양 1390. 4. 19./

四月 丁酉 太白貫月
금성[太白]이 달을 가로질러 갔다.
고려사 권49 지3 [C]

공양왕 2년(1390) 경오 4. 4. (정유)

/양 1390. 4. 19./

四月 丁酉 金星貫月 王謂三司右使 鄭道傳曰 金星
貫月 将有何灾 道傳曰 咎上國不關我朝
금성[太白]이 달을 궤뚫었다. 왕이 삼사우사 정도
전에게 「금성[太白]이 달을 가로질러 갔으니 무
슨 재앙이 있으려는가?」하니 정도전이 아뢰기를
「재앙이 중국[上國]에 있으니 우리 조정에는 관
계가 없을겁니다」하였다.
고려사절요 권34 [C]

공양왕 2년(1390) 경오 4. 5. (무술)

/양 1390. 4. 20./

四月 戊戌 白虹貫日.
흰 무지개가 태양을 가로질렀다.
고려사 권47 지1 [O]

공양왕 2년(1390) 경오 4. 5. (무술)

/양 1390. 4. 20./

四月 戊戌 太白晝見
금성[太白]이 낮에 나타났다.
고려사 권45 세가45; 고려사 권49 지3 [G]

공양왕 2년(1390) 경오 4. 21. (갑인)

/양 1390. 5. 6./

四月 甲寅 日傍有靑赤氣 中大而端尖
태양 곁에 청적색 기운이 있었는데 중심은 크고
끝은 뾰족하였다.
고려사 권54 지8 [O]

공양왕 2년(1390) 경오 4. 25. (무오)

/양 1390. 5. 10./

四月 戊午 熒惑入羽林
화성[熒惑]이 우림(羽林) 성좌로 들어갔다.
고려사 권49 지3 [F]

공양왕 2년(1390) 경오 윤4. 2. (갑자)

/양 1390. 5. 16./

閏月 甲子 熒惑入羽林
화성[熒惑]이 우림(羽林) 성좌로 들어갔다.
고려사 권49 지3 [G]

공양왕 2년(1390) 경오 윤4. 4. (병인)

/양 1390. 5. 18./

閏月 丙寅 太白貫月
금성[太白]이 달을 가렸다.

고려사 권49 지3 [G]

공양왕 2년(1390) 경오 6. 17. (무인)

/양 1390. 7. 29./

六月 戊寅 太白晝見
금성[太白]이 낮에 나타났다.
고려사 권45 세가45; 고려사 권49 지3 [G]

공양왕 2년(1390) 경오 6. 18. (기묘)

/양 1390. 7. 30./

六月 己卯 亦如之
또 <금성[太白]이 낮에 나타났다>.
고려사 권45 세가45 [G]

공양왕 2년(1390) 경오 6. 18. (기묘)

/양 1390. 7. 30./

六月 己卯 太白晝見
금성[太白]이 낮에 나타났다.
고려사 권49 지3 [G]

공양왕 2년(1390) 경오 6. 19. (경진)

/양 1390. 7. 31./

六月 庚辰 太白晝見經天
금성[太白]이 낮에 나타나 남쪽하늘에서 보였다.
고려사 권45 세가45 ; 고려사 권49 지3;
고려사절요 권34 [G]

공양왕 2년(1390) 경오 6. 20. (신사)

/양 1390. 8. 1./

六月 辛巳 太白晝見
금성[太白]이 낮에 나타났다.
고려사 권45 세가45 [G]

공양왕 2년(1390) 경오 6. 20. (신사)

/양 1390. 8. 1./

六月 辛巳 又晝見
또 <금성[太白]이> 낮에 나타났다.
고려사 권49 지3 [G]

공양왕 2년(1390) 경오 6. 21. (임오)

/양 1390. 8. 2./

六月 壬午 亦如之
또 <금성[太白]이 낮에 나타났다>.

고려사 권45 세가45 [G]

공양왕 2년(1390) 경오 6. 21. (임오)

/양 1390. 8. 2./

六月 壬午 太白晝見
금성[太白]이 낮에 나타났다.
고려사 권49 지3 [G]

공양왕 2년(1390) 경오 7. 1. (신묘)

/양 1390. 8. 11./

秋七月 辛卯朔 太白晝見
금성[太白]이 낮에 나타났다.
고려사 권45 세가45 [G]

공양왕 2년(1390) 경오 7. 1. (신묘)

/양 1390. 8. 11./

七月 辛卯朔 太白晝見
금성[太白]이 낮에 나타났다.
고려사 권49 지3 [G]

공양왕 2년(1390) 경오 7. 6. (병신)

/양 1390. 8. 16./

七月 丙申 太白晝見
금성[太白]이 낮에 나타났다.
고려사 권45 세가45 [G]

공양왕 2년(1390) 경오 7. 6. (병신)

/양 1390. 8. 16./

七月 丙申 亦如之
또 <금성[太白]이 낮에 나타났다>.
고려사 권49 지3 [G]

공양왕 2년(1390) 경오 7. 11. (신축)

/양 1390. 8. 21./

七月 辛丑 晝見終月
금성[太白]이 낮에 나타났는데 월말까지 계속되
었다.
고려사 권49 지3 [G]

공양왕 2년(1390) 경오 8. 6. (을축)

/양 1390. 9. 14./

八月 乙丑 月犯心星
달이 심(心) 성좌를 범하였다.
고려사 권49 지3 [C]

공양왕 2년(1390) 경오 8. 6. (을축)

/양 1390. 9. 14./

八月 乙丑 太白晝見
금성[太白]이 낮에 나타났다.
고려사 권45 세가45 [G]

공양왕 2년(1390) 경오 8. 27. (병술)

/양 1390. 10. 5./

八月 丙戌 犯軒轅
<달이> 헌원(軒轅) 성좌를 범하였다.
고려사 권49 지3 [C]

공양왕 2년(1390) 경오 8. 28. (정해)

/양 1390. 10. 6./

八月 丁亥 入大微
<달이> 태미원[大微]으로 들어갔다.
고려사 권49 지3 [C]

공양왕 2년(1390) 경오 9. 1. (경인)

/양 1390. 10. 9./

九月 庚寅朔 日食旣 太白晝見經天
개기 일식이 있었으며, 낮에 금성[太白]이 나타
나 남쪽하늘에서 보였다.
고려사 권45 세가45 ; 고려사절요 권34 ; [A] [G]

공양왕 2년(1390) 경오 9. 1. (경인)

/양 1390. 10. 9./

九月 庚寅朔 日食旣
개기 일식이 있었다.
고려사 권47 지1 [A]

공양왕 2년(1390) 경오 9. 1. (경인)

/양 1390. 10. 9./

九月 庚寅 太白晝見經天
금성[太白]이 낮에 나타나 남쪽하늘에서 보였다.
고려사 권49 지3 [G]

공양왕 2년(1390) 경오 9. 8. (정유)

/양 1390. 10. 16./

九月 丁酉 太白犯鎭星 又犯大微右執法
금성[太白]이 토성[鎭星]을 범하였고 또 태미원
[大微]의 우집법성(右執法星)을 범하였다.
고려사 권49 지3 [D] [F]

공양왕 2년(1390) 경오 9. 16. (을사)

/양 1390. 10. 24./

乙巳 月食
월식이 있었다.
고려사 권49 지3 [B]

공양왕 2년(1390) 경오 11. 13. (신축)

/양 1390. 12. 19./

十一月 辛丑 太白貫月 月犯熒惑
금성[太白]이 달을 가로질러 갔다. 달이 화성
[熒惑]을 범하였다.
고려사 권49 지3 [C] [D]

공양왕 2년(1390) 경오 12. 6. (갑자)

/양 1391. 1. 11./

十二月 甲子 太白歲星同舍
금성[太白]과 목성[歲星]이 같은 성좌에 모였다.
고려사 권49 지3 [F]

공양왕 2년(1390) 경오 12. 10. (무진)

/양 1391. 1. 15./

十二月 戊辰 月犯熒惑
달이 화성[熒惑]을 범하였다.
고려사 권49 지3 [C]

공양왕 3년(1391) 신미 1. 2. (경인)

/양 1391. 2. 6./

正月 庚寅 赤祲見于東方
이상한 붉은 기운이 동쪽에 나타났다.
고려사 권53 지7 [S]

공양왕 3년(1391) 신미 3. 1. (무자)

/양 1391. 4. 5./

三月 戊子朔 日食
일식이 있었다.
고려사 권46 세가46 ; 고려사 권47 지1 ;
고려사절요 권35 [A]

공양왕 3년(1391) 신미 4. 1. (무오)

/양 1391. 5. 5./

四月 戊午朔 鎭星犯紫微
토성[鎭星]이 자미원(紫微垣)을 범하였다.
고려사 권49 지3 [F]

공양왕 3년(1391) 신미 4. 7. (갑자)

/양 1391. 5. 11./

夏四月 甲子 彗見十餘日
혜성이 나타나서 10여 일을 계속 있었다.
고려사 권46 세가46 ; 고려사절요 권35 [H]

공양왕 3년(1391) 신미 4. 7. (갑자)

/양 1391. 5. 11./

四月 甲子 彗見十餘日
혜성이 나타나서 10여 일을 계속 있었다.
고려사 권49 지3 [H]

공양왕 3년(1391) 신미 4. 14. (신미)

/양 1391. 5. 18./

四月 辛未 月犯心星
달이 심(心) 성좌를 범하였다.
고려사 권49 지3 [C]

공양왕 3년(1391) 신미 4. 18. (을해)

/양 1391. 5. 22./

四月 乙亥 客星犯紫微
객성(客星)이 자미원(紫微垣)을 범하였다.
고려사 권49 지3 [H]

공양왕 3년(1391) 신미 4. 26. (계미)

/양 1391. 5. 30./

**四月 癸未 今者日官上言 '乾文示儆 客星孛于紫
微 火曜入于輿鬼 變異甚鉅' 兢惕**
<왕이 말했다> 이번에 일관(日官)이 나에게 말하
기를 「천문의 경고가 나타났는데 객성이 자미궁
(紫微宮)에 뛰어 들었으며 화성[火曜]이 여귀(輿鬼)
성좌에 들어갔으니 대단히 큰 재변(災變)이다」라
고 하니 더욱 떨리고 두려워진다.
고려사 권46 세가46 [L]

공양왕 3년(1391) 신미 10. 10. (계해)

/양 1391. 11. 6./

十月 癸亥 鎭星出大微左掖門 犯上相
토성[鎭星]이 태미원[大微]의 우액문(右掖門)으로
나와 그 상상성(上相星)을 범하였다.
고려사 권49 지3 [F]

공양왕 3년(1391) 신미 11. 10. (임진)

/양 1391. 12. 5./

十一月 壬辰 鎭星出太微左掖門 犯上相
또 토성[鎭星]이 태미원[大微]의 좌액문(左掖門)
으로 나와 그 상상성(上相星)을 범하였다.
고려사 권49 지3 [F]

공양왕 3년(1391) 신미 12. 24. (병자)

/양 1392. 1. 18./

十二月 丙子 月犯大微上相
또 달이 태미원[大微]의 상상성(上相星)을 범하
였다.
고려사 권49 지3 [C]

공양왕 4년(1392) 임신 2. 5. (병진)

/양 1392. 2. 27./

二月 丙辰 太白晝見
금성[太白]이 낮에 나타났다.
고려사 권46 세가46 [G]

공양왕 4년(1392) 임신 2. 12. (계해)

/양 1392. 3. 5./

二月 癸亥 鎭星犯上相284)
토성[鎭星]이 태미원[大微]의 상상성(上相星)을
범하였다.
고려사 권49 지3 [F]

공양왕 4년(1392) 임신 2. 16. (정묘)

/양 1392. 3. 9./

二月 丁卯 月食旣 鎭星犯大微
개기 월식이 있었다. 토성[鎭星]이 태미원[大微]
을 범하였다.
고려사 권49 지3 [B] [F]

공양왕 4년(1392) 임신 2. 17. (무진)

/양 1392. 3. 10./

二月 戊辰 月犯左角
달이 좌각성(左角星)을 범하였다.
고려사 권49 지3 [C]

공양왕 4년(1392) 임신 2. 20. (신미)

/양 1392. 3. 13./

二月 辛未 鎭星犯紫微上相
토성[鎭星]이 자미원(紫微垣)의 상상성(上相星)
을 범하였다.

---

284) 上相(상상): 상상성-1임.

고려사 권49 지3 [F]

공양왕 4년(1392) 임신 2. 25. (병자)

/양 1392. 3. 18./

二月 丙子 彗見竟天
혜성이 하늘을 가로질렀다.
고려사 권46 세가46 [H]

공양왕 4년(1392) 임신 2. 25. (병자)

/양 1392. 3. 18./

二月 丙子 彗星見長竟天
혜성이 나타나서 길게 하늘을 가로질렀다.
고려사절요 권35 [H]

공양왕 4년(1392) 임신 2. 29. (경진)

/양 1392. 3. 22./

二月 庚辰 彗見
혜성이 보였다.
고려사 권46 세가46 [H]

공양왕 4년(1392) 임신 6. 19. (기사)

/양 1392. 7. 9./

六月 己巳 鎭星犯大微 又犯東蕃上相
토성[鎭星]이 태미원[大微]을 범하였고 또 그 동
번(東蕃) 성좌의 상상성(上相星)을 범하였다.
고려사 권49 지3 [F]

공양왕 4년(1392) 임신 7. 7. (병술)

/양 1392. 7. 26./

七月 丙戌 鎭星入大微 又犯東蕃上相
토성[鎭星]이 태미원[大微]으로 들어가서 또 그의
동번(東蕃) 성좌의 상상성(上相星)을 범하였다.
고려사 권49 지3 [F]

428

Ⅲ

부록

1. 방위표(8방위와 24방위)

고려시대 천문기록에 의하면 당시에는 4, 8, 24 등의 방위를 사용하였다. 반면 오늘날에는 4, 8, 16, 32 등의 방위를 사용하고 있어 24방위의 경우 현대적 개념으로 설명하기에는 어려움이 있다. 아래의 그림은 고려시대 8방위(감, 간, 진, 손, 이, 곤, 태, 건)와 24방위(자, 계, 축, 간, 인, 갑, 묘, 을, 진, 손, 사, 병, 오, 정, 미, 곤, 신, 경, 유, 신, 술, 건, 해, 임)를 오늘날 북쪽을 기준으로 시계방향으로 정의하는 방위각과 함께 표시한 것이다. 아울러 오늘날 통상적으로 사용하는 8방위의 명칭(북, 북동, 동, 남동, 남, 남서, 서, 북서)도 같이 표기하였다.

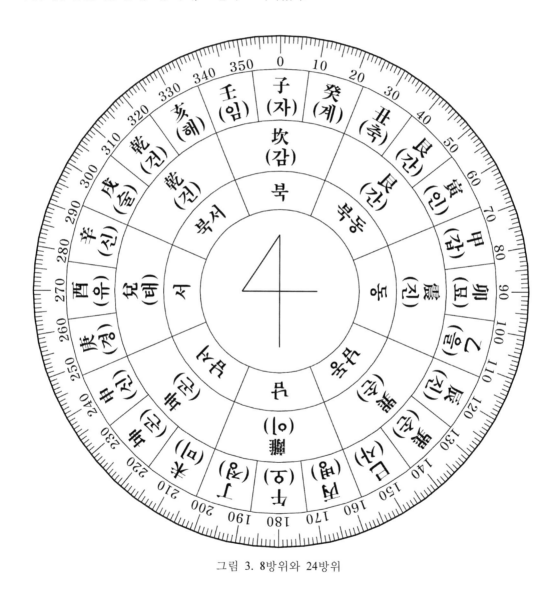

그림 3. 8방위와 24방위

2. 고려사에 수록된 별들중 동명이성(同名異星)

두(斗) 성좌
  (1) 북방칠수-두수. 남두 성좌
  (2) 천시원

상상성(上相星)
  (1) 태미원의 우태미(태미서원)의 위에서 첫째별, 좌태미(태미동원)의 밑에서 둘째별
  (2) 방(房) 성좌의 제일 윗쪽의 별

상장성(上將星)
  (1) 태미원의 우태미(태미서번)의 밑에서 둘째별, 좌태미(태미동번)의 위에서 첫째별
  (2) 자미원의 문창 성좌의 제일 위쪽의 별
  (3) 방(房) 성좌의 제일 아래 쪽에 있는 별

서자성(庶子星)
  (1) 자미원의 북극오성중의 하나로 가운데별
  (2) 심(心) 성좌의 세 별중 아래쪽에 있는 별

여어성(女御星)
  (1) 자미원: 여어 성좌
  (2) 남방칠수-성수

오제후(五諸侯)
  (1) 태미원
  (2) 남방칠수-정수

적수성(積水星)
  (1) 서방칠수-위수
  (2) 남방칠수-정수

적시성(積尸星)
  (1) 서방칠수-위수. 대릉 성좌의 가운데 있는

별. M34
  (2) 남방칠수-귀수. 積屍星. 귀 성좌의 가운데 있는 별. M44

제좌성(帝座星)
  (1) 천시원. 천시원의 가운데에 있는 밝은 별
  (2) 자미원. 북극오성에서 남쪽으로부터 둘째별, 제왕성.
  (3) 태미원의 오제좌성좌를 나타내기도 함.

차상성(次相星)
  (1) 태미원의 우태미의 위에서 둘째별, 좌태미의 위에서 세째별
  (2) 방 성좌의 북쪽에서 둘째별

차장성(次將星)
  (1) 태미원의 우태미의 밑에서 세째별, 좌태미의 위에서 둘째별
  (2) 자미원의 문창 성좌의 위에서 둘째별
  (3) 방 성좌의 북쪽에서 세째별

천구(天狗)
  (1) 성좌 : 남방칠수-귀수
  (2) 유성의 일종임.

천원(天苑)
  (1) 서방칠수-묘수
  (2) 서방칠수-필수

태일성(太一星): 太乙星
  (1) 자미원의 북극오성의 밑에서 둘째별
  (2) 자미원의 중원의 오른쪽 담(右樞) 아래, 북두칠성 위에 있음.

3. 삼원 이십팔수(三垣 二十八宿)

동양에서는 전통적으로 밤하늘을 나눌 때, 북극 주위를 세 개의 영역, 그리고 이 북극 주변을 28개의 영역으로 구분한 삼원(三垣) 이십팔수(二十八宿) 체계를 사용하였다. 삼원은 태미원(太微垣), 자미원(紫微垣), 천시원(天市垣)이며(그림 4의 흰색의 영역), 28수는 각(角), 항(亢), 저(氐), 방(房), 심(心), 미(尾), 기(箕), 두(斗), 우(牛), 여(女), 허(虛), 위(危), 실(室), 벽(壁), 규(奎), 루(婁), 위(胃), 묘(昴), 필(畢), 자(紫), 삼(參), 정(井), 귀(鬼), 류(柳), 성(星), 장(張), 익(翼), 진(軫)이다(그림 4 참조). 또한 이십팔수는 7개씩 영역을 묶어서 동방 청룡(각, 항, 저, 방, 심, 미, 기), 북방 현무(두, 우, 여, 허, 위, 실, 벽), 서방 백호(규, 루, 위, 묘, 필, 자, 삼), 남방 주작(정, 귀, 류, 성, 장, 익, 진)으로 하였다. 표 A와 B는 조선 초기 제작된 천상열차분야지도(天象列次分野之圖)와 세종대 이순지가 편찬한 「천문유초(天文類秒)」를 토대로 각각 삼원과 이십팔수 영역에 속한 별/별자리의 명칭과 더불어 별의 개수를 수록한 것이다.

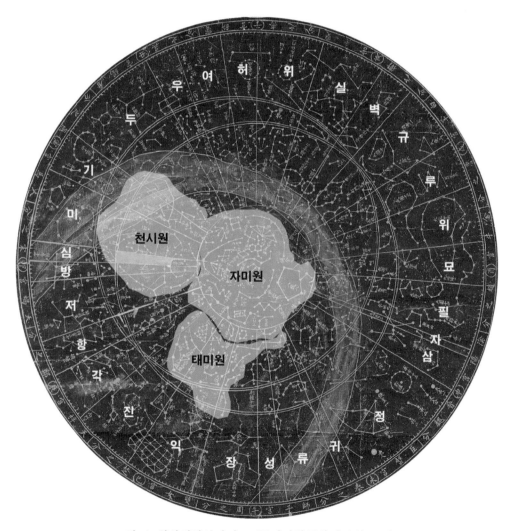

그림 4. 천상열차분야지도 (규장각한국학연구원 소장)

432

A. 삼원(三垣)

가. 상원 태미원(上元 太微垣)

영역	연번	별/별자리[285]	개수	천문유초[286]	비고
태미원 (太微垣) 또는 태미궁 (太微宮)	0A	단문(端門)	0		태미원 입구. 구성하는 별은 없음
	0B		0	천정(天庭)	태미원의 중앙 영역
	0C		0	단문과 좌집법 사이를 좌액문(左掖門), 우집법 사이를 우액문(右掖門)이라고 함	구성하는 별은 없음
	1	대미(大微)[동]	5	설명엔 태미원(太微垣). 태미동원의 좌집법(左執法), 상상(上相), 차상(次相), 차장(次將), 상장(上將)과 태미서원의 우집법(右執法), 상장(上將), 차장(次將), 차상(次相), 상상(上相)의 10개 별로 구성	태미동원(太微東垣), 태미동번(太微東藩)
	2	대미(大微)[서]	5		태미서원(太微西垣), 태미서번(太微西藩)
	3	알자(謁者)	1		
	4	삼공내좌 (三公內坐)	3	설명엔 삼공(三公)	
	5	구경(九卿)	3		
	6	오제후(五諸侯)	5		내제후(內諸侯)
	7	병(屛)	4		
	8	오제(五帝)	5	설명엔 오제좌(五帝坐). 황제(黃帝), 창제(蒼帝), 적제(赤帝), 백제(白帝), 흑제(黑帝)의 5개 별로 구성	가운데 별은 황제(黃帝)
	9	행신(幸臣)	1		
	10	태자(太子)	1		
	11	종관(從官)	1		
	12	낭장(郎將)	1		
	13	호분(虎賁)	1		
	14	상진(常陳)	7		
	15	낭위(郎位)	15		
	16	명당(明堂)	3		
	17	영대(靈臺)	3		
	18	소미(少微)	4	남쪽 제 1, 2, 3, 4번째 별을 각각 처사(處士), 의사(議事), 박사(博士), 대부(大夫)	
	19	장원(長垣)	4		
	20	삼태(三台)	6	일명 태계(泰階). 문창[자미원]에 가까운 서쪽 2개 별을 상태(上台), 다음 2개 별을 중태(中台), 동쪽 2개 별을 하태(下台)	
계			78		

285) 별/별자리 명칭은 프랑스국립도서관 소장 천상열차분야지도를 참조하였으며, 일관성을 위해 별/별자리 명칭에 붙은 별의 개수(예, 少微四)는 생략하였다.
286) 이순지 원저/ 김수길 윤상철 공역, 2009, 「天文類抄」, 대유학당 (서울)

나. 중원 자미원(中元 紫微垣)

영역	연번	별/별자리	개수	천문유초	비고
자미원(紫微垣) 또는 자미궁(紫微宮)	1	자미(紫微)[동]	8	설명엔 자미원(紫微垣). 남문[南門]의 왼쪽의 좌추(左樞), 상재(上宰), 소재(小宰), 상보(上輔), 소보(小輔), 상위(上衛), 소위(小衛), 소승(小丞), 오른쪽의 우추(右樞), 소위(少尉), 상보(上輔), 소보(小輔), 상위(上衛), 소위(小衛), 상승(上丞) 15개 별로 구성	자미동원(紫微東垣), 자미동번(紫微東藩)
	2	자미(紫微)[서]	7		자미서원(紫微西垣), 자미서번(紫微西藩)
	3	북극(北極)	5	일명 북진(北辰). 태자(太子), 제왕(帝王), 서자(庶子), 후궁(後宮), 천추(天樞)의 5개 별로 구성	
	4	사보(四輔)	4		
	5	천일(天一)	1		
	6	태일(太一)	1		
	7	음덕(陰德)	2		
	8	상서(尙書)	5	일명 팔좌(八坐)	
	9	주하사(柱下史)	1		
	10	여사(女史)	1		
	11	여어궁(女御宮)	4	설명엔 여어(女御)[287]	
	12	천주(天柱)	5		
	13	대리(大理)	2		
	14	구진(句陳)	6	끝단의 가장 큰 별이 원비(元妃)	
	15	육갑(六甲)	6		
	16	천황대제(天皇大帝)	1	설명엔 천황(天皇). 또한 대제(大帝)	
	17	오제좌(五帝坐)	5	설명엔 오제내좌(五帝內座)	
	18	화개(華蓋)	7		
	19	전사(傳舍)	9		
	20	내계(內階)	6		
	21	천주(天廚)	6		
	22	팔곡(八穀)	8	도(稻), 서(黍), 대맥(大麥), 소맥(小麥), 대두(大豆), 소두(小豆), 속(粟), 마자(麻子)의 8개 별로 구성	
	23	천봉(天棓)	5		
	24	천상(天床)	6		
	25	내주(內廚)	2		

---

287) 원문에는 女御 晉志謂女御宮

영역	연번	별/별자리	개수	천문유초	비고
자미원(紫微垣) 또는 자미궁(紫微宮)	26	문창(文昌)	7	상장(上將) 또는 대장(大將), 차장(次將) 또는 상서(尙書), 귀상(貴相) 또는 태상(太常), 사록(司祿)·사중(司中)·사예(司隷), 사명(司命)·사괴(司怪)·태사(太史), 사구(司寇)·대리(大理)의 별들로 구성	7개의 별로 구성되어 있으나 설명은 6개의 별
	27	태존(太尊)	1		천존(天尊)[288]
	28	천뢰(天牢)	6		
	29	대양수(大陽守)	1	설명엔 태양수(太陽守)	대양성(大陽星)
	30	세(勢)	4		
	31	상(相)	1		
	32	삼공(三公)[동]	3	태위(太尉), 사도(司徒), 사공(司空)의 3개 별로 구성	두병(斗柄) 또는 표(杓)의 동쪽
	33	삼공(三公)[서]	3	삼사(三師)	괴(魁)의 서쪽
	34	현과(玄戈)	1	일명 천과(天戈)	
	35	천리(天理)	4		
	36	천창(天槍)	3	일명 천월(天鉞)	
	37	북두(北斗)	7	정(正), 법(法), 영(令), 벌(伐), 살(殺), 위(危), 응(應)의 7개 별로 구성	두괴(斗魁, 북두괴), 선기(璿璣): 정, 귀, 영, 벌 두표(斗杓), 옥형(玉衡): 살, 위, 응
	38	보성(輔星)	1	설명엔 보(輔)	
	39	강(杠)	9	설명 없음	
계			164		

288) 양홍진, 2014, 디지털 천상열차분야지도, 경북대학교출판부(대구)

다. 하원 천시원(下元 天市垣)

영역	연번	별/별자리	개수	천문유초	비고
천시원(天市垣)	1	천시서원(天市西垣)	11	설명엔 천시원(天市垣). 일명 천기정(天旗庭). 천시서원의 위(魏), 조(趙), 구하(九河), 중산(中山), 제(祭), 오월(吳越), 서(徐), 동해(東海), 연(燕), 남해(南海), 송(宋) 과 천시동원의 하중(河中), 하간(河間), 진(晉), 정(鄭), 주(周), 진(秦), 촉(蜀), 파(巴), 양(梁), 초(楚), 한(韓)의 총 22개 별로 구성	천시서원(天市西垣), 천시서번(天市西藩)
	2	천시동원(天市東垣)	11		천시동번(天市東藩)
	3	시루(市樓)	6		
	4	차사(車肆)	2		거사(車肆)
	5	종정(宗正)	2	종대부(宗大夫)[289]	
	6	종인(宗人)	4		
	7	종성(宗星)	2		
	8	백도(帛度)	2		백탁(帛度)
	9	도사(屠肆)	2		
	10	후(候)	1		
	11	제좌(帝座)	1	설명엔 제좌(帝坐)	좌(坐)
	12	환자(宦者)	4		
	13	열사(列肆)	2		
	14	두(斗)	5		
	15	곡(斛)	4	또는 천곡(天斛)	
	16	관색(貫索)	9	일명 연색(連索), 연영(連營), 천뢰(天牢)	관삭(貫索)
	17	칠공(七公)	7		
	18	천기(天紀)	9		
	19	여상(女牀)	3	여상(女床)	
	20	종대부(宗大夫)	4	성도와 설명에 모두 없음	
계			91		

---

289) 원문에는 宗正. 宗大夫也

B. 이십팔수

가. 동방칠수(東方七宿)

영역	연번	별/별자리	개수	천문유초	비고
각수(角宿)	1	좌각(左角)	2	설명엔 각(角)	좌각(左角), 우각(右角)
	2	평도(平道)	2		
	3	천전(天田)	2		
	4	진현(進賢)	1		
	5	주정(周鼎)	3		
	6	천문(天門)	2		
	7	평(平)	2		
	8	고루(庫樓)	10	여섯 개의 큰 별을 고(庫), 네 개의 남쪽 별을 루(樓).	
	9	주(株)	15	설명엔 주형(株衡)	세 개씩 연결된 다섯 쌍의 별로 구성
	10	형(衡)	4		
	11	남문(南門)	2		
계			45		
항수(亢宿)	1	항(亢)	4	일명 소묘(疏廟)	
	2	대각(大角)	1		
	3	절위(折威)	7		
	4	섭제(攝提)[좌]	3	섭제(攝提)	좌섭제(左攝提)
	5	섭제(攝提)[우]	3		우섭제(右攝提)
	6	돈완(頓頑)	2		
	7	양문(陽問)	2		
계			22		
저수(低宿)	1	저(低)	4		
	2	천유(天乳)	1		
	3	초요(招搖)	1	성도에는 초요(招搖)	
	4	경하(更河)	3	경하(梗河). 일명 천봉(天鋒)	
	5	제석(帝席)	3		
	6	항지(亢池)	6		
	7	기관(騎官)	27		
	8	진차(陣車)	3		진거(陳車)
	9	차기(車騎)	3		거기(車騎)
	10	천폭(天輻)	2		
	11	기진장군(騎陳將軍)	1		
계			54		

영역	연번	별/별자리	개수	천문유초	비고
방수(房宿)	1	방(房)	4	일명 사보(四輔), 사표(四表), 천사(天駟) 등이라고도 함. 황도 남쪽은 양도, 북쪽은 음도라 고 함.	사보: 상장(上將), 차장(次將), 차상(次相), 상상(上相). 천사: 좌참(左驂), 좌복(左服), 우복(右服), 우참(右驂)
	2	[명칭 없음]	2	구검(鉤鈐)	
	3	건폐(鍵閉)	1		건관(鍵關)
	4	벌(罰)	3		
	5	서함(西咸)	4	설명엔 양함(兩咸)	
	6	동함(東咸)	4		
	7	일(日)	1		
	8	종관(從官)	2	설명이 없음	
계			21		
심수(心宿)	1	심(心)	3	일명 대화(大火). 세 개의 별은 각각 태자(太子), 명당(明堂), 서자(庶子)	명당, 태자, 서자를 각각 심대성. 심전성, 심후성이라고 함.
	2	적졸(積卒)	12		
계			15		
미수(尾宿)	1	미(尾)	9	[위쪽 제 1성] 후(后), [제 2, 3, 4성] 부인(夫人), [제 5, 6, 7, 8, 9성] 빈첩(嬪妾)	
	2	구(龜)	5		귀(龜)
	3	천강(天江)	4		
	4	부열(傅說)	1		
	5	어(魚)	1		
	6	신궁(神宮)	1		
계			21		
기수(箕宿)	1	기(箕)	4	일명 천계(天雞)	
	2	외저(外杵)	3	설명엔 목저(木杵)	
	3	강(慷)	1		
계			8		

나. 북방칠수(北方七宿)

영역	연번	별/별자리	개수	천문유초	비고
두수(斗宿)	0	하간(河間)	0		은하수가 갈라지는 영역에 적혀있음
	1	남두(南斗)	6	설명엔 두(斗). 또는 천기(天機)	국자 부분의 4개의 별이 남두괴(魁)임
	2	천변(天弁)	9		
	3	건성(建星)	6	별그림과 제목에서는 입(立)으로, 설명은 건(建)으로 표현	
	4	별(鼈)	14		
	5	천계(天雞)	2	설명에서는 천계(天鷄)	계(雞)
	6	천약(天鑰)	8		
	7	구국(拘國)	4		
	8	천연(天淵)	10		
	9	구(拘)	2		
	10	농장인(農丈人)	1		
계			62		
우수(牛宿)	1	견우(牽牛)	6	설명엔 우(牛)	
	2	천전(天田)	9		
	3	구감(九坎)	9		
	4	하고(河鼓)	3	일명 삼무(三武). 우장군(右將軍), 대장군(大將軍), 좌장군(左將軍)	
	5	직녀(織女)	3		
	6	좌기(左旗)	9	설명엔 좌기·우기(左旗·右旗)	
	7	우기(右旗)	9		
	8	천부(天桴)	4		
	9	나언(羅堰)	3		
	10	점대(漸臺)	4		
	11	연도(輦道)	6		
계			65		

영역	연번	별/별자리	개수	천문유초	비고
여수(女宿)	1	수녀(須女)	4	설명엔 여(女)	
	2	월(越)	1	십이국(十二國)	
	3	주(周)	2		동주(東周), 서주(西周)
	4	진(秦)	2		
	5	대(代)	2		
	6	진(晋)	1		
	7	한(韓)	1		
	8	위(魏)	1		
	9	초(楚)	1		
	10	연(燕)	1		
	11	제(齊)	1		
	12	조(趙)	2		
	13	정(鄭)	1		
	14	이주(離珠)	5		
	15	고(苽)	5	설명엔 포과(匏瓜)	
	16	패고(敗苽)	5	설명엔 패과(敗瓜)	
	17	천진(天津)	9		
	18	해중(奚仲)	4		
	19	부광(扶筐)	7		
계			55		
허수(虛宿)	1	허(虛)	2		
	2	사명(司命)	2		
	3	사록(司祿)	2		
	4	사위(司危)	2		
	5	사비(司非)	2		
	6	곡(哭)	2		
	7	읍(泣)	2		
	8	천루성(天壘城)	13		
	9	패구(敗臼)	4		
	10	이유(離瑜)	3		
계			34		
위수(危宿)	1	위(危)	3		
	2	인성(人星)	5	일명 와성(臥星)	
	3	내저(內杵)	3	설명엔 저(杵)	
	4	구(臼)	4		
	5	차부(車府)	7		거부(車府)

영역	연번	별/별자리	개수	천문유초	비고
위수(危宿)	6	구(鉤)	9	설명엔 천구(天鉤)	
	7	조부(造父)	5	일명 사마(司馬) 또는 백락(伯樂)	조보(造父)
	8	분묘(墳墓)	4		
	9	허량(虛梁)	4		
	10	천전(天錢)	10		
	11	개옥(蓋屋)	2		
계			56		
실수(室宿)	1	실(室)	2	또는 영실(營室)	
	2	이궁(離宮)	6		
	3	뇌전(雷電)	6		
	4	누벽진(壘壁陳)	12		위, 실, 벽수에 걸쳐 있으며 위수 영역에는 누벽(壘壁)으로 적혀 있음
	5	우림(羽林)	45		
	6	부월(鈇鉞)	3		
	7	북락사문(北落師問)	1	또는 천군(天軍)	
	8	팔괴(八魁)	9		
	9	천강(天綱)	1		
	10	토공리(土公吏)	2		
	11	등사(騰蛇)	22		
계			109		
벽수(壁宿)	1	동벽(東壁)	2		
	2	벽력(霹靂)	5		
	3	운우(雲雨)	4		
	4	천구(天廏)	10		
	5	부질(鈇鑕)	5		중질(中鑕)
	6	토공(土公)	2	성도와 설명에는 없음	
계			28		

다. 서방칠수(西方七宿)

영역	연번	별/별자리	개수	천문유초	비고
규수(奎宿)	0	황도교처(黃道交處)	0		황적도가 교차하는 지점
	1	규(奎)	16	일명 천시(天豕). 서남쪽 대성을 대장(大壯)	
	2	외병(外屛)	7		
	3	천혼(天溷)	7		
	4	사공(司空)	1	설명엔 토사공(土司空)	
	5	군남문(軍南門)	1		
	6	각도(閣道)	6		
	7	부로(附路)	1	일명 태복(太僕)	
	8	왕량(王良)	5	또는 왕량(王梁). 한 개의 별을 왕량 또는 천마(天馬)라하고 이와 연결된 네 개의 별을 천사(天馴)	
	9	책(策)	1		
계			45		
루수(婁宿)	1	루(婁)	3		
	2	좌경(左梗)	5		
	3	우경(右梗)	5		
	4	천창(天倉)	6		
	5	천유(天庾)	3		
	6	천장군(天將軍)	11	가운데 밝은 별을 대장(大將)	
계			33		
위수(胃宿)	1	위(胃)	3		
	2	천름(天廩)	4		
	3	천균(天囷)	13		
	4	대릉(大陵)	8		
	5	천선(天船)	9	성도와 설명엔 천선(天舩)	
	6	적시(積尸)	1		
	7	적수(積水)	1		
계			39		
묘수(昴宿)	1	묘(昴)	7		
	2	천아(天阿)	1	설명에는 천하(天河)	
	3	월(月)	1		
	4	천음(天陰)	5		
	5	추고(鄒藁)	6	일명 천적(天積)	
	6	천원(天苑)	16		
	7	권설(卷舌)	6		

영역	연번	별/별자리	개수	천문유초	비고
	8	천참(天讒)	1		
	9	여석(礪石)	4		
계			47		
필수(畢宿)	1	필(畢)	8	일명 천마(天馬). 큰 별은 천고(天高) 또는 변장(邊將)	필우고(畢右股): 오른쪽 네별 필좌고(畢左股): 왼쪽 네별. 필대성(畢大星): 가장 밝고 큰 별
	2	[명칭 없음]	1	설명에는 부이(附耳)	필의 오른쪽 끝에 있는 별은 부이(附耳)임
	3	천가(天街)	2		
	4	천절(天節)	8		
	5	제왕(諸王)	6		
	6	천고(天高)	4		
	7	구주수구(九州殊口)	9		
	8	오차(五車)	5	서북쪽 큰 별을 천고(天庫), 동북쪽 별을 천옥(天獄), 동남쪽의 별을 천창(天倉), 중앙의 별을 사공(司空), 서남쪽의 별을 경(卿)	오거(五車)
	9	주(柱)	9	설명엔 삼주(三株). 일명 삼천(三泉)	세 개가 연결된 세 쌍의 별
	10	천황(天潢)	5		
	11	함지(咸池)	3		
	12	천관(天關)	1	일명 천문(天問)	
	13	삼기(叄旗)	9	일명 천기(天旗) 또는 천궁(天弓)	
	14	구유(九斿)	9		
	15	천원(天園)	14		
계			93		
자수(觜宿)	1	자(觜)	3		
	2	좌기(坐旗)	9		
	3	사괴(司怪)	4		
계			16		

영역	연번	별/별자리	개수	천문유초	비고
삼수(參宿)	1	삼(參)	10	일명 부월(鈇鉞). 좌장군(左將軍), 우장군(右將軍), 후장군(後將軍), 편장군(褊將軍), 삼장군(三將軍, 세 개의 별), 벌(伐, 세 개의 별)의 10개 별로 구성	좌장군→좌견(左肩), 우장군→우견(右肩)
	1			설명엔 벌(伐)	삼(參)의 개수에 포함되지만 별도로 설명하고 있음
	2	옥정(玉井)	4		
	3	병(屛)	2		
	4	군정(軍井)	4		
	5	측(厠)	4	설명엔 천측(天厠)	
	6	천시(天矢)	1	설명엔 천시(天屎)	
계			25		

라. 남방칠수(南方七宿)

영역	연번	별/별자리	개수	천문유초	비고
정수(井宿)	1	동정(東井)	8	정(井)자 모양으로 남쪽 열에 있는 별들을 남원(南轅), 북쪽 열에 있는 별들을 북원(北轅)이라 함.	
	1	[명칭 없음]	1	설명엔 월(鉞)	
	2	남하(南河)	3	설명엔 양하(兩河)	일명 남수(南戍)
	3	북하(北河)	3		일명 북수(北戍)
	4	천준(天樽)	3		
	5	오제후(五諸侯)	5	제사(帝師), 제우(帝友), 삼공(三公), 박사(博士), 태사(太史)의 5개 별로 구성	
	6	적수(積水)	1		
	7	적신(積薪)	1		
	8	수부(水府)	4		
	9	수위(水位)	4		
	10	사독(四瀆)	4		
	11	군시(軍市)	13		
	12	야계(野鷄)	1		
	13	장인(丈人)	2		
	14	자(子)	2	설명엔 자손(子孫)	
	15	손(孫)	2		
	16	궐구(闕丘)	2		

영역	연번	별/별자리	개수	천문유초	비고
	17	낭성(狼星)	1	설명엔 낭(浪)	천랑
	18	호(弧)	9	또한 천궁(天弓), 호시(弧矢)	
	19	노인(老人)	1	일명 남극(南極)	
계			70		
귀수(鬼宿)	1	귀(鬼)	5	여귀(輿鬼)	귀는 4개의 여귀와 1개의 적시 별로 구성
	1			적시(積尸). 일명 적시기(積尸氣) 또는 부질(鈇鑕)	
	2	관(爟)	4		
	3	천구(天狗)	7		
	4	외주(外廚)	6		
	5	천사(天社)	6		
	6		(1)	천기(天紀). 성도에는 없음	
계			28		28(29)
류수(柳宿)	1	류(柳)	8		
	2	주기(酒旗)	3		
성수(星宿)	1	성(星)	7	일명 천도(天都)	
	2	헌원(軒轅)	17	여주(女主), 부인(夫人), 왕비(王妃), 소민(小民), 태민(太民)과 나머지 11개 후궁(后宮)의 별로 구성	여주(大夫人, 太后)는 헌원대성(軒轅大星). 헌원대성 밑에 오른쪽부터 태민(太民), 여어(女御), 소민이 있음. 헌원우각(軒轅右角)과 헌원좌각(軒轅左角)이 있음.
	3	내평(內平)	4		
	4	천상(天相)	3		
	5	직(稷)	5		
계			36		

영역	연번	별/별자리	개수	천문유초	비고
장수(張宿)	1	장(張)	6		
	2	천묘(天廟)	14		
계			20		
익수(翼宿)	1	익(翼)	22		
	2	동구(東區)	5	동구(東甌)	
계			27		
진수(軫宿)	1	진(軫)	4		
	2	장사(長沙)	1		
	3	좌할(左轄)	1	좌할우할(左轄右轄)	
	4	우할(右轄)	1		
	5	군문(軍門)	2		
	6	토사공(土司空)	4	일명 사도(司徒)	
	7	청구(靑丘)	7		
	8	기부(器府)	29	설명에는 32개, 성도에는 29개의 별로 구성	
계			49		

4. 별/별자리 찾기(가나다순)

5. 고려시대 연대표

1) 서기 918~933년간 천수(天授)를 연호(年號)로 사용함.
2) 서기 950~959년간 광덕(光德)을 연호(年號)로 사용함.
3) 서기 960~963년간 준풍(峻豊)을 연호(年號)로 사용함.

西紀	王 在位年度		歲次
918[1]	1대 태조太祖	1	戊寅
919		2	己卯
920		3	庚辰
921		4	辛巳
922		5	壬午
923		6	癸未
924		7	甲申
925		8	乙酉
925		9	丙戌
927		10	丁亥
928		11	戊子
929		12	己丑
930		13	庚寅
931		14	辛卯
932		15	壬辰
933		16	癸巳
934		17	甲午
935		18	乙未
936		19	丙申
937		20	丁酉
938		21	戊戌
939		22	己亥
940		23	庚子
941		24	辛丑
942		25	壬寅
943		26	癸卯
944	2대 혜종惠宗	1	甲辰
945		2	乙巳
946	3대 정종定宗	1	丙午
947		2	丁未
948		3	戊申
949		4	己酉
950[2]	4대 광종光宗	1	庚戌
951		2	辛亥
952		3	壬子
953		4	癸丑
954		5	甲寅
955		6	乙卯
956		7	丙辰
957		8	丁巳

西紀	王 在位年度		歲次
958	4대 광종光宗	9	戊午
959		10	己未
960[3]		11	庚申
961		12	辛酉
962		13	壬戌
963		14	癸亥
964		15	甲子
965		16	乙丑
966		17	丙寅
967		18	丁卯
968		19	戊辰
969		20	己巳
970		21	庚午
971		22	辛未
972		23	壬申
973		24	癸酉
974		25	甲戌
975		26	乙亥
976	5대 경종景宗	1	丙子
977		2	丁丑
978		3	戊寅
979		4	己卯
980		5	庚辰
981		6	辛巳
982	6대 성종成宗	1	壬午
983		2	癸未
984		3	甲申
985		4	乙酉
986		5	丙戌
987		6	丁亥
988		7	戊子
989		8	己丑
990		9	庚寅
991		10	辛卯
992		11	壬辰
993		12	癸巳
994		13	甲午
995		14	乙未
996		15	丙申
997		16	丁酉
998	7대 목종穆宗	1	戊戌
999		2	己亥
1000		3	庚子
1001		4	辛丑
1002		5	壬寅
1003		6	癸卯

西紀	王 在位年度		歲次
1004	7대 목종穆宗	7	甲辰
1005		8	乙巳
1006		9	丙午
1007		10	丁未
1008		11	戊申
1009		12	己酉
1010	8대 현종顯宗	1	庚戌
1011		2	辛亥
1012		3	壬子
1013		4	癸丑
1014		5	甲寅
1015		6	乙卯
1016		7	丙辰
1017		8	丁巳
1018		9	戊午
1019		10	己未
1020		11	庚申
1021		12	辛酉
1022		13	壬戌
1023		14	癸亥
1024		15	甲子
1025		16	乙丑
1026		17	丙寅
1027		18	丁卯
1028		19	戊辰
1029		20	己巳
1030		21	庚午
1031		22	辛未
1032	9대 덕종德宗	1	壬申
1033		2	癸酉
1034		3	甲戌
1035	10대 정종靖宗	1	乙亥
1036		2	丙子
1037		3	丁丑
1038		4	戊寅
1039		5	己卯
1040		6	庚辰
1041		7	辛巳
1042		8	壬午
1043		9	癸未
1044		10	甲申
1045	11대 문종文宗	11	乙酉
1046		12	丙戌
1047		1	丁亥
1048		2	戊子
1049		3	己丑

西紀	王 在位年度		歲次	西紀	王 在位年度		歲次	西紀	王 在位年度		歲次
1050		4	庚寅	1096		1	丙子	1144	17대 인종仁宗	22	甲子
1051		5	辛卯	1097		2	丁丑	1145		23	乙丑
1052		6	壬辰	1098		3	戊寅	1146		24	丙寅
1053		7	癸巳	1099		4	己卯	1147		1	丁卯
1054		8	甲午	1100	15대 숙종肅宗	5	庚辰	1148		2	戊辰
1055		9	乙未	1101		6	辛巳	1149		3	己巳
1056		10	丙申	1102		7	壬午	1150		4	庚午
1057		11	丁酉	1103		8	癸未	1151		5	辛未
1058		12	戊戌	1104		9	甲申	1152		6	壬申
1059		13	己亥	1105		10	乙酉	1153		7	癸酉
1060		14	庚子	1106		1	丙戌	1154		8	甲戌
1061		15	辛丑	1107		2	丁亥	1155		9	乙亥
1062		16	壬寅	1108		3	戊子	1156		10	丙子
1063		17	癸卯	1109		4	己丑	1157		11	丁丑
1064		18	甲辰	1110		5	庚寅	1158	18대 의종毅宗	12	戊寅
1065	11대 문종文宗	19	乙巳	1111		6	辛卯	1159		13	己卯
1066		20	丙午	1112		7	壬辰	1160		14	庚辰
1067		21	丁未	1113	16대 예종睿宗	8	癸巳	1161		15	辛巳
1068		22	戊申	1114		9	甲午	1162		16	壬午
1069		23	己酉	1115		10	乙未	1163		17	癸未
1070		24	庚戌	1116		11	丙申	1164		18	甲申
1071		25	辛亥	1117		12	丁酉	1165		19	乙酉
1072		26	壬子	1118		13	戊戌	1166		20	丙戌
1073		27	癸丑	1119		14	己亥	1167		21	丁亥
1074		28	甲寅	1120		15	庚子	1168		22	戊子
1075		29	乙卯	1121		16	辛丑	1169		23	己丑
1076		30	丙辰	1122		17	壬寅	1170		24	庚寅
1077		31	丁巳	1123		1	癸卯	1171		1	辛卯
1078		32	戊午	1124		2	甲辰	1172		2	壬辰
1079		33	己未	1125		3	乙巳	1173		3	癸巳
1080		34	庚申	1126		4	丙午	1174		4	甲午
1081		35	辛酉	1127		5	丁未	1175		5	乙未
1082		36	壬戌	1128		6	戊申	1176		6	丙申
1083	12대 순종順宗	1	癸亥	1129		7	己酉	1177		7	丁酉
1084		1	甲子	1130		8	庚戌	1178		8	戊戌
1085		2	乙丑	1131		9	辛亥	1179	19대 명종明宗	9	己亥
1086		3	丙寅	1132		10	壬子	1180		10	庚子
1087		4	丁卯	1133	17대 인종仁宗	11	癸丑	1181		11	辛丑
1088	13대 선종宣宗	5	戊辰	1134		12	甲寅	1182		12	壬寅
1089		6	己巳	1135		13	乙卯	1183		13	癸卯
1090		7	庚午	1136		14	丙辰	1184		14	甲辰
1091		8	辛未	1137		15	丁巳	1185		15	乙巳
1092		9	壬申	1138		16	戊午	1186		16	丙午
1093		10	癸酉	1139		17	己未	1187		17	丁未
1094		11	甲戌	1140		18	庚申	1188		18	戊申
1095	14대 헌종獻宗	1	乙亥	1141		19	辛酉	1189		19	己酉
				1142		20	壬戌	1190		20	庚戌
				1143		21	癸亥				

西紀	王 在位年度		歲次	西紀	王 在位年度		歲次	西紀	王 在位年度		歲次
1191	19대 명종明宗	21	辛亥	1239	23대 고종高宗	26	己亥	1287	25대 충렬왕 忠烈王	13	丁亥
1192		22	壬子	1240		27	庚子	1288		14	戊子
1193		23	癸丑	1241		28	辛丑	1289		15	己丑
1194		24	甲寅	1242		29	壬寅	1290		16	庚寅
1195		25	乙卯	1243		30	癸卯	1291		17	辛卯
1196		26	丙辰	1244		31	甲辰	1292		18	壬辰
1197		27	丁巳	1245		32	乙巳	1293		19	癸巳
1198	20대 신종神宗	1	戊午	1246		33	丙午	1294		20	甲午
1199		2	己未	1247		34	丁未	1295		21	乙未
1200		3	庚申	1248		35	戊申	1296		22	丙申
1201		4	辛酉	1249		36	己酉	1297		23	丁酉
1202		5	壬戌	1250		37	庚戌	1298		24	戊戌
1203		6	癸亥	1251		38	辛亥	1299		25	己亥
1204		7	甲子	1252		39	壬子	1300		26	庚子
1205	21대 희종熙宗	1	乙丑	1253		40	癸丑	1301		27	辛丑
1206		2	丙寅	1254		41	甲寅	1302		28	壬寅
1207		3	丁卯	1255		42	乙卯	1303		29	癸卯
1208		4	戊辰	1256		43	丙辰	1304		30	甲辰
1209		5	己巳	1257		44	丁巳	1305		31	乙巳
1210		6	庚午	1258		45	戊午	1306		32	丙午
1211		7	辛未	1259		46	己未	1307		33	丁未
1212	22대 강종康宗	1	壬申	1260	24대 원종元宗	1	庚申	1308		34	戊申
1213		2	癸酉	1261		2	辛酉	1309	26대 충선왕 忠宣王	1	己酉
1214	23대 고종高宗	1	甲戌	1262		3	壬戌	1310		2	庚戌
1215		2	乙亥	1263		4	癸亥	1311		3	辛亥
1216		3	丙子	1264		5	甲子	1312		4	壬子
1217		4	丁丑	1265		6	乙丑	1313		5	癸丑
1218		5	戊寅	1266		7	丙寅	1314	27대 충숙왕 忠肅王	1	甲寅
1219		6	己卯	1267		8	丁卯	1315		2	乙卯
1220		7	庚辰	1268		9	戊辰	1316		3	丙辰
1221		8	辛巳	1269		10	己巳	1317		4	丁巳
1222		9	壬午	1270		11	庚午	1318		5	戊午
1223		10	癸未	1271		12	辛未	1319		6	己未
1224		11	甲申	1272		13	壬申	1320		7	庚申
1225		12	乙酉	1273		14	癸酉	1321		8	辛酉
1226		13	丙戌	1274		15	甲戌	1322		9	壬戌
1227		14	丁亥	1275	25대 충렬왕 忠烈王	1	乙亥	1323		10	癸亥
1228		15	戊子	1276		2	丙子	1324		11	甲子
1229		16	己丑	1277		3	丁丑	1325		12	乙丑
1230		17	庚寅	1278		4	戊寅	1326		13	丙寅
1231		18	辛卯	1279		5	己卯	1327		14	丁卯
1232		19	壬辰	1280		6	庚辰	1328		15	戊辰
1233		20	癸巳	1281		7	辛巳	1329		16	己巳
1234		21	甲午	1282		8	壬午	1330		17	庚午
1235		22	乙未	1283		9	癸未	1331	28대 충혜왕 忠惠王	1	辛未
1236		23	丙申	1284		10	甲申				
1237		24	丁酉	1285		11	乙酉				
1238		25	戊戌	1286		12	丙戌				

西紀	王 在位年度		歲次	西紀	王 在位年度		歲次
1332		1	壬申	1375		1	乙卯
1333		2	癸酉	1376		2	丙辰
1334	(27대)	3	甲戌	1377		3	丁巳
1335	**충숙왕**	4	乙亥	1378		4	戊午
1336	忠肅王	5	丙子	1379		5	己未
1337	(복위)	6	丁丑	1380	32대	6	庚申
1338		7	戊寅	1381	**우왕**禑王	7	辛酉
1339		8	己卯	1382		8	壬戌
1340	(28대)	1	庚辰	1383		9	癸亥
1341	**충혜왕**	2	辛巳	1384		10	甲子
1342	忠惠王	3	壬午	1385		11	乙丑
1343	(복위)	4	癸未	1386		12	丙寅
1344		5	甲申	1387		13	丁卯
1345	29대	1	乙酉	1388	33대 **창왕**昌王	1	戊辰
1346	**충목왕**	2	丙戌	1389	34대	1	己巳
1347	忠穆王	3	丁亥	1390	**공양왕**	2	庚午
1348		4	戊子	1391	恭讓王	3	辛未
1349	30대	1	己丑	1392		4	壬申
1350	**충정왕**	2	庚寅		**高麗 475年**		
1351	忠定王	3	辛卯				
1352		1	壬辰				
1353		2	癸巳				
1354		3	甲午				
1355		4	乙未				
1356		5	丙申				
1357		6	丁酉				
1358		7	戊戌				
1359		8	己亥				
1360		9	庚子				
1361		10	辛丑				
1362	31대	11	壬寅				
1363	**공민왕**	12	癸卯				
1364	恭愍王	13	甲辰				
1365		14	乙巳				
1366		15	丙午				
1367		16	丁未				
1368		17	戊申				
1369		18	己酉				
1370		19	庚戌				
1371		20	辛亥				
1372		21	壬子				
1373		22	癸丑				
1374		23	甲寅				

456

안영숙(安英淑)

연세대학교에서 관측 천문학으로 석사를 받은 후, 충북대학교에서『칠정산외편의 일식과 월식 계산방법 고찰』로 박사를 받았다. 연세대 졸업후 지금의 한국천문연구원의 전신인 국립천문대에 입사해 지금까지 계속 근무하고 있다. 한국천문연구원에서 30여년간『역서(曆書)』를 편찬 발간하고 있다. 저서로는 1999년~2005년 사이에 우리나라 표준연력표라고 할 수 있는『삼국시대 연력표』,『고려시대 연력표』,『조선시대 연력표』를 편찬하였고, 천체역학적인 계산을 통해 각 시대별로 일식을 계산하고 도식화(圖式化)하여『삼국시대 일식도』,『고려시대 일식도』,『조선시대 일식도』를 공동 편찬 발간하였다. 그 후에는 우리나라의 고대 천문기기들을 복원하여 정리한『천문을 담은 그릇』(2014), 고대 천문현상들을 분류, 정리한『삼국시대 천문현상 기록집』(2014)을 편찬하였다.

민병희(閔丙熙)

경희대학교에서 우주과학으로 졸업하고, 연세대학교에서 천문우주학으로 석사를 취득하였다. 충북대학교에서『조선전기 천문관측기기와 역법의 연구』로 박사 학위를 받았다. 한국천문연구원에서 수 년간『역서』를 공동 발간하였으며, 고천문역법 및 고천문관측기기를 주제로 연구하고 있다. 또한 과학기술연합대학원대학교의 천문우주학 전임교원이며, 국가중요과학기술자료 등록제 전문심사위원을 역임하였다. 현재 한국천문학회와 한국우주과학회의 회원이다. 주요 저서로『역서』(2007~2014),『천문을 담은 그릇』(2014),『삼국시대 천문현상 기록집』(2014),『조선시대 천문의기』(2016) 등이 있다.

이기원(李基元)

경북대학교에서 천문대기과학으로 학사를, 동 대학 일반대학원에서 천문학으로 석사를, 런던대학(University College London)에서 천문학으로 박사 학위를 취득하였다. 한국천문연구원 고천문연구 그룹에서 박사후연구원을 지냈으며, 현재는 대구가톨릭대학교에 재직하고 있다. 주요 연구 논문으로는『A Study of Solar Eclipse Records during the Three Kingdoms Period in Korea』,『고려시대 금석문에 나타난 연호와 역일 기록 분석』,『Analysis of the Lunar Eclipse Records from the Goryeosa』,『Verification of the Calendar Days of the Joseon Dynasty』 등이 있다.

김상혁(金相赫)

충북대학교에서 고천문학으로 석사를 받은 후, 중앙대학교에서『송이영 혼천시계의 작동 메커니즘에 대한 연구』로 박사를 받았다. 국립문화재연구소와 충북대학교에서 Post-Doctor 연구원을 지냈고, 문화재청 일반동산문화재 과학기술분야 감정위원을 역임하였다. 현재 한국천문연구원에서 천문의기 복원연구를 진행하고 있다.

주요 논문 및 저술은『조선시대 간의대의 배치와 척도에 대한 추정』,『흠경각루 시보시스템의 작동모델』,『국보 제230호 송이영의 혼천시계』(2012),『천문을 담은 그릇』(2014),『삼국시대 천문현상 기록집』(2014),『조선시대 천문의기』(2016),『장영실의 흠경각루, 그리고 과학산책』(2017) 등이 있다.

고려시대 천문현상 기록집

초판인쇄 2020년 7월 31일
초판발행 2020년 7월 31일

지은이 안영숙, 민병희, 이기원, 김상혁
펴낸이 채종준
펴낸곳 한국학술정보㈜
주소 경기도 파주시 회동길 230(문발동)
전화 031) 908-3181(대표)
팩스 031) 908-3189
홈페이지 http://ebook.kstudy.com
전자우편 출판사업부 publish@kstudy.com
등록 제일산-115호(2000. 6. 19)

ISBN 978-89-268-9952-6 93910